Atlas zur Geschichte des Christentums

Franklin H. Littell

Atlas zur Geschichte des Christentums

Deutsche Bearbeitung
Erich Geldbach

Kartographie
Emanuel Hausman
Carta, Jerusalem

R. Brockhaus Verlag Wuppertal

Umschlaggestaltung: Ralf Rudolph, Ratingen
unter Verwendung der »Ebstorfer Weltkarte« aus dem 13. Jahrhundert.
Druckvorlage: Reproduktion des Schuler Verlags, Stuttgart.
Mit freundlicher Genehmigung des Museums für das
Fürstentum Lüneburg, Lüneburg.

Titel der amerikanischen Originalausgabe:
»The Macmillan Atlas History of Christianity«,
erschienen bei Macmillan Publishing Co., Inc., New York, N.Y., USA

Deutsche Bearbeitung der Texte
Erich Geldbach

Deutsche Bearbeitung der Karten
Klaus-Dieter Schiffelbein

Karten 73, 125, 126, 127, 128
Entwurf Günter Balders
Ausführung Helmut Fickel

Register Detlev Grohn

ISBN 3-417-24570-2

Inhalt

B. Religiöse Strömungen in Amerika 130

C. Das große Jahrhundert der christlichen Missionen 140

D. Die ökumenische Bewegung 148

E. Neue Perspektiven 158

I.

Die frühe Christenheit und ihre Umgebung

Die christliche Geschichte beginnt weder mit einem kosmologischen Mythos noch mit der Erschaffung des Menschen. Wie die jüdische Geschichte beginnt sie mit einem spezifischen und einzigartigen Ereignis in Raum und Zeit. Dieses gestaltende Ereignis, an das sich Menschen des Glaubens über Jahrhunderte erinnerten und dem sie immer neue Darstellung verliehen, ist im ersten Buch des Pentateuch (Gen 12,1–25,10) erzählt. Danach wurde ein Mann – Abram – aus seinem natürlichen Leben des Götzendienstes und Polytheismus zum Dienst Gottes herausgerufen. Das neue Verhältnis wird als ein Bund zwischen Gott und diesem einen Menschen beschrieben:

»Siehe, das ist mein Bund mit dir, daß du ein Vater vieler Völker werden sollst. Darum sollst du nicht mehr Abram heißen, sondern Abraham soll dein Name sein; denn ich mache dich zum Vater vieler Völker. Ich will dich über alle Maßen fruchtbar machen und dich zu Völkern werden lassen, und Könige sollen von dir abstammen. Ich richte meinen Bund auf zwischen mir und dir und deinen Nachkommen von Geschlecht zu Geschlecht als einen ewigen Bund, daß ich dein und deiner Nachkommen Gott sei. Und ich gebe dir und deinen Nachkommen das Land, wo du als Fremdling weilst, das ganze Land Kanaan, zu ewigem Besitz, und ich will ihnen Gott sein« (Gen 17,4–8).

Die Israeliten waren nicht die ersten Menschen der Erde. Sie nannten sich nicht »das Volk«, wie so viele primitive Stämme. Auch ließen sie diese Überheblichkeit nicht in ihre Lehren einfließen, wie viele moderne Nationalstaaten. Sie konnten keine Überlegenheit an Reichtum, militärischer Ausrüstung oder politischer Vormacht beanspruchen. Wie ein Blick auf Karte 1 sofort nahelegt, waren sie ein kleines Volk auf einer Landbrücke, über die während der bezeugten Geschichte die Wogen mächtigerer Reiche hin- und herzogen. Ihr einziger Anspruch auf einen Platz in der menschlichen Geschichte gründete sich auf das Bundesverhältnis zu dem Gott, den sie als Urheber und Richter der Geschichte ansahen.

Die frühen Christen verstanden sich ebenfalls als solche, die aus der Vor-Geschichte in die Geschichte gerufen waren, um Miterben derselben Verheißung zu sein, die Apostel und Propheten den Juden verkündet hatten. Es war das geheimnisvolle Werk Christi, sie in den älteren Baum der Geschichte eingepfropft und ihr Haus auf einem Grund gebaut zu haben, der schon gelegt war (Eph 2,19–20; 3,5f.). Ja, die Wahrheit selbst war schon in Israel vor der Sendung Jesu von Nazareth bekanntgemacht und verkündet worden. Später, als die meisten Christen aus den Heiden kamen, wurde die Bundesvorstellung, die den Zugang zur Geschichte eröffnet hatte, noch beibehalten:

»Ihr aber seid das auserwählte Geschlecht, die königliche Priesterschaft, das heilige Volk, das Volk des Eigentums, damit ihr die herrlichen Taten dessen verkündigt, der euch aus der Finsternis zu seinem wunderbaren Licht berufen hat, euch, die ihr ehemals kein Volk waret, jetzt aber Gottes Volk seid, die ihr nicht begnadigt waret, jetzt aber begnadigt worden seid« (1Pt 1,9f.).

Wenn erst einmal das historische Selbstverständnis des jüdischen Volkes und der christlichen Kirche gleichgesetzt werden – und mit dem langsamen Nachlassen des Mißverständnisses des 19. Jahrhunderts bezüglich wissenschaftlicher Objektivität und der Gleichgültigkeit gegenüber Wahrheitsansprüchen ist ein solcher Versuch wieder achtbar – bleiben zwei unbewältigte Probleme bestehen:

1. Wie mußte das persönliche Ereignis der christlichen Bekehrung für die Christen, die als Juden geboren waren (praktisch alle christlichen Gläubigen der ersten Generation) mit dem »Wurzelerlebnis« und den »epochemachenden Ereignissen«[1] der Geschichte Israels verknüpft werden? (Das Selbstverständnis der Gläubigen aus den Heiden, die jetzt Zugang zu diesen Ereignissen hatten, ist weniger kompliziert, wenngleich von Marcion bis zu den Deutschen Christen die Getauften aus den Heiden unter Druck oder aus Versuchung immer wieder aus der Geschichte in das Nichtsein einer dem Bund voraufgehenden Existenz geflohen sind.)

2. Wie kann der »ewige Bund« Gottes mit dem jüdischen Volk in Beziehung gebracht werden zu dem »Neuen Bund«, den die christliche Kirche bekennt? Viele Jahrhunderte lang – und mit vor nichts zurückschreckenden tragischen Folgen im 20. Jahrhundert – hat die Kirche in ihrer Lehre dieses Problem heillos zerredet. Der Apostel Paulus, der das Volk seiner Geburt und seiner Erziehung liebte, rang mutig mit diesem Problem (Römer 9–11), indem er den Mitgläubigen aus den Heiden ihren Anteil an den Verheißungen feierlich bestätigte und zugleich bekannte, daß am Ende »ganz Israel gerettet werden wird« (Römer 11,26a). In unserer Zeit haben Männer wie Franz Rosenzweig und Martin Buber darum gekämpft, die Wechselwirkung dadurch zu erklären, daß sie sich auf zwei Bünde beriefen.

Wegen der Wichtigkeit dieser Wechselwirkung zwischen dem jüdischen Volk und der christlichen Kirche, in seinen negativen wie positiven Aspekten, werden in diesem Atlas von Zeit zu Zeit Entwicklungen, die für Juden und Christen von Wichtigkeit waren, und ihre gegenseitige Beeinflussung grafisch dargestellt.

An diesem Punkt ist es wichtig, sich die besondere, ja einzigartige Weise bewußt zu machen, in der Juden und Christen die Geschichte und ihre Bedeutung verstanden.

Seit der Aufklärung ist es an den Universitäten üblich geworden, spekulative oder abstrakte Lehrsätze, universale Wahrheiten, die für alle Zeiten und Orte gleich bedeutsam sind, zu entwickeln. Das Werk Immanuel Kants (1724–1804) steht am Beginn einer Reihe von großartig formulierten Systemen. Sein kategorischer Imperativ – »Handle nur nach derjenigen Maxime, durch die du zugleich wollen kannst, daß sie ein allgemeines Gesetz (oder: zum Naturgesetz) werde« ist ein zweischneidiges Schwert: Er hat in der Praxis dazu geführt, besondere Wahrheiten, die sich nicht verallgemeinern ließen, zurückzuweisen und einzigartigen Ereignissen dadurch die Spitze zu nehmen, daß man sie als Beispiele allgemeiner Wahrheitsprinzipien bezeichnete.

---

1. Vgl. Emil Fackenheim, The Meaning of God in History, New York 1971.

Nach dieser Methode wird in unserer Zeit aus dem Holocaust (Hitlers »Endlösung der Judenfrage«, d.h. dem Mord an sechs Millionen europäischer Juden) nichts weiter als ein Beispiel für die Unmenschlichkeit des Menschen dem Menschen gegenüber. In den ersten Jahren einer »Religion«, genannt »Christentum«, wird aus dem Tod Jesu – analog zum Tod des Sokrates – nichts weiter als ein Beispiel für das Schicksal derer, die das Establishment, den Apparat, gefährden. Aber für die unmittelbar betroffenen Gemeinschaften sind solche Abstraktionen total verfehlt. Die »erfolgreiche« Einrichtung der Vernichtungslager im Herzen der Christenheit wirft konkrete Fragen auf, am kritischsten die, ob das Christentum überhaupt noch glaubwürdig ist. Und dem Tod Jesu folgte gemäß den ältesten christlichen Berichten die Auferstehung und der kommende Triumph über die Mächte der Finsternis. Man sollte zumindest die Ergebnisse der Sozialpsychologie ernst nehmen:

a) Ein Dialog ist nur möglich, wenn jede Position so vorgetragen wird, daß sie von ihren Anhängern akzeptiert werden kann;

b) Antworten können nur dann gegeben werden, wenn zuvor die richtigen Fragen gestellt worden sind – auch im Laboratorium. Wahrheitsansprüche zielen nicht auf »Lehnstuhl-Philosophen« oder »Engel« ab, sondern auf spezifische Personen, die sich zu spezifischen Zeiten spezifischen Möglichkeiten gegenübersehen.

Es gibt viele Ereignisse – epochemachende, gestaltende, archetypische, einzigartige – aus der Geschichte und der Welt der Juden, die auch die Christen für sich beanspruchen. Christen erinnerten sich an sie, verliehen ihnen neue Gestalt, erhoben sie zu zentralen Themen der mündlichen Tradition, die von Generation zu Generation weitergegeben wurde. Sie sind noch immer in die Glaubensbekenntnisse und Liturgien eingebettet. Bis in die Moderne, als es Mode wurde, aus der Geschichte zu fliehen, bildeten sie einen Teil jener Weisheit, die man in der Kindheit lernte und die für den Rest des Lebens Nahrung für Geist und Seele bildete. Eine Minimalliste dieser Ereignisse, grafisch auf den Karten 1–4 dargestellt, muß folgendes umfassen:

1. Den Bundesschluß mit Abraham (Gen 17,4–8); 2. den Exodus (bes. Ex 14,19–31); 3. die Gesetzgebung (Ex 20,1–17); 4. die Tempelweihe (1Kö 8,21–61); 5. Exil und Rückkehr (Ps 137; Jes 44,28; Nehemia).

Dazu hat die christliche Kirche weitere gestellt: 1. Die Geburt des Heilandes/Messias (Mt 1,18–2,23); 2. seine Anerkennung (Mk 8,27–30); 3. das Abendmahl (Mt 20,20–28); 4. seinen Tod und seine Auferstehung (Mk 15,16–39; 16,5–14); 5. Pfingsten (Apg 2,1ff.).

In den Entwicklungslinien der jüdischen und christlichen Geschichte können noch weitere epochemachende Ereignisse ausgemacht werden. Einige, besonders in der Moderne, sind in ihrer Bedeutung noch umstritten, andere haben zur Periodisierung der Geschichte gedient (z.B. die Idee vom »Verfall der Kirche« zur Zeit Konstantins im radikalen Protestantismus). Sie bezwecken eine Stärkung des Selbstverständnisses einer Gemeinschaft und konkurrieren mit alternativen Systemen. Dem wissenschaftlichen und kritischen Sinn liefern sie zusätzliche Schlüssel, mit denen er Türen öffnen und das Wesen einer Glaubensgemeinschaft enthüllen kann.

In der jüdischen Geschichte sind solche Ereignisse u.a. gewesen: a) die Zerstörung des Tempels; b) die Kreuzzüge; c) die Emanzipation. In der christlichen Geschichte heben wir einige als Beispiele hervor: a) die Begründung der Christenheit; b) die Kreuzzüge; c) die Reformation des 16. Jahrhunderts; d) der Aufstieg der modernen Mission; e) die Verwirklichung der Religionsfreiheit; f) der Kirchenkampf gegen antichristliche Weltanschauungen (Marxismus, Nazismus und ihre Nachahmer).

Während die Linien der jüdischen und christlichen Geschichte wieder zusammenlaufen, lassen sich zwei epochemachende Ereignisse erkennen, die das jüdische Volk und die christliche Kirche in Tragödie und Triumph zusammenführen: 1. der Holocaust; 2. die Wiedergründung Israels (und die Erfüllung des Gesetzes der Rückkehr).

Jeder Betrachter der Geschichte, ganz gleich welcher Überzeugung, hat bewußt oder unbewußt Ereignisse im Hinterkopf, wenn er an die Geschichte denkt und sie interpretiert. Die Moslems haben die Hedschra (622), auf der ihr neuer Kalender aufbaut. Die Marxisten haben die Oktoberrevolution (1917), die Nazis hatten die 12 Jahre des Tausendjährigen Dritten Reiches (1933–1945). Säkulare Humanisten ziehen normalerweise die Renaissance vor und interpretieren die Reformation im Lichte dieses intellektuellen Aufbruchs, für sie ist die Aufklärung die Trennungslinie zwischen Mittelalter und Moderne. Der Verfasser hat einige Ereignisse ausgewählt (was unumgänglich ein Schema der Periodisierung mit sich bringt) und legt sie nun zur kritischen Beurteilung vor. Er gibt sich nicht dem Versuch einer (Schein-)»Objektivität« durch Loslösung von seiner Person und voraussetzungsloser Distanz hin, sondern er bemüht sich um redliche Darbietung des Stoffes für einen wissenschaftlichen Dialog.

Der Leser muß sich bewußt sein, daß eine Auswahl getroffen werden muß und daß es zur wissenschaftlichen Arbeit gehört, daß man seine Wahl begründet und sie nicht unkritisch als selbstverständlich hinnimmt. Unser Hauptziel ist es, das Selbstverständnis der christlichen Kirche, einschließlich seiner jüdischen, griechischen, römischen und anderen Bestandteile, in den Blick zu bekommen. Heute sind zwei Fehlentwicklungen beliebt. Man meint, aus den mündlichen und schriftlichen historischen Zeugnissen ein System der Indifferenz gegenüber Wahrheitsansprüchen und gegenüber der inneren Geschlossenheit des Dogmas ableiten zu können. Dies ist jedoch ebenso voreingenommen wie die Weigerung, die inneren Lehren des Christentums einer wissenschaftlichen Analyse zu unterwerfen.

Das frühe Christentum war in der Welt der Juden beheimatet. Die ersten Christen waren Juden. Als einzige heilige Schriften kannten sie die jüdischen Schriften. Bis zum sogenannten Apostelkonzil von Jerusalem (49 n.Chr.) war das Christentum eine jüdische Sekte, die mit anderen jüdischen Sekten um die Gunst der jüdischen Nation konkurrierte. Als die Ernte der heidnischen »Gottesfürchtigen« aus den Synagogen der Diaspora die völkische Zusammensetzung der Kirche radikal änderte, hatte dies zwei dramatische Konsequenzen: 1. Die Kirche wurde nach römischem Recht zur *religio illicita,* und eine Zeit der Verfolgung setzte ein. 2. Der Familienstreit zwischen der christlichen Lehre und dem pharisäischen Judentum begann und zeitigte meßbare Ergebnisse bis zur Gegenwart.

A. Die Welt der Juden

Die frühe jüdische Geschichte gruppiert sich um epochale Ereignisse und herausragende Persönlichkeiten. Bevor das Gesetz bekannt war, gab es einen Gesetzgeber. Bevor die heilige Geschichte verkündet wurde, gab es die Patriarchen und Propheten. Bevor ein einzigartiger ethischer Monotheismus gelehrt wurde, gab es ein Volk, das dazu erwählt worden war, sein Träger zu sein.

Die epochemachenden Ereignisse, an die sich das Volk immer neu erinnerte, wurden als einzigartig und für seine Identität formend angesehen. Zahllose Geschichten stellten die führenden Männer als große Vorbilder hin. Aber es gab nicht den Prozeß einer Apotheose, durch die in vielen Religionen Männer von offensichtlich übermenschlichen Gaben Götter wurden. Auch waren die Ereignisse nicht eine Widerspiegelung himmlischer Geschehnisse. Das menschliche Maß wurde eingehalten: Gott allein blieb göttlich, der Mensch menschlich, und der historische Raum der menschlichen Verantwortung und Entscheidung war weder verworren noch verkümmert.

Abraham (Gen 11,26–25,18) wurde von den Göttern zu Gott geführt und dann berufen, nach Kanaan zu gehen und es zu besiedeln; er bewährte seinen Glauben durch den Auszug und indem er das Opfer Isaaks wagte. Er war offenbar ein Zeitgenosse Hammurabis (2100–2000 v.Chr.). Isaaks Sohn Jakob hatte zwölf Söhne, die Vorfahren der zwölf Stämme; seine Berufung wurde bei Bethel (Gen 28,10–22) und am Pniel (Gen 32,24–30) bestätigt, wo er den von Gott bestimmten Namen »Israel« erhielt.

Als die Kinder Israels Sklaven in Ägypten waren, wurde Mose gesandt, um sie in die Freiheit zu führen. Seine Berufung am Dornbusch auf dem Berg Sinai (Ex 3,1–4,17), die zehn Plagen, mit denen die Ägypter heimgesucht wurden, und die Einrichtung des Passahs (Ex 12,1–30), der Exodus und die Errettung am Roten Meer (Ex 14,21–31), die Verkündigung der Zehn Gebote am Berg Sinai (Ex 20,1–17) – dies alles waren gestaltende Ereignisse im Glauben des jüdischen Volkes – und später auch der Christen.

Unter Josua und seinen Nachfolgern wurde Kanaan um 1500–1200 v.Chr. besetzt. In der Übergangsphase vom nomadischen Leben zur Seßhaftigkeit spielte sich ein heftiger Kampf zwischen dem Gott der Geschichte und den ortsgebundenen Göttern mit ihren jeweiligen Propheten ab. An Elia, den nach der Tradition ersten und größten wahren Propheten (9. Jh. v.Chr.) erinnert man sich, weil er durch strenge Maßnahmen die Anbetung des wahren Gottes (Jahwe) gegen die falschen Propheten der kanaanitischen und phönizischen Götter (Baal, Moloch, Aschera) (1Kö 18,17–40) aufrechterhielt und weil er unerschrocken für soziale Gerechtigkeit eintrat (1Kö 21,1–24). Diese beiden Grundlagen des ethischen Monotheismus bilden das Fundament des Glaubens Israels. Treffend hat es Micha zusammengefaßt (6,8: »Es ist dir gesagt, o Mensch, was gut ist und was der Herr von dir fordert: nichts als Recht üben und die Güte lieben und demütig wandeln vor deinem Gott«). Das gleiche sagt Jesus (Mt 22,34–40: Gottes- und Nächstenliebe).

Während des Königtums wurde der Kampf auch am Hof geführt. David (gest. ca. 970 v.Chr.), König von Judäa und dann der nördlichen Stämme, war ein beständiger Verteidiger des wahren Glaubens; aber obwohl der Tempel, den er geplant hatte, von Salomo (gest. ca. 933 v.Chr.) gebaut wurde, war der Davidssohn für die fremden Götter nicht unempfänglich. Nach Salomos Tod bildete der Norden ein eigenes Königreich.

Die Propheten des 8. Jh.s (Amos, Hosea, Micha, Jesaja), die des späten 7. und frühen 6. Jh.s (besonders Jeremia und Habakuk), die des Exils (Hesekiel und Deutero-Jesaja) und die nachexilischen Propheten (einschließlich Jona und Joel) betonten das ethische Gericht, so daß Israel seinen Platz in der Geschichte verstehen konnte, als das Streben nach einem Reich zwischen den Großmächten des Nils und des Tigris-/Euphrattals zermalmt worden war.

568 v.Chr. wurde Jerusalem von den Assyrern unter Nebukadnezar eingenommen, und die meisten der führenden Familien wurden in die Gefangenschaft geführt. Die im Nordreich Zurückgebliebenen verwarfen zumeist das historische Selbstverständnis, das im Rahmen eines großen Planes, Jerusalem zum Zentrum einer Weltmacht zu machen, zum Bau des Tempels geführt hatte. Sie, die später als Samaritaner bekannt wurden, sahen den Berg Garizim und nicht den Berg Moria als den Ort des heiligen Opfers an.

Als unter einem toleranten persischen Kaiser das Volk aus dem Exil zurückkehrte, wurde der Tempel wieder aufgebaut. Die Lehrer, die unter dem Eindruck der Propheten das deuteronomistische Gesetz einführten und auslegten, interpretierten Israels Identität im Sinne seiner Treue gegenüber Gottes Gesetz, wobei der Tempel einen sehr wichtigen, aber nicht unabkömmlichen Faktor bildete. In dieser Zeit wurden dem Volk klare Verhaltensregeln gegeben, die gleichzeitig religiöses und bürgerliches Recht waren, ein hohes Priestertum, der Sanhedrin, erlangte entscheidende Autorität. Eine Reihe von Eroberern – Alexander der Große, die Ptolemäer, die seleukidische Dynastie von Antiochia – machten sich die Juden untertan. Die Hoffnung auf nationale Befreiung wuchs mit jeder enttäuschten Generation mehr, und verschiedene religiöse Parteien traten mit unterschiedlichen Auslegungen der heiligen Geschichte hervor.

167 v.Chr. kam es, als Reaktion auf den Hellenisierungsprozeß durch die Seleukiden, zum Makkabäeraufstand, der über Jahrhunderte von gläubigen Juden gefeiert und sogar Teil des römisch-katholischen Kalenders (1. August) wurde. Bis zur römischen Eroberung im Jahre 63 v.Chr. wurde eine unsichere nationale Unabhängigkeit aufrechterhalten. Unter Johannes Hyrkanus, der von 135–105 regierte, wurden die unterschiedlichen Ansichten über Volk und Geschichte zu jenem Muster erhärtet, das während des Lebens Jesu von Nazareth in Geltung war. Die Sadduzäer waren die hohepriesterliche Partei, strenge Ausleger, aristokratisch, und zur Anpassung an die ausländischen Mächte bereit, soweit sie ihren Reichtum und ihren Status sicherte. Die Pharisäer waren die Volkspartei; sie betonten das in seiner überlieferten und entwickelten Form und widerstanden jedem fremden Einfluß. Die Zeloten waren eine Splittergruppe der Pharisäer, die bereit war, Gewalt anzuwenden, um die Unabhängigkeit zurückzuerobern. Die Schriften der Qumran-Gemeinschaft haben die große Wichtigkeit der Essener wieder sichtbar werden lassen. Die Essener waren gegenüber der Welt so pessimistisch, daß sie die Gesellschaft verließen und eigene, unabhängige Gemeinschaften in der Wüste errichteten.

Wichtig für die Geschichte des Christentums ist die Zersplitterung des nationalen Selbstbewußtseins in den verschiedenen jüdischen Sekten während der eineinhalb Jahrhunderte vor dem Auftreten Jesu, die sechs Jahrhunderte der Unterjochung (Ausnahme: die kurze Makkabäerzeit) und besonders die Tatsache, daß das Christentum auftrat, als die griechische Sprache und Kultur und die griechischen Philosophien und Kulte selbst in die widerstandsfähigsten Zirkel der Gebildeten eingedrungen waren.

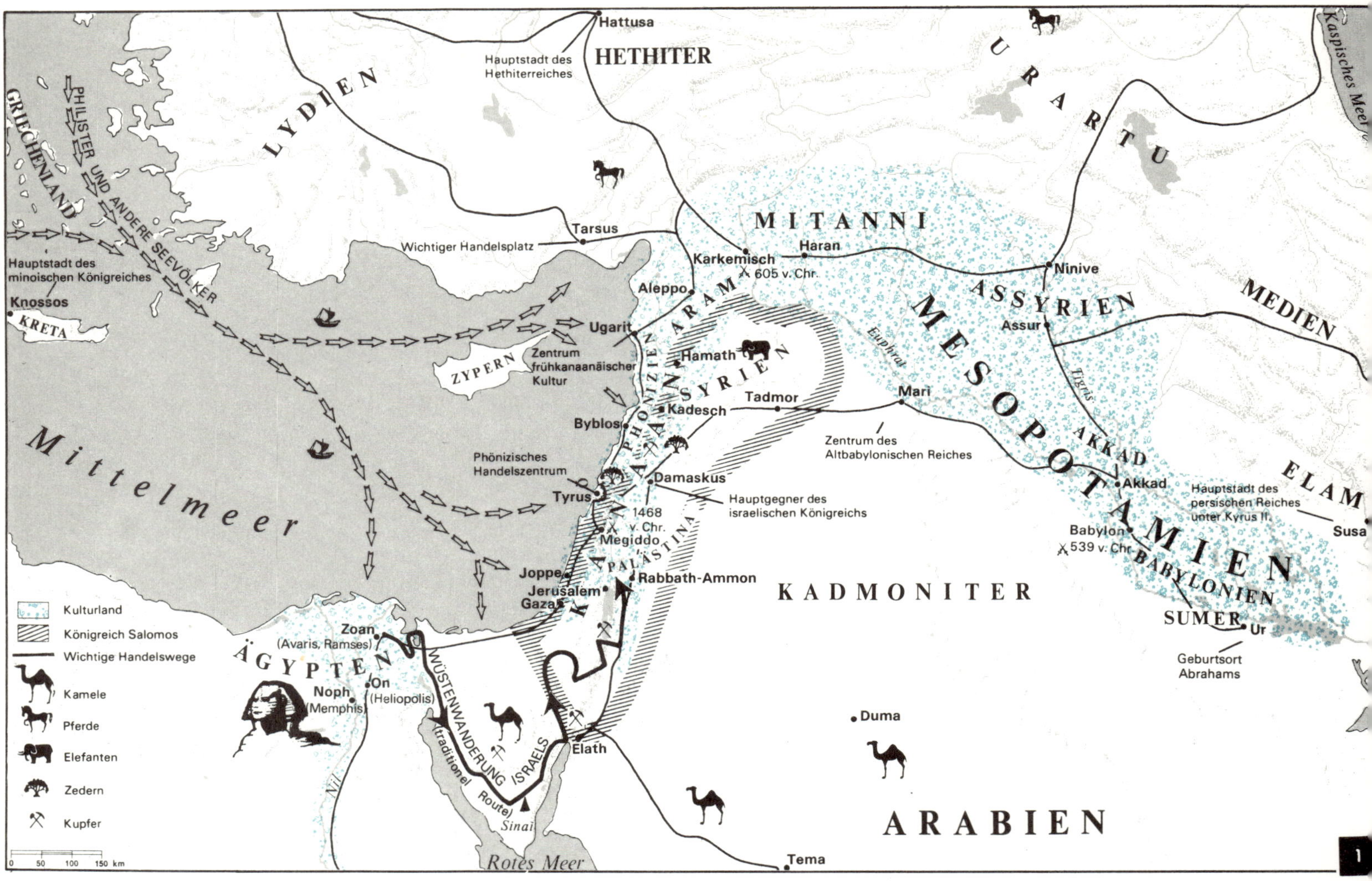

1

Die Länder der Bibel vor Jesus: Palästina, der Scheideweg der Nationen

Kanaan war die schmale Landbrücke zwischen den großen Reichen des Nils und des Euphrat-/Tigristals und wurde das Schlachtfeld für die Armeen der Eroberer. Jüdische Träume vom Rang einer Weltmacht wurden nach Salomos Tod zerstört, aber der Volksglaube erwartete das Kommen eines Messias, der die Machtstrukturen umkehren, die Unabhängigkeit wiederherstellen und ein Königreich des Friedens und der Gerechtigkeit errichten sollte.

Zur Zeit der Patriarchen wurden natürliche Heiligtümer erobert und dem wahren Gott geweiht, z.B. Gilgal, Sichem, Silo. Jedoch wurde unter David und dann nach Rückkehr aus dem Exil Jerusalem als einzigartig heiliger Ort ausgewählt. Anfänglich meinte das Volk, das sich dem einen wahren Gott zugewandt hatte, daß er ihnen gehöre, wie sie ihm; andere Stämme hatten ja ihre eigenen Götter. Dann zeigte er sich aber den anderen Göttern an Macht überlegen. Schließlich wurden die Götter als Abgötter entlarvt. Während dieses Prozesses wurde der Unterschied zwischen einem universalen Gott (des Himmels, der Erde und aller Völker) und den Göttern, die an Orte gebunden waren, immer klarer. Gegenüber den Ortsgöttern und den Göttern des Luxus betonten die Propheten die Ereignisse der Wanderung während der nomadischen Zeit und die Bruderschaftsethik der nomadischen Sippe. »Gesegnet ist Ägypten, mein Volk, und Assyrien, das Werk meiner Hände, und Israel, mein Erbbesitz.« – »So will ich dich denn zum Lichte der Völker machen, daß mein Heil reiche bis an das Ende der Erde« (Jes 19,25b; 49,6; vgl. auch 40,23; 41,29; 46,9).

Langsam schälte sich unter dem Einfluß der Propheten und verankert in der nachexilischen Lehre des Gesetzes ein universales Verständnis von Gott und seinen Zielen mit der ganzen Menschheit heraus. Es blieb jedoch im Gegensatz zu vielen späteren synkretistischen und gnostischen Universalismen dialektisch mit dem Auftrag und der Selbstidentität des jüdischen Volkes verknüpft. Es war die Berufung Israels, Träger der Geschichte und Zeuge von Gottes Erlösungsplan zu sein, sowie eine Gemeinschaft, die in ihrer Lehre und in ihrem Lebensstil ein Vorbild für alle Völker schaffen sollte. Diese Last und die damit verbundenen Leiden waren die Kehrseite der göttlichen Erwählung. Die Erwählung geschah zum Dienst. Sowohl der natürliche Ethnozentrismus der Heiden (falls er nicht durch eine Berufung zum leidenden Dienst abgeschwächt war) als auch der humanistische Universalismus der nachaufklärerischen Moderne (ohne die schöpferische Spannung der Dialektik von Partikularismus/Universalismus, wie er sich im jüdischen Glauben in der Zeit direkt vor der christlichen Ära fand) nahmen im Laufe der Zeit Anstoß an der Besonderheit der jüdischen Religion. In diese Besonderheit waren die Lehren des Exils und der Rückkehr wie auch die Lehren des Exodus eingegangen.

Das Heilige Land unter römischer Herrschaft 1. Jh. v.Chr. – 1. Jh. n.Chr.

Unter römischer Verwaltung genossen die eroberten Völker ein beträchtliches Maß an Autonomie. Die besonderen Strukturen der religiösen Identität – Verwaltung des Tempels in Jerusalem, Auslegung des Gesetzes, Herausbildung der Synagoge als Gemeinschaftszentrum der jüdischen Diaspora – kamen sowohl den Erfordernissen des römischen Imperiums wie dem jüdischen Volk entgegen.

Gleichwohl gab es einen Dauerkonflikt zwischen dem jüdischen Verständnis der Geschichte und der griechischen Bildung. Ein Intellektueller wie Philo von Alexandrien (23 v.Chr.? – 42 n.Chr.?) konnte ein hochgestochenes Bild von der wesensmäßigen Übereinstimmung des AT mit der griechischen Philosophie entwickeln, aber der normale Jude wies die offensichtliche Verwischung der Grenzen zurück, selbst wenn er sich unbewußt manchen griechischen Ideen und der griechischen Sprache anpaßte. Obwohl der letzte hasmonäische Regent, Herodes der Große (37–4 v.Chr.), das größte Gebäude des Tempelkomplexes errichten ließ, wurde er als Hellenist beargwöhnt. Besonders die Pharisäer, die nach der Zerstörung des Tempels (70 n.Chr.) die Hauptlinie der jüdischen Religion bestimmten, leisteten passiven Widerstand gegen griechische Philosophien, Kulte und Weltanschauungen.

Es ist immer noch heftig umstritten, wo innerhalb der konkurrierenden Parteien Jesus von Nazareth einzuordnen ist. Sicher ist, daß die Ereignisse seines Lebens, Sterbens und Auferstehens, wie im ältesten Glaubensbekenntnis (1Kor 15,3–8) seiner Nachfolger feierlich verkündet, der Gruppe von überzeugten Juden eine klare Selbstidentität gaben. Die Römer ließen ihm die gleiche Strafe zuteil werden, die zuvor Tausende von revoltierenden Sklaven und Revolutionäre getroffen hatte: die Kreuzigung. Diese bei den Juden nie gebrauchte Form der Strafe hatten die Römer von Karthago gelernt.

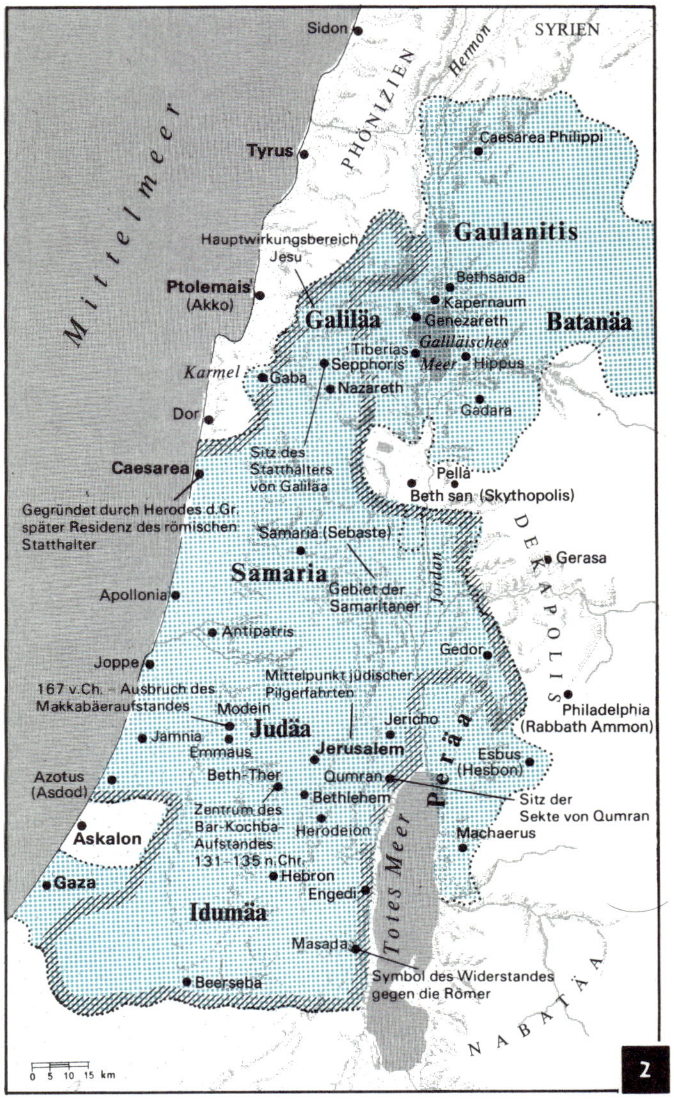

Königreich Herodes d.Gr. (bis 4 v.Chr.)

Unter direkter römischer Verwaltung 66 n.Chr.

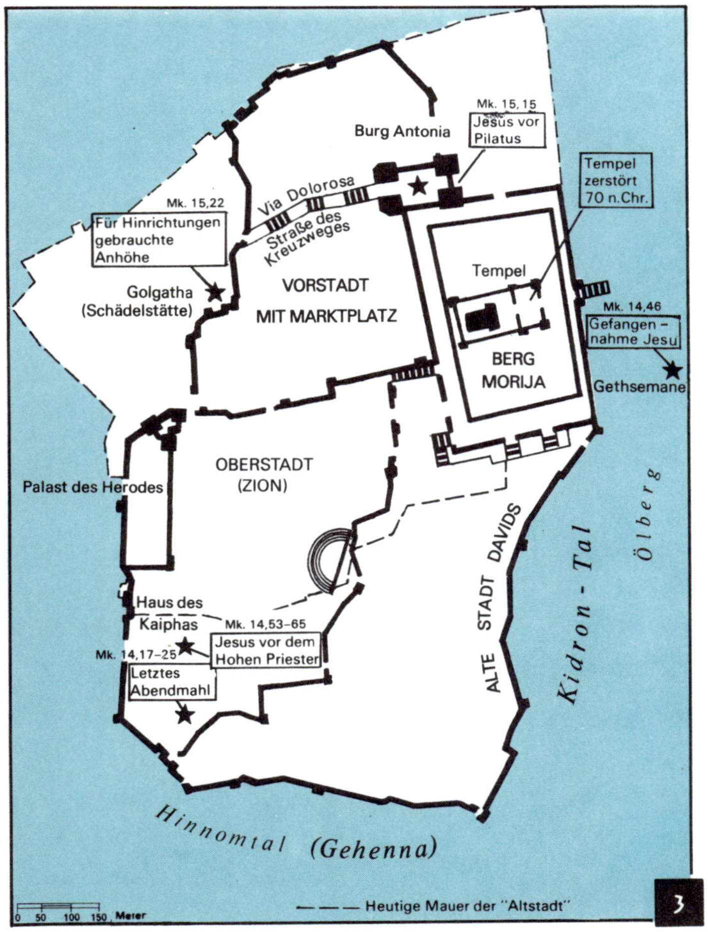

Jerusalem z.Zt. Jesu

Die Kreuzigung stellte eine von Karthago übernommene Todesstrafe dar

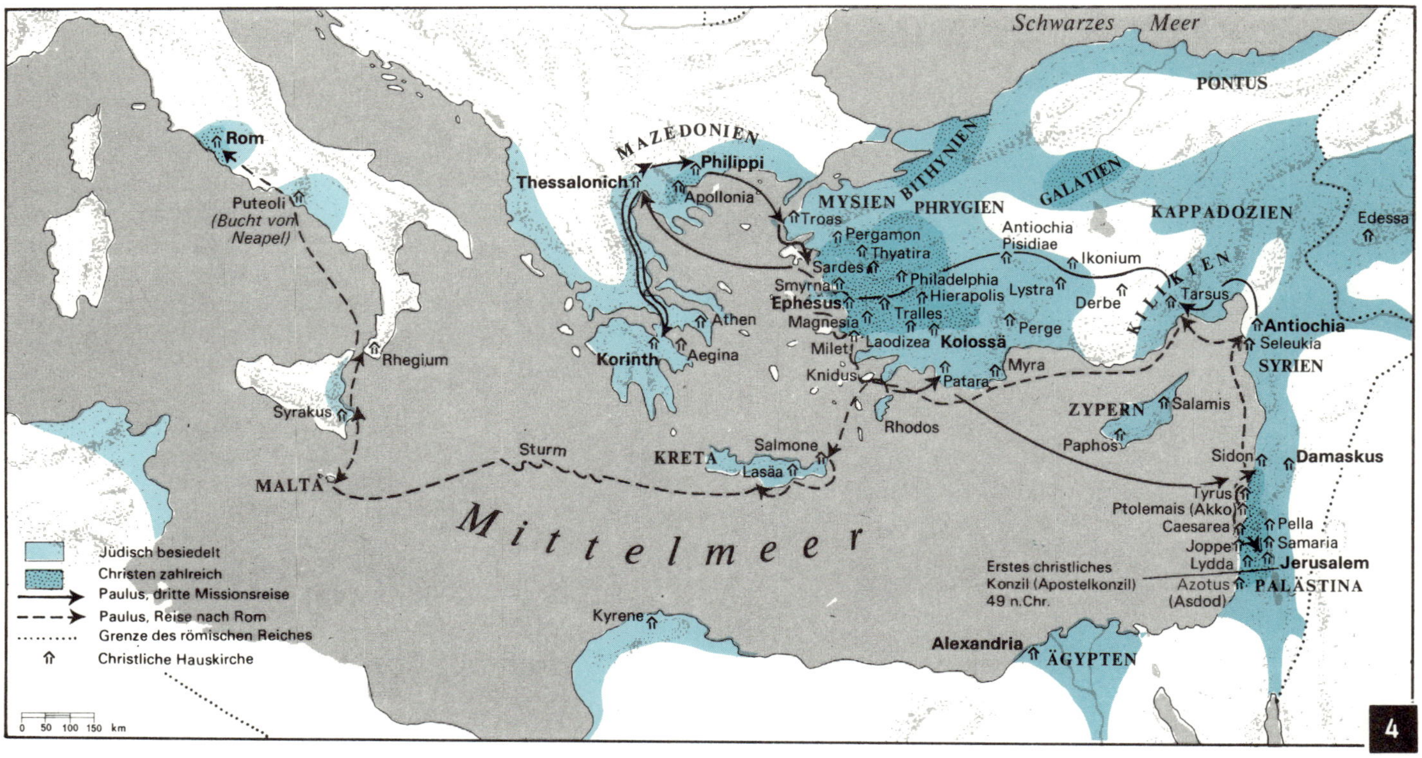

Der jüdische Nährboden des Christentums

Am Anfang galt das Christentum als eine von vielen jüdischen Sekten und genoß deshalb den Status einer legalen Religion. Als Jesus in der Synagoge zu lehren begann, berief er sich auf Verse der Verheißung bei Jesaja (Lk 4,16–20). Als nach seinem Tode die Apostel und Lehrer unter seinen Nachfolgern arbeiteten, untermauerten sie ihre Verkündigung dauernd durch Bezugnahme auf die heiligen Schriften der Juden, z.B.: »Damit stimmen die Worte der Propheten überein . . .« (Apg 15,15; vgl. auch Apg 28,23). Die ersten Christen kannten als heilige Schriften nur die der Juden.

Von der Verallgemeinerung, daß das Christentum im jüdischen Konsensus wurzelt, muß vielleicht einer ausgenommen werden: Stephanus. Als die Christen aus den Heiden in der Mehrzahl waren, wurde es üblich, Stephanus als Opfer des jüdischen Partikularismus und als Zeugen des universalen Christus zu preisen. Neuere Studien legen indes nahe, daß nicht seine Heilsverkündigung an die Heiden die Menge erzürnte und zu seinem Tode führte, sondern daß er die Heilsgeschichte im Sinne der samaritanischen Schriften deutete (Apg 6,8–7,60). Es gab ja im Mittelmeerraum schon eine große Zahl von Heiden, die als Gottesfürchtige in den Synagogen an der Anbetung des wahren Gottes teilnahmen. Schon seit mehreren Generationen war den Heiden das AT in einer griechischen Übersetzung zugänglich (der *Septuaginta*, ca. 285–246 v.Chr. in Alexandrien angefertigt). Manchmal mußten sich die heidnischen Gottesfürchtigen in einem besonderen Raum versammeln. In wenigen Fällen bekehrten sich ganze Stämme zur jüdischen Religion.

Weder die Heidenmission noch der Bruch des Zeremonialgesetzes war das eigentliche Ärgernis in den Augen der jüdischen Führungsschicht, obwohl das letztere ernst genug war, um unter den Christen selbst einen Konflikt auszulösen und das sog. Apostelkonzil im Jahre 49 n.Chr. (Apg 15,1–29; Gal 2,6–9) notwendig zu machen. Was Anlaß zum Ärgernis gab und eine Spaltung hervorrief, die tiefer ging als die gewöhnlichen Konflikte zwischen den jüdischen Sekten, war die Identifikation Jesu mit dem verheißenen Messias und die Interpretation der heiligen Geschichte, die dieses Bekenntnis einschloß.

Zur endgültigen Trennung und Entfremdung zwischen den Christen und dem jüdischen Volk kam es nach der Zerstörung des Tempels (70 n.Chr.) und dem Desinteresse der Christen gegenüber der verzweifelten Revolte Bar Kochbas (132–135 n.Chr.) gegen Hadrians Plan, einen Jupitertempel im neuerbauten Jerusalem zu errichten (Aelia Capitolina). An die Makkabäer erinnern sich sowohl Juden wie Christen; Masada ist ein unauslöschliches Ereignis in der jüdischen Geschichte, spielt aber keine Rolle im christlichen Selbstbewußtsein.

Die Schnelligkeit, mit der das Christentum sich in den ersten Generationen ausgebreitet hat, ist oft bewundert worden. Man sollte Paulus (gest. ca. 65 n.Chr.) und Barnabas und anderen Heidenmissionaren die Anerkennung nicht versagen. Paulus, der Gebildetste aller Apostel und frühen christlichen Lehrer, war hervorragend ausgestattet, um die Ernte, die vorbereitet war, einzubringen. Vom Stamme Benjamin, als Pharisäer erzogen (einschließlich Unterweisung unter Rabbi Gamaliel) kannte er das Gesetz und die Propheten; außerdem war er römischer Bürger und sprach fließend Griechisch. Seine Bekehrung (Apg 9,1–19; 22,5–16; 26,12–18) gab ihm ein klares Verständnis seines eigenen Auftrages im Rahmen der sich entwickelnden Ereignisse; in seiner darauffolgenden Verkündigung erklärte er den auferstandenen Christus zum Angelpunkt der Geschichte.

Der erstaunliche Erfolg in der Heidenmission ist in der Tatsache begründet, daß Zehntausende von heidnischen Gottesfürchtigen am jüdischen Gottesdienst in den Synagogen der Diaspora teilnahmen. Sie waren für genau das Wort, das Paulus und seine Genossen ihnen brachten, aufnahmebereit. Es erklärt ja, wie in Christus das Heil der Völker sich vollenden sollte und das Reich Gottes nahe gekommen war.

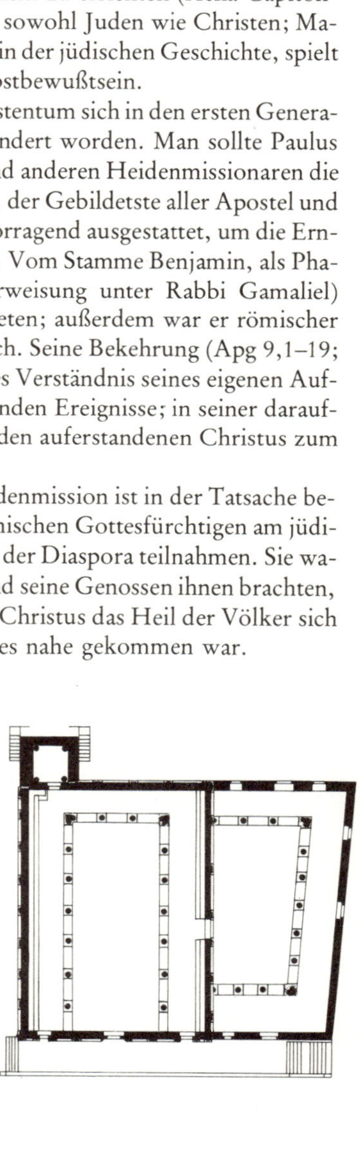

Grundriß der Synagoge von Kapernaum, Palästina.
(Beachte den Seitenraum für "Gottesfürchtige" aus den Heiden).

Die Sekte vom Toten Meer

Renaissance und Reformation beflügelten die Gelehrten zu einer intensiven Beschäftigung mit frühen Quellen, klassischen wie christlichen. Daß die »Konstantinische Schenkung«, die im Mittelalter dem Papsttum große Dienste geleistet hatte, als eine Fälschung des 8. oder 9. Jh.s entlarvt wurde (Lorenzo Valla, 1440), war wahrscheinlich das dramatischste wissenschaftliche Ereignis der Renaissance mit weitreichenden Folgen für das Kirchenrecht. Im nächsten Jh. begannen archäologische Entdeckungen mit dem Wiederauffinden (1578) der christlichen Versammlungs- und Beerdigungsstätten in den Katakomben von Rom. Mit der Entwicklung der historischen und vergleichenden Methode im 19. Jh. wurde die Betonung der Quellen und die Feststellung ihrer Echtheit (Leopold von Ranke, 1825–1886) ein Grundsatz wissenschaftlichen Arbeitens. Bei der Auffindung und Veröffentlichung von Inschriften wie in der Archäologie setzte Theodor Mommsen (1817–1903) einen hohen Standard. Von großer Wichtigkeit war die Entdeckung des Codex Sinaiticus durch Konstantin Tischendorf im St. Katharinenkloster am Fuße des Sinai (1844, 1859). Dieser Codex, der auf das späte 4. Jh. zurückgeht, enthielt die Bücher des AT und NT, *Barnabas* und Teile des *Hermas.* Zusammen mit dem Codex Vaticanus wurde er das Hauptwerkzeug für nachfolgende Bibelübersetzungen.

Die Entdeckungen rissen im 20. Jh. nicht ab. In Dura Europos in Kleinasien (zuerst von Prof. J. H. Breasted 1921 erforscht) wurden die erste bekannte Synagoge (ca. 245) und die früheste bekannte christliche Kirche (ca. 232) freigelegt. Letztere war eine »Hauskirche«, durch die Zusammenlegung zweier Räume entstanden. Bei Nag Hammadi am Nil wurden um 1946 heilige Schriften entdeckt, die einen ägyptischen und syrischen Gnostizismus widerspiegeln. Das wichtigste Einzelstück war das sog. Thomas-Evangelium. Diese und andere Texte haben das Bild der Begegnung der Orthodoxie mit den verschiedenen Systemen halbchristlicher Anpassung an Platonismus, Zoroastrismus und die Mysterienreligionen wesentlich vervollständigt.

Die aufsehenerregendste moderne Entdeckung war das Auffinden der Rollen in den Höhlen nahe Qumran am Toten Meer (1946–1957).

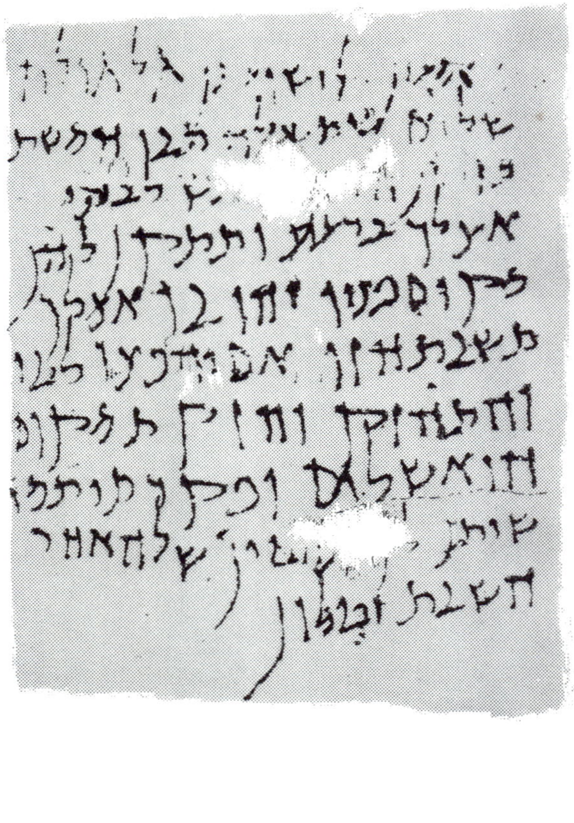

Brief Bar-Kochbas an einen Hauptmann

Auf Hebräisch und Aramäisch bieten die Rollen Texte des AT, der Apokryphen und Pseudepigraphen sowie einige Schriften, die der mönchischen Gemeinschaft eigen und wichtig waren und die man offenbar während des ersten jüdischen Aufstands (66–70) versteckte. Die Entdeckungen von Qumran sind u.a. deshalb wichtig, weil viele Lehren und Praktiken der Qumran-Gemeinschaft auffällige Parallelen zum Christentum aufweisen, ähnlich den pharisäischen Lehren, über die man schon mehr wußte.

Qumran war offenbar von ca. 135 v.Chr. bis 70 n.Chr. bewohnt. Die Angehörigen der Gemeinschaft betrachteten sich selbst als »gläubigen Rest« und erwarteten das unmittelbar bevorstehende Ende der Geschichte. Dem Volksglauben an die kommende Erlösung Israels, verkündet durch einen Lehrer der Gerechtigkeit, verliehen sie hochgespannten Ausdruck. Zu ihren kultischen Handlungen gehörten eine jährliche Gedenkfeier an den Bundesschluß und ein regelmäßiges heiliges Mahl, in dem Brot und Wein die Elemente darstellten. Ihre Hauptschriften waren Kommentare zum AT, in denen die Schreiber zeigten, wie alttestamentliche Verse in ihrer eigenen Zeit erfüllt wurden, Danksagungspsalmen (zum guten Teil auf den kanonischen Psalmen aufgebaut), ein apokalyptisches Buch, das die Forscher »der Krieg der Söhne des Lichts gegen die Söhne der Finsternis« nennen, und ein ausführliches Handbuch der Disziplin, das der christlichen *Didache* ähnlich ist.

Qumran

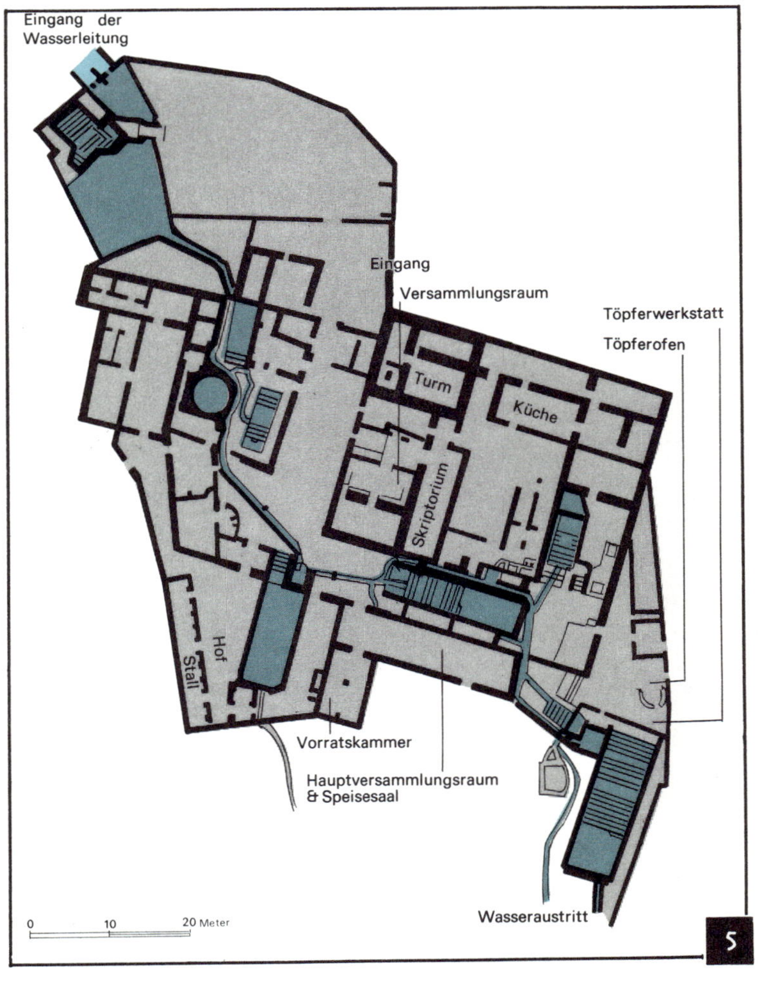

Wassersystem

B. Die Welt der Griechen

Über sechs Jh. beherrschte die griechische Sprache, Kultur und Philosophie die gebildeten Zirkel des Mittelmeerraumes. Von der Zeit Alexanders des Großen (349–323 v.Chr.) bis zum Konzil von Nicäa (325 n.Chr.) war Griechisch die Sprache der Politik, Philosophie und Religion. Nachdem das Christentum sich in seinen ersten Jahren als jüdische Gruppe verstanden hatte, entwickelte es sich später in den Bahnen griechischen Denkens und Handelns.

Zwei Grundprobleme wurden von den Griechen niemals gelöst: 1. Wie konnte die Freiheit, deren sich die Bürger erfreuten, auf Freigelassene und Sklaven, die in Athen die ersteren im Verhältnis von 19:1 überragten, ausgedehnt werden? 2. Wie konnten Bündnisse gefestigt werden, ohne daß besiegte Städte zum Untertanendienst gezwungen wurden, statt sie als gleiche und freie Partner zu behandeln? Der Stadtstaat *(Polis)* blieb die Grundlage der griechischen Zivilisation, mit allen Vor- und Nachteilen einer solchen Gesellschaft.

Unter Solon (ca. 640–599 v.Chr.) wurde der politische und wirtschaftliche Status der Bürger gesichert. Pythagoras, der erste, der sich »Philosoph« nannte, lebte von ca. 580–504 v.Chr. Unter Perikles (ca. 495–429 v.Chr.), der die Künste und Wissenschaften förderte, erreichte die Stadt ihren Höhepunkt. Die Epoche des Kampfes mit dem Persischen Reich war die Zeit größter kultureller Anstrengungen; die Perser brannten den Tempel auf der Akropolis 480 v.Chr. nieder, aber 448 wurde ein Friede ausgehandelt. Der Peloponnesische Krieg begann 431 v.Chr., und noch bevor dieser Bürgerkrieg beendet war, waren die politischen Hoffnungen und die wirtschaftliche Substanz der Stadtstaaten zerstört.

Als Athen seinen Höhepunkt erreicht hatte und der Niedergang begann, traten jedoch zwei Männer auf, die von entscheidender Bedeutung für die ganze nachfolgende Geschichte waren: Platon (428–348 v.Chr.) und sein Schüler Aristoteles (384–322 v.Chr.). Während diese intellektuellen Riesen die Methode des kritischen Dialogs vervollkommneten, wurde allerdings leider die einfache Demokratie der Bürgerversammlung durch Demagogen zerstört, die die Kunst der Überredung beherrschten, aber keine Bindung an die Wahrheit besaßen. Weil er die Wahrheit über die Loyalität gegenüber den Stadtgöttern gesetzt hatte und deshalb »die Jugend verführte«, wurde der Lehrer des Platon, Sokrates (469–399 v.Chr.), zum Selbstmord gezwungen. Dies ließ vorausahnen, daß die Freiheit in Diktatur und Militarismus enden würde.

Auch Alexander förderte während seines kurzen Lebens die Wissenschaft. Die Überlegenheit seiner militärischen Formationen, besonders die Entwicklung der Phalanx, führte ihn von Sieg zu Sieg bis nach Indien und Ägypten. In seinem Gefolge war keiner für die Geistesgeschichte wichtiger als General Ptolemäus (366–283 v.Chr.), der Begründer der ägyptischen Dynastie und Gönner der Dichter und Gelehrten. Von ca. 300 v.Chr. an wurde Alexandrien das wichtigste Zentrum des Hellenismus; unter dem Patronat der Ptolemäer kam es zum Aufbau der größten Bibliothek der alten Welt (ca. 400000 Bände) und des *Museums* (Universität). Unter den Gelehrten erfreuten sich der königlichen Unterstützung besonders der Mathematiker Euklid (ca. 300 v.Chr.) und Archimedes (287–212 v.Chr.) und der Begründer der wissenschaftlichen Astronomie, Hipparchos (gest. 125 v.Chr.).

Die ersten Riten der griechischen Religion (Demeter, Dionysius und Persephone) wurden in Rom schon 490 v.Chr. eingeführt, und die römische Assimilation der griechischen Kultur schritt schnell voran, trotz des Widerstandes von Männern wie Cato (234–149 v.Chr.). Entweder überwanden die griechischen Götter ihre römischen Ebenbilder, oder sie erschienen einfach unter lateinischen Namen: Zeus/Jupiter, Hera/Juno, Hermes/Merkur, Poseidon/Neptun. Apollo, der spätere Lieblingsgott des Octavius Augustus (63 v.Chr. – 14 n.Chr.), des ersten römischen Kaisers, hatte schon 431 v.Chr. einen Tempel in Rom. Zu gegebener Zeit hatten dann *Dea Roma* und Augustus ein Heiligtum auf der Akropolis.

Auf bestimmten Gebieten, etwa dem der Musik, lernten die Römer fast alles von den Griechen. Von 30 v.Chr. bis 529 n.Chr., als Justinian die Philosophenschulen schloß, wurde die griechische Kultur von der römischen Macht getragen. Aber innerhalb der Zeitspanne erhob sich eine neue Macht, das Christentum, das die griechische Gedankenwelt veränderte, indem es sie von ihren Ursprüngen in den kultischen Riten reinigte, und das im Gegenzug vom Griechentum verändert wurde.

Der griechische Hintergrund

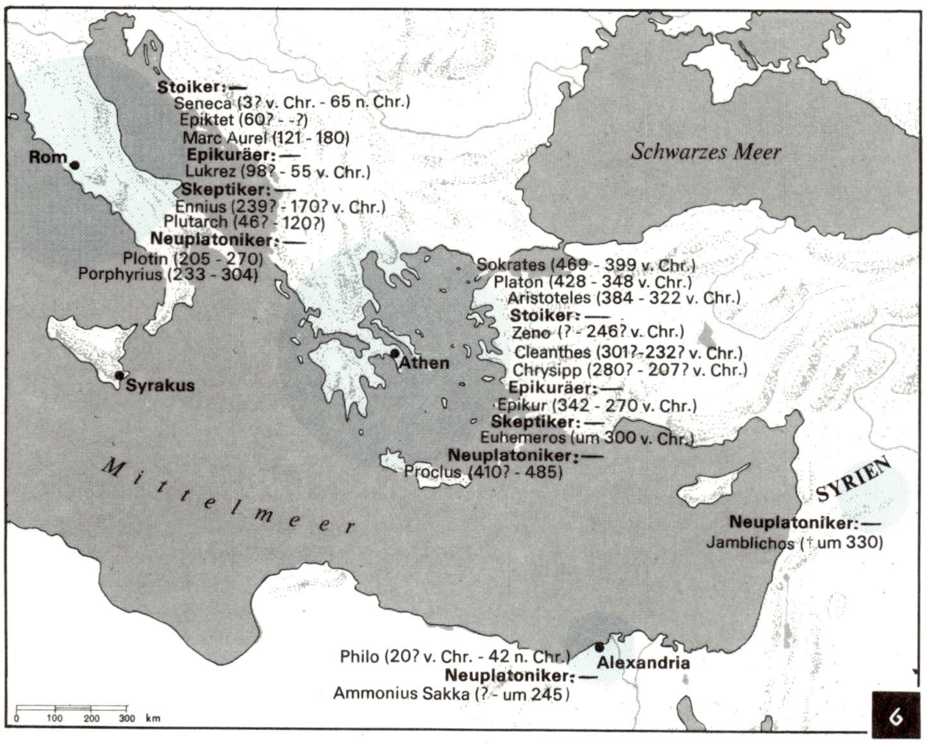

Sokrates

Platon

Aristoteles

Seneca

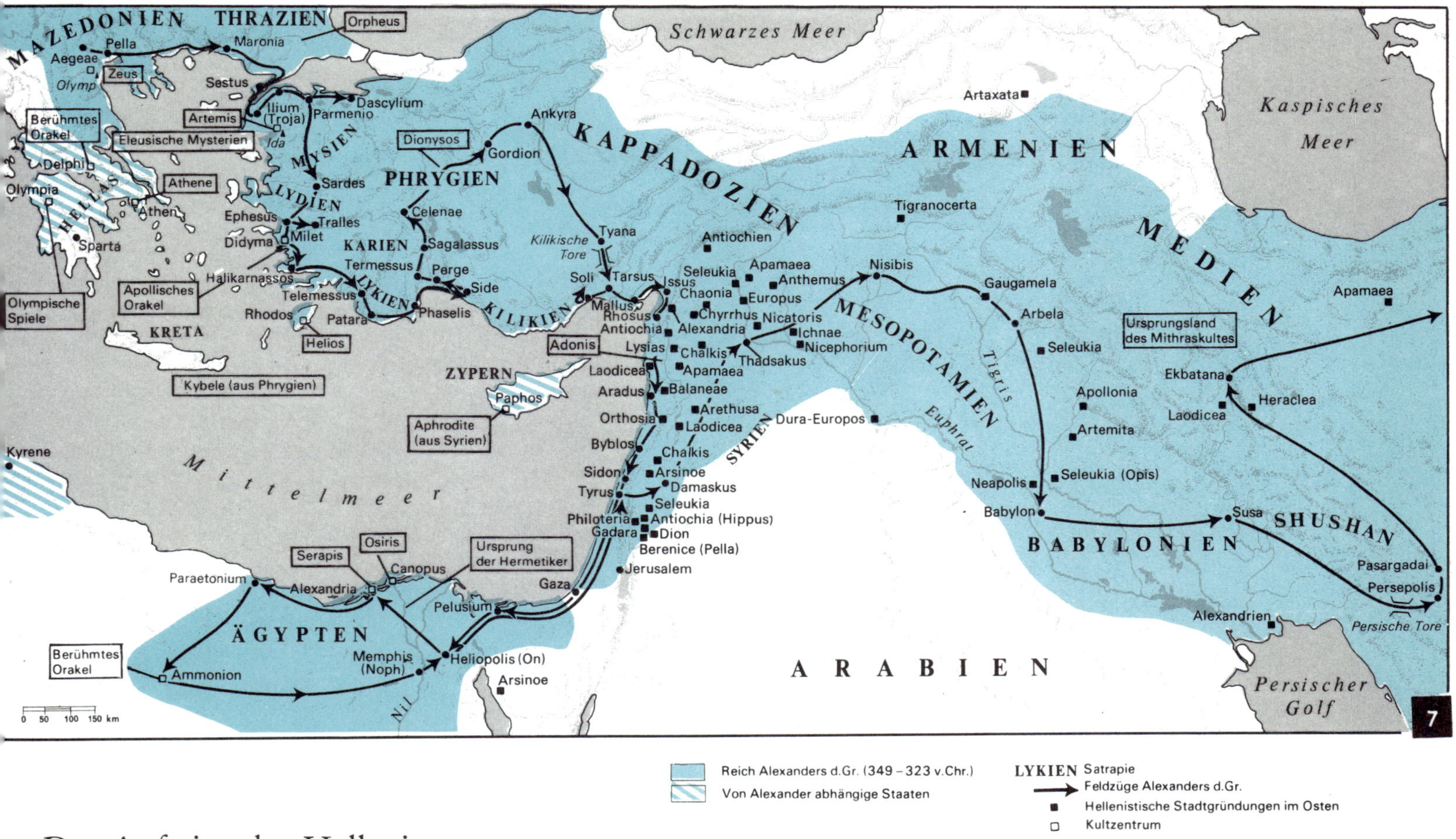

Der Aufstieg des Hellenismus

Die drei großen Perioden der griechischen Sprache und Kultur waren die athenische, die alexandrinische und die römische Zeit. Während der Zeit der ersten christlichen Generationen war die Sprache der Gebildeten Griechisch. Paulus sprach Griechisch; berühmt ist seine Rede auf dem Areopag (Apg 17,19–34), seit Solon Zentrum athenischer Gerichtsbarkeit. Die Briefe des Paulus waren im hellenistischen Griechisch verfaßt. Trotz offenen Widerspruchs gegen die griechische Kultur und besonders gegen die Götterverehrung wurde das jüdische Denken während der zwischentestamentarischen Zeit doch von der griechischen Philosophie infiltriert. Viele Arten der Anpassung und der Apologetik, die in dieser Zeit entwickelt wurden, fanden in der frühen Periode der Kirchengeschichte ihre Fortsetzung, besonders bei den »Logosvätern«. Während der ersten drei Jh. der kaiserlichen Periode waren griechische Sprache und Gelehrsamkeit vorherrschend. Als das Christentum zur Staatsreligion erhoben wurde, war es vollkommen hellenisiert. Tertullian (ca. 150–230) war der erste Kirchenvater, der Latein benutzte; Novatian (251) war der erste Kirchenführer in Rom, der Latein statt Griechisch benutzte.

Alexanders des Großen Traum von einem Weltreich beeinflußte politische Herrscher bis hin zu Karl dem Großen (742–814). Aber den Haupteinfluß auf das frühe Christentum bildeten die Philosophen, deren Gedankenwelt man annahm, christianisierte und zu den geistigen Waffen der Kirche erhob. Unter diesen ragten besonders hervor:

Platon und Aristoteles;

die Stoiker, besonders Seneca (3? v.Chr. – 65 n.Chr.) und Marc Aurel (121–180);

die Epikuräer, besonders Epikur (342–270 v.Chr.) und Lucrez (98?–55 v.Chr.);

die Neuplatoniker, besonders Plotin (205–270), Porphyrius (233–304), Jamblichos (gest. ca. 330) und Proclus (410?–485).

Bis zum heutigen Tage sind Platon und Aristoteles gestaltende Kräfte in der christlichen Gedankenwelt. Der Stoizismus hatte bleibenden Einfluß auf die christliche Ethik, besonders auf die Theorien des Naturrechts. Augustin (354–430) und Synesios (378–430) waren unter den wichtigen Theologen der frühen Christenheit, die vom Neuplatonismus beeinflußt waren.

Das Hebräische ist eine Sprache der Aktion, das Lateinische eine Sprache der Befehle, der Verwaltung und des Rechts, das Griechische eine Sprache der Gefühle, der Meditation und der subtilen Nuancen. Als die Christen aus den Heiden die Oberhand gewannen, änderten sich die Grundthemen des Glaubens. Unter den einfachen Gläubigen gewann der Gedanke der Unsterblichkeit große Popularität und ergänzte oder verdrängte sogar die Hoffnung auf die Auferstehung. Unter den Gebildeten drohte die Spekulation an die Stelle der »Sprache der Ereignisse« zu treten. Der sichere Halt der Geschichte, der die jüdische Art kennzeichnete, wich dem Verlangen nach universalen Wahrheiten und universalen Werten.

Athen zur Zeit des Paulus

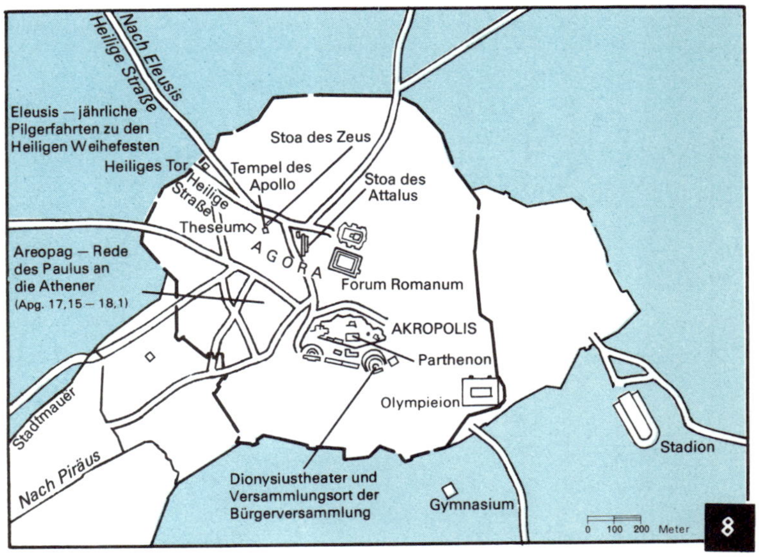

C. Die griechisch-römische Welt

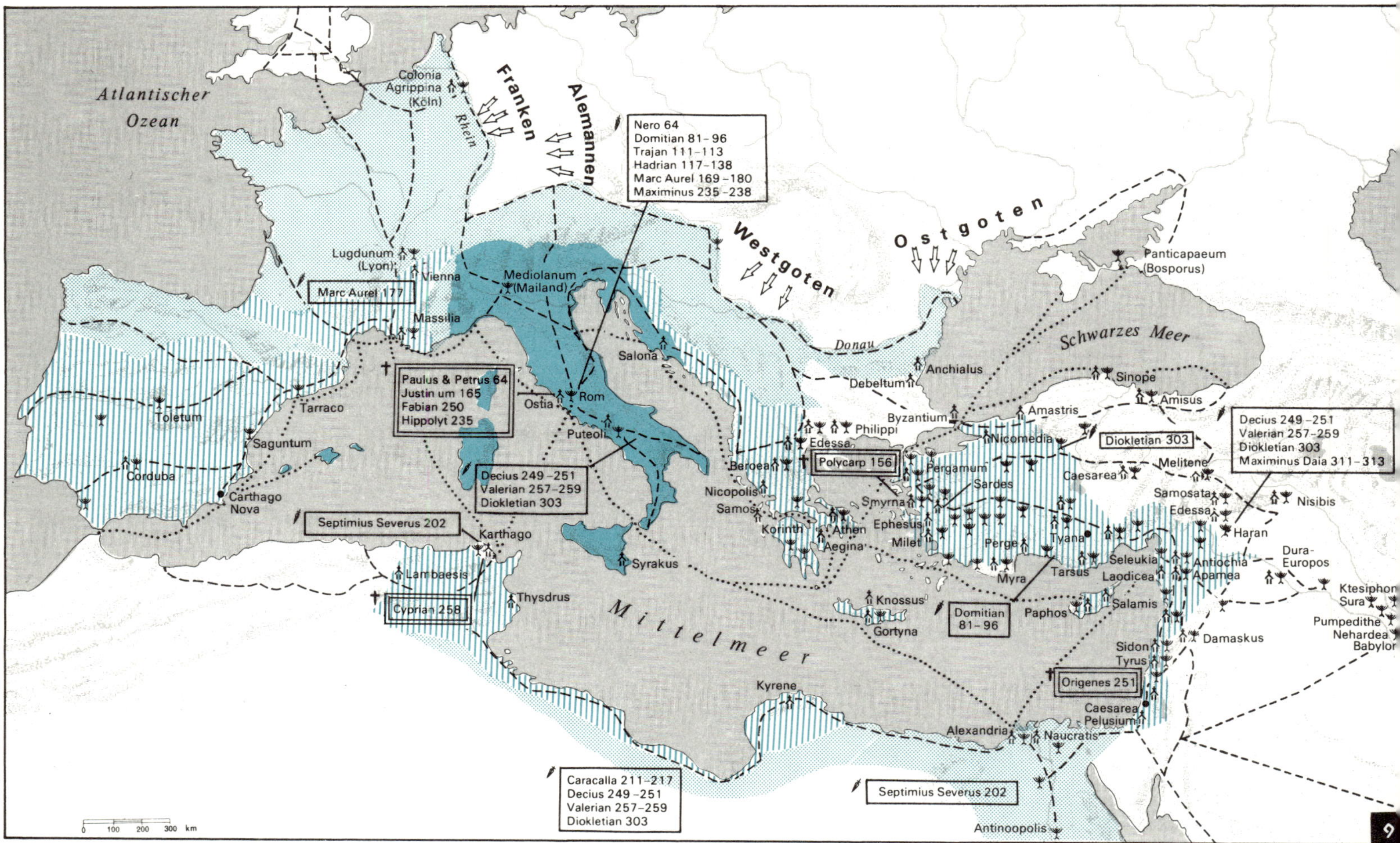

Das römische Reich am Ende des 2ten punischen Krieges 218–01 v.Chr.
Das römische Reich unter Julius Caesar 44 v.Chr.
Das römische Reich im Todesjahr des Oktavian Augustus 14 n.Chr.
Jüdische Gemeinde
Christliche Gemeinde
Märtyrer
Christenverfolger
Handelswege

ZUG DER GÖTTER NACH ROM

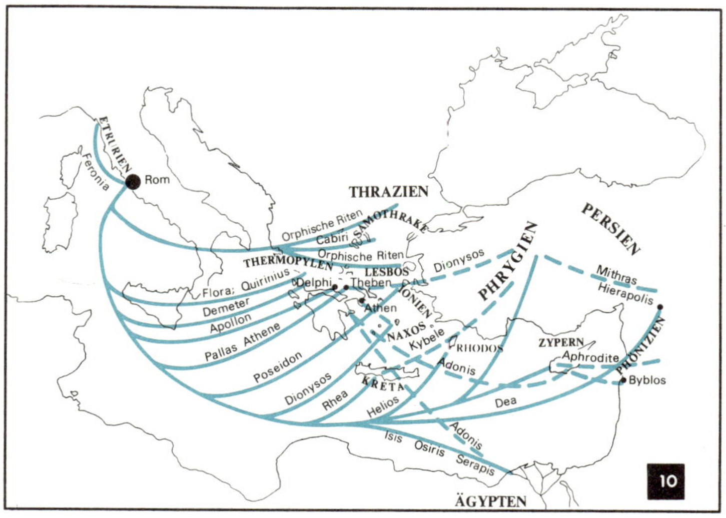

Das Christentum unter der römischen Knute – bis 325

Die römische Republik fiel in die Hände des Militärdiktators Julius Cäsar (102?–44 v.Chr.). Nach seinem Tod besiegte sein Erbe Octavian (63 v.Chr. – 14 n.Chr.) im Bunde mit Antonius die republikanischen Kräfte. Octavian brach dann mit seinen Verbündeten und machte sich durch seinen Sieg über Antonius und Kleopatra bei Aktium (31 v.Chr.) zum Herrn über die römische Welt. Was vom Senat übriggeblieben war, verlieh ihm den Titel Augustus (»ehrwürdig«), und er machte ausgiebig Gebrauch von solchen religiösen Symbolen, um seine politische Macht zu stärken.

Das römische System war »tolerant«, obwohl der Anspruch religiöser Ehren für Octavian und seine Nachfolger ein Element einbrachte, das der römischen republikanischen Tradition fremd und für Juden und Christen gefährlich war. Die fähigsten Kaiser waren die für die Kirche schwierigsten und wurden die schlimmsten Verfolger. Sie waren nämlich fest entschlossen, ein Pantheon von gleichrangigen regionalen Gottheiten dazu zu gebrauchen, die Einheit des Weltreiches zu stärken.

Allgemein zählen die Kirchenhistoriker zehn größere Verfolgungen, die unter Nero mit einer lokalen Verfolgung (64 in Rom) begannen und mit der heftigsten Verfolgung von allen unter Diokletian (303) endeten. In den frühesten Jahren scheinen die Christen unangenehm aufgefallen zu sein, weil sie als Nachfolger eines Mannes galten, der als jüdischer Rebell gekreuzigt worden war, und weil sie es ablehnten, Waffen zu tragen. Später wurden sie wegen ihrer Intoleranz gegen alle anderen Götter verachtet. Vor allem aber verkündigten sie eine Botschaft, die die staatlich verordnete Geschichtsschau herausforderte. Seit dem ersten Kaiser, Octavian, wurde nämlich alles von der Gründung Roms an datiert (753 v.Chr. nach Varro, 751 nach Cato). Der Glaube der Christen, daß mit Christus ein neues geschichtliches Zeitalter angebrochen war, und ihre Weigerung, dem regierenden Augustus die religiösen Ehren zu erweisen (wie sie von allen Bürgern seit 249 verlangt wurden), waren Zeichen einer gänzlich anderen Schau des Menschen, seines Wesens und seiner Bestimmung.

Roms Militarismus war mit dem frühen Christentum nicht vereinbar. Außerdem kam es im Laufe der Zeit immer mehr dazu, daß die Kaiser von den Legionen gewählt wurden, um Kriegsherren zu sein, die sich gegen Rivalen mit brutaler Gewalt durchsetzen mußten. Die christenfeindlichen Kaiser stammten oft aus Grenzgebieten, wie Hadrian (in Spanien geb.) und Septimius Severus (in Afrika geb.), die Juden und Christen verfolgten, Decius (geb. in Pannonia, nordwestlich von Thrazien), und Diokletian (geb. in Dalmatien). Und Männer aus Grenzgebieten, die zentralistische Symbole angenommen haben, sind diesen bekanntermaßen leidenschaftlicher ergeben als solche, die mit ihnen aufgewachsen sind. Die blutrünstigen kriegerischen Symbole und Praktiken wurden in den Augen der Christen durch die Grausamkeit gegenüber der Kirche besiegelt. Rom war also ein anderes »Babylon, die Mutter der Buhlerinnen und der Greuel der Erde . . . trunken vom Blute der Heiligen und vom Blute der Zeugen Jesu . . .« (Offb 17,5f.).

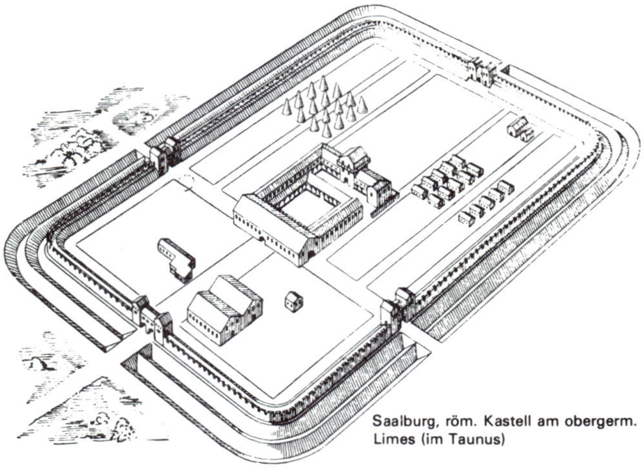

Saalburg, röm. Kastell am obergerm. Limes (im Taunus)

Die römische Eroberung Britanniens 54 v.Chr. – 82 n.Chr.

Karte 9 zeigt die Daten der Eroberung der verschiedenen Territorien des Reiches, aber auch den Druck der unbesiegten Stämme aus dem Osten. Die Hauptaufgabe der Kaiser bestand darin, mit Hilfe ihrer Truppen eroberte Völker zu befrieden, den befestigten *Limes* zu verteidigen oder gegen das Persische Reich zu Felde zu ziehen. Marc Aurel schrieb seine klassischen Meditationen in einem Kriegszelt. Decius fiel im Kampf mit den Goten. Valerian verschwand im Kriege gegen die Perser. Septimius Serverus starb in York, und Konstantin war in York, als er von seinen Truppen zum Kaiser ausgerufen wurde (306) – eine Stellung, die er aber erst nach 17 Jahren Bürgerkrieg sicher hatte.

Britannien lag am äußersten Rand des Reiches, und seine Befriedung verlangte seit der Zeit des Julius Cäsar den Einsatz einiger der begabtesten Feldherren Roms.

Das Hauptverbreitungsgebiet des Christentums außerhalb Palästinas war in der frühen Zeit Kleinasien. In die entfernteren Gebiete des Reiches gelangte es über die Handelsstraßen, und es könnte auch unter den Truppen insgeheim einige Christen gegeben haben. In Britannien ist eine keltische Kirche seit dem 2. Jh. nachweisbar; Delegierte nahmen an der Synode von Arles (314) teil.

Römische Eroberungszüge
- Julius Caesar 54 v.Chr.
- Aulus Plautius 43–47 n.Chr.
- C. Suetonius Paulinus erfolgreich gegen die Erhebung in Britannien 61 n.Chr.
- Agricola, 78–84 n.Chr.
- Römische Straßen

Die zwölf Apostel in der Tradition

Eine der ältesten Legenden der christlichen Kirche ist in Karte 12 dargestellt. Ihr zufolge sollen die elf Jünger bis an die Enden der Erde gegangen sein, wie Jesus ihnen befohlen hatte (Mt 28,16–20; Mk 16,14–20). Daraus zogen die Reformatoren des 16. Jh.s, die in ihrem Kampf mit Rom das apostolische Zeitalter von den folgenden Fehlentwicklungen abtrennen wollten, den Schluß, der Missionsbefehl sei während der frühen Periode erfüllt worden und gelte nun nicht mehr.

Erst die Entdeckung Amerikas und die Erkenntnis, daß es viele Stämme gab, die die Jünger unmöglich erreicht haben konnten, ließ in den etablierten protestantischen Kirchen die Vorbehalte gegenüber einer organisierten Mission schwinden. Adrianus Saravia (1531–1613), ein holländischer Calvinist, hat das Verdienst, als erster neu die Pflicht zur Mission betont zu haben. Er wurde aber sofort von dem Schweizer Calvinisten Theodor Beza (1519–1605) angegriffen. Täufer, radikale Puritaner und römische Katholiken waren – aus unterschiedlichen Gründen – entschlossen, den Geist des apostolischen Zeitalters lebendig zu halten.

Für die Heidenchristen späterer Generationen war die Sendung der »Zwölf« und der »Siebzig« höchst bedeutsam. Aber während sich die Heidenchristen von dem jüdischen Kult- und Zeremonialgesetz lösten und der griechischen Kultur freien Eingang gewährten, steuerte die Kirche in Jerusalem einen anderen Kurs. Unter Jakobus, einem Bruder Jesu (Mk 6,3), hielt sich eine Art Kalifat. Bei den Judenchristen war das patriarchalische Modell akzeptabel, während bei den hellenistischen Christen die Funktion der Volksversammlung *(ekklesia)* das Modell für die Wahlen der Leitungsgremien abgab. Nachdem unter Hadrian (135) auf den Ruinen des zerstörten Jerusalem eine heidnische Stadt mit einem heidnischen Tempel aufgebaut worden war, die *Aelia Capitolina,* wurden alle Juden aus der Region verbannt. Erst nach den Besuchen Helenas, der Mutter Konstantins des Großen, und der Errichtung heiliger Schreine an verschiedenen »heiligen Stätten«, erreichte Jerusalem wieder als eine christliche Stadt Bedeutung – allerdings dann als Heidenkirche unter der Oberhoheit des Bischofs von Cäsarea.

Eine judenchristliche Gruppe hielt sich für eine Zeit östlich des Jordan. Diese »Ebioniten«, die Epiphanius (ca. 315–403) in seinem Buch *Panarion* (unserer Hauptquelle) als »Häresie« einstufte, betonten den bindenden Charakter des mosaischen Gesetzes und meinten, durch eine adoptianische Christologie einen strengen Monotheismus sichern zu müssen.

Die adoptianische Christologie – die Lehre, daß Jesus bei seiner Taufe seine Adoption durch Gott erfuhr (Mk 1,9–11) – war nur eine der möglichen Lösungen des Geheimnisses, wie der Jesus der menschlichen Geschichte zugleich der Christus der heiligen Geschichte sein konnte. Bis in die Diskussionen um das Werk Rudolf Bultmanns (1884–1976) hat die Kirche mit der Antwort auf Jesu Frage gerungen: »Wer sagen die Menschen, daß ich sei?« (Mk 8,27). Für Bekehrte aus dem Judentum, besonders solche, die im Zeitalter eines wuchernden Polytheismus vom strengen Monotheismus der jüdischen Synagoge gefesselt gewesen waren, war es schwierig, Jesus mit Gott zu identifizieren. Für Bekehrte aus dem Heidentum, die ihre eigenen Sippen- und Stammesgeschichten hatten, war es schwierig, die jüdische Heilsgeschichte als Mitte und Jesu besondere Stellung in ihrer christlichen Interpretation zu akzeptieren.

Die Ausbreitung des Christentums unter den heidnischen Stämmen warf intellektuelle und praktische Probleme auf. Ein toleranter Kaiser wie Alexander Severus (Kaiser 222–235) war bereit, in seinem Heiligtum eine Statue von Jesus neben denen des Orpheus, Abraham, Alexanders des Großen und einigen seiner als »Augustus« verehrten Vorgänger aufstellen zu lassen. Ein ebenso toleranter Kaiser, Julian (Kaiser 361–363), der von sich befehdenden Christen erzogen worden war, wandte sich gegen die Intoleranz der neuen Religion, wurde in die eleusischen Mysterien eingeweiht und versuchte, den Absolutheitsanspruch des Christentums durch Erneuerung der heidnischen Götterkulte abzuwerten. Ob man sich nun die Auffassung eines Zosimus (zweite Hälfte des 5. Jh.s) und eines Edward Gibbon (1737–1794) zu eigen macht, daß der Triumph des Christentums den Untergang Roms mit sich brachte, oder der traditionellen kirchlichen Ansicht folgt, daß die Christianisierung Rom gerettet hat – außer Zweifel steht, daß die christliche Weltsicht und Lebensauffassung das Reich in Frage stellte. Als Konstantin an die Macht kam und die Christen auf Kosten der heidnischen Kulte (und der Juden) bevorzugte, war das Christentum zum mächtigsten System mit der bestorganisierten Anhängerschaft herangewachsen.

Die Auseinandersetzungen um die Christologie und die frühen Konzile 2.–3. Jh.

Die gefährlichste Herausforderung des frühen Christentums ging von einer Gegenkirche aus, die ein reicher Laie namens Marcion (gest. ca. 160) leitete. Durch Erziehung und Anschauung dem Heidentum verhaftet, fand Marcion den (jüdischen) Gott des AT unwürdig, von den Christen verehrt zu werden: Er war dem erfolgreichen Herrn aus Rom zu blutdürstig, willkürlich, eng und partikularistisch. Marcion, 144 von der Kirche exkommuniziert, organisierte Gemeinden, die sich einzig Jesu Evangelium der Liebe hingaben; dabei war er so erfolgreich, daß so unterschiedlichen Männern wie Tertullian, Irenäus und Bardesanes sich mit ihm auseinandersetzten. Da er eine Bibelausgabe vorbereitete, aus der er das AT und die jüdischen Elemente des NT ausließ, war die Kirche gezwungen, ihren eigenen Kanon aufzustellen.

Paul von Samosata (wirksam ca. 260–272), Bischof von Antiochien, meinte, daß Christus nur gradweise von den Propheten unterschieden sei. Noetus von Smyrna (wirksam ca. 180–200) lehrte, daß es Gott in der Erscheinungsweise Jesu war, der geboren wurde, litt und gekreuzigt wurde. Eine wichtige Folge der Kontroverse, die Jesus Christus zu einem Übermenschen, einem Menschen oder der bloßen Erscheinung eines Menschen zu reduzieren drohte, war, daß die Lehre von der Jungfrauengeburt (vgl. Mt 1,20; Lk 1,26–38) akzentuiert wurde – die symbolische Garantie, daß er »wahrer Gott von wahrem Gott; erzeugt, nicht geschaffen« war, wie bald formuliert wurde.

Daß Jesus Christus wahrer Gott und wahrer Mensch war, wurde zu dieser Zeit am wirkungsvollsten durch Irenäus (ca. 200) vertreten. Der Bischof von Lyon berief sich besonders auf die Autorität der Tradition und auf die Glaubwürdigkeit derer, die die Wahrheit in einer ununterbrochenen Kette zuverlässig weitergegeben hatten – die Apostel und Bischöfe. Er bestärkte die Tendenzen in der Kirche, eine hierarchische Struktur zu entwickeln. Da das Argument, daß wir bekennen, weil unsere Väter geglaubt haben, nicht unmittelbar einleuchtet, verlagert sich das Zentrum der Autorität in der Kirche: vom geistgewirkten Charisma zu dem Amt, das die Tradition repräsentiert.

Die Kirche des 2. Jh.s brauchte viel Energie zum bloßen Überleben und brachte darüber hinaus noch eine Reihe von hervorragenden Theologen und Kirchenfürsten hervor. Unter den »apostolischen Vätern« gibt Clemens von Rom (wirksam ca. 93–97), wichtige Einblicke in Wesen und Funktion der frühen Ämter. Ignatius von Antiochien (ca. 35 – ca. 107; Martyrium) verteidigte wirkungsvoll die Autorität des Bischofs. Polykarp von Smyrna (ca. 69 – ca. 155; Martyrium) erreichte in einem Übereinkommen mit dem Bischof von Rom, daß die verschiedenen Kirchen Ostern gemäß den örtlichen Gebräuchen feiern konnten. (In dieser Zeit gingen viele heidenchristliche Gemeinden dazu über, Ostern nicht mehr nach dem jüdischen Kalender, d.h. nach dem Passah festzulegen, sondern nach den heidnischen Frühlingsfesten). Die *Didache* (ca. 130–160) ist ein wichtiges Buch der Gemeindezucht.

Die »Apologeten« setzten sich überzeugend mit den gebildeten Heiden auseinander. Der prominenteste war Justin der Märtyrer (ca. 100 – ca. 165), der erste christliche Philosoph, der versuchte, den Glauben mit dem Rationalismus der heidnischen Philosophie in Übereinstimmung zu bringen. In seinem »Dialog mit Tryphon« schrieb er heftig gegen die Juden, verwies das AT und seine Anschauungen auf eine frühere Stufe und behauptete, daß die Kirche dazu berufen sei, an die Stelle des »alten« Israel zu treten. Jedoch nahm sein Schüler Tatian (ca. 160) eine gegenteilige Position ein. Er schrieb ein Leben Jesu, das aus den vier Evangelien zusammengestellt war, das *Diatessaron,* und griff sodann leidenschaftlich die griechische Zivilisation an, indem er deren Unvereinbarkeit mit den (jüdischen) Ursprüngen und der Reinheit des Christentums darstellte.

Der Prozeß, den heidnischen Intellektuellen Jesus Christus in ihren Begriffen nahezubringen, erreichte seinen frühen Höhepunkt in den Lehren der »Logosväter«. Clemens von Alexandrien (ca. 150 – ca. 215) – Vorgänger des Origenes als Haupt der berühmten Katechetenschule – identifizierte Christus mit dem Logos als Quelle aller menschlichen Einsicht und als Offenbarer Gottes an die Menschheit.

Der Gebrauch der Logoslehre sicherte den Bereich ab, den frühere Anhänger des Doketismus eingenommen hatten, und machte denen, die in griechischer Philosophie gebildet waren, den Gott-Menschen verständlich. Man lief jedoch Gefahr, das Verständnis für Ereignisse, die sich in der menschlichen Geschichte abgespielt hatten, zu verlieren.

Julian Apostata

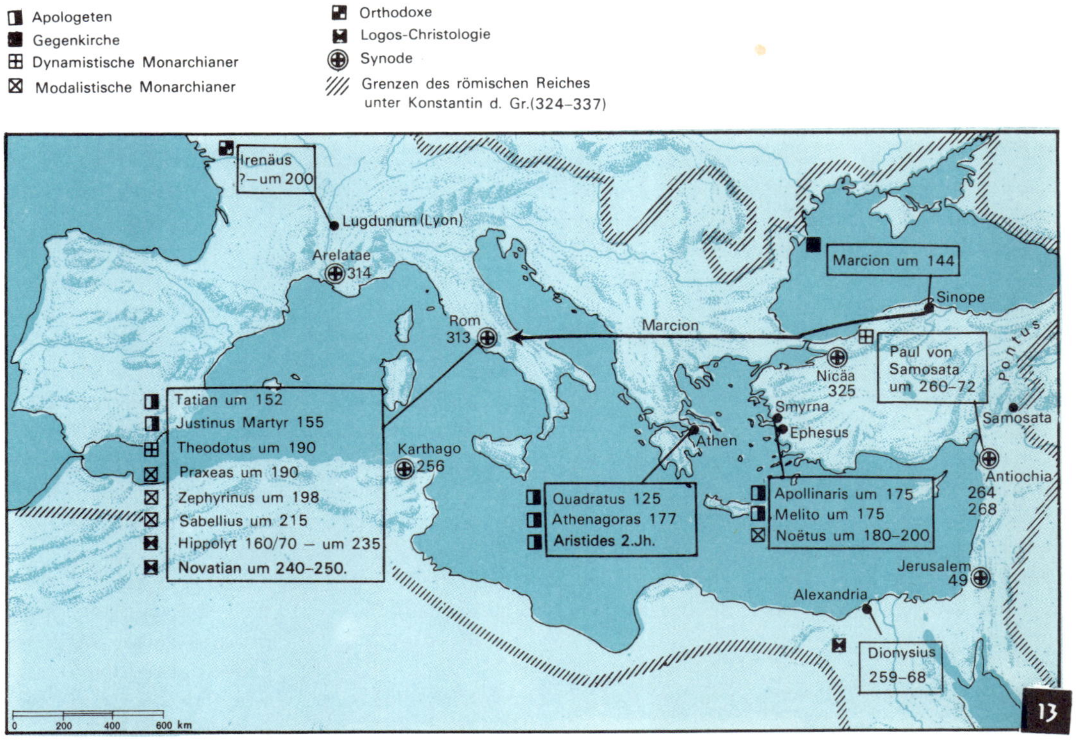

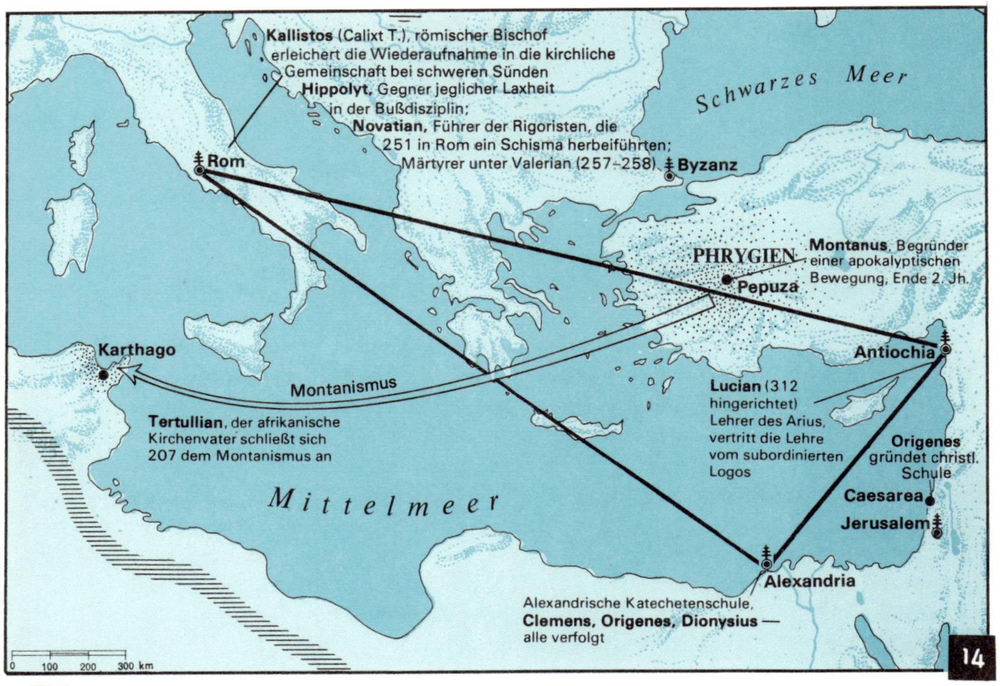
Kallistos (Calixt I.), römischer Bischof
erleichert die Wiederaufnahme in die kirchliche Gemeinschaft bei schweren Sünden
Hippolyt, Gegner jeglicher Laxheit in der Bußdisziplin;
Novatian, Führer der Rigoristen, die 251 in Rom ein Schisma herbeiführten;
Märtyrer unter Valerian (257–258)
Schwarzes Meer
Rom
Byzanz
PHRYGIEN
Montanus, Begründer einer apokalyptischen Bewegung, Ende 2. Jh.
Pepuza
Karthago
Antiochia
Montanismus
Lucian (312 hingerichtet) Lehrer des Arius, vertritt die Lehre vom subordinierten Logos
Tertullian, der afrikanische Kirchenvater schließt sich 207 dem Montanismus an
Origenes gründet christl. Schule
Mittelmeer
Caesarea
Jerusalem
Alexandria
Alexandrische Katechetenschule, Clemens, Origenes, Dionysius — alle verfolgt
0 100 200 300 km
14

Grenze des römischen Reiches im 3. Jh.

Montanisten

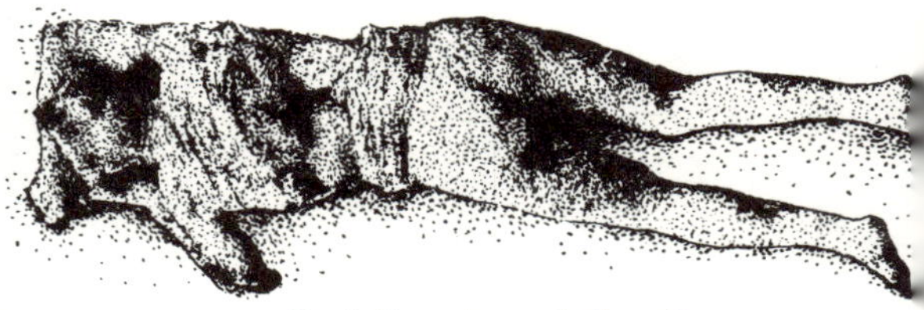

Mumie (Ausgrabungen in Pompeji)

Lehrer und Verfolgungen 2.–3. Jh.

Kaiser Decius (gest. 251) unternahm die erste systematische, sich auf das ganze Reich erstreckende Verfolgung der Kirche. Von allen Bürgern wurde der Nachweis verlangt, daß sie dem regierenden »Augustus« die religiöse Huldigung entgegengebracht hatten. Tausende von Christen wurden zu Märtyrern, während noch mehr nachgaben. Der Stand derer, die sich damals anpaßten, wurde über Generationen zu einem akuten Problem in den Kirchen und führte zu einer Trennung zwischen solchen, die »Abgefallene« wieder aufnahmen, und strengen Rigoristen. Cyprian (gest. 258), der Bischof von Karthago, der unter Decius litt und unter Valerian den Märtyrertod starb, befürwortete Buße und eine Verzögerung bei der Wiederaufnahme, lehnte aber den Rigorismus des Novatian (ca. 251) und der schismatischen Kirche, die dieser als Protest gegen die Laxheit der Kirche von Rom gründete, ab. Einige Jahre zuvor hatte Kalistos (Bischof von Rom 217–222) dadurch einen Präzedenzfall geschaffen, daß er Personen, die wegen grober Unmoral schuldig geworden waren, wieder aufnahm – ein Vorgehen, gegen das Hippolyt (ca. 170 – ca. 236) heftig protestierte. Die frühe Kirche hatte gegenüber Ehebruch, Mord und Abfall vom Glauben die strengste Kirchenzucht bewahrt. Je mehr die Zahl der Gemeindemitglieder wuchs, desto schwieriger wurde es, die Kirchenzucht aufrechtzuerhalten. Abgefallene wurden normalerweise wieder aufgenommen. Der Märtyrerkult lieferte dafür die notwendige ideologische Basis: Nach der Decischen Verfolgung in Nordafrika wurden große Mengen der Abgefallenen unter Hinweis auf die Verdienste der Märtyrer wieder aufgenommen.

Unter Diokletian (303) kam es zu der schlimmsten und am besten organisierten Verfolgung. Diokletian, ein fähiger Verwalter, der die politischen Strukturen des Reiches abstützte und die heiligen Symbole, mit denen seine Person als Kaiser verbunden war, vermehrte, begann damit, daß er die Vernichtung der Kirchen und die Verbrennung heiliger Bücher anordnete. Spätere Edikte zielten besonders auf die Kleriker; dann folgte ein Generalangriff auf die führerlose Laienschaft. Anschließend trat in Nordafrika eine Spaltung ein zwischen denen, die die gelockerte Kirchendisziplin Roms akzeptierten, und denen, die *Traditores* (Personen, die heilige Schriften an die Behörden ausgeliefert hatten) auslieferten.

Die Position der Rigoristen wurde von orthodoxen Synoden und von Konstantin und seinen Nachfolgern zurückgewiesen. Die Macht der Bischöfe, die Vergebung aussprachen und Abtrünnige kraft ihrer Amtsautorität wieder aufnahmen, wurde entsprechend erhöht.

Die kirchlichen Lehrzentren während der Verfolgungszeiten waren in Alexandrien, Rom und Antiochien. Die wissenschaftliche Arbeit der Katechetenschule in Alexandrien umfaßte sowohl weltliche Studien wie christliche Theologie. Letztere wurde mit dem Ziel betrieben, den Glauben gegenüber den gebildeten Schichten des Reiches zu beweisen. Dazu strömten Schüler aus dem gesamten Reich nach Alexandrien. Die berühmtesten Häupter der Schule waren Clemens von Alexandrien (ca. 190 – ca. 202), Origenes (ca. 202–231) und Dionysius (ca. 233–248). In Antiochien gründete Lucian (gest. 312) eine theologische Schule von bedeutsamem Einfluß: Unter seinen Schülern waren Arius (ca. 250 – ca. 336) und Eusebius von Nikomedien (gest. ca. 342), der Konstantin beriet und ihn auch taufte.

In Antiochien wurde der mehr historische und philosophische Umgang mit der Schrift gepflegt. Lucian z.B. veröffentlichte einen Text der vier Evangelien, der den späteren Übersetzungen von Erasmus und Beza zugrunde lag. In Alexandrien blühte der allegorische Stil der Interpretation. Origenes (ca. 185 – ca. 254), ein Laie und einer der fruchtbarsten und schöpferischsten Autoren in der Geschichte des Christentums, war Meister des »dreifachen Schriftsinns« – des wörtlichen, moralischen und allegorischen –; er zog die allegorische Methode vor. Dadurch war es möglich, im AT Typen und Ereignisse aufzuweisen, die auf Jesus Christus hindeuten.

Die Verfolgung führte einige Christen dazu, das unmittelbar bevorstehende göttliche Eingreifen in die menschliche Geschichte begeistert zu verkünden. Tertullian (ca. 160–220), ein Laie, nahm diesen Weg in die »Häresie«. In Phrygien, dem alten Zentrum des Dionysoskultes, entstand der Montanismus, der die Wichtigkeit inspirierter prophetischer Botschaften betonte und dies mit einer gesteigerten Erwartung der unmittelbar bevorstehenden Herabkunft des himmlischen Jerusalem verband. Er rief die frühchristliche Erwartung der Parusie (Wiederkunft) ins Gedächtnis zurück, und er spiegelt das erhöhte Endzeitbewußtsein wider, das häufig in Zeiten der Verfolgung auftritt. Tertullian, neben Augustin wichtigster Kirchenvater des Westens, versuchte sich dem Abgleiten in moralische Laxheit in der Kirche und dem Abweichen vom jüdischen zum griechischen Denken zu widersetzen. Dies führte ihn zum Montanismus.

Das Christentum und die Gnosis 2.–3. Jh.

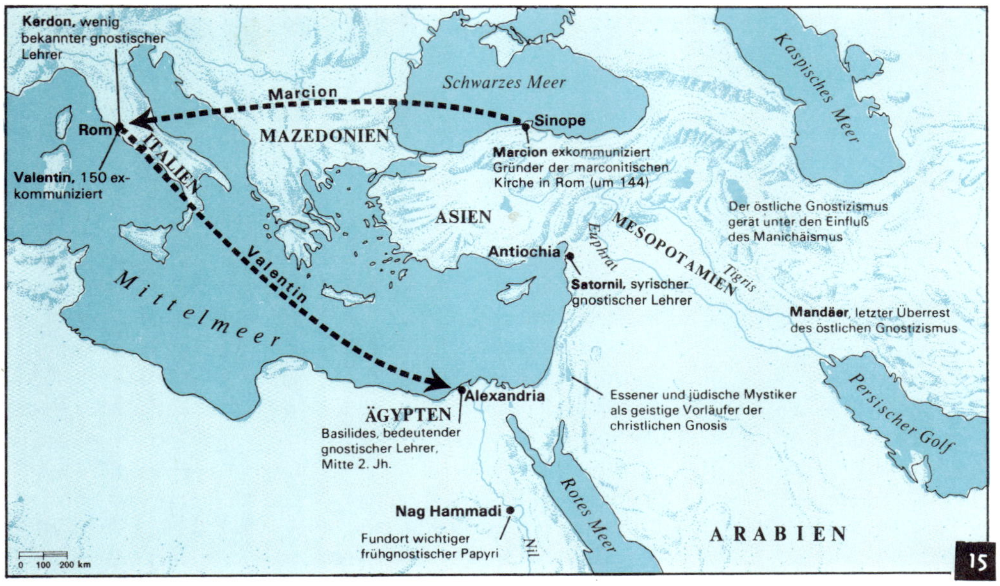

Medallion mit alten Tierkreiszeichen

Die Definition der »Gnosis« ist bis heute umstritten. Unter den Forschern herrscht Uneinigkeit darüber, ob die Gnosis eine eigenständige religiöse Bewegung war oder ob der Begriff den ganzen Prozeß der Anpassung christlicher Lehre an eine große Vielzahl alternativer Kulte und Philosophien umschließt. Im 2. Jh. entwickelte sich die Gnosis zu einer gewaltigen Infragestellung des orthodoxen Glaubens. Wenn Synkretismus und Angleichung des Christentums ihre besonderen Kennzeichen sind, dann bedroht sie noch heute vielfältig die christliche Integrität.

Neben Marcion verweist man als Vertreter der Gnosis gewöhnlich auf Simon Magus von Samarien (Apg 8,18–23), Valentin (wirksam ca. 136–165), der in Rom lehrte, Basilides von Alexandrien (2. Jh.), Satornil von Antiochien (2. Jh.) und die Offenbarungsschriften wie die *Pistis Sophia* und das Thomas-Evangelium. Die Gnosis als Philosophie besteht aus einer Vielzahl von Systemen, in deren Mittelpunkt geheime Weisheiten stehen, die nur den wenigen Erwählten bekannt sind. Die Verachtung des »jüdischen« Gottes und seiner Urheberschaft der Geschichte geht einher mit der Aussage der rettenden Funktion eines unpersönlichen Prinzips der Erleuchtung (Gnosis) auf Kosten eines persönlichen Retters und der Verwerfung der wirklichen menschlichen Geschichte durch eine scharfe Trennung der geistlichen Welt der Ideen von der materiellen Welt der Erscheinungen. Als Volkskult beinhaltet die Gnosis eine Verbindung von christlichen Normen mit nichtchristlichen bzw. antichristlichen Religionen oder Weltanschauungen.

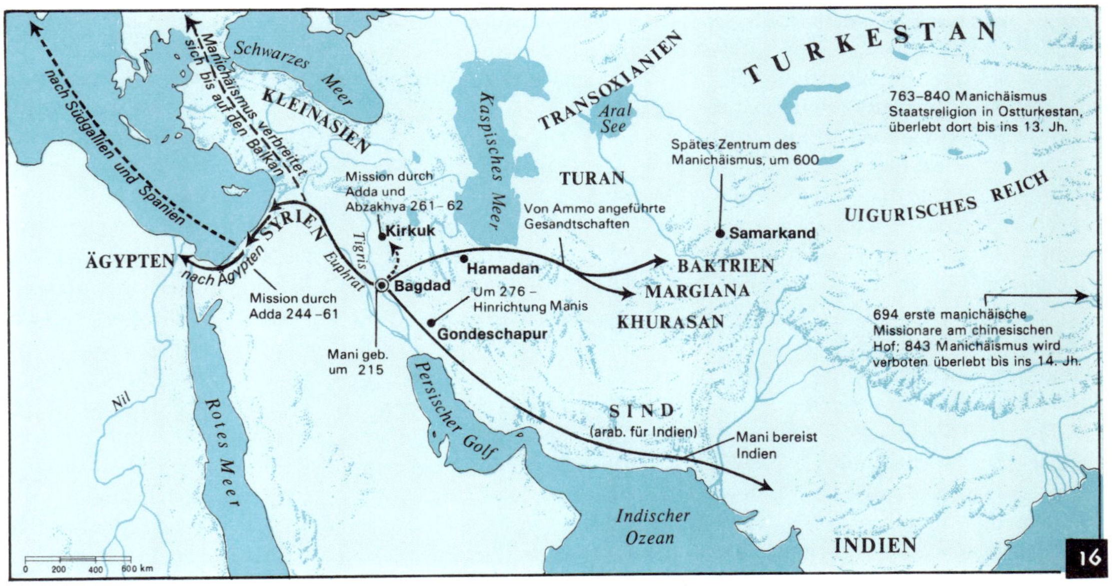

Der Manichäismus 3. Jh. ff.

Mit der Hellenisierung der christlichen Gedankenwelt und der Romanisierung der kirchlichen Organisation wurde das Persische Reich Zufluchtsort christlicher Dissenter und Nährboden antichristlicher Weltanschauungen.

Eine solche Flüchtlingsgemeinschaft sind die Mandäer, eine gnostische Gruppe, die in das frühe 2. Jh. zurückreicht und heute noch südlich von Bagdad existiert. Weil Johannes der Täufer in ihren Schriften eine große Rolle spielt, vermuten manche, daß sie von Johannes-Jüngern abstammen, die Jesus nicht als den Messias akzeptierten. Die Manichäer, von größerer Wichtigkeit für das Christentum, teilen mit den Mandäern die Askese und den radikalen Dualismus von Körper und Seele.

Mani (ca. 215–275) wuchs in Seleukia, der Hauptstadt des Persischen Reiches, auf und begann seine Briefe mit den Worten »Mani, Apostel Jesu Christi«. Aber die Ideen der Religion, die er begründete, scheinen mehr dem Zoroastrismus zu gleichen, der ca. im 6. Jh. v.Chr. begann und der unter der sassanischen Dynastie (211–640 n.Chr.) die offizielle Staatsreligion Persiens war. Die mißliche Lage des Menschen wird zurückgeführt auf einen ursprünglichen Kampf zwischen Licht und Finsternis, und die Gläubigen wurden in Gruppen eingeteilt je nach dem Grad ihres Aufstiegs von der Gebundenheit an das Finstere und Irdische. Augustin war einige Jahre ein Anhänger. Im Mittelalter wurde das Schmähwort »Manichäismus« den Paulicianern, Bogomilen und Albigensern beigelegt.

II.

Das christliche römische Reich

Der Gedanke, daß das Christentum als Bindemittel der römischen Zivilisation dienen könne, kam zehn Generationen nach dem Tod Jesu auf. Der erste Herrscher, der diesen Gedanken hegte, war Konstantin der Große (Kaiser von 312–337). Alle seine Handlungen weisen darauf hin, daß die christliche Religion und ihre heiligen Symbole einfach an die Stelle der alten Stammes- und Ortsgötter treten sollten, weil diese offenbar nicht mehr den Erfolg der römischen Waffen und die Wohlfahrt des römischen Reiches garantieren konnten. Der erste christliche Theologe, der systematisch und einflußreich eine politische Philosophie entwickelte, die den Bedürfnissen sowohl der Kirche wie des Reiches entsprach, war Augustin von Hippo (Bischof von 396–430).

Die Idee einer von christlichen Werten durchdrungenen und von christlichen Institutionen abgestützten Gesellschaft hielt sich bis in die Moderne, auch noch, nachdem das Heilige Römische Reich selbst als Fiktion aufgehört hatte zu existieren (1806).

In allen späteren Entwicklungen einer Theorie der Christenheit blieben die Schriften Augustins gestaltgebend. Es war die Auseinandersetzung mit dem Donatismus (312ff.) mit seinen negativen Auswirkungen auf die lateinisch-kirchlichen und verwaltungsmäßig-römischen Behörden in Nordafrika, die Augustin eine Verteidigung etablierter Religion entwickeln ließ. Der Aufstand punischer Christen gegen römische Herrschaft (und das Nachlassen der Kirchenzucht) veranlaßte Augustin zu folgendem: 1. Er rechtfertigte ein hartes Vorgehen des Staates gegen Häretiker; 2. er entwickelte die Idee, daß die rechte Verwaltung der kirchlichen Sakramente unabhängig von der moralischen Qualität der Zelebranten sei; 3. er definierte die Kirche als eine heilige Gemeinschaft nicht wegen der Qualität ihrer Mitglieder, sondern wegen ihres Zieles; 4. er definierte die ökumenische Christenheit im Sinne der Bindung an die Haupteinflußzentren und nicht im Sinne der Identität mit der Gemeinde des NT. Über Jahrhunderte hinweg rechtfertigte man mit seinen Argumenten die christliche Verfolgung von »Abweichlern«, das Verbleiben unwürdiger Männer in kirchlichen Ämtern und die Vernachlässigung der Kirchenzucht – völlig im Widerspruch zur Praxis der frühen Kirche.

Um der weitverbreiteten Anklage zu begegnen, Rom sei von den Barbaren erobert worden (410), weil man die heidnischen Götter vernachlässigt habe, schrieb Augustin seine 21 Bücher *De civitate Dei* (413–426). Während der republikanischen Zeit waren die Stadtheiligtümer und die Familiengötter Garanten der Tugend und des Sieges. Während der Kaiserzeit hatten die fähigsten Kaiser den Staatskult zu festigen versucht – seit Julius Cäsar schloß dieser auch die religiöse Verehrung des Kaisers als »Augustus« ein – und den zersetzenden Einfluß des Christentums unterdrückt. Die Verteidiger der alten Ordnung führten den Fall Roms darauf zurück, daß die Götter das Volk preisgegeben haben, das ihre Altäre gering geschätzt habe. Augustin versuchte, das Gegenteil zu beweisen: Der Fall Roms sei längst überfällig und schon lange vorhergesagt gewesen; er war verdient und zugleich von der Vorsehung beschlossen. Augustin arbeitete den fundamentalen Gegensatz zwischen dem Christentum und der Welt, zwischen der Stadt Gottes und der Stadt der Menschen, zwischen Heilsgeschichte und heidnischer Existenz heraus. Er schuf ein Modell, das die Phantasie christlicher Herrscher über 1500 Jahre beflügelte.

Die ersten Christen mit ihrer Naherwartung des Endes der Geschichte lehnten es ab, in weltlichem Hader Waffen zu tragen. Der Tag sollte kommen, an dem viele christliche Staaten nur Getauften den Offiziersrang zuerkannten und sogar in vielen Fällen Juden ausschlossen. Die ersten Christen praktizierten die radikale Güterteilung, in einigen Fällen sogar einen religiösen Kommunismus. Es kam der Tag, da in christlichen Ländern die römischen Gesetze über Eigentum, Erstgeburt und Gehorsam gegen höhere Klassen durchgesetzt wurden. Die ersten Christen freuten sich auf eine herrliche Zukunft. Es kam die Zeit, da Synoden und Konzile, deren Entscheidungen oft durch politischen Druck Gewicht erhielten, nach rückwärts, auf frühere Konzile und Glaubensbekenntnisse, schauten, um bindende Kriterien für christliches Reden und Handeln zu finden. Die frühen Christen gebrauchten die Bilder der Pilgerschaft und des Auszugs aus ihrer Umwelt in ein Leben der Vorbereitung auf die Vollendung der Heiligen Geschichte. Dieses Selbstverständnis wurde erst in der Moderne unter dem Eindruck der Wissenschaft, des Säkularismus und des Totalitarismus wieder entdeckt.

Von Konstantin bis Karl V. war Europa Missionsgebiet. Die Geschichte des 4. bis 6. Jh. ist gekennzeichnet durch die allmähliche Christianisierung und Zivilisierung der Stämme, die im sich auflösenden römischen Reich siedelten. Ideen und Praktiken, die noch lebendig waren, wurden mit neuen Inhalten gefüllt und in die Vorstellung eines christlichen Reiches einbezogen.

Nach Augustin war Thomas von Aquin (ca. 1225–1274) der fruchtbarste Geist des Christentums. Er schrieb, als die Auswirkung der Kreuzzüge dem Höhepunkt zustrebte und mönchische Reformbewegungen die Kirche ergriffen. Das Gedankengebäude, das er – gestützt auf die erst kürzlich greifbar gewordenen metaphysischen Schriften des Aristoteles – errichtete, wird von vielen Gelehrten als Höhepunkt der wissenschaftlichen Leistung der lateinischen Kirche betrachtet. Verschiedene päpstliche Verlautbarungen erklärten sein System als maßgeblich für die römisch-katholische Kirche. Seine Gedanken sind sorgfältig aufeinander abgestimmt und überall ineinander verzahnt. Stimmt man dem großen Aufbau zu, dann stützen sich die Einzelteile gegenseitig mit bewundernswerter Verläßlichkeit ab. Das System war einem Christentum angemessen, das noch immer vom Süden, Osten und Norden bedroht war, aber stark genug zu werden begann, sich nach innen eine einheitliche Ordnung aufzuerlegen.

Wenige Generationen später war Europa an der Schwelle zu einer globalen Ausbreitung, in deren Rahmen europäische Denkweisen und Lebensstile den entferntesten Völkern aufgedrängt wurden. Das letzte Stadium der geschlossenen Christenheit war die imperialistische Expansion über den Globus. Dieser Ereigniskette stehen wir noch sehr nahe; die letzte Periode des europäischen Kolonialismus umfaßt die Jahre vom Wiener Kongreß (1815) bis zum Ersten Weltkrieg (1914–1918). Es ist deshalb schwierig, eine scharfe Grenze zwischen dem Zeitalter einer geschlossenen Christenheit und der dritten Periode – dem Zeitalter persönlicher Entscheidung – zu ziehen. Eines jedenfalls läßt sich feststellen: das, was von der alten Einheitsvision der christlichen Welt übriggeblieben ist, stirbt langsam aus. In den letzten Generationen haben die Regierenden »christlicher« Nationen selten zu Augustins *De civitate Dei* oder Thomas von Aquins *Summa contra gentiles* gegriffen, um ihre Entscheidungen zu rechtfertigen.

A. Das Christentum wird offizielle Religion

Das Reich Konstantins und seiner Nachfolger 313–325

Das Reich, in dem Konstantin der Große (274–337) schließlich die Herrschaft gewann, war bereits im Verfall begriffen. Seit langem hatten Despotismus, dauernde Kriege und Bürgerkriege das Wesen republikanischer Tugend zerstört. Seit zwei Jahrhunderten waren die meisten Kaiser entweder harte Barbaren oder verkommene Offiziere gewesen, die von den Legionen einige Jahre an der Macht gehalten wurden. Der römische Mob ergötzte sich an brutalen Spielen, während militärische Abenteurer und Steuereintreiber die unterdrückten Völker zu ihrem persönlichen Vorteil ausbeuteten. Die unabhängigen Bauern wurden durch die *Latifundia* verdrängt – immer größer werdende, von Sklaven bearbeitete Anwesen. Dazu kamen die Einfälle der Stämme aus dem Osten.

Konstantin stemmte sich gegen diesen Niedergang. Obwohl er den alten Religionen gegenüber tolerant war, den Titel »Augustus« akzeptierte und bis an sein Lebensende als *Pontifex Maximus* Priester des heidnischen Staatskults war, erschien den lang verfolgten Christen sein mit Licinius in Mailand (313) erlassenes Toleranzedikt als der Beginn einer neuen Ära. Zum ersten Mal konnten Christen in der Öffentlichkeit wirken, Hinterlassenschaften erhalten und Gebäude errichten. Als Konstantin die Hauptstadt nach Byzanz (Konstantinopel) verlegte, waren eine Reihe der mit öffentlichen Mitteln erbauten neuen Gebäude Kirchen.

Die Mutter Konstantins, Helena, eine eifrige Christin, ließ eine Reihe von Kirchen und Kapellen errichten, darunter die Auferstehungskirche auf dem Ölberg (Lk 24,50–53), die Geburtskirche in Bethlehem und die Kirche des Brennenden Dornbusches am Berg Sinai.

Die Hoffnung Konstantins, daß sich statt der alten Götter das Christentum als integrierende Kraft erweisen möge, blieb nicht ohne Enttäuschungen. Die theologischen Auseinandersetzungen hielten an; dazu kamen die Schismen wegen der Behandlung der Abgefallenen. Eine Abspaltung der Rigoristen unter Bischof Melitius von Lycopolis in Ägypten begann ca. 306 und hielt sich mit eigenen Priestern und Gemeinden bis ins 8. Jh. Eine noch wichtigere Spaltung war die der Donatisten, die eine größere schismatische Bewegung in Nordafrika wurde und erst unter dem Ansturm der Sarazenen verschwand. Am gefährlichsten war die Auseinandersetzung zwischen Arius (ca. 250 – ca. 336) und seinem Bischof Alexander in Alexandrien – eine Wiederbelebung der Debatte um die Natur Jesu Christi, die die Kirche auf Jahrhunderte in feindliche Lager spaltete. Mit dem Aufstieg der Goten-, Westgoten-, Franken- und Vandalenreiche wurde der Arianismus immer mehr eine Frage der politischen und ethnischen Loyalität und der Opposition gegenüber Rom und Konstantinopel.

Der Arianismus lehrte, daß Jesus Christus nicht ewig, sondern von Gott geschaffen ist, um das Schöpfungswerk auszuführen. Einige lehrten, daß er wegen seiner großen Tugend zum Sohn Gottes erhoben worden sei. Der entscheidende Verteidiger dessen, was schließlich offizielle Lehre wurde, war Athanasius (ca. 296–373), der fünfmal verbannt wurde, je nachdem, ob der politische Druck und der Streit in kirchlichen Synoden sich seiner Verteidigung der wahren Gottheit des Sohnes zu- oder abwandte.

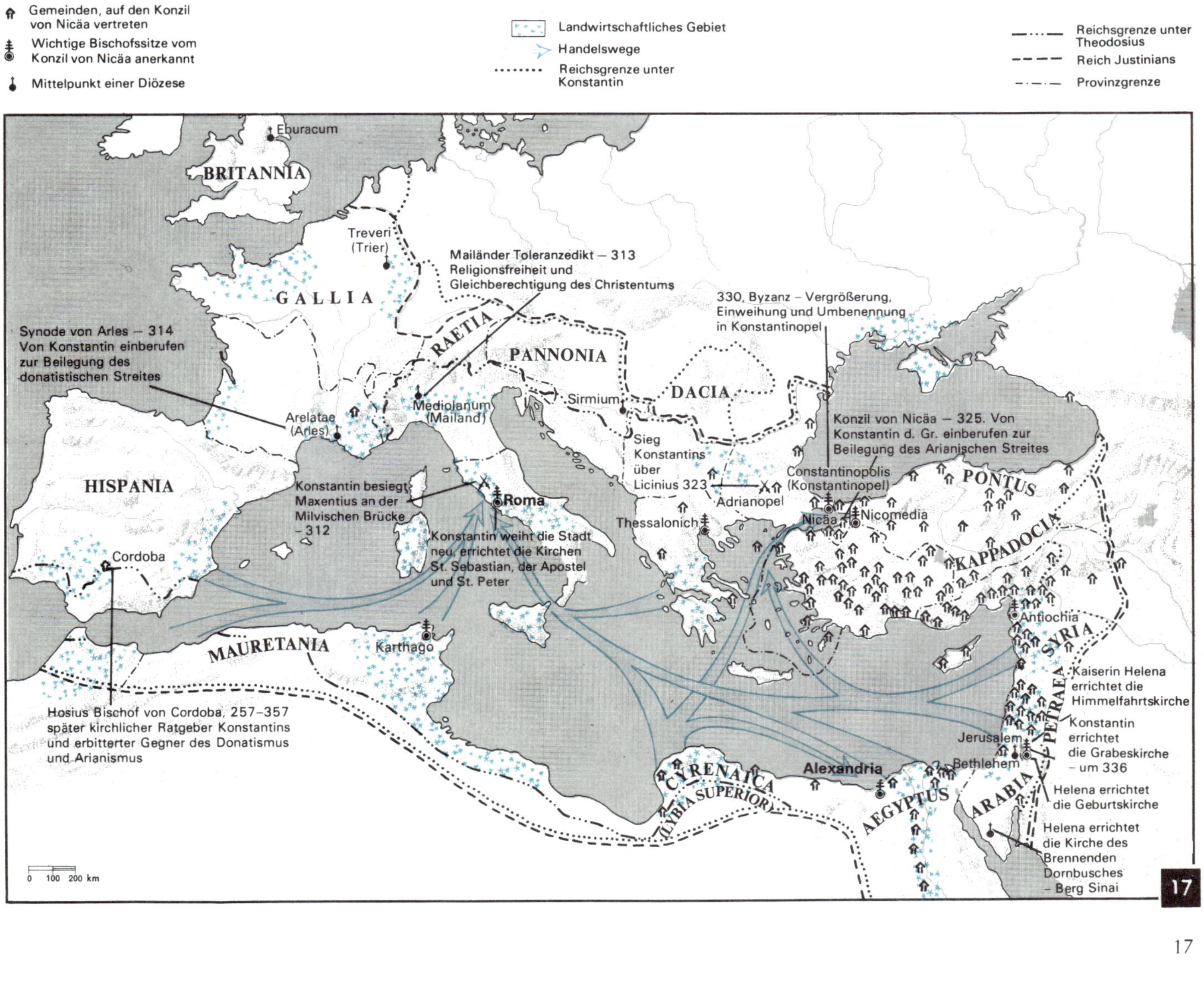

17

Die Hagia Sophia (Konstantinopel, 532–37) im Querschnitt

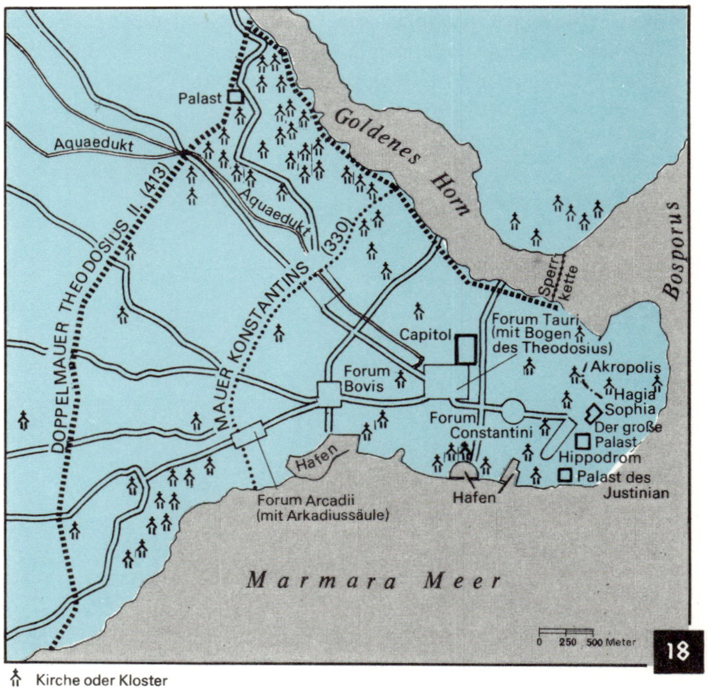

18

Kirche oder Kloster

Konstantinopel – eine neue Hauptstadt (ca. 330)

Der endgültige Sieg über den Arianismus wurde unter Kaiser Theodosius anläßlich der Synode von Konstantinopel (381) formal erreicht; doch lebte der Arianismus noch lange unter den Germanenstämmen weiter. Unter ihnen predigte zuerst Wulfila (ca. 311–383), ein Missionar und Bibelübersetzer, der von Eusebius von Nicomedien (gest. ca. 342) geweiht worden war. Eusebius war wie Arius Schüler des Lucian in Antiochien gewesen und hatte am Hof großen Einfluß.

Als Konstantin 325 eine allgemeine Synode nach Nicäa einberief – später das erste ökumenische Konzil genannt –, hatte er von den Spitzfindigkeiten des Problems, das die Kirchen trennte, keine Ahnung – und schon gar keinen Schimmer von dem bleibenden Einfluß des unitarischen Christentums. Wenn er Kriege führen wollte, instruierte er seine Befehlshaber; wenn er Städte bauen wollte, rief er seine Architekten und Baumeister zusammen; wenn er religiöse Übereinkunft wollte, erteilte er seinen Bischöfen Befehl. Von den mehr als 300 Bischöfen, die in Nicäa zusammenkamen, waren nur 6 aus der westlichen Hälfte des Reiches.

Als die Synode eröffnet wurde, hielt Eusebius von Cäsarea (ca. 260 – ca. 340) – genannt der »Vater der Kirchengeschichte« – eine begeisterte Lobrede auf Konstantin, den lang erwarteten göttlichen Herrscher, mit dessen Herrschaft der letzte Triumph der wahren Religion auf Erden beginne. Der Kaiser, der wie seine Vorgänger ekstatische Begrüßungen religiöser Schmeichler gewohnt war, sah keinen Grund, diese Interpretation von sich zu weisen. Durch seinen fähigen Berater in kirchlichen Fragen, Hosius von Cordoba (ca. 257–357) erreichte Konstantin, was er wollte: Verschiedene schismatische Häresien wurden verurteilt, und eine Formel lehrmäßiger Übereinkunft wurde von allen Bischöfen unterzeichnet, außer von zweien, die sofort abgesetzt und verbannt wurden. Konstantin selbst empfing die Taufe auf dem Totenbett durch Eusebius von Nicomedien, jenen arianischen Theologen, dessen in Nicäa unterbreitetes Bekenntnis das erste war, welches verworfen wurde.

Mag man auch die Tiefe der Hingabe Konstantins an Jesus Christus mit Skepsis betrachten, so gibt es keinen Zweifel an seiner Fähigkeit als Kaiser. Mit seiner Regierungszeit beginnt die kaiserliche Beherrschung der Kirche, eine Tradition, die in der östlichen Orthodoxie über Jahrhunderte erhalten blieb. Dort wird Konstantin als »13. Apostel« und als »Heiliger« verehrt.

Da Konstantin die Hauptstadt in den Osten verlegte, blieb der Bischof von Rom sowohl religiös wie weltlich die Hauptfigur im Westen. Mit der Gründung Konstantinopels (330) beginnt das Hervortreten des Papsttums zu größerer Macht, obgleich spätere ökumenische Synoden Rom immer noch auf gleicher Ebene mit den Bischofssitzen in Antiochien, Alexandrien, Jerusalem und Konstantinopel ansahen. Konstantinopel blieb mit Ausnahme einer kurzen Zeit, in der es Zentrum eines Kreuzfahrerreiches war, die Hauptstadt des östlichen Reiches, bis zur Einnahme durch die Türken 1453.

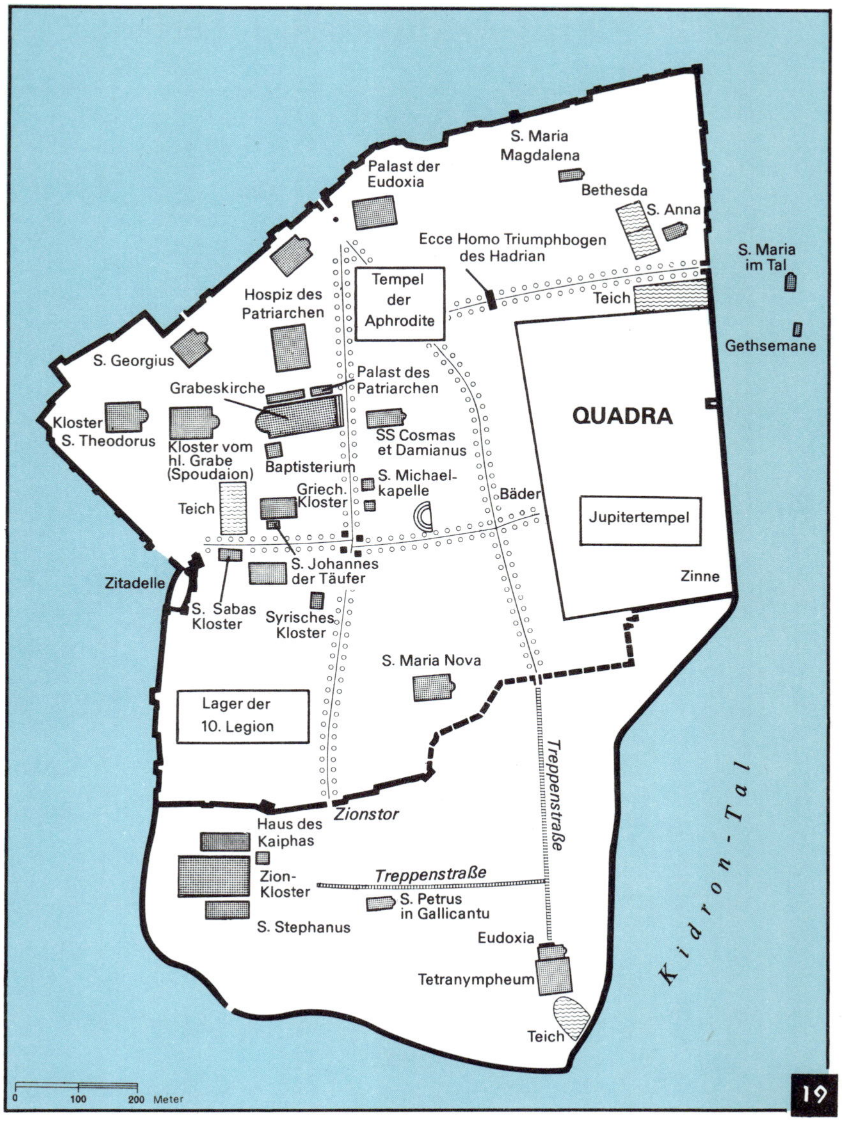

19

Das byzantinische Jerusalem

Als Kaiser Hadrian Jerusalem mit einem heidnischen Tempel wieder aufbaute (135), wurden alle dort lebenden Juden und Judenchristen aus der Gegend vertrieben. Erst unter Kaiser Julian (Kaiser von 361–363) wurde den Juden Duldung zugestanden, und sie machten den kurzlebigen Versuch, die heilige Stadt und den Tempel wieder aufzubauen. Die Kirche, die später dort entstand, war heidenchristlich. Durch den Besuch Helenas, mit dem die Verehrung der »heiligen Stätten« begann, errang der Bischofssitz etwas von seiner historischen Bedeutung zurück. Aber die Verehrung der Heiligtümer und der Heiligen Stadt verminderte nicht die Barbarei der heidnischen Attacken auf die Juden. Antijüdische Verlautbarungen wurden in Nicäa verabschiedet und in die Rechtscodices von Theodosius und Justinian aufgenommen. Nachdem Jerusalem bis zum Konzil von Chalcedon (451) unter der Aufsicht des Bischofs von Cäsarea gestanden hatte, wurde es dann formell auf die gleiche Stufe mit den anderen vier Patriarchaten gestellt. Aber die wirtschaftliche Basis war dahin.

Der Bischofssitz von Jerusalem blieb schwach, auch bei den dogmatischen Streitigkeiten, bei denen die politischen Interessen des Bischofs von Rom und des Kaisers von Konstantinopel ebenso viel Einfluß hatten wie das Dogma. Auch hatten in allen Sektionen Mönchsorden begonnen, eine oft traurige Rolle in den brudermörderischen Auseinandersetzungen zu spielen, die die Christenheit zerrissen.

In Konstantinopel (381) hatten die Lehren des Athanasius über den Arianismus triumphiert. Die Darstellung der Formeln von Nicäa durch die Kappadozier – Basilius (ca. 330–379), Gregor von Nazianz (329–384) und Gregor von Nyssa (ca. 330 – ca. 390) – hatte den Weg für die offizielle Lösung der dogmatischen und sprachlichen Schwierigkeiten vorbereitet. Aber die Königreiche des Geiserich (ca. 390–477) in Nordafrika und des Theoderich (ca. 454–526) in Norditalien waren immer noch Hochburgen des Arianismus. Die christologische Debatte nahm in den Hauptzentren der Kirche neue Formen an.

Die erste große christologische Ketzerei lehrte Apollinaris (ca. 310 – ca. 390), Bischof von Laodizea und Freund des Athanasius. Gegen den Arianismus setzte er die These, daß der Mensch aus Körper, Seele und Geist bestehe, während in Jesus Christus der Geist durch den göttlichen Logos ersetzt war. Die vollkommen menschliche Natur war dadurch geleugnet, und Jesus besaß für die Christen keine beispielhafte Bedeutung. Die Lehre des Apollinaris wurde in Konstantinopel (381) verdammt. Er hatte sich bereits von der Kirche getrennt und führte abgesonderte Gemeinden an.

Nestorius (gest. ca. 451) aus Syrien, ein Schüler der antiochenischen Schule, kam 428 auf kaiserliche Einladung nach Konstantinopel. Als volkstümlicher Prediger und Reformer begann er im Amt des Patriarchen, die volle Menschlichkeit Jesu zu verteidigen und den aufkommenden Marienkult einzudämmen, der in der monastischen und volkstümlichen Frömmigkeit im Wort *Theotokos* (Gottesgebärerin) seinen symbolischen Ausdruck fand. Seine Lösung bestand in der Behauptung zwei verschiedener Personen im inkarnierten Christus, einer göttlichen und einer menschlichen. Bei seiner Verurteilung und Verbannung auf dem Konzil von Ephesus (431) bestätigten die Orthodoxen erneut die Einheit des Sohns – zugleich menschlich und göttlich. Östliche Bischöfe, die sich gegen die Entscheidung auflehnten, begannen eine nestorianische Kirche aufzubauen, die in Persien beheimatet ist.

Leidenschaftlicher Gegner des Nestorianismus war Eutyches (ca. 378–454), Vorsteher eines großen Klosters in Konstantinopel. Er bestritt, daß die Menschheit Christi die gleiche wie die unsrige sei. Vom Erzbischof abgesetzt, aber von der Synode von Ephesus 449 für orthodox erklärt, wurde er dann von Papst Leo doch nicht anerkannt und in Chalcedon (451) verdammt. Trotzdem wurde die eutychianische Lehre in Alexandria bevorzugt und erreichte eine starke Anhängerschaft in Syrien und Armenien. Mit Hilfe des aktiven Patriarchen von Jerusalem versuchten die oströmischen Kaiser im 7. Jh., die Orthodoxen und die Monophysiten durch eine Formel zu vereinen, die sowohl die monotheletische wie die dyotheletische Lösung vermied. Als das Konzil von Konstantinopel 680 die Zweiwillenslehre (Christus hatte göttlichen und menschlichen Willen) für orthodox erklärte, spalteten sich die Monophysiten für immer in drei große Kirchen ab, die die alten Zentren der Christenheit umfaßten: 1. die Kopten (Ägypten und Äthiopien), 2. die syrischen Jakobiten, 3. die Armenier. Die Monophysiten betonten die göttliche Natur Christi so stark, daß der historische Jesus nur ein Schatten blieb.

Über Generationen von Flügelkämpfen zerrissen, waren die Kirchen in Nordafrika und Kleinasien reif für die muslemische Eroberung. Mit dem Kernland der frühen Christenheit fiel auch Jerusalem, die Heilige Stadt selbst.

B. Der Zerfall des christlichen Reiches

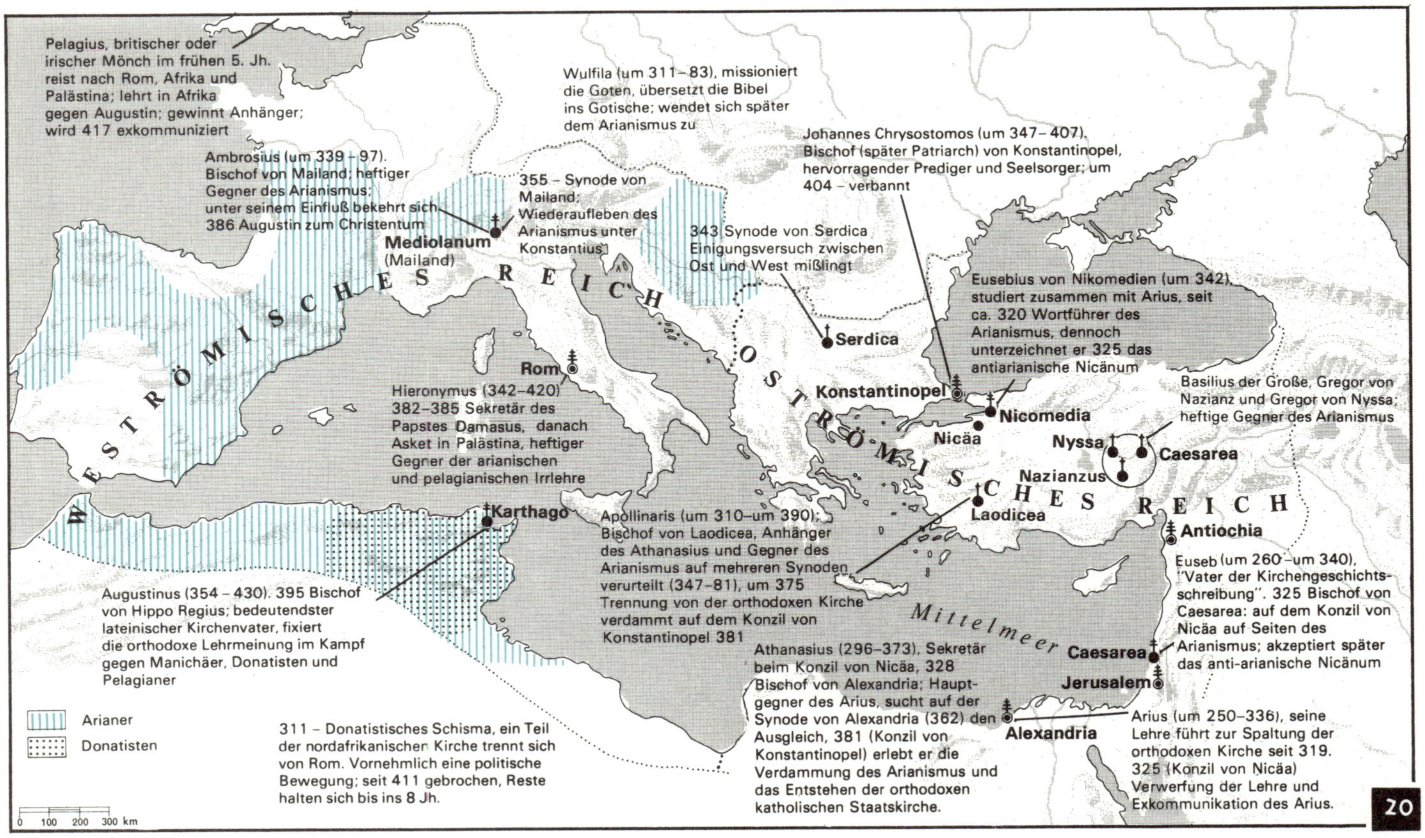
Pelagius, britischer oder irischer Mönch im frühen 5. Jh. reist nach Rom, Afrika und Palästina; lehrt in Afrika gegen Augustin; gewinnt Anhänger; wird 417 exkommuniziert
Wulfila (um 311–83), missioniert die Goten, übersetzt die Bibel ins Gotische; wendet sich später dem Arianismus zu
Johannes Chrysostomos (um 347–407), Bischof (später Patriarch) von Konstantinopel, hervorragender Prediger und Seelsorger; um 404 – verbannt
Ambrosius (um 339–97). Bischof von Mailand; heftiger Gegner des Arianismus; unter seinem Einfluß bekehrt sich 386 Augustin zum Christentum
355 – Synode von Mailand; Wiederaufleben des Arianismus unter Konstantius
Mediolanum (Mailand)
343 Synode von Serdica Einigungsversuch zwischen Ost und West mißlingt
Eusebius von Nikomedien (um 342), studiert zusammen mit Arius, seit ca. 320 Wortführer des Arianismus, dennoch unterzeichnet er 325 das antiarianische Nicänum
WESTRÖMISCHES REICH
Serdica
Rom
Konstantinopel
Nicomedia
Nicäa
Basilius der Große, Gregor von Nazianz und Gregor von Nyssa; heftige Gegner des Arianismus
Nyssa
Caesarea
Nazianzus
OSTRÖMISCHES REICH
Hieronymus (342–420) 382–385 Sekretär des Papstes Damasus, danach Asket in Palästina, heftiger Gegner der arianischen und pelagianischen Irrlehre
Karthago
Apollinaris (um 310–um 390); Bischof von Laodicea, Anhänger des Athanasius und Gegner des Arianismus auf mehreren Synoden verurteilt (347–81), um 375 Trennung von der orthodoxen Kirche verdammt auf dem Konzil von Konstantinopel 381
Laodicea
Antiochia
Euseb (um 260–um 340), "Vater der Kirchengeschichtsschreibung". 325 Bischof von Caesarea: auf dem Konzil von Nicäa auf Seiten des Arianismus; akzeptiert später das anti-arianische Nicänum
Augustinus (354–430). 395 Bischof von Hippo Regius; bedeutendster lateinischer Kirchenvater, fixiert die orthodoxe Lehrmeinung im Kampf gegen Manichäer, Donatisten und Pelagianer
Mittelmeer
Caesarea
Jerusalem
Athanasius (296–373), Sekretär beim Konzil von Nicäa, 328 Bischof von Alexandria; Hauptgegner des Arius, sucht auf der Synode von Alexandria (362) den Ausgleich, 381 (Konzil von Konstantinopel) erlebt er die Verdammung des Arianismus und das Entstehen der orthodoxen katholischen Staatskirche.
Alexandria
Arius (um 250–336), seine Lehre führt zur Spaltung der orthodoxen Kirche seit 319. 325 (Konzil von Nicäa) Verwerfung der Lehre und Exkommunikation des Arius.
Arianer
Donatisten
311 – Donatistisches Schisma, ein Teil der nordafrikanischen Kirche trennt sich von Rom. Vornehmlich eine politische Bewegung; seit 411 gebrochen, Reste halten sich bis ins 8 Jh.
0 100 200 300 km
20

Widerstand gegen die orthodoxe Theologie und die römische Verwaltung

Im 3. und 4. Jh. waren die Kirchen trotz des Triumphs des Christentums als Staatsreligion des Reiches – oder vielleicht vielfach gerade deswegen – durch dogmatische und kirchliche Streitigkeiten zerrissen. Große Teile brachen für immer mit Rom und Konstantinopel. In dieser schmerzvollen Entwicklung müssen die nicht-theologischen Faktoren angemessen berücksichtigt werden.

Unmittelbarer Anlaß für die Entstehung des Donatismus war die Weihe eines Bischofs von Karthago durch einen *Traditor* (Verräter), der in der diokletianischen Verfolgung die Schriften den Heiden ausgeliefert hatte. Die strenge Partei wählte einen anderen Bischof, doch Konzile (z.B. Arles 314) und Kaiser entschieden dagegen. Da die eigentliche Stärke des Donatismus – der trotz Verfolgung bis zur islamischen Eroberung existierte – im sprachlichen und politischen Widerwillen der Punier gegen das Latein und die römische Herrschaft wurzelte, wurden einige zu Widerstandskämpfern. Die Kontroverse führte zu einer Klärung des kirchlichen Standpunktes in einer Reihe von Fragen, besonders durch Augustin, z.B. Verwerfung der Wiedertaufe, Gültigkeit der Sakramente ohne Rücksicht auf persönliche Qualität des Zelebrierenden, rechtmäßige Anwendung der Staatsmacht zur Unterdrückung von Ketzerei.

Der Arianismus gewann erheblich an Stärke durch den Widerstand der Goten, Westgoten, Burgunder, Lombarden, Vandalen und anderer Stämme gegen bestehende Bekenntnisse und Verwaltungsordnungen. Rom wurde durch den arianischen König der Westgoten, Alarich (ca. 340–410), geplündert; Theodosius II. (Kaiser von 408–450) leistete Tributzahlungen an Attila, um eine gleiche Katastrophe für Konstantinopel zu verhindern; machtvolle arianische Königreiche entstanden in Norditalien, Spanien und Nordafrika. Von 439 an lag das Zentrum des Vandalenreichs in Karthago, von wo der größte Teil Nordafrikas und des westlichen Mittelmeeres (einschließlich Sizilien, Korsika, Sardinien) kontrolliert wurde. Erst 496, als der Frankenkönig Chlodwig die katholische Taufe empfing, schwang das Pendel wieder zur Orthodoxie zurück.

In der Zwischenzeit spalteten sich von der östlichen Kirche starke Gruppen ab, vor allem die nestorianische oder monophysitische Kirche. Sie bildeten ihre eigenen Zentren an den Grenzen oder außerhalb des Reiches (bis nach Äthiopien, Indien und dem Kaukasus).

Der Widerstand gegen die imperiale Religion brachte zwei Typen des Protestes gegen eine Angleichung der kirchlichen Verwaltung an die Verfahrensweisen der politischen Bürokratie hervor. Einmal die Absplitterung der ältesten Teile der Kirche und dann, parallel zum Widerstand gegen die auf Rom fixierten zentralisierenden Kräfte, der heftige innere Protest durch das Mönchtum gegen den kaiserlichen Einfluß auf das kirchliche Leben. Die rigorose monastische Disziplin diente Strengen als Ersatz für die Funktion des Martyriums als einem sozialen Kontrollfaktor.

In der Entwicklung der kaiserlichen Bürokratie ragen drei Hauptkomponenten hervor: 1. Systematische Rekrutierung der Stämme für das Heer; 2. Entwicklung eines Steuersystems; 3. Entwicklung eines Systems zur Lebensmittelversorgung Roms. Wie die Geburtsorte und die »Wahlen« der späteren Kaiser zeigen, lernten die Stämme bald, wie man das kaiserliche Spiel spielt – und schließlich auch, wie man das Militär einsetzt, um innere Machtpositionen zu erobern. Ebenso wichtig war, daß die Kornkammer des Reiches vom Nildelta nach Dalmatien wechselte und dadurch die Wichtigkeit Roms und Ravennas sich erhöhte, während die Macht Alexandriens abnahm.

Daß die Kirche niemals so vollständig in das kaiserliche Machtsystem eingegliedert wurde, wie es die christlichen Kaiser beabsichtigten, lag teils am Mönchtum, teils an der Entfernung zwischen dem Bischof von Rom und dem Kaiser in Byzanz (die durch die Einfälle der Barbaren sich noch vergrößerte) und teils am Genius der großen lateinischen Väter Ambrosius, Hieronymus und Augustin. Ihnen gelang es, den kaiserlichen Vorstellungen entgegenzukommen, ohne mit ihnen identisch zu werden. Jeder von ihnen leistete einen wichtigen Beitrag für die Entstehung des Mönchtums. Ambrosius (ca. 340–397), zunächst Statthalter in Oberitalien, dann vom Volk zum Bischof gemacht, wurde ein großer Verwalter und Lehrer der Kirche und Förderer des Kirchengesangs. Hieronymus (ca. 347–419?), der Mönchskleidung trug und den monastischen Regeln selbst dann folgte, wenn er diplomatischen Aufgaben für die Kirche nachkam, war von hoher Gelehrsamkeit. Seine Bibelübersetzung (Vulgata) blieb über Jahrhunderte in der lateinischen Kirche maßgebend. Augustin (354–430) war von allen der einflußreichste Theologe, und seine Schriften zur christlichen Frömmigkeit und gegen verschiedene Ketzereien (z.B. gegen Donatismus und Pelagianismus) prägen noch immer christliche Selbstidentität. Sein *de civitate Dei* ermöglichte es den Christen, das Trauma der Eroberung Roms (410) zu akzeptieren, ohne daß sie den Glauben an die Ziele Gottes in der Geschichte verloren. Sein Freund und Schüler Orosius (ca. 385–420) schrieb in dieser Zeit seine sieben Bücher »Historiarum adversus paganos«, die eine neue Periodisierung der heiligen Geschichte einführten.

Im Osten war Zeitgenosse der drei großen lateinischen Väter Johannes Chrysostomos (ca. 347–407), Mönch, Prediger, Patriarch und Verbannter. In Antiochien gebildet, war er Meister der Exegese der Heiligen Schrift. 398 zum Patriarchen von Konstantinopel erhoben, zog er sich die Feindschaft der zügellosen Kleriker durch seine machtvollen Forderungen nach sittlicher Reform zu. In seinen Predigten griff er sowohl Juden wie heidnische Kulte scharf an. Seine Unbeliebtheit bei Hof und die Intrige des Patriarchen von Alexandrien bewirkten seine Absetzung, sein Exil und seinen Tod – trotz des Eintretens des Papstes und anderer westlicher Kirchenführer zu seinen Gunsten.

Das Konzil von Chalcedon (451)

Die Konzile der ersten Jahrhunderte hatten erklärtermaßen die Funktion, Ketzerei und schismatische Bewegungen einzudämmen und einen Konsens des Glaubens unter den Getauften herzustellen. Diese Ziele wurden nur teilweise erreicht. Nicäa (325) und Konstantinopel I (381) waren einberufen, um mit dem Arianismus fertig zu werden. Ephesus (431) verurteilte den Nestorianismus. Chalcedon (451) verwarf die Ansichten des Apollinaris, Eutyches und Nestorius. Konstantinopel II (553) verwarf den in Phrygien noch existierenden Montanismus und viele Lehren des Origenes, des größten Philosophen-Theologen des hellenistischen Christentums. Konstantinopel III (680/81) bestätigte erneut die Verwerfung des monophysitischen/monotheletischen Christentums. Nicäa II (787) beschäftigte sich abschließend mit dem Ikonoklasmus. Die Verhandlungen im Konzil wurden oft durch Machtkämpfe hinter den Kulissen zwischen dem Bischof von Rom und dem Kaiser, den rivalisierenden Ansprüchen der fünf Patriarchate und dem verzweifelten Wunsch der kaiserlichen Verwaltung bestimmt, dem Persischen Reich, Attila oder den Stämmen, die vom Norden eindrangen, eine einheitliche ideologische Front entgegenzusetzen.

Chalcedon (451), das mehr Bischöfe vereinte als alle vorherigen Synoden (ca. 600, fast alle aus der östlichen Hälfte des Reiches), erreichte eine Formel, die die christologischen Streitigkeiten zwischen vielen griechischen und lateinischen Gemeinden zur Ruhe kommen ließen und die noch heute weithin unter orthodoxen, römisch-katholischen und protestantischen Kirchen anerkannt ist. Im Chalcedonense heißt es: »Unser Herr Jesus Christus . . . vollkommener Gott und vollkommener Mensch . . . eines Wesens mit dem Vater . . . und eines Wesens mit uns . . . geboren von Gott . . .« Dieses Bekenntnis war ebenso wichtig für die Ansichten, die es verwarf (adoptianisch, gnostisch, arianisch, nestorianisch, monophysitisch), wie für das, was weithin Glaubensgut geworden war.

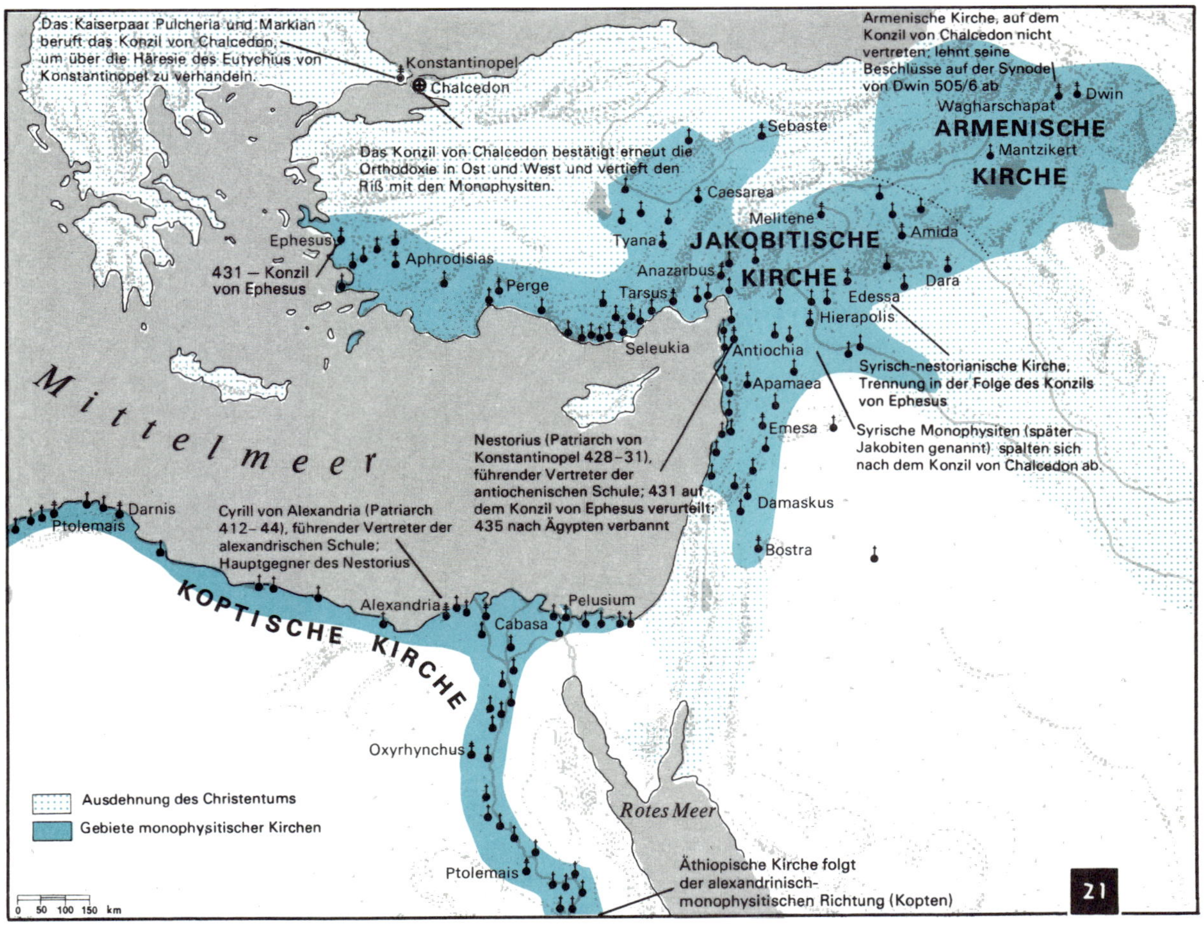

Das Kaiserpaar Pulcheria und Markian beruft das Konzil von Chalcedon, um über die Häresie des Eutychius von Konstantinopel zu verhandeln.
Konstantinopel
Chalcedon
Das Konzil von Chalcedon bestätigt erneut die Orthodoxie in Ost und West und vertieft den Riß mit den Monophysiten.
Armenische Kirche, auf dem Konzil von Chalcedon nicht vertreten; lehnt seine Beschlüsse auf der Synode von Dwin 505/6 ab
Dwin
Wagharschapat
ARMENISCHE KIRCHE
Mantzikert
Sebaste
Caesarea
Melitene
Tyana
JAKOBITISCHE KIRCHE
Amida
Anazarbus
Dara
Tarsus
Edessa
Hierapolis
Seleukia
Antiochia
Apamaea
Emesa
Damaskus
Bostra
Ephesus
Aphrodisias
431 – Konzil von Ephesus
Perge
Mittelmeer
Syrisch-nestorianische Kirche, Trennung in der Folge des Konzils von Ephesus
Syrische Monophysiten (später Jakobiten genannt) spalten sich nach dem Konzil von Chalcedon ab.
Nestorius (Patriarch von Konstantinopel 428–31), führender Vertreter der antiochenischen Schule; 431 auf dem Konzil von Ephesus verurteilt; 435 nach Ägypten verbannt
Cyrill von Alexandria (Patriarch 412–44), führender Vertreter der alexandrischen Schule; Hauptgegner des Nestorius
Darnis
Ptolemais
Alexandria
Pelusium
Cabasa
KOPTISCHE KIRCHE
Oxyrhynchus
Rotes Meer
Ptolemais
Äthiopische Kirche folgt der alexandrinisch-monophysitischen Richtung (Kopten)
Ausdehnung des Christentums
Gebiete monophysitischer Kirchen
0 50 100 150 km
21

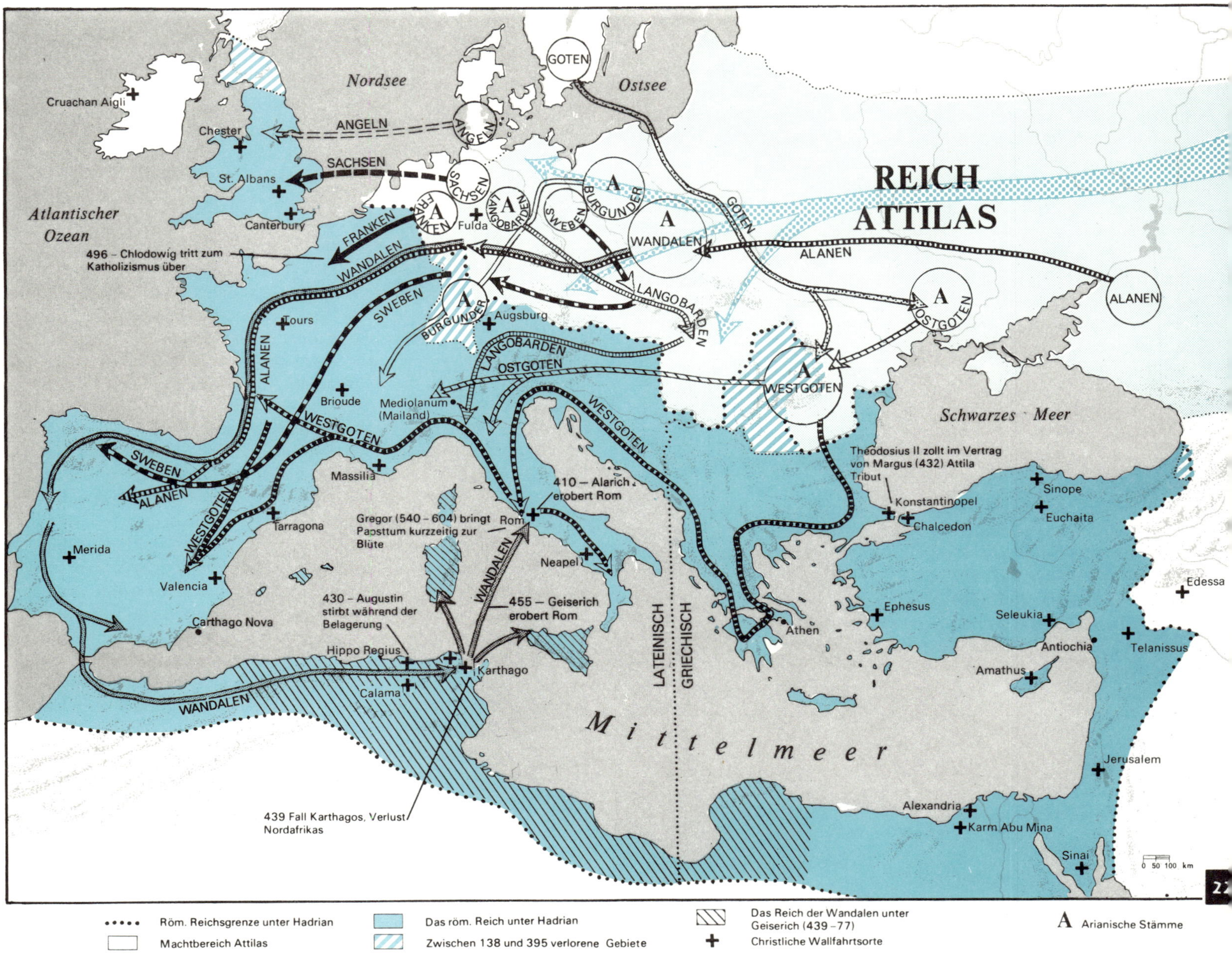

Niedergang des römischen Ansehens 5.–6. Jh.

Spätestens zur Zeit Theodosius I. (346?–395) waren die Spannungen zwischen östlicher und westlicher Reichshälfte in Politik und Religion offenbar geworden. Der Kaiser mußte zweimal in Italien einmarschieren, um die Regierung seines »Co-Augustus« sicherzustellen; die Teilung des Reiches wurde unter seinen Söhnen endgültig. Unter Theodosius II. (401–450), Kaiser im Osten, wurde der Codex Theodosianus herausgegeben (438). Aber seine Regierung war unbeständig; er mußte dem Hunnenkönig Attila (Hauptwirkungszeit 433–453) Tribut zahlen. Zu einem Wiederaufstieg der kaiserlichen Macht kam es unter Justinian (Ostkaiser: 527–565). Italien wurde von den Ostgoten und Nordafrika von den Vandalen zurückerobert. Justinian gab das *Corpus juris civilis* heraus, legte die Lehre vom Cäsaropapismus eingehend dar und baute die große Kirche Hagia Sophia. Seine Autorität wurde jedoch empfindlich durch das Anwachsen der monophysitischen Kirchen eingedämmt.

Im Westen gingen die Völkerwanderung und das Aufkommen neuer Stammesreiche weiter. Für Kontinuität und Stabilität sorgten allein die Bischöfe von Rom, so etwa Leo der Große (Papst: 440–461). Durch geschickte Diplomatie erweiterte er die Macht des römischen Bischofssitzes über den ganzen Westen. Auf dem Konzil von Chalcedon spielten seine Abgesandten die entscheidende Rolle bei den Verhandlungen. Er widerstand den Hunnen und brachte sie dazu, ihre Heere hinter die Donau zurückzuziehen (452). Für die Teilung der Christenheit wie auch für die veränderte kulturelle Grundlage der westlichen Kirchen ist es symbolisch, daß Leo Lateinisch, nicht Griechisch, schrieb.

In Gregor dem Großen (Papst: 590–604) fand die westliche Hälfte des Reiches einen ihrer größten Anführer. Im Reichtum aufgewachsen, verkaufte er seinen Besitz und verteilte alles unter die Armen. Er wurde Mönch und blieb als Papst ein starker Förderer des Mönchtums und der Werke der Nächstenliebe. Als Papst erwies er sich als begabter Verwalter der ausgedehnten Ländereien der Kirche und als ein gewandter Politiker. Er widerstand der kaiserlichen Macht und den Ansprüchen des Patriarchen von Konstantinopel, schloß einen Separatfrieden mit den einfallenden Lombarden, schaltete den byzantinischen Exarchen in Ravenna aus und begann mit Augustin von Canterbury die lateinische Mission in Britannien (596). Unter seinen ausgedehnten Schriften waren Kommentare zur Heiligen Schrift und ein Buch über die Pflichten des Bischofs, das zum Standardwerk der mittelalterlichen Bischöfe wurde. Er legte auch die Grundlagen zum »Gregorianischen Gesang« und trug viel zum Aufkommen von Heiligtümern, zur Verehrung der Reliquien und zum volkstümlichen Kult der Wunder bei, die man Märtyrern und Bekennern zuschrieb.

Trotz einiger fähiger Männer nahm das Christentum – durch interne Spaltungen auseinandergerissen und unter der politischen Unbeständigkeit der Zeit leidend – zwischen ca. 500 und ca. 950 im allgemeinen zahlenmäßig und von seinem Einfluß her ab.

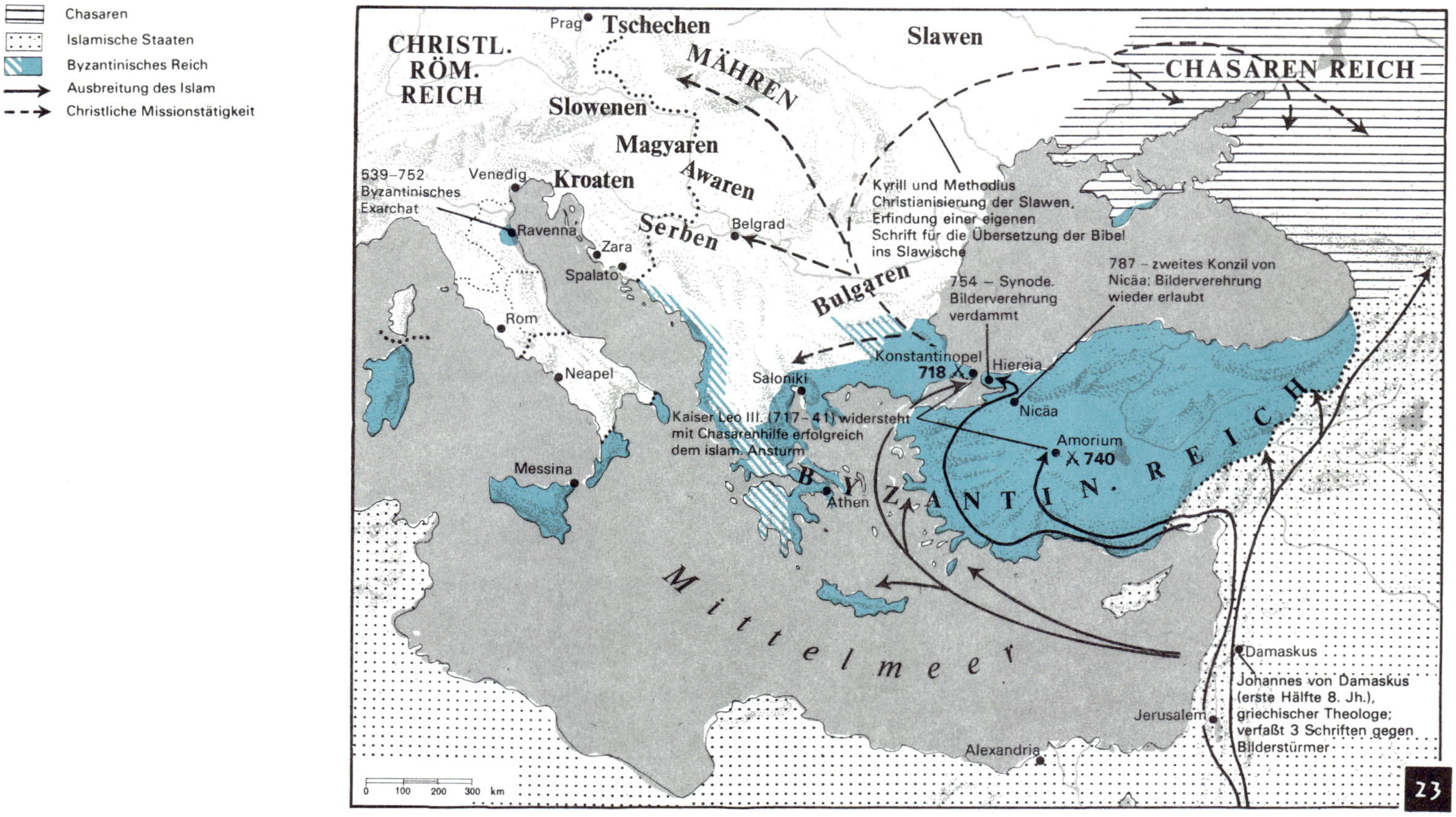

Das Christentum in Byzanz ca. 787

In Byzanz wurden theologische und kirchliche Auseinandersetzungen unter den Augen residierender Kaiser ausgefochten, mit deren Macht man ständig rechnen mußte. Einige Kaiser waren Laien von beträchtlicher theologischer Urteilsfähigkeit; alle fühlten sich als Nachfolger Konstantins und seines Stils der religiösen Einmischung.

Das 7. ökumenische Konzil (Nicäa II, 787) fand während einer erbitterten Auseinandersetzung um den Gebrauch von Bildern statt. Kaiser Leo III. von Syrien (ca. 675–740), der das östliche Reich durch Siege über islamische Heere 718 und dann 740 gerettet hatte, begann, die Ikonen zu zerstören, weil sie der Bekehrung der Juden und Moslems am meisten im Wege ständen. Vielleicht war Leo auch von paulizianischen Lehren beeinflußt (von den Paulizianern ist wenig bekannt, außer daß sie ein Zweig des Manichäismus und strenge Monotheisten waren und daß während des 7. Jh.s einige ihrer Kolonien von Kleinasien auf den Balkan verpflanzt wurden).

In den Jahrzehnten des Streits, der mehrere Kaiser und Synoden überdauerte, trat die westliche Kirche für die »visuellen Hilfsmittel« der Frömmigkeit ein – »die Bücher der Armen«, wie Gregor der Große sie nannte. Im Osten waren die Hauptverteidiger der Ikonen die Mönche. Nicäa II entschied für ihren Gebrauch, was durch kaiserlichen Erlaß damals und wiederum 843 bekräftigt wurde.

Unter den Hauptverteidigern des Gebrauchs der Ikonen war Johannes von Damaskus (ca. 675 – ca. 749), ein Mönch und Theologe, der unter islamischer Herrschaft aufwuchs. Seine »Quelle der Weisheit« handelt ausführlich von Philosophie, Ketzerei und kirchlicher Lehre. In einem umfangreichen Band sammelte er Schriftbeweise zur Ethik und Asketik. Unter orthodoxer Betonung der Tradition des apostolischen Zeitalters, wie es die sieben ökumenischen Konzile bestärkten, stellen seine Schriften einen Höhepunkt östlich-orthodoxer Anschauungen dar.

Die wichtigste Ausbreitung des Christentums im Osten geschah durch die Arbeit der Brüder Kyrill (826–869) und Methodius (815–885) von Thessalonich. Zur Übersetzung der Liturgie und der Bibel für die Slawen entwickelten sie das kyrillische Alphabet und begründeten so die slawische Literatur.

Kaiserin Theodora, um 547, Mosaik in der Kirche San Vitale, Ravenna.

Das Mönchtum – 2. Jh. ff.

Das Mönchtum ist im Urteil vieler dem weltverneinenden Ethos einer Religion wie dem Buddhismus angemessener als einem welt- und geschichtszugewandten Glauben wie dem Judentum oder Christentum. Gleichwohl hat es alle Bereiche des christlichen Lebens und Denkens nachhaltig beeinflußt.

Obwohl die Mönchsorden gewöhnlich der apostolischen Gewaltlosigkeit (Mt 5,38–44) wie auch dem Zölibat anhingen, gab es drei starke Orden – Templer, Hospitaler, Deutschritter –, die für ihre militärischen Leistungen bekannt waren. Obwohl die Orden apostolische Armut gelobten, verfügten manche durch Ländereien, Geldgeschäfte und Handel über enormes Einkommen und zogen die Feindschaft revolutionärer Bewegungen auf sich. Obgleich vielen Orden die Gelehrsamkeit verdächtig war, haben andere hervorragende Schulen und Universitäten gegründet, und das Mönchtum hat das Verdienst, während der dunklen Zeiten die Kultur erhalten zu haben. Das Mönchtum war ungeachtet der Unterstützung durch große Kirchenväter und Bischöfe auch ein Protest gegen die Weltlichkeit und das Machtbewußtsein der etablierten Kirche.

Die Begründer monastischen Lebens scheinen Antonius aus Ägypten (ca. 251–356) und Pachomius (ca. 290–346) gewesen zu sein. Beide lebten im Niltal. Etwa 305 sammelte Antonius Eremiten um sich, die dann nach einer gemeinsamen Regel lebten. Er unterstützte den Marienkult und war Gegner des Nestorius. Etwa 320 baute Pachomius eine Genossenschaft in Tabennisi; als er starb, gab es neun Genossenschaften für Männer und zwei für Frauen unter seiner Regel. Wichtige Forderungen waren Keuschheit, Armut und Gehorsam; großes Gewicht wurde auf die Verwirklichung Apg 4,32ff. im Gegensatz zur Verwirklichung des institutionalisierten Christentums gelegt.

Die Anziehungskraft monastischer Disziplin erhöhte sich im Gefolge der Einheit von Kirche und Staat und mit dem Nachlassen des Märtyrertums als einem sozialen Kontrollfaktor. Die Selbstverleugnung der Mönche, die den Glanz dieser Welt um der Gunst Christi in der kommenden Welt willen verwarfen, diente als psychologische Kompensation für das Ende des Märtyrertums; auch wurde dadurch das Ansehen aufgebaut, in dem viele Mönche bei Christen standen, die ihr eigenes Leben mit Krieg und Gewalt zubrachten.

Basilius der Große (ca. 330–379), der zur Lösung der christologischen Fragen beitrug, errichtete in Cäsarea eine Reihe von Gebäuden für Mönche, Armen- und Krankenpflege. Die Regel, die er 358–364 entwarf – mit Stunden für Gebet und Stunden für körperliche Arbeit –, ist bis zur Gegenwart das Kernstück orthodoxen Mönchtums. Zentren wie der Athos, Ochrid und Kiew wurden Brennpunkte der Gelehrsamkeit und der Frömmigkeit.

Im Westen wurde Martin (335?–397), Bischof von Tours (und später Schutzheiliger Frankreichs), der Förderer monastischer Genossenschaften (einschl. Legugé, gegr. 361). Johannes Cassianus (ca. 360–435) hatte einige Jahre in Ägypten das monastische Leben beobachtet und schrieb zwei Bücher, in denen er seine Unterhaltungen mit den Anführern der ägyptischen Genossenschaften darlegte und die Grundregeln kommunitären Lebens aufstellte. Er gründete zwei Zentren in der Nähe von Marseille.

Obwohl Athanasius, Ambrosius, Augustin, Hieronymus und andere Schlüsselfiguren das Mönchtum kräftig unterstützten, hat erst Benedikt von Nursia (ca. 480–550) im Westen die Grundlage für seine Institutionalisierung gelegt. Von der Korruption in Rom, wo er aufwuchs, enttäuscht, zog er sich eine Zeit als Eremit zurück und gründete dann 525 das Kloster Monte Cassino, wo er bis zu seinem Tod blieb. In die Regel Benedikts wurde die *stabilitas loci* als weiteres Kennzeichen monastischen Lebens aufgenommen. Die Leitung ist patriarchalisch; der Abt wird von den Insassen gewählt.

Von Ägypten breitete sich das monastische Modell in Palästina und Kleinasien aus; es zog die Christen an, die von den dogmatischen und politischen Streitigkeiten ihrer Zeit angewidert waren. Symbolisch für seine Anziehungskraft ist, daß Hieronymus die letzten 34 Jahre seines Lebens in einem Kloster in Bethlehem verbrachte.

Ägypten und Palestina

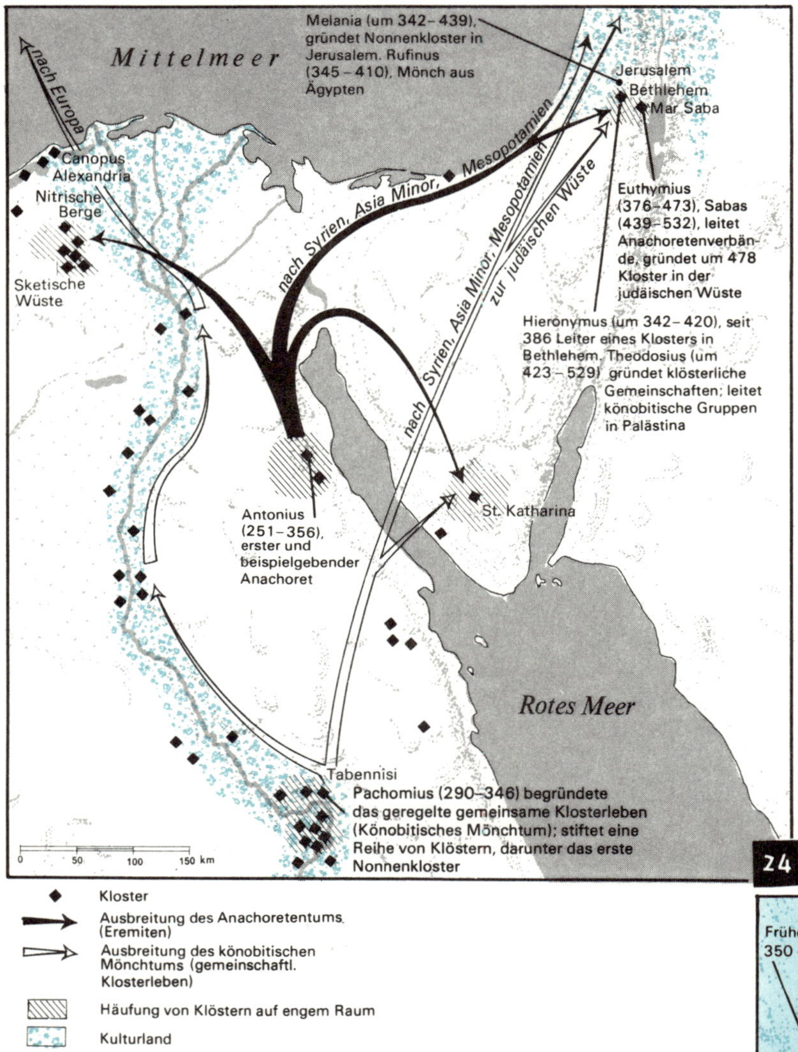

Kappadozien

Italien und Frankreich

Das Mönchtum zog die sensibelsten und gebildetsten Menschen an, darunter viele Adlige, die nicht gewillt waren, in einer Zeit des Niedergangs ihr Leben dem Krieg oder der Intrige zu widmen. Ein solcher war Cassiodorus (ca. 485 – ca. 580), römischer Adliger und erfolgreicher Diplomat, der zwei Benediktinerklöster in Vivarium gründete. Als er sich vom öffentlichen Leben zurückzog, führte er das Abschreiben von antiken wie christlichen Manuskripten in das Klosterleben ein, was von größter Wichtigkeit für die Aufrechterhaltung der Gelehrsamkeit im dunklen Zeitalter wurde.

Die christliche Mission wurde zum großen Teil von Mönchen getragen, darunter Bonifatius und Willibrord. Das keltische Christentum brachte in seiner Blütezeit vor dem Ansturm der Wikinger und Sachsen eine energische Missionstätigkeit hervor. Columba (ca. 521–597), Gründer des Klosters auf Iona, und Columbanus (ca. 550–615), Abt ebendort, waren beide in der Mission tätig. Letzterer gründete die Zentren in Luxeuil (Frankreich) und Bobbio (Italien).

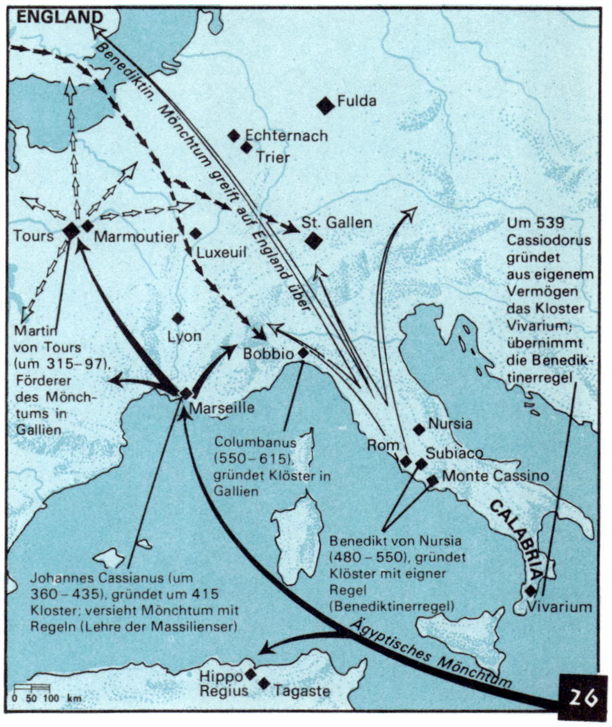

Keltisches Mönchtum
Ägyptisches Mönchtum
Abendländisches Mönchtum
Verbreitung von Marmoutier aus

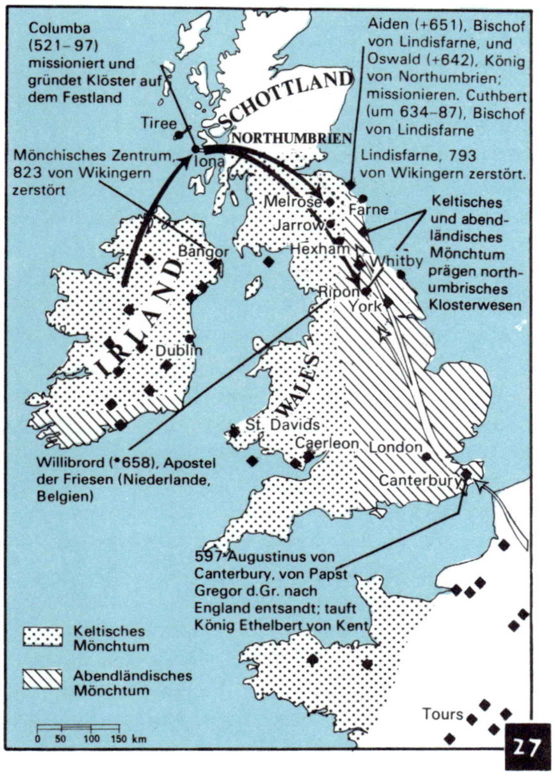

Britannien und Irland

Die keltischen Mönche gründeten wichtige Klöster und Zentren der Gelehrsamkeit in Gallien. Daß sie sich dem Kontinent zuwandten, war natürlich, weil die Kelten einen großen Teil Europas erfaßt hatten und selbst in Ochrid (jetzt Jugoslawien nahe der albanischen Grenze) eine große Siedlung unterhielten, bis sie im 4. Jh. infolge Stammesauseinandersetzungen vertrieben wurden. Die Mönche, die oft – in der Nachfolge der Zwölf oder der Siebzig des NT – in Zwölfergruppen oder als Missionare zu zweit reisten, gerieten mit dem römischen Ritus und dem Kalender in Konflikt. Die Synode von Whitby (664) in England entschied diesen Streit zugunsten der römischen Tradition. Eine der Übungen, die die keltischen Christen entwickelten und die sich in der westlichen Kirche durchsetzte, war die Privatbeichte sowie ein ausführliches System der Bußleistungen.

Im späten 5. Jh. zerstörten die einfallenden Sachsen viele der alten christlichen Zentren in England. Erst als Alfred der Große (849–899) im Jahre 897 die Dänen besiegt hatte und eine Erneuerung der Religion und der Bildung begünstigte, schwang das Pendel wieder merkbar weg von den Stammesgöttern und ihren Priestern. In den umfangreichen exegetischen, historischen und praktischen Schriften des Beda Venerabilis (ca. 673–735) zeigt sich die beständige Kraft der Kirche in Britannien selbst in der Not.

Äthiopien

Äthiopien führt seine Verknüpfung mit Ereignissen der heiligen Geschichte auf den Besuch der Königin von Saba am Hof Salomos (2Chro 9,1–12) zurück. Über Jahrhunderte blieb der jüdische Einfluß, und bis heute befolgt die Kirche einige jüdische Sitten (z.B. Beschneidung, Einhaltung des Sabbats, Meidung von unreinem Fleisch), während das Falaschavolk sich dem Judentum zugehörig versteht.

Nach Äthiopien wurde das Christentum durch Frumentius (ca. 300–380) gebracht, der von Athanasius zum Missionsbischof geweiht worden war. Deshalb kam mit dem Glauben auch das Mönchtum, das bis zur Gegenwart lebendig ist. In den christologischen Streitigkeiten folgte die Abessinische Kirche der Schule Alexandrias und errichtete nach dem Aufstieg des Islam ihr eigenes Patriarchat (Abuna).

Viele äthiopische Klöster und Kirchen sind architektonisch auffallend, weil ihre Stirnseiten in eine Felswand gemeißelt und die Räume dahinter aus dem Felsen herausgehauen sind. Ähnliche Bauweisen, die auf die Notwendigkeit ständiger Verteidigung deuten, finden sich auch in anderen Zentren der östlichen Christenheit (z.B. Ochrid und Kiew).

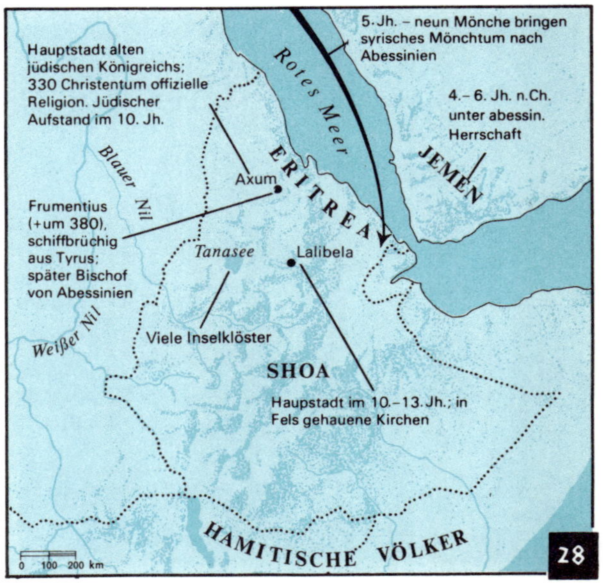

Heutige Grenzen

Das Chasarenreich ca. 700–1000

Das mächtigste Volk zwischen Don und Wolga nach dem 5. Jh. waren die Chasaren, ehem. Nomaden türkischer Herkunft. Sie beherrschten die Krim, trieben Abgaben von den östlichen Slawen ein und bauten ein ansehnliches Reich auf, so daß der Kaiser von Byzanz sie zu Bundesgenossen gegen den Islam erkor. Das Königshaus und die Volksmehrheit wandten sich dem Judentum zu (ca. 740); gegenüber religiösen Minderheiten waren sie tolerant.

Bis zur Niederlage gegen den Herzog von Kiew 969 waren sie die wichtigste politische und militärische Macht, die eine islamische Eroberung Südrußlands verhinderte. Diese Niederlage, zusammen mit der Unterwerfung der Chasaren unter Byzanz 1030, kam kurz bevor Herzog Wladimir (956–1015) sein Schicksal an das Konstantinopels band und anfing, seine Untertanen – oft mit Gewalt – zur Orthodoxie zu bekehren.

Mit dem Fall der Chasaren endete der letzte massive Missionsversuch des Judentums, wenn auch individuelle Bekehrungen bis zur Gegenwart vorkommen.

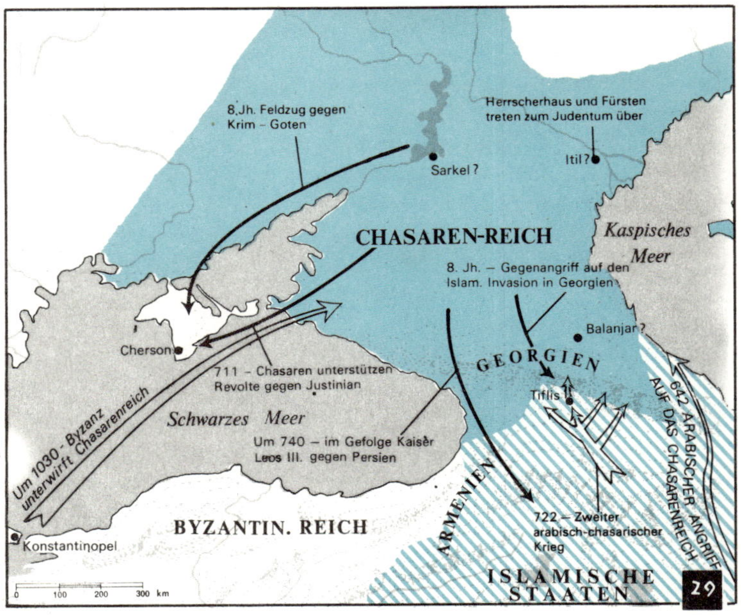

Nestorianisches Christentum 431ff.

Lehrmäßige und politische Faktoren beim Aufstieg des Nestorianismus sind bereits oben (S. 19ff.) dargestellt. Eine Zeitlang war Edessa ein starkes nestorianisches Zentrum. Schon Abgar IX. (179–214) hatte sich zum Christentum bekehrt und mit ihm sein ganzes Volk – die erste Massenbekehrung von Heiden zum Christentum. Eine Zeitlang (435–489) fand der Nestorianismus eine Zuflucht in Edessa, aber nach Chalcedon (451) wanderten viele unter byzantinischer und monophysitischer Verfolgung nach Persien. In Nisibis wurde eine Stätte der Gelehrsamkeit mit mehreren hundert Schülern aufgebaut. Der Sitz des Patriarchen (Katholikos) war Seleucia, die Hauptstadt des Reiches. Er wurde ca. 775 nach Bagdad verlegt.

Während des 6. Jh.s waren nestorianische Missionare bereits in Arabien, Indien und Turkistan tätig. Unter den frühen Sassaniden litten sie schwer: Der Zoroastrismus war die bevorzugte Religion und die Verfolgung hart. Nach islamischer Eroberung Persiens (651) wurden sie abwechselnd geduldet und verfolgt. Über die Jahrhunderte verloren sie gegenüber dem Islam an Boden, doch die Zerstreuung der Flüchtlinge half, den nestorianischen Glauben in neue Gebiete zu verpflanzen. 1625 wurde in Nordwest-China eine große Steintafel (Sigan-Fu-Stein) gefunden, die die Geschichte einer nestorianischen Mission von beträchtlichem Erfolg für die Jahre 635–783 festhält.

Die Invasion Tamerlans (1336–1405) und die Kriege der Mongolen und Türken zerstörten ihre Hochburgen. Die nestorianischen Kirchen verschwanden in China. Nur eine kleine Gemeinschaft von »assyrischen Christen« überlebt noch im Grenzgebiet von Persien und der UdSSR.

Nach der Tradition wurde das Christentum durch den Apostel Thomas nach Indien verpflanzt. Reisende aus Europa fanden zu Beginn der Moderne wohlgegründete Kirchen an den Küsten Süd-Indiens und Ceylons. Man fand Inschriften vom 7.–9. Jh. in Mittelpersisch; die liturgische Sprache war Syrisch. Ihre engsten kirchlichen Beziehungen bestanden zu den Nestorianern in Mesopotamien; 1440 erhielten sie neue Bischöfe durch den Katholikos von Bagdad.

In der Moderne vereinigten sich Teile der »malabarischen Christen« mit Rom (1599, 1662, 1930). Eine andere Gruppe schloß sich der Kirche von Syrien (»Jakobiten«) an. Die Mar-Thoma-Kirche organisierte sich ab 1889 nach presbyterianischem Muster.

Über die Jahrhunderte hinweg haben sich die nestorianischen und monophysitischen Kirchen unter dem Einfluß mächtiger Kräfte, die dazu neigten, die Einzelheiten vormaliger Lehrstreitigkeiten zu verwischen oder ganz auszumerzen, »normalisiert«. Einige sind dem Ökumenischen Rat der Kirchen (gegr. 1948) beigetreten, und für eine Amtszeit war einer der Präsidenten des ÖRK ein malabarischer Christ.

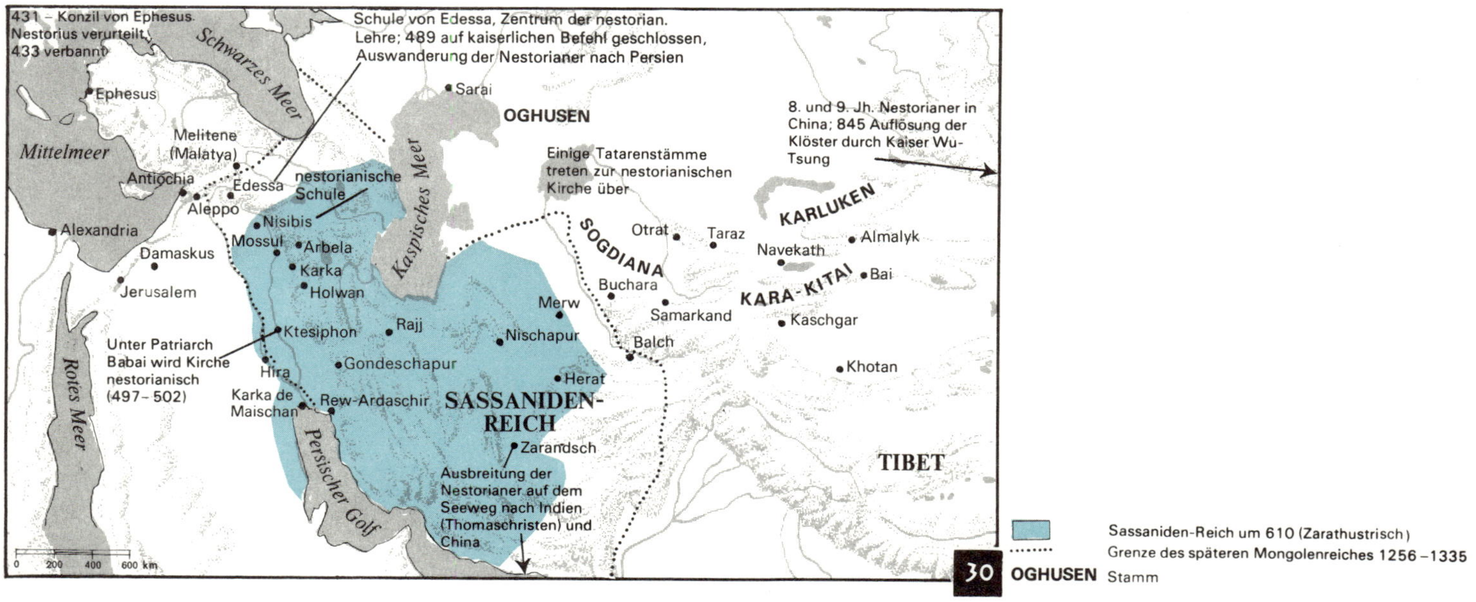

Mohammeds Kämpfe

Mohammed (570–632) wuchs in Mekka auf, wo er ein erfolgreicher Kaufmann war. Nach einer Zeit innerer Unruhe, die er durch Gebet und Meditation in der Wüste überwand, fühlte er den Ruf, seine Mitmenschen in Vorbereitung auf das kommende Gericht zu dem Einen Gott zu rufen. Wegen seiner unbequemen Botschaft verfolgt, floh er mit einigen Anhängern nach Medina (622 – Hedschra = Flucht; Beginn des islamischen Kalenders). In Medina begründete er eine stark theokratische Gesellschaft, die er als Prophet durch fähige Führung stärkte und durch Offenbarungen bekräftigte.

630 besiegten Mohammeds Anhänger Mekka. Die zentralen kultischen Riten wurden in der Kaaba eingerichtet (Verehrung des Schwarzen Steins, der älter ist als der Islam). Die Pflicht zur Pilgerfahrt wurde eingeführt, und die Kräfte entfalteten sich, die in wenigen Jahrzehnten zur gefährlichsten Bedrohung des Christentums bis zum Aufstieg der totalitären Ideologien im 20. Jh. wurden.

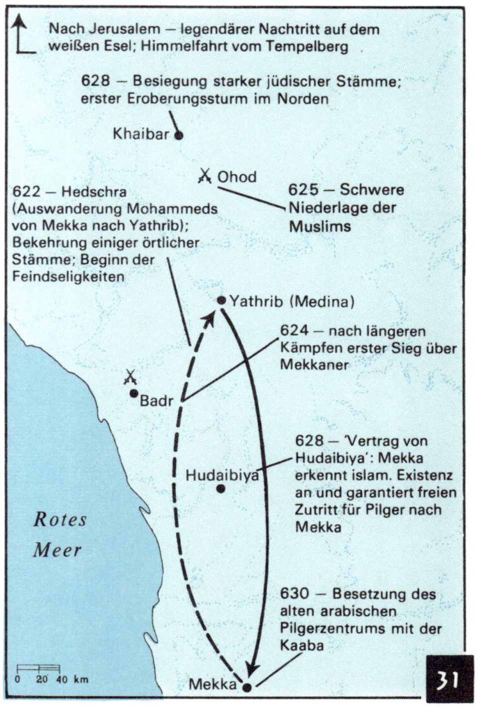

31

Der Aufstieg des Islam 7. Jh. ff.

Obwohl Kaiser Justinian I. die antiken heidnischen Philosophenschulen 529 unterdrückte – ein Triumph des Christentums über seine hellenistischen Gegner –, war das Christentum tatsächlich von ca. 500–950 auf dem Weg nach unten.

Diese Krise ging vor allem auf den mörderischen Bruderstreit unter den Christen zurück. Zum Verlust der alten Kirchen im mittleren Osten muß man noch die Kämpfe zwischen Orthodoxen, Montanisten, Donatisten und Arianern in Nordafrika zählen. Vermutlich mit einem Seufzer der Erleichterung gingen Tausende von Christen zum Islam über mit seiner einfachen Glaubensaussage und seinem klaren Ruf zur Bruderschaft. Da mehr als die Hälfte der Christenheit – und noch dazu die zivilisiertesten und traditionsreichsten Gebiete – an den Islam fiel, gab es jahrhundertelang für das Christentum nichts Wichtigeres, als in einem belagerten Europa zu überleben.

Der Islam erklärte, eine neue Heilsordnung zu sein, die sowohl Judentum wie Christentum ablöst, und behauptete zugleich, den ursprünglichen universalen Glauben der Menschheit zu verkörpern. Mit erstaunlicher Geschwindigkeit eroberte er die zivilisierte Welt. Als Mohammed starb (632), war Arabien im wesentlichen erobert – obwohl kleine jüdische oder christliche Stämme kurze Zeit Widerstand leisteten. Die Eroberung Syriens, Palästinas und Ägyptens folgte. Innerhalb eines Jh.s war diese Religion in Nordafrika, Spanien, Irak, Persien, Zypern, Kreta und Sizilien vorherrschend und wurde nur durch die Heere der Chasaren und Byzantiner (718) und durch den Frankenkönig bei Tours (732) daran gehindert, die west- und oströmischen christlichen Kaiserreiche zu überrennen.

Der Islam gründet sich auf den Koran, Gottes eigenes Wort in arabischer Sprache. Der Koran ist ohne jeden Fehler. Man glaubt, daß Mohammed der letzte in einer Reihe von Propheten ist, die viele biblische Personen einschließt. Mohammeds Rolle ist die eines Warners der Menschheit vor dem bevorstehenden letzten Gericht.

Jahrhunderte folgten christliche Kontroverstheologen den Weg des Johannes von Damaskus und sahen im Islam eine Häresie. Mit den Kreuzzügen entwickelte sich das Verhältnis zur unversöhnlichen Feindschaft.

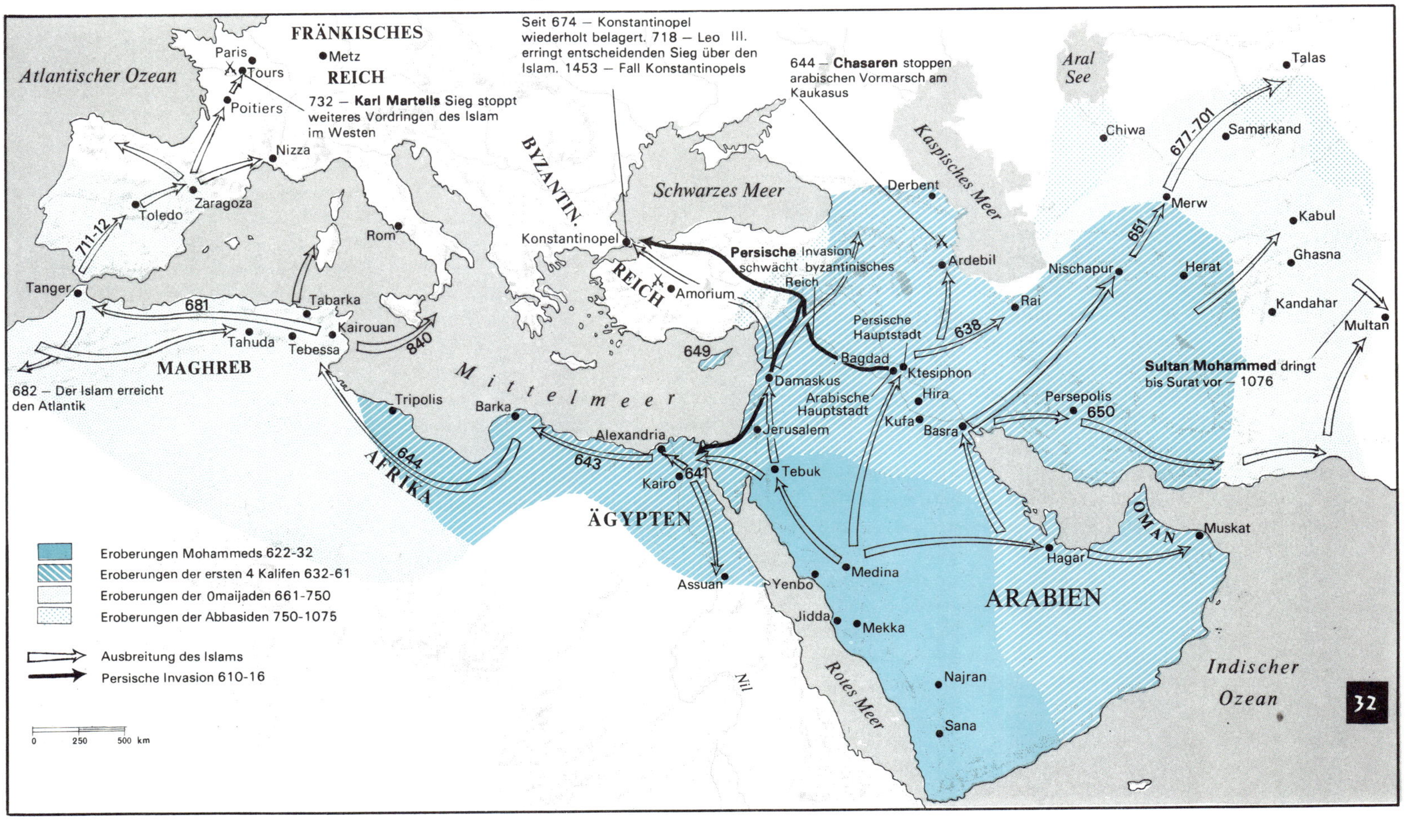

32

C. Das Reich Karls des Großen und seiner Nachfolger

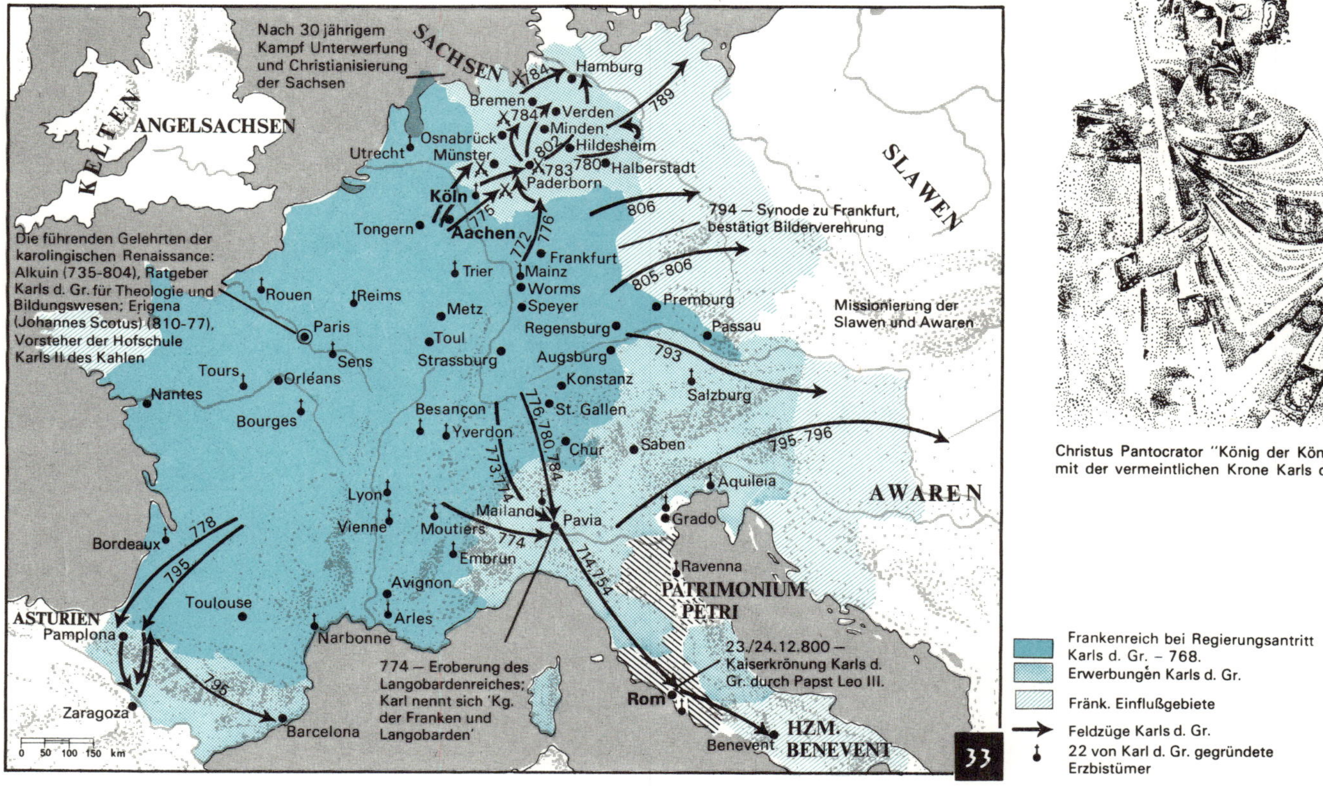

Christus Pantocrator "König der Könige", mit der vermeintlichen Krone Karls d. Gr.

Das christliche Reich Karls des Großen (742–814)

Der Einbruch in die arianische Front der Stämme erfolgte 496, als der Frankenkönig Chlodwig die katholische Taufe empfing. Seine Siege über Römer, Alemannen, Burgunder und Westgoten legten die Grundlagen für das spätere Frankreich. Die Allianz des Papsttums mit den Franken dauerte bis ins 16. Jh. Pippin der Kurze (ca. 714–768), der Vater Karls des Großen, entthronte den letzten Merowinger; er festigte die Beziehungen zum Papst, indem er die Langobarden besiegte und Gebiete an den Papst abtrat, die zum Kirchenstaat wurden.

Karl der Große (ca. 742–814) setzte mit dem päpstlichen Segen das Amt des Kaisers im bald sogenannten »Heiligen Römischen Reich« wieder ein (800) und erwies sich in seiner langen Regentschaft als einer der fähigsten Herrscher der abendländischen Geschichte. Er zog 18mal gegen die Sachsen (770–784); sie und andere besiegte Stämme wurden zwangsgetauft. Er sandte fünf Expeditionen gegen die Sarazenen nach Italien und sieben gegen die Araber nach Spanien. Im ersten Feldzug gegen die Araber wurde Roland unter Umständen getötet, die lange Zeit als symbolisch für den Heroismus und die Treue des christlichen Ritters und die Tugend der Ritterlichkeit berühmt waren. Um das sich ausdehnende Reich zu konsolidieren, führte er einige neue Bestimmungen ein, unter anderem militärische Grenzmärsche und regelmäßige regionale Überprüfungen, die von seinen Verwaltungsbeamten durchgeführt wurden.

Karl der Große fühlte sich als Erbe der byzantinischen Tradition. Er reorganisierte die Kirche durch Errichtung von 22 Erzbistümern, die die Bischöfe beaufsichtigten und als Schranke zwischen ihnen und päpstlicher Einmischung dienten. In Lehrfragen griff er selbst ein und ließ die Synode zu Frankfurt (794) für die Bilderverehrung eintreten und auf der Synode zu Aachen (809) das *filioque* ins Bekenntnis aufnehmen. In der karolinischen Renaissance entwickelten sich etliche theologische Streitfragen, die darauf hindeuten, daß die Kirche dieses Gebietes eine gelehrte Kultur hervorgebracht hatte. Zwei der Probleme waren ziemlich abgegriffen: Felix von Urgelis lehrte den Adoptianismus, und Gottschalk vertrat ein ausführlich begründetes Dogma der doppelten Prädestination, wie es die Synode von Orange (529) bereits verurteilt hatte. Wichtiger war die Abhandlung des Radbertus von Corbie über die Eucharistie (ca. 831), wonach Fleisch und Blut Christi durch ein Wunder in Brot und Wein gegenwärtig sein sollen; dies sollte 5 Jh.e später in der lateinischen Kirche offizielle Lehre werden. Nach seinem Tod wurde Karl der Große seliggesprochen, und er wird mancherorts als »Heiliger« verehrt.

Bei der Krönung Karls hatte Alkuin – sein Ratgeber in kulturellen und religiösen Angelegenheiten – erklärt, daß es drei höchste Gewalten in der Welt gebe: das Papsttum in Rom, den Kaiser im zweiten Rom (Konstantinopel) und die königliche Würde Karls. Die letzte sei die wichtigste.

Aber Karls Versuch, eine wirkungsvolle Verwaltung aufzubauen, lief den Sitten der Stämme zuwider. Als seine persönliche Autorität mit seinem Tod verschwand, begannen die Strukturen, die er aufgebaut hatte, auseinanderzufallen. Im Vertrag von Verdun (843) teilten die Söhne Ludwigs des Frommen das Reich in bis zur Gegenwart erkennbare Teile: Lothar erhielt den Titel Kaiser und das mittlere Reich (Burgund, Elsaß-Lothringen), Ludwig das Gebiet östlich des Rheins (Deutschland) und Karl der Kahle einen Großteil des heutigen Frankreich. Weil die politische und militärische Macht im Zentrum sank, setzten schlimme

Überfälle von allen Seiten ein. Die skandinavischen Normannen plünderten und brandschatzten und wurden schließlich seßhaft (Normandie). Italien wurde von den Sarazenen heimgesucht; bei einer Gelegenheit wurde sogar St. Peter in Rom geplündert (841). Vom Osten unternahmen die Ungarn umfangreiche Raubzüge nach Deutschland und Italien. Der Standard des allgemeinen Lebens und der Kultur sank ständig, weil man um das nackte Überleben kämpfen mußte.

In dieser Krise entwickelte sich der Feudalismus. Das persönliche Treueverhältnis zu einem militärischen Herrn und die Koppelung der Nutzung von Land an den Militärdienst schien die beste Lösung für das brennende Problem der Verteidigung. Der Verlust verläßlicher und objektiver Gerichtsbarkeit ließ tatsächlich aber die Untertanen in völlige Abhängigkeit von den persönlichen Tugenden oder Lastern der Kriegsherren geraten. Für die Kirche hatte das zur Folge, daß jeder Herr sich im ganzen so verhielt wie die großen Kaiser, d.h. die Kirche wurde zur Unterstützung persönlicher politischer Ziele gebraucht. Aber während die Eingriffe eines Karls des Großen Kirche und Kultur verschmolzen hatten, geriet das gleiche Vorgehen seitens einer Vielzahl kleinerer Herren zum ernsten Schaden der Kirche und führte zu einer Reihe von Streitigkeiten zwischen den weltlichen Herrschern und den Kirchenfürsten (»Investiturstreit«).

Unter Karl dem Kahlen wirkte als Einsiedler einer der großen Theologen des Mittelalters, Johannes Scotus (?–877). Aber mit dem Verfall der kaiserlichen Autorität verlagerte sich das Hauptgewicht des Christentums wieder nach Rom. Die Erweiterung päpstlicher Macht wurde oft vom niederen Klerus unterstützt, um die Machtkonzentration großer weltlicher und kirchlicher Herren zu durchkreuzen.

Zu dieser Zeit hatte der römische Stuhl einige seiner fähigsten Amtsinhaber, die geistig, politisch und oft auch militärisch den meisten Kriegsherren Europas überlegen waren. Leo IV. (Papst von 847–855) führte Heere gegen die Sarazenen. Nikolaus I. (Papst von 858–867) behauptete das höhere Recht des Papstes über alle weltlichen Herrscher.

Dadurch, daß Karl der Große Titel und Krone eines Kaisers annahm, sich bewußt byzantinische und konstantinische Symbole zulegte und sich dann auch noch in kirchliche Angelegenheiten einschaltete, verschlimmerten sich die Spannungen zwischen Ost und West. Die Beziehungen zwischen den Häuptern der lateinischen und griechischen Kirche waren nicht besser. Der Streit zwischen Papst Nikolaus I. und seinen Nachfolgern und dem Patriarchen Photius von Konstantinopel (Patriarch von 858–867 und 878–886) kündigte den endgültigen Bruch von 1054 an. Die griechische Kirche hielt an der Tradition der fünf nahezu gleichberechtigten Patriarchen fest; die Päpste behaupteten den Vorrang Roms. Das Konzil von Konstantinopel (869–870), das Photius verdammte (eine Entscheidung, die 879–80 rückgängig gemacht wurde), wird in der römisch-katholischen Kirche als 8. ökumenisches Konzil gerechnet; die Orthodoxen kennen nur sieben und verehren Photius als Heiligen.

Die Rivalität zwischen Rom und Konstantinopel um die kirchliche Kontrolle des bulgarischen Königreichs war ein Höhepunkt der Konfrontation. Dieses Gebiet war im 7. Jh. von bulgarischen Stammesangehörigen erobert worden, die ein starkes Königtum errichteten und eine Zeitlang aus Byzanz Tributzahlungen eintrieben. Boris I., der 853–888 als Khan regierte, ließ sich von einem von Photius ausgesandten griechischen Geistlichen taufen. Missionare kamen von den Franken und Bayern, und der Papst schickte zwei Bischöfe. Boris hoffte, Rom und Konstantinopel gegeneinander ausspielen zu können, um eine eigene Kirche mit einem Metropoliten zu erhalten, aber die Konfrontation in seinem Gebiet erzwang schließlich eine Entscheidung. Unter seinem Sohn Simeon (Zar von 893–927) wurde die Bekehrung des Volkes größtenteils abgeschlossen. Zum guten Teil wegen des Einflusses von Kyrill und Methodius war die Schriftsprache der Bulgaren Slawisch und die Kirche östlich-orthodox. Ein Zentrum des Mönchtums und der Bildung wurde am Ochrid-See errichtet.

Drei Generationen nach Karls Tod war der Papst wieder die zentrale politische und religiöse Figur im Westen geworden. In derselben Zeit wurde der Caesaro-Papismus im Osten voll entfaltet. Lediglich die Mönche leisteten dagegen von Zeit zu Zeit einigen Widerstand.

Querschnitt der karolingischen Pfalzkapelle (Aachener Dom), um 800 in bewußter Anlehnung an kaiserl.-byzantinischen Stil erbaut

Aachen – eine neue Hauptstadt

Wie Konstantin vor ihm ging Karl der Große daran, eine große Hauptstadt zu erbauen, die ein Symbol seines Werkes und Wollens sein sollte. Der Dom, den er erbauen ließ, ist der Kirche St. Vitale in Ravenna, dem langjährigen Sitz des byzantinischen Exarchats im Westen, nachgebildet, die ihrerseits die Hagia Sophia in Konstantinopel zum Modell hat. Karl konnte zwar selbst nicht lesen, ließ sich aber vorlesen. Sein Lieblingsbuch war Augustins *De civitate Dei,* das ihm eine christliche politische Philosophie lieferte.

Karl der Große versammelte Gelehrte aus ganz Europa an seinem Hof. Die Bildungsreform übertrug er Alkuin (ca. 735–804), der, von einem Schüler des Beda Venerabilis geschult, Vorsteher der Schule von York und ein Verwandter Willibrords war. Alkuin war Freund und Ratgeber des Kaisers, unterrichtete an der Hofschule und förderte Mission und Mönchtum. Wenn Karl einen Stamm besiegt hatte, erzwang er die Taufe als Teil des Friedensvertrags; er gründete wenige Klöster, die eher als Zentren der Bildung denn als Orte der Praxis christlichen Lebens anzusehen sind. Sein eigener Lebensstil hatte von Anfang bis zum Ende nichts zu tun mit Rückzug aus der Welt.

Alkuin schrieb eine Reihe Handbücher zur Erziehung. Er ermutigte seine Schüler, von denen einige später berühmt wurden, Fragen zu stellen und sich nicht mit bloßem Memorieren zufriedenzugeben. Inhaltliche Grundlage war ihm Augustin, während er methodisch den lateinischen Grammatikern folgte. Sein öffentliches Wirken bestand natürlich in erster Linie im Kampf für elementare Kenntnisse des Lesens und Schreibens in einem Ozean barbarischer Unkultur.

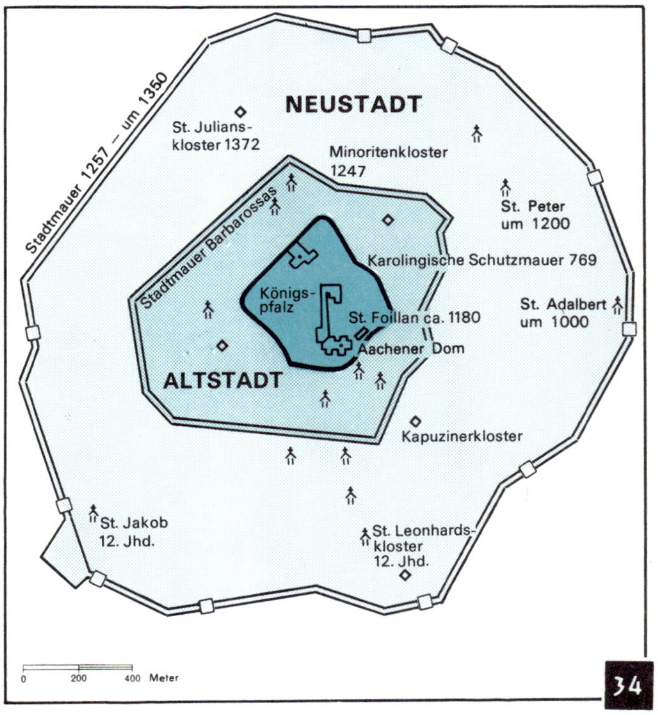

Mission im Norden (7.–9. Jh.)

Während eines Großteils der christlichen Geschichte war christliche Bekehrung eine Sache der Sippe und des Stammes und nicht primär des einzelnen. Die Stammeshäupter ließen sich nach einer militärischen Niederlage oder politischer Unterwerfung taufen, und ihre Völker folgten nach. Missionsarbeit war gefährlich, besonders weil die Stammesreligionen oft rituelle Menschenopfer verlangten; vor allem auch, weil die Missionare mit der Ausdehnung der christlichen Reiche in Ost und West identifiziert wurden.

Willibrord (658–739), der »Apostel der Friesen«, gründete das Kloster Echternach, das sich zu einem Missionszentrum entwickelte, und baute einen Dom in Utrecht. Bonifatius (ca. 680–754), der »Apostel der Deutschen«, gründete ca. 743 die Abtei Fulda. Beeindruckt waren die Stammesangehörigen von seinem Mut, die Donareiche bei Geismar zu fällen. Ansgar (801–865), der »Apostel des Nordens«, reiste viel unter den Skandinaviern, die aber der Bekehrung noch widerstrebten.

Cluny (gegr. 910) und die monastische Reform

Während der Jahrhunderte der Gewalt und Unordnung wurde die ursprünglich im monastischen Leben angelegte Stoßrichtung der Selbstverleugnung und Disziplin völlig verändert. Die Klöster enthielten Bibliotheken und waren Zentren der Gelehrsamkeit, und ihr Ansehen gründete sich mehr auf erfolgreiche Arbeit denn auf schlichte Frömmigkeit. Die geistliche Disziplin nahm ab. Der Besitz der Klöster nahm durch Schenkungen von Frommen immer mehr zu. Die Gleichsetzung des monastischen Lebens mit dem christlichen Leben schlechthin führte dazu, die Christen zu unterteilen in solche, die die Regeln des christlichen Lebens praktizierten, und solche, die sie dafür bewunderten.

Das Kloster Cluny wurde gegründet, um die ursprüngliche Stoßrichtung wiederherzustellen und der geistlichen Verflachung der benediktinischen Zentren mit strenger asketischer Zucht entgegenzuwirken. Eine Reihe begabter Äbte, besonders Odo (Abt von 927–42) und Odilo (Abt von 994–1048) führten die Reformbewegung an.

Weil das Christentum von gewissen großen Persönlichkeiten so lebendig vertreten wurde, wird zuweilen die Illusion erweckt, daß die Periode von Karl dem Großen bis Hildebrand einen Höhepunkt christlicher Zivilisation bildete. Fast das Gegenteil ist aber der Fall: Der oft verzweifelte Anspruch auf kirchliche Autorität und Unabhängigkeit zeigt klar, daß diese von allen Seiten in Frage gestellt wurden.

Die Christenheit war vor äußeren Angriffen und innerem Chaos auf dem Rückzug. Der Islam ebenso wie das China der Sung-Dynastie (960–1279) standen auf einem viel höheren kulturellen Niveau. Die meisten der Kriegsherren waren Analphabeten und polygame Barbaren; das Leben des einfachen Volkes war unangenehm, roh und kurz. Sklaverei war ebenso weit verbreitet wie Krankheiten, z.B. Lepra und Pest. Vielerorts wurden kirchliche Ämter gekauft und verkauft. Weltliche Herren ernannten Bischöfe, und Bischöfe führten Heere an; in der keltischen Kirche gaben die religiösen Anführer ihre Ämter vom Vater auf den Sohn weiter. In Rom wurde auf Jahrzehnte das Papsttum zum Spielball reicher Familien: zwischen 897 und 955 lösten sich 17 Päpste in schneller Folge ab als Drahtzieher und dann als Opfer von Intrigen.

Zwei große Kräfte öffneten den Westen für die Zivilisation: die klösterlichen Reformbewegungen und die Kreuzzüge. Eigenartigerweise sind diese zwei Impulse eng miteinander verknüpft (s. S. 38ff.).

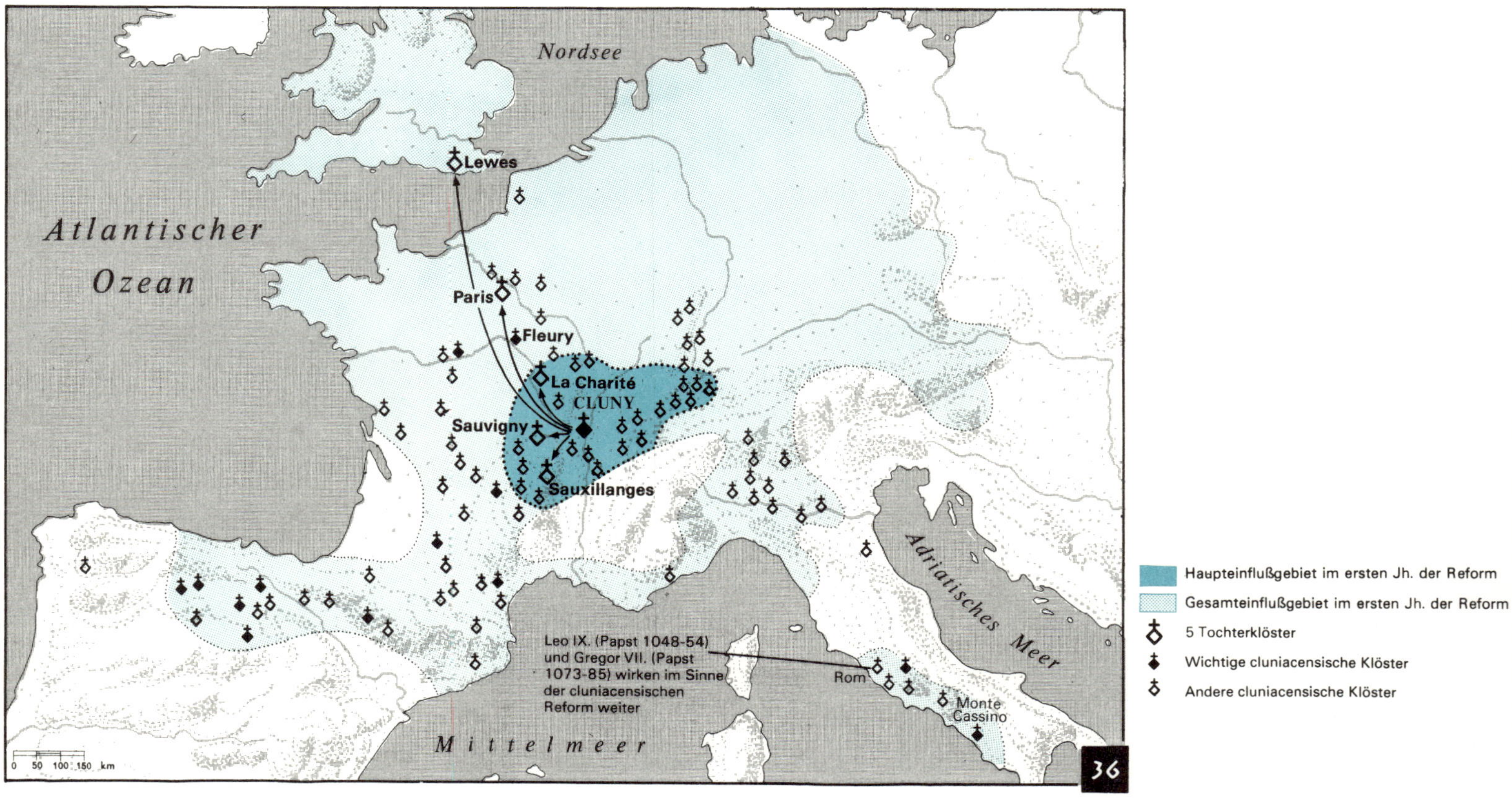

Das Heilige Römische Reich Ottos des Großen (962–973) und seiner Nachfolger

Unter Otto (König der Deutschen 936–973) kam es zum Wiederaufstieg kaiserlicher Macht und parallel dazu zum Rückgang päpstlicher Autorität. 962 wurde er zum Kaiser des Heiligen Römischen Reichs Deutscher Nation gekrönt, ein Amt, das erst Napoleon 1806 abschaffte. Otto setzte seine eigenen Bischöfe ein, gebrauchte sie, um die Macht des Erbadels zu brechen, und kontrollierte das Papsttum. Er schlug plündernde dänische Horden zurück, besiegte die Ungarn und errichtete Militärstützpunkte an der östlichen Grenze. Er zog Gelehrte an seinen Hof und finanzierte Klöster und Missionen.

Ottos Nachfolger, besonders Heinrich II. (Kaiser 1002–1024), Heinrich III. (Kaiser 1035–1056) und Heinrich IV. (Kaiser 1056–1106) führten die Tradition fort, sich in kirchliche Angelegenheiten einzumischen und ihre Kraft in militärischen Aktionen jenseits der Alpen zu vergeuden. Das kritische Problem bestand in der Kontrolle der bischöflichen und erzbischöflichen Ämter, weil die Kirche über den reichsten Grundbesitz verfügte. Die aufkommenden nationalen Herrscher konnten ihre Herrschaft nicht konsolidieren, ohne zugleich den kirchlichen Adel zu kontrollieren. Kaiser und Papst fochten diesen Kampf über Generationen aus, aber die aufsteigende Woge der cluniazensischen Reform stärkte das Papsttum. 1077 zwang Gregor VII. Kaiser Heinrich IV. zum Gang nach Canossa; der erste Abschluß des Investiturstreits gelang mit dem Wormser Konkordat (1122). Trotzdem tauchte das Problem, ob Bischöfe und Äbte von Laien eingesetzt und kontrolliert werden durften (»Laieninvestitur«), immer wieder auf.

Trotz des Durcheinanders im westlichen Reich und der schweren Verluste an den Islam im Osten gewann das Christentum an Boden. Die Stämme im Osten und Norden wurden getauft. Die Herrscher der Bulgaren, Slawen, Mähren, Böhmen, Polen, Ungarn und Wenden wurden gewonnen, und gewöhnlich geschah die Massentaufe ihrer Völker innerhalb ein oder zwei Generationen. In der zweiten Hälfte des 10. Jh.s breitete sich das Christentum auf gleiche Weise unter den Dänen, Norwegern und Schweden aus. Der erste Christ, der die neue Welt erreichte, scheint bekehrter Wikinger, Leif Erikson (ca. 1001), gewesen zu sein.

Britannien zur Zeit Alfreds des Großen (849–899)

Lange war England ausgeplündert und dann von Skandinavien und Deutschland aus durch marodierende Stämme besiedelt worden. Die Nachfahren der ursprünglichen Bewohner wurden in die entlegenen Gebiete abgedrängt. Das keltische Christentum, auf seinem Höhepunkt kulturell hochstehend und schöpferisch, überlebte in Verstecken auf Bergen oder auf befestigten Inseln.

Mit Alfred dem Großen (849–899), König von Wessex, erschien ein Herrscher, der das Blatt wendete. Er besiegte die Wikinger, eroberte den größten Teil Englands und sorgte für Bildung und Kirchenreform. Er sammelte eine Anzahl Gelehrter um sich und übersetzte eine Zahl lateinischer Bücher – unter anderem *De Consolatione Philosophiae* des Boethius, die *Geschichte* des Orosius und die *Selbstgespräche* Augustins. Mit seiner Unterstützung entstand durch eine Anzahl Geschichtsschreiber der Hauptabschnitt der wichtigsten Überlieferung der Engländer, die angelsächsische Chronik.

Der führende englische Theologe der Ära war Dunstan (ca. 909–988), Erzbischof von Canterbury und ein strenger Asket, der als Abt die Regel des Benedikt durchsetzte und als Ratgeber des Königs für Reformen in der kirchlichen und weltlichen Verwaltung sorgte.

Ost gegen West – die Omaijaden und die Abbasiden 8.–9. Jh.

Moschee in Samarra, Mesopotamien (abbasidisch, 9. Jh.)

In weniger als drei Jh.en hatte der Islam die alten Stützpunkte des Christentums in Kleinasien und Nordafrika erobert, den größten Teil der Iberischen Halbinsel unterworfen und bedrängte hart das Byzantinische Reich. Nur ein Jh. nach Mohammeds Tod hatte sich der Glaube über ein größeres Gebiet ausgebreitet als das Imperium Romanum. In seinem Konzept der glaubenden Gemeinschaft waren politische und religiöse Faktoren verbunden, doch wurde der Islam früh von Protestbewegungen gespalten.

In Damaskus löste eine Dynastie mekkanischer Kalifen das frühere, auf Wahlen beruhende Kalifat ab. Ihre Anhänger, der größte Teil des Islams, wurden Sunniten genannt – Anhänger der allgemeinen Praxis der Gemeinschaft. Den Sunniten gegenüber standen die Schiiten, die an einer dynastischen Erbfolge in der Familie Mohammeds festhielten. Eine andere Sekte, die Charigiten, erklärten, daß die Gemeinschaft das Recht habe, ihr Haupt zu wählen und bei Fehlern abzusetzen.

Wegen der Betonung der Gemeinschaftsstrukturen erlangten Ethik und Recht in der theoretischen Entwicklung des Islams die Vorrangstellung vor der Theologie. Der Koran wurde durch eine Sammlung überlieferter Lehren ergänzt. Innerhalb der Hauptgruppen bildeten sich Schulen, die sich feindlich gegenüberstanden. Die Schiiten akzeptierten nur solche Traditionsstränge, die auf Ali, Mohammeds Schwiegersohn, oder dessen Nachfahren zurückgehen.

Die Gesetzlichkeit der Lehrer wurde durch den aufkommenden Sufismus ausgeglichen, der das Streben nach geistlichen Erfahrungen durch asketische Disziplin und mystische Versenkung verfolgte. Von seinem Wesen her widersetzte er sich systematischer Darstellung und verfiel deshalb in die allgemeine Praxis monastischer Bewegungen, die Gemeinschaft in die geistliche Elite und die Masse der Gläubigen aufzuteilen. Bis zum 12. und 13. Jh. hatten sich große religiöse Gesellschaften im ganzen Islam ausgebreitet. In vielen Gebieten schlugen sie dadurch Wurzeln, daß sie in die muslimische Lehre viele der früheren religiösen Praktiken und Gebräuche der Stämme aufnahmen. Heilige Männer wurden als Fürsprecher verehrt und ihre Wunder aufgezeichnet. Durch Aufnahme platonischer und gnostischer Vorstellungen von der Emanation und der Lichtmystik wich der Sufismus weit von den Lehren des Koran bezüglich des einen Gottes und der Unterwerfung unter sein Gesetz in der Geschichte ab.

Weil das Geistesleben oft mit politischen und sogar militärischen

Notwendigkeiten der verschiedenen Zeiten und Orten verwoben war, entwickelte der Islam früh geographische Teilungen, die ebenso scharf sind wie die der einzelnen Sekten.

Der stärkste der muslimischen Staaten war der der Abbasiden. Er wurde von Kalifen in Bagdad regiert, den Nachfahren des Abbas, des Onkels Mohammeds.

Unter den abbasidischen Kalifen gab es nestorianische, melchitische und jüdische Gemeinschaften, die sich alle größerer Toleranz erfreuten als unter der byzantinischen Staatskirche.

Aus verschiedenen Gründen waren die Bedingungen für die Christen unter den omaijadischen Herrschern weniger glücklich. Viele Tausend flohen in das westliche Mittelmeergebiet und brachten Gebräuche und Literatur des hellenistischen Christentums nach Italien und Südfrankreich.

Ein Kalifat wurde in Cordoba errichtet. Während der fatimidischen Dynastie, 909–1171, die beanspruchte, von Mohammeds Tochter Fatima abzustammen, wurde ein drittes Kalifat in Kairo errichtet.

Obwohl sich Muslims und Christen offiziell – und oft auch tatsächlich – gegenseitig nach dem Leben trachteten, verliefen politische und ökonomische Grenzen oft nicht entlang den Glaubenslinien. Westliche christliche Herrscher wie Karl der Große verbündeten sich nicht selten mit muslimischen Herrschern in Bagdad, um so ein Gegengewicht gegen das christliche Byzanz und die muslimischen Dynastien in Kairo und Cordoba zu schaffen. Ähnlich wurden die alten Verbindungen zwischen Konstantinopel und Alexandrien durch Allianzen zum Ausdruck gebracht.

Erst während der Kreuzzüge stand eine einigermaßen geeinte Christenheit einem einigermaßen geeinten Islam gegenüber, und selbst dann noch plünderten westliche Christen die Hauptstadt der östlichen Orthodoxie, und die Herrscher der Kreuzfahrerreiche suchten schnell die Verbindung mit verschiedenen muslimischen Emirs, um sich gegeneinander zu behaupten.

In den meisten Wissenschaften war die muslimische Kultur der christlichen weit überlegen. Die älteste existierende Universität der Welt wurde 988 in Kairo gegründet. Auf allen Gebieten überragte der Islam das Christentum bis zur Errichtung der modernen Universitäten nach den Kreuzzügen.

Auf der Iberischen Halbinsel erreichte die Begegnung und Wechselwirkung von Islam und Christentum einen Höhepunkt. Zwei arabisch schreibende Autoren, die später die christliche Gedankenwelt tief beeinflußten, waren Averroës (1126–98) und Moses Maimonides (1135–1204).

Averroës (ein Muslim) hatte hohe Ämter in Cordoba inne, bis er von religiösen Eiferern ins Exil getrieben wurde, und schrieb auf den Gebieten der Philosophie, Theologie, Jurisprudenz, Astronomie und Medizin. Seine Aristoteles-Kommentare waren grundlegend für die Wiederentdeckung dieses Philosophen im Westen, obgleich viele Ansichten des Averroës schon bald von der Kirche verdammt wurden. Unter seinen »Irrtümern« war seine Lehre von der Ewigkeit der Welt und der Materie, die Verneinung des freien Willens und der Unsterblichkeit der Seele.

Maimonides, der als der größte jüdische Philosoph des Mittelalters gilt, wurde von muslimischen Lehrern in Cordoba erzogen. Seine Familie wurde von den almohadischen religiösen Eiferern aus Spanien vertrieben und fand Zuflucht in Ägypten. Seine *Mischne-Tora* war eine ausführliche Darlegung und Auslegung dieser Sammlung jüdischer Lehre. In einem Teil seines Kommentars zur Mischna führte er 13 Grundartikel des jüdischen Glaubens an und zog gegenüber dem Christentum wie dem Islam Grenzen. In seinem Hauptwerk *Führer der Schwankenden* behandelt er in rationaler und kritischer Weise die philosophischen Hauptfragen; in lateinischer Übersetzung hatte das Werk nachhaltigen Einfluß auf die entstehende christliche Scholastik, obwohl es verdammt und durch die Inquisition 1233 verbrannt wurde.

Zur selben Zeit, als der Islam dem Westen den geistigen Hauptanstoß gab, breitete er sich rasch auf dem indischen Subkontinent, in Rußland, China und Indonesien aus. Zusammengehalten durch die heilige Sprache, das Arabische, und durch die fünf einfachen Regeln erwies er sich als fähig, seine politischen und kulturellen Ausdrucksformen den unterschiedlichsten Stämmen und Völkern anzupassen. Keine andere Religion hat sich jemals so schnell ausgebreitet und so viele Anhänger gewonnen wie der Islam in seinen ersten beiden Jahrhunderten.

Mehr noch als die Einfachheit und Direktheit seiner Botschaft, die sich beim einfachen Volk günstig von den theologischen oder philosophischen Systemen abhob, die nur von einer kleinen Kaste Intellektueller beherrscht wurden, hatte der Islam drei Hauptanziehungspunkte. Erstens lehrte er Bruderschaft unter den Gläubigen und praktizierte sie auch – ohne Ansehen der Rasse. Zweitens verkündigte er, eine ursprüngliche Religion zu sein, die unter den Völkern der Erde verbreitet gewesen sei, bevor sektiererische Spaltungen und Parteigezänk Uneinigkeit und Verwirrung anstifteten. Drittens war seine Stimmung von Dringlichkeit gekennzeichnet, von einem ausgeprägten Wissen um das unmittelbar bevorstehende letzte Gericht. Mohammed war der letzte Prophet einer Reihe gewesen; der Islam die alles ersetzende und endgültige Botschaft der menschlichen Geschichte.

Unter der Herrschaft Harun al-Raschids (ca. 764–809) wurde Byzanz besiegt. Harun al-Raschid war der erste, der von den Juden verlangte, daß sie in der Öffentlichkeit ein gelbes Abzeichen trugen. Unter Mamun dem Großen (Kalif von 813–833) wurde die Hauptstadt nach Bagdad verlegt und das wissenschaftliche und kulturelle Leben stark unterstützt. In einer Akademie, die mit einer großen Bibliothek in der Nähe des Observatoriums errichtet wurde, entstand ausgedehnte literarische Arbeit, einschließlich der Übersetzung literarischer, wissenschaftlicher und philosophischer Werke aus dem Griechischen, Persischen und dem Sanskrit.

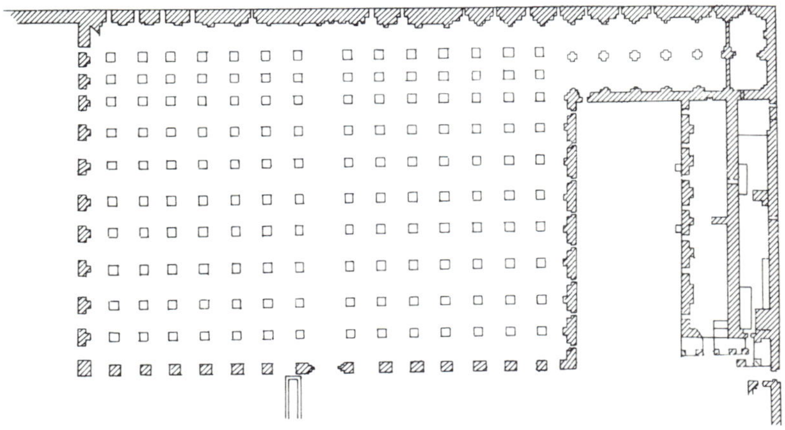

Grundriß der Al-Aksa Moschee

Al-Aksa Moschee, Jerusalem

D. Die Auflösung des karolingischen Reiches

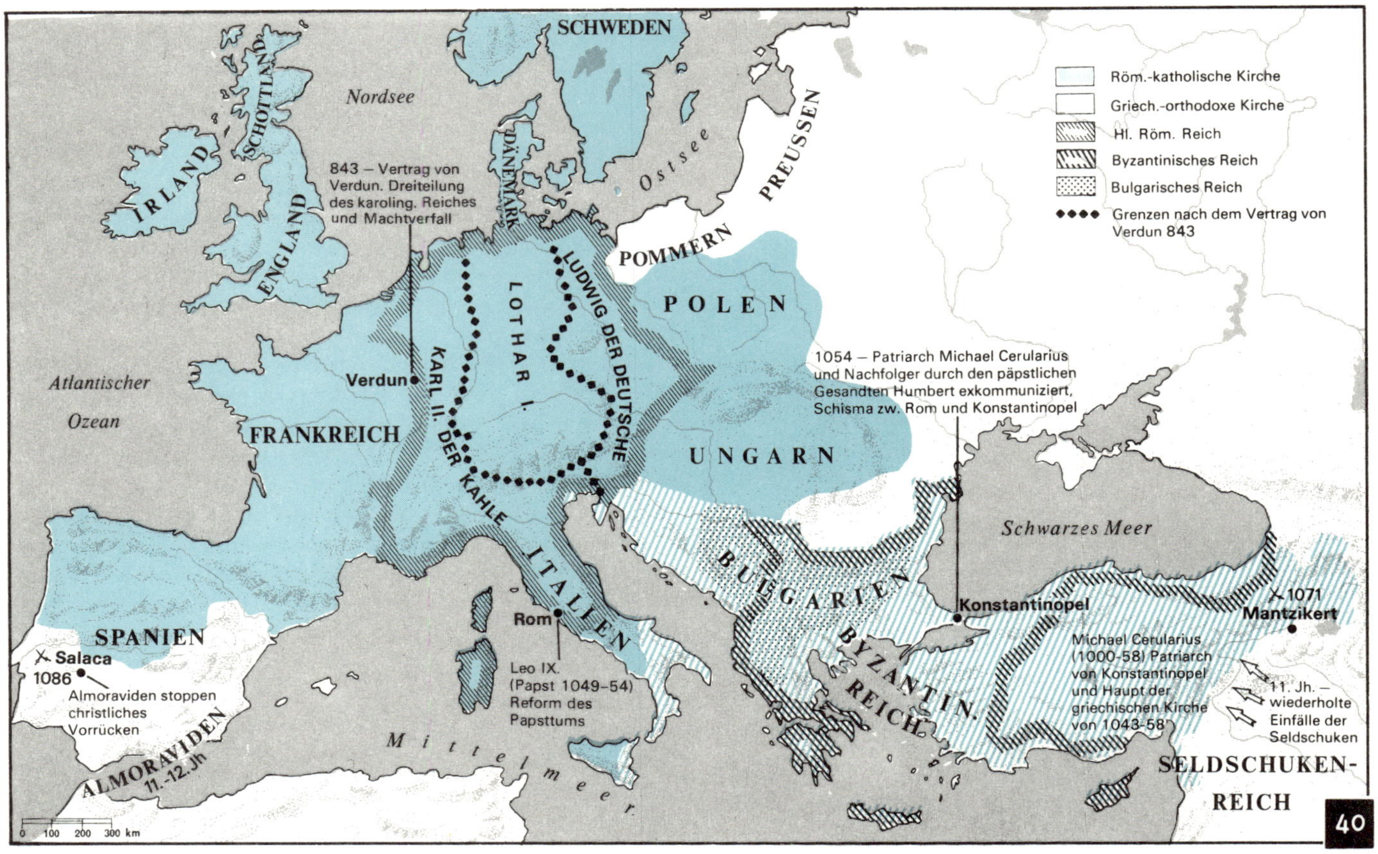

Schatten über dem Heiligen Römischen Reich (Mitte des 11. Jh.s)

Nach Karl dem Großen mehrten sich Streitigkeiten zwischen Herrschern und Päpsten, besonders wenn ein Reformpapst wie Leo IX. (Papst 1049–1054) versuchte, die Würde seines Amtes und die Integrität der Kirche wiederherzustellen. Als glühender Anhänger der cluniazensischen Reformbewegung führte Leo IX. einen Kampf gegen die Simonie und für das Zölibat (Ostersynode 1049). Er erlitt eine militärische Niederlage durch die Normannen und erlebte den dauernden Bruch zwischen der lateinischen Kirche des Westens und der östlichen (griechischen) Orthodoxie. Dieses Schisma war schon lange vorbereitet und durch den Bruch zur Zeit des Patriarchen Photius von Konstantinopel angekündigt (863). Jetzt jedoch konnte Byzanz keinen geistigen Vorrang mehr beanspruchen. Patriarch Michael Cerularius (Patriarch von 1004–1058) war das geistliche Haupt eines östlichen Reiches, das von inneren Intrigen gespalten war und zwischen dem machtvollen Reich der Bulgaren und dem sich dauernd ausweitenden islamischen Reich der Türken zerquetscht wurde. Zwischen 1025 und 1080 erlitt das orthodoxe Christentum empfindliche Rückschläge in Kleinasien, und 1080 eroberten die Türken Nicäa (weniger als 100 Meilen von Konstantinopel entfernt).

Im Heiligen Römischen Reich ging wirtschaftlicher Verfall mit politischer Teilung und Zersplitterung Hand in Hand. Zwischen 970 und 1048 brachten nicht weniger als 48 Hungerjahre die Völker des Westens auf die Ebene des bloßen Kampfes ums Überleben. Der Handel nahm ab, der Verkehr brach zusammen; Reisen war gefährlich, denn Räuberbarone, die kleine Länder beherrschten und plündernde Horden befehligten, überfielen Reisende und terrorisierten eine analphabetische und rohe Bauernschaft. Nur in der Kirche, besonders in den Klöstern, wurden die Früchte der Zivilisation gepflegt.

Als die Regierung zerfiel und die Verwaltungsstrukturen auseinanderbrachen, wurde politische Macht wieder nach dem Muster von Stammespraktiken gehandhabt. Die Macht wurde also durch persönliche Stärke und nicht durch das Amt ausgeübt, und ein Herrschaftsstil setzte sich durch, der auf persönliche Loyalität und Bindung, wie er unter primitiven Völkern üblich ist, beruht. Dies war der Ursprung des Feudalismus.

Der Typus der sozialen Übereinkunft bestand darin, daß der Lehnsherr als Gegenleistung für den Eid des Vasallen zum Kriegsdienst für Lebensunterhalt und Schutz zu sorgen hatte. Die römischen Kaiser hatten dieses Vorgehen verboten (von Tacitus, der es unter den germanischen Stämmen vorgefunden hatte, *comitatus* genannt), weil örtliche Herrscher und Stammesherren dadurch stark genug werden konnten, um sich der Zentralregierung zu widersetzen. Nach einem anderen Modell verteilte der Besitzer großer Ländereien Landparzellen an Vasallen, die schwören mußten, für ihn zu kämpfen, und dafür unter seinem Schutz standen. Wieder ein anderes Muster sah vor, daß kleine Landbesitzer ihr Land einem mächtigen Nachbarn übertrugen, der dafür ihnen Schutz gewährte. Durch diese und andere Maßnahmen wurde ein hochkompliziertes Netz von gegenseitigen Verpflichtungen verknüpft. Ihr gemeinsames Kennzeichen war es, daß persönliche Autorität und Herrschaft die Amtsautorität und Bürokratie ersetzte und daß persönliche Lehnspflicht an die Stelle eines klar umrissenen rechtlichen Status trat.

Die Feudalverhältnisse wurden von der Kirche gebilligt. Der Eid wurde in einer religiösen Zeremonie abgenommen, in der der Vasall dem Herrn huldigte und dieser die Hände auf seinen Gefolgsmann legte.

Heinrich IV. als Büßer (Canossa Codex, 12 Jh.)

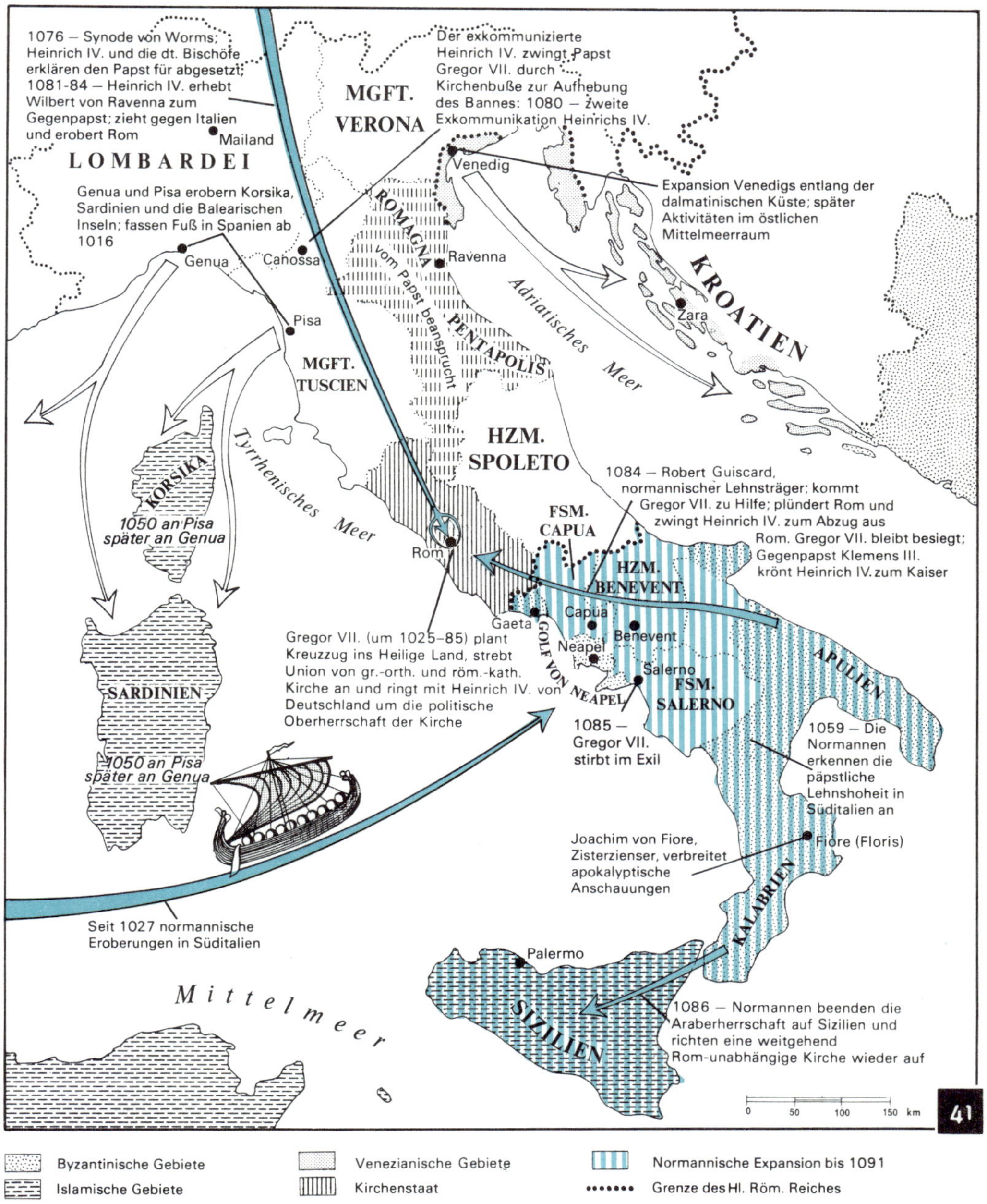

Italien und der Kirchenstaat 11. Jh.

Sieht man nur den Fortschritt der Reformbewegung und besonders Gregor VII. (»Hildebrand«; Papst 1073–85) und seinen zeitweiligen Sieg über Kaiser Heinrich IV. in Canossa (1077), läuft man leicht Gefahr, die ausgesprochene Schwäche der lateinischen Kirche und des Papsttums zu übersehen. Gewiß, Heinrich leistete in einem dramatischen Schritt Buße, erlangte dafür aber die Herrschaft zu Hause – während Gregor im Exil starb. Die Normannen befreiten zwar Sizilien von der islamischen Herrschaft, aber das Christentum, das sie einsetzten, war weitgehend von Rom unabhängig. Der Normannenherzog befreite zwar Gregor von seinen nördlichen Feinden, doch nur, um Rom zu plündern und einen Gegenpapst einzusetzen, der ihn zum Kaiser krönen sollte, als Gregor dies ablehnte.

1059 wurde ein wichtiger Schritt unternommen, um das Papsttum der Kontrolle durch den römischen Mob zu entziehen: die Papstwahl wurde durch das Kardinalskolleg vorgenommen. Aber die politische und wirtschaftliche Grundlage des Kirchenstaats war zu schmal für das Amt des Papstes; er blieb politischer Spielball.

Theoretisch wurde die Christenheit als eine einheitliche Gesellschaft durch die Zusammenarbeit der »zwei Schwerter«, des weltlichen und geistlichen, aufrechterhalten. Tatsächlich aber kämpften die Männer, die die symbolisch so gewichtigen Ämter des Papstes und Kaisers erlangt hatten, jahrhundertelang um die Vormachtstellung. Zu den Waffen des Papsttums gehörten Exkommunikation und Kirchenbann. Die Taktik der Kaiser umfaßte militärische Gewaltanwendung und zu Zeiten auch die Einsetzung von »Marionettenpäpsten« oder Gegenpäpsten.

Auf der Synode in Rom im Februar 1076 wurde der Priesterzölibat erzwungen, die Laieninvestitur abgeschafft und Simonie verdammt. Fünf der kaiserlichen Ratgeber wurden exkommuniziert, weil sie kirchliche Ämter käuflich erworben hatten. Heinrich IV. bestand in heftiger Reaktion darauf, daß er seine Macht von Gott, nicht vom Papst habe. Der Papst antwortete mit Exkommunikation und löste die Untertanen vom Treueid. Um einem Aufstand zuvorzukommen, ging Heinrich nach Canossa. Er erlangte die Aufhebung des Banns und eilte nach Hause, wo er im Bürgerkrieg siegte. Die Demütigung des Kaisers durch den Papst blieb über Jh.e das Symbol päpstlicher Macht. Aber der eigentliche Gewinner von Canossa war der weltliche Herrscher.

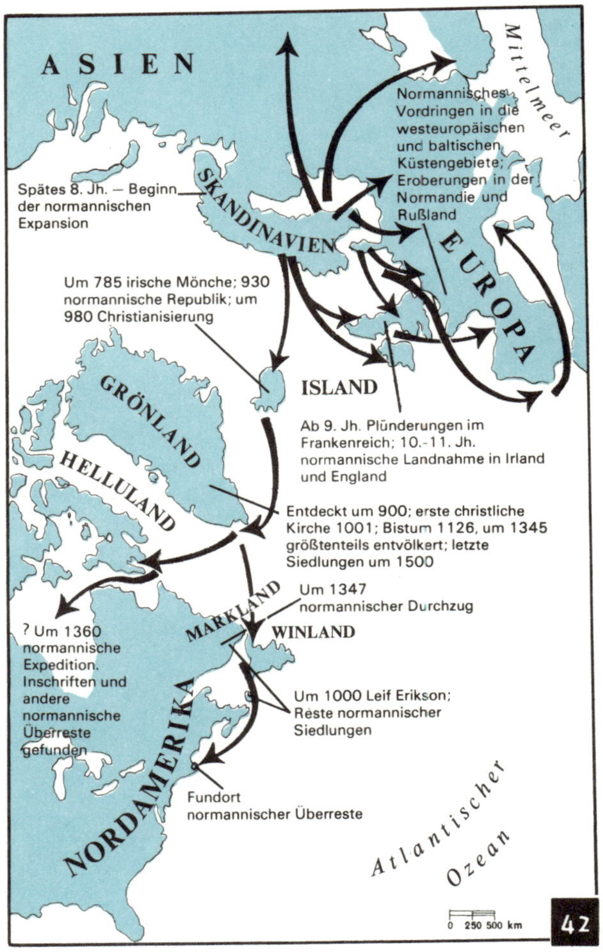

Christusfigur auf einem Runenstein, 10. Jh.

Die Wikinger 8.–15. Jh.

Jahrhundertelang war Westeuropa zwischen dem vorrückenden Islam in Kleinasien und Nordafrika und den Plünderern aus Skandinavien eingeklemmt. Wikingerschiffe und -krieger erschienen sogar vor den Mauern Konstantinopels; die Stadt wurde auch von Schweden, die von Rußland herkamen, angegriffen. Westliche Städte wie Utrecht, Paris, Nantes, Bordeaux – sogar Sevilla – wurden geplündert.

In der Zeit zwischen ca. 850 und 1050 begann die Bekehrung der nördlichen Stämme. Um die Mitte des 11. Jh.s war das Christentum in Dänemark, Norwegen und Schweden gut gegründet. Die Bekehrungen folgten dem üblichen Schema: Die Stammesfürsten machten den Anfang, und ihre Untertanen folgten innerhalb einer oder zwei Generationen. In jedem der drei Reiche war der König zugleich der Patron und erreichte die Errichtung eines Erzbistums.

Von entscheidender Bedeutung für die Zukunft war, daß die Versorgung des skandinavischen Christentums mit Priestern und anderen Leistungen nicht von dem alten Missionsbistum Hamburg/Bremen, sondern von der Kirche von England ausging.

Während die alten Stammesreligionen verschwanden, errichtete das Christentum einige seiner maßgebenden Institutionen. Bischöfe und Erzbischöfe wurden eingeführt, Kirchen und Dome gebaut. Aber einheimische Bräuche lebten weiter. Die Barbaren, die von Lager zu Lager gezogen waren und die mündliche Kultur überlieferten, breiteten den neuen Glauben durch Lieder und Geschichten aus. In Island wurden die Bischöfe, obwohl außerhalb des Landes geweiht, von dem Althing, der ältesten demokratischen Versammlung der Welt, gewählt. In Schweden war als Ausnahme der erste Erzbischof, der in Uppsala 1164 im Dom eingeführt wurde – den man an der Stelle des früheren heidnischen Haupttempels erbaut hatte – ein Mitglied der zisterziensischen Reform.

Fast zur gleichen Zeit öffnete sich das skandinavische Königreich in Rußland dem neuen Glauben. Die Wikingerherren in Nowgorod und Kiew hatten jedoch die slawische Sprache ihrer Untertanen angenommen. Als die Massenbekehrung unter Wladimir (956–1015) einsetzte, entschied er sich für die östliche Orthodoxie. Über Generationen erhielt man von Konstantinopel Mönche für Mission und Erziehung. Der Metropolit von Kiew wurde über Jh.e vom griechischen Patriarchen ernannt.

Die normannische Invasion dargestellt auf dem Bayeux-Teppich

England und die normannische Eroberung 1066–1072

Die normannische Eroberung Englands (1066) war eine Fortführung der Völkerwanderung und Eroberung, wie es für die skandinavischen Stämme seit Jahrhunderten kennzeichnend war. Nur 50 Jahre nach dem ersten Wikingeransturm auf England (ca. 787) war die Insel von Stammesangehörigen überflutet, die dem Bevölkerungsdruck zu Hause auswichen. 911 gab Karl III. von Frankreich, unfähig, die Normannen von der unteren Seine zu vertreiben, ein großes Gebiet der späteren Normandie an Hrolf als Gegenleistung für dessen Huldigung. Ein Jh. strömten wandernde Skandinavier in dieses Gebiet.

Vom Papsttum ermutigt, begannen die Normannen ca. 1040 die Eroberung Süditaliens. Obwohl ein fähiger Herrscher, Alexius Komnenos, in Byzanz regierte, konnte man die Normannen in einem Kampf, den diese bis auf die griechische Halbinsel (1081–1085) trugen, nicht besiegen. Daraus konnten die Seldschuken in weiteren Kriegen Kapital schlagen. Um 1071 war die Macht von Byzanz in Kleinasien im wesentlichen gebrochen.

In der ersten Hälfte des 11. Jh.s durchliefen Kirche und Regierung in England einen Prozeß der Konsolidierung. Unter Knut (König von England und Dänemark 1019–1035) entstand ein eindrucksvolles nördliches Königreich, das eine Zeit auch Norwegen einschloß. Große Grafen hatten in dieser Zeit die eigentliche ökonomische und politische Macht inne, da der König von der Witan gewählt wurde. Dem mächtigsten Grafen, Godwin von Wessex, gelang es, seinen Kandidaten wählen zu lassen, als Knuts Linie ausgestorben war. Eduard der Bekenner (König von 1042–1066), mit Godwins Tochter verheiratet, war in der Normandie aufgewachsen und sprach Französisch. Als er den Hof normannisieren wollte, durchkreuzte er die Politik Godwins und seiner sächsischen Anhänger. Godwin erreichte die Absetzung des normannischen Erzbischofs von Canterbury; an seine Stelle trat ein Sachse (Stigand). Dieser hatte jedoch einen Gegenpapst unterstützt. Als der König starb, behauptete Herzog Wilhelm von der Normandie, er habe Eduards Versprechen der Nachfolge. Einer der Söhne Godwins unterstützte diese Behauptung, und der Papst gab seinen Segen.

Von der Witan zum König gewählt wurde jedoch Harold. Als Wilhelms Heere den Kanal überquerten, mußte der König gerade seine Armee nach Norden führen, um eine Wikingerinvasion abzuwehren. Dies tat er erfolgreich, aber seine Armee kam so müde und zerschlagen wieder im Süden an, daß sie besiegt und Harold getötet wurde (Schlacht von Hastings, 14. Oktober 1066).

König Wilhelm erreichte einen bemerkenswerten Ausgleich zwischen dem normannischen Feudalsystem und der Weiterführung angelsächsischer Verwaltungsverfahren auf der örtlichen Ebene. Die Macht der Herzöge war gebrochen. In der Kirche setzte König Wilhelm Erzbischof Stigand und die meisten Bischöfe und Äbte ab. Obgleich er einen eifrigen cluniazensischen Reformer, Lanfranc (ca. 1005–1089), zum Erzbischof einsetzte, behielt Wilhelm sich die Stellenbesetzungen vor und verließ sich für seine Verwaltung weitgehend auf Männer der Kirche. Er behielt sich auch ein Vetorecht in den Synagogen vor, und seine Zustimmung mußte für die Verbreitung päpstlicher Botschaften in England, für die Absendung päpstlicher Legaten und das Aussprechen von Exkommunikationen eingeholt werden. Tatsächlich war die Kirche eine Abteilung des Staates geworden.

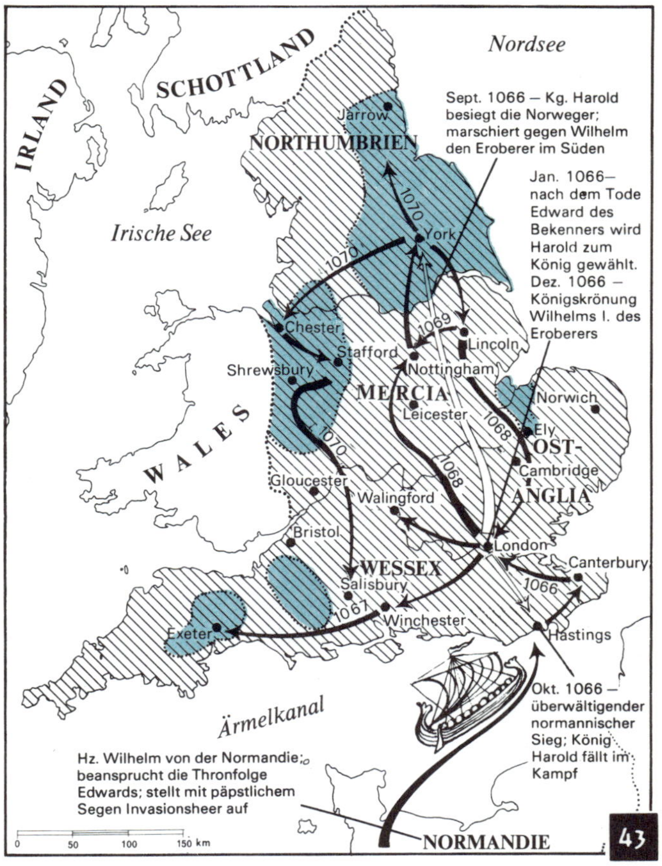

Feldzüge Harolds
Feldzüge Wilhelm des Eroberers
Gebiete sächsischen Widerstandes bis 1072
Normannische Eroberungen

E. Päpstliche Versuche der Reintegration

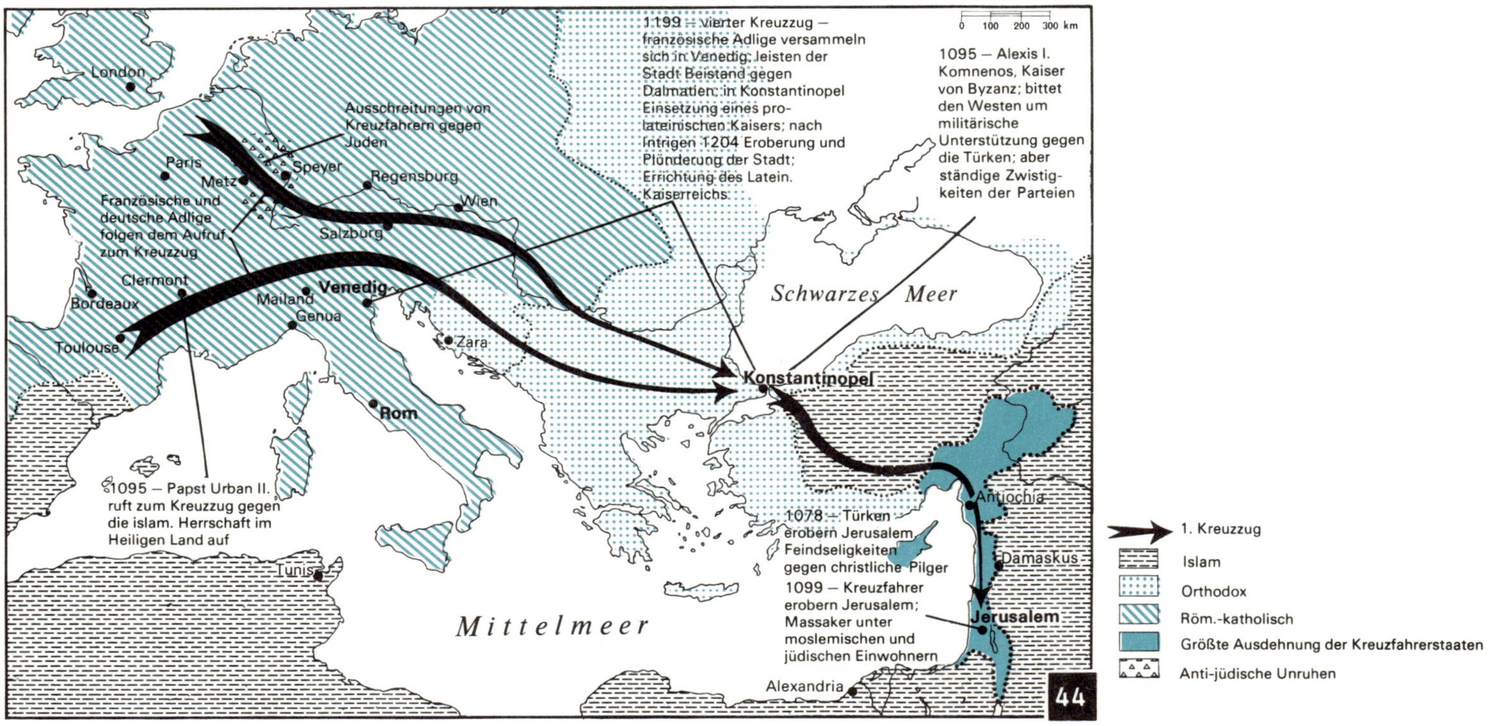

Die Kreuzzüge 11.–12. Jh.

Auf der Synode von Clermont leitete Papst Urban II. (Papst 1088–1099) eine neue Initiative zur Reintegration der Christenheit in die Wege. Ehemals Prior in Cluny, war Urban ein heftiger Feind der Korruption in der Kirche und Gegner der Laieninvestitur. Seine Botschaft an die versammelte Synode enthielt auch einen Appell des Ostkaisers um Hilfe gegen die Seldschuken. Zu seiner Botschaft gehörte ferner der Aufruf zum Frieden, wie er durch die Reformbewegung popularisiert und in der Gottesfriedensbewegung *(treuga dei)* institutionalisiert war (1095). Als es sich als unmöglich erwies, die Kriegsherren mit ihrem romantischen Fehdenkodex zu zähmen und ihnen Regeln aufzuerlegen, die bestimmte religiöse Zeiten für die Fehden ausnahmen und bestimmte Personengruppen schützten, lenkten die Reformer ihre Aggressionen auf einen gemeinsamen Feind. Denen, die das Schwert ergriffen, um in einer bruderschaftlichen Anstrengung die heiligen Orte zurückzuerobern, wurde vollkommener Ablaß und ewiges Leben versprochen.

In der Bruderschaft der Kreuzritter sollte die Mönchsethik regieren. Urbans idealistische Sicht von einem selbstlosen Laienorden im Dienste der wahren Religion hatte allerdings wenig mit der Realität zu tun. Mit Ausnahme der gegenseitigen Hilfe und der asketischen Ideale, wie sie besondere Kreuzzugsorden, etwa die Ritterorden der Hospitaler und Templer, entwickelt hatten, wurden die Kreuzzüge für ehrgeizige Herren zu einem Freibrief, Königreiche aufzurichten und ihre Anhänger alles plündern zu lassen.

In Clermont hatte Urban besonders die Franzosen angesprochen. Im ersten Kreuzzug (1096–99) strömten etwa 30000 unter Gottfried von Bouillon (Lothringen), Raymond von Toulouse und Bohemund von Otranto (normannisches Königreich in Süditalien) in Konstantinopel zusammen. Das vereinigte Heer der Griechen und Kreuzfahrer errang wichtige Siege: Nicäa, die Hauptstadt der Seldschuken in Kleinasien, wurde 1097 genommen, Edessa 1097, Antiochien 1098 und Jerusalem 1099.

Wegen der Schwäche von Byzanz und der Uneinheit unter den Muslims entwickelten sich die Kreuzfahrerstaaten als lateinische Staaten. Nach der Plünderung Jerusalems und der Ausrottung der jüdischen und islamischen Bevölkerung wurde Gottfried zum König und »Beschützer des Heiligen Grabes« gewählt. Das Königtum war der Struktur nach feudalistisch. Die Macht lag bei den Hauptvasallen des Königs. Das Königreich von Jerusalem unterhielt eine enge Allianz mit Genua, Pisa und Venedig und kontrollierte den Handel durch seinen Hafen am Mittelmeer und am Roten Meer im Süden. Andere lateinische Staaten waren in Edessa, das von Gottfrieds Bruder Baldwin gegründet wurde, Antiochien durch Bohemund, Tripoli durch Raymond von Toulouse. Diese drei waren Lehen des Jerusalemer Staates, der in sich in vier Hauptgrafschaften aufgeteilt war.

Der zweite Kreuzzug (1147–49) kam unter der Predigt Bernhards von Clairvaux zustande und wurde von Kaiser Konrad III. und König Ludwig VII. von Frankreich angeführt. Die Normannen von Sizilien nutzten die Gelegenheit, um Athen und Korinth anzugreifen und einige griechische Inseln zu erobern.

Der dritte Kreuzzug (1189–1192) setzte ein, nachdem Saladin den Islam geeint hatte und Syrien und Ägypten unter einer Herrschaft standen. Die Kreuzfahrerstaaten waren auf die Städte Antiochien, Tripolis und Tyros zusammengeschmolzen, und Jerusalem war 1187 zurückerobert worden, ohne geplündert zu werden. Angeführt wurde der Kreuzzug von Friedrich I. »Barbarossa« (Kaiser 1155–1190), der ertrank, und Richard I. »Löwenherz« von England (König 1188–1199), der in Gefangenschaft geriet und durch hohes Lösegeld freigekauft wurde, und Philipp II. von Frankreich (König 1180–1223), der mit Richard in Fehde lag und nach Hause eilte, um während der Gefangenschaft Richards mit dessen Bruder Johann gegen ihn zu intrigieren.

Der vierte Kreuzzug (1202–04) wurde eingeleitet als Teil eines Plans, auf den Trümmern des griechischen Reiches ein normannisches Reich zu errichten. Um venezische Forderungen wegen der Verschiffung von Soldaten nach Ägypten zu erfüllen, wurde die christliche Stadt Zara (Dalmatien) erobert und geplündert. Papst Innocenz III. exkommunizierte die Kreuzfahrer. In Konstantinopel (1204) stachelten die Forderungen der Kreuzfahrer das Volk zum Aufstand an; die Kreuzfahrer brandschatzten die Stadt mit unbeschreiblicher Grausamkeit und setzten einen lateinischen Kaiser und einen lateinischen Patriarchen ein. Das Papsttum verkündete die Union von Ost und West, eine Fiktion, an der man festhielt, während die griechischen Kaiser in Nicäa regierten (1204–1261), die aber, als Michael VIII. 1261 Konstantinopel zurückerobert hatte, aufgegeben wurde.

1212 führte der sog. Kinderkreuzzug Tausende Jugendlicher nach Marseille. Schiffskapitäne verkauften sie als Sklaven nach Nordafrika.

Der fünfte Kreuzzug (1218–1221) wurde von Innocenz auf dem vierten Laterankonzil verkündigt, das auch die Inquisition einführte und verschiedene antijüdische Verordnungen erließ. Um die Kreuzzüge wieder in den Griff zu bekommen, wurde der König von Jerusalem vom Papst durch einen päpstlichen Legaten ersetzt. Der Heerzug gegen Ägypten endete mit einer Niederlage.

Der sechste Kreuzzug (1228–1229) wurde von Friedrich II. (Kaiser von 1220–1250) angeführt, der durch Heirat König von Jerusalem und von Geburt ein sizilianischer Normanne war. Deutschland interessierte ihn als Geldquelle und Reservoir für seine Armee. Als Exkommunizierter eroberte er Jerusalem zurück; der Papst sah sich gezwungen, ihn als Herrscher im Heiligen Land anzuerkennen.

Der siebte Kreuzzug (1248–1254) wurde von Ludwig IX. von Frankreich (König von 1236–1270) angeführt, der als Musterbeispiel eines mittelalterlichen Königs galt und von Bonifatius VIII. 1297 heiliggesprochen wurde. Obwohl er zu Hause ein fähiger Verwalter, ein Verfechter des Rechts und ein Fürsprecher der Gelehrsamkeit war, führte er einen schlecht organisierten Zug an und wurde gefangengenommen. Wieder losgekauft, verbrachte er mehrere Jahre als Pilger in Jerusalem.

Der achte Kreuzzug (1270) wurde von Ludwig IX. zusammen mit Eduard von England begonnen. Ludwig starb in Tunis; nichts wurde erreicht.

Unter Gregor X. (1274) und dann wieder auf päpstliches Drängen nach dem Fall von Konstantinopel (1453) wurde zum Kreuzzug aufgefordert, aber keiner begonnen. Der vierte Kreuzzug mit der Plünderung Konstantinopels markierte das Ende des öffentlichen Respektes vor dem Thema »Kreuzzug«. Akre, die letzte der großen Befestigungen, fiel 1291.

*

Fast 200 Jahre (1099–1291) bestanden Kreuzfahrerstaaten auf der Landbrücke zwischen den großen islamischen Reichen von Syrien und Ägypten. Noch heute ist man erstaunt, wenn man im Heiligen Land die großen Befestigungen und Kirchen besichtigt, deren massive Mauern die Kreuzfahrer für die Ewigkeit gebaut zu haben scheinen.

Daß die Kreuzzüge Westeuropa mit einer weit überlegenen Kultur in Berührung brachte, ist wohl das wichtigste Ergebnis: Es war ein Antrieb, der in vieler Weise den Fortschritt in Europa beflügelte. Der Aufstieg der Universitäten und die kulturelle Erneuerung der Renaissance waren zwei der wichtigeren Auswirkungen.

Die negativste Auswirkung war, daß die Theologie in einer Festungsmentalität bestärkt wurde, die auf Polarisierung drängte. Anstelle der Offenheit der Logosväter gegenüber der Wahrheit (wo immer sie sie fanden) erstarrte das Christentum zu einer feindseligen Haltung allen Freunden gegenüber. Die Haltung hat sich bis zur Gegenwart gehalten und ist in unserem Jh. der schnellen Kommunikation besonders verhängnisvoll, weil das Christentum jetzt erst hautnah mit Hochreligionen wie dem Hinduismus und Buddhismus und Ideologien wie dem Marxismus zu tun hat.

Die Kreuzzugsmentalität hat nicht nur eine intellektuelle Auseinandersetzung des christlichen Denkens mit außerchristlichen Alternativen verhindert; sie hat auch zu einer barbarischen Unterdrückung des »Anderen« innerhalb der Christenheit geführt. Mit christlichen Abweichlern ging man in derselben Brutalität um wie mit äußeren Feinden. Die inneren Kreuzzüge gegen die Albingenser in der Provence und gegen die Bogomilen von Bosnien und Herzogowina füllen einige der schändlichsten Seiten der Geschichte des Christentums.

Für die Juden waren die Kreuzzüge eine ununterbrochene Katastrophe. Wie die Mauren wurden sie die Opfer des letzten militärischen Kreuzzugs (wie sie bereits die des ersten gewesen waren –, jenes Kreuzzugs 1492) auf der Iberischen Halbinsel, der Spanien zu einem Muster der mittelalterlichen Christenheit machte und zugleich die Wanderungen der Juden einleitete – weg von einem Land, das der Ort eines goldenen Zeitalters kultureller und geistiger Leistungen gewesen war.

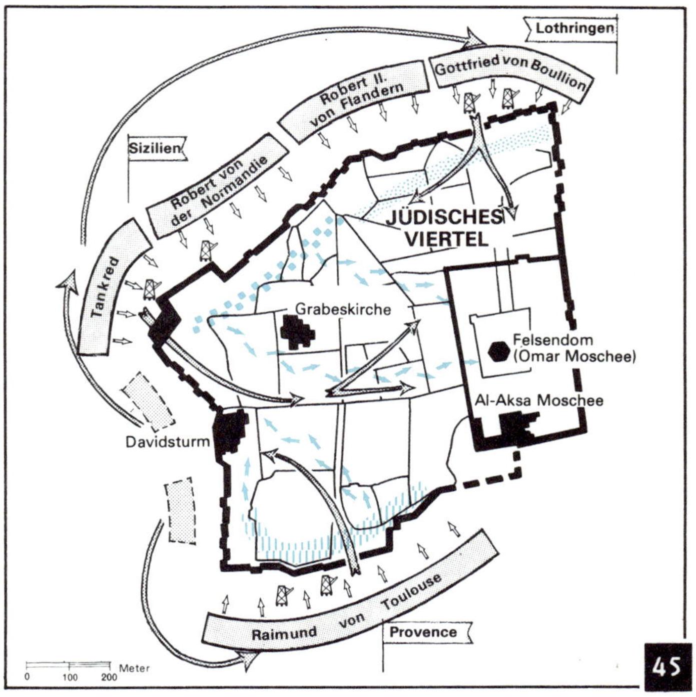

Moslemische Berufssoldaten
Jüdische Bürgerwehr
Moslemische Bürgerwehr
Kreuzfahrer
Durchbruch der Kreuzfahrer
Belagerungsmaschinen

Eroberung Jerusalems durch die Kreuzfahrer 1099

Siegel des Kreuzfahrerkönigs von Jerusalem

Das Reich Friedrich Barbarossas ca. 1123–90

Friedrich I., genannt Barbarossa, war ein Schwabe, dessen Werdegang als Kaiser des Heiligen Römischen Reichs (seit 1152) zeigt, welche Schwierigkeiten sich das Papsttum bei dem Versuch, die Christenheit zu reintegrieren, gegenübersah. Sein Leben verdeutlicht ferner den Preis, den über Jahrhunderte die deutschen Staaten zahlen mußten wegen der Entschlossenheit der höchsten deutschen Regenten, das Papsttum zu beherrschen und die italienische Halbinsel in ihrer Gewalt zu haben.

Friedrich sah sich als zweiter Karl der Große, unter dem die Bischöfe noch Repräsentanten des Kaisers waren und das Papsttum eine Schöpfung des weltlichen Arms. Zu Anfang genoß er noch die päpstliche Unterstützung, weil er die Stadt Rom von der Partei des »Ketzers« Arnold von Brescia gerettet hatte. Fünf Jahre später unterstützte er einen Gegenpapst, Viktor IV., und spaltete so die Kirche. Zwanzig Jahre später wurden seine Streitkräfte von dem Heer der lombardischen Liga der norditalienischen Städte entscheidend geschlagen. Durch die Heirat (1186) seines Sohnes und Erben mit der Erbin des normannischen Königreichs auf Sizilien erreichte seine Politik der Beherrschung des Papsttums ihren Höhepunkt. Ein Jahr später ertrank er in Kleinasien auf dem dritten Kreuzzug.

Seit 1160 exkommuniziert, versuchte er dreißig Jahre lang durch seine dramatische Politik und Diplomatie, die Autorität des Papsttums zu schwächen und den Prozeß der Säkularisierung glaubhaft zu machen. Anderseits führten seine langen Zeiten der Abwesenheit und der hohe Preis seiner transalpinen Abenteuer zu Unruhen und Aufständen.

Eine volkstümliche Legende in Mitteldeutschland läßt Barbarossa am Kyffhäuser so lange warten, bis alle deutschen Länder endlich geeint sind. Dann soll er das Reich wieder aufrichten und das Joch des italienischen Papstes abschütteln.

Bei Friedrich II. (1194–1250), der in seiner Kindheit ein Mündel Innocenz' III. war, zeigte sich wie bei Barbarossa der unerbittliche Konflikt zwischen einem Kaiser, der sich in den Fußstapfen Konstantins und Karls des Großen fühlte, und einem Papst, dessen Selbstverständnis an Gregor den Großen erinnerte.

Sizilien war damals das fruchtbarste und schönste Gebiet des Reiches, und Friedrich war durch Erziehung und Neigung ein sizilianischer Normanne. Sein Interesse an den deutschen Ländern, die er von weitem durch Abgesandte regierte, bestand lediglich darin, Gelder für sein Heer, seinen Hof und seine Politik in Italien aufzubringen.

Da er die Erfüllung seines Kreuzzugsgelübdes hinauszögerte, wurde Friedrich vom Papst exkommuniziert (1227). Er wendete das Blatt, indem er einen erfolgreichen Kreuzzug durchführte, an dessen Ende er sich – immer noch exkommuniziert – zum König von Jerusalem krönen ließ. Das Ende seiner Herrschaft war damit ausgefüllt, Aufstände in Deutschland niederzuschlagen, gegen die Lombarden zu kämpfen und zu versuchen, das Papsttum unter Kontrolle zu halten.

Wie sein Großvater Friedrich I. trug Friedrich II. zu der wachsenden Ungeduld der Deutschen mit ihren transalpinen Herrschern und Kriegen in fernen Ländern bei. Wie sein Großvater wurde er von späteren antiklerikalen Kräften als Schirmherr der Gelehrsamkeit und für seinen erfolgreichen Widerstand gegenüber dem päpstlichen Anspruch auf Herrschaft über die Christenheit und seine weltlichen Herrscher gefeiert.

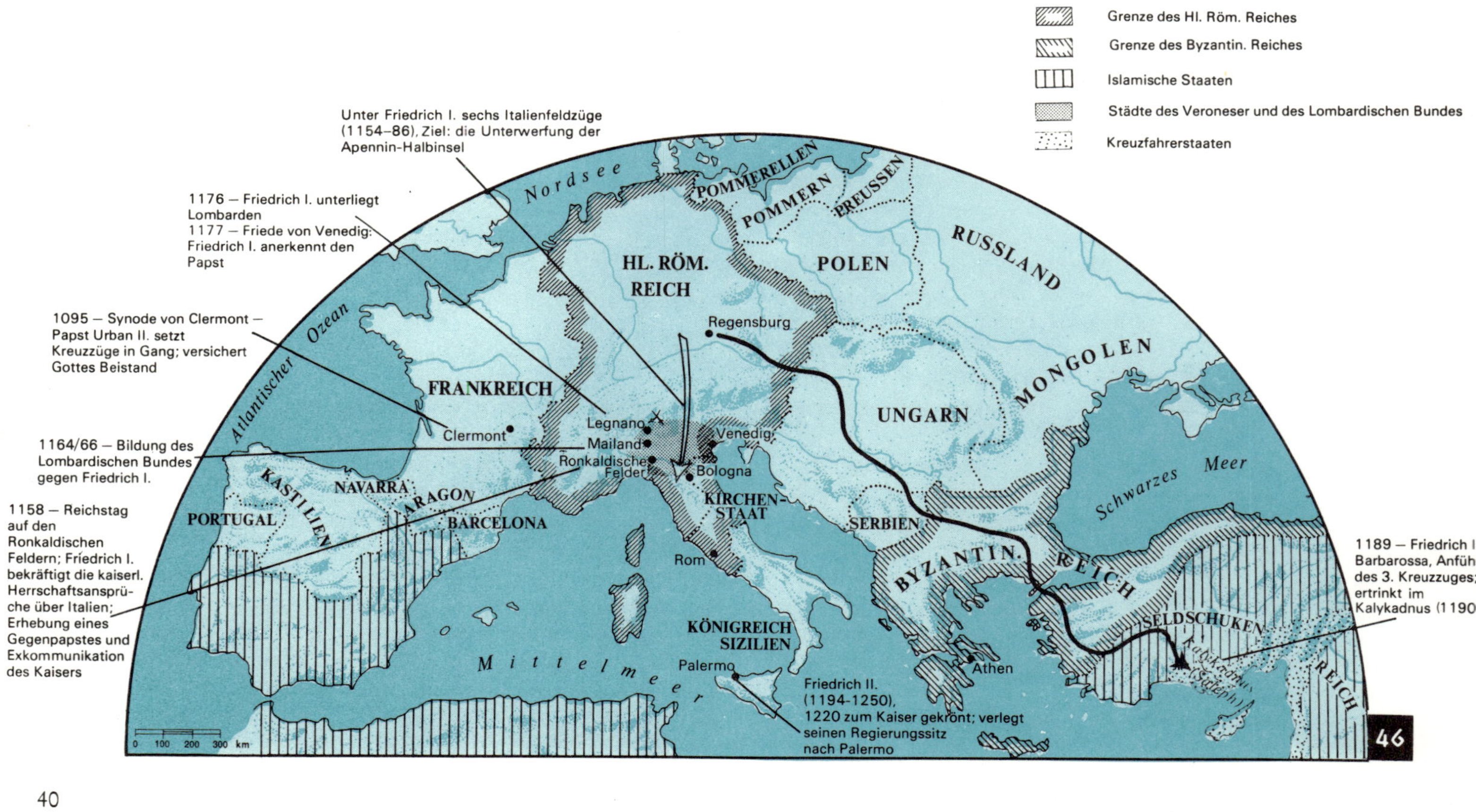

Kreuzfahrerburg 'Krak des Chevaliers'

Friedrich I. Barbarossa

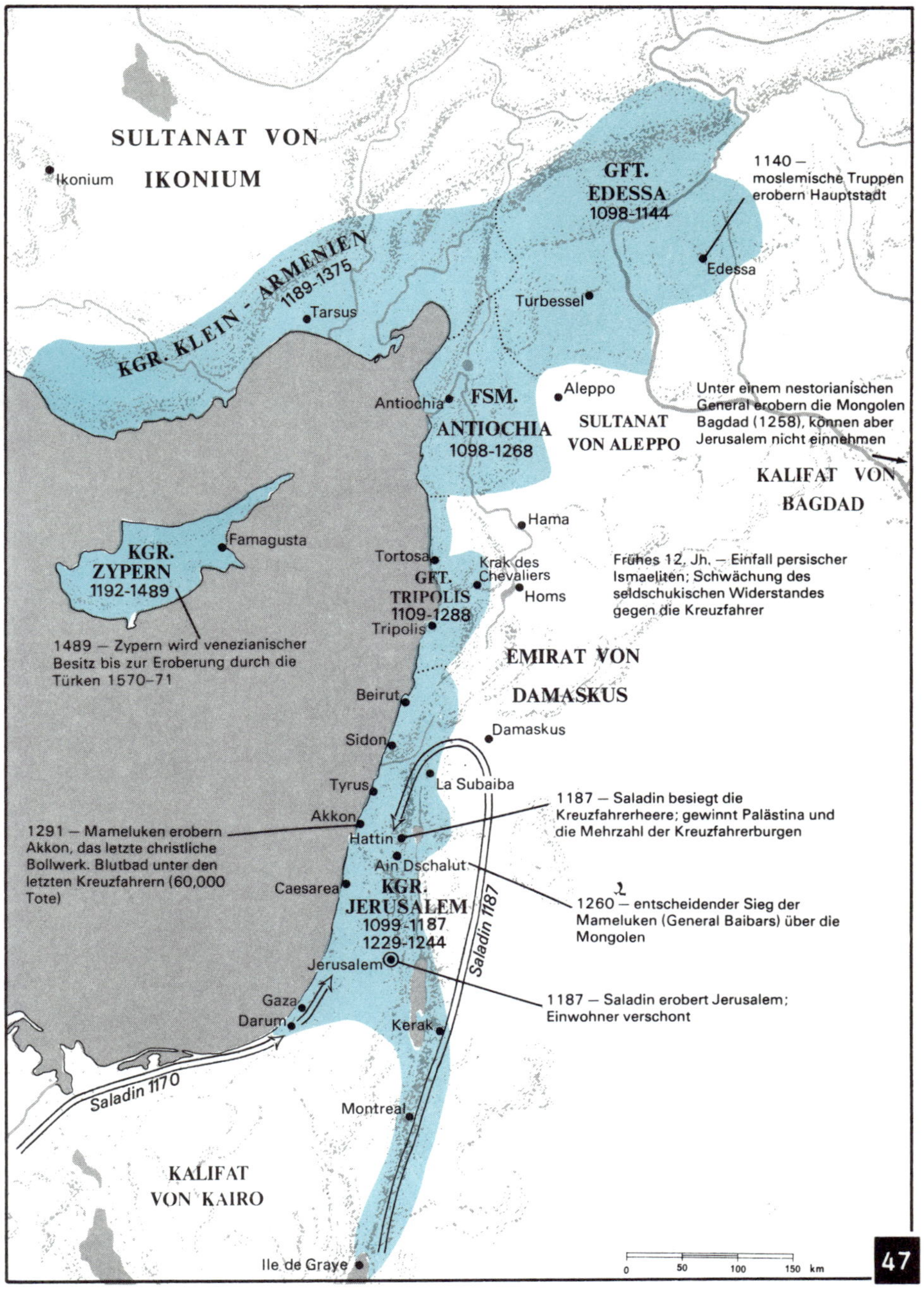

Größte Ausdehnung der Kreuzfahrerstaaten

Die Kreuzfahrerreiche 11.–15. Jh.

Obwohl die Kreuzfahrerreiche nur zwei Jahrhunderte dauerten (1099–1291), bezeugen die von den Kreuzfahrern errichteten Gebäude bis zur Gegenwart deren Sinn für Geschichte. Die verschiedenen Herrscher, die Fürstentümer errichteten, hatten auch ein Gespür für politische Macht: sie gingen bereitwillig Bündnisse mit islamischen Herrschern ein, um ihren Besitz gegen byzantinische oder lateinische Konkurrenten zu sichern. Über Generationen benutzten selbst weit entfernte Könige wie der König von Norwegen die Kreuzzüge dazu, den unruhigen Tatendrang ihrer Adligen in ungefährliche Bahnen zu lenken.

Die indirekten politischen Konsequenzen der Kreuzzüge in den Heimatländern waren bedeutsam. Der wirtschaftliche Wohlstand der Stadtstaaten Venedig, Genua und Pisa vergrößerte sich beträchtlich. Venedig war eine so mächtige Seemacht, daß es die byzantinische Flotte besiegte und Handelsprivilegien erpreßte, mit denen es die griechischen Inseln, die Schwarzmeerküste und einige syrische Häfen beherrschte. Von 1489–1570 war die Insel Zypern venezianischer Besitz. Verschiedene Ritterorden bildeten sich, die anfänglich die Zucht monastischer Ordnung mit dem ritterlichen Waffendienst verbanden und die über Jahrhunderte im Mittelmeerraum und später im Ostseeraum wichtig waren.

Die Ritter des Templerordens trugen einen weißen Mantel mit rotem Kreuz. Der Orden wurde 1120 gegründet, um Pilgern zum Heiligen Land Schutz zu bieten. Ihre Regel stammte von Bernhard von Clairvaux, der das zisterziensische Modell zugrunde legte. Nachdem der Orden sehr reich und ortsansässig geworden war, wurde er 1307 von Philipp dem »Schönen« von Frankreich zerschlagen und ausgeplündert.

Die Ritter des Johanniterordens (Hospitaler) trugen einen schwarzen Mantel mit weißem Kreuz. Sie begannen 1070 als Pflegeorden, der 1130 zum Ritterorden wurde. Nur Adlige hatten Zugang. Später zogen sie nach Zypern, Rhodos und schließlich nach Malta.

Diesen internationalen Orden traten nationale oder ethnische Orden zur Seite, deren wichtigster der Deutsche Ritterorden war. Die Ritter trugen einen weißen Mantel mit schwarzem Kreuz. Nach dem Fall von Akkon zogen sie an die östliche Grenze Deutschlands.

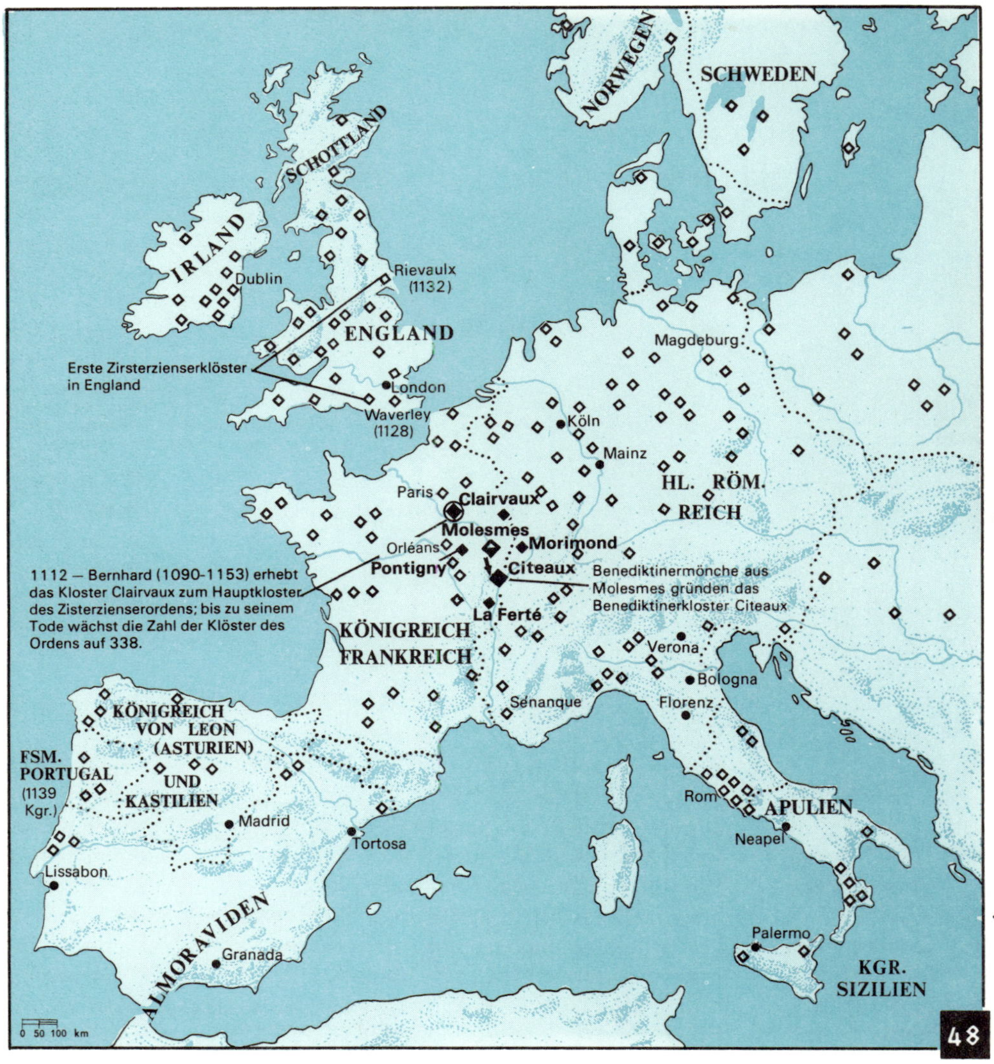

Erstes Zisterzienserkloster

Tochterstiftungen von Citeaux

Abhängig von Tochterklöstern Citeaux's

Zisterzienserabtei in Sénanque

Die Reformbewegung der Zisterzienser 12. Jh.

Der Orden der Zisterzienser wurde 1098 in Cîteaux in der Nähe von Dijon in Frankreich gegründet. Sein ursprünglicher Zweck war es, eine strenge und einfache Regel Benedikts wiederherzustellen. Dazu wurden Häuser in abgelegenen Gebieten errichtet, in denen die Brüder, ohne von der Welt gestört zu werden, Gottesdienste abhalten, arbeiten und sich gegenseitig helfen konnten. Den strengen Regeln des Fastens und Schweigens fügten sie Handarbeit hinzu.

Wegen ihres konsequenten Lebensstils und ihrer hohen Ziele für die Kirche wurden die Zisterzienser bald die treibende Kraft zur Reform in der Institution und schließlich auch im Papsttum selbst. Durch das Beispiel der Selbstlosigkeit, durch das hohe Ansehen beim Volk und durch geschicktes Ausnutzen ihrer Stellungen verstärkten sie den andauernden Kampf gegen Simonie, Nepotismus und Manipulation kirchlicher Ämter und Gelder durch Laien.

Wirtschaftlich waren die zisterziensischen Klöster unabhängig und selbständig und wurden wichtige Bahnbrecher der Landwirtschaft. Sie entwickelten erste Ansätze der Viehzucht und spielten z.B. eine wichtige Rolle in der englischen Schafzucht.

Wie in der cluniazensischen Reformbewegung, die schon verfallen war, als die Zisterzienser aufkamen, besaßen zwei Gedanken für die Kirche ganz große Brisanz – und dies trotz der Hingabe der Zisterzienser an die Ordnung der Kirche und das sakramentale Leben. Erstens trugen sie dazu bei, den Gedanken auszubreiten, daß das angesehenste Modell christlichen Lebensvollzugs – das Mönchtum selbst – dringend einer Reform bedurfte. Zweitens wählten sie sich zum Modell ihrer eigenen Reform die Rückkehr zum Christentum der neutestamentlichen Zeit.

Der berühmteste Mönch des Zisterzienserordens war Bernhard von Clairvaux (1090–1153), ein Adliger aus Burgund. Nur zwei Jahre nach seinem Eintritt in das Kloster Cîteaux wurde er ausgesandt, um Clairvaux zu gründen und zu leiten, eines der einflußreichsten Klöster des Ordens.

Wegen seiner strengen Askese und großen Beliebtheit als Prediger spielte Bernhard eine wichtige Rolle im politischen und religiösen Leben seiner Zeit. Er verteidigte erfolgreich den Papst gegen einen Nebenbuhler. Er bekämpfte die Häresie des Heinrich von Lausanne und die Heterodoxie Peter Abaelards. Er reist weit herum, um zum zweiten Kreuzzug aufzurufen. Als Mystiker und Liederdichter zeigte er sich geistlich von seiner besten Seite. Die Verfolgung der Juden kritisierte er heftig.

Als Bernhard mit 22 Jahren dem Orden beitrat, brachte er ca. dreißig Freunde und Verwandte mit, einschließlich fünf seiner eigenen Brüder, die durch seine charismatische Hingabe gewonnen wurden. Er gründete das vierte Tochterkloster des Ordens und blieb bis zu seinem Tod dessen Abt. Als er als bekanntester Mann seiner Zeit starb, gab es 388 Zisterzienserklöster in ganz Europa. Mitglieder des Ordens waren in Schlüsselpositionen von Kastilien bis Schweden.

Bogomilischer Grabstein

Die Christenheit zur Zeit des vierten Laterankonzils 1215

Das vierte Laterankonzil (1215) bildete den Höhepunkt des päpstlichen Versuchs, eine einheitliche Christenheit zu schaffen und zu beherrschen. Zwar fand dieses Bestreben seinen höchsten Ausdruck erst später in der Bulle *Unam Sanctam* (18. November 1302) von Bonifatius VIII.; aber Bonifatius starb an den Verletzungen, die er durch die Soldaten Philipps des Schönen erhalten hatte. Im Jahre 1215, als Innocenz III. (Papst von 1198–1216) auf der Höhe seiner Macht war, schien die Verwirklichung des Traums möglich.

Innocenz beherrschte die Politik Europas vollkommen. Er bekam Sizilien als päpstliches Lehen von Friedrich II., als dieser den Thron des Reiches bestieg, und er bestand auf dem Recht des Papstes, die Wahl der Kaiser zu überprüfen, sie zu krönen und einzusetzen. In England erreichte er, daß Johann ohne Land ihn als Lehnsherren anerkannte. Obwohl der vierte Kreuzzug, den er förderte, sich als Expedition zur Plünderung Konstantinopels herausstellte, machte er aus der Not eine Tugend, indem er einen lateinischen Patriarchen einsetzte und die Union von Ost und West bekanntgab. Er unterstützte die neuen Orden, Dominikaner und Franziskaner, und setzte den ersteren in seinem Kampf gegen die Albigenser ein.

Bevor die Albigenser niedergemetzelt und ausgeplündert wurden (1206–1226), hatten sie eine der höchsten Kulturen der Zeit entwickelt. Für die von Innocenz III. geplante einheitliche christliche Gesellschaft waren innere Kreuzzüge gegen »Häretiker« jedoch ebenso wesentlich wie äußere Kreuzzüge gegen Muslims. Kurz nach dem vierten Laterankonzil (1215) wurde ein Kreuzzug gegen die Bogomilen geführt, eine christliche Sekte, die wahrscheinlich auf frühe Jahrhunderte zurückgeht und die von byzantinischen und bulgarischen Kaisern an den Grenzen angesiedelt worden war. Weil sie nach Norden und Westen wanderten, kamen sie schließlich in den Einflußbereich der lateinischen Kirche. Dort von Zwang und Zerstörung bedroht, gingen die Bogomilen in großen Scharen zum Islam über.

Ähnlich grausam waren die Erlasse gegen die Juden. Die repressive Gesetzgebung des vierten Laterankonzils sah unter anderem vor, daß die Juden in der Öffentlichkeit ein gelbes Abzeichen und den Davidsstern tragen mußten – eine Vorschrift, die man aus dem Reich eines islamischen Fürsten übernommen hatte.

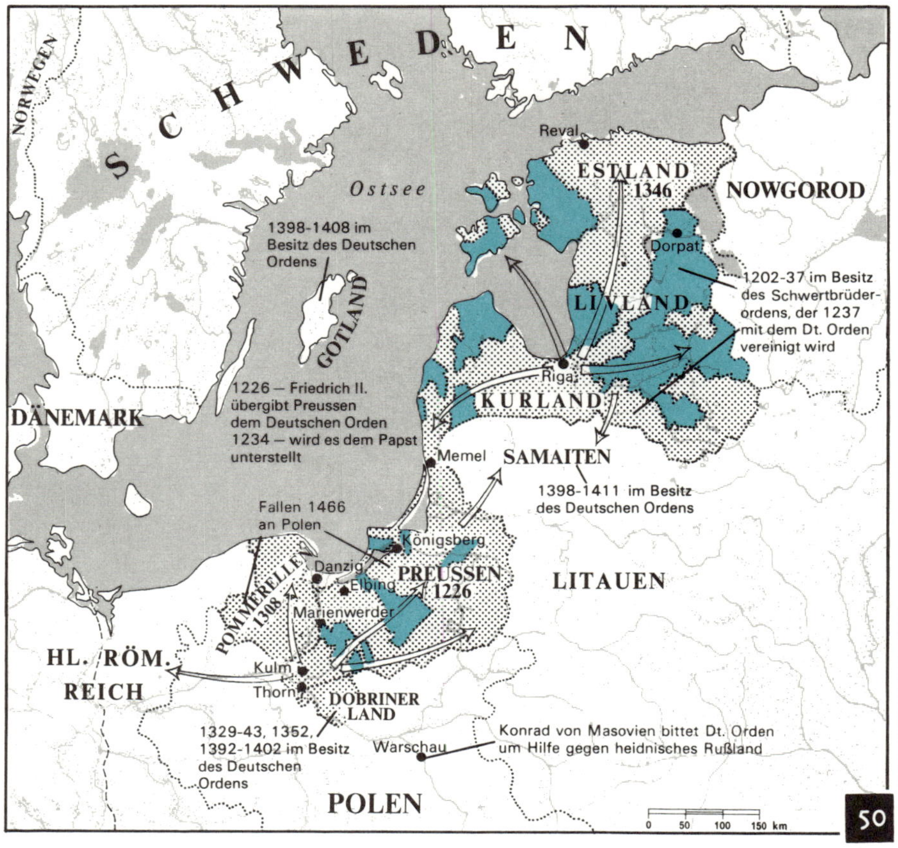

Standarte des Hochmeisters des Deutschen Ordens

Der deutsche Ritterorden im Baltikum 13.–15. Jh.

Karl der Große hatte die ersten Feldzüge unternommen, um die germanischen Stämme östlich des Rheins zu unterwerfen und zu christianisieren. Der Zisterzienserorden leistete beträchtliche Arbeit in Mecklenburg, Brandenburg und Skandinavien. Die Eroberung und Christianisierung des Baltikums wurde zum großen Teil durch das Zusammenwirken zweier Kräfte möglich: Der wirtschaftlichen Tatkraft der Hanse mit ihrem blühenden Stadtleben und der Verlegung des Deutschen Ordens vom Mittelmeer ins Baltikum. Die Gründung Rigas 1201 war ein symbolisches Ereignis: die Stadt wurde bald ein Haupthandels- und Missionszentrum.

1226 organisierte Friedrich II. den Orden neu, wies dem Hochmeister einen Platz als Reichsfürst an und ließ die Ritter gegen die Preußen los. In einem diplomatischen Streich übergaben die Ritter ihre erworbenen und eroberten Länder dem Papst, der sie ihnen als Lehen zurückgab; sie waren daher nur dem entfernten Papst verantwortlich. Livland und Kurland wurden eingenommen und 1252 Memel gegründet, um sie zu halten. Dutzende befestigte Städte wurden gegründet: Thorn (ca. 1231), Marienwerder (1233), Elbing (ca. 1237), Königsberg (1254). Am Ende des 13. Jh.s war der Orden enorm reich. Berühmt wurde er durch Förderung von Schulen und Handschriftensammlungen.

Im 14. Jh. drang man in Litauen und Polen ein. Deutsche Kolonisierung und deutscher Städtebau schritten schnell voran, besonders wo die mongolischen Plünderungen ein wirtschaftliches Vakuum geschaffen hatten. In den Schlüsselstädten waren die neuen wirtschaftlichen Klassen nach Sprache und Recht deutsch. Nach einer militärischen Niederlage gegen ein Bündnis deutscher Städte mit den Polen wegen der willkürlichen Herrschaft des Ordens, öffneten die Ritter ihre Reihen für polnische Mitglieder (zweiter Friede von Thorn, 1466), und der deutsche Marsch nach Osten kam zum Stehen bis zur Teilung Polens (1772–1795). 1525 wurde Ostpreußen vom Hochmeister säkularisiert und wurde ein Lehen der Hohenzollern.

Das Ende des Zweiten Weltkrieges beendete sechs Jahrhunderte der deutschen und christlichen Beherrschung des Baltikums.

Burg der Deutschordensritter

Mittelalterliche Orientreisende 13.–14. Jh.

Für viele islamische Historiker bildet der Mongolensturm eine abgrundtiefe Kluft zwischen den hochzivilisierten Städten und Kulturen der Seldschuken und dem Elend und Verfall des Islam in Kleinasien, der bis in die Moderne hineinreicht. Der Schrecken, der das erste Auftauchen der Mongolen in Europa (Fall von Krakau, 1241) begleitete, und die nachfolgende Verwüstung Polens hinterließen einen bleibenden Eindruck. In weiteren Eroberungen besiegte die Goldene Horde die Schlesier, Ungarn und Bulgaren und errichtete ein zwei Jahrhunderte dauerndes Reich an der unteren Wolga in Rußland.

Trotz ihres rohen militärischen Vorgehens verfolgten die Mongolen gewöhnlich eine liberale Politik gegenüber den unterworfenen Völkern und ihren Religionen. Und sie eröffneten die Wege vom Westen nach China, wo der Großkhan seine Hauptstadt gegründet hatte (heute Peking). Entlang dieser Straßen zogen große Karawanen und Handelszüge, und sowohl der Islam als auch das Christentum setzten sich in den Gebieten, die heute zu Rußland und China gehören, fest.

Die unerschrockensten christlichen Missionare, Männer der neuen Orden der Dominikaner und Franziskaner, fanden in den großen Städten entlang der Handelsstraßen und in China Christen aus der Zeit der nestorianischen Mission vor. 1294 erreichte ein italienischer Franziskaner, Johannes von Montecorvino (1247–1328) den Hof des Khan mit einem Schreiben des Papstes. Er blieb dreißig Jahre dort, baute Kirchen, übersetzte das Neue Testament und bekehrte einige Tausend.

Das volkreichste und großartigste der Länder, über die die Mongolen regierten, war China, und Marco Polo (gest. 1324), der über das, was er dort in den Jahren 1271–1295 sah, berichtete, wurde einer der vertrautesten Namen in der christlichen Geschichte.

Die Polos waren Kaufleute. Marcos Vater und Onkel hatten bereits eine Reise unternommen, von der sie einen Brief des Khubilai Khan zurückbrachten, der um Lehrer der Wissenschaft und Religion bat. Im Laufe der Jahre folgten viele Mönche dem Aufruf des Khans. Als die Polos die Hauptstadt der Mongolen wieder erreichten, traten sie in den Dienst des Khan, und siebzehn Jahre lang bereiste Marco das gesamte Reich bis hin nach Burma und Indien. Sein »Buch der Erlebnisse« war außerordentlich populär und bestimmte über Generationen die europäische Vorstellung vom Orient.

1368 wurden die Mongolen besiegt, und die Ming-Dynastie sperrte die Fremden wieder aus China aus. Die südlichen Handelsstraßen wurden einige Jahre später geschlossen, als Tamerlan Khorasan, Afghanistan, Aserbaijan und Kurdistan (1380–1387) überrannte und nach seiner Eroberung Persiens das Königreich Delhi (Indien) roh plünderte.

Trotzdem überlebte das Christentum in China. Und die Abenteuer Marco Polos fanden einen dauernden Ort in der romantischen Literatur des Westens, jener Literatur, durch die jung und alt lange Zeit das fremde Königtum »Cathay« zu verstehen oder mißzuverstehen lernten.

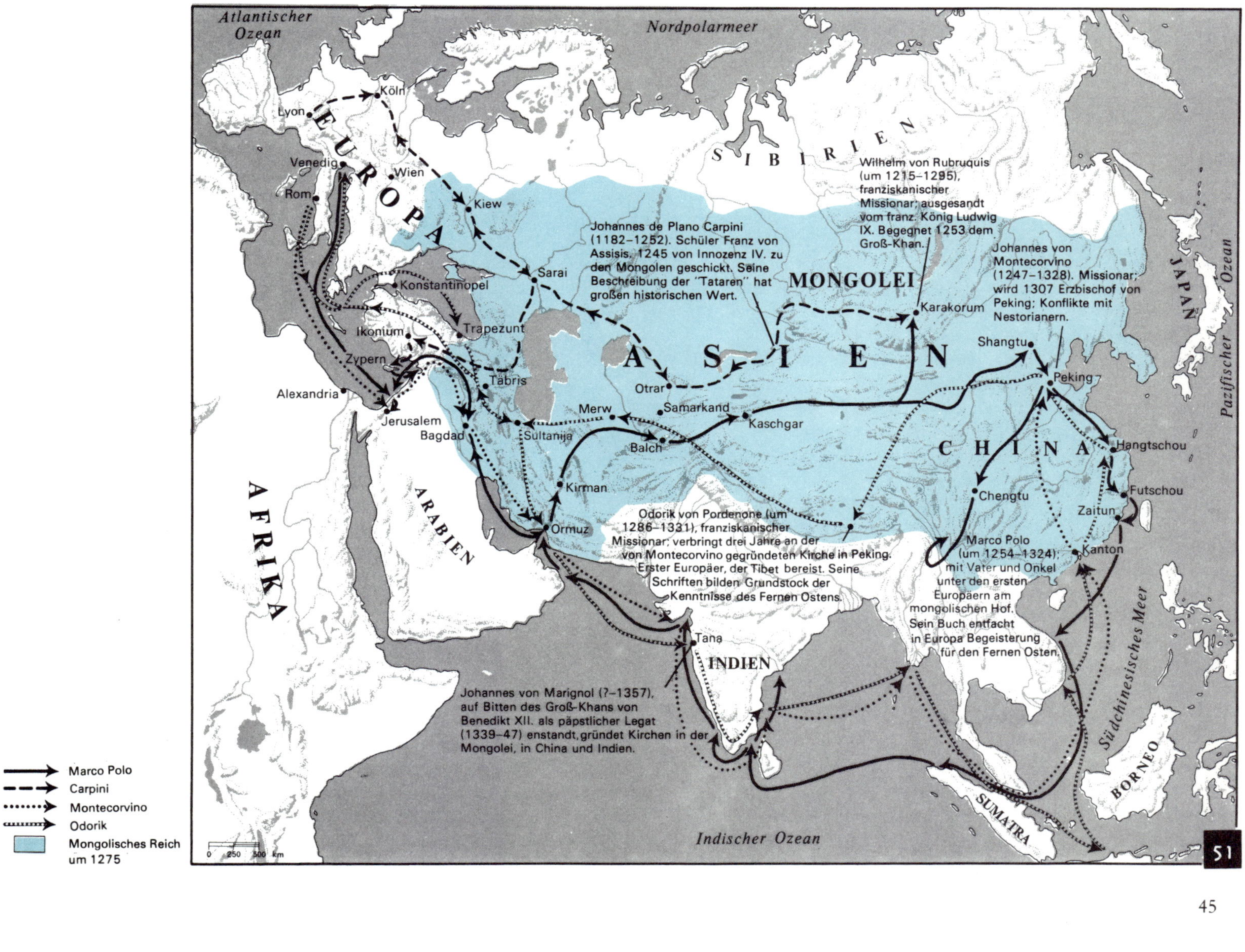
Atlantischer Ozean
Nordpolarmeer
EUROPA
SIBIRIEN
MONGOLEI
ASIEN
CHINA
JAPAN
Pazifischer Ozean
AFRIKA
ARABIEN
INDIEN
Südchinesisches Meer
BORNEO
SUMATRA
Indischer Ozean
Lyon
Köln
Venedig
Wien
Rom
Kiew
Sarai
Konstantinopel
Trapezunt
Ikonium
Zypern
Alexandria
Jerusalem
Bagdad
Täbris
Sultanija
Merw
Otrar
Samarkand
Balch
Kaschgar
Kirman
Ormuz
Karakorum
Shangtu
Peking
Hangtschou
Chengtu
Futschou
Zaitun
Kanton
Tana
Johannes de Plano Carpini (1182–1252). Schüler Franz von Assisis. 1245 von Innozenz IV. zu den Mongolen geschickt. Seine Beschreibung der "Tataren" hat großen historischen Wert.
Wilhelm von Rubruquis (um 1215–1295), franziskanischer Missionar; ausgesandt vom franz. König Ludwig IX. Begegnet 1253 dem Groß-Khan.
Johannes von Montecorvino (1247–1328). Missionar; wird 1307 Erzbischof von Peking; Konflikte mit Nestorianern.
Odorik von Pordenone (um 1286–1331), franziskanischer Missionar; verbringt drei Jahre an der von Montecorvino gegründeten Kirche in Peking. Erster Europäer, der Tibet bereist. Seine Schriften bilden Grundstock der Kenntnisse des Fernen Ostens.
Marco Polo (um 1254–1324); mit Vater und Onkel unter den ersten Europäern am mongolischen Hof. Sein Buch entfacht in Europa Begeisterung für den Fernen Osten.
Johannes von Marignol (?–1357), auf Bitten des Groß-Khans von Benedikt XII. als päpstlicher Legat (1339–47) enstandt, gründet Kirchen in der Mongolei, in China und Indien.
Marco Polo
Carpini
Montecorvino
Odorik
Mongolisches Reich um 1275
0 250 500 km
51

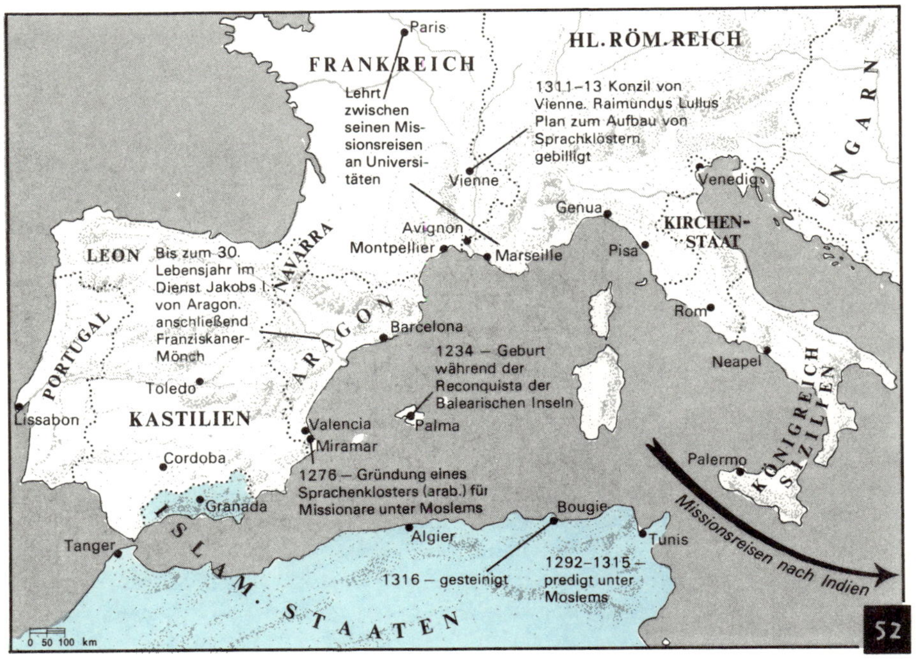

Raimundus Lullus, Bildnis auf seinem Grab

Raimundus Lullus (ca. 1235–1315) und der Islam

Petrus Venerabilis (gest. 1155) von Cluny hatte die Übersetzung des Koran ins Lateinische gefördert, um den Missionaren ein besseres Verstehen des Islam zu ermöglichen. Auf der Iberischen Halbinsel waren Streitgespräche zwischen Muslims, Juden und Christen nicht ungewöhnlich. Während Franz von Assisi das Kreuzfahrerheer in Ägypten besuchte, hatte er 1220 bei einem Gespräch mit dem Sultan versucht, diesen zu überreden, sich zu Christus zu bekehren.

Der große Islammissionar dieser Epoche war Raimundus Lullus (ca. 1235 – ca. 1315), der sich nach seiner Bekehrung im Alter von dreißig Jahren dieser Arbeit widmete. Er war ein großartiger Schriftsteller – als Mystiker (Vorläufer der Theresa und des Johannes vom Kreuz), als Theologe (Gegner des Averroismus) und als Dichter (wichtig für die katalanische Literatur). Er kaufte einen Sklaven, der ihm Arabisch beibrachte, und er beherrschte die Sprache genug, um religiöse Abhandlungen nicht nur auf Lateinisch und Katalanisch, sondern auch auf Arabisch zu schreiben. 1276 gründete er das Missionsseminar in Miramar, wo arabische Studien getrieben wurden. Ferner lehrte er in Montpellier und Paris.

Seine Missionsreisen führten ihn durch Afrika und Asien bis an die Grenzen Indiens. Er erlitt den Märtyrertod durch einen islamischen Mob in Bougie, Nordafrika.

Sein Ruf, der zu seiner eigenen Zeit durch die Feindschaft der Dominikaner etwas litt, ist mit dem Aufkommen der modernen Mission ständig gestiegen.

Der Verlust der ältesten und besten Gebiete der Christenheit an den Islam war für die christlichen Apologeten ein traumatisches Erlebnis. Vom hohen Mittelalter bis zur Öffnung des osmanischen Reiches im 19. Jh. herrschte ein schroffer Gegensatz unter Kirchenmännern und Theologen zwischen denen, die den Islam als mögliches großes Missionsfeld ansahen, und denen, die ihn radikal verwarfen.

Der Vormarsch der Mongolen, die gewöhnlich in religiösen Dingen tolerant waren, schien das Christentum zu begünstigen. Die alten nestorianischen Gemeinden blühten wieder auf und genossen vollen Schutz. Ein nestorianisches Erzbistum wurde 1275 in Peking errichtet, und die Verbindung zwischen dem Patriarchat in Bagdad und China war gut. Dschingis-Khan und Khubilai-Khan waren durch diplomatische Heirat mit christlichen Familien verwandt, und es wird berichtet, daß der von 1251–1259 regierende Khan die Taufe empfangen hatte. Die Mongolen waren traditionell Schamanisten, das heißt, sie waren für eine fortgeschrittenere Religion empfänglich.

Aber die Mongolen bekehrten sich nicht nur zum Christentum, sondern gingen in verschiedene Richtungen. Am beliebtesten war der Buddhismus. Khubilai-Khan nahm als Geschenk des Herrschers von Ceylon eine Reliquie des Buddhas an und vertraute einem tibetanischen Lama das höchste Erziehungsamt seines Hofes an. In der Yunnan-Provinz begünstigte der Statthalter den Islam und baute zwei Moscheen. Im südlichen Teil von Zentralasien errichteten persische und arabische Kaufleute überall wachsende islamische Gemeinschaften, die mit den Christen wetteiferten, bis der Sturz der Mongolen eine Sperrung der Handelsstraßen nach sich zog.

Unter Führung des Raimundus Lullus wurde im Westen ein kluges Programm der Islam-Mission entwickelt. Der geistige Austausch zwischen dem Islam und dem Christentum ging bereits schnell voran, besonders in den neuen Universitäten. Der Streit wurde langsam durch einen Dialog ersetzt; Werke wie *Summa contra Gentiles* des Thomas von Aquin zeigten, daß eine Grundeinstellung der friedlichen Koexistenz sich herausbildete.

ENGLAND
Anselm
Roger Bacon
Johannes Duns Scotus
Richard Rolle

NIEDERLANDE
Thomas à Kempis
Florentinus Radewyns
Gerhard Groote
Johannes van Ruysbroeck

FRANKREICH
Peter Abaelard
Petrus Lombardus
Albertus Magnus
Thomas von Aquin
Johannes Duns Scotus
Hugo von St. Viktor
Bonaventura
Meister Eckehart
Johann Tauler
Gerhard Groote

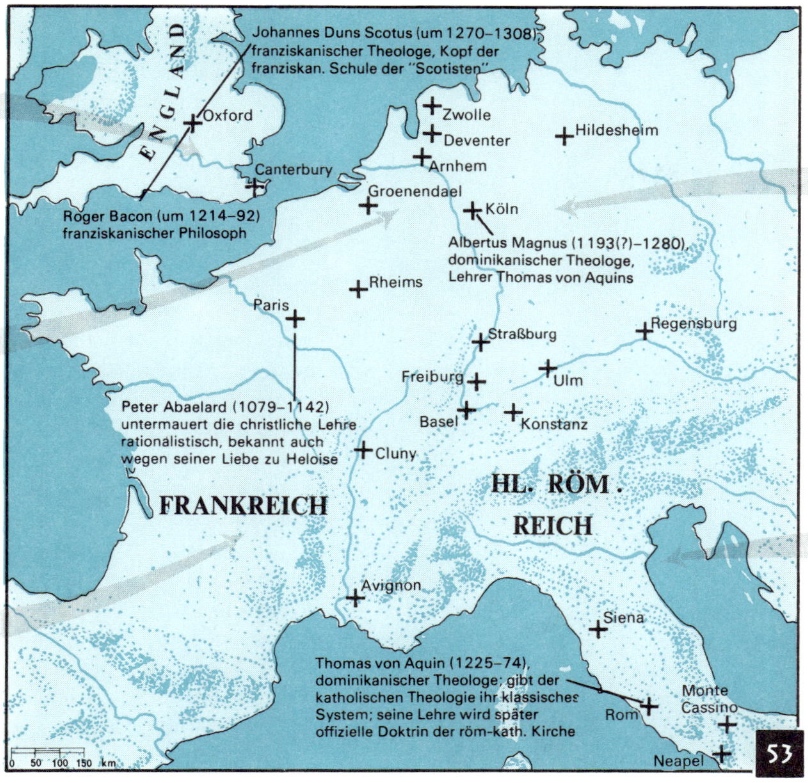

ENGLAND
Johannes Duns Scotus (um 1270–1308), franziskanischer Theologe, Kopf der franziskan. Schule der "Scotisten"
Oxford
Canterbury
Roger Bacon (um 1214–92) franziskanischer Philosoph
Zwolle
Deventer
Arnhem
Hildesheim
Groenendael
Köln
Albertus Magnus (1193(?)–1280), dominikanischer Theologe, Lehrer Thomas von Aquins
Rheims
Paris
Regensburg
Straßburg
Ulm
Freiburg
Basel
Konstanz
Peter Abaelard (1079–1142) untermauert die christliche Lehre rationalistisch, bekannt auch wegen seiner Liebe zu Heloise
Cluny
FRANKREICH
HL. RÖM. REICH
Avignon
Siena
Thomas von Aquin (1225–74), dominikanischer Theologe; gibt der katholischen Theologie ihr klassisches System; seine Lehre wird später offizielle Doktrin der röm-kath. Kirche
Rom
Monte Cassino
Neapel
0 50 100 150 km
53

RHEINLAND
Albertus Magnus
Thomas von Aquin
Johannes Duns Scotus
Meister Eckehart
Johann Tauler
Heinrich Seuse
Ruleman Merswin

ITALIEN
Thomas von Aquin
Bonaventura
Katharina von Siena

Thomas à Kempis – Mystiker
Thomas von Aquin – Theologe
+ Zentren theolog. Gelehrsamkeit

Mittelalterliche Theologen und Mystiker 11.–14. Jh.

Die ökonomische und soziale Basis für ein Blühen der christlichen Kultur wurde durch die Klöster und die neuen Universitäten gelegt.

Zu Beginn des Mittelalters wurde die theologische Wissenschaft von Petrus Lombardus (ca. 1100–1160) beherrscht, dessen »Sentenzen« die christliche Gelehrsamkeit in klarer Anordnung mit einer Fülle von Zitaten lateinischer und sogar griechischer Väter so zusammenstellten, daß sie sich im Rahmen des schulischen Unterrichts leicht memorieren ließ.

Anselm (1033–1109), Erzbischof von Canterbury, war ein eifriger Befürworter der cluniazensischen Reform. Über Jahre befand er sich mit den Königen von England wegen der Unabhängigkeit der Kirche in ernstem Konflikt. Anselms Buch über die Satisfaktion, *Cur Deus Homo,* ist eines der ganz großen Bücher des Christentums.

Peter Abaelard (1079–1142) war einer der herausragenden christlichen Denker, obwohl man sich außerhalb von Theologenkreisen am meisten an ihn wegen seiner schicksalhaften Liebesbeziehung zu Heloise erinnert. In den mächtigen geistigen Strömungen der Zeit gefangen, sahen der Mönch und die Nonne nur drei Möglichkeiten für ihre Zukunft: 1. Virginität (nach kirchlicher Lehre der höchste Stand); 2. eine Liebesaffäre (von den Troubadouren gepriesen); 3. Heirat (der unrühmliche, geringere Stand, der über den christlichen Sakramentalismus zum Familienbund der jüdischen Tradition zurückreicht). Sein glänzendstes Werk war *Sic et Non,* eine dialektische Darlegung von widersprüchlichen Exzerpten aus der Schrift und den Kirchenvätern, das den Gebrauch des Paradoxes bei späteren Scholastikern stark beeinflußte.

Roger Bacon (ca. 1214–1292) wird von manchen als Vorläufer der modernen Wissenschaft angesehen. Wahrscheinlich erfand er Schießpulver, Teleskop und Thermometer. Seine drei großen *Opera* stellen eine Enzyklopädie des Wissens seiner Zeit dar. Seiner Zeit voraus zeigt seine Liebe zu genauer Beobachtung und zum Experiment sowie sein Studium des Hebräischen und Griechischen eine damals seltene Denkrichtung.

Ein anderer Engländer und Franziskaner, Duns Scotus (ca. 1265–1308), stellte ein Gedankensystem auf, das von den Franziskanern als maßgeblich angesehen wurde. Im Gegensatz zum Thomismus der Dominikaner gibt der Scotismus der Liebe und dem Willen den Vorzug vor Wissen und Verstand.

Albertus Magnus (ca. 1206–1280) reiste für seinen Orden (Dominikaner) und im Dienst des Papstes weit herum. Er lehrte an den Universitäten Paris und Köln. Er griff stark auf jüdische und islamische Schriftsteller sowie auf Aristoteles und Augustin zurück.

Sein Schüler, Thomas von Aquin (ca. 1225–1274), konnte – weit über seinen Lehrer hinaus – Ordnung und Klarheit mit riesigem Wissen verbinden, und seine *Summa contra Gentiles* und *Summa Theologica* sind als umfassende Darlegungen des christlichen Denkens nie übertroffen worden. In einem Europa, das täglich im Bewußtsein lebte, von Feinden belagert zu sein – von Muslims, Wikingern und Mongolen –, ist die Anziehungskraft einer soliden geistigen »Burg«, in der jedes Einzelteil mit seinem Nachbarteil zusammenpaßt und dieses trägt, einleuchtend. Seine Lehre beherrschte den römischen Katholizismus am Ende der Entzweiung mit dem Protestantismus im 16. Jh. Nach den europäischen Revolutionen betonten offizielle päpstliche Verlautbarungen wieder seine Autorität in der römisch-katholischen Kirche.

*

Parallel zur geistigen Erneuerung in der Christenheit kam es zu einer Blüte mystischer Frömmigkeit.

Hugo von St. Victor (ca. 1096–1141) zeigt den Einfluß des Platonismus, der durch die Schriften Augustins und durch die »Himmlische Hierarchie«, die man Dionysius Areopagita zuschreibt, übermittelt worden war.

Bonaventura (1221–1274), ein Franziskaner, verfocht die göttliche Erleuchtung des gläubigen Christen gegenüber allen Leistungen des menschlichen Verstandes. Als Ordensgeneral versuchte er, die Spaltung beizulegen, die durch den Konflikt der Fraticelli (»Spiritualen«) mit dem Papsttum aufgetreten waren. Seine Biographie des Franz von Assisi wurde im Orden als maßgeblich betrachtet, und andere wurden deshalb vernichtet.

Mit Meister Eckehart (1260–1327) und seinen Schülern Johann Tauler (ca. 1300–1361) und Heinrich Seuse (ca. 1295–1366) treten drei bekannte deutsche Mystiker, Prediger und Seelsorger auf den Plan. Sie lebten zu einer Zeit, als die Pest wiederholt Europa heimsuchte und das Todesbewußtsein ausgeprägt war. In ihren Gedanken gibt es eine starke Tendenz zum Pantheismus. Ihre Schriften – von denen Seuses »Büchlein der ewigen Weisheit« zwei Jahrhunderte lang das meistgelesene Meditationsbuch war – waren bei späteren religiösen Individualisten und sogar bei Anti-Klerikalen beliebt, weil sie die Individualität der religiösen Erfahrung betonten, die Einwohnung Gottes in der einzelnen Seele, der göttliche Funke in dem einzelnen, die unvermittelte Begegung zwischen Gott und seinem Geschöpf.

Der Mongolensturm auf den Islam 12.–15. Jh.

Mongolen belagern Moslems

Nachdem die mongolischen Eroberer China in ihrer Gewalt hatten, überrollten sie Zentralasien, Persien, Mesopotamien, Kleinasien und Rußland und suchten Polen heim. Sie errichteten eine herrschende Kaste in Indien. Sie plünderten und unterwarfen das östliche islamische Reich von Bagdad und Aleppo und wurden erst an der Grenze nach Ägypten bei Ain Jalut (1260) aufgehalten. Ägypten wurde so neben dem Spanien der Mauren der letzte Zufluchtsort islamischer Kultur.

Nach dem Ende der byzantinischen Herrschaft in Kleinasien (ca. 1071) hatten die Seldschuken ein Reich von hoher kultureller Blüte und Ausdehnung geschaffen. Schulen, Observatorien, Büchereien und Museen wurden in den größeren Städten gebaut. In Bagdad systematisierte der große Theologe Al-Gazzali (1058–1111) die islamischen Lehren und minderte so die Anziehungskraft mystischer und visionärer Führer.

Die Kreuzfahrerreiche hielten sich nur eine Zeit, aber den Seldschuken gelang es nicht, vor dem Einfall der Mongolen ihre militärische und wirtschaftliche Macht zurückzuerlangen. Zwischen dem 6. und 7. Kreuzzug fiel Anatolien an die Mongolen. Persien wurde ca. 1250 und wiederum ca. 1370 geplündert. Die osmanische Dynastie wurde gegründet, als der letzte Außenposten der Kreuzfahrer (Akkon) aufgegeben wurde (1291).

Kulturgeschichtler behaupten, daß eine Zivilisation ihre eindrucksvollsten Gebäude errichtet, wenn sie schon ihren Höhepunkt erreicht hat und der Niedergang einsetzt. Die eindrucksvollste Philosophie der Geschichte durch einen muslimischen Gelehrten war die des Ibn Kaldun (1332–1406). Seine Voraussetzung war ein Primitivismus: Tugend und geistliche Stärke finden sich bei den Männern der Wüste, während die Stadtbevölkerung in Luxus, ethische und religiöse Korruption abgleitet. Eine Zivilisation zerfällt, wenn weichlich lebende Städter die verwegenen, klarblickenden und physisch starken Männer der offenen Ebene ersetzen.

Ibn Kaldun gebrauchte die mongolischen Horden, deren großem Anführer Tamerlan er begegnet war, wie Tacitus die blonden und kriegerischen germanischen Stammesangehörigen benutzte, um seine verbrauchten römischen Zeitgenossen zu tadeln. Als Kunstgriff eines Sittenlehrers mag dies ganz nützlich sein, doch ist ein Primitivismus dieser Art wenig geeignet für eine fortschrittliche Reform, d.h. die Verbesserung einer gegebenen Situation.

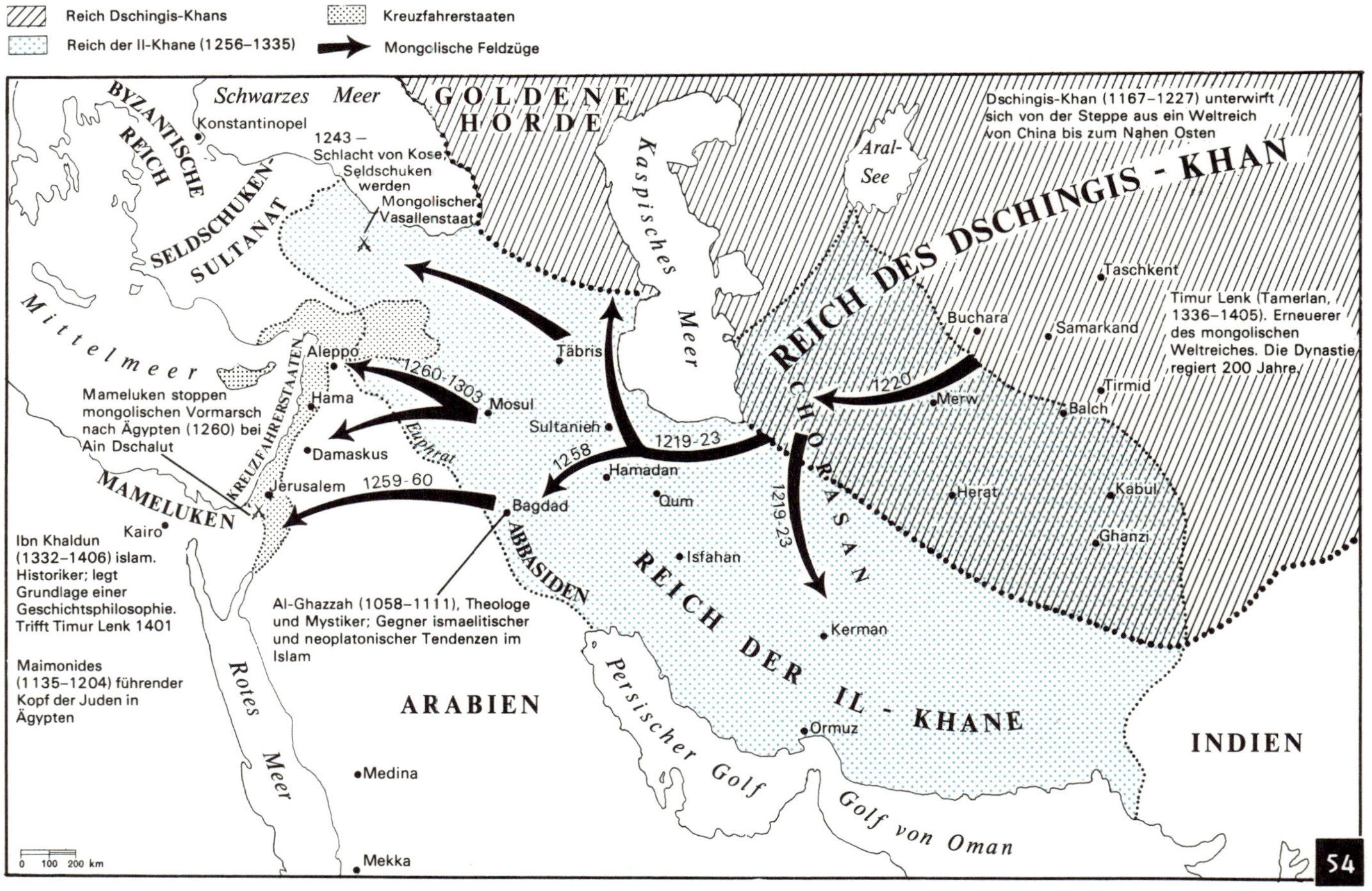

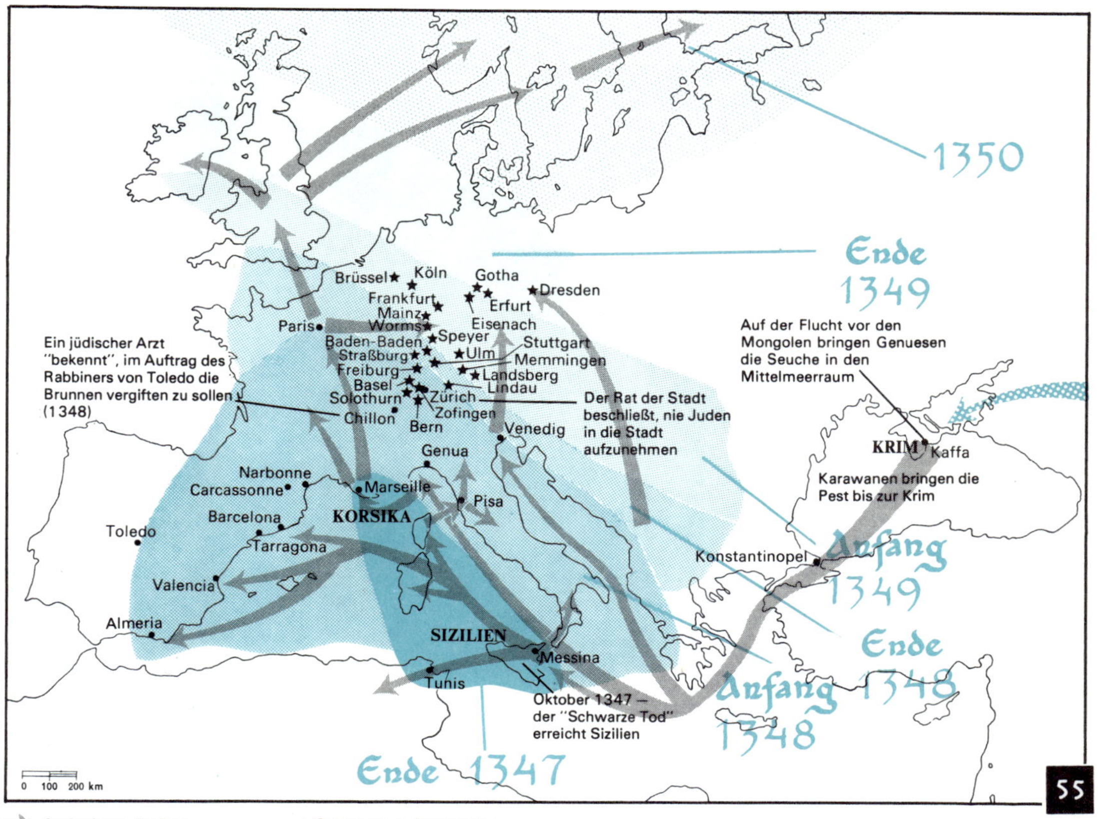

Ausbreitung der Pest ★ Städte mit Judenmassaker

Der schwarze Tod 14. Jh.

Die Menschen des Mittelalters lebten in einer Welt, die von Teufeln und Hexen bewohnt war, und sie träumten von einem Himmel, der von Engeln bevölkert war. In der Welt herrschten Krieg und Gewalt. Das Leben war brutal und kurz. Man badete selten, und verheerende Krankheiten wie die Lepra waren weit verbreitet.

Die Kreuzzüge, die für wenige Gewinn und für einige Wohlstand bedeuteten, erzeugten einen Mangel an Arbeitern. Verordnungen wurden erlassen, um die Arbeitsfähigen zu zwingen, für festgesetzte Löhne zu arbeiten. Der Adel begann, das Land und den Wald zu übernehmen und Fischen und Jagen durch die Bauern zu begrenzen. Die Freien, angeregt durch ihre militärischen Abenteuer an fernen Orten, waren voller sozialer Unruhe.

In diese Unruhe kam der schwarze Tod. 1347 tauchte er in Konstantinopel auf und überzog ganz Europa; Schätzungen der Verluste sprechen von bis zu fünfzig Prozent der Bevölkerung. 1358 kam es zu einem gewaltsamen Bauernaufstand. 1381 führte der Aufstand Wat Tylers zu einem ähnlichen Niederbrennen von Herrenhäusern und Verbrennen von Pachtunterlagen und zum Erhängen von Gutsherren und Anwälten – und roher Unterdrückung. Ob in Frankreich, England oder in deutschen Ländern – die Umstände waren gleich und die Ausbrüche und ihre Unterdrückung nahmen den gleichen Verlauf.

Der schwarze Tod wurde von Ratten verbreitet. In den überbevölkerten und schmutzigen Städten wurden Abfall und Müll mit den menschlichen Exkrementen einfach auf die schmalen Straßen und Gassen geworfen. Die medizinische Versorgung war primitiv und nur den Reichen zugänglich. Das ungebildete einfache Volk führte die Pest auf geheimnisvolle und unbestimmbare böse Mächte zurück, die es zu exorzieren oder ausfindig zu machen und zu vernichten galt. Es war schlimm, als Hexe oder – ebenso geheimnisumwittert – als Jude bekannt zu sein.

Die christliche Gesellschaft hat die Juden immer ausgeklammert. Während der Kreuzzüge waren sie die ersten Opfer. Als der schwarze Tod kam und die Städte Europas in der zweiten Hälfte des 14. Jh.s dutzendmal heimsuchte, wurde ihre Lage besonders schlimm.

»Hexen« wurden gefoltert und verbrannt, insgesamt mehrere Hunderttausend. Die andern Opfer, die Juden, waren schon von den Kirchenvätern und von Synoden und Konzilien gebrandmarkt. Sie wurden der Zauberei, Alchemie, Magie, des »bösen Auges«, des »Gestanks und Unglaubens«, des Gottesmords, der Brunnenvergiftung, des Ritualmords beschuldigt. Dieser »kulturelle« Antisemitismus, der dem politischen Antisemitismus des 20. Jh.s als Stütze dienen sollte, war fest in der kirchlichen Lehre des Mittelalters verankert.

Den Juden war früher ein gewisses Maß an Schutz von Königen und Prälaten gewährt worden, hauptsächlich wegen guter finanzieller oder politischer Dienste. Sie durften kein Land besitzen und die meisten Berufe nicht ausüben und füllten deshalb die Nischen der Feudalgesellschaft – Unternehmungen mit hohem Risiko, wie Geldverleih an Bischöfe oder Fürsten. Für ihre Existenz gab es weder im Gesetz noch in der Volksmeinung eine sichere Grundlage. Volksbewegungen neigten dazu, den Aberglauben des Pöbels zu äußern und antisemitisch zu sein.

In der Inflation und der sozialen Unruhe, die den Kreuzzügen folgten, waren die Juden besonders verwundbar. In den italienischen Städten entstanden neue Bankhäuser, die den Herrschern Geld liehen und dadurch einige wohlbestellte jüdische Geldverleiher – die ihrem Volk Schutz verliehen – überflüssig machten. Einige Herrscher (wie Philipp der Schöne von Frankreich) beraubten sie einfach und wiesen sie aus.

Andere leiteten die Unruhe der Bauern und der städtischen Arbeitslosen auf die Juden ab und lenkten so von der wahren Quelle der Ausbeutung ab. Damit beginnt ein Verfahren, das der letzte der russischen Zaren geschickt anwandte und das bis zur Gegenwart in Rußland und anderswo Anwendung findet.

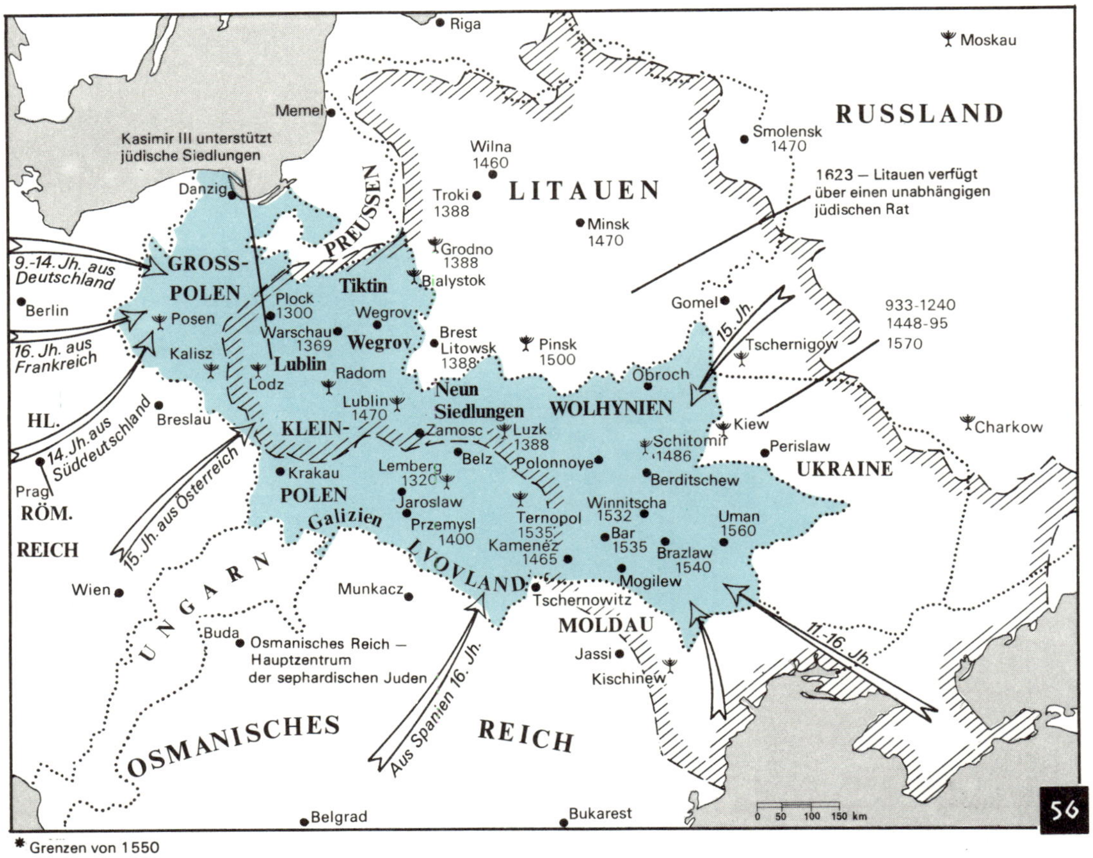

* Grenzen von 1550

Mittelalterlicher Jude

Das aschkenasische Judentum 9.–17. Jh.

Während der mörderischen Angriffe auf ihre Gemeinschaften in Westeuropa, die während des Schwarzen Todes und der Bauernaufstände zunahmen und bis zum Aufstieg der modernen Nationalismen anhielten, emigrierten die Juden nach Osten. Trotz der Kriege und der politischen Unbeständigkeit, trotz des tiefen, in der Orthodoxie Rußlands und im Katholizismus Polens und der Ukraine eingebetteten Antisemitismus, trotz verzweifelter Armut entwickelten die osteuropäischen Juden eine Religion und ein geistiges Umfeld von großer Lebensfähigkeit und bleibender Bedeutung. Ihre Sprache war Jiddisch, eine Sprache, in der eine beträchtliche Zahl Wörter deutschen Ursprungs das Herkunftsland der Flüchtlinge klar erkennen ließ. Die grundlegende soziale Einheit war das *Stetl:* eine Insel jüdischen Lebens, vom heidnischen Meer umgeben.

Im frühen Mittelalter entwickelte sich eine hohe jüdische Zivilisation im Mittelmeerraum – besonders in muslimischen Ländern. Aus diesem Quellgrund entsprangen die Dichtungen eines Juda ha-levi (geb. 1075), die talmudischen Auslegungen eines Raschi (1040–1105) und die philosophischen Schriften eines Maimonides (1135–1204). Durch die Ostwanderung und besonders nach der Zerschlagung des spanischen Judentums gewannen die Traditionen des aschkenasischen – oder deutschen – Judentums in Europa an Bedeutung. Im »Ansiedlungsrayon« im Osten und in den jüdischen Vierteln der westlichen Städte entwikkelte das jüdische Volk Überlebenstechniken – Widerstand gegen christlichen Zwang –, die sich bis ins Dritte Reich hinein bewährten.

Im Stetl oder dem Ghetto war der geistige Austausch mit den »Nationen« nicht so möglich wie im Goldenen Zeitalter in Kairo oder Toledo. Innerhalb der aschkenasischen Gemeinschaft wurde das geistige und geistliche Leben in mittelalterlicher Gestalt bis ins 19. Jh. hinein konserviert.

Wie bei religiösen Verfolgungen so häufig der Fall, waren die Anführer der Judenverfolgungen nicht selten Abtrünnige. Selbst heute, da man doch das Syndrom des Selbsthasses kennt, trifft die Verallgemeinerung zu. In der Zeit der Verfolgung, die dem Schwarzen Tod folgte, reichte das Wort eines Abtrünnigen oft aus, um eine ganze Gemeinschaft zu verdammen. Und ganze Gemeinschaften suchten Zuflucht außerhalb des Heiligen Römischen Reiches.

In Polen hatte Boleslaw V. (König von 1227–79) die jüdischen Einwanderer willkommen geheißen, um Städte zu bauen und Handwerk und Handel zu begründen, und er machte ihnen weite Zugeständnisse im Hinblick auf Selbstverwaltung. Casimir III., der Große (König von 1333–1370), gewährte ihnen ausgedehnte Privilegien (1334). Er war Schirmherr der Gelehrsamkeit und Kultur und begründete (1364) eine Schule in Krakau, die zur Universität wurde – dem führenden geistigen Zentrum in Osteuropa. Es war natürlich, daß die jüdischen Flüchtlinge aus den deutschen Ländern sich an das liberale Polen hielten.

Es war ihr Unglück, daß in der polnischen Verfassung ein katastrophales Wahlrecht verankert war, das den König schwächte und dem Adel die Macht gab, öffentliche Maßnahmen und das Handeln der Exekutive zu blockieren. Nach Generationen der Schwäche und der Kriege wurde Polen von Rußland, Preußen und Österreich (1772–1795) geschluckt, und die jüdischen Siedlungen kamen in den Herrschaftsbereich Katharinas der Großen (Königin 1762–1796). 900 000 Juden fielen in ihre Hände, und sie hatte bereits beschlossen, alle Juden vom heiligen Rußland fernzuhalten; als Herrscherin aus deutschem Adel begünstigte sie grundsätzlich die Orthodoxe Kirche.

Die Juden durften in Polen, Litauen und der Ukraine reisen und an der westlichen Grenze Rußlands siedeln. Hier wurde, unter dem Druck des immer härteren Kampfes ums Überleben, die Betonung des Gesetzes und die Aufrechterhaltung des inneren Lebens des jüdischen Volkes zum wichtigsten Thema.

Jüdischer Messianismus: Hoffnungen und Enttäuschungen 13.–18. Jh.

Das Europa der Pest, Kriege, Inflation und innerer Streitigkeiten brachte revolutionäre Bewegungen hervor, die mehr von Träumen eines letzten Gerichts gegen die Unterdrücker bestimmt waren, als von praktisch politischen und militärischen Überlegungen.

In den jüdischen Gemeinschaften erhoben sich eine Reihe falscher Messiasse und beunruhigten die Gläubigen: Unerträgliche Lebensbedingungen und ein erhöhtes Todesbewußtsein riefen oft eine einseitige Konzentration auf die Letzten Dinge hervor. Das Kommen des Messias sollte die Gutmachung allen Unrechts einleiten und zurückführen in die Zeit des Friedens und der Fülle.

Abraham Abulafia (1240–1291), Sohn einer reichen spanisch-jüdischen Familie, hatte die Geheimnisse der Kabbala studiert. Auf einer Pilgerfahrt nach Jerusalem hörte er eine Stimme, die ihm befahl, den Papst zu bekehren. Es mißlang ihm, doch er entkam lebend.

David Reubeni (Haupttätigkeit 1524–1532) und sein Freund Diojo Pires (»Solomon Molcho«) gaben vor, einen mächtigen jüdischen König in Arabien zu vertreten, der bereit sei, die Türken von hinten anzugreifen, die gerade die Christenheit zu überrennen drohten. Der portugiesische König und der römische Papst waren begeistert, doch Kaiser Karl V. hörte sie ungerührt an und übergab sie dann der Inquisition.

Es gab viele andere selbsternannte Erlöser des jüdischen Volkes, besonders als die Lage in Osteuropa sich verschlechterte. Der wichtigste war Sabbatai Zewi (1626–1676), der in den Lehren der Kabbala bewandert war und auftrat, als Europa nach dem Dreißigjährigen Krieg daniederlag. Von der Türkei bis nach England wurde er als der lang erwartete Messias begrüßt, obwohl seine eigene Arbeit auf die Türkei, Ägypten und Palästina begrenzt blieb. Zwangsbekehrt zum Islam, wurde Sabbatai von einer islamischen Bewegung überlebt, die seinen Namen annahm.

Ein sympathischer Schurke folgte Sabbatai: Jakob Frank (1726–1791), der mit seiner Tochter Eva (gest. 1817) die polnischen, russischen und österreichischen »besseren Kreise« bezauberte. Nachdem er sich selbst zum Propheten ernannt und Glauben und Unterstützung eines Teils der leidenden Juden gefunden hatte, lebte er königlich in der nichtjüdischen Gesellschaft. Er war behilflich, eine größere Zahl Juden in einer wohlgeplanten Hofzeremonie dem Christentum zuzuführen.

Zeitgenosse Franks war ein bemerkenswerter Lehrer, der die Wichtigkeit des Gefühls, des Geheimnisvollen, des Wunderbaren, betonte: Baal Schem Tov (1700–1760). Dieser glaubwürdige Mann und seine Nachfolger brachten den Chasidismus hervor, eine genuin jüdische Art der religiösen Antwort, die eine lebenswichtige Rolle spielen sollte, um das jüdische Volk in der Zeit seiner größten Heimsuchung zu trösten.

Inthronisation Sabbatai Zewis

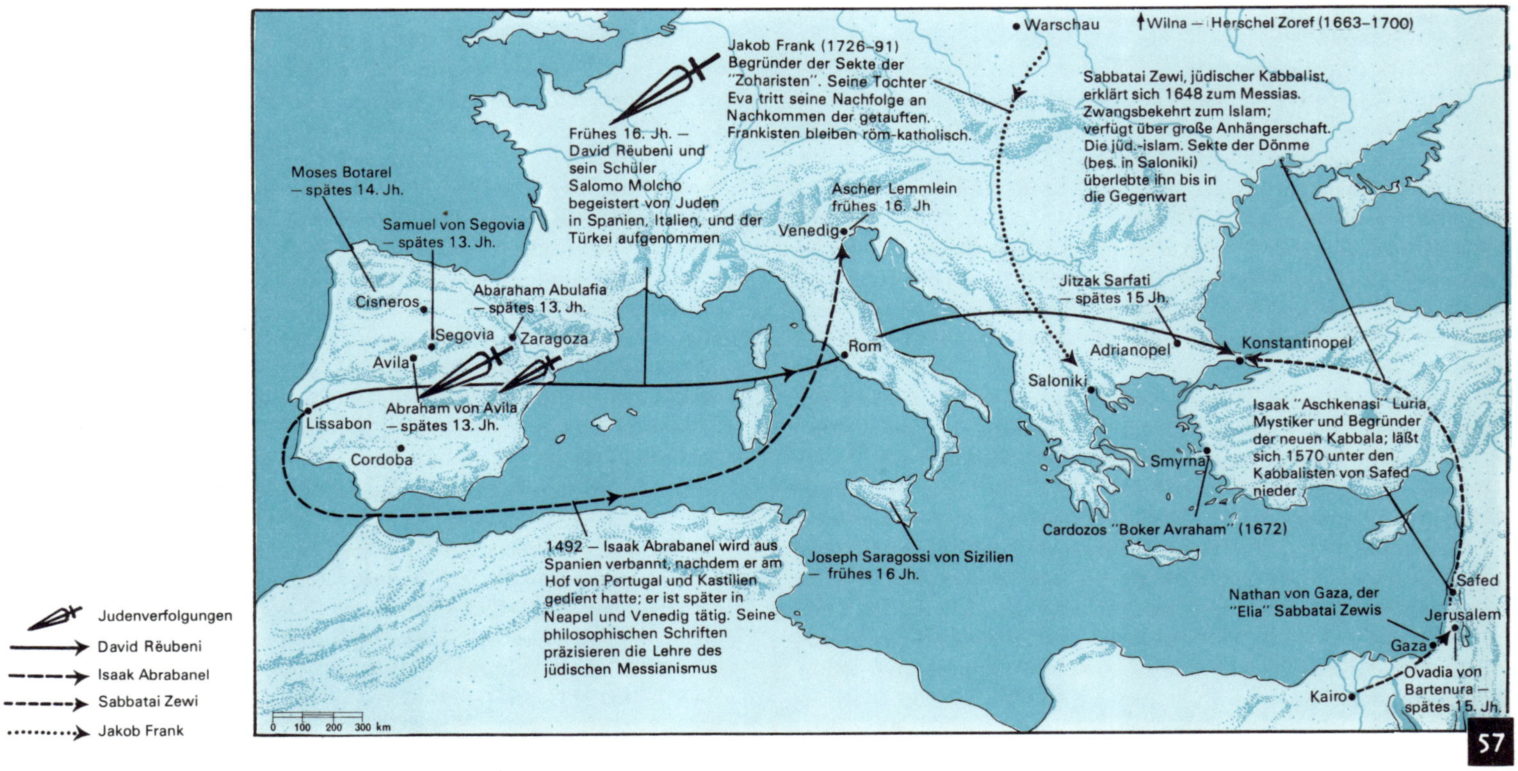

57

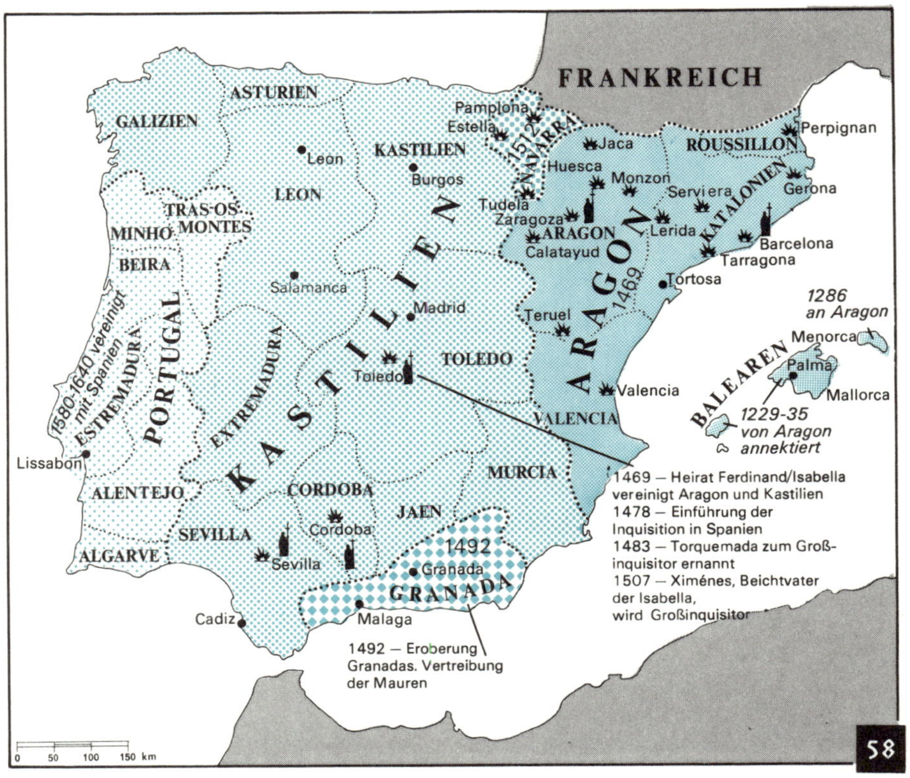

1512 Anschluß an Kastilien
Antijüdische Revolten bis 1478
Inquisitionshof

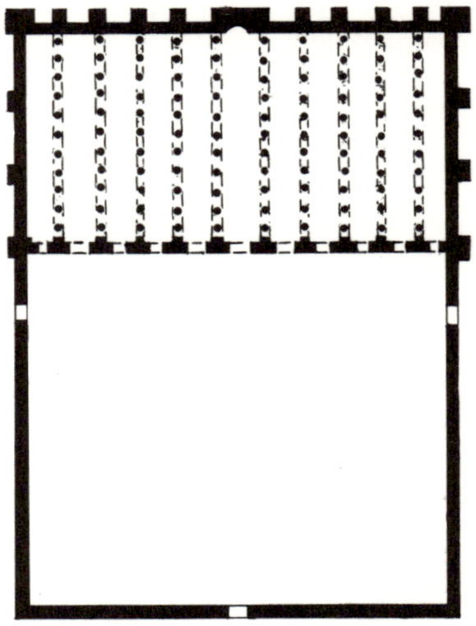

Moschee von Cordoba – Grundriß und Heiligtum

Die Einigung Spaniens 13. – frühes 16. Jh.

Der Sieg des christlich-spanischen Reiches beendet 800 Jahre islamischer Zivilisation auf der Iberischen Halbinsel.

Spanien wurde von den Muslims 711–715 erobert. Die besiegten Herrscher waren Westgoten, die um 587 ihren Arianismus aufgegeben und Frieden mit dem römischen Stuhl geschlossen hatten. Während der Omaijadischen Dynastie (756–1031) wurde Cordoba das wichtigste geistige Zentrum in Europa. Durch Gelehrte wie Averroës (ca. 1126–1198) wurde die klassische Gelehrsamkeit dem Westen überliefert; seine Kommentare zu Plato und Aristoteles legten die Grundlage für die christliche Scholastik. Spanische Christen und Juden erfreuten sich weitgehender Toleranz, obwohl sie sich mit Unterstützung der christlichen Stämme im Norden (Asturien, Leon, Kastilien) oft gegen ihre islamischen Herrscher auflehnten.

Nach dem Untergang der Omaijaden und der Niederlage der almohadischen Heere gegen christliche Stammesfürsten bei Las Navas de Tolosa (1212) blieben nur noch wenige muslimische Familien auf dem Lande übrig. Die christliche Einigung kam zuerst, die Vertreibung der Muslims folgte.

Der letzte Versuch der Mauren, ihrem Schicksal zu widerstehen, der Aufstand 1567–1571, wurde barbarisch niedergeschlagen. Um 1609 waren die Muslims restlos von der Halbinsel vertrieben.

Durch den Vertrag von Corbeil (1258) glichen Frankreich und Aragonien ihre Ansprüche beiderseits der Pyrenäen aus und schufen eine stabile Grenze. Jakob I. von Aragon (König von 1213–1276) war deshalb frei, sich dem Kampf gegen die Muslims und der Einigung der Iberischen Halbinsel zu widmen. Es kam im Verlauf zu wiederholten Kriegen mit Portugal, und durch erfolgreiche Abenteurer wurden die Balearen, Sardinien, Korsika und Sizilien dem Haus Aragon einverleibt. In der Schlacht von Rio Salado, 1340, setzte Alfonso XI. von Kastilien zum letzten Mal islamische Truppen aus Nordafrika bei spanischen Zwistigkeiten ein, bis dann Franco bei seiner Invasion im Juli 1936 wieder auf diese zurückgriff.

Die 1469 vollzogene Heirat Ferdinands von Aragon (König 1479–1516) mit Isabella von Kastilien (Königin von 1474–1504) eröffnete den Weg für die Einheit Spaniens und ein großartig ausgedehntes christliches Reich. Der Adel wurde durch einen vom König geförderten Städtebund unter Kontrolle gebracht. Kirchliche Angelegenheiten wurden zu nationalen gemacht. Die Eroberung Granadas (1492) beendete die Maurenherrschaft in Spanien. Die Entdeckung Amerikas im gleichen Jahr führte zu einer ungeheuren Ausdehnung des überseeischen Reiches, das 1493 vom Papst zwischen Spanien und Portugal aufgeteilt wurde. Kreuzzüge gegen den Islam eroberten Oran und Tripoli und legten die Grundlage für Spanisch-Nordafrika. 1512 wurde Navarra an Kastilien angeschlossen. Als der Enkel Ferdinands und Isabellas, Karl von Gent, den Thron bestieg (König 1516–1556, Kaiser 1519) war er Herrscher des größten Reiches seit Karl dem Großen.

Ferdinand repräsentierte die alte kaiserliche Tradition, wonach eine einheitliche Religion die gefühlsmäßige und symbolische Stütze des Staates sein muß. Die Juden wurden ebenso vertrieben wie die Mauren. Die Inquisition wurde gerufen, um alle christlichen Abweichler zu unterdrücken und um Kirchenmänner und Theologen zu zwingen, sich einem einheitlichen Bekenntnis und einheitlicher Praxis zu unterwerfen.

Teils durch Beraubung der Vertriebenen, teils auf der Grundlage der Reichtümer aus Amerika war dies eine Zeit wirtschaftlicher Blüte, die auch geistige und geistliche Größen hervorbrachte: Francisco Suarez (1548–1617), Ignatius von Loyola (1491–1556), Bartolomé de Las Casas (1474–1560), Felix Lope de Vega (1562–1635), Miguel de Cervantes (1547–1616), El Greco (1547–1614).

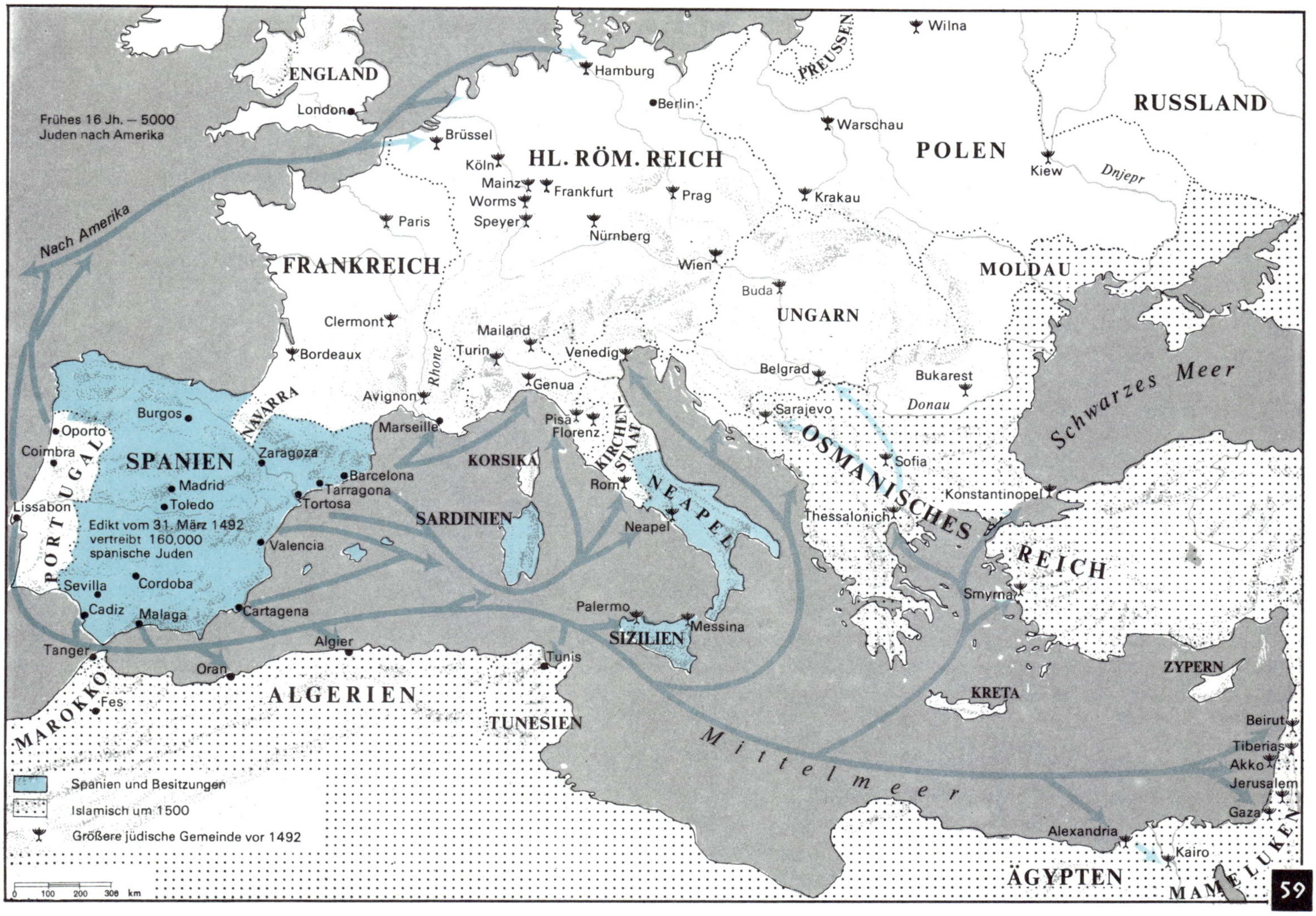

Die Vertreibung der Juden von der Iberischen Halbinsel 1492ff.

Die Macht der spanischen Inquisition, deren Großinquisitor Torquemada (1420–1498) besonders grausam war, bekamen diejenigen Mauren und Juden zu spüren, die zwar getauft waren, aber beschuldigt wurden, einige traditionelle Sitten beibehalten zu haben: die Marranen (»heimliche Juden«) und die Moriscos (»heimliche Muslims«). Heute ist es unmöglich festzustellen, ob sie als ethnische Minderheiten versuchten, insgeheim ein gewisses Maß kultureller Identität zu bewahren, oder ob sie tatsächlich falsche Christen waren. In einer Zeit, die zwischen religiöser und politischer Loyalität nicht unterschied, war jeder Widerstand gegen erzwungene Angleichung oder gegen Identitätsverlust verdächtig.

1492 ging der Befehl an 200 000 Juden, entweder sich zum Christentum zu bekehren oder auszuwandern. Die meisten flohen in islamische Länder, besonders in Gebiete, die während der Mongolenstürme verwüstet worden waren und wieder aufgebaut werden mußten. Große Flüchtlingsgemeinschaften entstanden in Jerusalem, Damaskus und anderen alten Städten. Im osmanischen Reich wurde ihnen der gleiche gesetzliche Status zugebilligt wie den christlichen Minoritäten, so daß sie – wenn auch oft gefährdet – Toleranz und einigen Wohlstand über Jh.e genossen.

Andere jüdische Flüchtlinge suchten Schutz in weniger fanatischen Gebieten der Christenheit. Eine beträchtliche Zahl ließ sich in Konstantinopel nieder, von wo die meisten ihrer Nachfahren seit 1948 nach Israel zogen. Eine bedeutende Gruppe ging nach Rom, wo sie einen erheblichen Einfluß auf das Entstehen des Anti-Trinitarismus unter italienischen Gebildeten der radikalen Reformation ausübte.

Die Vertreibung aus Spanien und Portugal (1496) führte auch die ersten jüdischen Siedler nach Amerika.

Spanischer Holzschnitt aus dem Jahr 1474. Inquisitor mit Axt und Schwert, hinter ihm Juden mit verbundenen Augen, weil sie "die Warhrheit nicht erkennen können".

F. Die Auflösung päpstlicher Autorität

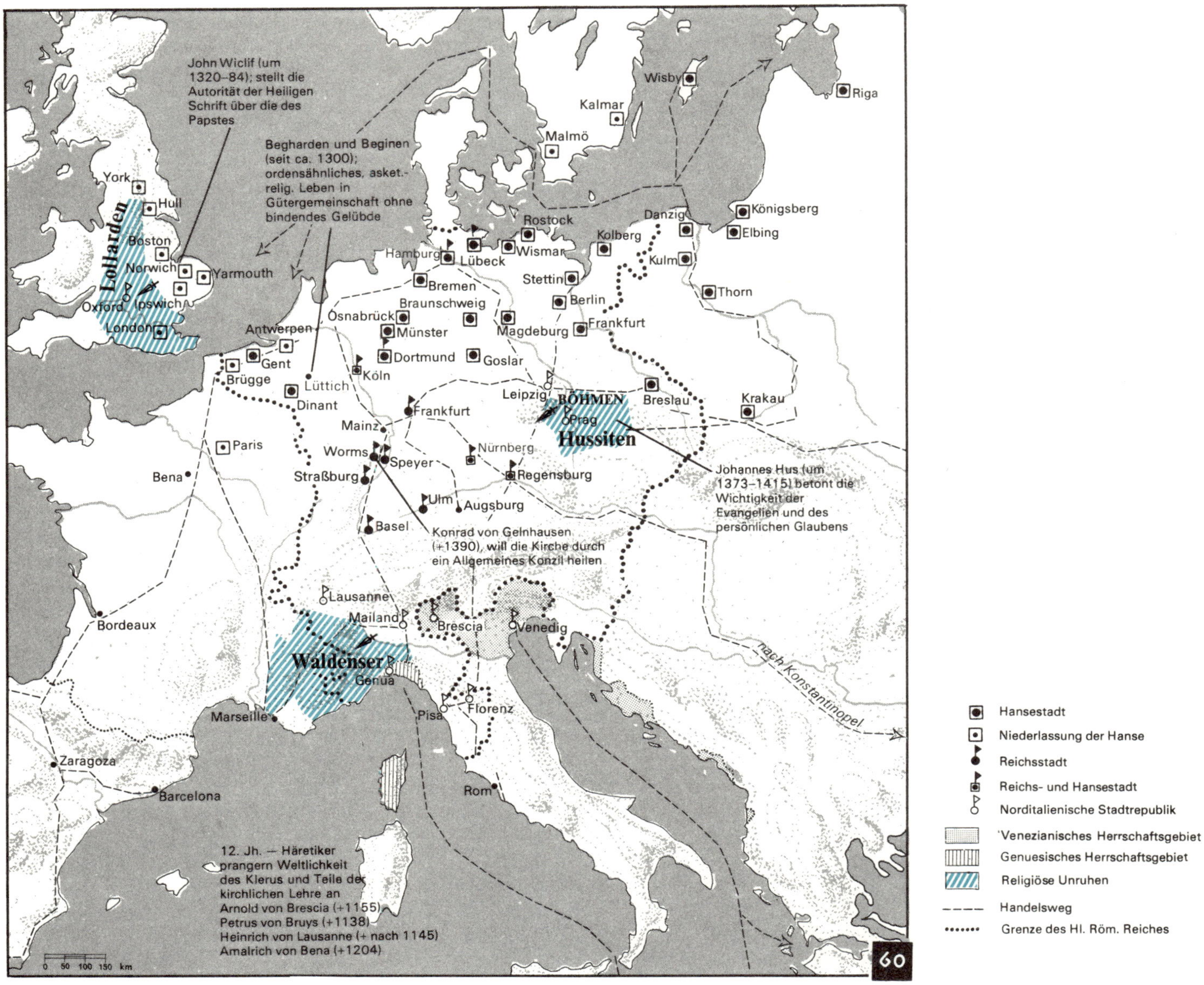

Aufstieg der Städte 12. Jh. ff.

Der Fehlschlag der hochmittelalterlichen Bemühung, eine einheitliche Christenheit zu schaffen, war nicht sofort sichtbar. Ferdinand und Isabella gehörten dem Zeitalter Innocenz' III. an, ebenso die Große Armada (1558) Philipps II. Aber starke Kräfte waren am Werk, die die »Christenheit« als offensichtliche Fiktion erwiesen und die an die Stelle der tausendjährigen Identität von Kirche und Staat einen klaren Pluralismus der religiösen und politischen Interessen treten ließen.

Um einen geschlossenen Kreis aufzubrechen, in dem Weltanschauung und Lebensstil erstarrt sind, bedarf es politischer und wirtschaftlicher Grundlagen, die außer Reichweite der herrschenden Mächte der Vergangenheit liegen. Die aufsteigenden Städte, die während und nach den Kreuzzügen rapide anwuchsen, stellten eine solche Grundlage dar. In der Zeit vor der Wehrpflicht, als Heere noch aus Söldnern bestanden, war eine reiche lombardische oder freie Reichsstadt ebenso in der Lage, ihre Interessen zu verteidigen oder ihre Ansprüche geltend zu machen, wie ein König oder Bischof.

Besonders wichtig waren die Hanse, die Freien Reichsstädte (insg. 65), die Städte der lombardischen Liga, Genua und Venedig und ihre jeweiligen Verbündeten.

Obwohl jede Stadt ihre eigene Geschichte hatte, nahm die Entwicklung einer Stadt nördlich der Alpen etwa folgenden Verlauf: Angenommen die Stadt lag am Rhein, einer der Hauptverkehrsadern Europas. Zuerst wurde ein gewisses Maß an Unabhängigkeit vom Bischof gewonnen, dessen Hofrecht sowohl das religiöse wie das Zivilrecht umfaßt hatte. Dann wurden Präzedenzfälle und Rechtsstreitigkeiten, die in den Gilden und niederen Gerichten gelöst worden waren, Kommunalgesetz. Allmählich entstanden zwei Versammlungen, eine aus Vertretern der Bürger und eine aus Häuptern der alten Patrizierfamilien. Während dieser Veränderung zementierte die Stadt ihr Recht, Zölle zu erheben, Münzen zu prägen, Ordnungshüter und Truppen zu stellen. Spätestens in der Reformationszeit schloß sie Verträge mit Verbündeten ab, sandte diplomatische Vertreter aus und regierte sich durch einen Stadtrat (den »Kleinen Rat« im Unterschied zum »Großen Rat« der Versammlungen).

Die Städte, die sich nach diesem Muster entwickelten, spielten ihr politisches Spiel des Überlebens, manchmal verbündet, manchmal im Krieg mit Bischof und/oder Papst, König und/oder Kaiser, konkurrierenden Handelsstädten. In den meisten Städten waren die Kauf- und Bankleute und die frühen Manufakturbesitzer vorherrschend. Hatte die Stadt eine neue Universität, war diese der stolze Mittelpunkt.

1527 Gründungsjahr der Universität

Das Entstehen der Universitäten 11. Jh. bis 1528

Die modernen Universitäten verdanken ihre Entstehung den Kloster- und Domschulen. Bis heute erinnern an vielen Orten die Dormitorien und Refektorien – und manche Traditionen wie die feierliche Immatrikulation – an den Tag, an dem sich junge Novizen unter den Schutz und die Aufsicht älterer Brüder begaben.

Der große Aufstieg der Gelehrsamkeit – die Wiederentdeckung der klassischen Schriften wie die Anfänge der Naturwissenschaften – kam im Gefolge der Kreuzzüge. Durch islamische Gelehrte und zu einem gewissen Grad durch Griechen, die durch Venedig und Ravenna zogen, wurden die Schriften Platos, Aristoteles und anderer wieder in frühen Textformen zugänglich – statt in Gestalt von Paraphrasen oder übersetzten Bruchstücken.

*

Jahrhundertelang war die Gelehrsamkeit, soweit man sie finden konnte, auf die Klöster beschränkt, und der Bildungsweg zu Ruhm und Ehre führte über die Kirche.

Die neuen Schichten der Kaufleute verlangten und erhielten Bildungsmöglichkeit für ihre Söhne ohne geistliche Verpflichtungen. Könige und Fürsten erwarteten von den neuen Universitäten Buchhalter und Anwälte. An Theologie nicht interessierte Gelehrte begannen, in den Universitäten einen sie befriedigenden Ersatz für die unsichere Gönnerschaft durch Kirchenfürsten oder Dogen zu finden. Theologie war die »Königin der Wissenschaften«, und die theologische Fakultät führte die feierlichen Umzüge an. Aber die Professoren der theologischen Fakultäten waren von Anfang an im Streit mit ihren Kollegen in den »profanen« Wissenschaften. Sie waren außerdem nicht selten einer Überprüfung seitens kirchlicher Autoritäten ausgesetzt.

Das Ansehen der Universität und ihr Stand als soziale Institution kann daran beurteilt werden, wie die Städte und Fürsten handelten. Als der führende evangelische Fürst, Philipp von Hessen, 1526–29 sein Land reformierte, hatte er drei praktische Dinge im Sinn: Erstens die Visitation und Untersuchung der örtlichen Kirchen, Schulen und Klöster; zweitens das Zustandebringen einer protestantischen Koalition von Zürich bis Dänemark; drittens die Gründung einer Universität. Die Universität war die von Marburg (gegründet 1527), die erste protestantische Universität und die erste in Deutschland mit fürstlichen und nicht päpstlichen Privilegien.

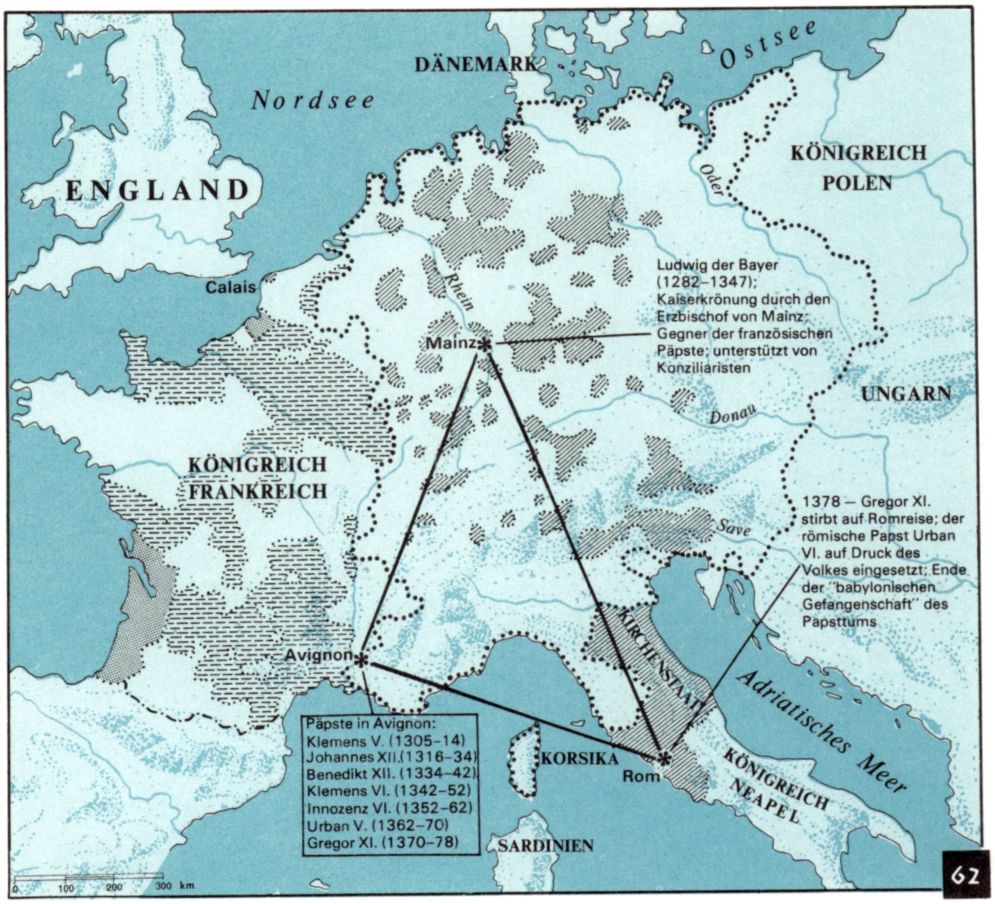

Palast der Päpste in Avignon

»Babylonische Gefangenschaft« – das Papsttum in Avignon 1309–1377

Seit den Anfängen der cluniazensischen Reform (910) hatten die großen Kirchenmänner versucht, der Manipulation von Kirchengeldern und der Einsetzung in Kirchenämter durch die weltlichen Fürsten zu widerstehen. Aber der Idee einer Kirche, die von der weltlichen Macht unabhängig war, standen zwei Tatsachen entgegen: Große Herrscher wie Konstantin oder Karl der Große hatten immer »ihre« Bischöfe ebenso beherrscht wie ihre Generale, und die fähigsten Kaiser und Könige eiferten diesen Vorbildern nach; ferner war es innerhalb des Feudalsystems oft unmöglich, das »Religiöse« von politischen oder militärischen Verpflichtungen zu trennen.

Jahrhundertelang war die »Laieninvestitur« in kirchliche Ämter das Hauptsymbol des Kampfes: Simonie; Nepotismus und Priesterzölibat waren verwandte Probleme. Tatsächlich hat die Kirche einigen bis in die Gegenwart gültigen Konkordaten zufolge nie die völlige Freiheit erlangt. Während der Auflösung, die dem Konzil und den Kreuzzügen Innocenz' III. folgte, erreichte der Kampf zwischen dem bayrischen und französischen König und dem Papsttum seinen Höhepunkt, als die Franzosen den Papst gefangennahmen und das Amt fortan beherrschten.

Clemens V. (Papst von 1305–1314) verlegte den Sitz von Rom nach Avignon und erwies sich durch seine Mittäterschaft bei der Aufhebung des Templerordens (1311) und bei anderen Gelegenheiten als treuer Diener König Philipps IV. Gregor XI. (Papst von 1370–1377) kehrte auf die dringenden Bitten Katharina von Sienas nach Rom zurück, um im Kirchenstaat und in Florenz die Ordnung wiederherzustellen. Nach seinem Tod verlangte der Pöbel einen Italiener und setzte Urban VI. (Papst von 1378–1384) ein.

Für Nicht-Franzosen war das Papsttum in Avignon eine Beleidigung. Noch schlimmer war es, daß sich der Papst in einer finanziellen Zwangslage befand, aus der er sich befreite, indem er Maßnahmen ergriff, die Moralisten und Humanisten vor den Kopf stieß: Der Verkauf kirchlicher Ämter und Ablässe wurde allgemein üblich.

Was nach der Einsetzung Urbans VI. folgte, war noch skandalöser, weil zwei, bisweilen sogar drei »Päpste« regierten (großes abendländisches Schisma; 1378–1409). Urban war auf jeden Fall eine Katastrophe. Einmal ließ er sechs seiner Kardinäle foltern und fünf töten. Die Franzosen wählten Clemens VII. (Robert von Genf) und unterhielten weiter eine Kurie in Avignon.

Spanien, Frankreich, Neapel, Schottland und einige deutsche Länder unterstützten Clemens. Italien, England, Polen, Portugal blieben bei Urban. In dieser Not griffen verschiedene Gelehrte, Kirchenmänner und Fürsten auf die Idee eines allgemeinen Konzils zurück, um die zertrennte westliche Christenheit zu heilen. Professoren der Pariser Universität hatten schon eine Zeitlang ein allgemeines Konzil verlangt, und ihre Schriften gewannen jetzt an Überzeugungskraft.

Zwar war der radikalste Vertreter des Konzilarismus, Marsilius von Padua (ca. 1275–1342) exkommuniziert, und seine in *Defensor Pacis* geäußerten Lehren waren verdammt worden. Außerdem war er Ratgeber eines exkommunizierten Fürsten, Ludwig des Bayern, gewesen. Doch war eine Theorie der staatlichen und religiösen Gewalt überraschend modern: der Kaiser erhält seine Macht vom Volk, das ihn absetzen kann, wenn er seine Verpflichtungen nicht erfüllt; der Papst erhält seine auf geistliche Dinge begrenzte Macht vom Staat. In allen religiösen Fragen ist ein aus Priestern und Laien zusammengesetztes allgemeines Konzil die höchste Instanz.

Das große Schisma 1378–1409

Die Existenz zweier Päpste offenbarte die traurige Lage der organisierten Kirche und trug viel dazu bei, die Aura einer sakrosankten Autorität zu zerstören, die das Papsttum seit den Tagen umgeben hatte, als es die einzige verbleibende Ordnungsmacht im Westen darstellte.

Das große Schisma schuf bereitwillige Zuhörer für radikale Reformer wie John Wycliffe (ca. 1329–1384) und seine Lollarden. Wycliffe kritisierte, gestützt auf die Schrift, die päpstliche Autorität, verlangte nach einer Kirche ohne Besitz oder Pomp oder weltliche Gewalt und brachte eine Bibelübersetzung unter das Volk, damit dieses selbst seine treulosen Kirchenoberen beurteilen könnte.

Nicht zu vergessen ist auch die Lehre des Joachim von Fiore (ca. 1132–1202), die unter radikalen Gruppen mit zunehmender Häufigkeit an die Oberfläche trat. Joachim hatte eine neue Einteilung der Geschichte eingeführt, die die Existenz des Papsttums selbst verdächtig erscheinen ließ. Er verkündigte den Hereinbruch des »Zeitalters des Geistes«, begleitet vom Absterben der Kirche und ihrer sakramentalen Ordnung. Einige der Franziskaner Spiritualen hatten in ihrem Kampf mit dem Papsttum den Papst mit dem »Antichristen« gleichgesetzt – dem Hauptfeind des Neuen Zeitalters. Wycliffe gebrauchte diese Sprache ebenso wie Martin Luther – und sie waren nur zwei aus einer Fülle von Kritikern, für die das Papsttum mit dem absterbenden Zeitalter gleichgesetzt war.

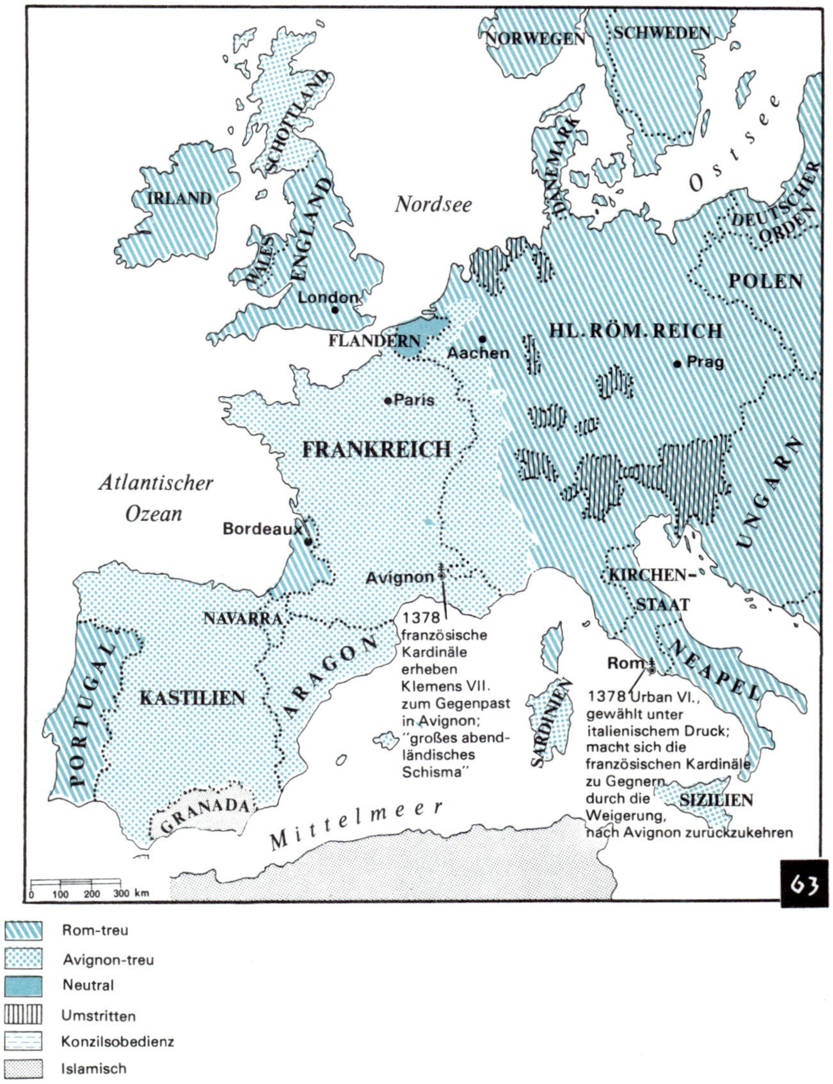

Teilungen nach dem Konzil von Pisa 1409

Schließlich beriefen die Kardinäle beider Lager ein Konzil ein. In Pisa (1409) wurden beide Päpste abgesetzt und ein neuer gewählt. Jetzt gab es drei.

Unter denen, die die theoretischen Grundlagen für den Konziliarismus legten, waren Pierre d'Ailly (1350–1420) und Johannes Gerson (1363–1429), und auf den Konzilen von Pisa (1409), Konstanz (1414–1418) und Basel (1431–1449) waren ihre Gedanken vorherrschend. Als Schlüsselfiguren der Pariser Universität hatten sie nicht den Makel, der Marsilius von Padua anhaftete. Auch waren sie nicht verdächtigt, joachitische Radikalisten wie Wilhelm von Occam (ca. 1300–1349) zu sein, ein Konziliarist, der für die radikalen Franziskaner gegen Johannes XXII. Partei ergriffen hatte. Ihre Ausführungen waren auf den Notzustand der Kirche begrenzt: nur ein allgemeines Konzil, das seinem Wesen nach über dem Papst stand, konnte das Schisma beenden.

Leider vergrößerte Pisa das Übel. Konstanz erzielte ein gemischtes Ergebnis: das Schisma wurde überwunden. Johannes XXII. und Benedikt XIII. von Avignon wurden abgesetzt. Der römische Papst Gregor XII. dankte in Ehren ab. Der neue Papst, Martin V. (Papst von 1417–31), war aufrichtig und fähig. Unglücklicherweise wurden vom Konzil zwei führende Vertreter einer Reform in der Kirche, Johannes Hus (ca. 1369–1415) und Hieronymus von Prag, verbrannt. Dadurch wurde die Theologie des Dialogs und Konsens', die ein grundlegender Bestandteil der konziliaren Theorie gewesen war, erheblich getrübt.

Die Union mit den Griechen 1438–39

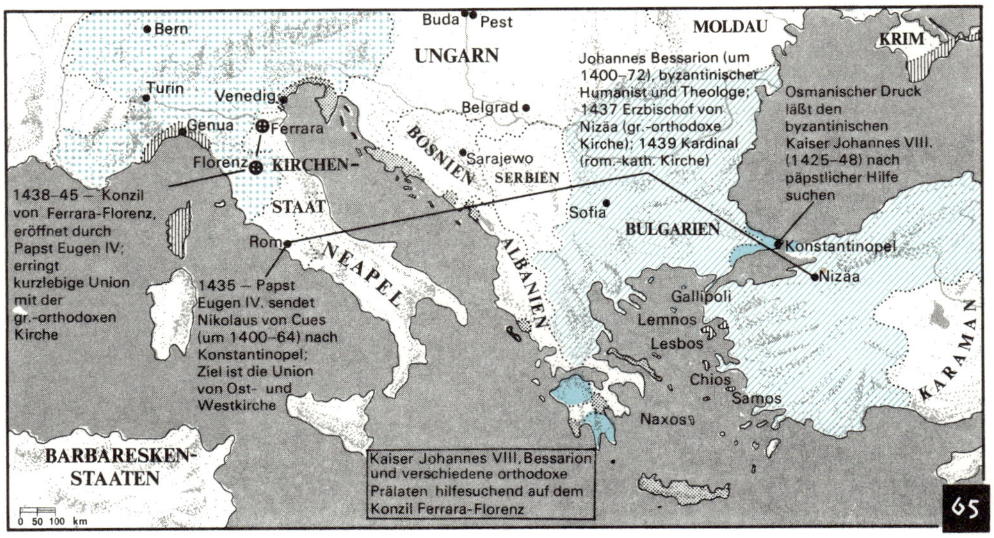

Bern
Buda
Pest
MOLDAU
KRIM
UNGARN
Johannes Bessarion (um 1400–72), byzantinischer Humanist und Theologe; 1437 Erzbischof von Nizäa (gr.-orthodoxe Kirche); 1439 Kardinal (röm.-kath. Kirche)
Osmanischer Druck läßt den byzantinischen Kaiser Johannes VIII. (1425–48) nach päpstlicher Hilfe suchen
Turin
Venedig
Belgrad
Genua
Ferrara
BOSNIEN
Sarajewo
Florenz
KIRCHEN-
STAAT
SERBIEN
1438–45 – Konzil von Ferrara-Florenz, eröffnet durch Papst Eugen IV; erringt kurzlebige Union mit der gr.-orthodoxen Kirche
Sofia
BULGARIEN
Konstantinopel
Rom
NEAPEL
Nizäa
1435 – Papst Eugen IV. sendet Nikolaus von Cues (um 1400–64) nach Konstantinopel; Ziel ist die Union von Ost- und Westkirche
ALBANIEN
Gallipoli
Lemnos
Lesbos
Chios
Samos
KARAMAN
Naxos
BARBARESKEN-
STAATEN
Kaiser Johannes VIII, Bessarion und verschiedene orthodoxe Prälaten hilfesuchend auf dem Konzil Ferrara-Florenz
0 50 100 km
65

Hl. Röm. Reich
Osmanisches Reich
Ksr. Byzanz
Genua und Besitzungen
Venedig und Besitzungen

Auf dem Konzil von Konstanz wurde wie in den Universitäten nach Nationen abgestimmt. Nachdem ein Papst gewählt war, wurden Reformen wiederum verschoben. Zwei Dekrete wurden erlassen: Ein allgemeines Konzil steht über dem Papst; regelmäßige Versammlungen im Konzil sind vorzusehen.

Auf dem Baseler Konzil (1431–1449) gab es starke antipäpstliche Strömungen. Das Konzil widersetzte sich dem päpstlichen Versuch, es aufzulösen, und verabschiedete einige Reformmaßnahmen – einschließlich eines Abkommens mit den Hussiten. Die päpstliche Strategie verfolgte die Wiederherstellung der päpstlichen Oberhoheit über Konzile und baute auf eine Wiedervereinigung von Ost und West.

Die Aussicht, das Schisma von 1054 zu überwinden, verringerte den Widerstand gegen die päpstliche Initiative, obwohl ein Teil des Konzils, als die päpstliche Partei auszog, in Basel blieb, wo man einen Gegenpapst wählte. Doch war inzwischen Papst Eugen IV. in der Offensive, und 1439, auf dem Konzil von Ferrara-Florenz, das von der päpstlichen Partei beherrscht war, stimmten die griechischen Delegierten den Unionsbestimmungen zu. Die Übereinkunft wurde jedoch von Konstantinopel zurückgewiesen.

Aber der Zweck der Reunionsversuche war erreicht: der Konziliarismus war tot.

Der Konziliarismus durchlief mehrere Stufen. Zunächst war er eine ideologische Waffe des Kaisers gegen den französischen Papst. Dann wurde er Werkzeug der Kirchenreformer gegen das Papsttum. Schließlich wurden seine Vorstellungen von Volkssouveränität und Laienautorität in demokratisch-politischen und religiösen Ideen in der Moderne wiedererweckt.

Großes Siegel Ludwig des Bayern

Ludwig der Bayer und der Papst 14. Jh.

Als Ludwig IV. (König 1314–47) zum Kaiser gewählt wurde, versagte ihm der Papst in Avignon die Bestätigung. Er förderte daraufhin Marsilius von Padua und andere, die ein allgemeines Konzil über den Papst stellten.

Um zukünftigen Streitigkeiten vorzubeugen, wurde 1356 die Goldene Bulle erlassen, die sieben erbliche Kurfürsten für das Reich schuf. Es waren die Erzbischöfe von Trier, Mainz und Köln, der Pfalzgraf, der Herzog von Sachsen, der Markgraf von Brandenburg und der König von Böhmen.

Die kaiserliche Erbfolge ging in dieser Zeit vom Haus Luxemburg auf die Habsburger über. Ludwigs Zeitgenosse, Johann von Luxemburg (König 1310–1346), hatte Böhmen zu einer wichtigen europäischen Macht erhoben.

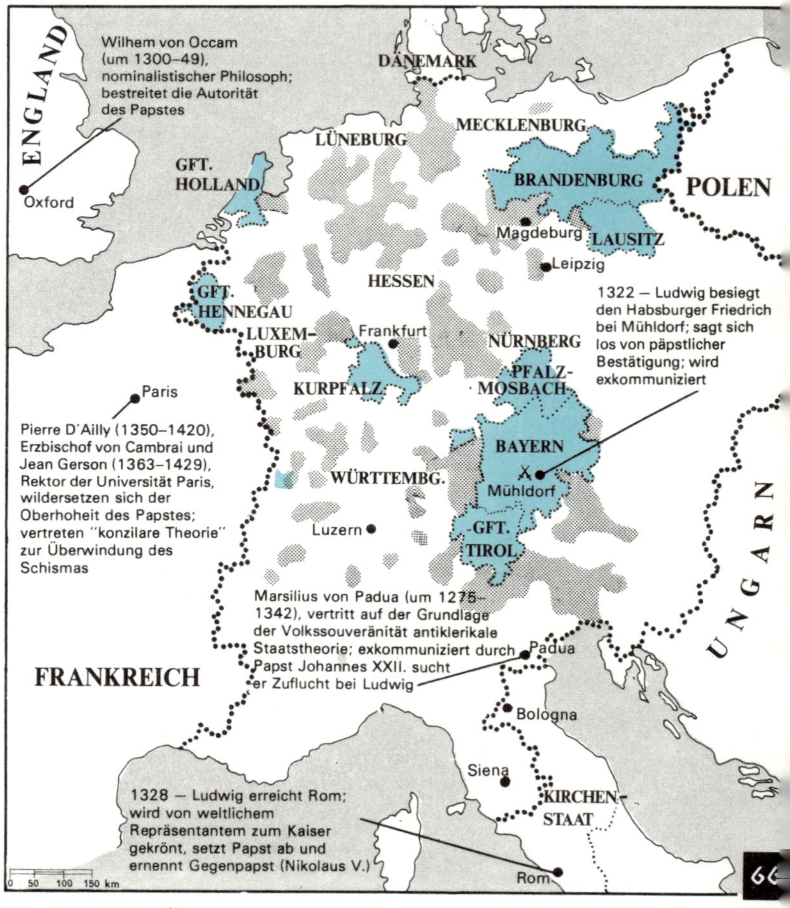

ENGLAND
Wilhem von Occam (um 1300–49), nominalistischer Philosoph; bestreitet die Autorität des Papstes
DÄNEMARK
MECKLENBURG
LÜNEBURG
GFT. HOLLAND
BRANDENBURG
POLEN
Oxford
Magdeburg
LAUSITZ
Leipzig
HESSEN
GFT. HENNEGAU
1322 – Ludwig besiegt den Habsburger Friedrich bei Mühldorf; sagt sich los von päpstlicher Bestätigung; wird exkommuniziert
LUXEM-BURG
Frankfurt
NÜRNBERG
PFALZ-MOSBACH
KURPFALZ
Paris
BAYERN
Pierre D'Ailly (1350–1420), Erzbischof von Cambrai und Jean Gerson (1363–1429), Rektor der Universität Paris, wildersetzen sich der Oberhoheit des Papstes; vertreten "konzilare Theorie" zur Überwindung des Schismas
WÜRTTEMBG.
Mühldorf
Luzern
GFT. TIROL
UNGARN
Marsilius von Padua (um 1275–1342), vertritt auf der Grundlage der Volkssouveränität antiklerikale Staatstheorie; exkommuniziert durch Papst Johannes XXII. sucht er Zuflucht bei Ludwig
Padua
FRANKREICH
Bologna
Siena
KIRCHEN-
STAAT
1328 – Ludwig erreicht Rom; wird von weltlichem Repräsentantem zum Kaiser gekrönt, setzt Papst ab und ernennt Gegenpapst (Nikolaus V.)
Rom
0 50 100 150 km

Länder Ludwig des Bayern
Kirchliche Gebiete
Grenze des Hl. Röm. Reiches

Die östliche Orthodoxie 1453

67

Osmanisches Reich

Haupthandelswege

1460 Jahr der osmanischen Eroberung

Orthodoxe Zentren

Die Schließung der östlichen Handelsstraßen während des Mongolensturms war nichts im Vergleich zu dem traumatischen Erlebnis der Eroberung Konstantinopels durch die osmanischen Türken 1453. Über tausend Jahre war die Stadt das religiöse und politische Hauptzentrum des östlichen Christentums gewesen und erinnerte die Gläubigen an den Sieg des Christentums im ganzen römischen Reich und in der hellenistischen Welt.

Nach der Eroberung wurden die Einwohner niedergemetzelt und die Stadt geplündert. Alte christliche Einrichtungen wurden in islamische Zentren verwandelt (z.B. die Hagia Sophia). Nach dem erfolglosen Versuch, der Stadt eine rein islamische Bevölkerung einzupflanzen, ließ Mohammed II. (Sultan von 1451–81) wieder Christen zu und errichtete gesetzlich geschützte griechische und armenische Gemeinschaften. Dann vollendete er die Eroberung Albaniens, Bosniens und der Walachei sowie der meisten Stützpunkte Venedigs und Genuas.

Als Folge der Eroberung der Stadt stieg das Interesse an Erkundungsreisen. Die Portugiesen, die die Route durchs Rote Meer geschlossen hatten, waren besonders in der Erforschung neuer Seestraßen tätig. Unter Prinz Heinrich (1394–1460) wurden sorgfältig geplante und ausgerüstete Expeditionen durchgeführt, deren Ziele Äthiopien und Indien sein sollten. Die Küstengebiete und Flüsse Westafrikas wurden auf Seekarten eingetragen; 1487 wurde das Kap der Guten Hoffnung umschifft; 1498 erreichte Vasco da Gama Indien; 1500 erreichte man Brasilien; 1519–22 umsegelte Magellan mit kastilianischer Unterstützung die Welt. Der Papst teilte 1493 die neue Welt so auf, daß den Spaniern Gebiete mit hochstehenden und reichen Kulturen zufielen (Azteken, Inkas), während die Portugiesen das Gebiet des heutigen Brasilien erhielten. In Afrika und Asien jedoch unterhielten die Portugiesen einen blühenden Kolonialhandel.

Eine zweite Folge des osmanischen Vormarsches bestand darin, daß die griechische Vorherrschaft über die östliche Orthodoxie gebrochen und die Stellung der russischen Kirche gehoben wurde. Zur Zeit Alexander Newskis (gest. 1263) war das Christentum in Kiew und Nowgorod schon stark, aber die Kräfte der Stammesfürsten waren noch immer durch den Widerstand gegen die Schweden, durch den Umgang mit den mongolischen Oberherren und (neuerdings) durch den Widerstand gegen die Deutschherren gebunden. 1472 heiratete Iwan der Große, der erste nationale Herrscher Rußlands, Zoe, die Nichte des letzten griechischen Kaisers von Konstantinopel. Darauf geht der Anspruch der russischen Herrscher zurück, die Griechen als Beschützer des orthodoxen Christentums abgelöst und die Nachfolge von Byzanz angetreten zu haben. Moskau wurde das »dritte Rom« genannt, der Herrscher nannte sich »Zar« (Caesar).

Das östliche Christentum hat sich traditionell eher als etwas Statisches verstanden; es will die Definition des Christentums, wie sie die ersten sieben Konzile vornahmen, bewahren. Die Orthodoxie entwickelte nie Leitsätze christlicher Ethik oder christlicher Mission. Bis in die jüngste Vergangenheit gab es wenig Entwicklung in der Theologie seit Johannes von Damaskus (ca. 675 – ca. 749), der unter islamischen Herrschern in Damaskus und Jerusalem gearbeitet hatte.

Die russische Orthodoxie entwickelte jedoch eine tiefe liturgische und meditative Tradition, unter reicher Verwendung der Vokalmusik und volkstümlicher Kunstformen. Ihre enge Verbindung zu den autokratischen Herrschern sollte für das Christentum im 19. und 20. Jh. verheerende Folgen haben.

Der Fall von Konstantinopel 1453

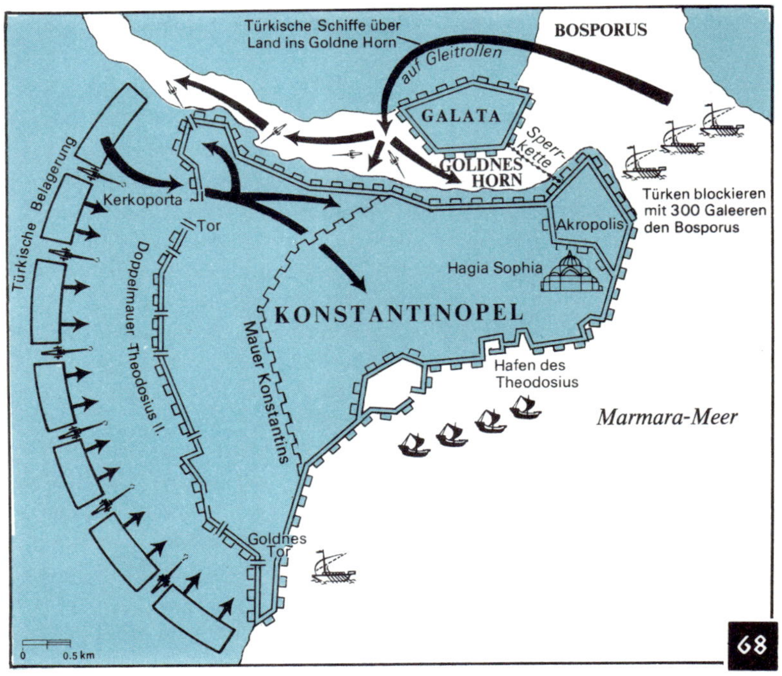

68

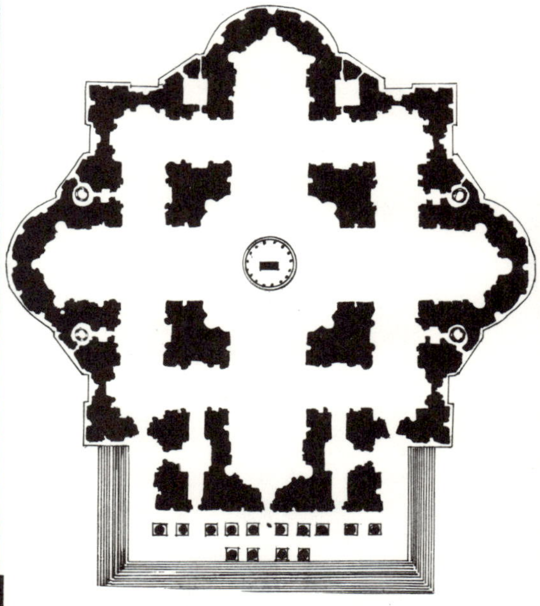

Michelangelos Plan für St. Peter, erbaut 1546-64

Die italienische Renaissance 15.–17. Jh.

Die norditalienischen Städte blühten während und nach den Kreuzzügen. Sie waren stark genug, den Kaiser auf dem Schlachtfeld (Legnano, 1176) zu besiegen und ihm ihre Unabhängigkeit als Stadtstaaten abzuringen. Sie betätigten sich im Handel mit Byzanz, stellten Schiffe und/oder Ausrüstung für die Kreuzfahrer und führten den Handel zwischen den islamischen Gebieten und dem Westen. Zu einer Zeit, als die wichtigsten politischen und wirtschaftlichen Kräfte Nord- und Westeuropa mit der italienischen Halbinsel verbanden, lagen sie an den Heeres- und Handelswegen.

Mailand, das die lombardische Liga beherrschte, lag zu dicht an der Grenze, so daß es unter den Wechselfällen der französischen und spanischen Politik zu leiden hatte. Aber Venedig beherrschte lange den Handel in der Adria und unterhielt viele Handelsniederlassungen und Kolonien im östlichen Mittelmeerraum. Der Fall Konstantinopels (1453) und die nachfolgende türkische Eroberung Griechenlands und Albaniens schwächte seine Position. Seine Druckerpressen bildeten den Hauptbeitrag zum Aufblühen der Gelehrsamkeit. Venedig war – wie Ravenna – ein Haupteinfallstor für griechische Gelehrsamkeit im Westen. Florenz, wo die Kaufleute über Pisa Zugang zur See hatten und wo durch die Verbindung zum Papsttum das Bankwesen eine Ausdehnung erfuhr, erlebte die größte Blüte der Renaissancekultur.

Florentinische Vorläufer der Renaissance waren Dante (1265–1321), Petrarca (1302–1374), Boccaccio (1313–1375) und Giotto (1276–1337). Unter der Herrschaft der Medici gediehen die Humanisten, Handschriftenabschreiber, Musiker, Dichter und Übersetzer. Bibliotheken wurden errichtet. Die platonische Akademie wurde ein Zentrum der Gelehrsamkeit in Europa.

Manche geschichtlichen Lehrbücher leisten der weit verbreiteten Meinung Vorschub, daß die Renaissance der Reformation des 16. Jh.s voranging. Tatsächlich aber war beides fast gleichzeitig. Leonardo da Vinci starb zwar zwei Jahre, nachdem Luther die 95 Thesen angenagelt hatte; aber Michelangelo überlebte den sächsischen Reformator um achtzehn Jahre und Titian sogar um vierzig Jahre. Und die Grundmotive von Renaissance und Reformation – Rückkehr zu den ursprünglichen Quellen, Unzufriedenheit mit überkommenen Traditionen und Werten, Feindschaft gegenüber den bestehenden Machtstrukturen, Freisetzung von brisanten Wahrheiten, die den geschlossenen Kreis des Wissens aufbrachen – überlappen sich beträchtlich.

Künstler malten nicht mehr stereotype schöne und himmlische Figuren, sondern wirkliche Menschen. Geographen veröffentlichten keine Bücher mehr mit unwirklichen Orten und mystischen Tieren, sondern begannen, detaillierte Karten zu publizieren. Gelehrte wurden unzufrieden mit Paraphrasen, Gerüchten und überlieferten Meinungen und begannen, die ursprünglichen Texte zu sammeln und zu studieren.

Genaue Beobachtung und Analyse zerstörten viele Traditionen, die jahrhundertelang fraglos gültig waren. Selbst ein Radikaler wie Marsilius von Padua hatte nicht daran gedacht, die sog. konstantinische Schenkung zu hinterfragen; in *Defensor Pacis* (1324) gebrauchte er sie als Modell für die staatliche Verleihung von Vorrechten an die Kirche. Leo IX. hatte sie in seiner Korrespondenz mit Michael Cerularius 1054 gebraucht, und sie hatte im ganzen Mittelalter großes Gewicht. Erst Lorenzo Valla (1406?–1457) entlarvte sie als Fälschung.

Es war die Methodologie, die gefährlich war: der auf Beobachtungen beruhende Beweis wurde gegen lange Zeit gültige theoretische Lehrsätze ausgespielt. Am Anfang fand sich kein »Konflikt zwischen Wissenschaft und Religion«. Dieser kam erst, als der Geist der Erforschung nachließ.

Die nördliche (»christliche«) Renaissance 15.–16. Jh.

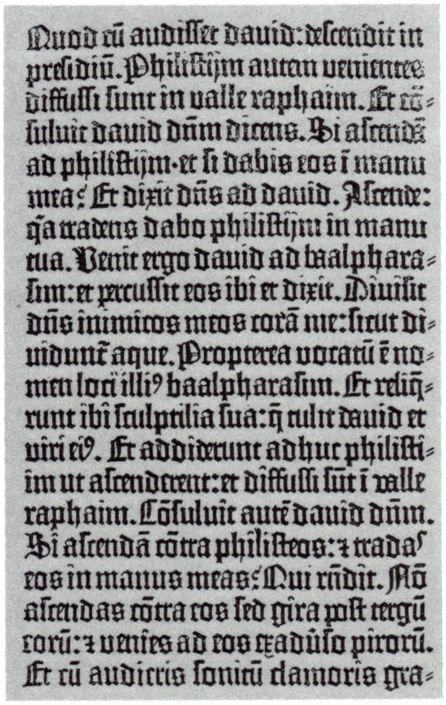

Quod cū audisset david: descendit in
presidiū. Philistijm autem venientes
diffusi sunt in valle raphaim. Et cō=
suluit david dnm dicens. Si ascendā
ad philistijm: et si dabis eos i manu
mea? Et dixit dns ad david. Ascende:
qa tradens dabo philistijm in manu
tua. Venit ergo david ad baalphara=
sim: et percussit eos ibi et dixit. Divisit
dns inimicos meos corā me: sicut di=
viduntur aque. Propterea vocatū ē no=
men loci illi9 baalpharasim. Et reliq=
runt ibi sculptilia sua: q tulit david et
viri ei9. Et addiderunt adhuc philisti=
im ut ascenderent: et diffusi sūt i valle
raphaim. Cōsuluit autē david dnm.
Si ascendā cōtra philisteos: et tradas
eos in manus meas? Qui rndit. Nō
ascendas cōtra eos sed gira post tergū
eorū: et venies ad eos ex adverso pirorū.
Et cū audieris sonitū clamoris gra=

Eine Kolumne (2. Sam. 5, 7–24) aus Gutenbergs Bibel (1452–56)

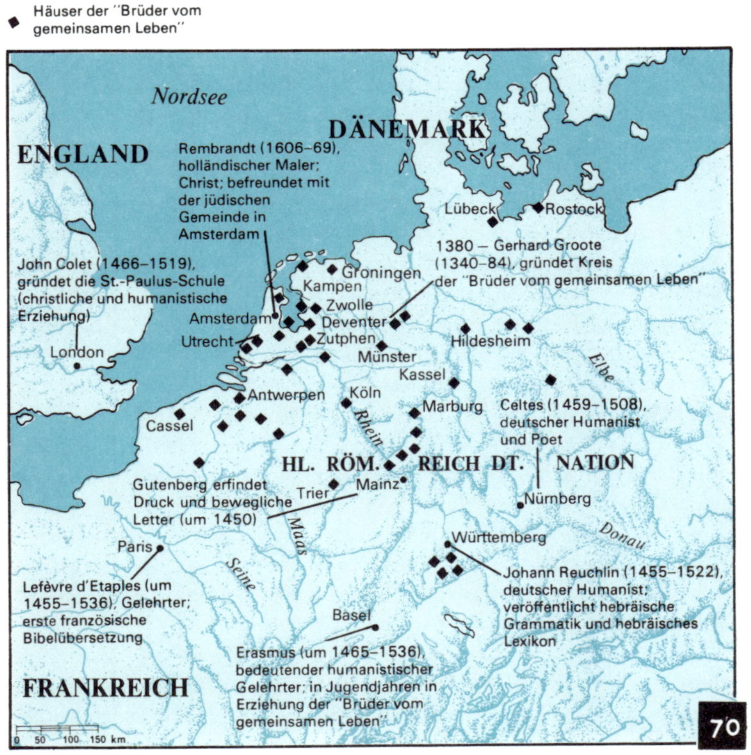

Aus verschiedenen Gründen konzentrierte sich die italienische Renaissance selten auf die Rückkehr zu den reinen Ursprüngen der Kirche. Vielleicht wirkte die bittere Erfahrung der Waldenser und Franziskaner Spiritualen, die versuchten, ein einfaches und unverdorbenes christliches Leben zu führen, hemmend. Vielleicht entschärfte die »Besitzergreifung« der antiken Gelehrsamkeit durch reiche weltliche und religiöse Mäzene ihre radikalen Implikationen.

Zwar gab es einzelne, die eine Kirchenreform und -erneuerung durch Rückkehr zu frühen Vorbildern verfolgten – Männer wie Juan Valdés (ca. 1500–1541), Petrus Martyr Vermigli (ca. 1500–1561), Bernardino Ochino (1487–1564). Aber sie wirkten relativ spät und scheinen ebenso stark von der Reformation wie von frühen Modellen christlicher Frömmigkeit beeinflußt gewesen zu sein.

Im Norden, besonders unter Führung der Brüder vom Gemeinsamen Leben, entwickelte sich eine ausgedehnte Renaissance des christlichen Humanismus und der Laientätigkeit, die der protestantischen und katholischen Erneuerungsbewegung des 16. Jh.s voranging. Die Brüder wurden von Gerhard Groote (1340–1384) gegründet. Sie waren Laien, die ihren Unterhalt in der Welt verdienten und Werke der Nächstenliebe praktizierten. Ihr Vorbild war die neutestamentliche Gemeinde, und sie waren für ihre Hingabe und ihre Fürsorge bekannt. In Deventer und Zwolle und in Dutzenden anderer Städte in den Niederlanden und deutschen Ländern gründeten sie ausgezeichnete Schulen und unterrichteten ohne Entgelt arme Jungen. Unter ihrem zweiten Leiter, Florentius Radewyjns (1350–1400), wurde das gemeinsame Leben und eine klosterartige Lebensweise eingeführt. Radewyjns gründete auch die Windsheimer Kongregation (ca. 1384).

Die *Devotio Moderna,* die die Brüder pflegten, hatte großen Einfluß auf Pierre d'Ailly (1350–1420), Hadrian VI. (Papst von 1522–23), Gabriel Biel (ca. 1420–1495), Nikolaus von Cusa (ca. 1400–1464), Rudolf Agricola (1443–1485), Thomas à Kempis (ca. 1380–1471), den Verfasser der *Imitatio Christi*, und Desiderius Erasmus (ca. 1466–1536). Der Letztere war vielleicht ihr repräsentativster Sproß, durch die ihn kennzeichnende Verbindung von christlicher Ethik und Liebe zu neutestamentlichen Studien.

Der christliche Humanismus hatte viele Sprachrohre, die die Liebe zum Alten und Unverfälschten mit einer Leidenschaft für religiöse Ethik verbanden – und nicht alle waren Sprößlinge der Schule der Brüder, aber nach 1500 waren alle auf irgendeine Art von den Schriften des Erasmus geprägt.

Johannes Reuchlin (1455–1522) ist ein typischer Fall. Er studierte intensiv Latein, Griechisch und Hebräisch und veröffentlichte Lexika und Grammatiken. Seine *De Rudimentis Hebraicis* (1506) und seine Abhandlung über die hebräischen Akzente (1518) wurden grundlegend für andere Humanisten, die alttestamentliche Studien trieben. Ein abtrünniger Jude, Johann Pfefferkorn, und eine Gruppe Kölner Dominikaner verlangten die Vernichtung hebräischer Bücher. In dem Streit verteidigte Reuchlin die Gelehrsamkeit und die wesentlichen Unterlagen für gelehrtes Arbeiten. Unter den während des Streits hervorgebrachten Pamphleten befanden sich die »Dunkelmännerbriefe« (1515–17), in denen die Humanisten laut die Unkenntnis und den Sittenverfall der hohen Würdenträger anprangerten. Ihre Art des Angriffs verband das Wissen um die Grundlagen mit der satirischen Behandlung derjenigen, deren Lebensstil und Ignoranz die christliche Wahrheit schlecht verkörperten.

G. Kaiserliche und nationale Versuche der Reintegration

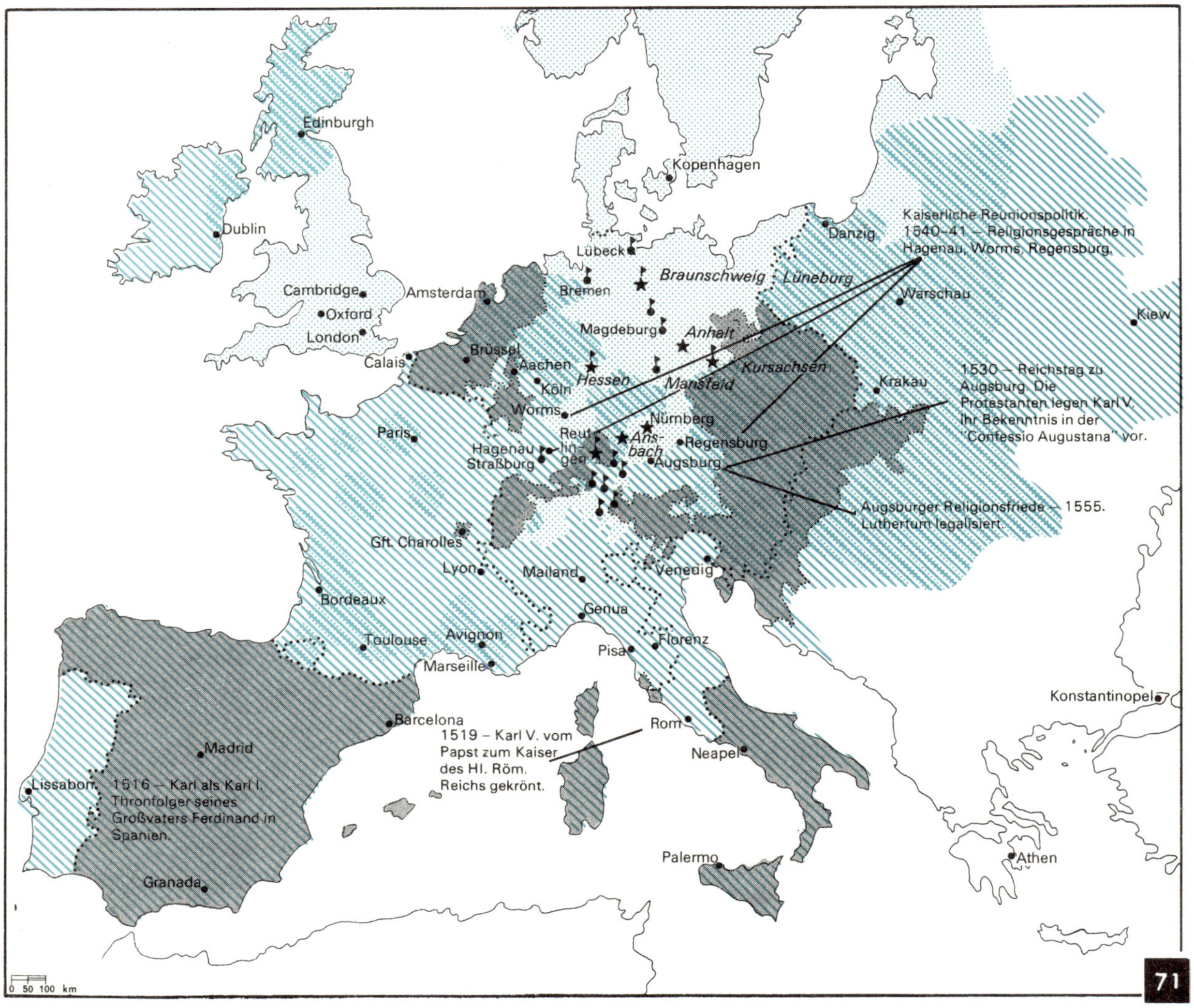

Das Reich Karls V.
(Kaiser 1519–1556)

Reich Karls V.
Römisch-katholisch
Protestantisch (um 1555)
★ Unterzeichner der Augsburger Konfession 1530
Schmalkaldischer Bund 1531

Der Enkel Ferdinands und Isabellas, Karl V. (1500–1558), übernahm im Alter von 19 Jahren das seit vielen Jahrhunderten größte christliche Reich. Das Vorbild Konstantins und Karls des Großen entstand ganz natürlich vor seinen Augen, aber er konnte nie seine ehrgeizigen Pläne durchziehen.

In Deutschland, das das Herz des Heiligen Römischen Reiches darstellen sollte, raubte ihm das Entstehen des Luthertums den Schlaf. Nach verschiedenen Kriegen und wechselnden Bündnissen zwangen ihn die protestantischen Fürsten zum Augsburger Religionsfrieden (1555).

Das Papsttum war zwar wieder auf einen Mann in Rom begrenzt, doch war der sittliche und geistliche Zustand der Päpste niederdrükkend. Paul III. (Papst 1534–1549) bewies zwar als erster wieder administrative Kräfte, aber im Privatleben war er unmoralisch und korrupt. Er konnte das Luthertum nicht in den Griff bekommen, und er trieb England in eine religiöse Rebellion. Als ein Vertreter der katholischen Reform den päpstlichen Stuhl bestieg – Paul V. (Papst von 1555–1559), Gründer des Theatinerordens und Neugestalter der Inquisition –, hatte Karl V. bereits seine Hoffnung auf Wiederherstellung einer erneuerten Christenheit aufgegeben.

Die Türken bedrohten mehrere Male während seiner Herrschaft Europa und zwangen ihn bei innenpolitischen Fragen zu Kompromissen, um Widerstand gegen den Feind von außen zu mobilisieren. Die Erinnerung an den Fall von Konstantinopel (1453) war noch frisch, und nach der Eroberung Belgrads (1521) unternahmen die Türken häufig Überfälle in Mitteleuropa, vor allem die erste Belagerung Wiens (1529).

Der türkische Erfolg in Europa war auch deshalb beeindruckend, weil man beträchtliche Kräfte für die Evakuierung und Neuansiedlung der Mauren von Spanien und Portugal aufbieten mußte. Serbien war schon ein Vasallenstaat, ebenso Bosnien, Herzogowina und Montenegro. Fast ganz Ungarn war von 1547 bis 1606 unter türkischer Herrschaft, und die türkische Bedrohung für Mitteleuropa nahm erst ab, als die zweite Belagerung Wiens (1683) fehlschlug.

Der kaiserliche Einfluß in den habsburgischen Landen wurde durch den fortdauernden Kampf zwischen Katholiken und Hussiten in Böhmen geschwächt. Kriege hatten über Generationen gewährt, nachdem Hus und Hieronymus in Konstanz (1415) verbrannt worden waren, obwohl man die Hussiten auf dem Konzil zu Basel (*Compactata,* 1436) anerkannt hatte. Das Problem wurde erst nach der Zerschlagung des böhmischen Adels und der Einverleibung Böhmens in das ungarische Reich und durch die Schlacht am Weißen Berge (1620) gelöst.

In der Zwischenzeit strömten mit dem Aufblühen der Städte Tausende deutscher Siedler in die östlichen habsburgischen Lande. Das Luthertum breitete sich mit ihnen aus, so daß weder im Osten noch in den deutschen Ländern Karl V. seinen Traum von einem einheitlichen christlichen Reich verwirklichen konnte.

Kurz nach Erlangung der Kaiserkrone rief Karl V. zum Reichstag nach Worms auf. Die Flut des »neuen Glaubens« schwoll rapide an, doch dem Kaiser gelang es nicht, Luther zu wehren. Fürsten und Städte, die der Reformation freundlich gesonnen waren, vereitelten seine Absicht. Die Doppelehe Philipps von Hessen (1540) und der Abfall Moritz' von Sachsen (1547) schwächten den Schmalkaldischen Bund allerdings entscheidend und ermöglichten es dem Kaiser, den Status quo einzufrieren, bis das Trienter Konzil die Streitpunkte geregelt hatte (Augsburger und Leipziger Interim; 1548).

Aber die Protestanten spielten in Trient gar keine Rolle, der Kaiser wurde in der Schlacht geschlagen und beinahe gefangen genommen, und im Augsburger Religionsfrieden (25. September 1555) wurden Luthertum und Katholizismus gleichermaßen reichsrechtlich anerkannt.

Papst Alexander VI. und seine Nachfolger

Die Überfälle der Türken, die Ausbreitung des Luthertums und der traurige Zustand des Papsttums überschatteten die entscheidenden frühen Jahre Karls V. Alexander VI. (Papst 1492–1503) war sittlich verkommen. Er war mitverantwortlich für die Vertreibung der Juden und Mauren aus Spanien und Portugal und für den Tod Savonarolas (1452–1498) in Florenz. Savonarola, ein beliebter dominikanischer Prediger, hatte versucht, die Sitten in der Stadt zu heben und den Armen zu helfen.

Julius II. (Papst 1503–1513), obgleich Mäzen Raphaels und Michelangelos, war hauptsächlich wegen seiner Feldzüge und der Vergrößerung der politischen Ansprüche des Papsttums bekannt. Im »Lob der Torheit« hat Erasmus seiner beißend gedacht.

Leo X. (Papst 1513–1521), der zweite Sohn des Lorenzo de Medici, war völlig unfähig und nur auf Luxus bedacht und begriff gar nicht, worum es bei der Bewegung um Luther ging, den er exkommunizierte.

Adrian VI. (Papst 1522–1523), der letzte nicht-italienische Papst vor Johannes Paul II., erreichte wenig in seiner kurzen Regierungszeit. Er war Zögling der Brüder vom Gemeinsamen Leben und ein ehrenwerter Mann, doch konnte er die Kurie nicht von Korruption säubern. Auch war er unfähig, die Fürsten zur Hilfe für Rhodos zu bewegen; das Zentrum des Johanniterordens fiel am 24. Oktober 1522 an die Türken.

Clemens VII. (Papst 1523–1534), ein anderer Medici, war wankelmütig und unfähig. Im Konflikt zwischen Frankreich und Spanien war er unentschlossen und ermöglichte eine schreckliche Plünderung Roms durch kaiserliche Truppen (1527). Da er in der Scheidungssache Heinrichs VIII. gegen Katharina von Aragon zauderte, verärgerte er beide Parteien und verlor England. Er war gleichermaßen unfähig, die Ausbreitung des Protestantismus auf dem Kontinent aufzuhalten.

Portugiesische und spanische Entdeckungsreisen 15.–16. Jh.

Sowohl China als auch Indien waren für die gebildeten und kaufmännisch tätigen Europäer im Hochmittelalter wichtig. Die Schließung der alten Handelsstraßen in den Osten zwang zu Versuchen, Indien über See zu erreichen. Bei diesem Unternehmen waren Portugal und Spanien führend.

Nach Prinz Heinrich dem Seefahrer (1394–1460) stieg unter Johannes II. (König 1481–1495) Portugals Leistung als Entdeckernation noch höher. Nach einem Jahrzehnt des Versuchs umschifften die Portugiesen Kap Bojador, und 1487 stießen sie in Afrika schnell nach Süden vor.

1500 segelte Cabral mit einer Flotte nach Indien und kam mit einer Ladung Pfeffer und Gewürzen zurück. Lissabon wurde der Haupthandelsplatz mit dem Orient; Goa, 1510 erworben, war der Stützpunkt auf dem indischen Subkontinent.

Spanien blickte voll Neid auf die portugiesischen Erfolge. 1492 förderte Königin Isabella Christopher Kolumbus, einen Genuesen, bei seinem Wagnis, den Orient durch Westwärtssegeln zu erreichen. Er entdeckte die »Neue Welt«, die 1493 zwischen Spanien und Portugal verteilt wurde. Große Ladungen von Gold- und Silberbarren flossen nach Europa und brachten für einige wenige Reichtum, für die Masse aber Inflation.

1501 wurde die Negersklaverei eingeführt, da sich die Indianer als ungeeignet für die Arbeit in den Minen und auf den Feldern erwiesen. Vor allem Bartholomé de Las Casa (1474–1560) versuchte, die Eingeborenen vor Grausamkeiten der Konquistadoren und frühem Tod zu bewahren. Er vertrat die Sache der Indianer persönlich vor Karl V. und Philipp II., aber seine Anstrengungen scheiterten gewöhnlich wegen der weißen Reaktion auf vereinzelte, tollkühne Indianerrevolten.

Eine Zeitlang (1529–1556) durfte das Augsburger Bankhaus der Welser das Indianerreich der Chibcha-Indianer im Norden Süd-Amerikas ausbeuten. Francisco Pizarro eroberte mit königlichem Schutzrecht das Inkareich, Hernando Cortez das Aztekenreich. Das Papsttum und die Orden arbeiteten sehr eng mit den katholischen Monarchen Spaniens und Portugals zusammen, um die Missions- und Erziehungsarbeit in den Reichen mit Personal zu versehen.

Der ungewöhnliche Reichtum, der auf großen Galeonen nach Spanien floß, erregte den Neid holländischer und englischer Freibeuter. Deren Aktionen wurden durch nationale und religiöse Feindschaft gegenüber Spanien bestärkt. Ein einziges, von Francis Drake im Namen der Königin Elisabeth erbeutetes Schiff brachte mehr ein, als die gesamte Jahreseinnahme der Krone zu Hause.

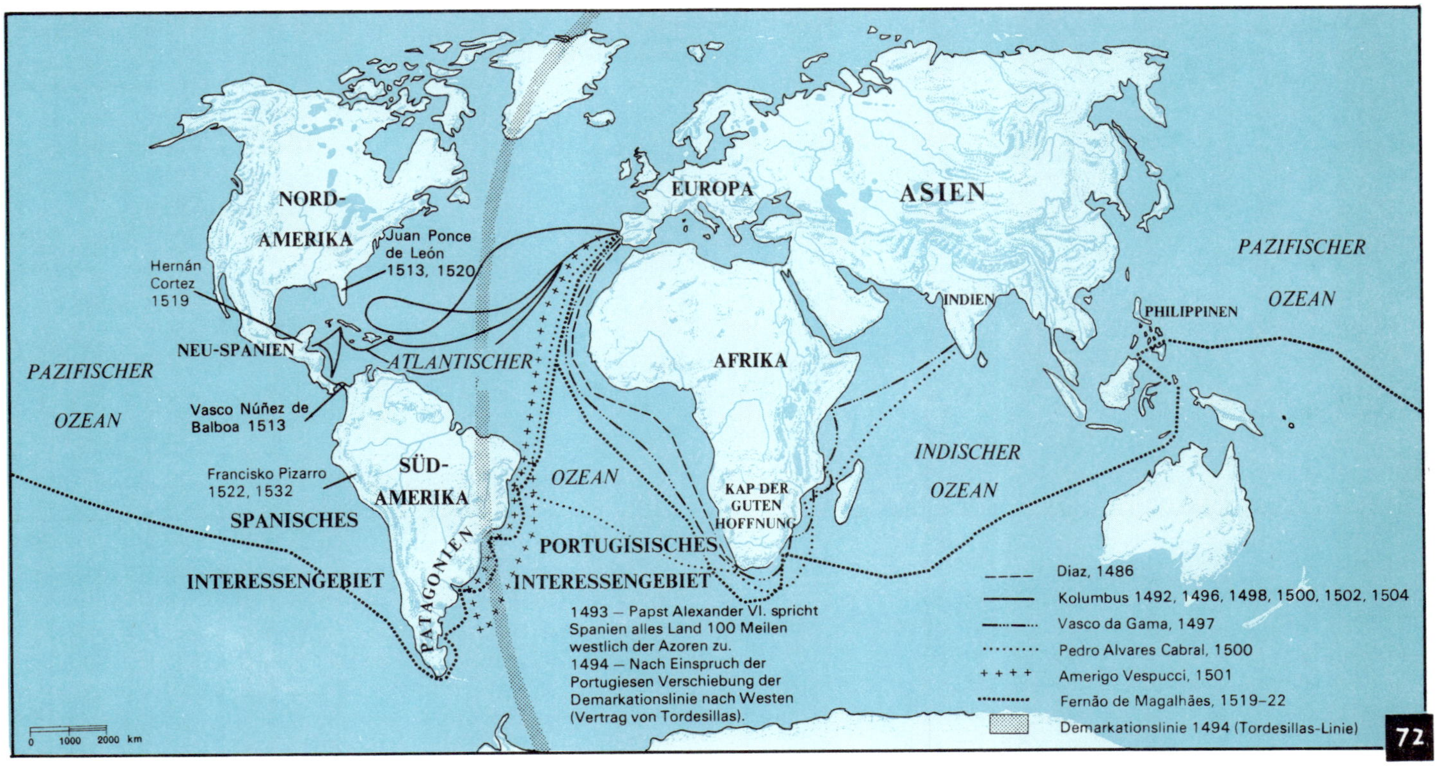

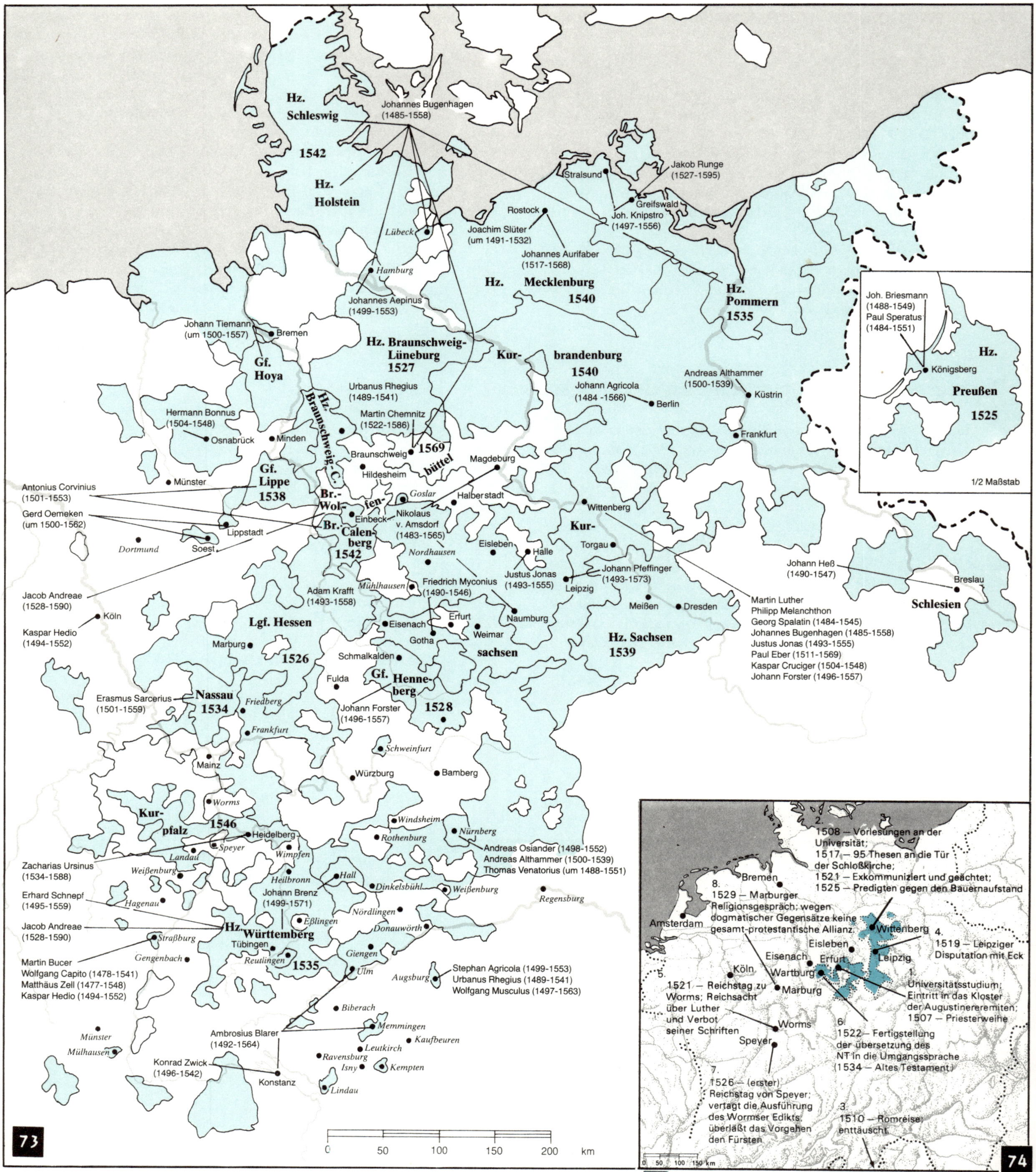

Territorium Friedrich des Weisen, Luthers Landesherren

Reformation eingeführt bis 1555

Reformation eingeführt nach 1555

Lübeck Reichsstadt (alle reform.)

Martin Luther und die obrigkeitliche Einführung der Reformation (bis 1555)

Martin Luther (10. 11. 1483 – 18. 2. 1546) erregte durch seine 95 Thesen (31. 10. 1517) großes Aufsehen. Vorangegangen waren sein Eintritt ins Kloster (1505) und seine Vorlesungstätigkeit an der neuen Universität Wittenberg (Psalmen 1513/15; Römer 1515/16; Galater 1516; Hebräer 1517). Das Datum seiner »reformatorischen Wende« (Turmerlebnis) ist umstritten. Zentral ist die Erkenntnis, daß die Gerechtigkeit Gottes im Sinne einer geschenkten Gerechtmachung des Sünders zu verstehen ist.

Der neue Glaube schwoll rapide an und ließ sich auch durch Mönchsgehorsam nicht abtun. Auf dem Generalkapitel seines Ordens in Heidelberg (1518) gewann er Martin Butzer für sich. Auf der Leipziger Disputation mit Eck (1519) sprach er anerkennend über Hus und leugnete, daß Papst und Konzile über der Schrift stehen. 1520 schrieb er drei seiner größten Schriften: *An den christlichen Adel deutscher Nation,* in der er die drei »Mauern der Romanisten« (geistliche Gewalt steht über der weltlichen; allein der Papst ist unfehlbarer Ausleger der Heiligen Schrift; allein er kann Konzile einberufen) angriff und auf der Grundlage des Priestertums aller Gläubigen den Adel zur Reform der Kirche aufrief; *Über die babylonische Gefangenschaft der Kirche,* in der er die Siebenzahl der Sakramente zugunsten von Taufe, Abendmahl und – eingeschränkt – Buße ablehnte; *Von der Freiheit eines Christenmenschen,* in der er den Vorrang des Glaubens vor den guten Werken behauptete. Am 15. Juni 1520 verdammte die Bannandrohungsbulle seine Lehren; am 3. Januar 1521 wurde er exkommuniziert.

Auf dem Reichstag zu Worms 1521 widerrief er nicht. Auf der Rückreise nach Wittenberg ließ sein Landesherr ihn auf die Wartburg bringen, wo er als Junker Jörg u.a. das NT übersetzte. Von Unruhen in Wittenberg erschreckt, kehrte er nach dort zurück (1522). Die Auseinandersetzung mit Karlstadt und den Zwickauer Propheten bestimmte seinen Stil auch im Bauernkrieg (1525 *Wider die räuberischen und mörderischen Rotten der Bauern*). Zuvor hatte er in der Schrift *Von weltlicher Obrigkeit, wie weit man ihr Gehorsam schuldig sei* (1523) seine Zwei-Reiche-Lehre entwickelt. Das Zerwürfnis mit Zwingli in der Abendmahlsfrage führte schließlich zum Marburger Religionsgespräch (1529). Gegen Erasmus schrieb er die Schrift *Vom unfreien Willen* (1524) und verfaßte 1526 eine evangelische Gottesdienstordnung. Im Jahr des Bauernkriegs heiratete er die ehemalige Nonne Katharina von Bora. Den Reichstag zu Augsburg (1530) konnte er nur von der Veste Coburg aus verfolgen, von wo er Melanchthon beriet. 1536 kam in der Wittenberger Konkordie eine Einigung mit den Süddeutschen zustande, 1537/38 folgten Disputationen zur Rechtfertigungslehre im Zusammenhang antinomistischer Mißdeutungen seiner Lehre und die Schrift *Von den Konzilien und Kirchen.*

In den letzten Jahren seines Lebens regten sich bei ihm Zweifel und Sorgen, so daß er im Bewußtsein der Nähe des Jüngsten Tages lebte. Von besonderer Maßlosigkeit war seine Schrift *Wider die Juden und ihre Lügen* (1543) gekennzeichnet. Seinen Kampf gegen das Papsttum faßte er in der groben Schrift *Wider das Papsttum zu Rom, vom Teufel gestiftet* (1545) zusammen.

Die Humanisten hatten Luther zuerst freudig als Verfechter der Gelehrsamkeit gegenüber Dummheit und Aberglaube begrüßt, aber die meisten schreckten vor seinem leidenschaftlichen Eifer für die Wahrheit zurück. Die Bauern wurden von Luthers Schau eines Reiches des Friedens und der Gerechtigkeit angefeuert, aber er ergriff die Partei der Fürsten, als das arme Volk sich mit Gewalt erhob. Die Radikalen unter den Reformatoren, die die Wiederaufrichtung der Urkirche anstrebten, waren enttäuscht, als er lediglich eine Reformation des Bekenntnisses und des Gottesdienstes befürwortete. Luther verteidigte schließlich sogar Verfolgung, und Täufer und Juden mußten leiden.

Jedoch wurde durch ihn die Bibel zum Prüfstein, an dem die christliche Lehre sich beweisen mußte; der geschlossene Kreis mittelalterlicher Gedanken war gebrochen, und für viele Christen verfielen alle menschlichen Institutionen – einschließlich der sichtbaren Kirche – dem Gericht.

In dem außerhalb der Reichsgrenzen gelegenen Deutschordensstaat in Preußen wurde 1525 als erstem geschlossenen Territorium die Reformation durch Markgraf Albrecht eingeführt. In den übrigen Territorien geschah die Neuordnung der Kirche in der Regel durch vom Fürsten angesetzte Visitationen (vgl. Melanchthons Schrift *Unterricht der Visitatoren an die Pfarrherrn,* 1528). Diese dienten der Feststellung der Vermögen und Einkünfte der Gemeinde und Klöster und der Überprüfung der Pfarrer und Gemeinden. Sie zeigten große Unkenntnisse, so daß Luther den Kleinen und Großen Katechismus schrieb (1529). Nicht selten bereicherten sich die Landesherrn am Kirchengut. Der Neubau der evangelischen Kirchen war in die Kompetenz der Fürsten gelegt, die Kirchenordnungen erließen. Es entwickelte sich so das landesherrliche Kirchenregiment. Dieses wurde von Luther durch die Theorie untermauert, daß der Fürst als erster Christ seines Landes angesichts des Versagens der eigentlichen Träger der Kirche (z.B. Bischöfe) für eine Zeit des Übergangs der Notbischof in der Kirche seines Territoriums ist. Doch aus dem Notrecht wurde eine Dauerinstitution mit erheblichen Folgen. Es entstand nicht eine evangelische Kirche, sondern verschiedene Territorialkirchen; die Landesherrn beanspruchten über Jahrhunderte das Summepiskopatsrecht, der kleindeutsche Partikularismus wurde gefördert, und religiöse Minderheiten wurden nicht (oder selten) geduldet.

Evangelische Kernlande waren das Kurfürstentum Sachsen (Luther), die Landgrafschaft Hessen (Homberger Synode, Franz Lambert), die fränkischen Markgrafschaften und das Herzogtum Braunschweig-Lüneburg. Württemberg (Schnepf, Brenz) und Pommern (Bugenhagen) kamen 1534 dazu, das Herzogtum Sachsen 1539 und Kurbrandenburg 1540 (Agricola); in den Herzogtümern Schleswig und Holstein und in der Kurpfalz waren die Umstände schwankend. Wichtig für die Ausbreitung der Reformation war die Tatsache, daß sich neben einigen kleineren Gebieten alle größeren Städte bis auf Köln der neuen Lehre anschlossen.

In der Schweiz waren die Städte Zürich (Zwingli, Bullinger) und Bern mit ihren Landgemeinden und die Ostschweiz evangelisch geworden. In Genf wirkte von 1536–1538 und wiederum von 1541 bis zu seinem Tod Calvin. Viele Stände in Österreich waren der Reformation zugewandt.

Der gesamte Nordwesten Deutschlands schien sich ab 1543 der Reformation öffnen zu wollen, als Erzbischof Hermann von Wied mit der Reformierung des Erzstifts Köln begann und der Herzog von Kleve sowie der Bischof von Münster nachzogen. Indes gab die Doppelehe des hessischen Landgrafen Philipp dem Kaiser freie Hand zum Eingreifen: Die Gebiete blieben katholisch.

Die zahlreichen geistlichen Fürstentümer und die habsburgischen Gebiete im Süden und Westen sowie das Herzogtum Bayern bildeten die Bollwerke der Altgläubigen. Der Kaiser besiegte 1546–1547 den »Schmalkaldischen Bund«, den die evangelischen Stände unter Führung des hessischen Landgrafen 1531 gegründet hatten, und setzte das Augsburger Interim durch (1548). Da Moritz von Sachsen sich von der kaiserlichen Partei abwandte und der Kaiser sich 1552 vor ihm nur mit knapper Not retten konnte, waren die protestantischen Stände in der Lage, ihren Einfluß zu festigen. Der Augsburger Religionsfriede (1555) legte die konfessionelle Geschlossenheit der Territorien fest. Der Landesherr bestimmte die Religion seiner Untertanen (»cuius regio, eius religio«). Dies galt nicht für einen geistlichen Fürsten. Trat dieser zum evangelischen Glauben über, verlor er seine Besitzungen und Ansprüche, und das geistliche Fürstentum bestand weiter (»reservatum ecclesiasticum«).

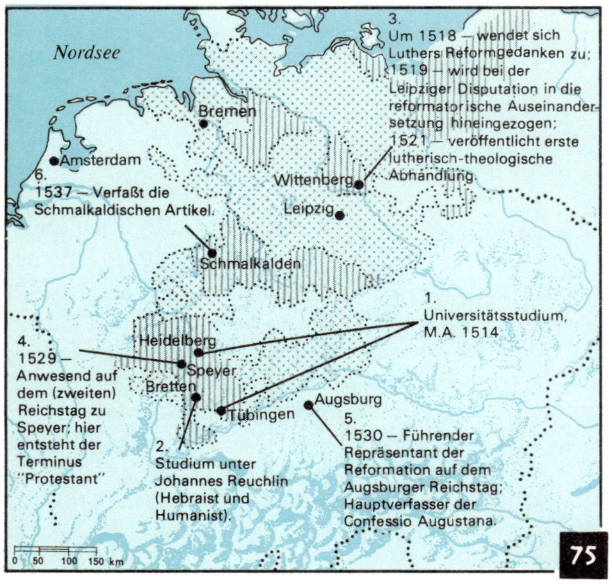
Nordsee
3.
Um 1518 – wendet sich Luthers Reformgedanken zu; 1519 – wird bei der Leipziger Disputation in die reformatorische Auseinandersetzung hineingezogen; 1521 – veröffentlicht erste lutherisch-theologische Abhandlung.
Bremen
Amsterdam
6.
1537 – Verfaßt die Schmalkaldischen Artikel.
Wittenberg
Leipzig
Schmalkalden
1.
Universitätsstudium, M.A. 1514
4.
1529 – Anwesend auf dem (zweiten) Reichstag zu Speyer; hier entsteht der Terminus "Protestant"
Heidelberg
Speyer
Bretten
Tübingen
Augsburg
2.
Studium unter Johannes Reuchlin (Hebraist und Humanist).
5.
1530 – Führender Repräsentant der Reformation auf dem Augsburger Reichstag; Hauptverfasser der Confessio Augustana.
0 50 100 150 km
75

Protestantische Fürstentümer

Schmalkaldischer Bund.

Philipp Melanchthon 1497–1560

Luther war, obgleich er das Handwerkszeug der Gelehrsamkeit beherrschte, wenig vom Humanismus beeinflußt; bis in seine Lieder und Exegese hinein blieb er Prediger. Im Gegensatz dazu besaß Melanchthon den irenischen Stil eines Mannes des intellektuellen Dialogs und die Hingabe eines Lehrers an die Bildung. Obwohl er die *Confessio Augustana* (1530) in einer Weise schrieb, die die Gemeinsamkeiten von Katholiken und Protestanten betonte, und später an Versuchen der Wiedervereinigung beteiligt war (1540, 1541), war er ein treuer Freund und Verfechter Luthers.

Melanchthon hat sich viele Verdienste um die Festigung und Systematisierung der lutherischen Bewegung erworben. Seine *Loci Communes* (1521) war die erste protestantische Dogmatik, und sie erlebte viele Auflagen und Verbesserungen. Man nannte ihn »Praeceptor Germaniae« wegen seiner vielen Schriften und seiner praktischen Arbeit auf dem Gebiet der Reform und Neuorganisierung des Bildungswesens – von den Dorfschulen bis zu den Universitäten.

Martin Butzer 1491–1551

Als Haupt der protestantischen Bewegung in Straßburg diente Butzer zugleich Philipp dem Großmütigen bei der Reformation in Hessen und Hermann von Wied bei dessen erfolglosem Versuch, als Fürstbischof von Köln eine innere Reform der Kirche durchzusetzen. Butzer stach wegen seiner christlichen Frömmigkeit und seines Mitgefühls hervor. In Straßburg führte er viele Diskussionen und öffentliche Gespräche mit radikalen Reformatoren. Er führte Hauskreise ein, um einen hohen Stand christlichen Lebens unter Predigern und Laien zu fördern. In Hessen gewann die Offenheit seines Geistes die Täufer zur Landeskirche zurück.

Calvin verdankte Butzers Berichten und Beispielen viel bei der Entwicklung von Kirchenzucht als dem »dritten Merkmal« der wahren Kirche. Butzer entwickelte auch die Konfirmation, die von Straßburg aus in den schweizerischen und deutschen Protestantismus sich verbreitete, und er führte sie in die anglikanische Ordnung ein, als er gegen Ende seines Lebens als Professor in England weilte.

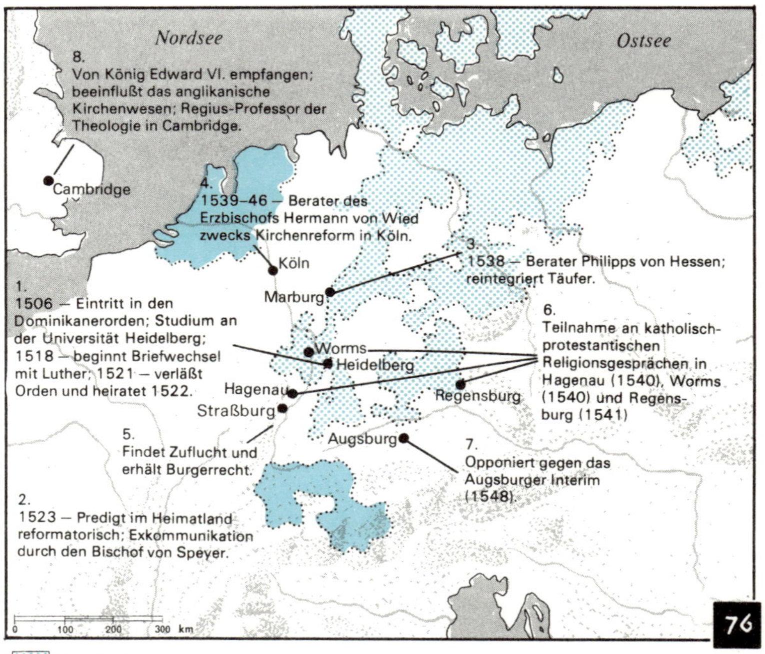
Nordsee
Ostsee
8.
Von König Edward VI. empfangen; beeinflußt das anglikanische Kirchenwesen; Regius-Professor der Theologie in Cambridge.
Cambridge
4.
1539–46 – Berater des Erzbischofs Hermann von Wied zwecks Kirchenreform in Köln.
Köln
3.
1538 – Berater Philipps von Hessen; reintegriert Täufer.
Marburg
1.
1506 – Eintritt in den Dominikanerorden; Studium an der Universität Heidelberg; 1518 – beginnt Briefwechsel mit Luther; 1521 – verläßt Orden und heiratet 1522.
Worms
Heidelberg
6.
Teilnahme an katholisch-protestantischen Religionsgesprächen in Hagenau (1540), Worms (1540) und Regensburg (1541)
Hagenau
Regensburg
Straßburg
5.
Findet Zuflucht und erhält Burgerrecht.
Augsburg
7.
Opponiert gegen das Augsburger Interim (1548).
2.
1523 – Predigt im Heimatland reformatorisch; Exkommunikation durch den Bischof von Speyer.
0 100 200 300 km
76

Lutherisch

Reformiert

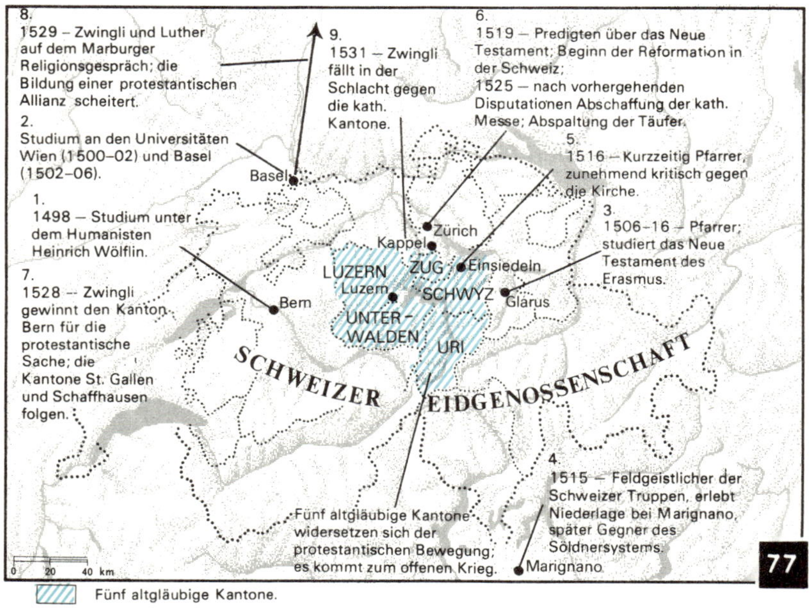
8.
1529 – Zwingli und Luther auf dem Marburger Religionsgespräch; die Bildung einer protestantischen Allianz scheitert.
9.
1531 – Zwingli fällt in der Schlacht gegen die kath. Kantone.
6.
1519 – Predigten über das Neue Testament; Beginn der Reformation in der Schweiz; 1525 – nach vorhergehenden Disputationen Abschaffung der kath. Messe; Abspaltung der Täufer.
2.
Studium an den Universitäten Wien (1500–02) und Basel (1502–06).
Basel
5.
1516 – Kurzzeitig Pfarrer, zunehmend kritisch gegen die Kirche.
1.
1498 – Studium unter dem Humanisten Heinrich Wölflin.
3.
1506–16 – Pfarrer; studiert das Neue Testament des Erasmus.
Zürich
Kappel
ZUG
Einsiedeln
LUZERN
Luzern
SCHWYZ
Glarus
7.
1528 – Zwingli gewinnt den Kanton Bern für die protestantische Sache; die Kantone St. Gallen und Schaffhausen folgen.
Bern
UNTER-WALDEN
URI
SCHWEIZER EIDGENOSSENSCHAFT
4.
1515 – Feldgeistlicher der Schweizer Truppen, erlebt Niederlage bei Marignano, später Gegner des Söldnersystems.
Fünf altgläubige Kantone widersetzen sich der protestantischen Bewegung; es kommt zum offenen Krieg.
Marignano
0 20 40 km
77

Fünf altgläubige Kantone.

Ulrich Zwingli 1484–1531

Zwingli fand als führender Prediger im Zürcher Münster Anerkennung. Er war nicht primär Untertan, sondern Stadtbewohner, Bürger und Humanist – dies unterschied ihn von Luther. Trotzdem halfen Luthers Schriften und sein mutiges Beispiel, Zwingli vom aufgeklärten Kritiker der Korruption in der Kirche zu einem leidenschaftlichen Reformator zu verwandeln. Sein Ziel war es, ganz Zürich für die evangelische Sache zu gewinnen, und er überließ es dem Rat der Stadt zu entscheiden, welche Schritte zu unternehmen wären und zu welchem Zeitpunkt.

Zwingli war Freund und Vertrauter Philipps von Hessen – des wichtigsten protestantischen Fürsten in Deutschland. Mit ihm entwarf er den Plan eines protestantischen Bundes von der Schweiz bis Dänemark, um das Evangelium gegen Papst, Kaiser, katholische Fürsten und die Türken zu verteidigen. Diese Schau mußte beim Marburger Religionsgespräch (1529) begraben werden, denn Luther hielt nichts von einer Koalition mit den Schweizern und Straßburgern: diese betrachteten das Abendmahl als Erinnerung und als Zeichen geistlicher Gemeinschaft und nicht als geheimnisvolles Ereignis, bei dem Christus in Brot und Wein real gegenwärtig ist.

Das Marburger Religionsgespräch 1529

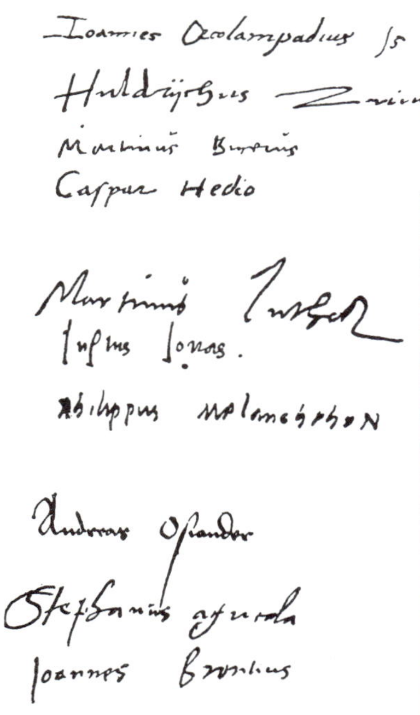

Die Unterschriften der Teilnehmer am Marburger Religionsgespräch

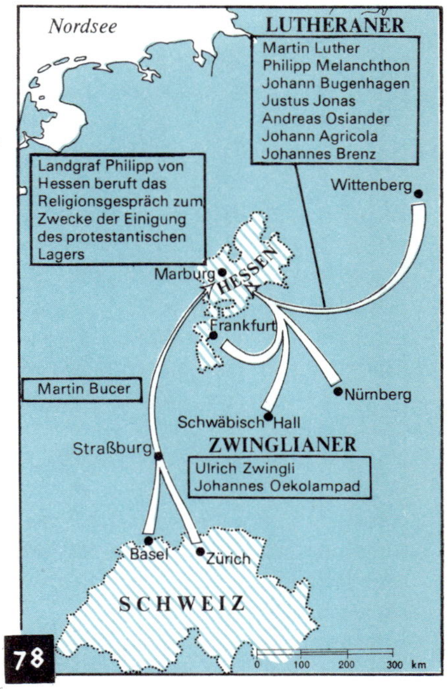

Luther hatte die deutschen Fürsten aufgerufen, eine Kirchenreform durchzuführen, wenn Papst und Bischöfe ihren Pflichten nicht nachkämen. Kein adliger Laie nahm dieses Wort so ernst wie Philipp von Hessen (Landgraf von 1518–1567). Philipp studierte die Bibel und andere christliche Literatur, war ein kraftvoller Verteidiger der evangelischen Sache und in der Kirchenreform ebenso unnachgiebig wie auf dem Schlachtfeld. Er war unter den Fürsten seiner Generation einzigartig, weil er die Anwendung der Todesstrafe gegen »Ketzer« ablehnte.

Obwohl die Ausplünderung Amerikas genügend Geld in die Kassen des katholischen Spanien (einschließlich der Schatzkammer Karls V.) brachte und einiges durch Freibeuter in holländische und englische Kassen gelangte, war für viele deutsche Fürsten die Feudalwirtschaft immer noch gültig. Bezahlung wurde in Naturalien geleistet. Da die Truppen aus Söldnern bestanden, war eine Regierung so stark wie ihr Bareinkommen. Philipp lag günstig an der großen Wasserstraße Europas (Donau/Rhein-System) und konnte von den flußauf- und flußabwärtsfahrenden Schiffen Zölle kassieren. Auf dem Reichstag 1530, als die Wittenberger, Straßburger und Schweizer ihre Anliegen vortrugen, erschien die gut ausgerüstete Kavallerie Philipps und seines Schwagers Johann von Sachsen mit denselben Farben. Dieser Akt verfehlte seine Wirkung auf Karl V. nicht, dessen Eifer für den alten Glauben mit dem Willen, sein Reich zusammenzuhalten, sich die Waage hielt.

Das Marburger Religionsgespräch war der Höhepunkt des Versuchs Philipps, eine evangelische Koalition durch die Theologen zustandezubringen. Als dies fehlschlug, wandte er sich praktischen Lösungen wie dem Schmalkaldischen Bund (1531) zu. Als tatkräftigstes politisches Haupt der Reformation gelang es Philipp, die bedeutendsten Theologen des neuen Glaubens auf sein Schloß zum Gespräch (1529) zu versammeln: Luther, Melanchthon, Johann Bugenhagen, Justus Jonas, Andreas Osiander, Johann Agricola, Johannes Brenz, Martin Butzer, Ulrich Zwingli, Johann Oecolampad. Bugenhagen (1485–1558) war ein Wittenberger Bundesgenosse Luthers, der später wesentlich zur Reformation Hamburgs, Braunschweigs und norddeutscher Städte beitrug. Er überwachte auch die Reform der dänischen Kirche und der Universität von Kopenhagen. Jonas (1493–1555) half bei der Neugestaltung der Wittenberger Universität und führte die Reformation in Halle durch. Osiander (1498–1552) war ein evangelischer Prediger in Nürnberg und später Professor in Königsberg. Agricola (1494–1566) war Reformator Frankfurts und Eislebens und später in Berlin tätig. Brenz (1499–1570) war der große Reformator Württembergs und der Neugestalter der Universität Tübingen. Oecolampad (1482–1531) führte die Reformation im Kanton Basel ein und gewann Bern für die Sache.

Die Teilnehmer stimmten in 14 1/2 Artikeln überein, aber das Gespräch zerbrach an der Frage des Abendmahls. Von da an wurden in Lehren und Gesetzen der lutherischen Territorien die »Sakramentarier« (Straßburger, Schweizer) verdammt, die behaupteten, daß Christus zwar wahrhaft in der das Abendmahl feiernden Gemeinde gegenwärtig sei, nicht aber in den Elementen Brot und Wein.

Die Zusammenarbeit zwischen den Theologen war nur ein Teil, wenn auch der schwierigste, der allgemeinen Strategie Philipps. In der Reformation seines eigenen Landes verfolgte er einen sehr wirksamen Kurs. Mit der anfänglichen Hilfe Franz Lamberts (1486–1530), der nach Zürich und Wittenberg Verbindungen pflegte, setzte die Homberger Synode (1526) ein Modell für Veränderung. Erstens sollte die Kirchenordnung sich an dem Modell der Urkirche orientieren. Dies erwies sich als für eine Landeskirche undurchführbar, obwohl der Plan einer Kirchenzucht später zu Papier gebracht wurde (Ziegenhainer Zuchtordnung, 1539). Die Gemeinden in Hessen sollten regelmäßig besucht und religiöse und schulische Reformen durchgeführt werden. Nonnen und Mönchen wurde nahegelegt, zu konvertieren oder sich zurückzuziehen: die Klöster sollten aufgelöst werden. Zweitens sollte eine Universität auf den Prinzipien der Reformation gegründet werden. Dies geschah in Marburg, der ältesten protestantischen Universität der Welt (gegründet 1527).

Im größeren Rahmen war Philipp ebenso einfallsreich und findig. Als der päpstliche Legat eine Liga der romfreundlichen Fürsten formierte, pflegte er die Beziehungen mit Fürsten und Städten, die für die Reformation der Kirche aufgeschlossen waren: z.B. Brandenburg, Mecklenburg, Mansfeld, Magdeburg, Nürnberg, Augsburg, Ulm, Straßburg. Prinz Albert von Hohenzollern, der Großmeister des Deutschritterordens, der das große baltische Gebiet als päpstliches Lehen hatte, trat auf die Seite Luthers und brachte Ostpreußen mit ein.

Die protestantische Koalition wurde nicht sofort geprüft, denn ein drohender Einfall der Türken brachte 1532 einen Waffenstillstand zwischen dem Kaiser und dem Schmalkaldischen Bund zustande. Dann hielt sich Karl V. bis 1541 außerhalb Deutschlands auf, um eine Reihe Kriege mit Franz I. von Frankreich zu führen. Unter anderem ereignete sich in dieser Zeit des nachlassenden militärischen Drucks seitens der Katholiken die Niederschlagung des Aufstands in Münster (1534–35). Philipp schritt auch in Württemberg ein, wo er den protestantischen Herzog Ulrich wieder zu seinem Thron verhalf und den Bruder des Kaisers zwang, seinen Anspruch auf das Herzogtum aufzugeben. Karl übte inzwischen Druck auf das Papsttum aus, an Versuchen des Ausgleichs teilzunehmen (Hagenau, Worms, Regensburg 1540–41), denen die Kurie ebenso mißtrauisch gegenüberstand wie die strengen Lutheraner, und ein allgemeines Konzil einzuberufen, das mit päpstlicher Verzögerung schließlich 1545 begann.

Als Karl V. mit der Absicht nach Deutschland zurückkehrte, den Protestantismus zu unterdrücken, war die Zeit günstig. Philipps öffentliches Ansehen war durch seine Doppelehe stark gesunken. Luther starb 1546. Ein Jahr später waren Philipp und sein Schwager Johann Friedrich von Sachsen geschlagen und gefangen. Aber binnen fünf Jahren führte ein Bündnis Moritz' von Sachsen mit Heinrich II. von Frankreich zur Niederlage Karls V. und zum Wiedererwachen der protestantischen Sache. Nach seiner Freilassung widmete sich Philipp hauptsächlich Hessen. Aber vor seinem Tode erlebte er, daß das Luthertum in Deutschland rechtlich anerkannt wurde, daß Karl V. zurücktrat und England fest im Lager der Reformation war.

Johannes Calvin
1509–1564

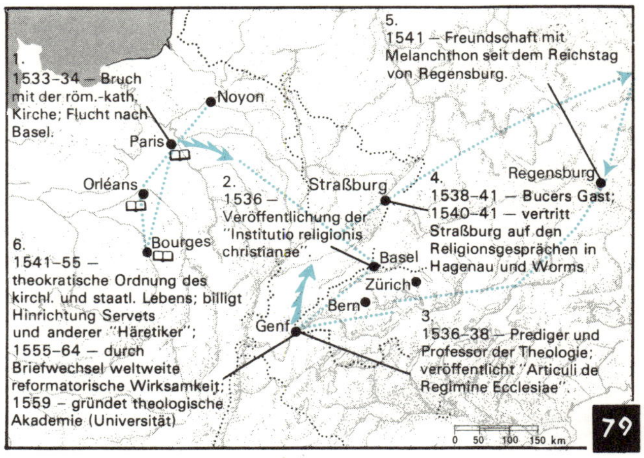
1.
1533–34 – Bruch mit der röm.-kath. Kirche; Flucht nach Basel.
Noyon
Paris
Orléans
Bourges
2.
1536 – Veröffentlichung der "Institutio religionis christianae".
Straßburg
5.
1541 – Freundschaft mit Melanchthon seit dem Reichstag von Regensburg.
Regensburg
4.
1538–41 – Bucers Gast; 1540–41 – vertritt Straßburg auf den Religionsgesprächen in Hagenau und Worms
Basel
Zürich
Bern
Genf
6.
1541–55 – theokratische Ordnung des kirchl. und staatl. Lebens; billigt Hinrichtung Servets und anderer "Häretiker"; 1555–64 – durch Briefwechsel weltweite reformatorische Wirksamkeit; 1559 – gründet theologische Akademie (Universität)
3.
1536–38 – Prediger und Professor der Theologie; veröffentlicht "Articuli de Regimine Ecclesiae".
0 50 100 150 km

79

Universitäten, an denen Calvin studierte (1522–25)

Calvin vertrieben

PROMPTE ET SINCERE ·
IOHANNES · CALVINVS ·
ANNO · ÆTATIS ·53 ·
· B ·

Calvin gehörte zur zweiten Generation der Reformation. Nach juristischen und humanistischen Studien ereignete sich wahrscheinlich 1533/34 seine »subita conversio« (plötzliche Bekehrung) zum evangelischen Glauben. In Basel, wo er die Vorrede zur französischen Bibelübersetzung seines Verwandten Robert Olivetan, eines Waldensers, verfaßte, veröffentlichte er 1536 in der *Institutio religionis christianae* (Neuauflagen 1539, 1559, franz. Übers. 1541) das klarste, übersichtlichste und folgerichtigste System christlicher Denkweise, das von einem Protestanten ausgearbeitet wurde. Nach Aufenthalt am Hof der evangelisch gesinnten Herzogin Renata von Ferrara und einem Besuch seiner Heimat kam er nach Genf, wo Wilhelm Farel ihn festhielt.

Der Versuch, eine Genfer Kirche zu organisieren, führte zur Abfassung des Katechismus, der *Confession de foi* und der *Articles ecclésiastiques.* Aber die Strenge stieß auf Widerstand: Calvin und Farel mußten Genf verlassen (1538).

Calvin wurde Prediger der französischen Flüchtlingsgemeinde in Straßburg, wo er auch heiratete (1540). Er nahm an Religionsgesprächen in Hagenau, Worms und Regensburg teil (1540/41; Begegnung mit Melanchthon).

Seine Anhänger riefen ihn 1541 nach Genf zurück, wo er eine Kirchenordnung, die von Butzer beeinflußt war, mit Strenge durchführte. (Vertreibung Sebastian Castellios 1544; Hexenprozesse; Haft- und Bußstrafen, Verbrennung des Antitrinitariers Michael Servet 1553.) Der Genfer Katechismus entsteht noch 1541 in Frage- und Antwortform. Der Psalmengesang wurde neben Predigt und Gebet der dritte Bestandteil des Gottesdienstes.

Über ein Jahrzehnt hat Calvin mit der kirchlichen und obrigkeitlichen Opposition kämpfen müssen. Seine Strenge hat zu manch zwiespältigen Interpretationen Anlaß gegeben.

Vier Ämter kannte das Kirchenwesen: die Prediger *(ministres)* waren für Predigt und Seelsorge, die Doktoren *(docteurs)* für die Auslegung der Schrift, die Ältesten *(anciens)* für die Zucht in Gemeinde und Haus und die Diakone *(diacres)* für die Armenfürsorge verantwortlich. Die Prediger und Doktoren bildeten die *vénérable compagnie,* die Prediger und Ältesten das *consistoire,* das über weitgehende Befugnisse verfügte und eng mit dem Kleinen und Großen Rat der Stadt zusammenarbeitete und – bei wechselnden Mehrheitsverhältnissen – mit dem Rat verflochten war. So bildete sich gerade nicht eine unabhängige Gemeinde heraus, sondern ein geschlossenes soziales Gefüge, das man oft als »Theokratie« bezeichnet hat. Calvin fürchtete sich vor innerer Zerrissenheit, weil das Reich zerfällt, das mit sich hadert. Daher war ihm die Kirchenzucht zur Erreichung eines einheitlichen Normgefüges wichtig. Die Bedrohung der Stadtrepublik Genf von außen (Savoyen, Frankreich, Bern) scheint überdies die innere Geschlossenheit nötig gemacht zu haben.

Stärker als Luther und Zwingli betonte Calvin die Wichtigkeit der Kirchenverfassung. Die Kirchenzucht kann sogar als Kennzeichen der Kirche bezeichnet werden (Einfluß Butzers). Das Gesetz erhält einen anderen Stellenwert: Es ist nicht dialektisch und ausschließlich als Gegensatz zum Evangelium gesehen, sondern enthält ebenso Heilszusagen *(promissiones legis)* wie das NT. Die Prädestinationslehre sichert die völlige Freiheit Gottes und unterstreicht die Rechtfertigung als unbedingtes und unverdientes Geschenk.

1549 wurde im *Consensus Tigurinus* die Einigung mit Zürich in der Abendmahlsfrage erreicht – Grundstein für die reformierte Schweizer Kirche. Die Ausstrahlungen Calvins gehen jetzt in die Weite. Er unterstützt vor allem die Hugenotten in Frankreich. In England, Schottland (John Knox), in den Niederlanden, in Polen und Ungarn, aber auch in Italien und Spanien saßen seine Schüler in großer Zahl. Wichtig ist die Herausbildung eines Widerstandsrechts gegen Tyrannen, wenn diese Ungehorsam gegen Gott verlangen. Dies hatte erhebliche, gradezu revolutionäre Konsequenzen in Schottland und den Niederlanden, aber auch in Frankreich.

1559 verdichten sich Wirksamkeit und Einfluß Calvins eindrucksvoll: J. Knox kehrte nach Schottland zurück und entwarf die *Confessio Scotica,* Calvin widmete der eben zur Königin gekrönten Elisabeth I. von England seinen Jesaja-Kommentar; er wirkte an Bekenntnis und Kirchenordnung der ersten »National-Synode« der evangelischen Kirche in Frankreich mit, gab die letzte überarbeitete Ausgabe der *Institutio* heraus und gründete schließlich die Genfer Akademie, die Beza leitete.

In Deutschland fand der Calvinismus zuerst in der Pfalz Eingang (Heidelberger Katechismus 1563) und bestimmte das kirchliche Leben in einigen Territorien (Nassau 1578 mit der Hohen Schule in Herborn und einige angrenzende Grafschaften; Bremen; Niederhessen; Grafschaft Lippe; Niederrhein).

Der Calvinismus brachte den asketischen Typ eines Christen hervor, der gut in die führenden Stellungen der aufstrebenden Handels- und Industrienationen paßte. Harte Arbeit, Sparsamkeit, abgewogene Entscheidungen und eiserne Selbstbeherrschung vereinigten sich mit vollkommener Rücksichtslosigkeit jener Männer, die überzeugt waren, daß ein richtiger und wahrer Weg, wenn er einmal eingeschlagen war, zu Ende gegangen werden muß, ungeachtet der Folgen.

Die Reformation in der Schweiz 16. Jh.

Die ursprüngliche »Zelle« der Schweiz waren die Kantone Uri, Schwyz und Unterwalden. Um 1513 gab es dreizehn Kantone (sechs ländliche und sieben städtische), die in einem Bundestag zusammengeschlossen waren, und eine Anzahl verbündeter Staaten. Die Rolle der Schweizer in den europäischen Angelegenheiten war stark davon bestimmt, daß sie die Bergpässe kontrollierten, die für die Politik der größeren Staaten lebenswichtig waren. Die Schweizer waren ferner als Söldner begehrt.

Im 15. Jh. besiegten die Schweizer Burgund, Mailand und schließlich den Kaiser (1499) und waren so gut wie unabhängig. Doch wurde die Unabhängigkeit erst nach dem Dreißigjährigen Krieg rechtlich anerkannt, so daß die Schweizer an den politischen Kämpfen und kirchlichen Konflikten des Reiches während des 16. Jh.s teilhatten. Politisch und religiös behielt jeder Kanton ein hohes Maß an Autonomie. Seit der Schlacht bei Kappel zwischen den katholischen Kantonen und Zürich, in der Zwingli als Feldgeistlicher den Tod fand (1531), über die religiösen Villmerger Kriege (1656, 1712) bis zur Errichtung der von den Franzosen gestützten helvetischen Republik (1798) haben die religiösen Spaltungen die Nation unbeweglich gemacht und kantonale Autonomie garantiert. Während des spanischen Erbfolgekrieges (1701–1714) kämpften Tausende Schweizer Söldner auf beiden Seiten – aus katholischen Kantonen für Frankreich, aus evangelischen Kantonen für Holland und England. Der Wiener Kongreß (1815) garantierte der Schweiz dauernde Neutralität.

Ulrich Zwingli, der in St. Gallen geboren wurde, seine erste Gemeinde in Glarus hatte und in Zürich die Reformation einführte, war der am meisten politisch Gesonnene unter den Reformatoren. Er war auf sein Bürgertum stolz und wollte den ganzen Kanton der Sache der Reformation zuführen. Öffentliche Disputationen wurden angesetzt, um die Probleme vor den Bürgern darzulegen, obwohl Zürich einen Rat hatte (in einigen Kantonen wurden politische Entscheidungen in öffentlicher Versammlung getroffen, und die Tradition der Selbstregierung durch freie Männer war sehr stark). Dies bedeutete allerdings, daß Zwingli nicht schneller vorangehen wollte als die politischen Behörden – eine Tatsache, die seine eifrigsten Anhänger gegen ihn aufbrachte. Daraus entstanden die Schweizer Brüder, ein Flügel der Täuferbewegung.

Auf der ersten Disputation (Januar 1523) bezwangen Zwingli und seine Helfer die Abgesandten des Bischofs von Konstanz. Die Stadt erlaubte die evangelische Predigt und bewegte sich auf die Reformation des Kirchenkalenders und der Liturgie zu. In der zweiten Disputation trat der Riß zwischen Zwingli und den Radikalen zutage (Oktober 1523). Die Verfolgung der Letzteren setzte bald ein. Bis 1528 hatten Bern, Basel, St. Gallen und Schaffhausen sich Zürich auf der evangelischen Seite angeschlossen. Kurz darauf führte Wilhelm Farel (1489–1565) die Reformation in Neuchâtel und Genf ein.

Nach Zwinglis frühem Tod wurde Heinrich Bullinger (1504–1575) sein Nachfolger als Haupt der Reformation in Zürich. Er formulierte die wesentlichen Glaubensbekenntnisse der Schweizer: den *Consensus Tigurinus* (1549) zusammen mit Calvin und die *Confessio Helvetica postereor* (1566).

Seine endgültige Prägung bekam der Schweizer Protestantismus weitgehend von Johannes Calvin, der auf Drängen Farels seinen Plan aufgab, ein beschauliches Gelehrtendasein zu führen. Abgesehen von einem kurzen Exil in Straßburg (1538–41) hat er von 1536 bis zu seinem Tod Genf zu einem Gottesstaat (Theokratie) geformt. Von dort reichte sein Einfluß bis nach Polen, Schottland und schließlich bis Neu England und um die ganze Welt. Nicht Liebe zu Christus, sondern der pflichtmäßige Gehorsam gegenüber dem allmächtigen Gott standen im Mittelpunkt des Denkens Calvins. Die repräsentative Form der Kirchenregierung, die er entwickelte, beeinflußte stark den Aufstieg republikanischer Institutionen der bürgerlichen Regierungsform. Unter seinen Anhängern und Interpreten, besonders in Frankreich und Holland, Schottland und England, wurde eine Theorie der politischen Gesetzmäßigkeit und des Widerstandsrechts gegen Tyrannen ausgearbeitet, die noch immer den reformierten von dem lutherischen Protestantismus unterscheidet.

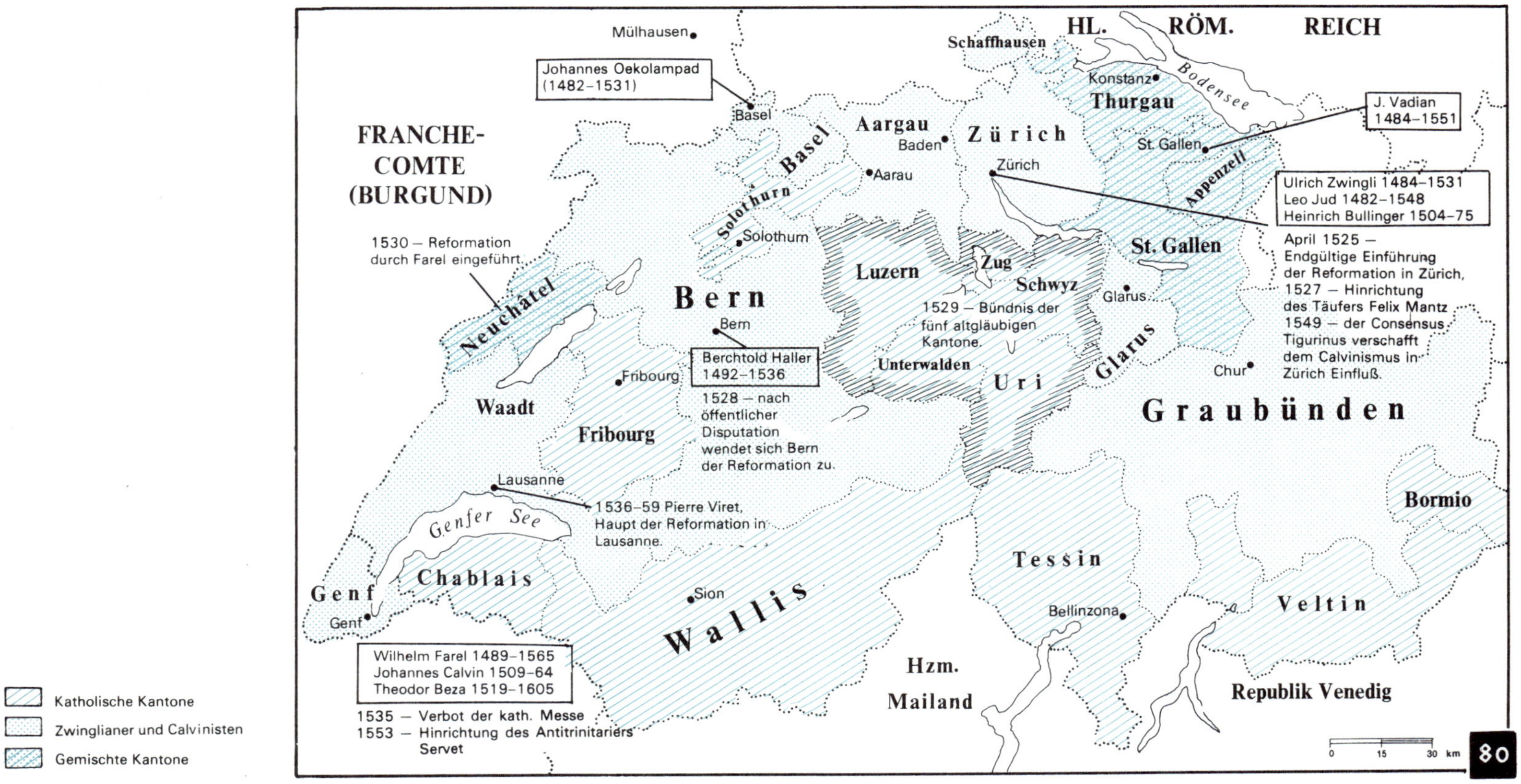

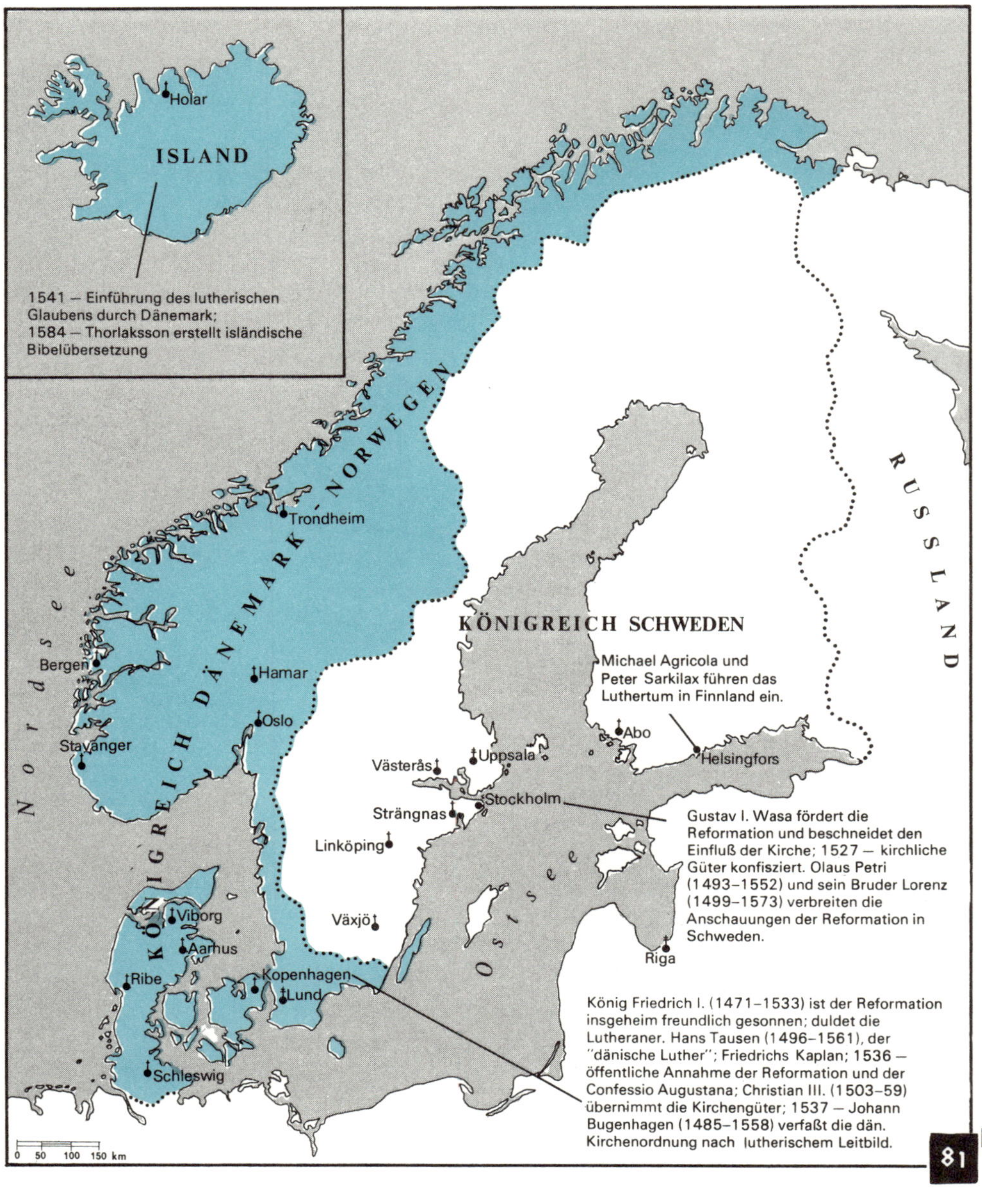
ISLAND
Holar
1541 – Einführung des lutherischen Glaubens durch Dänemark;
1584 – Thorlaksson erstellt isländische Bibelübersetzung
KÖNIGREICH DÄNEMARK-NORWEGEN
KÖNIGREICH SCHWEDEN
RUSSLAND
Nordsee
Ostsee
Trondheim
Bergen
Hamar
Oslo
Stavanger
Viborg
Aarhus
Ribe
Schleswig
Kopenhagen
Lund
Västerås
Uppsala
Stockholm
Strängnas
Linköping
Växjö
Abo
Helsingfors
Riga
Michael Agricola und Peter Sarkilax führen das Luthertum in Finnland ein.
Gustav I. Wasa fördert die Reformation und beschneidet den Einfluß der Kirche; 1527 – kirchliche Güter konfisziert. Olaus Petri (1493–1552) und sein Bruder Lorenz (1499–1573) verbreiten die Anschauungen der Reformation in Schweden.
König Friedrich I. (1471–1533) ist der Reformation insgeheim freundlich gesonnen; duldet die Lutheraner. Hans Tausen (1496–1561), der "dänische Luther"; Friedrichs Kaplan; 1536 – öffentliche Annahme der Reformation und der Confessio Augustana; Christian III. (1503–59) übernimmt die Kirchengüter; 1537 – Johann Bugenhagen (1485–1558) verfaßt die dän. Kirchenordnung nach lutherischem Leitbild.
0 50 100 150 km

81

Erzbistum
Bistum
Königreich Dänemark-Norwegen

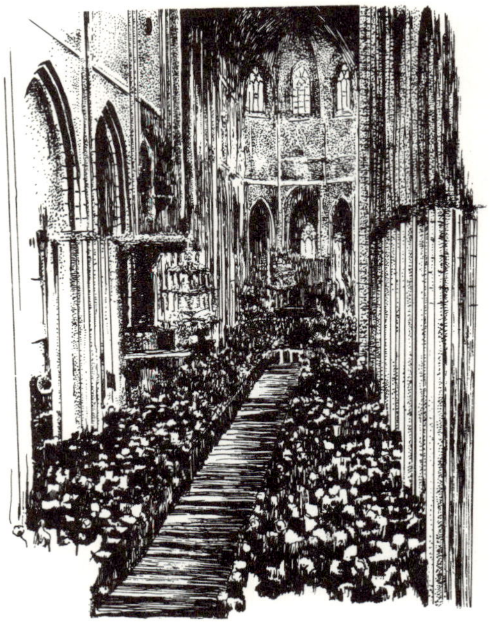

Innen- und Außenansicht der Kathedrale Uppsala, Schweden

Die Reformation in Skandinavien 16. Jh.

Seit der Union von Kalmar (1397) wurde Skandinavien durch die Monarchen Dänemarks regiert. Die inneren Angelegenheiten der Länder wurden über Generationen durch den Konflikt zwischen der Krone und dem Adel, den Interessen des Volks und der Kirche, der nationalen Entwicklung und der Macht der Hanse bestimmt. 1520 ließ der dänische König die Häupter der schwedischen Partei hinrichten, woraufhin Gustav Wasa einen erfolgreichen Aufstand organisierte und König eines unabhängigen Schweden wurde. Unter der Dynastie der Wasa wurde Schweden die stärkste Macht im Ostseeraum, hielt Rußland im Griff, besiegte Polen und griff entscheidend für die protestantische Sache in den Religionskriegen in Deutschland ein.

Als die Reformation einsetzte, gehörte ein Drittel des Landes in Dänemark der Kirche. Eine neue, 1478 in Kopenhagen errichtete Universität wurde Zentrum der Unruhen. Christian III. (König 1534–1558), gegen den Widerstand der Bischöfe gewählt, säkularisierte den Kirchenbesitz. Eine lutherische Nationalkirche wurde im Rahmen eines von Johann Bugenhagen erarbeiteten Planes errichtet; dieser krönte König und Königin, weihte sieben neue Bischöfe und reorganisierte die Universität.

Norwegen unterstand (bis 1814) der dänischen Krone, und die Reformation wurde mit geringer Unterstützung des Volkes durchgeführt. Der Erzbischof, ein Gegner des Königs, floh ins Exil. Zwei Bischöfe wurden lutherisch, die anderen ausgewiesen und ersetzt.

Unter Christian III. wurden die römisch-katholischen Bischöfe in Island vertrieben und ihr Besitz eingezogen. Durch das Liederbuch und die Bibelübersetzung G. Thorlakssons wurde die alte norwegische Sprache erhalten und die Reformation beim Volk beliebt.

In Schweden säkularisierte Gustav I. (Gustav Wasa, König 1523–1560) die kirchlichen Ländereien und machte die Bischöfe vom König abhängig. Der Hauptprediger wurde nach der Thronbesteigung Gustavs Olavus Petri (1493–1552), der an der 1477 gegründeten Universität Uppsala und in Wittenberg studiert hatte. Nach Einführung der Reformation traten die meisten der Bischöfe und Prediger zum Luthertum über. Die »apostolische Sukzession« wurde so in Schweden, nicht aber in Dänemark, erhalten.

Unter den Söhnen Gustav Wasas, Eric XIV. (König 1560–1568) und Karl IX. (König 1604–1611), wurden Versuche unternommen, die Bischöfe auszuschalten und den Calvinismus zu begünstigen. Unter Sigismund (König 1592–1599, seit 1587 auch König von Polen), einem ergebenen Katholiken, wurden Anstrengungen gemacht, die alte Religion wiederherzustellen. Sigismund wurde abgesetzt, und Schweden verfolgte den eigenartigen Weg, alte Bräuche mit dem Luthertum zu kombinieren, was bis zur Gegenwart anhält.

Franz I. zu Pferd

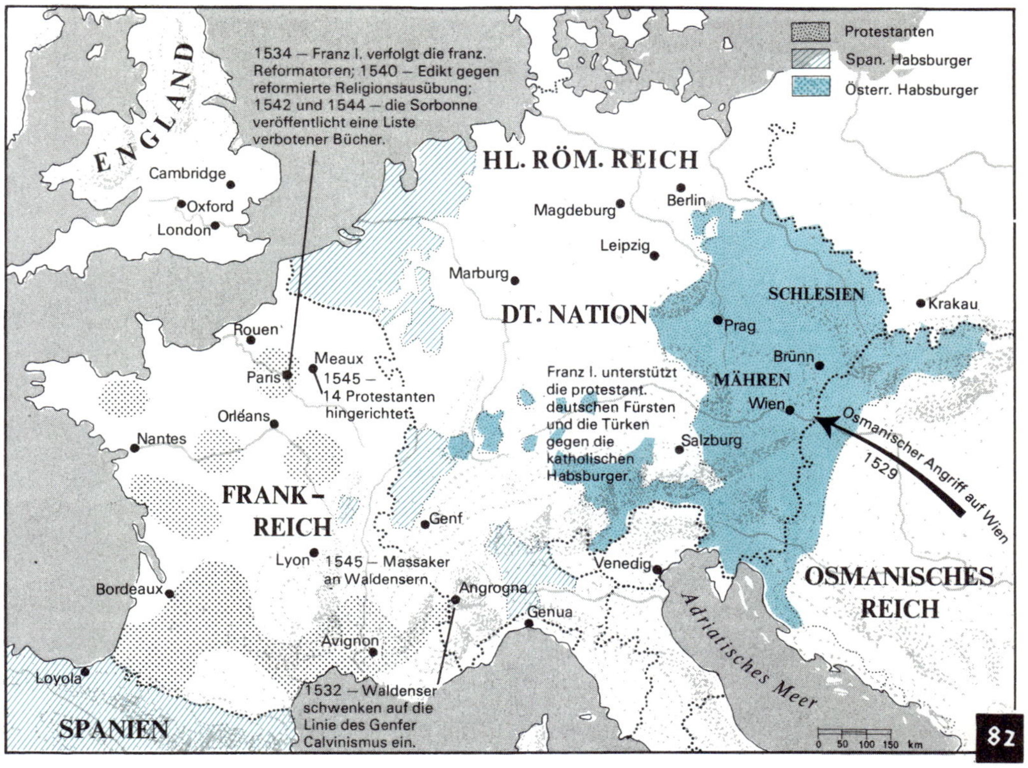
Protestanten
Span. Habsburger
Österr. Habsburger
1534 – Franz I. verfolgt die franz. Reformatoren; 1540 – Edikt gegen reformierte Religionsausübung; 1542 und 1544 – die Sorbonne veröffentlicht eine Liste verbotener Bücher.
ENGLAND
Cambridge
Oxford
London
HL. RÖM. REICH
Magdeburg
Berlin
Leipzig
Marburg
DT. NATION
SCHLESIEN
Krakau
Prag
Rouen
Meaux
1545 – 14 Protestanten hingerichtet
Paris
Orléans
Nantes
Franz I. unterstützt die protestant. deutschen Fürsten und die Türken gegen die katholischen Habsburger.
Brünn
MÄHREN
Wien
Salzburg
Osmanischer Angriff auf Wien 1529
FRANK-
REICH
Genf
Lyon
1545 – Massaker an Waldensern
Venedig
OSMANISCHES REICH
Bordeaux
Angrogna
Genua
Adriatisches Meer
Avignon
Loyola
1532 – Waldenser schwenken auf die Linie des Genfer Calvinismus ein.
SPANIEN
0 50 100 150 km
82

Das Reich Franz' I. (König von Frankreich 1515–1547)

Während des 14. Jh.s beherrschten die französischen Könige praktisch das Papsttum. Die Pariser Universität war Hauptzentrum der Gelehrsamkeit; von ihr gingen auch Vorschläge zu Reformen in der Christenheit aus. Allerdings war das Fortbestehen englischer Herrschaft in großen und wohlhabenden französischen Provinzen ständig Grund zum Ärger. Als die Flandern Eduard III. (König von England 1327–1377) als König von Frankreich huldigten, brach der Hundertjährige Krieg aus. Englische Truppen, die geschickt Bogenschützen einsetzten, besiegten mehrfach zahlenmäßig überlegene Armeen (Crécy 1346, Agincourt 1415), und 1420 war ganz Frankreich unter englischer Herrschaft.

Eine erstaunliche Rettung geschah durch Jeanne d'Arc (1412–1431), deren begeisterte Führung Orléans befreite und die dem Volk die Sache Karls VII. empfahl, dessen Krönung sie pries. Sie wurde verraten und als Hexe verbrannt, doch fünfundzwanzig Jahre nach ihrem Märtyrertod für unschuldig erklärt. Um 1453 war die englische Herrschaft in Frankreich eingegrenzt, und Englands Kräfte waren in den dreißig Jahren der Rosenkriege gebunden. Der französische Nationalismus blühte auf und wurde mit der Sache des Christentums identifiziert. Seit dieser Zeit wurde der französische König als *Rex Christianissimus* angesprochen.

Unter der fähigen Führung Ludwigs XI. (König 1461–1483) brach Frankreich die Macht Burgunds. Schweizer Söldner waren beim Sieg (Nancy 1477) beteiligt, und Schweizer Söldner im Dienst der Gegner Frankreichs waren es, die wenige Jahre später die Franzosen aus Italien vertrieben (Novara, 1513).

Die erste wichtige Handlung Franz' I. nach der Thronbesteigung war es, mit der Schweiz einen Vertrag »ewigen Friedens« abzuschließen. Der Vertrag wurde bis in die Zeit Napoleons eingehalten. Ebenso wichtig war, daß der französische König sich das Recht sicherte, Schweizer Soldaten für seine Kriege anzuwerben. Das zweite, was Franz sofort erreichte, war ein Konkordat mit dem Papst, das die Kirche in Frankreich ganz in seine Gewalt brachte. Als Gegenleistung für garantierte Annaten (Jahrgelder) gestand der Papst dem König die Wahl der Bischöfe und Äbte zu. Sein dritter staatsmännischer Akt war ein Übereinkommen mit Heinrich VIII. von England, das ihn für eine Reihe von Kriegen mit Kaiser Karl V. entlastete.

Franz I. wurde nie Protestant, aber der Dienst, den er dem Protestantismus dadurch erwies, daß er die Zeit und Kraft des Kaisers ablenkte, war groß.

Obwohl die Sorbonne ein Hauptzentrum antiprotestantischer Bemühungen wurde, fehlten die humanistischen Voraussetzungen für eine Kirchenreform in Frankreich nicht. Wilhelm Farel (1489–1565) und Johannes Calvin (1509–1564) hatten in Paris studiert. Farel war von einem Mann vom Schlage des Erasmus beeinflußt: Jacques Lefèvre d'Etaples (ca. 1455–1536). Wegen zweier neutestamentlicher Aufsätze wurde »Stapulensis« von der Fakultät als Ketzer verdammt, floh nach Straßburg und kam später unter den Schutz Navarras. Seine kritische Textarbeit und seine Übersetzung des Alten und Neuen Testaments ins Französische waren wichtig, aber er schloß sich in Fragen der Gnade, Prädestination oder Rechtfertigung nie reformatorischen Ansichten an.

Der Bischof von Meaux und Freund Stapulensis', Guillaume Briçonnet, benutzte sein Amt, um Frömmigkeit und Erneuerung zu fördern. Er war Beichtvater der Margaret d'Angoulême (1492–1549), einer Schwester Franz' I. und durch Heirat Königin von Navarra. Margaret war eine Laientheologin und humanistischen, mystischen und reformatorischen Schriften sehr zugetan.

Unter denen, die vom Bischof und von der Königin geschützt wurden, war Clément Marot (ca. 1497–1544), Liederdichter und Psalmist. Marot wurde Hugenotte, mußte aus Frankreich fliehen und endete in Genf. Theodor Beza griff auf 150 Werke Marots zurück, um den ersten protestantischen Psalter herauszugeben (1562). Andere, die dem Kreis in Meaux angehörten, verloren ihr Leben, als der Protestantismus – oder auch nur innere Reformversuche – von Königen und Parlamenten der Verdammung anheimfielen.

Die traurigsten Opfer waren wohl die Waldenser, am NT orientierte Christen, die in ländlichen Dörfern Südfrankreichs, der französischen Schweiz und der Lombardei lebten. Man hatte ihnen 1179 die Anerkennung als Laienkommunität versagt und sie gebannt. Innocenz III. eröffnete einen Kreuzzug gegen sie; sie überlebten trotz wiederholter Verfolgungen, da sie in Bergfestungen flohen. Als die Reformation einsetzte, suchten die Waldenser den Kontakt mit verschiedenen Lehrern herzustellen, und ihre Synode von 1532 entschied, mit der Schweizer Reformation zusammenzugehen. Unter den Abgesandten war Wilhelm Farel und Olivetan (ca. 1506–1538), ein Vetter Calvins und Flüchtling in Straßburg.

Heinrich II. (König 1547–1559), Sohn Franz' I., war ein erbitterter Gegner des Protestantismus; seine Mätresse beherrschte ihn, und er war völlig von den Ratgebern der Familie Guise abhängig. Gleichwohl konnte er der Bewegung nicht Herr werden. Um 1559 gab es in Frankreich 2000 calvinistische Gemeinden, und in diesem Jahr wurde eine Nationalsynode nach Paris einberufen, die ein Glaubensbekenntnis annahm und eine presbyterianische Form der Kirchenorganisation schuf.

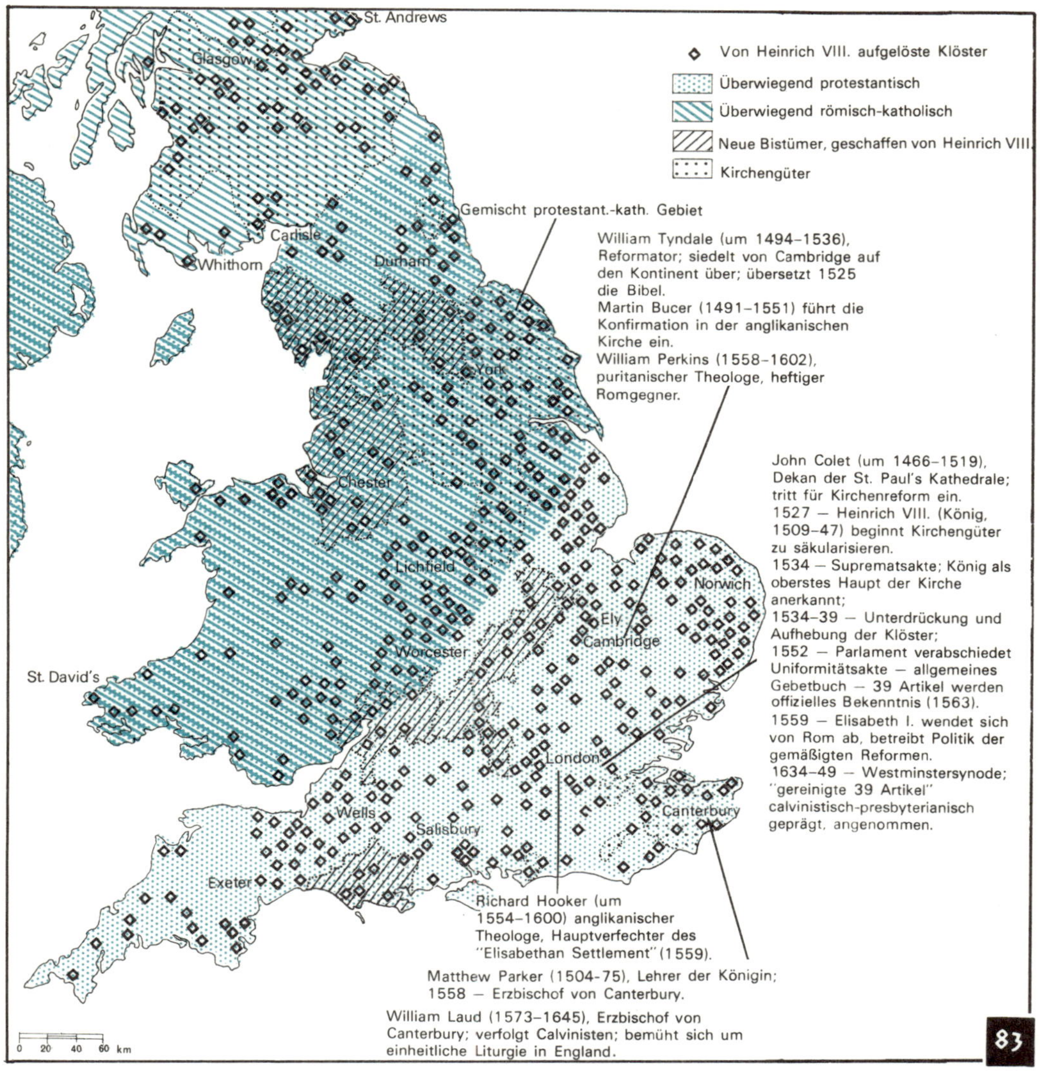
St. Andrews
Von Heinrich VIII. aufgelöste Klöster
Überwiegend protestantisch
Überwiegend römisch-katholisch
Neue Bistümer, geschaffen von Heinrich VIII.
Kirchengüter
Glasgow
Gemischt protestant.-kath. Gebiet
William Tyndale (um 1494–1536), Reformator; siedelt von Cambridge auf den Kontinent über; übersetzt 1525 die Bibel.
Martin Bucer (1491–1551) führt die Konfirmation in der anglikanischen Kirche ein.
William Perkins (1558–1602), puritanischer Theologe, heftiger Romgegner.
Carlisle
Whithorn
Durham
York
Chester
John Colet (um 1466–1519), Dekan der St. Paul's Kathedrale; tritt für Kirchenreform ein.
1527 – Heinrich VIII. (König, 1509–47) beginnt Kirchengüter zu säkularisieren.
1534 – Suprematsakte; König als oberstes Haupt der Kirche anerkannt;
1534–39 – Unterdrückung und Aufhebung der Klöster;
1552 – Parlament verabschiedet Uniformitätsakte – allgemeines Gebetbuch – 39 Artikel werden offizielles Bekenntnis (1563).
1559 – Elisabeth I. wendet sich von Rom ab, betreibt Politik der gemäßigten Reformen.
1634–49 – Westminstersynode; "gereinigte 39 Artikel" calvinistisch-presbyterianisch geprägt, angenommen.
Lichfield
Norwich
Ely
Cambridge
Worcester
St. David's
London
Wells
Salisbury
Canterbury
Exeter
Richard Hooker (um 1554–1600) anglikanischer Theologe, Hauptverfechter des "Elisabethan Settlement" (1559).
Matthew Parker (1504-75), Lehrer der Königin; 1558 – Erzbischof von Canterbury.
William Laud (1573–1645), Erzbischof von Canterbury; verfolgt Calvinisten; bemüht sich um einheitliche Liturgie in England.
0 20 40 60 km

83

Die Reformation in England 16. Jh.

Die Maßnahmen, die Heinrich VIII. (König 1509–1547) zur Beherrschung der Kirche in seinem Reich ergriff, unterschieden sich kaum von denen anderer, einschließlich derer, die katholisch blieben. Aus zwei Gründen lenkte Heinrichs Fall die Aufmerksamkeit besonders auf sich. Erstens gelang es ihm, die Frage des Verhältnisses Englands zu Rom hoffnungslos mit einer Reihe von sensationellen Ereignissen seines Ehelebens zu verquicken. Zweitens blieb eineinhalb Jahrhunderte ungewiß, wohin in England das Pendel ausschlagen würde – zum Katholizismus oder Protestantismus, und wenn zum Protestantismus, zu welchem Typ.

Heinrich VIII. gab als Prinz zu allergrößten Hoffnungen Anlaß: als strahlender Stern der nördlichen Renaissance mit ihrer Kombination von humanistischer Gelehrsamkeit und christlicher Ethik. 1521 verlieh ihm der Papst den Titel »Defensor fidei« (einen Titel, den die britischen Monarchen noch immer tragen) für seine Widerlegung Luthers. Die Schwierigkeiten begannen, als er versuchte, sich von seiner Frau zu trennen, da er keinen männlichen Erben und nur ein überlebendes Kind (Maria) von ihr hatte. Er konnte sich auf ein besseres Argument stützen, als in solchen Fällen damals üblich: sie war die Frau seines verstorbenen Bruders gewesen, die Ehe war aufgrund väterlichen Druckes geschlossen worden, und päpstlicher Dispens war nötig gewesen, um überhaupt die Ehe schließen zu können, die vielen Zeitgenossen zweifelhaft erschien. Aber das Argument war nicht stark genug: seine Frau war nämlich Katharina von Aragon, die Tante Kaiser Karls V., der dem Papst im Nacken saß und ihm gefährlicher werden konnte als Heinrich. Daher schlug die Annullierung der Ehe, bei Personen von hohem Rang und genügendem Reichtum gang und gäbe, fehl. Die zweite verbreitete Lösung scheiterte an Anne Boleyns Ehrgeiz und Heinrichs Stolz. Die meisten Herrscher der Zeit, einschließlich der Kirchenfürsten, unterhielten Mätressen und Konkubinen. Aber Anne wollte Königin werden, und der König wollte es ebenfalls. Es dauerte von 1527 bis 1533, bis dies erreicht war; und im Verlauf der Ereignisse wurde der König das Haupt der Kirche in England, und die Verbindung mit Rom wurde gelöst.

Elisabeth wurde 1533 geboren. Die Auflösung der Klöster durch die Krone wurde 1536–1539 abgeschlossen.

Heinrich VIII. hinterließ drei Kinder. Eduard VI. (König 1547–1553), der Sohn Jane Seymours, bestieg mit zehn Jahren den Thron. Eine Reihe von Änderungen wurden in seiner Regierungszeit in der Kirche eingeführt, so der Gebrauch der englischen Sprache und die Kommunion unter beiderlei Gestalt. Eine neue Ordnung und das Book of Common Prayer wurden eingeführt und ihr Gebrauch bei schwerer Strafe durchgesetzt. Ein starker Einfluß des kontinentalen Protestantismus, einschließlich des Beitrags Butzers und Petrus Martyr Vermiglis zum Book of Common Prayer, machte sich in Kirche und Universität bemerkbar.

Maria Tudor (Königin 1553–1558) folgte nach und heiratete Philipp II. von Spanien. Das Bündnis mit Spanien war unbeliebt; im daraus resultierenden Krieg mit Frankreich verlor England Calais – den letzten Außenposten eines einst großen kontinentalen Reichs. Marias Versuche, das Land wieder dem alten Glauben zuzuführen, schuf viele hundert Märtyrer – unter ihnen T. Cranmer, H. Latimer, N. Ridley und J. Hooper.

Mit der Thronbesteigung Elisabeths I. (Königin 1558–1603) strömten viele angesehene protestantische Flüchtlinge aus dem Exil in Frankfurt/Main, Zürich oder Genf nach Hause zurück. Die katholische Haltung bezüglich ihrer ehelichen bzw. unehelichen Geburt (alle Bischöfe hatten den Treueid verweigert und waren der Krönung ferngeblieben) trieb Elisabeth zum Protestantismus. Mit der Ernennung Matthew Parkers (Erzbischof von Canterbury 1559–1575) wurde das Chaos in der Kirche eingedämmt und ein mittlerer Kurs in lehrmäßigen und liturgischen Fragen eingeschlagen.

Da die Verbindungen von Kirche und Staat sehr eng waren, galt die katholische Opposition als verräterisch und heterodox. 1570 exkommunizierte der Papst Elisabeth (die gar nicht zu seiner Kirche gehörte) und entband ihre Untertanen vom Treueid. 1587 ordnete die Königin die Hinrichtung Maria Stuarts an, die ein Kristallisationskern römischkatholischer Verschwörungen gewesen war. 1588 sandte Philipp II. die Große Armada gegen sie; doch diese wurde vernichtet. England wurde das mächtigste protestantische Land in Europa.

Selbst innerhalb der Staatskirche wuchs der Puritanismus. Die Veröffentlichung des Erfolgsbuchs *Foxe's Book of Martyrs* (1563) stärkte die puritanische Sache und die puritanische Ansicht der heiligen Geschichte und brachte die »blutige Maria« und ihre Religion weiter in Verruf.

Römische Katholiken waren in England per Gesetz bis ins 19. Jh. geschäftsunfähig. Unter Paul VI. (Papst 1963–1978) wurde eine Gruppe Märtyrer aus der Regierungszeit Elisabeths selig gesprochen.

Unter den »Vorläufern der Reformation« war John Wycliffe (ca. 1329–1384) der wichtigste in England. Obwohl er die längste Zeit als Gelehrter und Dozent in Oxford wirkte, ist er wirklich bekannt wegen der letzten Jahre seines Lebens, als er sich um Kirchenreform bemühte. In Schriften über göttliche und weltliche Herrschaft erklärte er, daß alles Gott gehöre und daß Gott sein Eigentum nur treuen Haushaltern zum Gebrauch anvertraue. Diejenigen, die ihren Besitz mißbrauchen (einschließlich Geistlicher), können abgesetzt werden. Ein weltlicher Papst sei gefährlich und sollte aus dem Amt entfernt werden – eine brisante Lehre während des Verfalls des päpstlichen Ansehens, das mit dem Avignon-Papsttum und dem Schisma einherging. Wycliffe sandte Wanderprediger (»Lollarden«) aus, die die höchste Autorität, die Bibel, in Übersetzung verteilten.

William Tyndale (ca. 1494–1536) studierte in Oxford und bereitete durch seine Übersetzungen des Alten und Neuen Testaments ins Englische ebenfalls den Weg für die Reformation vor.

Unter den Humanisten, die die Korruption in der Kirche anprangerten und Gelehrsamkeit förderten, muß John Colet (ca. 1466–1519) genannt werden. Er hielt in Oxford über die neutestamentlichen Briefe eine Vorlesungsreihe, die bemerkenswert für ihre Hingabe an die Ordnungen der Urkirche ist. Sein Freund Thomas More (1478–1535) widmete sich ebenfalls klassischen Studien. Mores »Utopia« war die Schau einer idealen Gesellschaft. In dieser und in anderen Schriften griff er Mißbräuche in der Kirche an. Colet und More waren Freunde des Erasmus und sehnten sich wie er nach einer ethischen und vernünftigen Reform.

Thomas Cranmer (1489–1556) wurde Erzbischof von Canterbury, weil seine Ansichten über königliche Vorrechte (»Erastianismus«) Heinrich VIII. gefielen. Er brachte den Bruch mit Rom zustande und diente dem König während seiner Eheschwierigkeiten. Noch unter Eduard VI. einflußreich, starb er unter Maria Tudor auf dem Scheiterhaufen. Er machte England zu einem Zufluchtsort für Flüchtlinge vom Kontinent, etwa Martin Butzer und Petrus Martyr Vermigli.

Nicholas Ridley (ca. 1500–1555) war Cranmers Beichtvater und sein Verbündeter als Bischof in London. Er arbeitete an dem *Book of Common Prayer* von 1549 mit und half, den Protestantismus in Cambridge zu etablieren. Er wurde unter Maria zum Märtyrer.

Hugh Latimer (ca. 1485–1555) wurde Ratgeber des Königs, als Heinrich VIII. mit dem Papst brach. Er war berühmt wegen seiner Predigten über soziale Gerechtigkeit und Schulreform. Er genoß große Beliebtheit als Hofprediger unter Eduard VI. und wurde mit Ridley in Oxford ein Opfer der Vergeltungsmaßnahmen Marias. Latimer glaubte nicht an unbedingten Gehorsam gegenüber Herrschern, und als das Pendel unter Heinrich VIII. wieder einmal in Richtung Katholizismus schwang (blutiges Statut 1539), unterwarf er sich nicht, sondern trat von seinem Bischofsamt zurück.

John Hooper (?–1555) studierte in Oxford und einige Jahre auf dem Kontinent (Zwingli, Bullinger, Butzer). Als Bischof unter Eduard war er berühmt wegen seines Eintretens für reformierte Lehren und wegen seiner puritanischen Schriften. Er starb als Märtyrer unter Maria.

Matthew Parker (1504–1575) war unter Elisabeth I. Erzbischof von Canterbury. Er hatte sich schon als Student in Oxford mit der Sache der Kirchenreform identifiziert und hatte höhere Stellen unter Heinrich VIII. und Eduard VI. erhalten. Versteckt überlebte er Maria Tudor. Die Rechtmäßigkeit der bischöflichen Weihen Parkers ist zwischen Anglikanern und Katholiken umstritten. Er war für die Herausgabe der neununddreißig Artikel, der »Bischofsbibel« und der Instruktionen zum Ritual (Advertisements 1566) verantwortlich.

Thomas Cranmer

Hugh Latimer

Matthew Parker

William Tyndale

Nicholas Ridley

Richard Hooker (ca. 1554–1600) entwickelte die führende Apologie des »Elizabethan settlement«: *The Laws of Ecclesiastical Polity.* Gegen das ausschließliche Zutrauen der Puritaner zur biblischen Lehre entwickelte Hooker eine Philosophie des natürlichen Rechts, das göttlich und absolut ist und durch das menschliche Gesetze und Institutionen geformt und je nach den Umständen verändert werden müssen.

Über ein Jh. war ungewiß, ob die Kirche von England, einmal von Rom gelöst, bischöflich oder presbyterial – oder sogar kongregationalistisch – werden würde. Unter den konservativen Puritanern war Thomas Cartwright (1535–1603) der begabteste Sprecher. Er wurde sowohl unter Mary Tudor wie unter Elisabeth exiliert, da er ein puritanischer Gegner der von Hooker und Parker entwickelten, alle einschließenden Staatskirche war. 1570 wurde er aus seiner Professur in Cambridge verjagt. Er gehörte zum Kreis derer, die vom Parlament (*The Admonition to Parliament* 1572) eine nicht-bischöfliche Verfassung für die Kirche von England verlangten, und er verurteilte »die päpstlichen« Gebräuche, die noch im Ritual übrig geblieben waren. Er schrieb die *Millenary Petition,* die Jakob I. bei dessen Thronbesteigung überreicht wurde (1603).

Von den konservativen Puritanern war William Perkins (1558–1602) ebenso bekannt auf dem Kontinent wie beliebt in England. Er lehrte in Cambridge, und seine Schriften waren stark unter Calvinisten verbreitet; sie beeinflußten später in Übersetzung sehr stark den deutschen Pietismus.

Unter den radikalen Puritanern, die kein Interesse an der Staatskirche oder der Hierarchie hatten, die sie als Zeichen der »verfallenen« Kirche verurteilten, war Robert Browne (ca. 1550–1633) eine frühe und wichtige Figur. In Cambridge wurde er von T. Cartwright beeinflußt und begann sofort, unabhängige Gemeinden zu gründen. Wegen Kirchenspaltung eingekerkert, führte er nach der Entlassung seine Gemeine aus Norwich in die Niederlande, wo er u.a. seine berühmte Schrift *Treatise of Reformation Without Tarrying for Anie* (1582) schrieb. Obwohl Browne sich später unterwarf, war sein Entwurf einer wiederhergestellten neutestamentlichen Gemeinde ohne Hierarchie im radikalen Puritanismus einflußreich. John Smyth (ca. 1554–1612) und Thomas Helwys (ca. 1550 – ca. 1616) gründeten als Flüchtlinge in Holland und später in England baptistische Gemeinden. Helwys' *Declaration of the Mystery of Iniquity* (1611), in Holland gedruckt, war die erste von einem Engländer verfaßte Forderung nach allgemeiner religiöser Toleranz und eine Ablehnung der Regierungsbefugnis in religiösen Fragen.

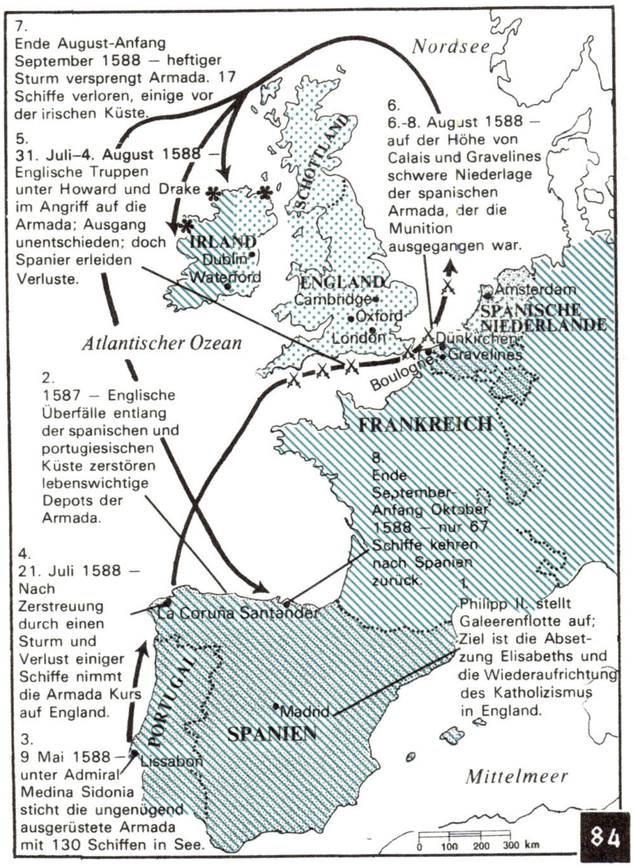
7.
Ende August-Anfang September 1588 – heftiger Sturm versprengt Armada. 17 Schiffe verloren, einige vor der irischen Küste.
Nordsee
6.
6.-8. August 1588 – auf der Höhe von Calais und Gravelines schwere Niederlage der spanischen Armada, der die Munition ausgegangen war.
5.
31. Juli-4. August 1588 – Englische Truppen unter Howard und Drake im Angriff auf die Armada; Ausgang unentschieden; doch Spanier erleiden Verluste.
SCHOTTLAND
IRLAND
Dublin
Waterford
ENGLAND
Cambridge
Oxford
London
Amsterdam
SPANISCHE NIEDERLANDE
Dünkirchen
Gravelines
Boulogne
Atlantischer Ozean
2.
1587 – Englische Überfälle entlang der spanischen und portugiesischen Küste zerstören lebenswichtige Depots der Armada.
FRANKREICH
8.
Ende September-Anfang Oktober 1588 – nur 67 Schiffe kehren nach Spanien zurück.
4.
21. Juli 1588 – Nach Zerstreuung durch einen Sturm und Verlust einiger Schiffe nimmt die Armada Kurs auf England.
La Coruña
Santander
1.
Philipp II. stellt Galeerenflotte auf; Ziel ist die Absetzung Elisabeths und die Wiederaufrichtung des Katholizismus in England.
PORTUGAL
Madrid
SPANIEN
3.
9 Mai 1588 – unter Admiral Medina Sidonia sticht die ungenügend ausgerüstete Armada mit 130 Schiffen in See.
Lissabon
Mittelmeer
0 100 200 300 km
84
Spanische Gebiete
Römisch-katholisch
Protestanten und Anglikaner
Geortete Armada-Schiffswracks

Schiff der spanischen Armada

ELIZABETH D. G. ANG

Gedenkmedallie Elisabeth I. von England nach dem Sieg über die spanische Armada, 1588

Die Vernichtung der Armada 1588

Der Calvinismus behauptete nachdrücklich die Erfüllung der Verheißungen Gottes und das Erreichen seiner Ziele in der menschlichen Geschichte. Strenggenommen gibt es kein zufälliges oder bedeutungsloses Ereignis, obwohl der Sinn dem menschlichen Verständnis verborgen sein kann. Der Wille, Gottes Allmacht zu betonen, führt in strengen Kreisen dazu, in Verwerfung und Heil Gottes Vorsehung und Zweck zu sehen.

Dies führt bei denen, die ein klares Zeugnis geben können, zur unumstößlichen Heilsgewißheit. Wer einmal Gottes Gnade erkannt hat, kann nicht aus der Gnade fallen, sondern harrt auf dem Pfad der Selbstdisziplin (und vielleicht des Selbstopfers) aus.

Was die Heilsgeschichte anbelangt, so eignet sich der Calvinismus den Bund mit Abraham für die Christen an und identifiziert sich mit den einzigartigen und archetypischen Ereignissen der alttestamentlichen Geschichte. Es gibt nur einen Bund, ohne einen Bruch zwischen dem Alten und Neuen Testament. Durch Christus wurden die glaubenden Heiden in eine Geschichte eingepfropft, die sich schon zielgerichtet bewegt, und sie dienen einem Gott, der sich durch Propheten und Gesandte vor Jesus offenbart hat. Durch sorgfältiges Studium der Urkunde von Gottes früherem Handeln in der menschlichen Geschichte kann der Glaubende in den Ereignissen seiner eigenen Zeit Anzeichen sehen, daß Er treu ist, der die Verheißung gegeben hat, daß Seine Hand ausgestreckt ist, die zu beschützen, die dem Herrn vertrauen.

Im englischen Puritanismus war dieses Bewußtsein, daß man die biblische Geschichte nachlebte, so grundlegend, daß es zur unbewußten Denkvoraussetzung wurde. Kinder erhielten alttestamentliche Namen, und Erwachsene redeten sich unter Freunden damit an. Verbunden damit war die Gewißheit, daß sich die Geschichte mit zunehmender Geschwindigkeit auf ihr Ende zubewegt: die Wiederkunft Christi und die Herbeiführung des Reiches Gottes auf Erden. Die Gläubigen lasen die Propheten und meditierten über die Zeichen der Zeit. Viele von ihnen – besonders als sie aus ihren Verstecken während des Commonwealth wieder auftauchten – versammelten sich in separaten Gemeinschaften und hielten das jüdische Gesetz und den Sabbat. Andere bildeten Bundesgemeinschaften, indem sie die Ordnungen der Urkirche wiederherstellten, in begieriger Erwartung der kommenden Wiederherstellung aller Dinge.

Philipp II. baute die Armada auf als Antwort auf eine Reihe von schwer zu ertragenden Angriffen auf seinen römisch-katholischen Glauben und seine Würde als König von Spanien, Neapel (1556) und Portugal (1580). Er war ein religiöser Eiferer, der sich seiner Berufung sicher war, eine katholische Christenheit wiederherzustellen. Den letzten verzweifelten Aufstand der Moriscos – geheimer islamischer Mauren, die sich äußerlich der etablierten Religion angepaßt hatten – hatte er mit grausamer Strenge niedergekämpft (1569–1571). Am 7. Oktober 1571 erreichte die Auseinandersetzung mit den Türken auf See ihren Höhepunkt mit der Schlacht von Lepanto. In der größten Seeschlacht seit dem Sieg Octavians über Antonius und Cleopatra bei Actium (31 v.Chr.) wurden achtzig türkische Galeeren versenkt und einhundertdreißig erbeutet. Philipp regierte über die Hälfte der Habsburger Interessensphäre und über das märchenhaft reiche spanische Reich in der Neuen Welt, und er war kein Mann, der gerne mit sich spaßen ließ.

Die Engländer waren ihm ein Dorn im Auge. Sie sympathisierten mit den Holländern und halfen ihnen. Ihre Freibeuter überfielen die Schiffe aus Neu-Spanien. Sie verachteten den Papst und standen treu zu einer unehelichen, exkommunizierten Königin. Sie wandten sich wieder von der Rückkehr zum Katholizismus ab, die Philipps Gemahlin Maria Tudor eingeleitet hatte, als sie Königin war. Schließlich billigten sie den Tod der katholischen Maria Stuart, Königin der Schotten, die aus ihrem Reich von John Knox und den protestantischen Häuptern vertrieben und dann, nach einer langen Gefangenschaft, auf Befehl der Königin Elisabeth I. hingerichtet worden war.

Die Armada war die schrecklichste Streitmacht, die seit langem gegen England gezogen war, und sie wurde unterhalten und ausgerüstet von dem reichsten und mächtigsten Herrscher des Kontinents. Die Angst war groß.

Die kleinen, schnellen britischen Schiffe unter Drake, Hawkins und Howard ließen die Armada (132 Schiffe und 3165 Kanonen) nicht zur Ruhe kommen. Der Untergang der Armada wurde durch einen Sturm besiegelt, der die schwerfälligen Galeeren an Land trieb. In dieser Errettung sahen die Frommen die Hand Gottes, und Dichter und Prediger nahmen sich des Themas besonders an.

Nach dem Sieg über die Armada begannen Briten und Holländer, portugiesische Besitzungen anzugreifen. Portugal stand seit 1580 unter Philipps Herrschaft. Um 1640 waren viele portugiesische Kolonien dem gemeinsamen Angriff erlegen.

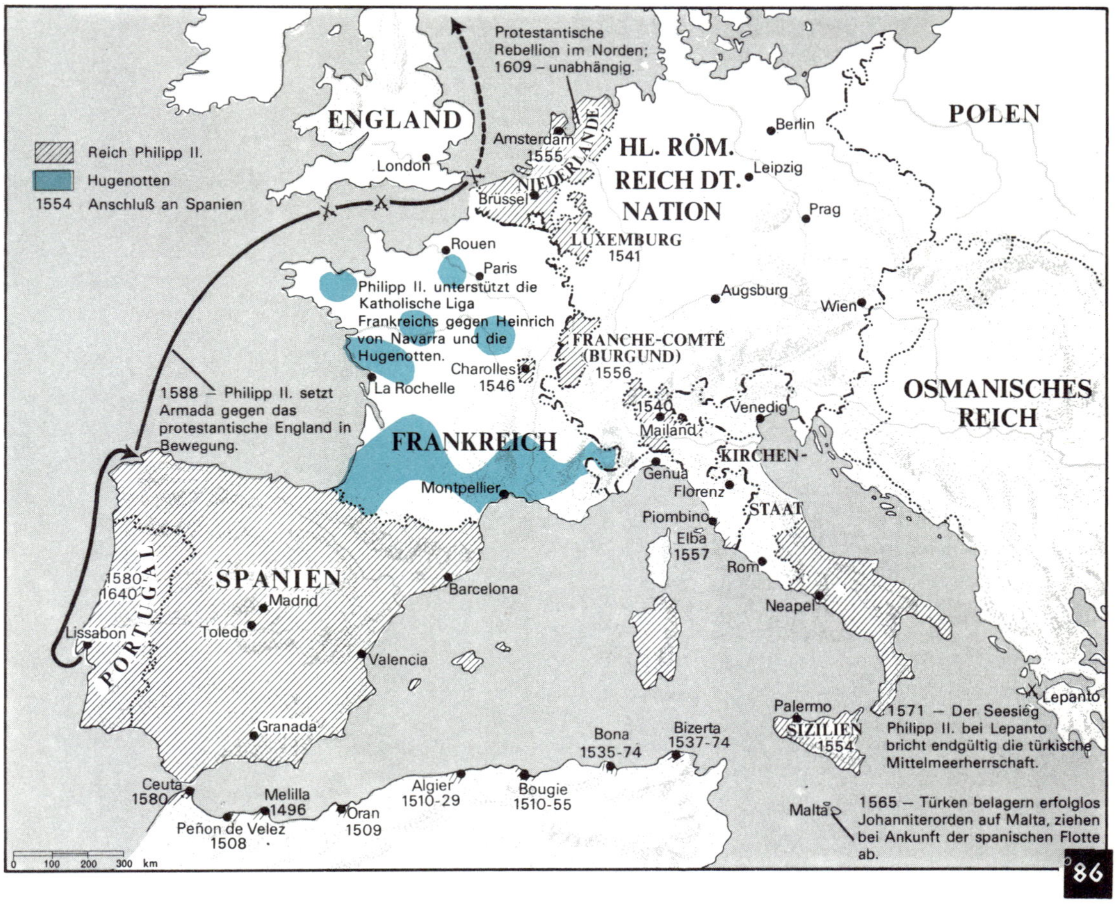

Spanien unter Philipp II. (König 1556–1598)

Als Karl V. abtrat, fielen das Amt des Kaisers und die östlichen Habsburger Lande an seinen Bruder Ferdinand (Kaiser 1556–1564). Spanien – mit den Kolonien, Neapel, Sardinien, Sizilien, Mailand, Franche-Comté und den Niederlanden – ging an seinen Sohn Philipp. Ferdinands Hauptproblem war der Druck der Türken: er mußte fast ganz Ungarn aufgeben. Philipps Flotte war der türkischen mehr als ebenbürtig, aber die holländischen und englischen Räuber ärgerten ihn ständig.

Philipp versagte in den Niederlanden, wo Wilhelm von Oranien sein Volk zur Unabhängigkeit führte. Es gelang ihm nicht, England wieder unter seine Kontrolle zu bringen. Er konnte nicht verhindern, daß Heinrich von Navarra den französischen Thron bestieg. Unter seinem Sohn und Nachfolger begann für das durch Kriege und Auswanderungen entvölkerte Spanien eine lange Periode des Niedergangs.

In dem einheitlichen christlichen Reich, das Ferdinand von Kastilien, Karl V. und Philipp II. vorschwebte, spielten Kirchenmänner wichtige öffentliche Rollen.

Tomás de Torquemada (1420–1498) war Großinquisitor und Vollstrecker der Politik, Muslims und Juden durch erzwungene Christianisierung, Emigration oder Tod auszuschalten. Er herrschte gleichsam über einen Staat im Staat.

Francisco Ximénez de Cisneros (1436–1517), Erzbischof von Toledo, war ein großer Förderer der Wissenschaft und Gründer der Universität Alcalá (1508). Solange Karl V. minderjährig war, war er Regent.

Teresa von Avila (1515–1582) und Johannes vom Kreuz (1542–1605) von den Unbeschuhten Karmelitern trugen viel zur Entwicklung mystischer Frömmigkeit bei.

Lateinamerika 16.–18. Jh.

Viele der spanischen Eroberungen in der Neuen Welt wurden von Abenteurern unternommen, die ihre Expeditionen selbst finanzierten und als Gegenleistung das verbriefte Recht erhielten, das neue Gebiet zu beherrschen und auszubeuten (*adelantado*-System).

1542 gab es einen Vizekönig in Peru (Hauptstadt: Lima), das Panama und ganz Südamerika außer Venezuela umfaßte, und einen Vizekönig in Neu-Spanien (Hauptstadt: Mexico City), das alle Landansprüche nördlich von Panama, die Westindischen Inseln, Venezuela und die Philippinen einschloß. Durch den neuen Gesetzeskodex von 1542–43 wurde der Versuch gemacht, die Versklavung der Indianer zu beenden und zu garantieren, daß die Siedler die für sie arbeitenden Eingeborenen beschützten und sie im Christentum unterrichteten.

Päpstliche Bullen regelten die Abwicklung kirchlicher Angelegenheiten in Spanisch-Amerika. Die Kirche hatte ihre eigene Gerichtsbarkeit, die Klerus und geistliches Leben überwachte. Die Inquisition wurde 1569 eingeführt. Innerhalb eines Jahrhunderts entwickelten sich sieben Erzbistümer und fünfunddreißig Diözesen.

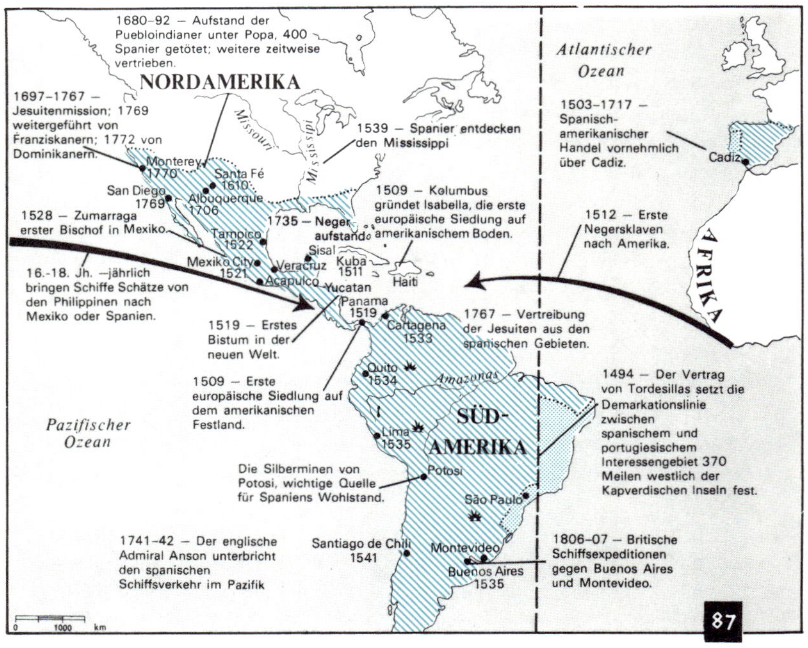

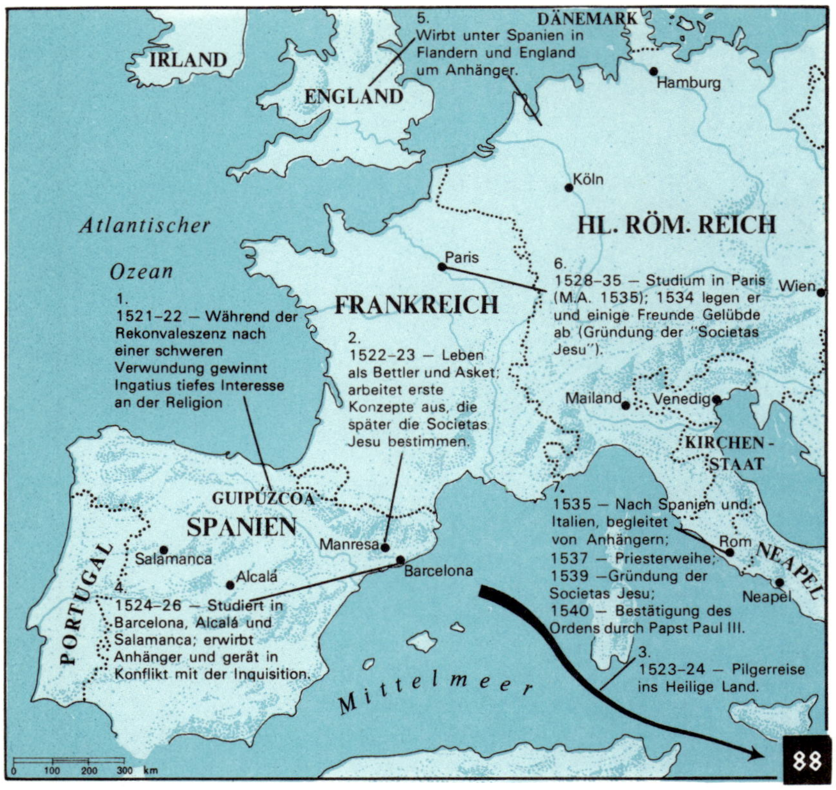
IRLAND
ENGLAND
DÄNEMARK
5.
Wirbt unter Spanien in Flandern und England um Anhänger.
Hamburg
Köln
Atlantischer Ozean
HL. RÖM. REICH
Paris
FRANKREICH
6.
1528–35 – Studium in Paris (M.A. 1535); 1534 legen er und einige Freunde Gelübde ab (Gründung der "Societas Jesu").
Wien
1.
1521–22 – Während der Rekonvaleszenz nach einer schweren Verwundung gewinnt Ingatius tiefes Interesse an der Religion
2.
1522–23 – Leben als Bettler und Asket; arbeitet erste Konzepte aus, die später die Societas Jesu bestimmen.
Mailand
Venedig
KIRCHEN-STAAT
GUIPÚZCOA
SPANIEN
Manresa
Barcelona
7.
1535 – Nach Spanien und Italien, begleitet von Anhängern; 1537 – Priesterweihe; 1539 –Gründung der Societas Jesu; 1540 – Bestätigung des Ordens durch Papst Paul III.
Rom
NEAPEL
Neapel
Salamanca
Alcalá
PORTUGAL
4.
1524–26 – Studiert in Barcelona, Alcalá und Salamanca; erwirbt Anhänger und gerät in Konflikt mit der Inquisition.
Mittelmeer
3.
1523–24 – Pilgerreise ins Heilige Land.
0 100 200 300 km
88

Ignatius von Loyola

Insignien des Jesuitenordens

Ignatius von Loyola ca. 1491–1556

Ignatius von Loyola war eine der bemerkenswertesten Gestalten in der christlichen Geschichte: er verband die geistliche Strenge der Kreuzzüge und des monastischen Lebens und die Tradition des öffentlichen Heldentums der Kreuzfahrer mit einem streng disziplinierten Plan für Geist und Seele des einzelnen. Dazu besaß er die Fähigkeit zur mitreißenden und zugleich logisch durchdachten Führung.

Als Berufssoldat schwer verwundet, beschloß er, ein treuer Nachfolger Jesu zu werden. Er ging auf den Montserrat, wo er die Gelübde ablegte und seine Waffen in der Kapelle der »Schwarzen Madonna« aufhängte. Nach Versuchungen und Seelenkämpfen, die denen Luthers gleichen, gelangte er in Visionen und Träumen zur Gewißheit. Er arbeitete ein Handbuch der Selbstdisziplin aus, die »Geistlichen Exerzitien«, und pilgerte dann nach Palästina.

Nach der Rückkehr erwarb er den Magistergrad in Paris und sammelte den Kern eines neuen Ordens. Am 15. August 1534 gelobten Ignatius und sechs andere Armut, Keuschheit und Gehorsam und feierten das Abendmahl zusammen.

Der erste Plan der Gruppe war es, sich des päpstlichen Segens zu vergewissern und nach Palästina zu gehen. Die Reise war nicht möglich, da Kaiser, Papst und Venedig in einer Reihe von diplomatischen und militärischen Schritten versuchten, die Allianz Franz I. und Suleimans I. auseinanderzubrechen. Suleiman (Sultan 1520–1566) hatte seine lange Herrschaft durch die Eroberung Belgrads begonnen, dem Johanniterorden Rhodos entrissen, war in Ungarn eingefallen und hatte die Belagerung Wiens begonnen. Als er starb, hatte ihr unermüdlicher Missionseifer die Jesuiten schon viele tausend Meilen weiter als Jerusalem getragen.

1540 wurde der Orden schließlich von Paul III. bestätigt und begann, seinen Auftrag auszuführen: die innere Reform der Kirche, die Ausbreitung des Evangeliums unter die Völker der neu entdeckten Kontinente und die Bekämpfung der Ketzerei.

Der Aufstieg der Jesuiten 16.–18. Jh.

Die Jesuiten wuchsen sehr schnell und zogen besonders die jüngeren Söhne adliger Familien an. Viele von ihnen waren in der Atmosphäre ritterlicher Bräuche aufgewachsen und als christliche Prinzen erzogen worden, fanden aber keinen Platz am Hof. Wegen ihrer vielen Beziehungen konnten sie die SJ (Societas Jesu) schon sehr früh zu einer Macht werden lassen: sie war die stärkste Kraft der Gegenreformation und beherrschte die letzte Sitzung des Trienter Konzils. Während der ersten hundert Jahre gingen einige der wichtigsten Führungskräfte der römischen Kirche aus der SJ hervor. Auch übte sie großen Einfluß unter den Laien aus, da Jesuiten die Erziehung der Prinzen beaufsichtigten oder den Königen als Ratgeber dienten. Die »Gesellschaft« war militärisch und autoritär gegliedert; der absolute Gehorsam gegenüber dem »General« wurde feierlich gelobt.

Franz Xavier (1506–1552) gehörte zur ursprünglichen Gruppe. Auf Einladung des Königs von Portugal verließ er Lissabon, um als Missionar nach Indien zu gehen. In den letzten zehn Jahren seines Lebens taufte er Tausende in Indien, Ceylon und Japan.

Matteo Ricci (1552–1610) begann eine große Arbeit in China und sorgte für christliche Literatur in chinesischer Sprache. Er paßte christliche Gedanken und Riten den traditionellen chinesischen Formen mit solcher Freiheit an, daß sich später daraus eine erhebliche Kontroverse entwickelte. Ein Jahrhundert nach seinem Tode wurden einige seiner Adaptionen offiziell verurteilt. Robert De Nobile (1577–1656) tat einen ähnlichen Dienst unter den Brahmanen in Indien.

Jakob Laynez (1512–1565), Nachfolger Ignatius' als General, war ein Anführer des harten Flügels in Trient. Inzwischen hatte der Orden tausend Mitglieder. Peter Canisius (1521–1597) war ein fähiger Prediger, Apologet und Diplomat – der einflußreichste Gegner der Reformation in Deutschland und Polen. Er begründete Kollegien in Augsburg, München und Innsbruck. Franz Borgia (1510–1572) war der dritte General. Er reformierte und verbesserte alle Zweige der Arbeit der »Gesellschaft«. Seine besondere Aufmerksamkeit galt der Mission in den Amerikas.

Robert Bellarmine (1542–1621), später Kardinal, war ein belesener Gelehrter, der eine geschickte Widerlegung des Protestantismus veröffentlichte. Obwohl er in einer langen Reihe von Kontroversen mit Protestanten auch die päpstliche Autorität verteidigte, waren seine Ansichten zu diesem Thema eher bescheiden zu nennen, was lange seine Heiligsprechung verhinderte.

Francisco de Suarez (1548–1617) lehrte an verschiedenen Jesuitenschulen und in Alcalá und Coimbra. Er veröffentlichte umfangreiche Abhandlungen über Thomas von Aquin, organisierte den Stoff, machte ihn zeitgenössischen Denkern zugänglich und lieferte so einen Beitrag zum Wiederaufleben des Thomismus, der die Gegenreformation begleitete.

Die Jesuiten besaßen ein neues Verständnis von Jüngerschaft. Es verband eine weite Schau und weiträumige Planung mit asketischer Selbstverleugnung und unerschütterlichem Gehorsam. Ein typisches Beispiel für die Selbstlosigkeit und Unterwerfung unter die »Gesellschaft« ist die Ablehnung des Bistums Wien durch Peter Canisius. Wegen seiner Gegnerschaft zu den Reformversuchen Hermann von Wieds in Köln wurde Ferdinand, Karls V. Bruder, auf ihn aufmerksam. Als Ferdinand Kaiser wurde, bot er Canisius den Schlüsselposten in Wien an. Canisius lehnte

Die "schwarze Madonna" vom Montserrat

ENGLAND
1758 – Erste Jesuiten in England
1549 – Gründung eines Jesuitenkollegs, das Hauptsitz der Jesuiten in Deutschland wird
POLEN
Jesuiten bringen die Reformation in Polen zum Stillstand.
Östlich-orthodoxe Kirchen
HL. RÖM. REICH
BÖHMEN
Paris
1534 – Beginn der Bewegungen
Ingolstadt
1542 – Peter Canisius in Süddeutschland.
FRANKREICH
SCHWEIZ
UNGARN
1764
Trient
1606
Padua
Franz Suarez (1548–1617)
Jesuiten dominieren in der dritten Sitzung des Tridentinums
1542 – Erstes Jesuitenkolleg.
Robert Bellarmini (1542–1621)
Montserrat
Manresa
Rom
Lissabon
PORTUGAL 1759
SPANIEN
1767
1540 – Die von Ignatius von Loyola gegründete Societas durch päpstliche Bulle anerkannt; 1551 – Gründung des Collegium Romanum; 1773 – Aufhebung des Ordens durch Papst Klemens XIV.
1767
1548 – Erste Jesuitenschule
1541 – Franz Xavier und andere in die Mission nach Ostindien und Amerika
1547–48 – Jesuitische Missionare nach Marokko und in den Kongo; 1557 – nach Äthiopien
1767
Messina
1583 – Matteo Ricci führt den Orden in China ein.
OSMAN. VASALLEN
89

Jesuitenkolleg 1767 Vertreibungsjahr

das Angebot auf Weisung des Jesuitengenerals ab. Tatsächlich haben die Jesuiten regelmäßig höhere Stellen in der Kirche abgelehnt, außer wenn der Papst sie beauftragte.

Der Begriff »Gegenreformation« ist seit Jahrhunderten von protestantischen und Profanhistorikern benutzt worden zur Kennzeichnung der Maßnahmen, die erfolgreich unternommen wurden, um die evangelische Bewegung in Spanien, Italien, Frankreich, Süddeutschland, Böhmen, Mähren und Polen zum Stillstand zu bringen. Wegen seiner Verbindung mit dem Index und der Inquisition und wegen der Polarisierung im Gefolge der Religionskriege in Frankreich, Holland und Deutschland war der Jesuitenorden lange Zeit das schwarze Schaf derer, die für politische und religiöse Freiheit eintraten. Heute ist klar, daß die Wurzeln der Reformbewegung innerhalb der römisch-katholischen Kirche tief in religiöse Kräfte hineinreichen, die nicht nur auf bloße Gegnerschaft zum Protestantismus reduziert werden dürfen.

Obwohl die Jesuiten die Speerspitze der innerkirchlichen Reformbewegung bildeten und im Kampf gegen »Ketzerei« die Anführer waren, gingen ihnen einige Orden im Versuch der Rückkehr zum kraftvollen und selbstlosen christlichen Dienst voran. Die Theatiner wurden 1524 in Rom durch Cajetan und Caraffa gegründet. Cajetan (1480–1547) war ein Befürworter der inneren Reform der Kirche. Caraffa wurde Paul IV. (Papst 1555–1559), der erste der Gegenreformationspäpste. Die Kapuziner waren ein Abzweig der Franziskaner. In einer 1529 verfaßten Regel suchten sie zur Strenge und Einfachheit der frühen Jahre des Ordens zurückzukehren. Sie überlebten den Abfall ihres dritten Generals, Bernardino Ochino (1487–1564), zum Protestantismus und waren als Prediger und als Männer der Tat geschätzt. Die Barnabiten wurden 1530 in Mailand gegründet und betonten Unterricht und Mission.

Die inneren Reformen, die diese Bewegungen befürworteten, waren praktisch dieselben wie die von den Protestanten geforderten: Ausschaltung der Simonie, des Nepotismus, der Unsittlichkeit usw. In der Lehre verfolgten sie einen anderen Weg, und sie hielten derart am Gehorsam gegenüber dem Papst fest, daß ein Kompromiß mit denen, die nationale, republikanische oder demokratische Prinzipien des Kirchenregiments verfochten, ausgeschlossen war.

Während Süddeutschland im römischen Gehorsam gehalten wurde, erhielten die katholischen Kantone der Schweiz ebenfalls Unterstützung. Mailand war noch eine politische Macht, deren Verträge oder Kriege mit dem Kaiser, Spanien, Frankreich und Neapel die Geschichte dieser Zeit stark beeinflußten. Mailand hatte nun zur Schweiz militärisch und politisch sehr aktive Beziehungen. Unter Carlos Borromeo (1538–1584), der in Trient hervorgetreten war, wurde eine durchgreifende Reform in Mailand durchgeführt: Neugestaltung des Schulwesens, Zucht gegenüber unsittlichen Klerikern, Förderung wohltätiger Werke. Der Erzbischof errichtete 1577 auch ein jesuitisches Seminar in Luzern. Franz von Sales (1567–1622) war Bischof und Haupt der gegenreformatorischen Kräfte in Genf. Er war Beichtvater der Johanna Franziska de Chantal, der Begründerin des Ordens der Visitantinnen (Annecy 1610).

Den größten Sieg errang die Gegenreformation in Polen, wo der Protestantismus – lutherischer, calvinistischer, täuferischer und anti-trinitarischer Prägung – bis zum Kommen der Jesuiten und der Inquisition vorherrschte. Hier hatte Kopernikus (1473–1543) die offizielle Lehre über Sonne und Planeten erschüttert und einen revolutionären Einfluß auf die Universität ausgeübt. Hier war Johannes à Lasco (1499–1560), ein Gelehrter und Prediger von internationalem Ruf, der entscheidende Sprecher einer konservativen (calvinistischen) Reformation.

In der Zeit unmittelbar vor und während der Reformation war Polen politisch schwach. Rußland, Schweden und Dänemark erhoben Ansprüche. Dazu kamen der ständige Druck der Deutschritter und gelegentlich türkische Einfälle. Der gewählte König war von einer nationalen Versammlung des Adels abhängig, in der Einstimmigkeit bei wichtigen Entscheidungen vorgeschrieben war. Unter Sigismund II. (König 1548–1572) blühte die Wissenschaft und der neue Glaube. Sein Nachfolger versprach allen Parteien Religionsfreiheit. Mit Sigismund III. (König 1587–1632) kam ein Wasa, der von Jesuiten erzogen worden war, auf den Thron. Seine lange Regierung fügte dem Protestantismus großen Schaden zu, und seine vielen Kriege erschütterten Polen wirtschaftlich.

Den geistreichsten Kampf gegen die Jesuiten führte Blaise Pascal (1623–1662), der große Mathematiker und Theologe von Port-Royal. In seinen *Lettres provinciales* (1656–57) ritt er Attacken gegen die Kasuistik der Jesuiten: Er warf ihnen vor, die Zucht und Einfachheit der frühen Kirche verlassen zu haben.

Im Zeitalter des aufgeklärten Absolutismus wurde die »Gesellschaft«, die mit politischer Reaktion, Treue gegenüber einer internationalen Macht und Feindschaft gegen Freiheit und Fortschritt gleichgesetzt wurde, aus einer Anzahl Länder vertrieben und eine Generation lang vom Papst unterdrückt (1773–1814).

Die Jesuiten in den Amerikas 16.–18. Jh.

NORDAMERIKA (OSTEN)

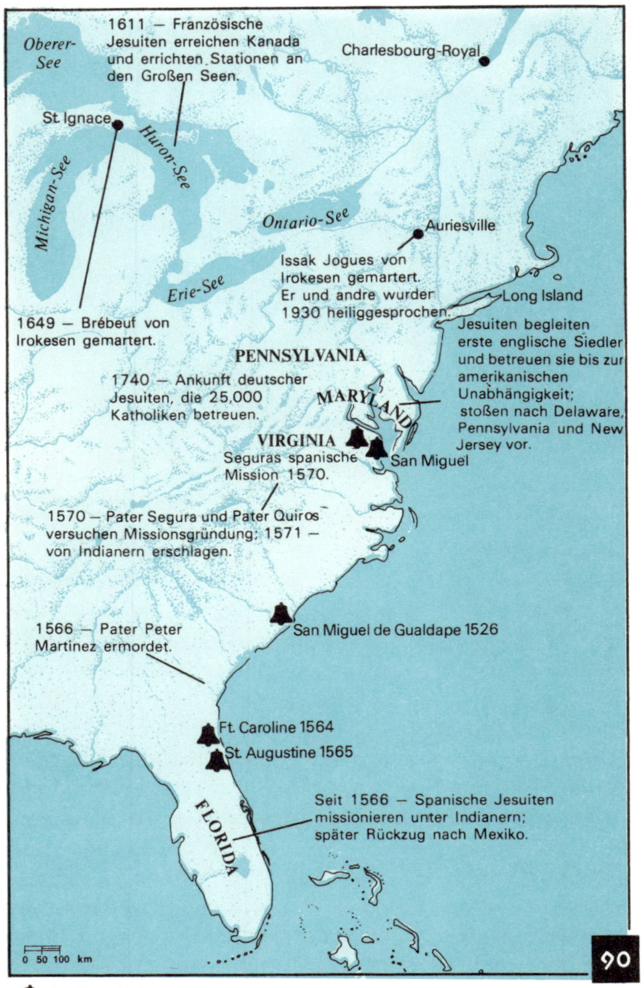

Jesuitenmission

NORDAMERIKA (WESTEN)

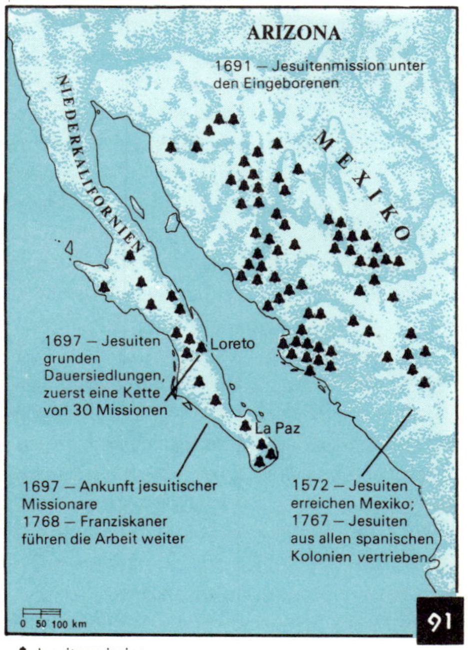

Jesuitenmission

Wenn Missionare zu den Indianern gingen, dann oft mit romantischen Vorstellungen von den »Eingeborenen«, die noch unberührt und unverdorben waren. Als die Schweizer Brüder von Zürich wegen ihres Glaubens eingesperrt waren (ca. 1525), träumten sie davon, »zu den roten Indern« zu gehen, um ihren Verfolgern zu entkommen. Einige der Jesuitenväter hatten die gleichen Idealvorstellungen, erlebten aber dann die Eingeborenen als unberechenbar und grausam.

Zu dem natürlichen Argwohn der Indianer gegenüber den Eindringlingen kam noch die Wirkung der europäischen Moral, der Kriege und unverständliche Bräuche auf eine weniger aggressive Gesellschaft. Im großen und ganzen waren die französischen Kolonisten und Händler mit den Algonquin-Stämmen verbündet, die Engländer mit den Irokesen. Brébeuf und Jogues wurden tatsächlich von den Irokesen gemartert – aber ob als christliche Missionare oder als Franzosen, ist ungewiß und belanglos –, weil weder die Indianer noch die Weißen zwischen politischen und religiösen Zielen unterschieden.

Indianerkriege waren eine Art Spiel, rauh zwar, aber nicht völkermordend. Selbst das Skalpieren, angeblich eine typisch indianische Unfreundlichkeit, scheint erst wirklich richtig in Gang gekommen zu sein, als die Briten dazu übergingen, verbündeten Indianern Prämien für feindliche Skalpe zu zahlen. Europa verdankt den Indianern viel, z.B. Kürbis, Kartoffel (die den preußischen Militärapparat ermöglichte), Tabak, Mais. Dafür brachten die Europäer aber auch den Indianern manches, darunter Pocken, Keuchhusten, Whisky, nicht eingehaltene Verträge und das Christentum. Sowohl im spanischen als auch im englischen Weltreich landeten die Eingeborenen, die überlebten, ganz unten auf der wirtschaftlichen Leiter: nur den afrikanischen Sklaven und ihren Nachkommen ging es noch schlechter. Die Franzosen behandelten die Indianer besser.

Einige Missionare traten allerdings auch den europäischen Ausbeutern mit beispielhaftem Mut entgegen. Bartolomé de Las Casas (1474–1560) und Domingo de Salazar (1513–1594) stachen hervor; der letztere war später Bischof von Manila und Verfechter der Interessen der Eingeborenen auf den Philippinen.

Einer der bekanntesten Versuche, die Eingeborenen vor den unheilvollen Einwirkungen der Berührung mit den Europäern zu schützen, wurde zwischen 1618 und 1767 in Paraguay unternommen. Um ihr Ziel zu erreichen, sicherten sich die Jesuiten ein Handelsmonopol mit den Indianern und begannen, diese in Kommunen (»Reduktionen«) zusammenzufassen, die von Sklavenjägern und weißen Landbesitzern weit entfernt lagen. Die Indianer erhielten Unterricht und Anleitung in landwirtschaftlichen und handwerklichen Fertigkeiten. Jede Kommune wurde um eine Kirche gebaut, die das Zentrum für Singen und religiöse Tänze war. Eine Miliz wurde für die Selbstverteidigung ausgebildet. Dieses jesuitische Experiment christlich-kommunalen Lebens zählte auf seinem Höhepunkt dreißig Gemeinden mit zwischen 100000 und 150000 Mitgliedern.

SÜDAMERIKA

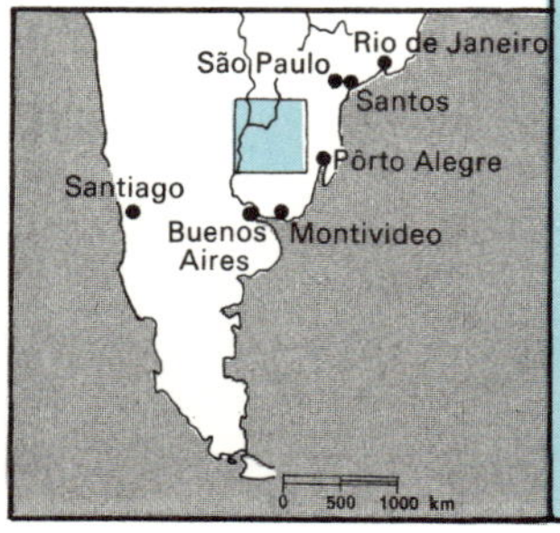

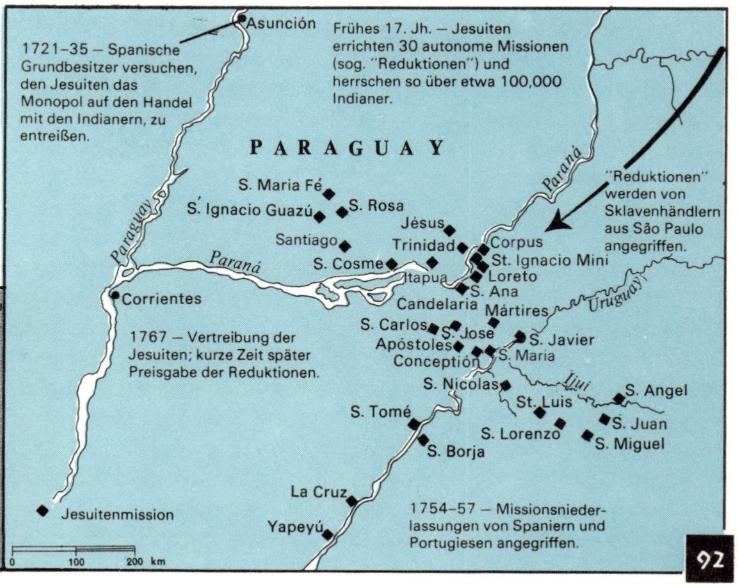

Das Konzil von Trient 1545–1563

Im Urteil einiger Historiker kam der Ruf nach einem allgemeinen Konzil zu spät. Nicht eine Wiedervereinigung des Corpus Christianum auf der Basis eines Reformprogramms war möglich, sondern nur noch die Bestätigung des Gegensatzes durch die römisch-katholische Seite.

Die Verzögerung hatte neben dem Desinteresse Martin Luthers und des Papstes verschiedene Gründe. Der ständige Konflikt zwischen Spanien (Karl V.) und Frankreich (Franz I.) war am wichtigsten für den Aufschub. Als das Konzil schließlich zusammentrat, hatte sich das Luthertum zu einer Lehre verfestigt, waren Straßburg und Hessen konfessionell festgelegt, und Calvin hatte seine zweite Wirksamkeit in Genf schon lange angetreten.

Die erste Periode war unscheinbar, und es kamen Kirchenleute und nicht Fürsten, auf die die Reformer bauten. Einige katholische Reformer der humanistischen Tradition waren anwesend, mit denen Protestanten wie Butzer und Melanchthon enge Verbindung unterhielten und mit denen sie in Unionsgesprächen 1540–41 zusammengearbeitet hatten. Besonders angesehen unter ihnen war Reginald Pole (1500–1558), Erzbischof von Canterbury unter Maria Tudor, ein Brieffreund des Thomas More und des Erasmus; er war bei der Papstwahl 1549 nur mit einer Stimme unterlegen. Die Abstimmungsmethode, die in Konstanz (1414–1418) angewandt worden war, war zugunsten einer Abstimmung nach Köpfen geändert worden, wodurch der propäpstliche italienische Block dominierte. Nur Mitglieder der päpstlichen Gruppe, einschließlich zweier Jesuiten, durften bei öffentlichen Versammlungen predigen.

Die erste wichtige Entscheidung war es, dogmatische und reformerische Fragen abwechselnd zu behandeln. Am 8. April 1546 wurde entschieden, daß Bibel und Tradition gleichermaßen Quellen der Wahrheit sind, daß die Kirche allein maßgebende Auslegerin der Bibel ist und daß die Übersetzung des Hieronymus (die Vulgata) normativ ist. Dies bedeutete, daß eine Versöhnung mit den Protestanten nicht beabsichtigt war, denn alle Anwesenden kannten den Standpunkt der Reformatoren, daß die Bibel den Vorrang hat und der Prediger das Wort in den ursprünglichen Sprachen studieren soll. Die Verlautbarungen über Rechtfertigung, Erbsünde und Sakramente (die Siebenzahl war zuerst auf dem Konzil in Florenz 1439 festgesetzt und jetzt bestätigt worden) verstärkten die Mauer zwischen den Kirchen.

Die zweite Periode wurde auch von einigen Protestanten besucht, die erfolglos eine Wiedereröffnung der Debatte über frühere Entscheidungen verlangten. Sie versuchten auch, das Konzil dazu zu bewegen, die Lehre des Reformkonzils zu Basel (1431–1449) zu bestätigen, daß ein allgemeines Konzil über dem Papst steht. Dank geringer Teilnahme aus Frankreich und Spanien fällte das Konzil, von den Italienern beherrscht, wichtige Entscheidungen. Die Eucharistie wurde im Sinne der Transsubstantiation definiert, und calvinistische, zwinglische und lutherische Ansichten wurden verurteilt.

Keine Versammlung fand unter dem leidenschaftlich anti-protestantischen Paul IV. (Papst 1555–1559) statt, und als die letzte Periode abgehalten wurde, verfügten die Jesuiten über den beherrschenden Einfluß. Die meisten Humanisten der erasmischen Tradition waren gestorben und ihre Arbeiten bereits auf dem Index. Bedeutende Delegationen aus Spanien und Frankreich erschienen, die letzteren oft Gegner der Italiener. Wichtige Reformbeschlüsse wurden bezüglich der verbesserten Ausbildung der Priester und der Regelung ihres Verhaltens gefaßt. Die Ernennung von Bischöfen wurde festgelegt. Vorkehrung wurde für Synoden auf Provinz- und Diözesanebene getroffen. Ein von Kaiser Ferdinand II. durch den Kardinal von Lothringen vorgenommener Vorstoß zur gründlichen Neuordnung und Reform der lateinischen Kirche wurde abgewiesen. Das Konzil behielt seinen vorgesehenen Kurs bei, zum guten Teil, weil das Amt des Vorsitzenden bei Kardinal Giovanni Morone (1509–1580) in fähigen Händen lag, dem letzten verbleibenden hohen Kirchenmann, der einst das Vertrauen der Erasmus-Anhänger, der Reformer und der weltlichen Herrscher genossen hatte.

Nach Schluß des Konzils wurden dessen Beschlüsse durch Pius IV. (26. Januar 1564) bestätigt.

1. Periode 1545–47; 1.–8. Sitzung

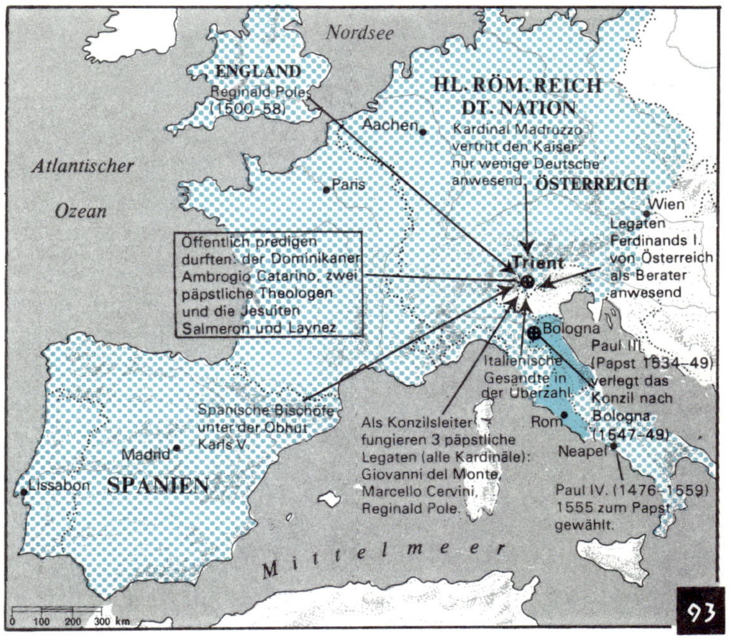
Nordsee
ENGLAND
Reginald Pole (1500–58)
HL. RÖM. REICH DT. NATION
Aachen
Kardinal Madruzzo vertritt den Kaiser; nur wenige Deutsche anwesend
ÖSTERREICH
Wien
Atlantischer Ozean
Paris
Öffentlich predigen durften: der Dominikaner Ambrogio Catarino, zwei päpstliche Theologen und die Jesuiten Salmeron und Laynez
Trient
Legaten Ferdinands I. von Österreich als Berater anwesend
Bologna
Paul III. (Papst 1534–49) verlegt das Konzil nach Bologna (1547–49)
Italienische Gesandte in der Überzahl
Spanische Bischöfe unter der Obhut Karls V.
Als Konzilsleiter fungieren 3 päpstliche Legaten (alle Kardinäle): Giovanni del Monte, Marcello Cervini, Reginald Pole.
Rom
Neapel
Madrid
Lissabon
SPANIEN
Paul IV. (1476–1559) 1555 zum Papst gewählt.
Mittelmeer
0 100 200 300 km
93

2. Periode 1551–52; 9.–14. Sitzung

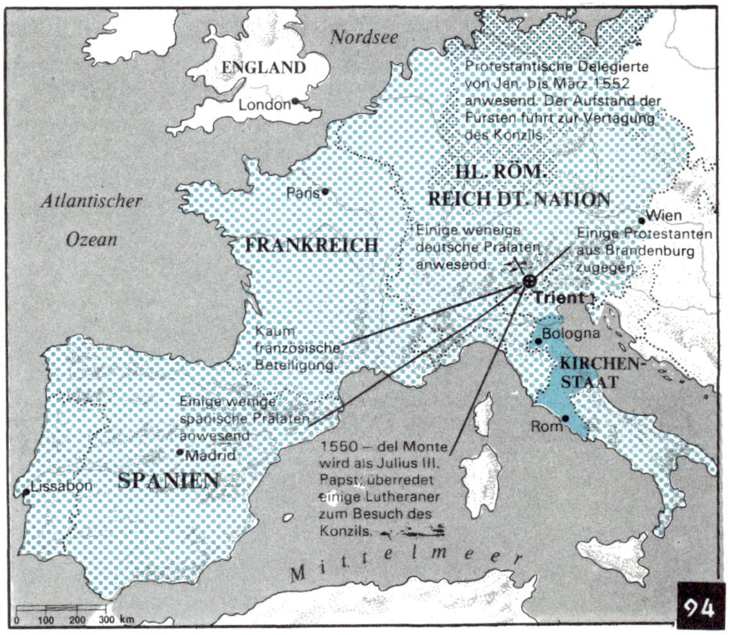
Nordsee
ENGLAND
London
Protestantische Delegierte von Jan. bis März 1552 anwesend. Der Aufstand der Fürsten führt zur Vertagung des Konzils.
HL. RÖM. REICH DT. NATION
Atlantischer Ozean
Paris
Wien
FRANKREICH
Einige weneige deutsche Prälaten anwesend.
Einige Protestanten aus Brandenburg zugegen.
Trient
Kaum französische Beteiligung.
Bologna
KIRCHEN-STAAT
Einige wenige spanische Prälaten anwesend
Rom
Madrid
1550 – del Monte wird als Julius III. Papst; überredet einige Lutheraner zum Besuch des Konzils.
Lissabon
SPANIEN
Mittelmeer
0 100 200 300 km
94

3. Periode 1562–63; 15.–25. Sitzung

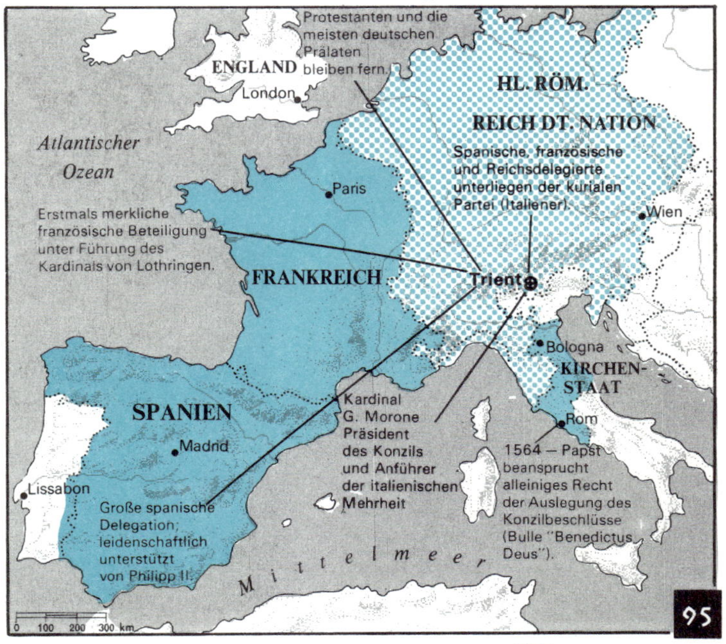
Protestanten und die meisten deutschen Prälaten bleiben fern.
ENGLAND
London
HL. RÖM. REICH DT. NATION
Atlantischer Ozean
Spanische, französische und Reichsdelegierte unterliegen der kurialen Partei (Italiener).
Paris
Wien
Erstmals merkliche französische Beteiligung unter Führung des Kardinals von Lothringen.
FRANKREICH
Trient
Bologna
KIRCHEN-STAAT
Kardinal G. Morone Präsident des Konzils und Anführer der italienischen Mehrheit
SPANIEN
Rom
Madrid
1564 – Papst beansprucht alleiniges Recht der Auslegung des Konzilbeschlüsse (Bulle "Benedictus Deus").
Lissabon
Große spanische Delegation; leidenschaftlich unterstützt von Philipp II.
Mittelmeer
0 100 200 300 km
95

Auf dem Konzil stark vertreten
Auf dem Konzil anwesend
Deutsche Protestanten
Grenzen von 1550

Osmanisches Reich und Eroberungen bis 1520.

Erwerbungen Suleiman II. d. Gr. (des Prächtigen) und Ausdehnung bis 1683.

1393 Jahr der Eroberung durch die Türken.

Türkischer Soldat mit zwei gefangenen Bauern

Die islamische Offensive in Europa 15.–17. Jh.

Nach dem Fall Konstantinopels (1453) wurden die osmanischen Türken die Herren des östlichen Mittelmeeres. Ihre Vormachtstellung zur See wurde erst bei Lepanto (1571) herausgefordert und ihr Vormarsch auf dem Balkan nach Zentraleuropa erst durch Johann Sobieski (König von Polen von 1674–1696), der Wien rettete (1683), gestoppt. Daher waren die Türken während der gesamten Zeit der Reformation und Gegenreformation ein wichtiger Faktor europäischer Politik. Ihre militärische Macht war tatsächlich ansehnlich: während der zweiten Belagerung Wiens wurde Belgrad (1521 erobert) als Aufmarschgebiet benutzt, und Karawanen von 60000 Kamelen brachten Nachschub für den Angriff herbei.

Die Republik Venedig, die nach dem Niedergang von Byzanz den östlichen Handel beherrscht hatte, wurde geschwächt (Kriege zwischen Venedig und den Türken: 1463–1479; 1499–1503; 1537–1540; 1645–1664; 1718). Die habsburgischen Lande in Osteuropa waren einem dauernden Angriff ausgesetzt, nachdem der Balkan überrannt war und sogar Teile Polens, der Ukraine und Westrußlands über eine lange Zeit unter türkische Lehnsherrschaft gerieten. 1571 organisierte der Papst einen heiligen Bund gegen die Türken, der durch Don Juan d'Austria zum Sieg bei Lepanto führte; aber Spanien und Venedig fielen aus und ließen den Nutzen verstreichen.

Die Osmanen hatten zuerst 1345 den Übergang nach Europa unternommen, als sie in dynastische Auseinandersetzungen in Byzanz eingriffen. Seit dieser Zeit beherrschten sie die Ostkaiser. Einige Jahre später wurde das Janissercorps gegründet, das aus entführten christlichen Kindern bestand, die man umerzog und zu islamischen Elitekämpfern ausbildete. Die türkische Herrschaft wurde, noch bevor Konstantinopel fiel, über Bulgarien, Serbien, die Walachei, Albanien und Bosnien ausgebreitet. Nach der Schlacht von Mohács (1526) kam Ungarn unter türkische Herrschaft. In Ungarn war das Luthertum in den Städten fest verankert. Transsylvanien, wo die Mehrheit des Adels und der Mittelschicht calvinistisch gesonnen war und wo seit 1560 religiöse Toleranz praktiziert wurde, zahlte seit ca. 1540 Tribut an die Türken.

Zum Verständnis der Eigenart des Christentums auf dem Balkan ist es gut, sich zu erinnern, daß Griechenland bis 1831 und Serbien bis 1856 unter muslimischer Herrschaft standen.

Dynastische Streitigkeiten spalteten den Islam ebenso wie die Christenheit, und selbst bei den schlimmsten militärischen Auseinandersetzungen zwischen einem muslimischen Herrscher und einem christlichen Fürsten konnten sich die jeweiligen Gegner beider im eigenen Lager miteinander verbünden. Franz I. pflegte Freundschaft mit Suleiman, und beider Flotte beschoß gemeinsam Nizza während seines vierten Krieges mit Karl V. (1542–1544). Während des Feldzugs Selims I. gegen Persien (1516) schloß der Mamelukensultan von Ägypten ein Bündnis mit Persien. Selim besiegte ihn und plünderte Kairo.

Unter Selim II. (osmanischer Sultan 1566–1574) wurde ein interessantes Experiment einer Neueingliederung unternommen. Unter den Tausenden spanischer Juden, die in und um Konstantinopel anläßlich der Vertreibung der Muslims und Juden aus Spanien und Neapel ankamen, befand sich Don Joseph Nassi, der ein Vertrauter Selims wurde. Der übergab ihm die Gegend um das Galiläische Meer, um dort jüdische Flüchtlinge aus Italien anzusiedeln.

Abgesehen von gelegentlichen fanatischen Ausbrüchen unter Eiferern wie den Almohads (10.–11. Jh.) oder den Wahhabis (18. Jh.) hat sich der Islam – bis zum Ausbruch des arabischen Nationalismus in der Moderne – meistens toleranter gezeigt als das Christentum. In Ägypten und Kleinasien hielten sich kleine christliche Gemeinschaften über tausend Jahre, wenngleich ziemlich »versteinert«. Als die Juden von der Iberischen Halbinsel vertrieben wurden, fanden die meisten einen Zufluchtsort in Nordafrika oder Kleinasien. Während ihrer Herrschaft in Osteuropa schützten türkische Verwalter christliche Minderheiten. Auf dem Balkan tauchten am Ende des 19. Jh.s starke christliche Kirchen mit intakter Liturgie und Lehre wieder auf – allerdings ohne ein Corpus christlicher Ethik und ohne Missionsbewußtsein.

Die Politik der Toleranz schloß nie volle Gleichberechtigung der nichtislamischen Untertanen ein. Das Milletsystem, ein Verwaltungskunstgriff, um den Status von Minderheiten zu definieren und ihre Angelegenheiten zu behandeln, der bis zum römischen Reich zurückgeht, regelte den Status von Christen und Juden unter dem Islam. Muslimische Feindschaft gegen die eigenen Ketzer war weit brutaler, so etwa gegen die Drusen, Anhänger des Propheten Al-Hakim (ägyptischer Kalif von 996–1020) oder anläßlich des von Selim II. angeordneten Blutbads unter 40000 seiner eigenen schiitischen Untertanen (1514).

Rußland unter Peter dem Großen 1672–1725

Nikon, Patriarch von Moskau

Rußland vor Peter d. Gr.
Erwerbungen Peter d. Gr.

Ivan IV. (Herrscher 1533–1584) war der erste, der den Titel »Zar« annahm. Er eroberte einen Zugang zur Ostsee nach einem Krieg mit den Deutschrittern. 1589 erhielt Moskau ein unabhängiges Patriarchat, und die Idee, daß diese Stadt das »dritte Rom« sei, trat in der russischen Kirche in den Vordergrund.

Während der religiösen Unruhe jener Zeit widerstand die russische Orthodoxie starken Schlägen von innen und außen. Polen, wo fähige Könige die Jesuiten unterstützten, übte Druck aus, um eine Einigung mit Rom zu erreichen. Nach einer Synode 1596 wurde eine beträchtliche Zahl Orthodoxer in Polen und Litauen Uniaten (in Gemeinschaft mit Rom unter Beibehaltung ihrer eigenen Riten). Zur selben Zeit unterhielt Cyrillus Lucaris (1572–1638), der den Patriarchen auf der Synode 1596 gegen eine Union mit Rom vertrat und der 1620 zum Patriarchen von Konstantinopel ernannt wurde, Verbindungen mit Genf und mit der Kirche von England. Als Echo auf die Uniaten und auf Lucaris verfaßte der Metropolit von Kiew, Petrus Mogilas (1597–1646), eine vollständige und autoritative Übersicht über die orthodoxen Lehren.

Unter Michael Romanow (Zar von 1613–1645) wurde die politische Ordnung nach einer »Zeit der Unruhen« wiederhergestellt. Kurz darauf kam es zu einer wichtigen und bleibenden Kirchenspaltung der Orthodoxie. Nikon (Pariarch 1652–1666), einer der fähigsten und eifrigsten Männer der russischen Kirchengeschichte, unternahm eine Reform der gottesdienstlichen Bücher gemäß der alten Texte. Er stieß auf Widerstand einer anderen Reformgruppe, die an den traditionellen russischen Weisen des Gebets und des Fastens festhielten. Nikon wurde beschuldigt, die vertrauten Texte verderbt zu haben, die Hierarchie zu gebrauchen, um die Rechte der gewöhnlichen Priester zu unterhöhlen und willkürlich Macht auszuüben. Er wurde abgesetzt, als er die Unterstützung des Zaren Alexis verlor. Aber die ihn absetzende Synode nahm viele seiner Reformen an, und die Altgläubigen verweigerten den Gehorsam. Weil ihre Sache in den unteren Schichten Anklang fand und sogar mit einer Revolte der Moskauer Garnison in Verbindung stand, begannen die Behörden, sie zu verfolgen. Zehntausende wurden lebendig verbrannt, vielen mehr wurde die rechte Hand abgehackt (weil sie zwei, statt drei Finger beim Segnen gebraucht hatten); aber sie haben sich bis zur Gegenwart gehalten.

Unter Peter dem Großen (Zar 1689–1725) kam die russische Kirche so vollständig unter die Herrschaft des Staates, daß das Patriarchat zwei Jahrhunderte ausgelöscht war. An seine Stelle trat der Allerheiligste Synod (1721), und das Amt für Klöster wurde wieder eingerichtet, um den Reichtum der Kirche zu überwachen. Peters Aufmerksamkeit richtete sich auf die Modernisierung seines Reiches und die Stärkung der Autorität des Monarchen gegenüber auseinanderstrebenden Kräften im Adel und der Kirche. In dieser Zeit geschah die letzte große Intervention der Schweden in den Kriegen Karls XII. gegen Rußland (1700–1721). Sie endeten damit, daß Schweden Livland, Estland, Ingermanland und andere Gebiete an Rußland abtrat. Rußland wurde eine europäische Macht.

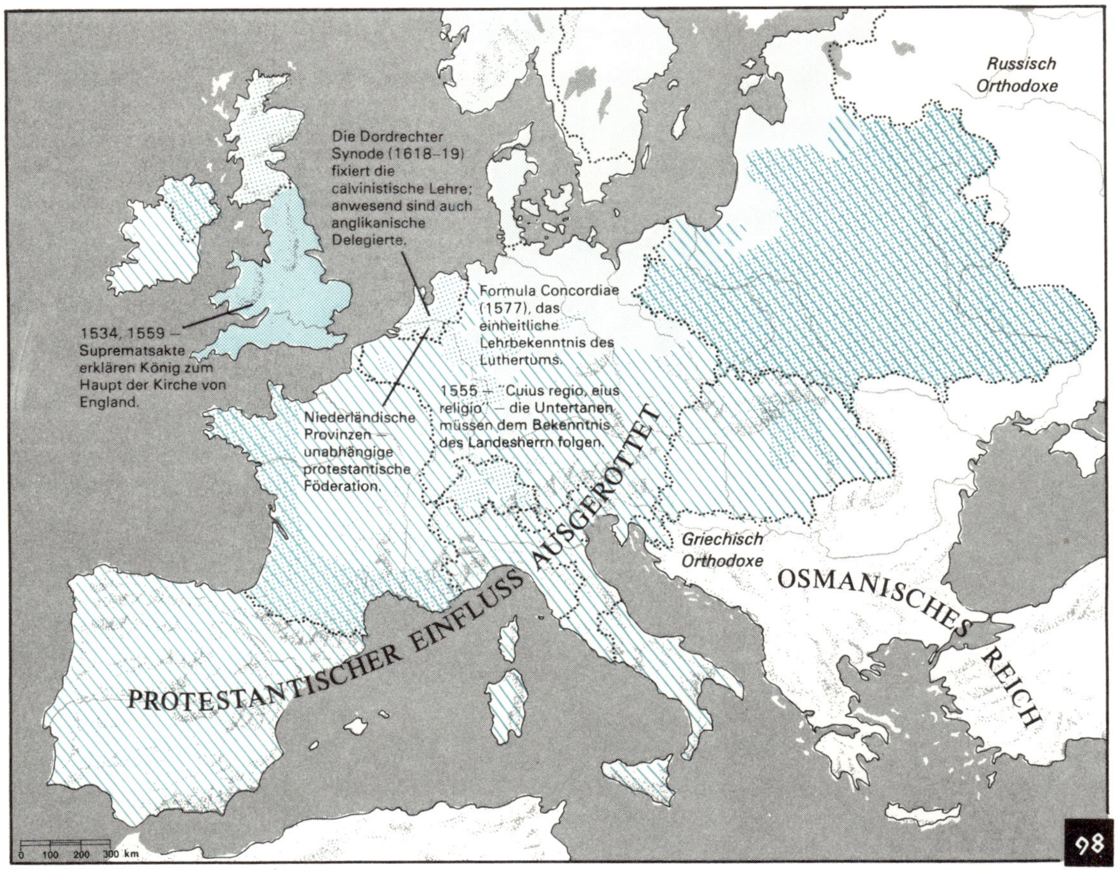
Russisch Orthodoxe
Die Dordrechter Synode (1618–19) fixiert die calvinistische Lehre; anwesend sind auch anglikanische Delegierte.
Formula Concordiae (1577), das einheitliche Lehrbekenntnis des Luthertums.
1534, 1559 – Suprematsakte erklären König zum Haupt der Kirche von England.
1555 – "Cuius regio, eius religio" – die Untertanen müssen dem Bekenntnis des Landesherrn folgen.
Niederländische Provinzen – unabhängige protestantische Föderation.
PROTESTANTISCHER EINFLUSS AUSGEROTTET
Griechisch Orthodoxe
OSMANISCHES REICH
0 100 200 300 km
98
Römisch-Katholische
Lutheraner
Calvinisten
Anglikaner

Hugo Grotius, der "Vater des Völkerrechts".

Neue Gruppierungen des christlichen Europas (spätes 16. Jh.)

Zu Beginn des 16. Jh.s gab es im spanischen und italienischen Katholizismus wichtige Reformimpulse. Juan de Valdés (ca. 1500–1541) war ein Kastilianer, dessen Andachtsliteratur bekannt wurde. In Neapel war er das Haupt einer Gruppe hochgeborener reformfreudiger Laien. Peter Martyr (1500–1562), ein Freund Valdés', war ein führender Prior der Augustiner, der im Laufe von intensiven Bibelstudien unter den Einfluß Butzers und Zwinglis kam. Er wurde ein Reformator. Bernardino Ochino (1487–1564) war ein weiterer Freund Valdés'. In Siena geboren, stieg er zum General der Franziskaner und dann zum Haupt der strengeren Kapuziner auf. Er wurde für die evangelische Sache gewonnen und war Pastor der italienisch-evangelischen Gemeinde in Augsburg. In seinen letzten Jahren reiste er nach Polen, wo die Minoriten eine radikale Reformation verfolgten. Aber selbst Ignatius und die Jesuiten fielen von Zeit zu Zeit in Ungnade bei der Inquisition, und jeder weniger gehorsame Mystiker, Humanist oder Verfechter einer Erneuerung wurde einfach ins Exil getrieben oder getötet.

Im Prozeß der Verschärfung der Zucht und der Vorbereitung auf ein wirksames Auftreten der Kirche schufen die Väter der lateinischen Kirche auf dem Trienter Konzil etwas Neues: die römisch-katholische Kirche. Ausgeschlossen wurden die Lutheraner, Calvinisten und englischen Protestanten, die ebenfalls Erben der katholischen Tradition früherer Jh.e waren. Nur die radikale Reformation, die behauptete, die Jh.e zwischen der Urgemeinde und der Wiederherstellung der wahren Kirche übersprungen zu haben, empfand keinen Verlust.

1577 entwarfen die lutherischen Kirchen in der *Formula Concordiae* ein festumrissenes und abschließendes Glaubensbekenntnis. Führend beteiligt waren Jakob Andreae (1528–1590) und Martin Chemnitz (1522–1586). Katholizismus und Calvinismus, aber auch die irenischen Positionen Melanchthons, wurden ausgeschlossen. Außer der *Formula* enthielt das 1580 veröffentlichte Concordienbuch die altkirchlichen Symbole und die lutherischen Bekenntnisse. Repräsentanten vieler deutscher Landeskirchen unterzeichneten die *Formula Concordiae* zusammen mit mehreren Tausend Theologen.

Auf der Dortrechter Synode 1618–1619 brachten Calvinisten aus den Niederlanden, England, der Schweiz, Schottland, der Pfalz und anderen Staaten ein ähnliches Werk für diesen Teil der Christenheit zustande. Wiederum waren die Entscheidungen gegen Gemäßigte der eigenen Richtung sowie gegen Lutheraner und Katholiken abgestellt. Der gemäßigte Calvinismus, führend vertreten durch Jakob Arminius (1560–1609) und Hugo Grotius (1583–1645) wurde verurteilt. Strenge Aussagen über Erwählung, Sühne, gänzliche Verderbtheit, Gnade und das Ausharren der Heiligen wurden angenommen. Führend bei der Formulierung der calvinistischen Orthodoxie war Franz Gomarus (1563–1641).

Gegenüber allen drei konfessionellen Positionen gab es inneren Widerstand, aber katholische Gemäßigte wurden nach Trient unterdrückt, lutherische Gemäßigte nach der *Formula Concordiae* und calvinistische nach Dortrecht. In Frankreich wurden die Trienter Konzilsbeschlüsse nie veröffentlicht. In Dänemark wurde die *Formula Concordiae* nie anerkannt. In der Kirche von England verlor die calvinistische Linie später an Boden gegenüber einem umfassenden Mittelweg zwischen Protestantismus und römischem Katholizismus. Wie trennend die drei gegensätzlichen Positionen auf den ersten Blick auch scheinen, so haben sie doch eine größere lehr- und ordnungsmäßige Einheitlichkeit als je zuvor in breiten Gebieten der Christenheit geschaffen.

Während des Mittelalters hatte sich die lateinische Kirche den unterschiedlichsten Gebräuchen angepaßt. Nach Trient, der *Formula Concordiae* und Dortrecht waren theologische, liturgische und kirchliche Ordnungen in großen Gebieten einheitlich. Das Selbstbewußtsein und Empfinden einer historischen Sendung wurde in allen drei Konfessionen spürbar verstärkt.

Alle drei bekannten sich zu einer Kontinuität der christlichen Geschichte, die mit den Kirchenvätern und frühen Glaubensbekenntnissen einsetzt und Lehrer und Heilige des Mittelalters wie Anselm, Franz von Assisi und Bernhard von Clairvaux einschloß. Der Hauptunterschied bestand darin, daß die römischen Katholiken auf der Letztgültigkeit der päpstlichen Autorität und die Protestanten auf der Letztgültigkeit der biblischen Ordnung beharrten. Von wenigen individuellen Ausnahmen abgesehen, hat keine der drei Konfessionen der östlichen Orthodoxie ihre Aufmerksamkeit geschenkt. Die Täufer lehnten alle drei ab, weil diese der kirchengeschichtlichen Periode des »Verfalls« angehörten, wie umgekehrt alle drei darin übereinstimmten, daß die Täufer Ketzer seien.

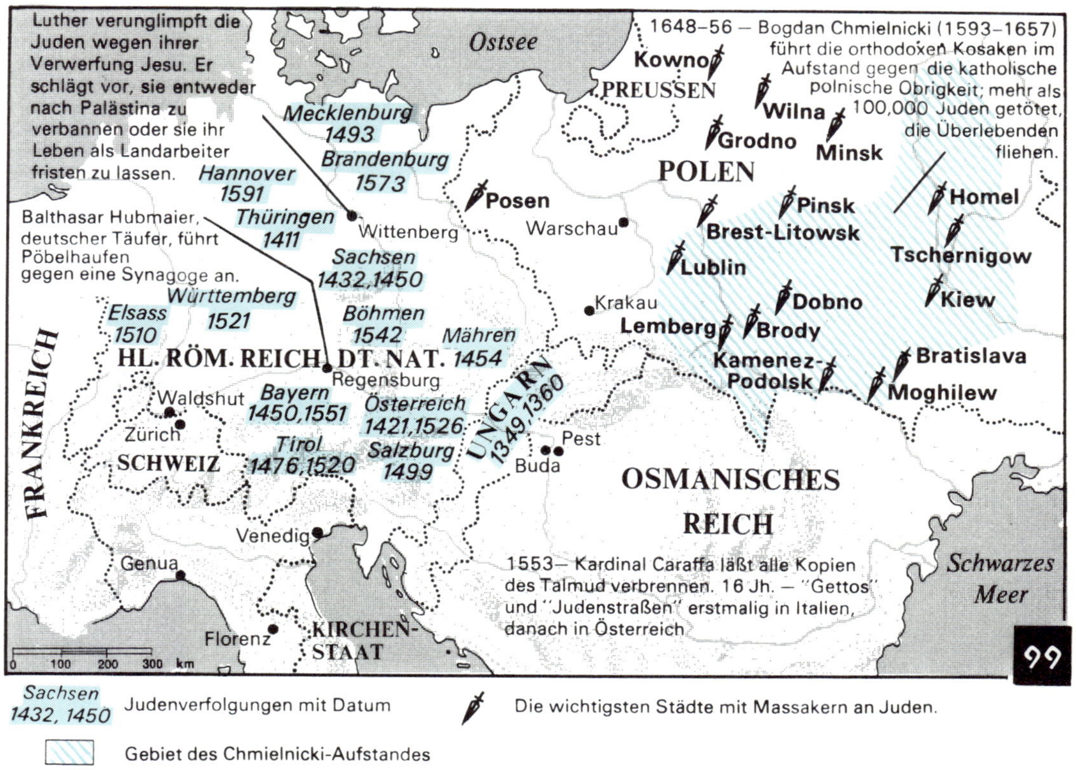

Unterdrückung der Juden in Europa 16.–17. Jh.

Die Schau einer einheitlichen Christenheit hörte mit der Teilung der westlichen Christenheit in drei Hauptblöcke (vier, als der Anglikanismus das calvinistische Lager verließ) nicht auf. Sie blieb auch in der östlichen Orthodoxie lebendig. Der Anstieg der allgemeinen Teilnahme am religiösen Leben war verhängnisvoll für alle, die nicht mit der etablierten Religion konform gingen.

Die enge Verbindung von Kirche und Staat, die alle Teile der Christenheit im 16. und 17. Jh. kennzeichnet, zahlte sich für »Gegenkulturen« schlecht aus. Die Ablehnung der vom Staat anerkannten Religion war nicht einfach nur Unglaube, sondern zugleich Verrat. Das Recht, in ein freundlicheres Territorium auszuwandern *(jus emigrandi)* war ein deutlicher Fortschritt. Dieses Prinzip wurde im Augsburger Religionsfrieden von 1555 verankert: den Lutheranern und Katholiken wurde das Recht zugestanden, mit Leben, Gütern und Ersparnissen aus einem Gebiet auszuwandern, dessen Fürst sich für die andere Religion entschied. 1648 wurde den Calvinisten das gleiche Recht zugestanden. Die Behandlung jüdischer Auswanderer in Rußland hatte 1973 immer noch nicht diesen Stand menschlicher Freiheit erreicht.

Die Lage der Juden in einer Zeit des aufwallenden Nationalismus und des Dranges zur religiösen Anpassung war gefährlich. Einige spanische Juden fanden Zuflucht im Kirchenstaat, weil dort die Inquisition weniger brutal als in Spanien war; dort hatten einige beträchtlichen Einfluß auf norditalienische Humanisten und später auf einzelne radikale Reformatoren.

In den Städten, in denen die freien Bürger beträchtliche Einflußmöglichkeiten hatten, konnte ein einziger Demagoge den Pöbel gegen die Juden aufhetzen. Balthasar Hubmaier (ca. 1485–1528), selbst später ein Märtyrer der religiösen Verfolgung, hielt als Priester in Regensburg eine Reihe Predigten gegen die Juden, die zum Niederbrennen der Synagoge und zu viel Leid führten. Die Täufer, die zwischen dem AT und NT, dem Zeitalter des Gesetzes und dem der Gnade, radikal unterschieden, ließen sich oft zu antijüdischer Polemik hinreißen. Martin Luther (1483–1546) war noch schlimmer, als er in seinen späten Jahren mit Bedauern auf den teilweisen Fehlschlag der von ihm geführten Reformation zurückblickte. Er hatte die Bekehrung der Juden erwartet, die mit dem neuen Aufscheinen des Evangeliums einhergehen sollte. Dies hatte sich – wie manche andere Hoffnung – nicht erfüllt, und er verfaßte eine Schmähschrift gegen die Juden, die des großen Reformators nicht würdig war. (Die Nazis konnten die Schrift *Von den Juden und ihren Lügen* ohne Fußnote und Streichung neu herausgeben.)

Auch die Gegenreformation brachte erneute Leiden. So verlangte die päpstliche Bulle *Vices eius nos* (1. September 1577), daß die Juden im Kirchenstaat »Bekehrungspredigten« beiwohnen mußten, die oft von abtrünnigen Juden wie Vitale de'Medici (vorher Jehiel da Pesaro) gehalten wurden. Dieser entehrende Brauch wurde in Italien und Frankreich bis zur Französischen Revolution fortgeführt.

Der Antisemitismus ist ein Produkt des Christentums; er ist allerdings auch im Islam und in nachchristlichen Ideologien wie dem Marxismus und Nazismus anzutreffen. Es ist falsch, ihn mit den Feindschaften, die von jeher zwischen Stämmen und Völkern herrschten, gleichzusetzen. Antisemitismus, oder besser: Judenfeindschaft, entsteht im Gefolge einer Ideologie, die dem jüdischen Volk einen Ort in der fortschreitenden Geschichte verweigert. Dies taten mit wenigen Ausnahmen die Kirchenväter. Als Hellenen lehnten sie den jüdischen Anspruch auf Erwählung und Einzigartigkeit ab. Da sie eben dies auf das »neue Israel«, die christliche Kirche, übertrugen, erklärten sie, daß die Rolle des jüdischen Volkes als Träger der Geschichte beendet sei. Die Juden waren schuldig am Kreuzestod Jesu und am Märtyrertod des Stephanus; nach Christus sollten sie absterben und verschwinden.

Auf diese Grundlage eines theologischen Antisemitismus legte sich als nächste Schicht ein kultureller Antisemitismus. Im 20. Jh. hat der Antisemitismus dann in totalitären Parteien und Ideologien eine neue Entwicklungsstufe erreicht: er wurde zur politischen Waffe. Aber hinter allem Antisemitismus erhebt sich der drohende Völkermord, ob durch Predigermund angedroht oder durch Akademiker bewerkstelligt – wie in Auschwitz.

Im Mittelalter, als die Juden per Gesetz nur in den Nischen der Christenheit überleben durften – in Berufen mit hohem Risiko, wie Geldverleiher an Fürsten oder an seefahrende Händler –, wurde die Karikatur des Juden als eines Erpressers und Wucherers Bestandteil des kulturellen Antisemitismus. Während der Inflation, des Bauernkriegs, der Kriege des Adels gegen Könige, des drohenden Türkeneinfalls, der Religionskriege, dem fürchterlichen Schmutz und den Epidemien der größer werdenden Städte, immer fanden die Frustration und der Verdruß der Massen schnelle Entlastung durch Übergriffe auf Juden.

Der Ausbruch allgemeiner religiöser und politischer Bewegungen, der die europäischen Grenzen nach Amerika, Afrika und Asien vorschob, und der Aufstieg der modernen Nationalstaaten, die die Unterstützung der christlichen Kirchen genossen, brachten die jüdischen Gemeinschaften in die größte Gefahr seit dem ersten Kreuzzug (1096).

H. Die Auflösung der Christenheit

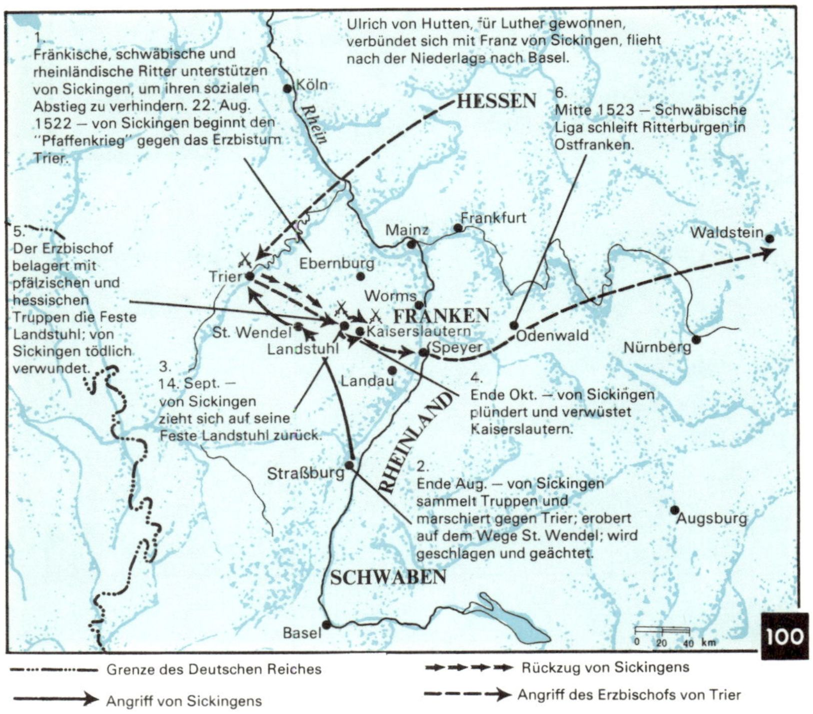

1.
Fränkische, schwäbische und rheinländische Ritter unterstützen von Sickingen, um ihren sozialen Abstieg zu verhindern. 22. Aug. 1522 – von Sickingen beginnt den "Pfaffenkrieg" gegen das Erzbistum Trier.
Ulrich von Hutten, für Luther gewonnen, verbündet sich mit Franz von Sickingen, flieht nach der Niederlage nach Basel.
6.
Mitte 1523 – Schwäbische Liga schleift Ritterburgen in Ostfranken.
5.
Der Erzbischof belagert mit pfälzischen und hessischen Truppen die Feste Landstuhl; von Sickingen tödlich verwundet.
3.
14. Sept. – von Sickingen zieht sich auf seine Feste Landstuhl zurück.
4.
Ende Okt. – von Sickingen plündert und verwüstet Kaiserslautern.
2.
Ende Aug. – von Sickingen sammelt Truppen und marschiert gegen Trier; erobert auf dem Wege St. Wendel; wird geschlagen und geächtet.
Köln
Rhein
HESSEN
Mainz
Frankfurt
Waldstein
Trier
Ebernburg
Worms
FRANKEN
St. Wendel
Kaiserslautern
Landstuhl
Speyer
Odenwald
Nürnberg
Landau
RHEINLAND
Straßburg
Augsburg
SCHWABEN
Basel
0 20 40 km
100
Grenze des Deutschen Reiches
Angriff von Sickingens
Rückzug von Sickingens
Angriff des Erzbischofs von Trier

Die Ritter auf dem Marsch

Der Ritteraufstand 1522–1523

Bei der Auflösung der mittelalterlichen Christenheit fand sich der niedere Adel in Deutschland zwischen Kräften eingespannt, die er weder beherrschen noch mäßigen konnte. Viele waren auf Naturalienzahlungen von ihren Besitzungen angewiesen, und der Mangel an Bareinkünften machte sich durch die Inflation, die der Entdeckung und Ausplünderung der Neuen Welt folgte, empfindlich bemerkbar. Der Aufstieg der Könige sowie Macht und Reichtum einiger Kirchenfürsten brachten ihren Stand weiter in Gefahr und erregten ihren Neid. Ihr Selbstverständnis war durch den Kodex der Ritterlichkeit und durch ihre Rolle bei den Kreuzzügen gestiegen. Jetzt sank ihre wirtschaftliche Grundlage und ihre politische Macht schnell dahin.

Die Ritter erhoben sich unter Franz von Sickingen (1481–1523) und Ulrich von Hutten (1488–1523). Beide waren humanistisch gebildet. Beide wurden Anhänger der Sache Luthers, weil sie darin eine Möglichkeit erblickten, den sinkenden Einfluß des christlichen Adels deutscher Nation neu zu stärken. Sickingen verteidigte Reuchlin bei dessen Streit mit Pfefferkorn (ein bekannter Fall unter Humanisten) und öffnete seine Burgen als Zufluchtsorte für verfolgte Evangelische. Er wurde geschlagen und getötet, als er im Krieg mit dem Erzbischof von Trier lag. Hutten hatte mehrere Universitäten besucht und hatte Wesentliches zu den *Dunkelmännerbriefen* beigetragen. Als Hofdichter des Reiches hatte er einen hohen Posten bei dem Kurfürsten zu Mainz, Erzbischof Albrecht von Brandenburg, inne; doch verzichtete er auf die Ehren, um die lutherische Reformation zu unterstützen. Nach Sickingens Niederlage floh er nach Basel. Kurz vor seinem Tod erhielt er durch Zwingli einen Zufluchtsort auf der Insel Ufenau.

Es gab parallel dazu und gleichfalls erfolglos Kriege des niederen Adels in Skandinavien, Polen, Frankreich, England und Spanien. Der Ritteraufstand in Deutschland ist wegen seiner Beziehung zur Reformation am bekanntesten; er ging nur wenige Monate der weit verzweifelteren Revolte der Bauern vorauf.

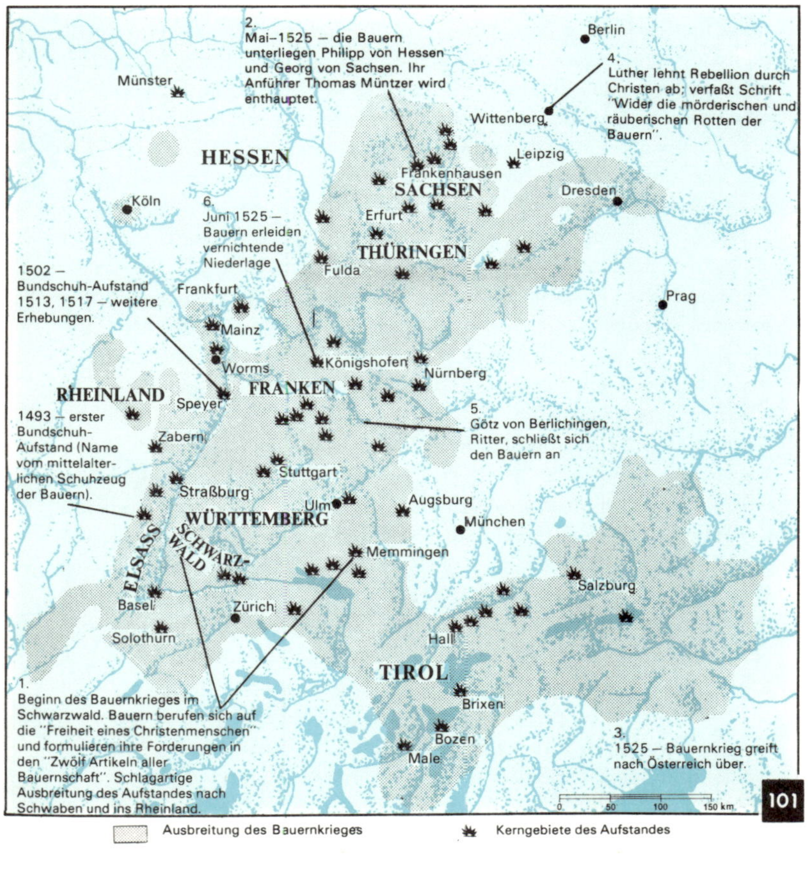

2.
Mai–1525 – die Bauern unterliegen Philipp von Hessen und Georg von Sachsen. Ihr Anführer Thomas Müntzer wird enthauptet.
Berlin
4.
Luther lehnt Rebellion durch Christen ab; verfaßt Schrift "Wider die mörderischen und räuberischen Rotten der Bauern".
Münster
Wittenberg
HESSEN
Leipzig
Frankenhausen
SACHSEN
Dresden
Köln
6.
Juni 1525 – Bauern erleiden vernichtende Niederlage
Erfurt
THÜRINGEN
Fulda
1502 – Bundschuh-Aufstand 1513, 1517 – weitere Erhebungen.
Frankfurt
Prag
Mainz
Worms
Königshofen
Nürnberg
RHEINLAND
FRANKEN
Speyer
5.
Götz von Berlichingen, Ritter, schließt sich den Bauern an
1493 – erster Bundschuh-Aufstand (Name vom mittelalterlichen Schuhzeug der Bauern).
Zabern
Stuttgart
Straßburg
Ulm
Augsburg
WÜRTTEMBERG
München
SCHWARZ-WALD
ELSASS
Memmingen
Salzburg
Basel
Zürich
Solothurn
Hall
TIROL
1.
Beginn des Bauernkrieges im Schwarzwald. Bauern berufen sich auf die "Freiheit eines Christenmenschen" und formulieren ihre Forderungen in den "Zwölf Artikeln aller Bauernschaft". Schlagartige Ausbreitung des Aufstandes nach Schwaben und ins Rheinland.
Brixen
Bozen
Male
3.
1525 – Bauernkrieg greift nach Österreich über.
0 50 100 150 km
101
Ausbreitung des Bauernkrieges
Kerngebiete des Aufstandes

Der deutsche Bauernkrieg 1524–1526

Es gab zwei Hauptarten der Leibeigenschaft: persönlicher Besitz des Vermögens und rechtliche Bindung des Individuums und seiner Nachfahren an das Land. Während des 14. und 15. Jh.s ließ die Erzwingbarkeit der Leibeigenschaft nach. Jede soziale Erschütterung, vom Schwarzen Tod bis zu Kriegen, zog die Flucht oder das Verschwinden einiger Leibeigener nach sich. Die finanziellen und persönlichen Lasten, die die Herren den freien Bauern aufbürdeten, stiegen ständig.

Gegen das römische Eigentums- und Erbrecht, das in den frühen Jahrzehnten des 13. Jh.s in den deutschen Landen immer mehr an Boden gewonnen hatte, setzten die Bauern die Erinnerung an frühere Selbstverwaltung und Würde. In den vielen Bundschuh-Aufständen des 15. Jh.s und im Bauernkrieg 1524–1526 machten die vielen Dutzend der (noch vorhandenen) revolutionären Aufrufe alte Rechte geltend, zum Beispiel 1. das Fischen in gemeindeeigenen Gewässern; 2. das Jagen und Holzsammeln in gemeindeeigenen Wäldern; 3. Weiden des Viehs auf gemeindeeigenen Weiden; 4. die Wahl der eigenen Priester. Weide, Wasser und Wald waren vom Adel eingezogen worden.

Die großen Aufstände der Bauern in Schwaben, Franken und Thüringen, die die Katholiken den Evangelischen und diese den Täufern anlasteten, wurden brutal unterdrückt. Mehr als 100000 wurden getötet (man vergleiche dies mit den etwa 6000 Toten des englischen Bauernaufstands von 1381)!

Die radikale Reformation 16. Jh.

Als das Täufertum entstand und die Geschlossenheit des mittelalterlichen parochialen und territorialen Systems zurückwies, die Kindertaufe verwarf und Eid und Waffendienst ablehnte, wurde es von den meisten Theologen als revolutionär verdammt.

Gleichwohl ist das Modell der Täufer die frühe Kirche. Es gab gewiß revolutionäre Impulse im »linken Flügel der Reformation«. Aber die Täufer, die größte Gruppe der radikalen Reformatoren mit dem nachhaltigsten Einfluß, verwarfen Bürgerkrieg und Revolution genauso entschieden wie Völkerkrieg und Gewalt.

Im Laufe der Zeit bildeten sich vier große Flügel des Täufertums heraus. (Die Bezeichnung »Wiedertäufer« stammt von ihren Verfolgern, um sie der Todesstrafe des Reiches zuzuführen; sie selbst bezeichneten sich einfach als »Brüder« oder »Christen«.) Zuerst trat das Täufertum im Umkreis Zwinglis in Zürich auf. 1525 wurden einige der tatkräftigsten Freunde Zwinglis ungeduldig, weil dieser darauf bestand, vorsichtig vorzugehen, um den ganzen Kanton für die evangelische Sache zu gewinnen. Sie lehnten das Recht des Rates der Stadt ab, in religiösen Fragen Entscheidungen zu treffen. (Genauso hatten sie zuvor mit Zwingli dem Papst und der Hierarchie das Recht abgesprochen, religiöse Veränderungen zu steuern.) Sie spalteten sich von Zwingli ab, um Hausgemeinden nach dem Vorbild des Neuen Testaments zu bilden. Sie waren in Wahrheit »Restitutionisten« und keine »Reformatoren«: unter »Apostolizität« verstanden sie nicht die Kontinuität der Ordination (katholisch) oder der Predigt (lutherisch), sondern die »Treue zu Jesus und den Aposteln«.

Die täuferische Anschauung von der Kirche ist eine Form des Primitivismus (als *terminus technicus* verstanden). Die Geschichte wird in drei Perioden eingeteilt: das Goldene Zeitalter, den Fall und die Restitution. Für die Täufer bildete die frühe Kirche das Goldene Zeitalter; der Fall ereignete sich durch die Verklammerung von Kirche und Staat unter Konstantin; die Wiederherstellung begann mit ihrem eigenen Auszug aus evangelischen Landeskirchen und der katholischen Kirche. Die protestantischen Staatskirchen, die Kriege führten und Abweichler brutal unterdrückten, gehörten ebenso zu der »Periode des Falls« wie die römisch-katholische Kirche.

Der Anführer der Schweizer Brüder war Conrad Grebel (ca. 1495–1526), Sproß einer Zürcher Patrizierfamilie. Die Bewegung breitete sich durch Wanderprediger über ganz Süddeutschland aus. Diese verwarfen den Gedanken der »Christenheit« und sagten, die »sogenannten Christen« seien ebenso einer Bekehrung bedürftig wie die Türken. In Städten wie Augsburg, Ulm und Straßburg erlangten die süddeutschen Brüder eine große Anhängerschaft. Der Laie Pilgram Marpeck (?–1556) war ihr größter Anführer.

Rheinabwärts stellte das Täufertum die erste und zeitweilige stärkste protestantische Bewegung dar. Zur Schlüsselfigur wurde Menno Simons (1496–1561), und im Laufe der Zeit wurden sowohl die holländischen Doopsgezinde wie auch die Reste der Schweizer und süddeutschen Brüder, die heftigste Verfolgungen überlebt hatten, als »Mennoniten« bezeichnet. In Holland wurde die Frage der Kirchenzucht akut, und die strengsten Gemeinden praktizierten die »Meidung« und den Bann (Mt 18,15–19). Eine spätere Parallelerscheinung dazu waren die Amish, die sich von den Schweizer Brüdern um größerer Einfachheit und Strenge willen trennten. Menno Simons und andere Älteste standen kleinen pazifistischen Gemeinden (Mt 5,9.39.43f.) vor und kümmerten sich seelsorgerlich um Reste der Bewegung, die in Münster und anderswo sozial-revolutionär aufgetreten war.

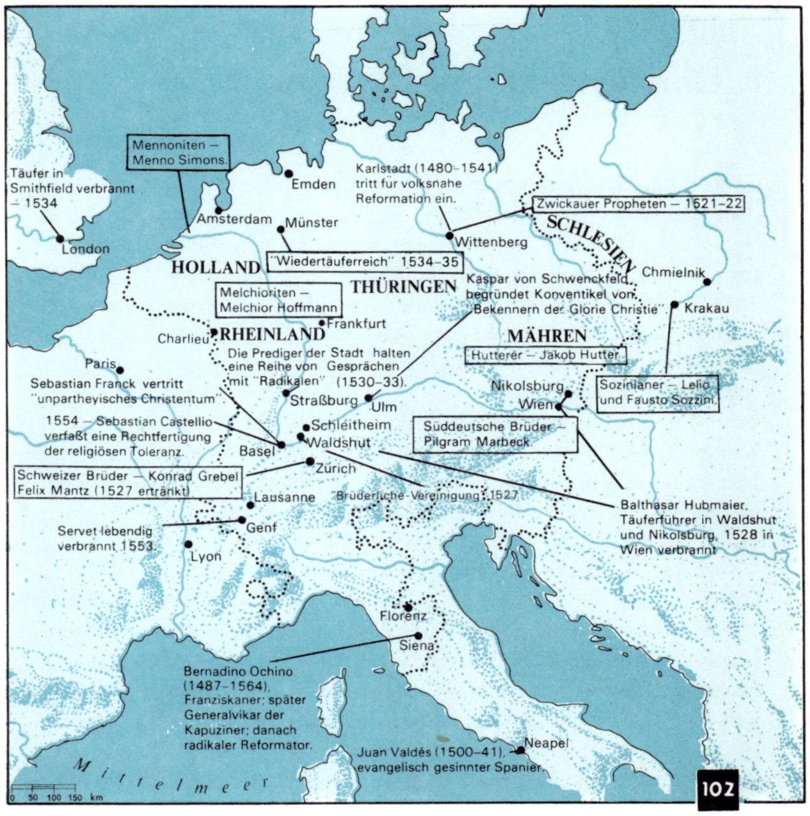
Mennoniten – Menno Simons.
Täufer in Smithfield verbrannt – 1534
London
Amsterdam
Emden
Münster
Karlstadt (1480–1541) tritt für volksnahe Reformation ein.
Zwickauer Propheten – 1521–22
Wittenberg
SCHLESIEN
"Wiedertäuferreich" 1534–35
HOLLAND
THÜRINGEN
Kaspar von Schwenckfeld begründet Konventikel von "Bekennern der Glorie Christie".
Chmielnik
Krakau
Melchioriten – Melchior Hoffmann
Frankfurt
Charlieu
RHEINLAND
MÄHREN
Die Prediger der Stadt halten eine Reihe von Gesprächen mit "Radikalen" (1530–33).
Hutterer – Jakob Hutter
Paris
Sebastian Franck vertritt "unpartheyisches Christentum".
Straßburg
Ulm
Nikolsburg
Wien
Sozinianer – Lelio und Fausto Sozzini.
1554 – Sebastian Castellio verfaßt eine Rechtfertigung der religiösen Toleranz.
Schleitheim
Waldshut
Basel
Süddeutsche Brüder – Pilgram Marbeck.
Zürich
Schweizer Brüder – Konrad Grebel Felix Mantz (1527 ertränkt)
Lausanne
"Brüderliche-Vereinigung" 1527
Balthasar Hubmaier, Täuferführer in Waldshut und Nikolsburg, 1528 in Wien verbrannt
Servet lebendig verbrannt 1553.
Genf
Lyon
Florenz
Siena
Bernadino Ochino (1487–1564), Franziskaner; später Generalvikar der Kapuziner; danach radikaler Reformator.
Neapel
Juan Valdés (1500–41), evangelisch gesinnter Spanier.
Mittelmeer
0 50 100 150 km
102

Die vierte Gruppe des Täufertums waren die hutterischen Brüder.

Weil sie Ethik und Moral betonten und einen christlichen Lebenswandel propagierten, wurden die Täufer von lutherischen Apologeten der »Möncherei« und »Werkgerechtigkeit« bezichtigt. Weil sie im Gefolge der Reformation auftraten, sahen die katholischen Apologeten in ihnen die logische Frucht protestantischen Radikalismus, protestantischen Schwärmertums und Individualismus. Individualisten waren sie nicht: die strikte Einhaltung des Bundes, bekräftigt durch Gemeindezucht, verlieh ihnen eine ausgeprägtere Gruppenidentität als den Katholiken oder Evangelischen. »Schwärmer« waren sie ebensowenig: sie trachteten danach, die Gemeinde des Neuen Testaments in Glaube und Gestalt wiederherzustellen. Radikale allerdings waren sie: sie brachen mit der Christenheit des Mittelalters; sie lehrten, daß die Wiederherstellung der wahren Kirche nur ein Schritt auf dem Weg zur Rückführung der ganzen Schöpfung zu ihrer ursprünglichen Vollkommenheit darstellt. An die Stelle von Krieg, Gewalt und Ausbeutung einer sterbenden Welt würde am Ende Friede, Überfluß und die Gütergemeinschaft des Gartens Eden treten.

Die Nachfahren der Täufer sind die Mennoniten, Hutterer, Amish und Brüder. Sie alle sind stark in Amerika vertreten. Hier fanden sie religiöse Freiheit, die in der Alten Welt nur in den Niederlanden bestand. Die Brüder bildeten sich im Gefolge erneuernder Impulse des deutschen Pietismus. Von den Täufern übernahmen sie das Modell einer separierten und restituierten Kirche, als sie nach Amerika übersiedelten (1723–1735).

Trotz des schlechten Rufes, den die Bewegung von Verteidigern der etablierten Kirchen erhielt, breitete sich der Einfluß des Täufertums weit über den Kreis der unmittelbaren Nachfahren aus. In den Niederlanden kamen die Anführer von englischen Flüchtlingsgemeinden mit ihnen in Berührung, und »restitutionistische« Ideen halfen, den radikalen Puritanismus zu formen, der während des Commonwealth (1649–1660) in Neu-England und anderswo zur Blüte kam. Außerdem wurde die Konfirmation in die lutherische und anglikanische Kirche eingeführt als Antwort auf die Glaubenstaufe der Täufer, und Kirchenzucht wurde als »drittes Merkmal« der wahren Kirche (neben Predigt und Sakrament) in die calvinistische Kirchenordnung nach der Begegnung zwischen Martin Butzer und den Täufern in Straßburg und Hessen eingebaut.

Die Periodisierung der Kirchengeschichte kennzeichnet diese Gruppe Christen vor allem. Letztlich sind restitutionalistische Gedanken ebenso vom staatskirchlichen Protestantismus unterschieden wie vom Katholizismus.

I. Christentum und Revolution

Täufertum, radikaler Puritanismus und Pietismus zeitigten radikale soziale und wirtschaftliche Konsequenzen, obwohl sich diese aus ihrem Verständnis und der Praxis des christlichen Lebens nur indirekt ableiteten. Viele ihrer Praktiken wurden später »säkularisiert« und trugen viel zur Entwicklung der Demokratie bei: der auf einen Konsens abzielende Diskussionsstil; die Art der Gemeindeversammlung, die zur Bürgerversammlung (und selbst zu konkreten Verfahrensweisen im englischen Parlament) führten; die Rechte der Frauen, gleichberechtigt gehört und beim Entscheidungsprozeß beteiligt zu sein; die Anerkennung der Kriegsdienstverweigerung aus Gewissensgründen – dies und anderes hat hier seine Wurzeln. Neben den Täufern gab es drei andere Typen radikaler Reformatoren, die genannt werden müssen und von denen einer politische und religiöse Revolution befürwortete.

Der Anti-Trinitarismus, dessen bekannteste Vertreter Michael Servet (1511–1553) sowie Lelio (1525–1562) und Fausto Sozzini (1539–1604) waren, war unter den Intellektuellen des 16. Jh.s beliebt und beeinflußte besonders Kirchen in Polen und den Niederlanden. Der aus Navarra stammende Servet schockierte Protestanten und Katholiken gleichermaßen mit seinem Buch »Über die Irrtümer der Trinität« (1531). An die Inquisition verraten, floh er nach Genf, wo er prompt als Ketzer verbrannt wurde. Sein Tod brachte einige der großartigsten Traktate über die Religionsfreiheit hervor (einschließlich des Buches »Über die Ketzer und die sie verfolgen« des Sebastian Castellio, 1554). Fausto Sozzini war ein Vierteljahrhundert Leiter der »Polnischen Brüder«.

Neben Täufern und Anti-Trinitariern stellen die individualistischen Spiritualisten einen dritten Typ dar. Sie lehnten jeglichen Namen ab, verachteten Parteiengezänk und riefen ein »unpartheyisches Christentum« aus. Wichtige Vertreter waren Sebastian Franck (ca. 1499 – ca. 1542) und Caspar Schwenckfeld (1490–1561). Die Spiritualisten nahmen an der intoleranten Sprache der römisch-katholischen und protestantischen Polemik Anstoß und sorgten sich um die Einheit der Christen. Wie die Täufer verwarfen auch sie Krieg und Gewalt und traten für Gewissensfreiheit ein. Francks *Weltbuch* (1531) ist eines der eindrucksvollsten Bücher der christlichen Geschichte, bemerkenswert besonders wegen seiner sorgfältigen Quellenzitate – selbst bei Verlautbarungen der Gegner. Schwenckfelds Briefe und Traktate enthalten einige der reinsten Verteidigungen der Gewissensfreiheit, die je geschrieben wurden.

Ein vierter Typ der radikalen Reformatoren war der Sozialrevolutionär. Thomas Müntzer (ca. 1490–1525), der aufgrund marxistischen Interesses (Engels, Kautsky, Bax, Bloch, Smirin u.a.) neu ins Bewußtsein gerückt ist, war ein solcher. Nachdem er mit Luther gebrochen hatte, organisierte er einen »Gideonbund« christlicher Revolutionäre und rief den Adel auf, seinen Rechten abzusagen und sein Gut zu teilen. Als dieser Aufruf fehlschlug, verband er sich mit Bauern in Thüringen in ihrem erfolglosen Aufstand, wurde gefangengenommen, gefoltert und hingerichtet.

Ein anderer ehemalig lutherischer Prediger, Bernhard Rothmann (ca. 1495–1535) war Agitator in einem Aufstand der Handwerker und Bauern, die die Herrschaft über Münster in Westfalen (1534–1535) übernahmen. Rothmanns einflußreichste Bücher waren *Die Wiederherstellung der wahren und unverdorbenen christlichen Lehre*, wo er sagte, daß es 1400 Jahre keine wahre Kirche gegeben hätte, und das *Büchlein von der Rache*, in dem er das Volk zum Aufstand aufrief, um die Unterdrücker zu erschlagen. Gütergemeinschaft wurde nach dem Vorbild der Kirche in Jerusalem eingeführt. Während der Belagerung wurde – mit Hinweis auf die Patriarchen im AT – die Polygamie gestattet. Die Stadt wurde von verbündeten protestantischen und katholischen Truppen belagert und fiel durch Verrat; der König, der Prophet und die Ratgeber wurden gefoltert und hingerichtet.

Gerichtszeugnisse zeigen, daß die Obrigkeiten sich der Unterschiede zwischen dem christlichen Kommunismus der Hutterer und dem in Münster 1534–35 aufgerichteten, gewaltsamen Kommunismus bewußt waren, wenn auch der Begriff »Wiedertäufer« polemisch belastet ist.

Hutterische Höfe in Mitteleuropa 16.–17. Jh.

Der hutterische Flügel des Täufertums begann 1529 in Mähren, als eine kleine Gruppe religiöser Flüchtlinge aus der Schweiz, Tirol und Süddeutschland den Kommunismus der Kirche in Jerusalem annahm. Unter Jakob Hutter (?–1536) praktizierten sie einen Konsumkommunismus; einige Jahre später gestaltete ihr fähiger Leiter Wolfgang Brandhuber ihren Arbeitsstil neu, was einen Produktionskommunismus zur Folge hatte. Auf dieser wirtschaftlichen Grundlage betrieben sie die aktivste protestantische Mission im 16. Jh. Auf dem Höhepunkt, bevor ihre Gemeinschaften durch die Gegenreformation zerstört wurden, zählten die Hutterer etwa 60 000 Glieder.

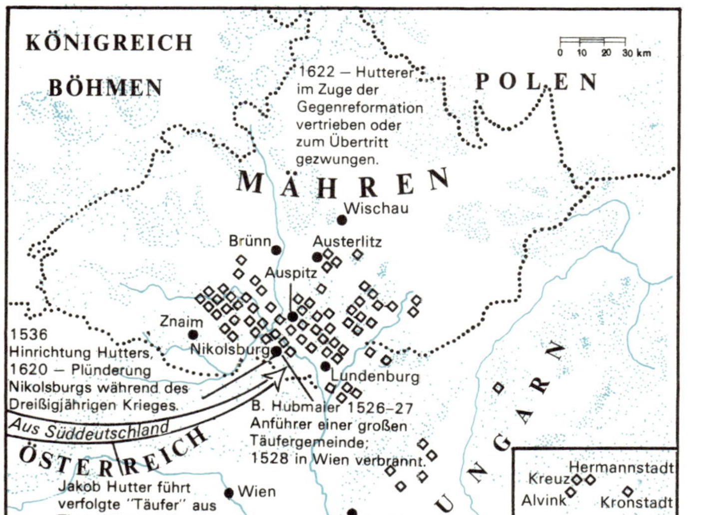
KÖNIGREICH
BÖHMEN
0 10 20 30 km
1622 – Hutterer im Zuge der Gegenreformation vertrieben oder zum Übertritt gezwungen.
POLEN
MÄHREN
Wischau
Brünn
Austerlitz
Auspitz
Znaim
1536 Hinrichtung Hutters, 1620 – Plünderung Nikolsburgs während des Dreißigjährigen Krieges.
Nikolsburg
Lundenburg
Aus Süddeutschland
B. Hubmaier 1526–27 Anführer einer großen Täufergemeinde; 1528 in Wien verbrannt.
ÖSTERREICH
UNGARN
Jakob Hutter führt verfolgte "Täufer" aus Tirol; Aufbau "kommunistisch" organisierter Bruderhöfe.
Wien
Preßburg
Hermannstadt
Kreuz
Alvink
Kronstadt
SIEBENBÜRGEN
103

◇ Hutterischer Bruderhof

In ihrem *Großen* und *Kleinen Geschichtsbuch* haben die Hutterer ihre Ansicht der Geschichte festgehalten. Die Geschichte, auf die es ihnen allein ankam, begann mit den großen Namen und Ereignissen der Bibel – Abraham, Moses, Bundesschluß, Exodus, Sinai. Jesus kam und rief die Kirche ins Leben. Drei Jahrhunderte später »fiel« die Kirche, als unter Konstantin das Kreuz in ein Schwert verwandelt wurde. Während des finsteren Mittelalters wanderten die wahren Christen in der Wüste, wie die alten Israeliten. In ihrer eigenen Zeit begann die Wiederherstellung des wahren Christentums, an der allerdings halbherzige Männer wie die in Wittenberg und Zürich nicht beteiligt waren.

Die Hauptprinzipien der Hutterer des 16. Jh.s waren Pazifismus, Kommunismus, freiwillige Mitgliedschaft (Erwachsenentaufe), Trennung von Kirche und Staat und Absonderung von der Welt. Ihre Haltung gegenüber der Autorität der Bibel und gegenüber den Bekenntnissen war durch und durch evangelisch und ist es bis heute geblieben. Nach Generationen der Verfolgung und Wanderschaft zogen sie vor hundert Jahren in die große Ebene Kanadas und der USA, und sie erlebten in der Neuen Welt einen großen Aufschwung. Sie zählen heute über 20 000 Glieder auf mehr als hundert Höfen.

Das beste Beispiel des hutterischen Einflusses ist vielleicht die Bruderhof-Bewegung, die von Eberhard Arnold in Deutschland nach dem Ersten Weltkrieg gegründet wurde (1919). Die ersten Glieder des Bruderhofs kamen aus der deutschen christlichen Studentenvereinigung. Von den Nazis verfolgt, gingen sie zuerst nach England und unterhalten jetzt drei Zentren in den USA.

Hugenottenkriege in Frankreich 16.–17. Jh.

Lange war unklar, ob Frankreich katholisch oder protestantisch werden würde. Der Calvinismus gewann unter dem französischen Adel eine große Anhängerschaft (40–50 %) und zog die Mittelschicht der Kaufleute und der Gewerbetreibenden mit sich. Doch am Ende mußten die französischen Protestanten, die Hugenotten, zwischen erzwungener Katholisierung oder Exil die Wahl treffen: Nach der Aufhebung des Edikts von Nantes verließen mehr als 50000 Familien das Land.

1561 wurde ein Religionsgespräch in Poissy bei Paris abgehalten. Es kam zur Konfrontation zwischen den Katholiken, geführt von Kardinal de Tournon, und den Calvinisten, geführt von Theodor Beza.

Die Hugenottenkriege brachen 1562 aus. Tausende von Protestanten wurden Opfer der sie überraschenden Bartholomäusnacht 1572. Heinrich von Navarra (König 1589–1610) behauptete gegen seine Konkurrenz den Thron, indem er katholisch wurde.

Am 15. April 1598 wurde das Edikt von Nantes erlassen, das einigen hohen Adligen und den Bürgern bestimmter Städte und Dörfer die Freiheit zur Ausübung der reformierten Religion gewährte.

In den drei Jahrzehnten als Monarch wurde Ludwig XIV. (König 1643–1715) von Kardinal Mazarin beherrscht; während der späteren Jahre stand er ganz unter dem Einfluß seiner Lieblingsmätresse Madame de Maintenon, einer strengen Katholikin. Seine vielen Kriege schwächten Frankreich nicht nur wirtschaftlich, sondern führten auch trotz anfänglicher Siege zu schmerzhaften Verlusten. Die Niederlande errangen völlige Unabhängigkeit. Die protestantische Thronnachfolge in England wurde anerkannt und der Kronprätendent der Stuarts aus Frankreich verbannt. Frankreich verlor Nova Scotia, Neufundland und das Gebiet der Hudson Bay und behielt in der Neuen Welt lediglich Quebec. Die Franzosen wurden aus Italien ausgeschlossen, womit Jahrhunderte des Einflusses dort endeten. Die Aufhebung des Edikts von Nantes (1685) war nur einer der vielen kostspieligen Mißgriffe eines schlechten Königs, dessen verhängnisvolle Regierung sein Land für die Revolution reif machte.

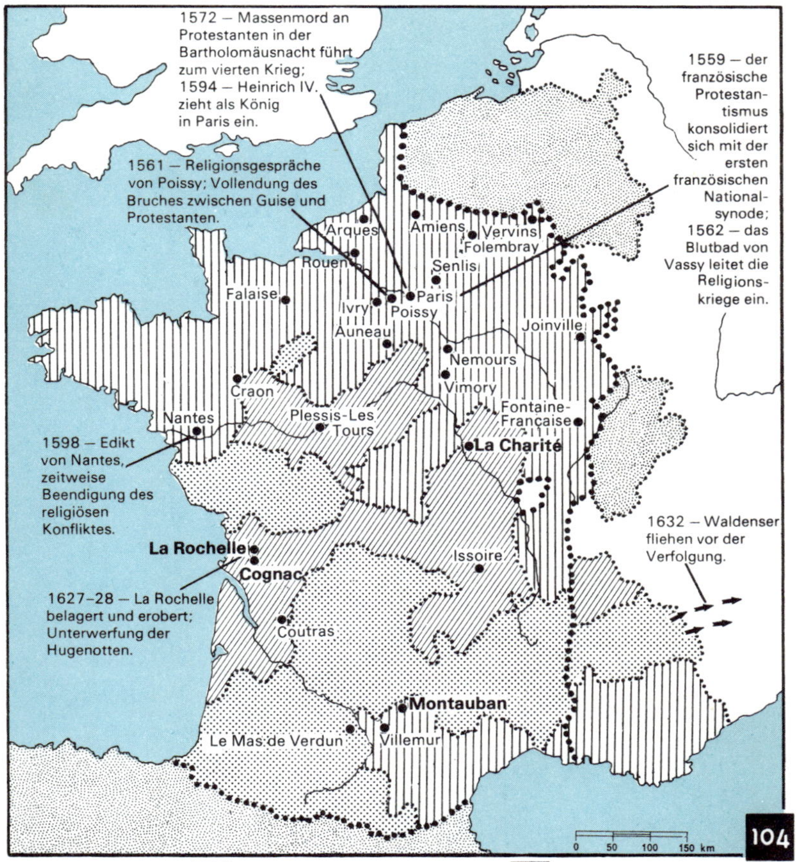

1572 – Massenmord an Protestanten in der Bartholomäusnacht führt zum vierten Krieg; 1594 – Heinrich IV. zieht als König in Paris ein.
1559 – der französische Protestantismus konsolidiert sich mit der ersten französischen Nationalsynode; 1562 – das Blutbad von Vassy leitet die Religionskriege ein.
1561 – Religionsgespräche von Poissy; Vollendung des Bruches zwischen Guise und Protestanten.
Arques
Amiens
Vervins
Folembray
Rouen
Senlis
Paris
Falaise
Ivry
Poissy
Auneau
Joinville
Nemours
Craon
Vimory
Fontaine-Française
Nantes
Plessis-Les-Tours
La Charité
1598 – Edikt von Nantes, zeitweise Beendigung des religiösen Konfliktes.
La Rochelle
Cognac
Issoire
1632 – Waldenser fliehen vor der Verfolgung.
1627–28 – La Rochelle belagert und erobert; Unterwerfung der Hugenotten.
Coutras
Montauban
Le Mas de Verdun
Villemur
0 50 100 150 km

104

Provinzen der kath. Liga
Provinzen der Hugenotten
Königstreue Provinzen
Spanische Gebiete
Cognac Sicherheitsplatz der Hugenotten

Die Flucht der Hugenotten 16.–18. Jh.

Die Stärke der Hugenotten waren die Handel- und Gewerbetreibenden, der Adel und die Offiziere in Heer und Marine. Während der Hugenottenkriege leistete die hugenottische Kavallerie Hervorragendes. Nach der Aufhebung des Edikts von Nantes (1685) sahen sich diejenigen, die in Frankreich blieben, immer brutaleren Unterdrückungsmaßnahmen ausgesetzt. Abgesehen von der Gefahr, ermordet zu werden – eine Gefahr, die mit jedem Jahr der Herrschaft Ludwigs XIV. wuchs –, wurde der politische und wirtschaftliche Lebensraum ständig eingeengt. Ihre Kinder wurden ihnen weggenommen und zwangsweise römisch-katholisch unterrichtet, durch die Dragonaden wurden ihre Häuser und Kirchen angegriffen, keine von ihren Pfarrern vorgenommene Ehe hatte rechtlichen Status. Die bei der Thronbesteigung Heinrichs IV. gewonnenen und verbrieften Rechte wurden von einem absolutistischen König, der aufgrund »göttlichen Rechts« regierte, entzogen.

Vor dem schließlichen Bruch entwickelten einige hugenottische Autoren eine entschlossene Lehre des Widerstandsrechts gegen Tyrannei. Calvin selbst hatte ein begrenztes Recht definiert, wonach die niedere Obrigkeit in Fällen höchster Not gegen eine höhere Obrigkeit vorgehen darf. In Frankreich – wie in Schottland zur gleichen Zeit – führten seine Anhänger die Logik des repräsentativen Systems zu einem gewaltsamen Schluß: ein Christenmensch hat nicht nur das Recht, sondern die Pflicht, einem König, der das höhere Gesetz bricht, zu widerstehen und, wenn nötig, ihn abzusetzen (so Francis Hotman, Samuel Rutherford).

England, die Niederlande, Zürich, Genf, Preußen und andere deutsche protestantische Länder öffneten den hugenottischen Flüchtlingen ihre Pforten.

Die Hugenotten waren in der Regel angesehen und gebildet. Wo immer sie neue Wurzeln schlugen, leisteten sie Wichtiges zur Ausbreitung republikanischer Grundsätze.

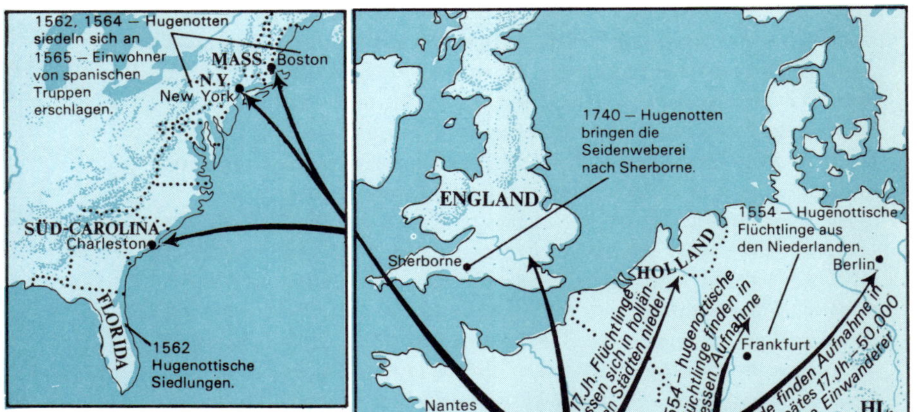

1562, 1564 – Hugenotten siedeln sich an
1565 – Einwohner von spanischen Truppen erschlagen.
MASS.
Boston
N.Y.
New York
SÜD-CAROLINA
Charleston
FLORIDA
1562 Hugenottische Siedlungen.
1740 – Hugenotten bringen die Seidenweberei nach Sherborne.
ENGLAND
Sherborne
HOLLAND
1554 – Hugenottische Flüchtlinge aus den Niederlanden.
Berlin
17. Jh. Flüchtlinge lassen sich in holländischen Städten nieder
1554 – hugenottische Flüchtlinge finden in Hessen Aufnahme
Frankfurt
Tausende finden Aufnahme in Preußen. Spätes 17. Jh. – 50,000 hugenottische Einwanderer
HL. RÖM. REICH DT. NAT.
Nantes
FRANKREICH
SCHWEIZ
Genf
1685 – Ludwig XIV. hebt das Edikt von Nantes auf 400,000 Hugenotten verlassen Frankreich.

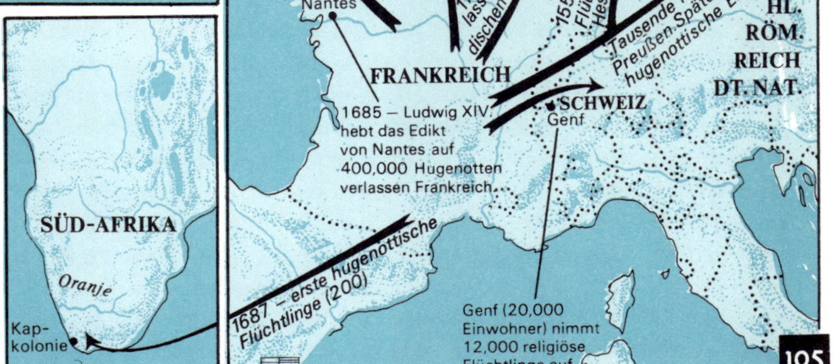

SÜD-AFRIKA
Oranje
Kapkolonie
1687 – erste hugenottische Flüchtlinge (200)
Genf (20,000 Einwohner) nimmt 12,000 religiöse Flüchtlinge auf.
0 50 100 km

105

Nordsee
von England
7.
1585 – England interveniert nach dem Fall Antwerpens;
1588 – Holländer wirken im Kampf gegen die spanische Armada mit.
6.
1584 – Philipp II. läßt Wilhelm von Oranien durch gedungenen Mörder töten
1.
1566 – Aufruhr der unteren Volksschichten; Wilhelm von Oranien (1553–84) verliert die Kontrolle; protestantische und katholische Parteien bilden sich; 1578 – neue Invasion spanischer Truppen; Wilhelm flieht.
5.
1579 – Sieben Nordprovinzen bilden die Union von Utrecht und erklären sich für unabhängig.
Utrecht
Calvinisten
Delft
Briel
3.
1576 – Genter Pazifikation (ungeachtet der religiösen Differenzen): Zusammenschluß aller Provinzen zur Befreiung von Spanien.
1577 – Spanische Truppen vertrieben; der religiöse Konflikt spitzt sich zu
2.
1572 – Wilhelm von Oranien und die Calvinisten fassen Fuß.
Antwerpen
Gent
Römische Katholiken
8.
1585 – Spanien erobert Südliche Niederlande zurück;
1588 – im Norden Republik der Vereinigten Niederlande unter Moritz von Oranien gebildet.
4.
1579 – Union von Arras zur Wahrung der katholischen Interessen; Südprovinzen für Spanien zurückgewonnen.
Arras
von Spanien
Protestantische Union von Utrecht (1579)
Römisch-katholische Union von Arras (1579)
Belgisch-niederländische Grenze (1830)
km
0 20 40 60
106

Bürgerkrieg in den Niederlanden 16. Jh.

Sechshundert Jahre gehörten die Niederlande zu einem mittleren Reich zwischen den fränkischen und germanischen Mächten – nach Karl dem Großen zu Lothringen, später zu Burgund. Im 16. Jh. waren sie sprachlich und kulturell aufgeteilt in Holländer im Norden, Flamen in der Mitte und französisch sprechende Wallonen im Süden. Durch dynastische Politik wurden sie ein Teil der Erblande Karls V., und 1548 annektierte er die siebzehn Provinzen. Er war dort aufgewachsen, machte aber als Kaiser Spanien zu seinem Hauptsitz. Die Provinzen hatten seit langem gesetzliche Vorrechte genossen, und ihre strategische Lage am Rhein und den Seestraßen nach England und in die Neue Welt hatten einen beträchtlichen wirtschaftlichen Zuwachs hervorgebracht.

Im Jahrhundert vor der Reformation waren die Niederlande das Hauptzentrum einer geistlichen Erneuerung in der Kirche und einer kulturellen Renaissance unter den Gebildeten. Die früheste Reformationslehre, die Anhang fand, war täuferisch; die ältere Forschung hat daher gemeint, eine eigenartige Beziehung zwischen dem christlichen Humanismus des Erasmus und dem ethischen Rigorismus des Menno Simons zu erkennen. Aber die protestantischen Lehren, die den in Schiffahrt, Handel und Gewerbe engagierten aufstrebenden Schichten am meisten zusagten, waren calvinistisch. 1561 verfaßte Guido de Brès (1522–1567) die *Confessio Belgica* und stützte sich dabei stark auf die *Confessio Gallicana*, die auf der ersten Nationalsynode der französischen Hugenotten (Paris 1559) angenommen worden war. Die belgische Konfession verwarf das Täufertum und machte eine klare Aussage calvinistischer Prinzipien. Auf Synoden in Antwerpen (1566) und Dortrecht (1619) angenommen, verpflichtete sie die Niederlande zu einer reformierten Linie. Ein anderer wichtiger holländisch-calvinistischer Theologe, der im Kampf um die Unabhängigkeit führend wurde, war Philip van Marnix (1538–1598). Marnix war Schüler von Calvin und Beza und enger Ratgeber Wilhelms von Oranien. 1574 wurde die Universität Leiden gegründet, um den Calvinismus voranzutreiben.

In der Zwischenzeit war Philipp II. auf den spanischen Thron gekommen und hatte Maßnahmen zur Unterdrückung des Protestantismus ergriffen, die bald zu religiösem und politischem Aufstand in den Niederlanden führten. Der Versuch, mit Hilfe des Katholizismus seine Herrschaft zu stärken, besonders durch Schaffung fünf neuer Bistümer und der Erhebung Utrechts zum Erzbistum, war ein Fehlschlag. Das nationale Selbstbewußtsein stand oben an, während alte feudale Treueverhältnisse nachließen und die öffentliche Aufforderung zum Widerstand von lutherischen, katholischen und calvinistischen Mitgliedern des Adels erging.

Philipp II. zog sich nach Spanien zurück und versuchte, die Niederlande durch seine uneheliche Halbschwester Margarete von Parma und ihren Berater Kardinal Granvelle zu regieren, unterstützt von den Besatzungstruppen des Herzogs von Alba. Der Süden, der später (1830) Belgien wurde, blieb katholisch. Aber im Norden erklärten die vereinigten Provinzen ihre Unabhängigkeit und gewannen nach hartem Kampf und vielen Leiden – und mit Hilfe ihrer englischen Handelspartner – ihre Freiheit.

Der Anführer in den Unabhängigkeitskämpfen war Wilhelm von Oranien (1533–1584), ein überzeugter Protestant und Patriot. Obwohl Philipp den beliebten Helden von Lepanto, seinen unehelichen Bruder Don Juan d'Austria, als Gouverneur schickte, konnte weder Albas Grausamkeit noch Don Juans Beliebtheit das Land beruhigen. Wilhelm wurde Statthalter. Philipp setzte einen Preis auf seinen Kopf aus, und wie Heinrich IV. von Frankreich wurde er von einem katholischen Eiferer ermordet. Dies aber stärkte nur die calvinistischen Provinzen in ihrer Entschlossenheit und schwächte die spanische Partei in katholischen Landesteilen. Wilhelm war seiner Zeit in seiner Wertschätzung der religiösen und politischen Freiheit weit voraus. Er war als Junge in Hessen aufgewachsen, wo sein Vetter Philipp der Großmütige das einzige Beispiel von Toleranz in der ersten Hälfte des Jahrhunderts gegeben hatte. Seine erste Handlung als Herrscher war die Herausgabe einer Verfügung zur religiösen Toleranz. Da sie dieser Vorgabe folgten, wurden die Niederlande die erste europäische Nation, die die Würde, Unantastbarkeit und Gewissensfreiheit der Person respektierte, obwohl die mennonitischen und calvinistischen Gemeinden nachdrücklich die innere Kirchenzucht beibehielten.

Nachdem mit dem Seehandel bereits die Grundlagen gelegt waren, wuchs die holländische und englische Seemacht in dieser Zeit schnell an. Ihre Freibeuter überfielen spanische Schiffe aus der Neuen Welt. Nach der Niederlage der spanischen Armada (1588) begannen sie, portugiesische Kolonialbesitzungen zu erobern und schritten sogar in Portugal selbst ein. Darin wurden sie durch die Unruhe in Portugal begünstigt, die wegen der schlechten Behandlung durch die spanische Krone und ihrer Repräsentanten (1580–1640) auftrat.

Nach der Erlangung der Unabhängigkeit, die schließlich durch den Westfälischen Frieden (1648) anerkannt wurde, erlebten die Niederlande eine Zeit größter Blüte und kultureller Erneuerung. Das Werk Rembrandts (1606–1669) war ein Höhepunkt in dieser Zeit religiöser und kultureller Renaissance.

BRIELE.

Die "Wassergeusen" erobern Briel, 1572

Bürgerkrieg in England 16.–17. Jh.

James Stuart (König von Schottland 1567–1625) trat 1603 als Jakob I. die Thronfolge in England an. Ihm wurde sogleich in London die sog. Millenary Petition von den Puritanern übergeben, die baten, von den bloß menschlichen Riten und Zeremonien, die die Kirche belaste, entbunden zu werden. Sie führten eine Reihe von anstößigen Gebräuchen auf, die die Christenheit in der Periode des »Verfalls« angenommen habe und die abgeschafft werden sollten – einschließlich Konfirmation, Chorhemd, Entheiligung des Sabbats, Gebrauch apokrypher Bücher im Gottesdienst. Einige Monate später kamen die bischöfliche und puritanische Partei auf Geheiß des Königs in Hampton Court zusammen, wo Jakob die episkopale Richtung in der Kirche von England unterstützte: »Kein Bischof, kein König«. Das »göttliche Recht des Königs« und die »apostolische Sukzession« waren daher zusammengehörende Artikel des königlichen Willens. Das dauerhafteste Ergebnis der Versammlung war die Einsetzung einer Kommission, die schließlich die englische Bibelübersetzung (King James Version) hervorbrachte.

Die konservativen Puritaner, die auf eine etablierte Kirche mit presbyterialer Ordnung gehofft hatten, wurden so in die Arme der Antiroyalisten getrieben.

Jakob hatte eine übersteigerte Meinung von seinen eigenen Fähigkeiten und der Gewalt des Königs bei abnehmendem Rückhalt durch das Parlament. Karl I. (König 1625–1649) beleidigte das Parlament dadurch noch weiter, daß er den Bischofsitz von Canterbury William Laud (Erzbischof 1633–1645) übertrug, der das Amt zur brutalen Unterdrückung der Puritaner gebrauchte. In Schottland war die Kirchenpolitik so sehr von Zwangsmaßnahmen charakterisiert, daß die Schotten 1638 im »National Covenant« ihr Land dem Presbyterianismus zuführten. Als die Handlungsweise des Königs gegenüber dem Parlament immer arroganter wurde und der Bürgerkrieg ausbrach (1642ff.), schloß das Parlament einen »feierlichen Zusammenschluß und Bund« *(Solemn League and Covenant)* mit den Schotten ab (1643). In beiden Gebieten hatte der König die Würde des Parlaments und die Rechte freier Männer mißachtet und sich so ungeschickt und grob in die Angelegenheiten der Kirche eingemischt, daß puritanische, patriotische und anti-royalistische Interessen zusammenliefen. 1646 besiegte die Neue Armee die königlichen Truppen. 1649 wurde Karl I. zum Tode verurteilt.

Der Mann, der die auf Volkssouveränität und ungehinderte Religionsausübung bedachten Kräfte leitete, war Oliver Cromwell (1599–1658, Lord Protector seit 1653). Cromwell war Mitglied des Parlaments und ein führender Kopf der Kongregationalisten, der sich auch als militärisch sehr begabt erwies. Seine Psalmen singenden Fußsoldaten bezwangen nicht nur größere Streitkräfte der Royalisten, sondern besiegten auch schottische und irische Armeen und griffen zugunsten der Waldenser in Frankreich und Savoyen ein. Man wollte Cromwell zum König krönen, doch der lehnte ab: er übte die Macht geschickt aus, fand aber keine Freude daran. Am liebsten wollte er als Verteidiger der politischen und religiösen Freiheiten bekannt sein. Wie die Ansprachen in seinem Heer zeigen, glaubte er, daß eine solide Regierung auf uneingeschränkter und verantwortlicher Diskussion gegründet ist, die auf einen Konsensus abzielt. Der Sinn für das Angemessene, für die Respektierung der Grundfreiheiten, für die Sorge um den angemessenen Rechtsprozeß, für die Überordnung des Gesetzes über die Regierung selbst – all dies verdankt viel dem Wirken Cromwells. Obwohl er diejenigen, die sich gegen das Parlament verschworen, hart niederschlug, konnte jede noch so verachtete Sekte oder Kirche oder jeder Prophet den Protektor zur Verteidigung der Gewissensrechte als Engländer anrufen. In dieses Bild paßt auch, daß Cromwell die Rückkehr der Juden nach England einleitete.

Unter den fähigen Männern, die mit Cromwell zusammenarbeiteten, waren John Durie (1596–1680) und John Milton (1608–1674). Cromwell hatte nicht nur einen wachen Sinn für die Wichtigkeit der Gewissensfreiheit, sondern wie die meisten radikalen Puritaner auch eine starke Überzeugung von der ursprünglichen Einheit der Kirche und ihrer kommenden Wiederaufrichtung. Durie wurde von ihm als Beauftragter nach Skandinavien und auf den Kontinent geschickt, um eine ökumenische Kooperation der Protestanten zu erreichen. Milton diente eine Zeitlang als Cromwells Staatssekretär und entwarf in elegantem Latein die Korrespondenz des Protektors mit ausländischen Mächten. Milton schrieb eine der besten Verteidigungsschriften der persönlichen Freiheit, ferner die erste Verteidigung der Ehescheidung durch einen christlichen Theologen (1643) und ein souveränes Plädoyer für die Pressefreiheit (*Areopagitica* 1644). Auch verteidigte er die Hinrichtung Karls I. in seiner Schrift *Tenure of Kings and Magistrates* und in anderen Schriften (1648–1654).

Nach dem Zusammenbruch seiner religiösen und politischen Hoffnungen durch die Restauration (1660) und trotz seiner Erblindung (seit 1651) schrieb Milton drei der großartigsten Epen der englischen Sprache: *Paradise Lost* (1667), *Paradise Regained* (1671) und *Samson Agonistes* (1671).

Cromwell hatte die Krone ausgeschlagen, und bei seinem Tode brach die Koalition auseinander. Die Stuarts kehrten auf den Thron zurück. Unter Karl II. (König 1660–1685) wurden die Puritaner wieder hart verfolgt. Selbst ein so irenischer Mann wie Richard Baxter (1615–1691), der eine führende Rolle bei der Rückberufung der Stuarts gespielt hatte, wurde Opfer des Königs und seines Richters Jeffrey, als er für die Presbyterianer Toleranz forderte, weil diese das *Book of Common Prayer* (1662) nicht akzeptieren konnten. Baxters *Saint Everlasting Rest* (1650) und *The Reformed Pastor* (1656) sind zwei klassische christliche Erbauungsbücher.

Karl II. war ein heimlicher Katholik, Jakob II. (König 1685–1688) ein offener. Als der Erzbischof von Canterbury und sieben andere Bischöfe sich weigerten, die Anordnungen Jakobs II. in kirchlichen Angelegenheiten durchzuführen, wurden sie in den Tower geworfen; ihre Freisprechung wurde von der Menge in den Straßen gefeiert, Wilhelm III. von Oranien wurde nach England gerufen, um das Land vor »päpstlicher Tyrannei« zu retten. Diesen Ruf nahm er mit seiner Königin (Mary, Tochter Jakobs II.) an, so daß England und Schottland protestantisch blieben.

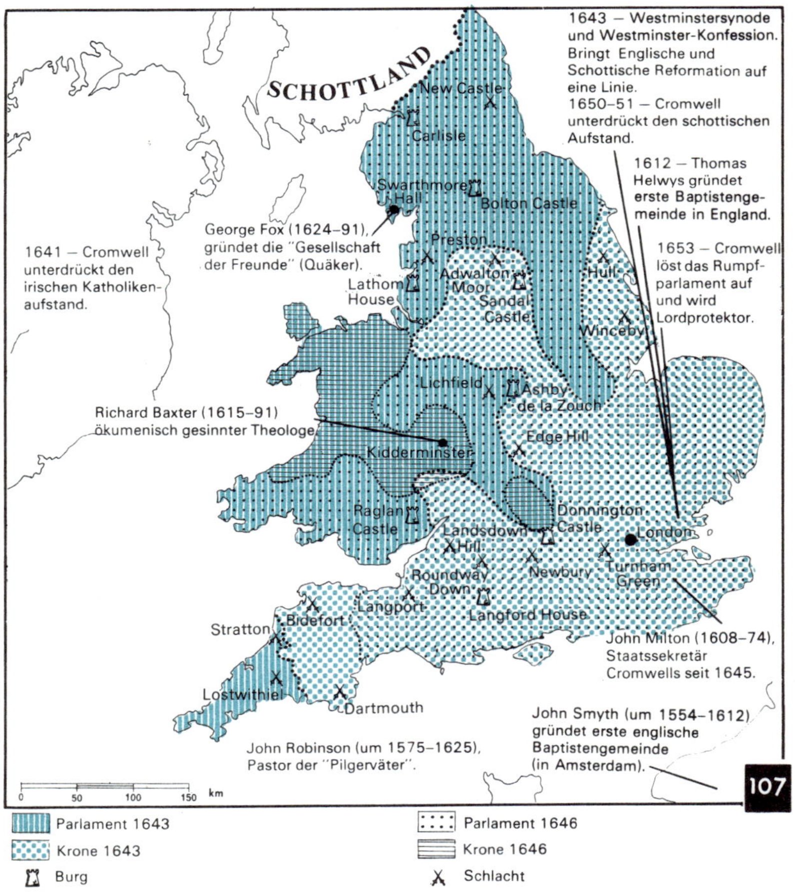

J. Die europäische Christenheit im Zeitalter des Kolonialismus

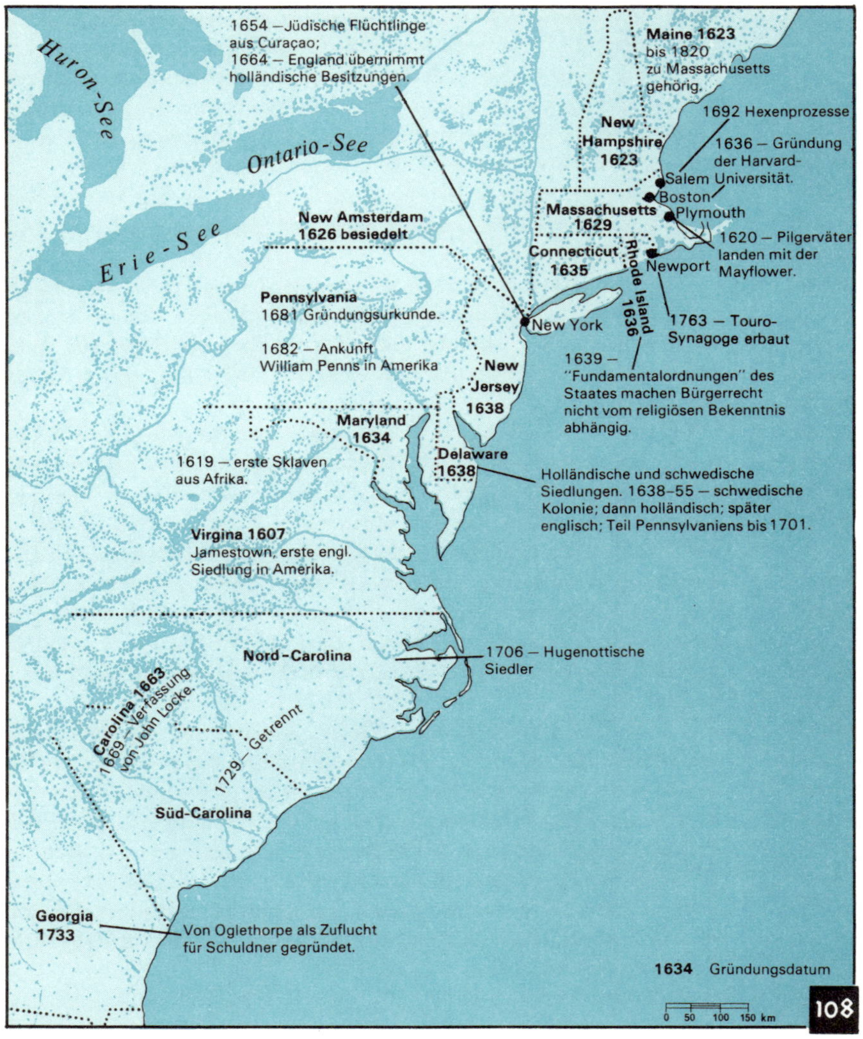

Penns Vertrag mit Indianern (Charter Oak Treaty)

Englische Kolonien in Amerika 17.–18. Jh.

Obwohl mehrere europäische Nationen Siedlungen in Nordamerika anlegten, war nur die englische und französische Erforschung und Kolonisierung breit genug angelegt, um um die Beherrschung des Kontinents zu wetteifern. Die spanischen Siedlungen spielten eine Zeit im Gebiet des heutigen Florida und Louisiana eine wichtige Rolle; einen bleibenden Eindruck hinterließen sie aber nur an der Südwestküste (heute: Texas, Neu-Mexiko, Arizona, Kalifornien). Die Frage, ob England oder Frankreich den Kontinent beherrschen würden, wurde erst im Siebenjährigen Krieg (in Amerika französischer und Indianerkrieg genannt; 1756–1763) entschieden.

Neu Amsterdam wurde 1626 gegründet, nachdem holländische Händler über ein Jahrzehnt einen ertragreichen Pelzhandel entlang des Hudson-River durchgeführt hatten; 1664 fiel es an englische Truppen und wurde umbenannt in New York. 1638 wurden schwedische Siedlungen entlang des Delaware-Flusses angelegt, aber die Holländer eroberten Fort Christina und übernahmen die Herrschaft über Neu-Schweden bis zu den englischen Siegen.

Englische Fischerei- und Handelsplätze gab es entlang der Küste, schon Jahre bevor die ersten konzessionierten Kolonien gegründet wurden. Die erste von diesen war Jamestown Colony (1607) in Virginia. Die Kirche von England war hier etabliert. 1612 wurde mit dem Anbau von Tabak begonnen. 1619 kamen die ersten afrikanischen Sklaven auf einem holländischen Schiff an. Die Verwaltung der Kolonie war aristokratisch und autoritär, so daß es dauernd zu Konflikten zwischen den unabhängigen Farmern und Handwerkern und den herrschenden Gruppen kam, die eine Plantagenwirtschaft begünstigten.

1620 kam im strengen Winter auf der »Mayflower« eine Gruppe englischer Seperatisten an, die in Cape Cod landeten. Es war südlich des Gebiets, das der London Company übergeben worden war, mit der sie in Verbindung gestanden hatten. Sie entwarfen die erste demokratische Verfassungsurkunde in der Neuen Welt. Im Mayflower Compact übersetzten sie ihr Verständnis des freiwilligen Charakters menschlicher Zusammenschlüsse ins Politische, ein Verständnis, das sie in kirchlichen Angelegenheiten schon zu radikalen Puritanern hatte werden lassen und das sie aus dem England König Jakobs nach Holland ins Exil vertrieben hatte. Weitere Siedlungen wurden im späteren New Hampshire und Maine angelegt, und 1629/30 kamen 22 Schiffe mit 1400 Siedlern in der Massachusetts Bay an. Obwohl diese letzteren sehr konservative Puritaner waren, brachten sie ihre Gründungsurkunde und ihren Gouverneur (John Winthrop) mit. Während des nächsten Jahrzehnts kamen zusätzlich etwa 16000 neue Siedler aus dem Mutterland. 1636 wurde ein College (Harvard) gegründet.

Die Plymouth Colony blieb demokratischer, und eine ihrer Haupteinrichtungen – der Bund – wurde auch in der Bay Colony verbreitet. Massachusetts mit den frühen Dörfern bei Salem, Boston, Dorchester, Watertown richtete eine Staatskirche ein und eine Abgeordnetenversammlung (General Court), die an die Stelle der früheren offenen Versammlung aller freien Bürger trat. Streitigkeiten zwischen der etablierten Kirche und Dissenters wie Anne Hutchinson und Roger Williams brachen früh aus, und Wanderbewegungen zu den Grenzen (Providence, Hartford) setzten ein. Dort floß die Suche nach Religionsfreiheit, politischer Demokratie und wirtschaftlichen Möglichkeiten zusammen.

Im Süden von Virginia, in den Carolinas und Georgia, herrschte die gemischte Tradition vor. Religiös waren diese Kolonien anglikanisch; wirtschaftlich ruhte die Macht bei den Plantagenbesitzern, die Sklaven einsetzten. Ihnen standen kleine Farmer und Handwerker, meist Puritaner, gegenüber, die nach Westen in die Vorberge der Appalachen wanderten.

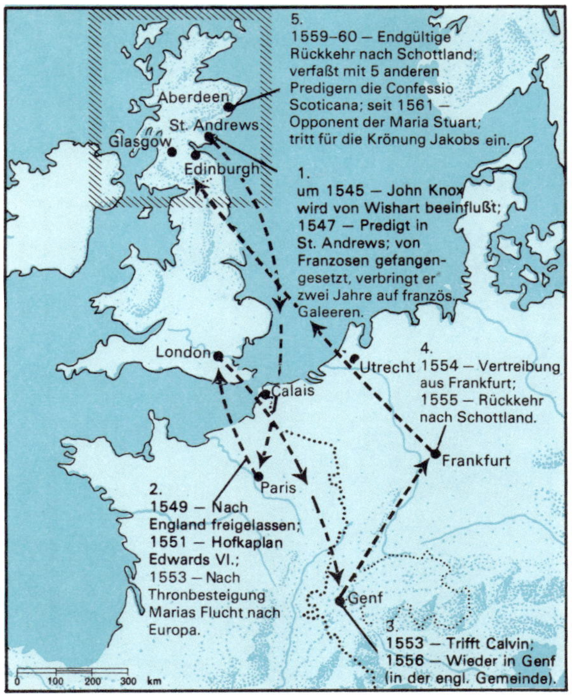
5.
1559–60 – Endgültige Rückkehr nach Schottland; verfaßt mit 5 anderen Predigern die Confessio Scoticana; seit 1561 – Opponent der Maria Stuart; tritt für die Krönung Jakobs ein.
Aberdeen
St. Andrews
Glasgow
Edinburgh
1.
um 1545 – John Knox wird von Wishart beeinflußt; 1547 – Predigt in St. Andrews; von Franzosen gefangengesetzt, verbringt er zwei Jahre auf französ. Galeeren.
London
Utrecht
4.
1554 – Vertreibung aus Frankfurt; 1555 – Rückkehr nach Schottland.
Calais
Frankfurt
Paris
2.
1549 – Nach England freigelassen; 1551 – Hofkaplan Edwards VI.; 1553 – Nach Thronbesteigung Marias Flucht nach Europa.
Genf
3.
1553 – Trifft Calvin; 1556 – Wieder in Genf (in der engl. Gemeinde).
0 100 200 300 km

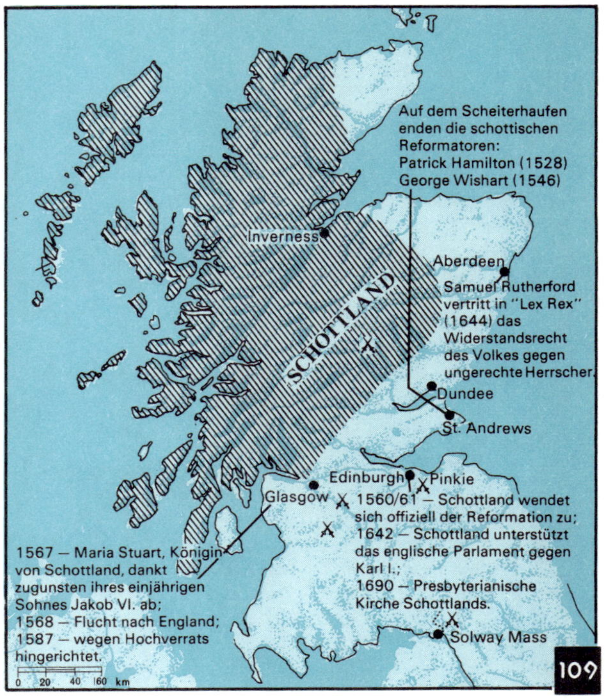
Auf dem Scheiterhaufen enden die schottischen Reformatoren: Patrick Hamilton (1528) George Wishart (1546)
Inverness
SCHOTTLAND
Aberdeen
Samuel Rutherford vertritt in "Lex Rex" (1644) das Widerstandsrecht des Volkes gegen ungerechte Herrscher.
Dundee
St. Andrews
Edinburgh
Pinkie
Glasgow
1560/61 – Schottland wendet sich offiziell der Reformation zu; 1642 – Schottland unterstützt das englische Parlament gegen Karl I.; 1690 – Presbyterianische Kirche Schottlands.
1567 – Maria Stuart, Königin von Schottland, dankt zugunsten ihres einjährigen Sohnes Jakob VI. ab; 1568 – Flucht nach England; 1587 – wegen Hochverrats hingerichtet.
Solway Mass
0 20 40 60 km
109

Römisch-katholisch

John Knox und der Bürgerkrieg in Schottland, 16.–17. Jh.

Schottland brachte früh Märtyrer der Reformation hervor, darunter Patrick Hamilton (ca. 1504–1528). Als Student in Paris fühlte er sich von Luthers Schriften angezogen und hörte später Vorlesungen in Wittenberg und an der neuen Universität in Marburg. Zu Hause der Ketzerei beschuldigt, bekehrte er den ihm zugewiesenen Mann – Alexander Alesius (1500–1565), der später wichtige Professuren in Frankfurt/Oder und in England unter Eduard VI. innehatte. Hamilton wurde verbrannt. George Wishart (ca. 1513–1546) war ein anderer früher Märtyrer. Er beeinflußte John Knox, der der Anführer der schottischen Reformation wurde.

John Knox (ca. 1505–1572) wurde in Glasgow erzogen und trat spät (mit 42 Jahren) zur Reformation über. Eine Zeitlang war er Sklave auf französischen Galeeren. Nach der Entlassung spielte er bei Einführung der Reformation eine wichtige Rolle als Hauskaplan Eduards VI. Während der Herrschaft Maria Tudors wirkte er auf dem Kontinent, wo er Calvin kennenlernte. Als Prediger der englischen Gemeinde in Genf veröffentlichte er eine Abhandlung gegen die Beherrschung der französischen Politik durch Maria von Guise, *Against the Monstrous Regiment of Women* (1558). Elisabeth erinnerte sich an das Buch, als sie Königin von England wurde; ebenso Maria Stuart, als sie den Thron Schottlands bestieg (1561). Knox hatte zwischenzeitlich eine beträchtliche Anhängerschaft in Schottland gewonnen, wohin er 1559 zurückkehrte. In der *Confessio Scoticana* (1560) und *The First Book of Discipline* (1560) legte er die Grundlage für die schottische Reformation. Die 25 Artikel der *Confessio* waren schroff anti-römisch und calvinistisch; sie behauptete sich, bis sie durch die *Westminster Confession* 1647 abgelöst wurde. Diese paßte das Genfer Kirchenregiment den schottischen Verhältnissen an, obwohl die Durchsetzung vom Adel verhindert wurde, weil Knox ein nationales Erziehungssystem vorgeschlagen hatte, das die Einnahmen der Herren bedroht hätte. Sein *Book of Common Order* (1556–1564) bestimmte die Gottesdienste.

Knox trat in scharfen Gegensatz zu Maria Stuart, weil sie am Hof die Messe feierte, wegen der Zügellosigkeit am Hof und wegen ihres persönlichen Lebenswandels. Vor ihrer Abdankung predigte er ein Jahr lang fast täglich gegen sie, und er hielt bei der Krönung ihres Sohnes, Jakobs VI., die Predigt. Knox war ein kompromißloser und mutiger Mann und ein gewaltiger Prediger. Seine *History of the Reformation in Scotland* erlebte viele Auflagen.

Obwohl Schottland 1560 die presbyterianische Verfassung annahm, wurde die Kirche des Landes über ein Jh. direkt durch die Entschlossenheit der Stuarts beeinflußt, das Episkopalsystem einzuführen.

Nach dem Tode von Knox wurde Andrew Melville (1545–1622) der Anführer, ein mit intellektuellen und administrativen Fähigkeiten begabter Mann. Nachdem er wichtige akademische Stellen in Poitiers und Genf innegehabt hatte, wurde er 1574 Rektor der Universität in Glasgow, die er reformierte. Später stand er an der Spitze der Theologischen Fakultät in St. Andrews. Streit mit dem König führte zu einer vierjährigen Gefangenschaft im Tower in London, von wo er entlassen wurde, um ins Exil zu gehen. Zweimal war er Moderator der Generalversammlung und bemühte sich eifrig, alle Spuren des Episkopalismus in Schottland zu tilgen und die presbyterianische Partei in der Kirche von England zu stärken.

Unter dem Druck der Krone wurden 1584 Maßnahmen zugunsten des Episkopalismus ergriffen, jedoch 1592 fallengelassen. 1612 wurde der Episkopat wiederhergestellt, und 1618 wurden bischöfliche Gebräuche angeordnet. Aber der Versuch, gewaltsam das Prayer Book Erzbischof Lauds einzuführen, führte die schottischen Presbyterianer und die Gegner Karls I. in England zusammen im feierlichen Zusammenschluß und Bund (*Solemn League and Covenant* 1643). Mit schottischer Unterstützung rief das englische Parlament die Westminster-Versammlung ein, die ein calvinistisches Glaubensbekenntnis und eine presbyterianische Kirchenordnung für beide Königreiche entwarf. Während des Commonwealth, als in England der Kongregationalismus den Presbyterianismus ausstach, wurde die Abneigung der Schotten durch Cromwells Armee in Grenzen gehalten. Nach der Restauration (1660) wurde durch Anordnung der Stuarts der Episkopat wiederhergestellt, aber nach vielen Kämpfen wurde die Kirche von Schottland schließlich presbyterial verfaßt, nachdem Wilhelm und Maria den Thron bestiegen hatten (1689).

Maria Stuart (Königin 1543–1567) verlor wegen ihres Katholizismus Schottland. Ihr Sohn Jakob VI. und seine Nachfolger verloren wegen der bischöflichen Sache Schottland. Aber der Sieg des Calvinismus und Presbyterianismus, der eine nationale und freie Kirche hervorbrachte, wurde von Männern wie Hamilton, Knox und Melville erstritten. Im Verlauf dieses Prozesses setzten sich Prinzipien der repräsentativen Regierungsform in politischen wie in kirchlichen Angelegenheiten durch. *Lex, Rex* (1644), eine Zurückweisung absoluter Monarchie und *The Divine Right of Church Government* (1646), eine Verteidigung der presbyterianischen Kirchenverfassung, beide von Samuel Rutherford (ca. 1600–1661) verfaßt, sind zwei der großartigsten Darlegungen republikanischer Prinzipien in der englischen Sprache.

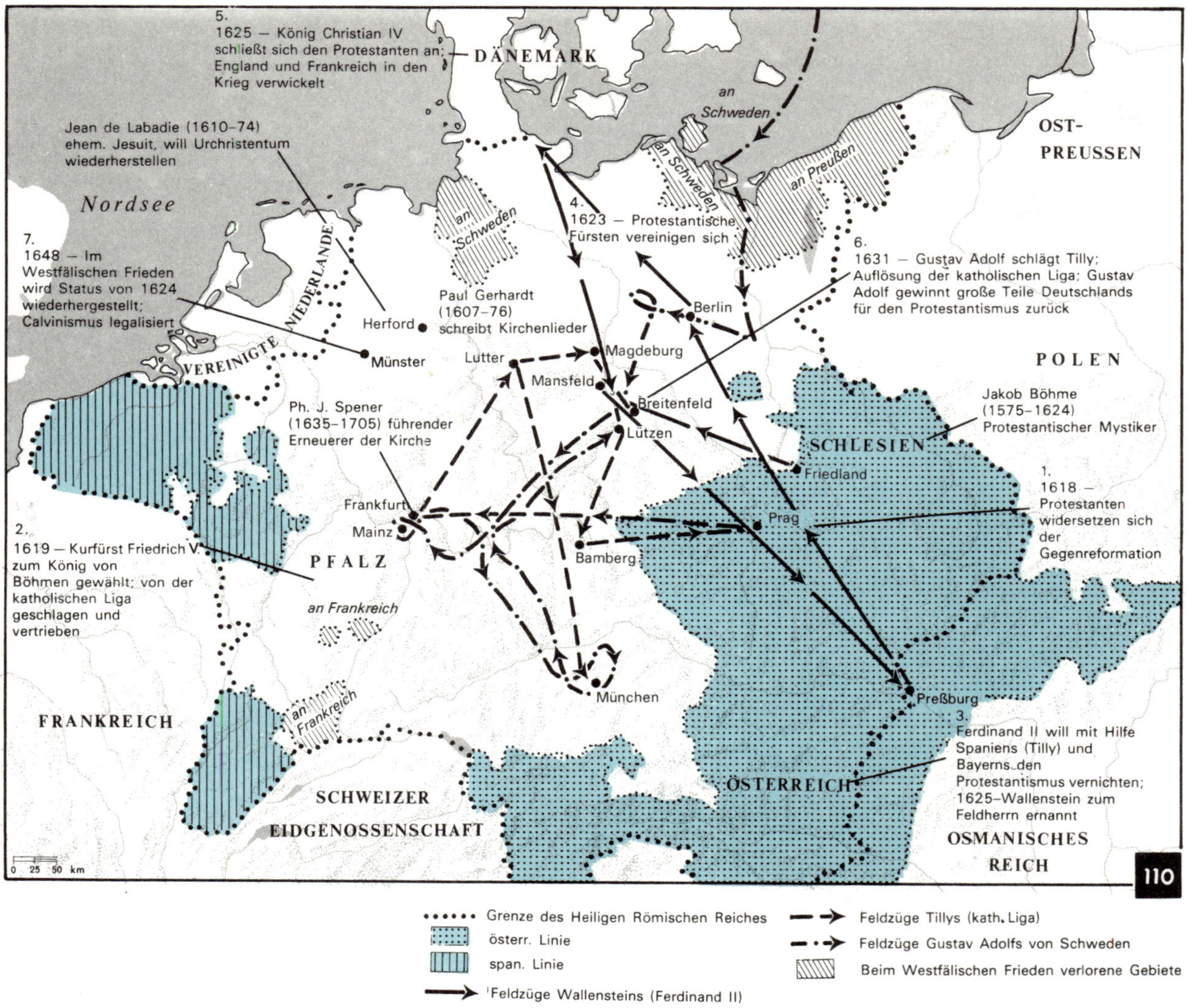
5.
1625 – König Christian IV schließt sich den Protestanten an; England und Frankreich in den Krieg verwickelt
DÄNEMARK
Jean de Labadie (1610–74) ehem. Jesuit, will Urchristentum wiederherstellen
Nordsee
an Schweden
OST-PREUSSEN
an Schweden
an Preußen
4.
1623 – Protestantische Fürsten vereinigen sich
7.
1648 – Im Westfälischen Frieden wird Status von 1624 wiederhergestellt; Calvinismus legalisiert
NIEDERLANDE
VEREINIGTE
Paul Gerhardt (1607–76) schreibt Kirchenlieder
6.
1631 – Gustav Adolf schlägt Tilly; Auflösung der katholischen Liga; Gustav Adolf gewinnt große Teile Deutschlands für den Protestantismus zurück
Herford
Berlin
Münster
Lutter
Magdeburg
Mansfeld
POLEN
Breitenfeld
Ph. J. Spener (1635–1705) führender Erneuerer der Kirche
Lützen
Jakob Böhme (1575–1624) Protestantischer Mystiker
SCHLESIEN
Friedland
1.
1618 – Protestanten widersetzen sich der Gegenreformation
Frankfurt
Mainz
Prag
2.
1619 – Kurfürst Friedrich V. zum König von Böhmen gewählt; von der katholischen Liga geschlagen und vertrieben
PFALZ
Bamberg
an Frankreich
München
Preßburg
FRANKREICH
an Frankreich
3.
Ferdinand II will mit Hilfe Spaniens (Tilly) und Bayerns den Protestantismus vernichten; 1625–Wallenstein zum Feldherrn ernannt
SCHWEIZER EIDGENOSSENSCHAFT
ÖSTERREICH
OSMANISCHES REICH
0 25 50 km
110
Grenze des Heiligen Römischen Reiches
österr. Linie
span. Linie
Feldzüge Wallensteins (Ferdinand II)
Feldzüge Tillys (kath. Liga)
Feldzüge Gustav Adolfs von Schweden
Beim Westfälischen Frieden verlorene Gebiete

Der Dreißigjährige Krieg in Deutschland 1618–1648

Die »Religionskriege«, die jedes europäische Land erschütterten, wurden durch andere Kräfte noch komplizierter gemacht, z.B. den Anstieg des Nationalismus, den Kampf rivalisierender Adelsfamilien, den Streit zwischen König und ehrgeizigem Adel, den Niedergang kaiserlicher Macht. Auf deutschem Gebiet waren alle diese Kräfte am Werk; dazu kam die außergewöhnliche große Zahl kleiner Staaten und Fürstentümer, die das Zeitalter des Feudalismus überlebt hatten. Der Dreißigjährige Krieg, der Deutschland auf die Ebene primitiven Barbarentums zurückwarf, bedeutete auch das Ende Dutzender kleiner politischer Einheiten. Die Verwüstungen durch die verschiedenen Heere, die von den religiösen Ideologien gerechtfertigt wurden, war so vollständig, daß mancherorts von einer Bevölkerung von 6000 nur eine einzige zerbrochene Familie überlebte. Plagen und Hungersnöte folgten den Söldnerheeren. In mehreren vom Hungerstod bedrohten Gegenden soll es sogar zu Kannibalismus gekommen sein. Die Bevölkerung wurde in einer Generation um 80–90 % verringert.

Der Dreißigjährige Krieg bestand aus einer Reihe von Kriegen, die Historiker als eine Einheit betrachten, weil das Friedensabkommen – der Westfälische Friede (1648) – umfassend war. Die erste Phase (1618–1629) war hauptsächlich religiös bestimmt, die letzte Phase (1630–1648) war ein Kampf um die Macht des Hauses Habsburg und um den Einfluß Schwedens und Frankreichs im Reich.

Der Krieg begann in Böhmen, einem Teil Europas, der seit langem durch die wechselnden Kräfte der islamischen Eindringlinge, der Reformation und Gegenreformation, des ungarischen, böhmischen und transsylvanischen Adels und der Ansprüche Habsburgs unsicher war. Unmittelbarer Anlaß war die Beseitigung zweier hussitischer Kirchen durch römisch-katholische Herrscher und die Ernennung eines katholischen Statthalters. Die böhmischen Protestanten (Utraquisten) erbaten Hilfe, und die protestantische Union schickte ein Heer, das die kaiserlichen Kräfte besiegte. In Wien jedoch wandte sich das Blatt. Ferdinand II., in Frankfurt am Main von sechs der sieben Kurfürsten zum Kaiser gewählt, besiegte Friedrich V. von der Pfalz, das Haupt der protestantischen Union (führender deutscher Calvinist und Schwiegersohn Jakobs I. von England), in der Schlacht am Weißen Berge (8. November 1620). Friedrich floh in die Niederlande, die protestantischen Herrscher Anhalts und Brandenburgs kamen in die Reichsacht, und gewaltsame Maßnahmen der Gegenreformation wurden in Böhmen, Österreich und Schlesien durchgeführt.

Die Truppen der katholischen Liga, zusammen mit dem spanischen und dem kaiserlichen Heer (unter Wallenstein), besiegten die norddeutschen Kräfte, die von Christian IV., König von Dänemark und Holstein, angeführt wurden, und gingen daran, alle »Sekten« auszurotten.

König Gustav Adolf von Schweden landete im Juli 1630 an der Spitze eines Heeres zum Beistand des deutschen Protestantismus in Pommern. Er errang glänzende Siege bei Leipzig (1631) und Lützen (1632), aber das Kriegsglück schwankte Jahre hin und her. 1635 griffen französische Truppen auf der Seite Schwedens gegen die kaiserlichen Interessen Habsburgs ein. Im Westfälischen Frieden erzielten sowohl Schweden wie Frankreich wichtige Gebietsgewinne. Der Calvinismus erhielt den gleichen rechtlichen Status wie der Katholizismus und das Luthertum vor 1618. Die Wahl der Religion hing vom Landesherren jeden Gebiets ab. Die Schweiz und die Niederlande erhielten ihre Unabhängigkeit.

Die religiöse Entwicklung war ein Spiegelbild des Leidenswegs der Völker, die so sehr unter den Heeren, der Pestilenz und dem Hungerstod gelitten hatten. Es kam zu einer Aufwallung der individualistischen Mystik, repräsentiert durch Jakob Boehme (1575–1624). Diese Welt wurde verworfen, die Hoffnung auf den Himmel betont. Boehmes Schriften zeigen eine unerschütterliche Heiterkeit wegen der göttlichen Gegenwart in der Seele, und sie schließen ausgedehnte und intensive Spekulationen über das Wesen Gottes, des Menschen und der Natur ein. In den etablierten Kirchen repräsentierte Paul Gerhardt (ca. 1607–1676) den Höhepunkt persönlicher Frömmigkeit.

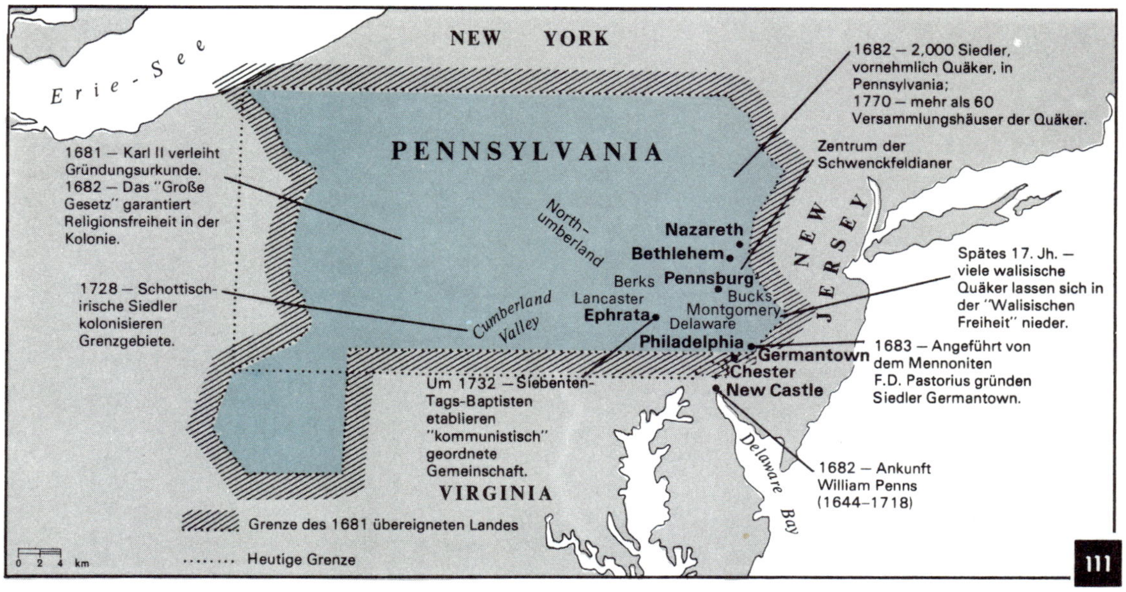
NEW YORK
Erie-See
PENNSYLVANIA
1681 – Karl II verleiht Gründungsurkunde. 1682 – Das "Große Gesetz" garantiert Religionsfreiheit in der Kolonie.
1728 – Schottisch-irische Siedler kolonisieren Grenzgebiete.
Northumberland
Cumberland Valley
1682 – 2.000 Siedler, vornehmlich Quäker, in Pennsylvania; 1770 – mehr als 60 Versammlungshäuser der Quäker.
Zentrum der Schwenckfeldianer
NEW JERSEY
Nazareth
Bethlehem
Berks
Pennsburg
Lancaster
Bucks
Ephrata
Montgomery
Delaware
Philadelphia
Germantown
Chester
New Castle
Spätes 17. Jh. – viele walisische Quäker lassen sich in der "Walisischen Freiheit" nieder.
1683 – Angeführt von dem Mennoniten F.D. Pastorius gründen Siedler Germantown.
Um 1732 – Siebenten-Tags-Baptisten etablieren "kommunistisch" geordnete Gemeinschaft.
VIRGINIA
Delaware Bay
1682 – Ankunft William Penns (1644–1718)
Grenze des 1681 übereigneten Landes
Heutige Grenze
0 2 4 km
111

Pennsylvanien – ein religiöser Zufluchtsort 17.–18. Jh.

William Penn (1644–1718) war der größte Landbesitzer seiner Zeit, und wegen seiner Überzeugung als Quäker machte er seinen Besitz zum Zufluchtsort der verfolgten »Sekten« der Christenheit. Er erhielt Pennsylvanien als Tilgung einer Forderung, die die Stuarts, mit denen er persönliche Beziehungen unterhielt, seinem Vater schuldeten. (Diese Beziehungen bewahrten ihn allerdings nicht vor gelegentlicher Inhaftierung als »Sektierer«).

Die Gesellschaft der Freunde, gewöhnlich »Quäker« genannt, war aus einer Anzahl individueller »Sucher« und mystischer Gruppen, wie sie im radikalen Puritanismus blühten, von George Fox (1624–1691) gebildet worden. Fox unternahm ausgedehnte Missionsreisen unter anderem zu den Westindischen Inseln und nach Nordamerika. 1682 erhielt Penn verbrieftes Recht auf East Jersey und Pennsylvanien. Die Frankfurter Landgesellschaft, die er gründete, wurde das Mittel, wodurch viele Tausende religiöser Flüchtlinge den religiösen Verfolgungen der Alten Welt entkamen. Dreißig Jahre nach Errichtung der Kolonie auf der Grundlage religiöser Freiheit wurden mehr Quäker in Amerika als in England gezählt, und deutsche Mennoniten, »Dunker« (Brüder), Schwenckfelder, Baptisten und andere kamen und kauften Land für Gemeinschaftssiedlungen oder einzelne Höfe. Unter den Emigranten waren auch viele deutsche Lutheraner oder Reformierte, die vom *jus emigrandi* Gebrauch machten, wenn der Landesherr eine andere offizielle Religion wählte als ihre eigene.

Pennsylvanien wurde so ziemlich früh die einzige große amerikanische Kolonie mit totaler Religionsfreiheit (im Unterschied zu Toleranz), obwohl unter den Söhnen und Nachfolgern Penns der hohe Standard nicht aufrechterhalten wurde. Penns eigene Handlungsweise gegenüber den Indianern war ein Modell der Fairness (Charter Oak Treaty, 1683), aber auch hier waren seine Nachfolger unwürdig und entfremdeten die Indianer durch Betrügereien bei Land- und Handelsvereinbarungen.

Indien ca. 1706

Im 18. Jh. wurde der indische Subkontinent das Hauptobjekt ehrgeiziger europäischer Handels- und Kolonialinteressen, wobei die Engländer schließlich die Herrschaft gewannen (1761–1947). Ein Jh. religiöser Kriege und Verfolgungen unter Mogulen, Hindus und Sikhs hatten den Weg für eine Kolonialherrschaft geebnet. Der Sieg Englands über Frankreich wurde in einer Reihe von weltweiten Streitigkeiten, die auch Nordamerika einschlossen, errungen.

Die ersten protestantischen Missionare kamen 1706 mit Unterstützung des lutherischen Königs von Dänemark ins Land; sie waren aus dem Halleschen Pietismus unter August Hermann Francke (1663–1723) hervorgegangen. Bartholomäus Ziegenbalg (1683–1719) übersetzte das NT und Teile des AT ins Tamil. Teilweise wurden er und H. Plütschow von Missionsgesellschaften in Deutschland, teilweise durch die Society for Promoting Christian Knowledge (SPCK) in England unterstützt. Ein anderer lutherischer Missionar, der wesentlich zum Wachstum des Christentums in Indien beitrug, war C. F. Schwarz, der von 1750 bis zu seinem Tode 1798 dort tätig war.

Eine der Hauptwirkungen des Pietismus war das wachsende Missionsbewußtsein in lutherischen und reformierten Kirchen. Sie bewunderten die Urgemeinde und betonten die Gültigkeit des Missionsbefehls (Mt 28,18–20; Mk 16,15f) und das Modell der Reisen des Apostel Paulus sowie die Briefe an junge Gemeinden. Francke, der von Philipp Jakob Spener beeinflußt war, gründete in Halle, wo er seit 1692 Professor war, eine Anzahl von Einrichtungen, die das pietistische Interesse an sozialen Diensten und Missionen widerspiegeln. Seine Erziehungsgrundsätze beeinflußten das preußische Schulwesen, und seine Missionsstrategie steht am Beginn der modernen Ausbreitung des protestantischen Christentums in der ganzen Welt.

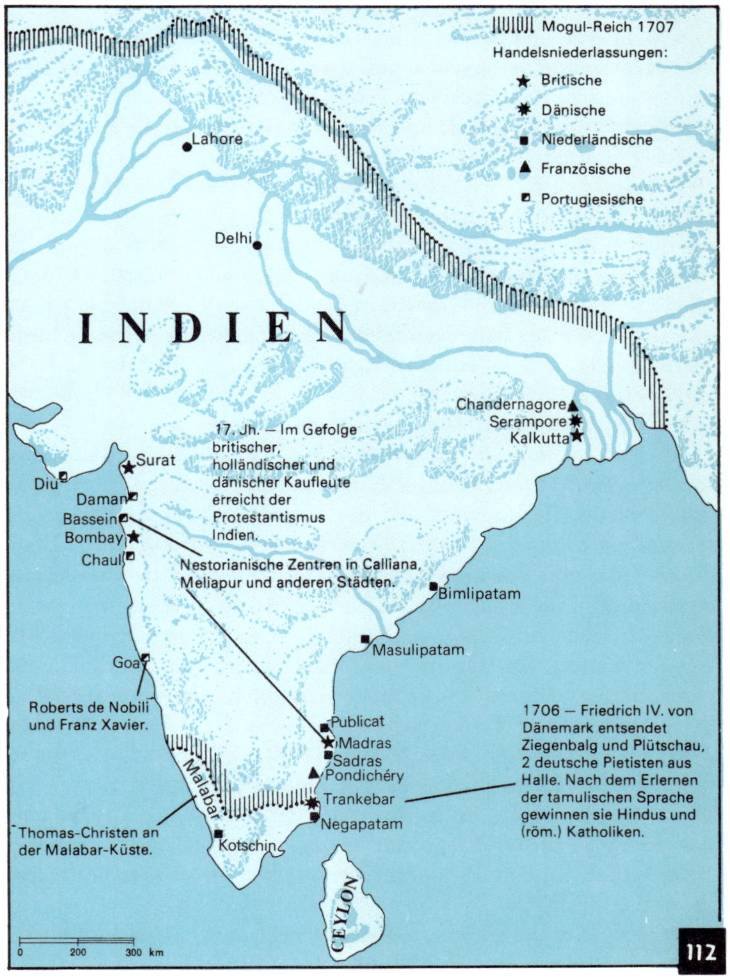
Mogul-Reich 1707
Handelsniederlassungen:
Britische
Dänische
Niederländische
Französische
Portugiesische
Lahore
Delhi
INDIEN
Chandernagore
Serampore
Kalkutta
17. Jh. – Im Gefolge britischer, holländischer und dänischer Kaufleute erreicht der Protestantismus Indien.
Surat
Diu
Daman
Bassein
Bombay
Chaul
Nestorianische Zentren in Calliana, Meliapur und anderen Städten.
Bimlipatam
Masulipatam
Goa
Roberts de Nobili und Franz Xavier.
Publicat
Madras
Sadras
Pondichéry
Trankebar
Negapatam
Malabar
Kotschin
Thomas-Christen an der Malabar-Küste.
1706 – Friedrich IV. von Dänemark entsendet Ziegenbalg und Plütschau, 2 deutsche Pietisten aus Halle. Nach dem Erlernen der tamulischen Sprache gewinnen sie Hindus und (röm.) Katholiken.
CEYLON
0 200 300 km
112

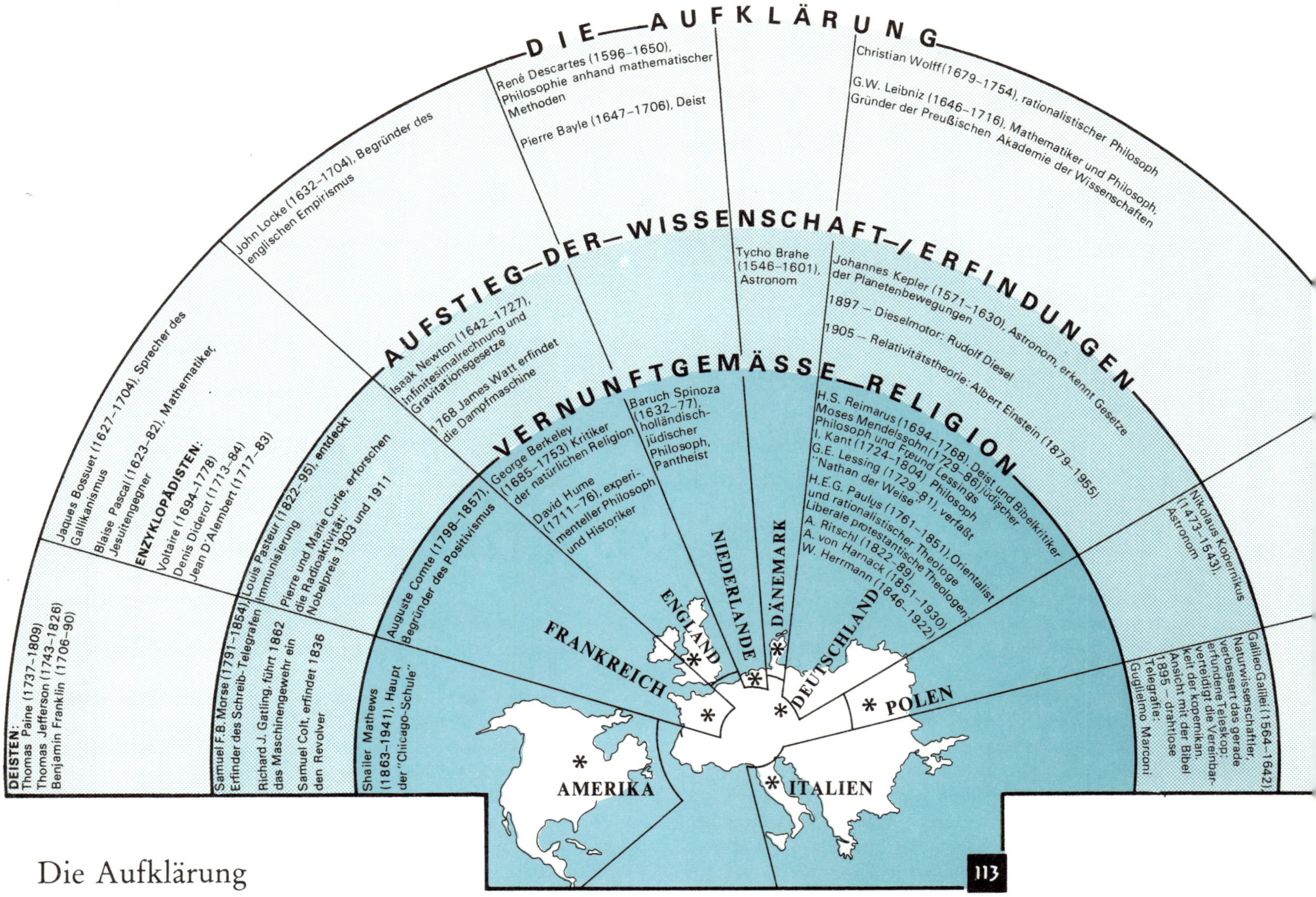
DIE AUFKLÄRUNG
René Descartes (1596–1650), Philosophie anhand mathematischer Methoden
Pierre Bayle (1647–1706), Deist
Christian Wolff (1679–1754), rationalistischer Philosoph
G.W. Leibniz (1646–1716), Mathematiker und Philosoph, Gründer der Preußischen Akademie der Wissenschaften
John Locke (1632–1704), Begründer des englischen Empirismus
Jaques Bossuet (1627–1704), Sprecher des Gallikanismus
Blaise Pascal (1623–82), Mathematiker, Jesuitengegner
ENZYKLOPÄDISTEN:
Voltaire (1694–1778)
Denis Diderot (1713–84)
Jean D'Alembert (1717–83)
DEISTEN:
Thomas Paine (1737–1809)
Thomas Jefferson (1743–1826)
Benjamin Franklin (1706–90)
AUFSTIEG DER WISSENSCHAFT/ERFINDUNGEN
Isaak Newton (1642–1727), Infinitesimalrechnung und Gravitationsgesetze
1768 James Watt erfindet die Dampfmaschine
Tycho Brahe (1546–1601), Astronom
Johannes Kepler (1571–1630), Astronom, erkennt Gesetze der Planetenbewegungen
1897 – Dieselmotor: Rudolf Diesel
1905 – Relativitätstheorie: Albert Einstein (1879–1955)
Nikolaus Kopernikus (1473–1543), Astronom
Galileo Galilei (1564–1642), Naturwissenschaftler, verbessert das gerade erfundene Teleskop; verteidigt die Vereinbarkeit der kopernikanischen Ansicht mit der Bibel
1895 – drahtlose Telegrafie: Guglielmo Marconi
Louis Pasteur (1822–95), entdeckt Immunisierung
Pierre und Marie Curie, erforschen die Radioaktivität; Nobelpreis 1903 und 1911
Samuel F.B. Morse (1791–1854), Erfinder des Schreib-Telegrafen
Richard J. Gatling, führt 1862 das Maschinengewehr ein
Samuel Colt, erfindet 1836 den Revolver
VERNUNFTGEMÄSSE RELIGION
George Berkeley (1685–1753) Kritiker der natürlichen Religion
Baruch Spinoza (1632–77), holländisch-jüdischer Philosoph, Pantheist
David Hume (1711–76), experimenteller Philosoph und Historiker
Auguste Comte (1798–1857), Begründer des Positivismus
Shailer Mathews (1863–1941), Haupt der "Chicago-Schule"
H.S. Reimarus (1694–1768), Deist und Bibelkritiker
Moses Mendelssohn (1729–86) jüdischer Philosoph und Freund Lessings
I. Kant (1724–1804) Philosoph
G.E. Lessing (1729–81), verfaßt "Nathan der Weise"
H.E.G. Paulus (1761–1851), Orientalist und rationalistischer Theologe
Liberale protestantische Theologen:
A. Ritschl (1822–89)
A. von Harnack (1851–1930)
W. Herrmann (1846–1922)
ENGLAND
NIEDERLANDE
DÄNEMARK
FRANKREICH
DEUTSCHLAND
POLEN
AMERIKA
ITALIEN
113

Die Aufklärung

In vieler Weise bezeichnet die Aufklärung den Übergang vom mittelalterlichen Leben und Denken zur Moderne. In der Renaissance und Reformation wurde der geschlossene Kreis einer einheitlichen Christenheit zwar erschüttert, aber nicht gebrochen. Martin Luther blieb in seinen Ansichten über soziale und wirtschaftliche Probleme ein mittelalterlicher Mensch. Leonardo da Vinci blieb trotz seiner außergewöhnlichen Phantasie als Wissenschaftler und Erfinder ein Pensionär der Päpste und Ausführender kirchlicher Aufträge. Außerdem hatte der Eifer, mit dem sich die schöpferischsten Geister der Zeit von 1450–1550 der sorgfältigen und kritischen Beobachtung der Beweise – ob auf die Natur oder auf Texte bezogen – hingaben, noch nicht zu der tiefen Spaltung zwischen »Wissenschaft« und religiöser Ideologie, zwischen »natürlichem« Beweis und »übernatürlichem« Glauben geführt, die die nachaufklärerische Welt kennzeichnet.

Im Verlauf der Errichtung eines monolithischen und umfassenden Denk- und Lenkungssystems hatte sich das mittelalterliche Christentum einer Anzahl von Lehren über die natürliche Welt verschrieben, die dem Test des Experiments und der sorgfältigen Beobachtung nicht standhalten konnten. Nikolaus Kopernicus (1473–1543), Tycho Brahe (1546–1601) und Johannes Kepler (1571–1630) zerstörten das Modell eines auf die Erde als Mittelpunkt ausgerichteten Universums, das die herkömmlichen Ansichten von Hölle, Erde und Himmel ermöglichte. Kepler erläuterte die »Gesetze« der Planetenbewegung und stellte Berechnungen zum Stern von Bethlehem an (die Konjunktion von Mars, Saturn und Jupiter), die den möglichen Termin der Geburt Jesu auf das Jahr 6 v.Chr. verschob. Isaak Newton (1642–1727), wie Kepler tief religiös, stellte gleichwohl Bewegungs- und Gravitations»gesetze« auf, die herkömmliche kirchliche Ansichten eines statischen Universums, das durch göttliches Eingreifen zusammengehalten oder verändert wird, aufhob. Die Sprache der Mathematik begann die Sprache des Mythos zu ersetzen.

Der kritische und skeptische Ansatz machte sich bald in der Religion ebenso bemerkbar, wie in Wissenschaft und Erfindung. Blaise Pascal (1623–1662), ein Pionier der Differentialrechnung und Hydrodynamik, war ein überzeugender Befürworter des Jansenismus gegen die Jesuiten und das Papsttum. Gottfried Wilhelm Leibniz (1646–1716), der Erfinder der Differentialrechnung, stellte eine neue Theorie über die göttliche Natur des Universums auf. John Locke (1632–1704), ein religiöser Mensch, der jedoch keine kirchlich-dogmatische Bindung einging, entwickelte eine politische Theorie, die vernünftige Religion und Toleranz umschloß.

Die beherrschende Figur der deutschen Aufklärung war Immanuel Kant (1724–1804), Professor der Logik in Königsberg (Ostpreußen). Er entwickelte ein System philosophischer Gedanken, das die Ethik auf die Vernunft gründete und religiöse Ideen in Übereinstimmung mit der Newtonschen Physik und den mathematischen Formeln brachte. Seine *Kritik der reinen Vernunft* und *Die Religion innerhalb der Grenzen der bloßen Vernunft* verwarfen den herkömmlichen christlichen Supranaturalismus, ließen keinen Raum für einen persönlichen Erlöser, kein Bedürfnis für Wunder, keinen Platz für mystische Erfahrungen. Religiöse Ereignisse waren von gleicher Art wie natürliche Ereignisse – vernünftig und einsehbar. Jedes Ereignis hat eine klare Ursache, und alles Wissen hängt von der Natur ab. Seine Anhänger – wie H. S. Reimarus (1694–1768), Gotthold E. Lessing (1729–1781), J. G. Herder (1744–1803) waren allgemein skeptisch gegenüber der organisierten Religion. Lessings Freund Moses Mendelssohn (1729–1786), wahrscheinlich das Vorbild für *Nathan der Weise,* begünstigte die Ausbreitung vernünftiger Religion unter gebildeten Juden.

Die führenden Köpfe der französischen Aufklärung – Denis Diderot (1713–1784) von der *Encyclopédie,* der Jansenist und Mathematiker Jean d'Alembert (1717–1783) und François-Marie Arouet/»Voltaire« (1694–1778) – wandten sich noch heftiger gegen das Geheimnisvolle und Traditionelle in der Religion. Dem Mythischen und »Irrationalen« feindlich, waren sie anti-christlich wie antisemitisch.

In der Entwicklung der Religionswissenschaft und der wissenschaftlichen Theologie unternahmen es später Universitätsprofessoren, die

Regeln der vernünftigen Religion anzuwenden auf die Schrift, die Dogmen und die Kirchenordnung. Gegenüber der letzteren fühlten sie sich emanzipiert. Gegenüber Schrift und Dogma verfolgten sie die Regel, daß die geheimnisvollen und dunklen Lehren weniger maßgebend (oder gar authentisch) sind als die, die klar und dem gesunden Menschenverstand zugänglich sind.

Der Pietismus

Der Pietismus kann teilweise verstanden werden als die Wiederentdekkung der eschatologischen Dimension des frühen Christentums. Die Hoffnung auf bessere Zeiten schlossen die Wiedervereinigung der Kirchen und die Ausbreitung des Evangeliums bis zu den entferntesten Stämmen und Völkern ein. Einige radikale pietistische Gruppen organisierten sich zu pazifistischen und kommunistischen Gemeinschaften im Vorgriff auf die baldige Wiederkunft des Herrn.

Der Pietismus war aber auch teilweise eine Verteidigung gegen den Verlust großer Teile des Geisteslebens und der Kultur an den Rationalismus und die Säkularisierung. Die herkömmliche, durch ein gewaltsames Staatskirchensystem aufrechterhaltene Orthodoxie erwies sich als unfähig, dem Ansturm der Aufklärung zu widerstehen. Die Antwort des Pietismus war die Konzentration auf die innere Geschichte der einzelnen Seele, auf Evangelisation und Mission. Eine experimentelle Erprobung Gottes und die existentielle Erfahrung des Glaubens sowie ein Christentum der Tat sollten Unglauben und Zweifel beschämen.

Von großem Einfluß auf den Pietismus waren vor allem Luther, Jakob Böhme (1574–1624), Johannes Valentin Andreä (1586–1654), Johann Arndt (1555–1621) mit seinem Andachtsbuch *Vom wahren Christentum* und puritanische Erbauungsschriften.

Als »Vater des Pietismus« gilt Philipp Jakob Spener (1635–1705), der u.a. 20 Jahre in Frankfurt/M. und 14 Jahre in Berlin wirkte. Seine Reformschrift nannte er *Pia Desideria* (1675). Ihm ging es vor allem um die Aktivierung der Laien durch intensives Studium der Hl. Schrift in eigenen Versammlungen *(collegia pietates)* derer, die »mit Ernst Christen sein wollten«. Spener verfügte über weitreichende Verbindungen zum Adel und führte einen ausgedehnten, seelsorgerlich orientierten Briefwechsel.

Sein einflußreichster Schüler war August Hermann Francke (1663–1727), der als Pfarrer in Glaucha bei Halle und zugleich als Professor an der neuen Universität Halle wirkte. Er ist vor allem durch den Aufbau des Waisenhauses bekannt geworden und hat in vielen Teilen der Welt Einfluß ausgeübt: die lutherischen Einwanderer in Nordamerika wurden von ihm ebenso unterstützt, wie die Pfälzer in London und die schwedischen Kriegsgefangenen in Sibirien. Die erste planmäßige Missionsarbeit in Indien (Ziegenbalg, Plütschow) war von Halle eingeleitet. Nach Rußland, in den Orient und nach England zogen in Halle ausgebildete Pädagogen. Francke gründete mit Freiherr von Canstein (1667–1719) die erste deutsche Bibelanstalt zur Verbreitung billiger Bibeln. Er setzte sich energisch für eine durchgreifende Reform des Theologiestudiums ein.

Der eigenständigste Vertreter des Pietismus war Nikolaus Ludwig Graf von Zinzendorf (1700–1760), der Begründer der Herrnhuter Brüdergemeine. Er war Zögling in Halle gewesen, doch war seine Frömmigkeit heiterer und vertrug sich schlecht mit dem von Francke gepredigten Bußkampf. Seine »Passion« war Christus und die Gemeine. Neue Gemeinschaftsformen wurden in Gestalt der »Chöre«, der »Banden« und der »Klassen« entwickelt, die Lospraxis eingeführt und eine Missionsarbeit (mehrheitlich als Handwerkermission) aufgebaut, die aus allen Völkern die »Erstlinge« dem Heiland zuführen sollte. Unter den Indianern in Pennsylvanien und Ohio, den Eskimos in Grönland, den Hottentotten in Afrika, den Negersklaven auf den westindischen Inseln arbeiteten die Herrnhuter unter großen Opfern. Die Losungen waren das alle umschließende Band.

In Württemberg gab Johann Albrecht Bengel (1687 bis 1752) die erste textkritische Ausgabe des NT heraus. Seine Grundsätze zur Texterforschung behielten ihre Gültigkeit. In der *Erklärten Offenbarung Johannes* (1740) errechnete er das Datum der Wiederkunft Christi auf den 18. 6. 1836. Der württembergische Pietismus erhielt durch Bengel eine biblizistisch-heilsgeschichtliche Ausrichtung. Sein originellster Schüler, Friedrich Christoph Oetinger (1702–1782), hatte das Ziel, eine heilige Philosophie *(philosophia sacra)* zu schaffen. Gegen eine mechanistische Philosophie und einen aufklärerischen, abstrakten Gottesbegriff setzte er den dynamischen, alles Leben schaffenden und durchwaltenden Gott, der einst alles in allem sein wird. Von der Kabbala und dem Visionär Swedenborg stark beeinflußt, gehen von ihm Einflüsse auf Jung-Stilling (1740–1817), Johann Friedrich Oberlin (1740–1826) und Michael Hahn (1758–1819) und den deutschen Idealismus (Schelling und Hegel) aus.

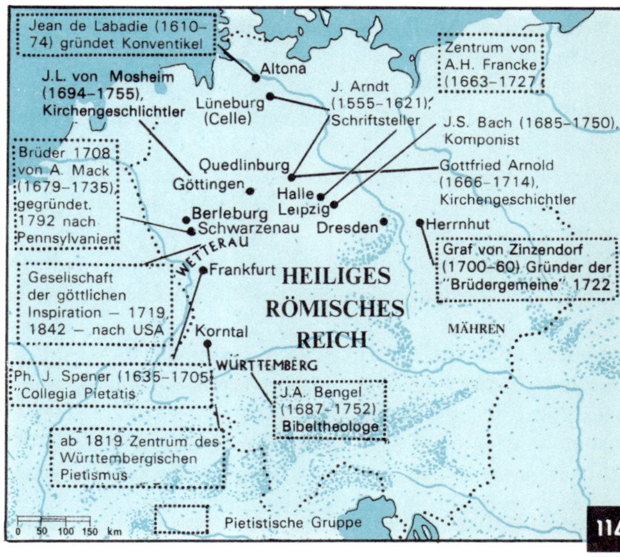

114

Das von Oetingers Lehrer Georg Bernhard Bilfinger (1693–1750) verfaßte sog. Pietisten-Reskript von 1743 ließ Privatversammlungen »in Absicht auf geistliche Handlungen« mit Vorsicht zu. Dadurch wurden die Konventikel nicht in die Separation getrieben, sondern klug in der Landeskirche verankert. Die »Stunde« wurde zu einem Kennzeichen kirchlichen Lebens neben den öffentlichen Gottesdiensten.

Am Niederrhein erhielt der Pietismus in Gerhard Tersteegen (1697–1769) seinen bedeutendsten reformierten Vertreter. Er war stark von der romanischen quietistischen Mystik beeinflußt und hinterließ einen Kreis der »Stillen im Lande«. Mit dem »Philosophen von Sanssouci« (Friedrich dem Großen) setzten er und Oetinger sich kritisch auseinander.

Ein separatistischer Pietismus blieb auf wenige Anhänger begrenzt und fand sich wegen des landesherrlichen Kirchenregiments nur in kleineren Territorien, so im Wittgensteiner Land und in Ysenburg-Büdingen. Die Gemeinden der wahren Inspirierten entstanden in Schwarzenau und auf der Ronneburg; in Schwarzenau bildete sich unter Alexander Mack eine Täufergemeinde. Dort lebte als Einsiedler auch Hochmann von Hochenau (1670 bis 1721) im »Laboratorium« bzw. in der »Friedensburg«. Unter Graf Casimir, der die Herausgabe der »Berleburger Bibel« betrieb, bildete sich in Berleburg eine philadelphische Sozietät.

Der genialste Kopf des radikalen Pietismus war Gottfried Arnold (1660–1714). Er war neben Johann Lorenz von Mosheim (1694–1755) der Historiker des Pietismus. In seiner *Unparteiischen Kirchen- und Ketzerhistorie* (1699/1700) beschrieb er ähnlich wie in der 1696 erschienenen Schrift *Die erste Liebe der Gemeinen Jesu Christi* die Urgemeinde als Vorbild für die nachfolgenden Generationen. Die Kirchengeschichte ist ihm Verfallsgeschichte. Aus der armen, verfolgten Gemeinde wird eine reiche, die Ketzer verfolgende Kirche: Sie wird Babel, deren Nest es zu stürmen gilt. Doch zum Entsetzen seiner separatistischen Freunde ging Arnold eine Ehe ein und trat dann in den Pfarrdienst. Damit überwand er den separatistischen Pietismus, von dem Teile in Freigeisterei und Aufklärung (Johann Konrad Dippel, Johann Christian Edelmann) abglitten.

Pietistische Einflüsse in England und Amerika

Männer wie der Begründer des Methodismus, John Wesley (1703–1791), und der Theologe der Großen Erweckung, Jonathan Edwards (1703–1758) übertrugen die von anderen auf die natürliche Welt angewandten Fähigkeiten der Beobachtung und des Registrierens auf die Anzeichen der religiösen Erneuerung.

Als Student und Lektor in Oxford versammelte Wesley eine kleine Gruppe ernster Christen um sich, die ein streng diszipliniertes Leben führten (Holy Club). Nach einer kurzen Missionsarbeit in Georgia, während der er seine Gemeindeglieder dadurch vor den Kopf stieß, daß er Sklaverei und Alkohol verdammte und einen unüberlegten Versuch der Kirchenzucht unternahm, kehrte er nach England zurück. Bei den stürmischen Überfahrten bewunderte er die Ruhe der Herrnhuter an Bord. Sowohl in England wie auf dem Kontinent tief von ihnen beeinflußt, wurde er bei der Verlesung von Luthers Vorrede zum Römerbrief zu einem lebendigen persönlichen Glauben bekehrt und entwickelte sich zu einem ungemein erfolgreichen Prediger und Organisator. Mit seinem Bruder Charles, einem begabten Liederdichter, und George Whitefield (1714–1770) wurde John Wesley zum Begründer der »evangelikalen« Bewegung sowohl innerhalb wie außerhalb der Kirche von England.

Jonathan Edwards, dessen lange Amtstätigkeit in Northfield (Massachusetts) zu einem Ende kam, als er versuchte, gemäß dem neutestamentlichen Vorbild die Kirchenzucht einzuführen, beobachtete wie Wesley scharf und mit Sachkenntnis Erweckungsphänomene. Seine Berichte über die Wirkungen der Großen Erweckung in Neu-England (1734ff.) werden noch heute von Fachleuten geschätzt. Im Grundsatz war er ein Verteidiger des orthodoxen Calvinismus und des Staatskirchensystems in Neu-England; aber er fand Anhaltspunkte dafür, daß die Erweckungen die Wichtigkeit der menschlichen Antwort auf die göttliche Initiative bewiesen und daß die Bedürfnisse der frisch Bekehrten auf freiwillige religiöse Betätigung und Unterstützung hinweisen, wie es das alte Parochialsystem nicht vorsah. Er starb an einer Schutzimpfung gegen Pocken, kurz nachdem er Präsident eines neuen College geworden war, das die presbyterianischen Erweckten in Princeton errichtet hatten.

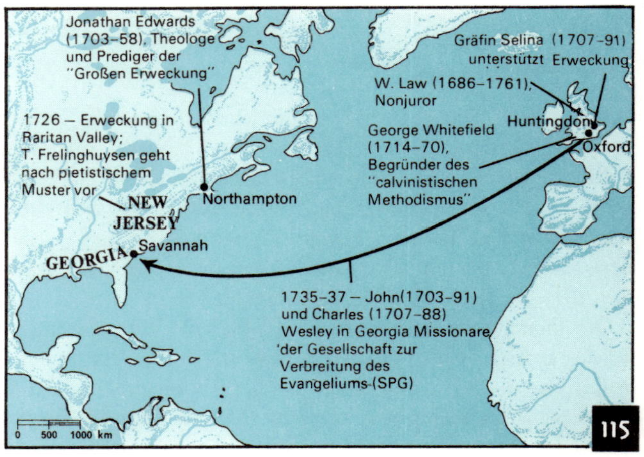

115

Die Wirkung des Pietismus war allgemein so, daß ein Freiraum für religiöse Betätigung von einzelnen oder von Kleingruppen erkämpft wurde, der wenig von den Auswirkungen der Aufklärung auf die orthodoxe etablierte Religion in Mitleidenschaft gezogen wurde. Da man das neutestamentliche Modell als normativ ansah, bestand eine weitere Wirkung darin, die Autorität der alttestamentlichen Lehren und Ereignisse abzuschwächen und die Juden individuellen Bekehrungsversuchen auszusetzen.

Die Romantik

Es gab noch eine zweite, weniger bewußt christliche Reaktion auf den Zusammenbruch der etablierten Religion: die Romantik. Schon im Werk J. G. Herders spürbar, betonte die Romantik Gefühl, Spiritualität, dichterisches und künstlerisches Empfindungsvermögen als angeborene menschliche Eigenschaften. Die »Innerlichkeit«, die bei George Fox und P. J. Spener christozentrisch war, wurde bei Jean-Jacques Rousseau (1712–1778), Johann Wolfgang von Goethe (1749–1832) und anderen so abstrahiert, daß Gleichgültigkeit gegenüber dem historischen Christentum mit der Behauptung der natürlichen und menschlichen Gaben verknüpft wurde – die entweder zu guten oder dämonischen Folgen fähig waren.

Unter dem Eindruck Napoleons verstärkten J. G. Fichte *(Reden an die deutsche Nation)* und E. M. Arndt mit seinen Gedichten und seiner gegen Napoleon gerichteten Polemik *Vom Geist der Zeit* die geistige und gefühlsmäßige Erneuerung des Nationalismus. Sie halfen, die autoritären, anti-demokratischen Motive zu erweitern, die die Entwicklung repräsentativer Institutionen in Deutschland bis weit ins 20. Jh. verlangsamte. Als »Herrnhuter höherer Ordnung« sah sich F. D. E. Schleiermacher (1768–1834), der Theologe und Prediger der deutschen Erneuerung. Er entwickelte eine religiöse Philosophie, die auf Intuition und Gefühl aufgebaut war. Sein Einfluß auf A. Ritschl, A. v. Harnack, E. Troeltsch u.a. war groß, so daß man ihn den »Kirchenvater des 19. Jh.« genannt hat.

116

Die Auswirkung der Französischen Revolution 1789–1814

Die Torheiten Ludwigs XIV. brachten das *Ancien régime* in Mißkredit. Wie Montesquieus (Charles Louis Joseph de Secondat: 1684–1755) Abhandlung über die Teilung der Macht einer gerechten Regierung, *L'Esprit des Lois,* zeigt, war das Beispiel des englischen Systems genauso überzeugend, wie der dramatische Erfolg der amerikanischen Revolution.

Die Französische Revolution schlug jedoch eine andere Richtung ein. Die Revolutionen in Amerika und England waren wesentlich konservativ mit dem Ziel, die historischen Rechte eines Engländers wiederherzustellen; die Französische Revolution war hochgradig ideologisch mit futuristischen Sätzen über die »Menschenrechte«. Die Revolutionen in Amerika und England waren in keiner Weise anti-klerikal; die Französische Revolution war entschieden gegen den etablierten Katholizismus und schuf als Ersatz einen offiziellen »Vernunftkultus«. Die Revolutionen in Amerika und England zielten auf die Herstellung eines öffentlichen Konsensus unter Beteiligung aller freien Bürger; die Französische Revolution versuchte, die bevorrechteten Schichten zu vernichten und den einfachen Mann auf den Thron zu heben. Die Revolutionen in Amerika und England hatten begrenzte und ganz bestimmte Ziele, die man mit einem Minimum an Umsturz und Blutvergießen erreichen wollte; die Französische Revolution verfolgte größtmögliche, letzte Ziele und endete in Schreckensherrschaft. Eine unbeständige und stets wechselnde Parteienkoalition beendete die Monarchie. Durch ideologische und parlamentarische Auseinandersetzungen zerstörte man die eigene Glaubwürdigkeit.

Nachdem Napoleon gegen vereinigte europäische Truppen beträchtlichen Erfolg auf dem Schlachtfeld errungen hatte, wurde er Erster Konsul (1799) und dann Kaiser (1804–1814).

Ein symbolisches Ereignis war das offizielle Ende des Heiligen Römischen Reiches (1806), z.T., um Napoleon daran zu hindern, den Titel zu beanspruchen. Die »Nation unter Waffen«, d.h. allgemeine Wehrpflicht, ist seit der Diktatur Napoleons die allgemeine Institutionalisierung des negativen Aspekts der Volkssouveränität. Die Säkularisierung der Kirchengüter, die unter anderem die deutschen Universitäten der Kontrolle der Regierung unterwarfen, hatte bleibende Folgen, ebenso der Code Napoléon, eine Gesetzsammlung, die in vielen Gebieten der Welt bis heute Gültigkeit hat. Die Universitätsreform, die nationalen Akademien und die Gründung der Ehrenlegion erinnern bleibend an Napoleon.

Auf dem Gipfel seiner Macht beherrschte Napoleon die meisten deutschen Staaten durch den Rheinbund. Berlin wurde besetzt und Preußen auf fast die Hälfte seiner vormaligen Größe reduziert. Die Niederlagen der Österreicher bei Austerlitz (2. Dezember 1805) und der Preußen bei Jena (14. Oktober 1806) wurden jedoch zu Symbolen des nationalen Erwachens in beiden Reichen.

Während der nationalen Erhebung unter Freiherr vom Stein (1757–1831) führte Preußen eine Reform der Zivil- und Militärverwaltung durch. Die Berliner Universität wurde 1810 gegründet und nach Plänen Alexander von Humboldts aufgebaut; die deutsche Universität wurde im 19. Jahrhundert führend.

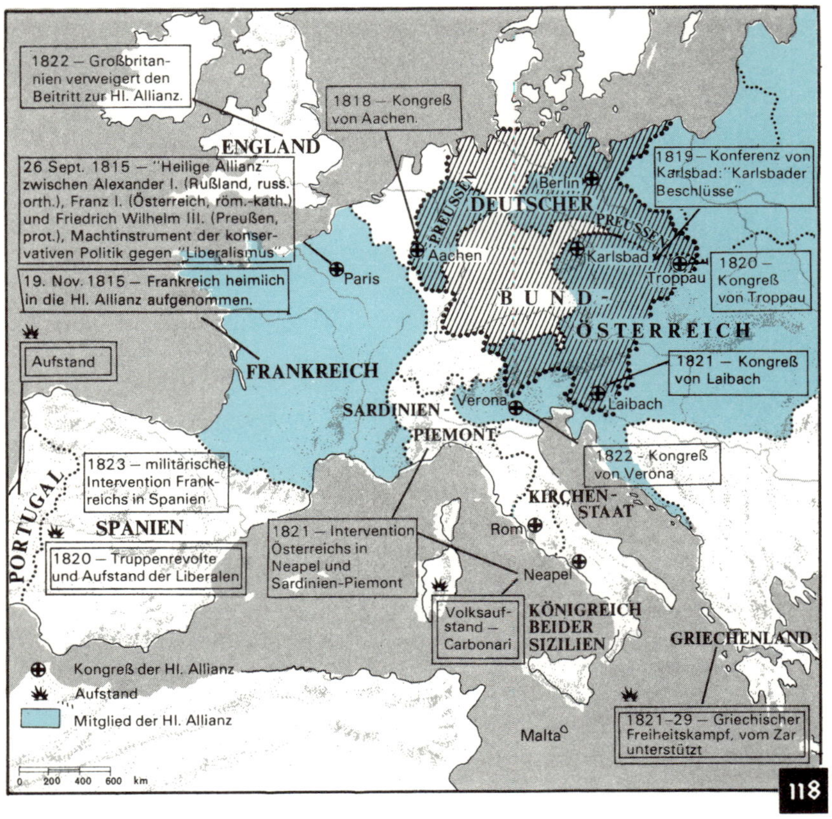

118

Die Heilige Allianz in Europa 1815–1825

Eine fatale Folge der Ereignisse in Frankreich war es, daß die Deutschen nachmals die »Demokratie« als Herrschaft des Pöbels mißverstanden. Nachdem sie die Ausschweifungen der Französischen Revolution beobachtet hatten, verwechselten sie »Parlamentarismus« mit dem Geist repräsentativer Regierungsform. Sie nahmen nicht wahr, daß z.B. Edmund Burke (1729–1797) das Mißverständnis und den Mißbrauch der Volkssouveränität der Französischen Revolution verurteilt hatte, während er gleichzeitig deren wesentlichen Geist und Stil bewahrte.

Napoleons Imperialismus schuf fatale Meinungsgegensätze in Europa und verlangsamte die Entwicklung demokratischer Institutionen. Er trug wesentlich dazu bei, eine Verbindung von »Legitimität« und etablierter Religion herzustellen, die über Generationen nicht überwunden werden konnten.

Obwohl die Arbeit des Wiener Kongresses durch Napoleons Flucht von der Insel Elba (»Hundert Tage«) unterbrochen wurde, ebnete seine Niederlage bei Waterloo den Weg für die Heilige Allianz (26. September 1815) und die Große Allianz (20. November 1815). In der letzteren verpflichteten sich England, Österreich, Preußen und Rußland, sich gegenseitig zur Erfüllung des Friedensvertrags zu unterstützen. Sie verständigten sich auch, fortgesetzte Konsultationen durch eine Reihe internationaler Kongresse durchzuführen, um die Stabilität in Europa aufrechtzuerhalten.

Die Heilige Allianz versah ein Programm zur Unterdrückung nicht nur der Revolution, sondern aller demokratischer Entwicklungen mit einem religiösen Deckmantel. Von Alexander I. (Zar von 1801–1825) unter dem Einfluß der pietistischen Juliane Barbara von Krüdener (1764–1824) vorbereitet, verpflichtete die Allianz die Signatarstaaten, ihre Verhältnisse auf der Grundlage der »erhabenen Wahrheiten zu gründen, welche uns die ewige Religion Gottes des Heilandes lehrt«. Sie wurde schließlich von allen europäischen Mächten unterschrieben – außer dem Sultan, dem englischen Regenten und dem Papst. Der englische Lord Castlereagh nannte sie zwar »ein Stück erhabener Mystik und Unsinn«, aber zweifellos stellte sie die etablierte Religion offen auf die Seite der Reaktion und entfremdete so die anwachsenden Massen des Industrieproletariats ebenso wie die Mittelschicht von der Kirche.

Gegen eine auf Volkssouveränität gegründete Regierungsform war der Grundgedanke des Zeitalters die »Legitimität«. In den Verträgen erhielt Österreich die Lombardei, Venetien, Illyrien, Dalmatien, Tirol und Galizien. Das Großherzogtum Warschau wurde unter dem russischen Zar, aber mit eigener offizieller Sprache und Verfassung, das Königreich Polen. Preußen erhielt Posen und Danzig, einen großen Teil Sachsens, die Rheinprovinzen und Schwedisch-Pommern. Schweden behielt Norwegen, das eine eigene Verfassung erhielt. Das Königreich der Niederlande wurde aus Holland und Belgien errichtet, teilt sich aber 1830 wieder. Ein »deutscher Bund« von 39 Staaten wurde gegründet, der aber nur wenig funktionsfähig war.

Im Schatten des Wiener Kongresses wurden die Juden im Kirchenstaat wieder gezwungen, Bekehrungspredigten beizuwohnen. Auf späteren Kongressen wurde die Unterdrückung von Voksaufständen in Spanien und Italien gut geheißen. Die liberale Stimmung im eigenen Land zwang Englands Vertreter, der all-europäischen reaktionären Politik der Allianz die Unterstützung zu versagen, und das Kongreß-System der internationalen Zusammenarbeit brach zusammen.

119

▪ Ballungszentrum mennonitischer Farmen ◇ Hutterischer Brüderhof ······ Grenze unter Katharina d. Gr. 1796

Mennoniten und Hutterer in Rußland

Katharina II., »die Große«, von Rußland (Herrscherin von 1762–1796) pflegte sehr ihr öffentliches Ansehen als Gönnerin der Orthodoxie und des Adels, aber in ihrer Selbsteinschätzung war sie eine Herrscherin der Aufklärung. Wie Joseph II. von Österreich und Friedrich II., »der Große«, von Preußen protegierte sie Voltaire und andere französische Aufklärer. Als »aufgeklärte Despotin« forderte sie mennonitische und hutterische Siedler auf, aus den deutschen Gebieten auszuwandern, wo sie noch immer religiöser Diskriminierung und Verfolgung ausgesetzt waren. Sie brauchte dringend gute Landwirte.

Man versprach ihnen Freistellung vom Militärdienst, ein Versprechen, das von allen russischen Herrschern bis zur Einführung der allgemeinen Wehrpflicht unter Alexander II. 1874 eingehalten wurde. Zu diesem Zeitpunkt wanderten viele der beiden täuferischen »Friedenskirchen« in die großen Ebenen der USA und Kanadas aus.

Von Anbeginn waren die Hutterer einer straffen Praxis gegenseitiger Hilfe verpflichtet, die sie zur »Gegenkultur« werden ließ. Auf russischem Gebiet entwickelten auch die Mennoniten intakte landwirtschaftliche Gemeinschaften, die von der russischen Gesellschaft abgesondert waren – im Glauben, in der Sprache und im Lebensstil.

Die Heilige Allianz – Rußland

Die Stärke der russischen Orthodoxie lag in der liturgischen Pracht und der stillen Andacht der Mönche. Die Masse der Getauften war so gut wie nicht unterrichtet. Die Häupter der Kirche wurden mit dem Zar identifiziert, dessen politische Autorität sich auf die Religion stützte. Jede Bewegung auf Modernisierung oder sozialen Fortschritt hin war deshalb unvermeidbar anti-klerikal. Die größten theologischen Geister im Rußland des 19. Jh.s, Feodor M. Dostojewski (1821–1881) und Leo Tolstoi (1828–1910), wurden zu Feinden der etablierten Religion erklärt.

Dostojewski ertrug vier Jahre Zwangsarbeit in Sibirien. Die literarische Zeitschrift, die er mit seinem Bruder gründete, um demokratische Ideen zu verbreiten, wurde unterdrückt. Seine Romane – darunter *Schuld und Sühne* und *Die Brüder Karamazow* – gehören zum Tiefsten, was je zur Verlorenheit des Menschen und der christlichen Erlösung geschrieben wurde, und übten großen Einfluß auf die Theologie der Krise im 20. Jh. aus. Tolstois *Krieg und Frieden* und *Anna Karenina* gehören ebenfalls zur Weltliteratur. Seine späteren Jahre waren dem Versuch gewidmet, ein Modell christlichen Lebens zu entwickeln, das auf der Bergpredigt beruht. Tolstoi wurde 1901 exkommuniziert.

Die Romanow-Zaren des 19. Jh.s waren kraftlose Herrscher, die von reaktionären politischen und kirchlichen Ratgebern beherrscht wurden. Demokratische Bewegungen unter den Studenten und der Intelligentia wurden rüde unterdrückt. Geheimpolizei, Ausspionieren und absolutistische Herrschaft bildeten den Ersatz für wirtschaftliche Gerechtigkeit und politischen Fortschritt. Das Ende der Leibeigenschaft kam sehr spät (3. März 1861) und wurde so durchgeführt, daß die Städte von obdach- und arbeitslosen Proletariern überflutet wurden. Auch in auswärtigen Angelegenheiten wurden die russischen Interessen schlecht wahrgenommen. Im Krim-Krieg nahmen die Westmächte (Österreich, England, Frankreich) den Russen ihre traditionelle Rolle als Beschützer der Christen in türkischen Gebieten ab; sie zwangen dem Sultan ein wichtiges Edikt auf (18. Februar 1856), das den geschützten Status der christlichen Minderheiten im heiligen muslimischen Reich umschrieb. In ihren letzten Jahrzehnten versuchte die niedergehende absolutistische russische Regierung die Aufmerksamkeit des Volkes von den wirklichen politischen und wirtschaftlichen Problemen dadurch abzulenken, daß man antisemitische Propaganda (einschließlich der berühmten Fälschung *Die Protokolle der Ältesten von Zion*) und aktive Pogrome gegen die Juden förderte.

Seit Peter dem Großen hatte der Staat die Kirche durch den Heiligen Synod beherrscht. Die Welle der Religiosität, die die ersten Jahre der Heiligen Allianz begleitete, brachte die Gründung der russischen Bibelgesellschaft und andere Versuche mit sich, religiöse Erziehung unter den Gebildeten zu fördern. Aber die Massen blieben ungebildet und vernachlässigt. 1826 wurde die Bibelgesellschaft unterdrückt. Eine slawophile Reaktion gegen römisch-katholische »Tyrannei« und protestantischen »Individualismus« verkündete dem Heiligen Orthodoxen Rußland eine besondere Sendung unter den Völkern. Die beherrschende Figur von 1880–1905 war C. P. Pobjedonoszew, der als Haupt des Heiligen Synod und erster Ratgeber des Zaren gegen Geschworenengerichte, Parlamente und öffentliche Erziehung auftrat. Er übte außerdem strenge Zensur über Bücher, Zeitungen und Magazine aus und errichtete ein Terrorsystem durch Geheimpolizei. Er war ein bösartiger Antisemit.

Die Lebendigkeit der Orthodoxie wurde von den Starzen aufrechterhalten. Mönche, die wegen ihrer strengen Einhaltung der alten Mönchsregeln und wegen ihres geistlichen Lebens gern als Seelsorger aufgesucht wurden. Unter den Theologen war wohl Wladimir S. Solowjew (1853–1900) der größte, der eine philosophische Grundlage für die Wiedergeburt der Menschheit entwickelte. Sein Einfluß auf spätere ökumenische Gedanken war wichtig, aber zu seiner Zeit beachtete die russische Orthodoxie seine Botschaft nur wenig.

Alexander I. (Zar 1801–25)

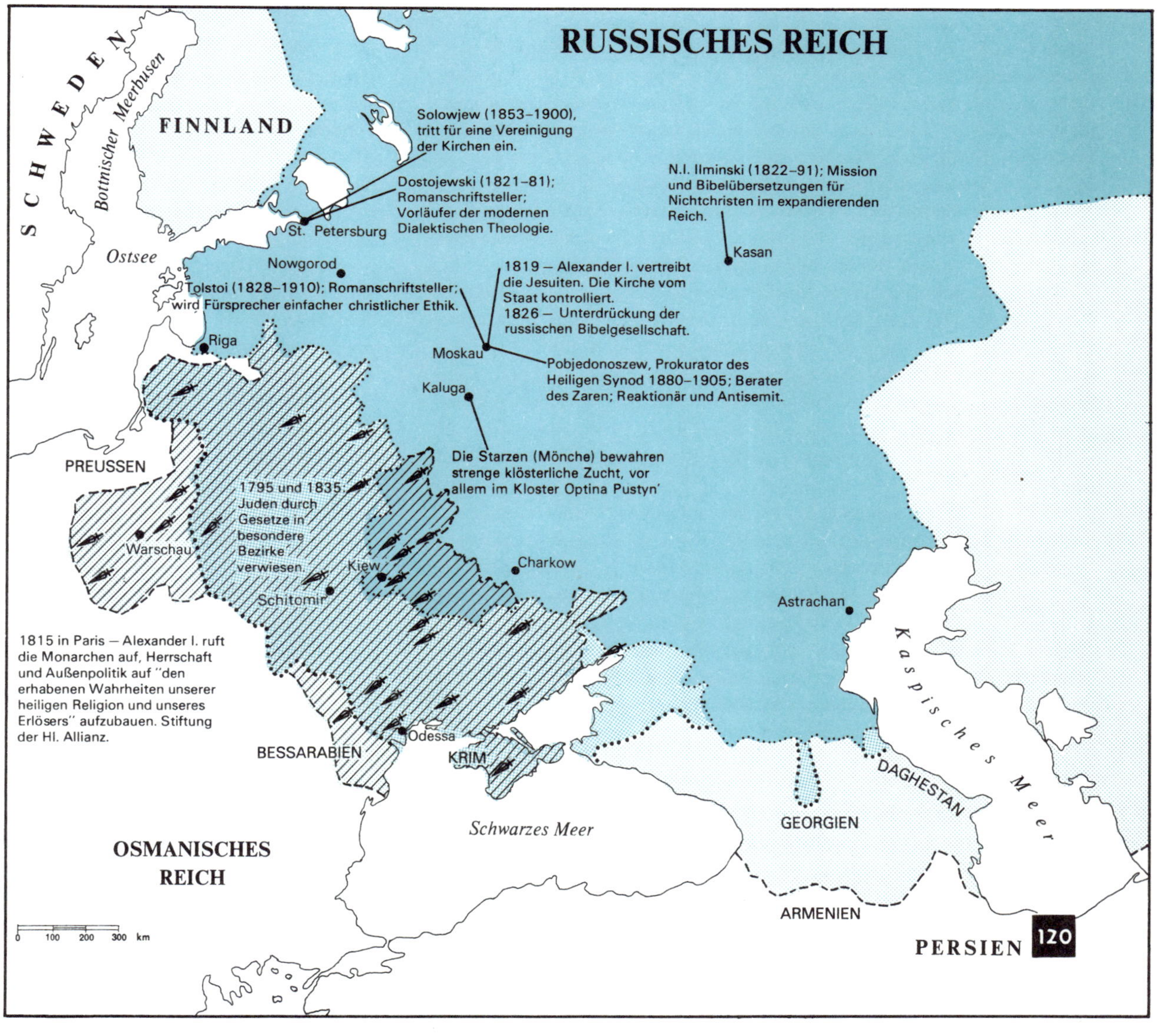
RUSSISCHES REICH
SCHWEDEN
Bottnischer Meerbusen
FINNLAND
Ostsee
Solowjew (1853–1900), tritt für eine Vereinigung der Kirchen ein.
Dostojewski (1821–81); Romanschriftsteller; Vorläufer der modernen Dialektischen Theologie.
St. Petersburg
N.I. Ilminski (1822–91); Mission und Bibelübersetzungen für Nichtchristen im expandierenden Reich.
Kasan
Nowgorod
Tolstoi (1828–1910); Romanschriftsteller; wird Fürsprecher einfacher christlicher Ethik.
1819 – Alexander I. vertreibt die Jesuiten. Die Kirche vom Staat kontrolliert.
1826 – Unterdrückung der russischen Bibelgesellschaft.
Riga
Moskau
Pobjedonoszew, Prokurator des Heiligen Synod 1880–1905; Berater des Zaren; Reaktionär und Antisemit.
Kaluga
Die Starzen (Mönche) bewahren strenge klösterliche Zucht, vor allem im Kloster Optina Pustyn'
PREUSSEN
1795 und 1835: Juden durch Gesetze in besondere Bezirke verwiesen.
Warschau
Kiew
Charkow
Schitomir
Astrachan
Kaspisches Meer
1815 in Paris – Alexander I. ruft die Monarchen auf, Herrschaft und Außenpolitik auf "den erhabenen Wahrheiten unserer heiligen Religion und unseres Erlösers" aufzubauen. Stiftung der Hl. Allianz.
Odessa
BESSARABIEN
KRIM
DAGHESTAN
GEORGIEN
Schwarzes Meer
OSMANISCHES REICH
ARMENIEN
PERSIEN
0 100 200 300 km
120

Reich Peter d. Gr. 1725
Reich Katharina d. Gr. 1796
Erwerbungen im 19. Jh.
Abgegrenzte Gebiete für jüdische Besiedlung ("Ansiedlungsrayon")
Pogrom

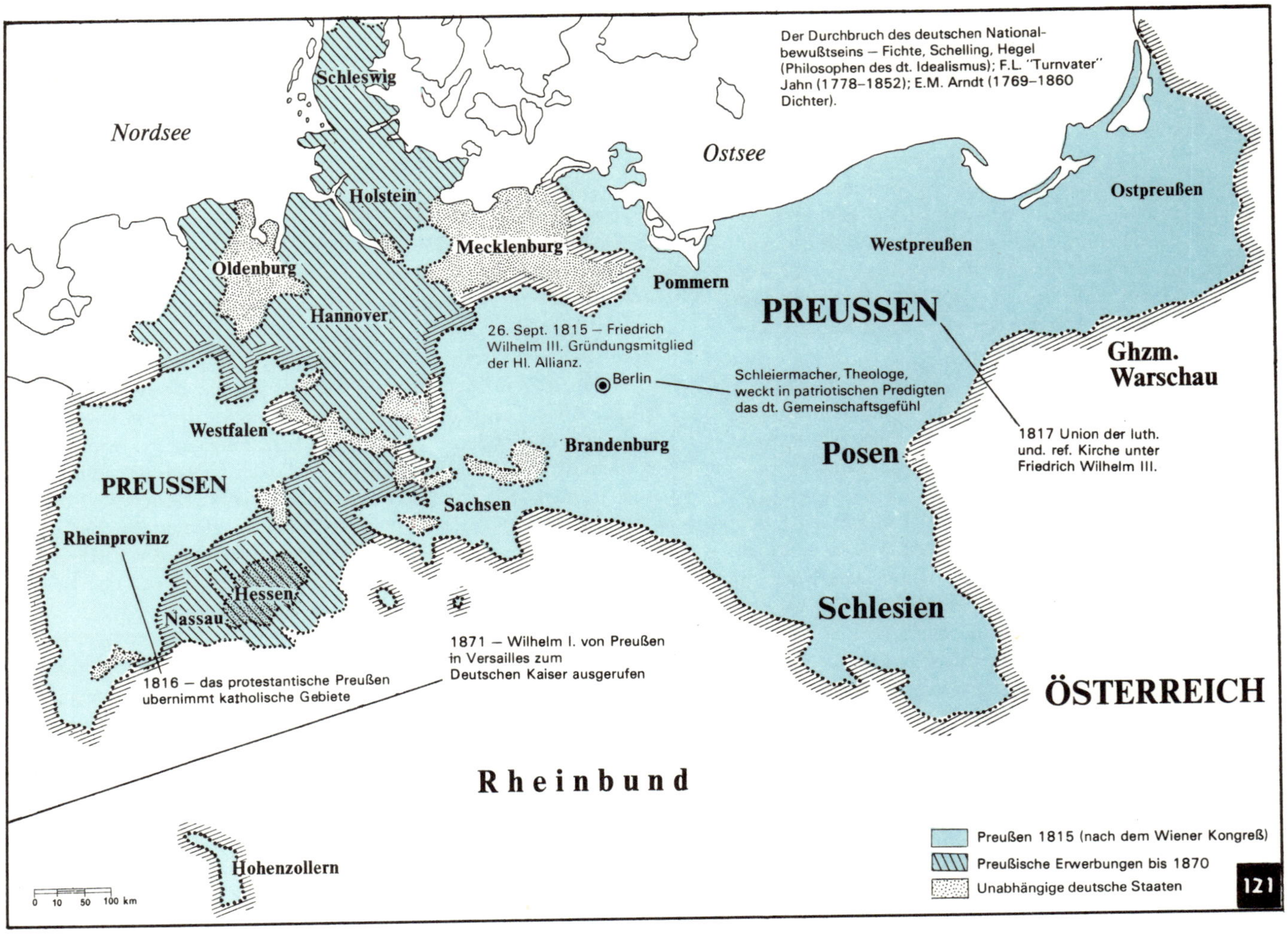
Der Durchbruch des deutschen Nationalbewußtseins – Fichte, Schelling, Hegel (Philosophen des dt. Idealismus); F.L. "Turnvater" Jahn (1778–1852); E.M. Arndt (1769–1860 Dichter).
Nordsee
Ostsee
Schleswig
Holstein
Mecklenburg
Oldenburg
Hannover
Pommern
Westpreußen
Ostpreußen
PREUSSEN
Ghzm. Warschau
26. Sept. 1815 – Friedrich Wilhelm III. Gründungsmitglied der Hl. Allianz.
Berlin
Schleiermacher, Theologe, weckt in patriotischen Predigten das dt. Gemeinschaftsgefühl
1817 Union der luth. und. ref. Kirche unter Friedrich Wilhelm III.
Westfalen
Brandenburg
Posen
PREUSSEN
Sachsen
Rheinprovinz
Hessen
Nassau
Schlesien
1871 – Wilhelm I. von Preußen in Versailles zum Deutschen Kaiser ausgerufen
1816 – das protestantische Preußen übernimmt katholische Gebiete
ÖSTERREICH
Rheinbund
Hohenzollern
0 10 50 100 km
Preußen 1815 (nach dem Wiener Kongreß)
Preußische Erwerbungen bis 1870
Unabhängige deutsche Staaten
121

Die Heilige Allianz – Preußen

Nach dem Wiener Kongreß wurden die deutschen Staaten von Österreich beherrscht. Das System von Zensur, Spionage, Geheimpolizei und genauer Kontrolle der Universitäten, das Fürst Metternich einführte, verlangsamte den Prozeß der nationalen Identität und Repräsentation. Eine Bundesversammlung der souveränen Staaten versammelte sich unter Vorsitz des österreichischen Delegierten in Frankfurt am Main. An den deutschen Universitäten organisierten die Studenten sich zu liberalen und nationalen politischen Gesellschaften, den Burschenschaften, doch nach der Ermordung Kotzebues (1819) wurden die Karlsbader Beschlüsse gefaßt, die die Überwachung der Universitäten vorsahen. Trotzdem blühte die fortschrittliche Bewegung im Untergrund. In der Revolution 1830 wurden die Herrscher von Hessen-Kassel, Braunschweig und Sachsen gezwungen, abzudanken und neue Verfassungen in diesen und anderen Staaten zu erlassen. Im Herrschaftsbereich Hannover verweigerten sieben angesehene Professoren den Eid (1837), nachdem ein neuer König die Verfassung von 1830 außer Kraft gesetzt hatte.

1848 wurde der Versuch gemacht, die deutschen Staaten durch parlamentarische Institutionen zu einen. Wie 1830 war es die Revolution in Frankreich, die den deutschen Versuch hervorrief, eine demokratische Regierung zu erreichen. Die Frankfurter Nationalversammlung war allerdings alles andere als eine Volksvertretung, da sie sich aus Anwälten, Professoren, Geschäftsleuten und anderen Angehörigen der Mittelschicht zusammensetzte. Die Versammlung war geteilt: einige wollten einen lockeren Bund souveräner Staaten, andere eine souveräne Bundesregierung, die auf allgemeinem Wahlrecht ruhen sollte, andere eine konstitutionelle Monarchie, wieder andere eine zentrale Monarchie, der alle deutschen Staaten untertan sein sollten. Während die Versammlung diskutierte, eroberten die verschiedenen bestehenden Regierungen die Herrschaft zurück. Die Frankfurter Verfassung von 1849 sah eine konstitutionelle Monarchie und ein System parlamentarischer und richterlicher Unabhängigkeit vor; der preußische König wurde zum Kaiser der Deutschen gewählt. Friedrich Wilhelm IV. (König von Preußen von 1840–1861) ließ die Versammlung wissen, daß ein König »von Gottes Gnaden« kein Mandat von einer gewählten Versammlung annehmen könnte, und die Initiative verpuffte.

In der Zwischenzeit hatte Preußen die Führungsrolle unter den deutschen Staaten gewonnen und die Vorherrschaft Österreichs durch eine Reihe von Zoll- und Handelsabkommen, die um 1853 alle nicht österreichischen deutschen Staaten umfaßte, abgestreift. Die politische Hauptfigur war Otto von Bismarck (1815–1898), der von 1862 bis 1890 die preußischen Angelegenheiten lenkte. Er schlug Kapital aus den nationalen Gefühlen, indem er geschickt Kriege gegen Dänemark (Sicherung Schleswig-Holsteins 1864), Österreich (Erwerb von Hannover, Hessen-Nassau) und Frankreich (Erwerb von Elsaß-Lothringen) führte. Am 18. Januar 1871 wurde Wilhelm I. deutscher Kaiser.

Der König von Preußen, jetzt auch deutscher Kaiser, war zugleich Haupt *(summus episcopus)* der Kirche der Altpreußischen Union, die 1871 zwischen lutherischen und reformierten Kirchen zustandegekommen war. Obwohl Bismarcks Versuch (*Kulturkampf* 1871–1883), die Macht des Papsttums nach der Erklärung der päpstlichen Unfehlbarkeit abzuschwächen, nicht allzu erfolgreich war, ja, den Aufbau einer römisch-katholischen Partei (Zentrum) zur Folge hatte, wurde das Deutsche Reich doch auf protestantischer Grundlage gegründet. Die Katholiken wurden psychologisch in die Rolle gedrängt, daß sie ihren Patriotismus als Deutsche unter Beweis stellen mußten – ein Faktor, der später verhängnisvolle Folgen zeitigen sollte.

Während des Jh.s zwischen dem Wiener Kongreß (1815) und dem Beginn des Ersten Weltkriegs (1914) war die Wechselwirkung zwischen Frankreich und dem entstehenden deutschen Reich schicksalhaft. Der Aufstand der Arbeiter in Lyon (1831), in Paris (Juni 1848) und die Pariser Kommune (1817) erschreckten ganz Europa und bestärkten die Royalisten in ihrem Glauben, daß jeder Tendenz zur Volkssouveränität zu widerstehen sei. Die Großkirchen blieben politisch konservativ bis reaktionär.

Heilige Allianz – Österreich-Ungarn 18.–19. Jh.

Nach der Niederlage Napoleons führte Österreich auf dem Kontinent die Reaktion (Metternich) an. In der zweiten Hälfte des 19. Jh.s übertraf dann Preußen das Österreich-Ungarische Reich. Viele der Völker, die 1815 bei Habsburg blieben, waren ihrerseits die Überbleibsel einst großer Nationen.

Durch Nachrichten aus Paris erregt, kam es 1848 zu Aufständen in mehreren Gebieten. In Ungarn begann es unter Ludwig Kossuth (1802–1894). Kaiser und Kaiserin flohen aus Wien. Der tschechische Aufstand, angeführt von Franz Palácky (1798–1876), führte zum ersten großen Pan-Slawischen Kongreß, aber Prag wurde beschossen und eine Militärdiktatur in Böhmen errichtet. Das Volk von Wien ging zur Unterstützung der ungarischen Revolution auf die Barrikaden. Die kaiserlichen Truppen nahmen die Stadt unter Feuer und erhängten die Anführer. Ungarn, wo man eine Republik ausgerufen hatte, wurde von einem österreichischen Heer niedergeworfen.

Im Dezember bestieg Franz Josef (Kaiser von 1848–1916) den Thron. Damit begann eine der längsten und unglücklichsten Regierungszeiten der abendländischen Geschichte. Ein mit dem Papst 1855 abgeschlossenes Konkordat gab der römisch-katholischen Kirche große Macht, besonders in der Erziehung. Nach den Kriegen mit Rußland, Frankreich, dem Deutschen Bund und Piemont wurde 1867 die Doppelmonarchie Österreich-Ungarn gebildet.

Das osmanische Reich verlor langsam die Herrschaft auf dem Balkan. Mit russischer, französischer und britischer Hilfe erfochten die Griechen 1821–1831 ihre Unabhängigkeit. Die Serben, die 1817 die Autonomie – einschließlich religiöser Toleranz – gewonnen hatten, organisierten 1867 einen Balkanbund. Aber Österreich besetzte Bosnien und Herzegowina, die Ziele Serbiens im Krieg gegen die Türken. Montenegro erlangte 1878 seine Unabhängigkeit wieder. Bulgarien erhielt 1870 ein orthodoxes Exarchat; die Unabhängigkeit erlangte man mit russischer Unterstützung ein Jahrzehnt später. 1878 wurde die Unabhängigkeit für eine Monarchie in Rumänien anerkannt, aber man hielt das dem Sultan gegebene Versprechen nicht, die jüdischen Gemeinschaften zu beschützen.

Im ersten und zweiten Balkankrieg prallten neben nationalen Interessen die imperialistischen Absichten Rußlands, Österreich-Ungarns und des osmanischen Reiches oft aufeinander. Die Macht der Pforte schwand, und der Berliner Kongreß 1878 eröffnete die britische und französische Expansion im Mittleren Osten. Die Habsburger waren nicht in die allgemeine koloniale und imperialistische Expansion verstrickt, weil sie zur sehr damit beschäftigt waren, das Gleichgewicht auf dem Balkan zu halten. Der unmittelbare Anlaß für den Ersten Weltkrieg war die Ermordung des österreichischen Erzherzogs Ferdinand in Sarajewo (28. Juni 1914) durch einen Agenten der Serbischen »Schwarzen Hand«.

Das verwickelte völkische und nationale Gepräge Österreich-Ungarns und seiner Nachbarstaaten wurde zusätzlich durch religiöse Antipathien erschwert. Serbien war orthodox und durch pan-slawische Romantik und Religion mit Rußland verbunden. Albanien und die herrschenden Kreise in Bosnien waren muslimisch. In Böhmen, Ungarn und Transsylvanien gab es starke lutherische und calvinistische Kirchen, Franz Josef und sein Hof waren ergebene römische Katholiken. Es fehlte ein Verständnis für Religionsfreiheit, das ein Bundessystem wirksamer hätte werden lassen können.

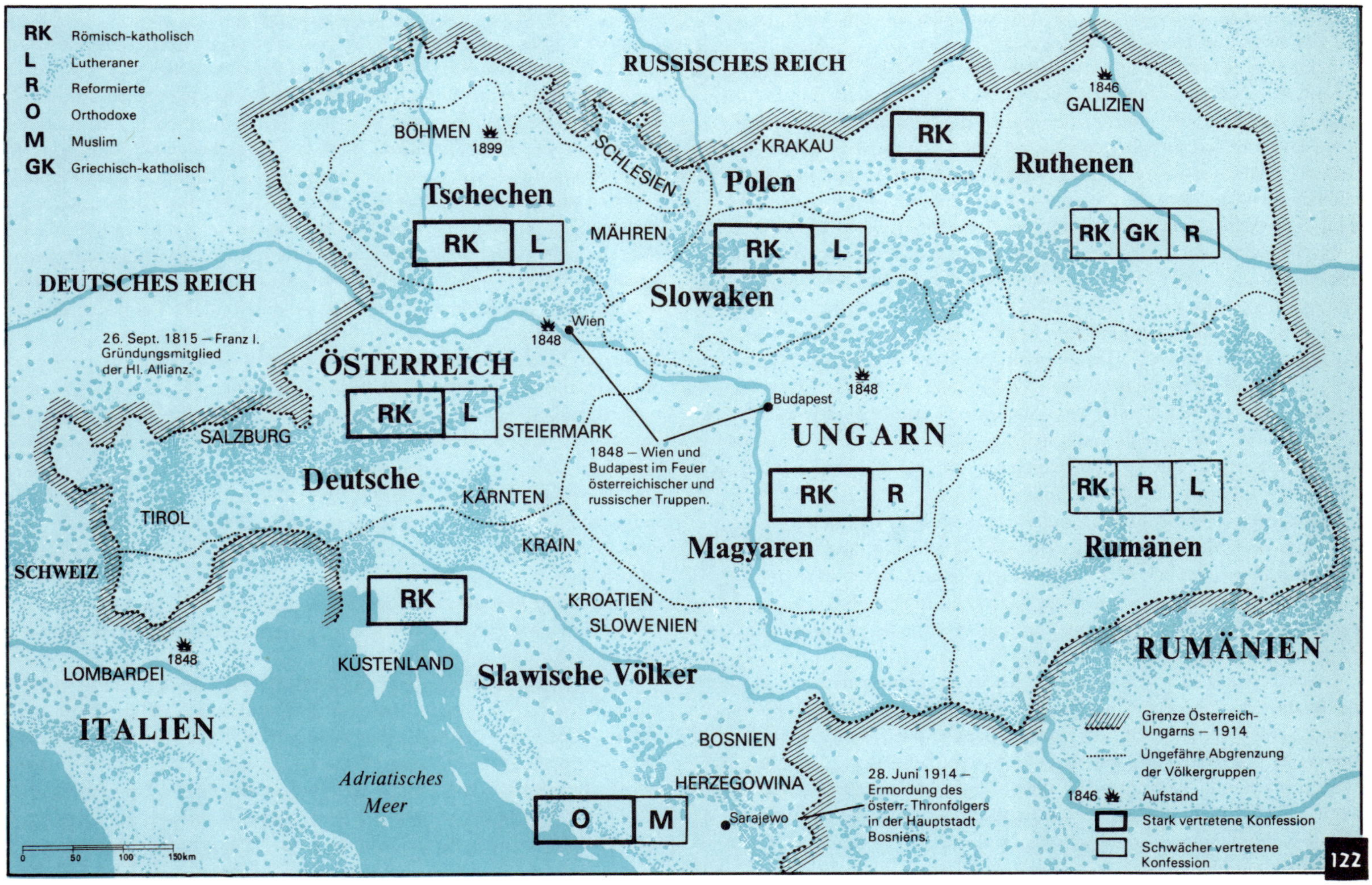

122

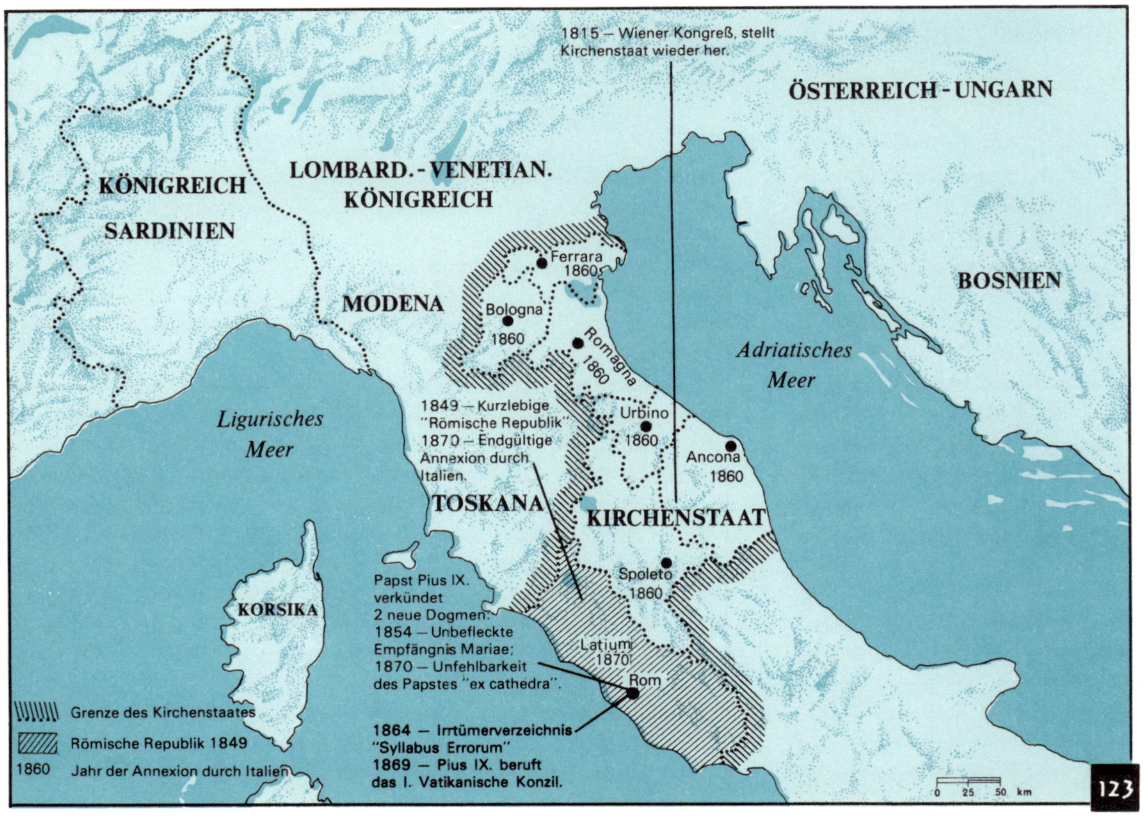

Die römische Kirche 1815–1870

Obwohl der Papst nicht zu den Signatarmächten der Heiligen Allianz gehörte, wurde bis ins späte 19. Jh. das ganze Gewicht des Amtes gegen Liberalismus und Demokratie eingesetzt.

Napoleon ließ dem Konkordat von 1801 die »organischen Artikel« folgen, durch die staatlicherseits alle kirchlichen Tätigkeiten in Frankreich geregelt wurden. Die Regierung riß die Befugnisse über alle ins Land kommenden päpstlichen Dokumente, über Konzils- und Synodenentscheide, über öffentliche Prozessionen, über Mieten und Parochialgrenzen und über die theologische Ausbildung an sich. Die Gallikanischen Artikel von 1682 mußten belehrt werden, die unter anderem die weltliche Macht des Papstes verneinten und den Vorrang der Konzile bekräftigten. 1809 wurde der Kirchenstaat in das französische Reich eingegliedert, Pius VII. (Papst 1800–1823) nach Paris gebracht und gezwungen, den außergewöhnlichen Machtbefugnissen Napoleons über die Kirche in Frankreich zuzustimmen. Nach der Niederlage Napoleons zeigte der Ultramontanismus in Verbindung mit der Reaktion wieder seine Stärke. Selbst unter protestantischen und orthodoxen Herrschern machte sich eine Freundschaft gegenüber Rom bemerkbar, die auf dem Grundsatz beruhte, daß der Bund von Thron und Altar das beste Bollwerk gegen Volksbewegungen ist.

Sofort nach seiner Rückkehr nach Rom setzte Pius VII. den Jesuitenorden und die Inquisition wieder ein. Der Wiener Kongreß stellte den Kirchenstaat wieder her. Der Papst verurteilte die Carbonari wegen der demokratischen Revolution in Neapel (1821). Ein System von Konkordaten wurde zwischen dem Papsttum und verschiedenen europäischen Regierungen ausgearbeitet.

Unter Leo XII. (Papst 1823–1829) wurde das Konkordatssystem auf Lateinamerika ausgedehnt, wodurch der römisch-katholischen Kirche besondere Vorrechte garantiert wurden. Seine Politik war extrem reaktionär: er verurteilte die Bibelgesellschaften, unterdrückte jeglichen Widerspruch und verfolgte die Juden. Trotzdem verabschiedete das englische Parlament das liberale Emanzipationsgesetz, das die bürgerliche Benachteiligung, die die englischen Katholiken 150 Jahre lang ertragen hatten, aufhob.

Gregor XVI. (Papst von 1831–1846) war ein Reaktionär, der Gewissens- und Pressefreiheit pauschal verurteilte.

Pius IX. (Papst von 1846–1876) hatte die längste und in vieler Hinsicht unglücklichste Regierungszeit eines Papstes. Während der Revolution 1848 floh er aus Rom; nach seiner Rückkehr gab er eine Reihe von Enzykliken heraus, die darauf abzielten, die traditionellen Autoritäten zu stützen. Die Bulle *Ineffabilis Deus* (8. Dezember 1854), ohne Rückendeckung durch ein Konzil herausgegeben, verkündete das Dogma von der unbefleckten Empfängnis Marias. In der Enzyklika *Quanta cura* mit dem angehängten »Syllabus der Irrtümer« (8. Dezember 1864) stellte er sich gegen die gesamte moderne Kultur. Nach einer generellen Verurteilung verschiedener moderner Bewegungen verwarf er ausdrücklich die Gewissensfreiheit, Gottesdienstfreiheit, Toleranz, allgemeines Stimmrecht und öffentliches Schulwesen. 1869 berief er das erste Vatikanische Konzil ein, das am 18. Juli 1870 das Dogma der päpstlichen Unfehlbarkeit verkündete. Selbst das römisch-katholische Österreich annullierte sofort sein Konkordat. In Preußen brach der Kulturkampf aus. In Frankreich wurde die Polarisierung, die die Revolution hervorgebracht hatte, noch verschärft – durch eine Reihe von Ereignissen, die von der Dreyfus-Affäre (1894–1906) bis zum moralischen Zusammenbruch der Pétain-Regierung reicht und die zeigt, welcher Preis zu zahlen ist, wenn die Kirche sich aus dem echten Dialog mit der Welt zurückzieht.

Die Abkehr von der reaktionären Politik begann mit der Enzyklika *Rerum Novarum* (15. Mai 1891), der Sozialenzyklika Leos XIII. (Papst 1878–1903).

Zu den Autoren, die die reaktionäre Rolle der Päpste in dieser kritischen Phase rechtfertigten, gehörten unter anderem René de Chateaubriand (1768–1848), Joseph De Maistre (1753–1821), Charles René Montalembert (1810–1870) und Robert de Lamennais (1782–1854), der jedoch die römisch-katholische Kirche verließ, als das Papsttum sein Ideal einer utopischen, durch ein vernünftiges Christentum beseelten Gesellschaft verwarf, die zu schaffen er den Papst aufgerufen hatte.

Die Abspaltung der Altkatholiken (1870ff.)

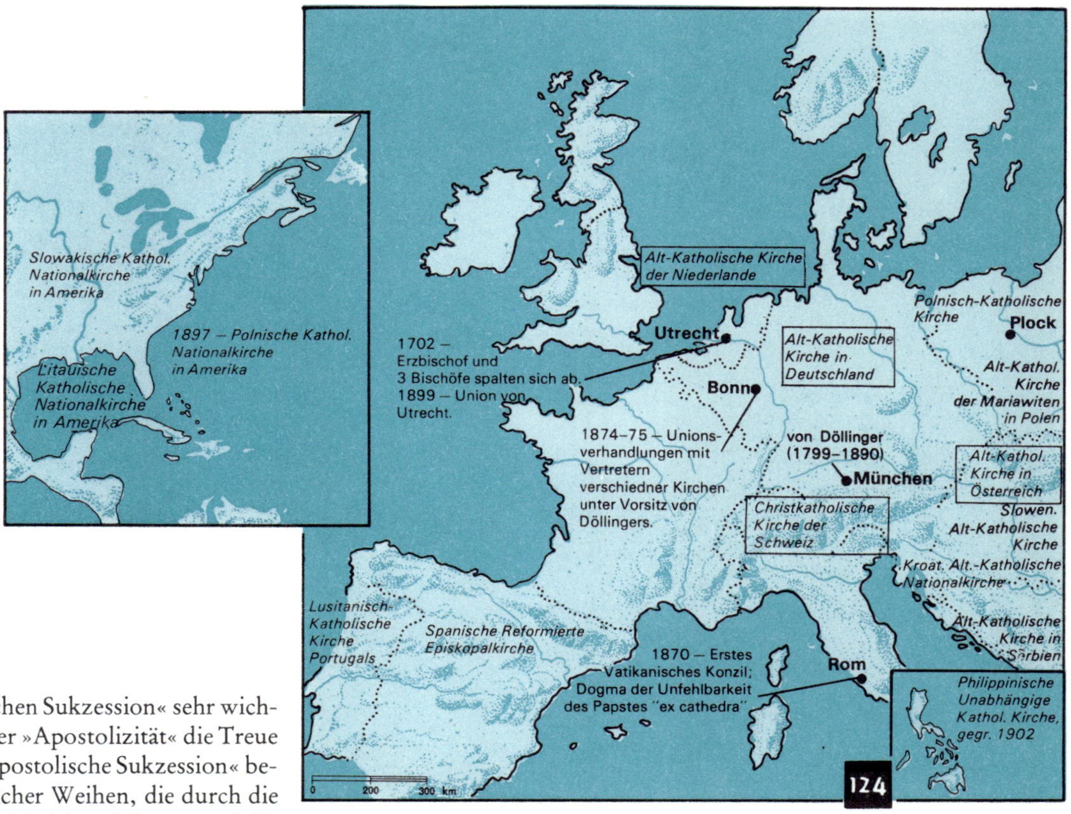

Mitglied der Union von Utrecht.

Für Katholiken ist die Lehre der »apostolischen Sukzession« sehr wichtig. Die meisten Protestanten verstehen unter »Apostolizität« die Treue zum Vorbild der Apostel. Denen, die die »apostolische Sukzession« betonen, geht es um die Weitergabe bischöflicher Weihen, die durch die Jahrhunderte in ununterbrochener Kontinuität bis auf Petrus und die Jünger Jesu zurückverfolgt werden kann.

Der altkatholische Anspruch auf Sukzession beruht auf einem Schisma, das sich während der spanischen Besetzung in den Niederlanden und während des jansenistischen Streits in Frankreich ereignete. Von 1580 bis 1853 war die römisch-katholische Kirche der Niederlande ohne residierende Bischöfe; sie wurde von päpstlichen Legaten geleitet. 1702 wurde Petrus Codde (1648–1710), der römische Repräsentant und Titularerzbischof, wegen seiner Sympathien für den Augustinismus des Cornelius Jansen (1585–1638), des Abtes von Saint-Cyran (1581–1643), und seiner Anhänger im Kloster Port-Royal (darunter Blaise Pascal) gerügt.

Die jansenistischen Positionen waren von Innocenz X. in *Cum Occasione* (31. Mai 1653) und Clemenz XI. in *Unigenitus* (8. September 1713) verdammt worden. Die Grundlehren sind: Wegen seiner Sünde kann der Mensch ohne ein besonderes Gnadengeschenk Gottes Gebote nicht befolgen; und dem Wirken der Gnade kann man nicht widerstehen. Die Wirkung des Jansenismus bestand in der Zerstörung der Grundlage jeder natürlichen Theologie, einschließlich des thomistischen Systems, das zunehmend Ansehen in der katholischen Kirche gewann. Seine Botschaft und sein Wesen erinnert einen Protestanten stark an den Calvinismus.

Das Erzbistum Utrecht mit drei Bischöfen brach 1724 mit Rom. Nach der Verkündigung der päpstlichen Unfehlbarkeit trennte sich eine beträchtliche Zahl Katholiken in der Schweiz, in Österreich und Deutschland von der römischen Kirche, die man jetzt als eine »Sekte« betrachtete, weil sie eine Sonderlehre zur Norm gemacht hatte.

Auf dem Konzil wurde die Tagesordnung durch Antrag auf Schluß der Debatte und durch Abstimmung per Aufstehen beschleunigt. Seine Sitzungen wurden wegen des deutsch-französischen Krieges vertagt, und eine der interessantesten Fragen im Zusammenhang der Konzilsankündigung durch Johannes XXIII. (1959) war es, ob dieses Konzil eine Fortsetzung oder ein neues Konzil sein würde. Das spätere Konzil wird heute zu Recht das zweite vatikanische Konzil genannt; es atmete einen anderen Geist und war von einer anderen Zeit geprägt. Auf dem ersten Vatikanum plädierten römisch-katholische Theologen wie J. J. Ignatius von Döllinger (1799–1890) und F. A. P. Dupanloup (1802–1878) für eine Modernisierung der Kirche und ihrer Botschaft, aber sie wurden überstimmt. Die altkatholische Abspaltung war damit besiegelt.

Der führende Geist der Opposition gegen die päpstliche Unfehlbarkeit war Ignatius von Döllinger, dessen Artikel in der *Augsburger Allgemeinen Zeitung* und dessen Buch *Der Papst und das Konzil* (1869) großen Einfluß ausübten. Döllinger war der führende katholische Kirchenhistoriker der Zeit. John Henry Newman (1801–1890), vor seinem Übertritt vom Anglikanismus zum Katholizismus eine Schlüsselfigur der Oxford Bewegung, hatte die Idee einer Entwicklung des Christentums in seinen Schriften verteidigt, unterwarf sich aber der Erklärung ebenso wie Lord Acton (1834–1902), dessen Aufsätze über Freiheit und andere historische Studien einen wichtigen Beitrag zur religiösen und politischen Theorie darstellen. Dupanloup unterwarf sich ebenfalls. Döllinger wurde konsequenter Verfechter der auch auf kirchliche Institutionen angewandten historisch-kritischen Methode und wurde 1871 exkommuniziert.

Döllingers umfangreiches literarisches Werk verdient noch immer sorgfältige Beachtung. In der Nationalversammlung in Frankfurt hatte er die Idee eines von staatlicher Kontrolle befreiten und in Gemeinschaft mit Rom befindlichen Katholizismus in Deutschland verteidigt. In seinen Büchern *Die Reformation* und *Luther* zeigte er eine Gelehrsamkeit und einen Geist, der erst ein Jahrhundert später Anerkennung fand. Als Professor für Kirchengeschichte in München von 1826–1873 war er ein großer Lehrer, profilierter Gelehrter und gefährlicher Gegner der päpstlichen Unfehlbarkeit. Er leitete die Bonner Unionskonferenzen 1874 und 1875, die führende Theologen aus Deutschland (Katholiken und Protestanten), Amerika, England, den Niederlanden und der östlichen Orthodoxie zusammenführte. Das Ideal war eine Kirche, die ökumenisch, vereint und der apostolischen Regel der Leitung durch den Heiligen Geist gehorsam sein sollte.

Der erste altkatholische Bischof wurde 1874 geweiht. Sein Sitz war Bonn. Es folgte 1876 ein Schweizer in Bern. Später wurden in Böhmen und Österreich Bischöfe geweiht. Die Altkatholiken erkennen die ersten sieben ökumenischen Konzile an, vertreten die traditionellen christlichen Lehren und halten Gottesdienste in der Landessprache. Bischöfe und Priester dürfen heiraten.

Später entstanden national-katholische Bewegungen in den USA (»Polish National Catholic Church«), in Polen, in der Tschechoslowakei, Jugoslawien und auf den Philippinen. Die Entwicklung der römisch-katholischen Bibelbewegung, des Ökumenismus und der sozialen Anliegen im Zusammenhang mit dem zweiten Vatikanum hat eine ganz neue Situation für die Altkatholiken (ebenso für die anglo-katholische Bewegung in der Kirche von England) geschaffen.

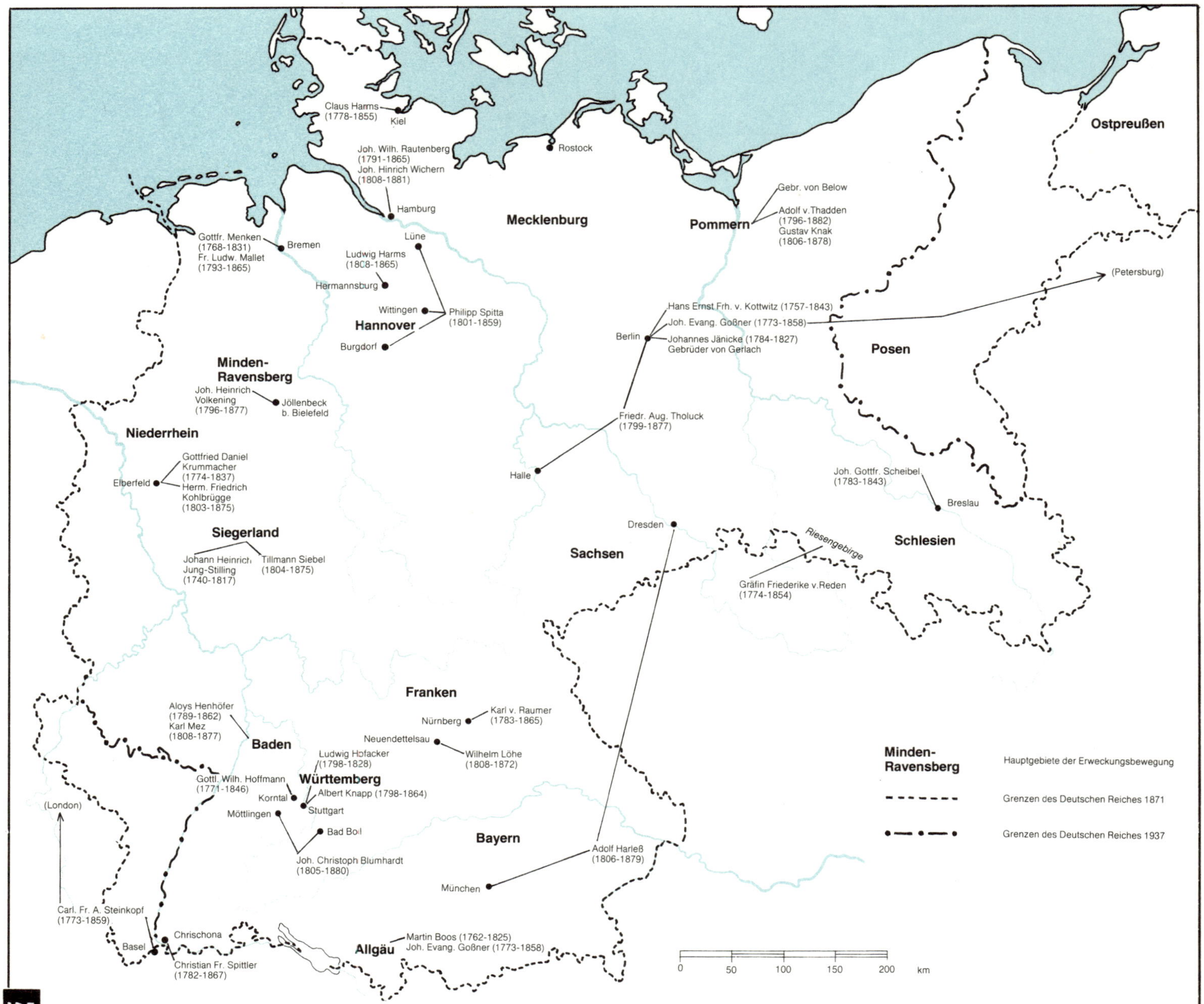

125

Die Erweckungsbewegung in Deutschland

Die Erweckungsbewegung war, obgleich vielfältig mit dem Pietismus verbunden, eine eigenständige Erneuerung der Frömmigkeit. Sie war landschaftlich verschiedenartig ausgeprägt und von unterschiedlichem Einfluß. Nicht zuletzt durch die Auswirkungen der Französischen Revolution und der Eroberungszüge Napoleons meldeten sich Zweifel an der rationalistischen Weltsicht und der »Menschenvergötterung« (Menken) der Aufklärung. Ein neues Fragen nach dem Irrationalen, der Mystik und Theosophie, dem Geisterreich (Jung-Stilling), der Traumdeutung (Oberlin), dem Magnetismus (F. A. Mesmer) und Okkultismus, der Physiognomie (Lavater) verbindet die frühen Einzelpersönlichkeiten der Bewegung mit der Romantik.

In ganz Deutschland wirkte die Herrnhuter Brüdergemeine mit ihrer Diasporaarbeit und die Partikulargesellschaften der 1780 von Johann August Urlsperger (1728 bis 1806) gegründeten, in Basel ansässigen Deutschen Christentumsgesellschaft nachhaltig im Sinne der Erweckungsfrömmigkeit. Nirgendwo sind aber die Verbindungen zum älteren Pietismus so eng wie bei den »Stundenleuten« in Württemberg und den »Stillen im Lande« am Niederrhein mit Ausstrahlungen ins Wuppertal und das Siegerland. In Württemberg gelang es Gottlieb Wilhelm Hoffmann (1771–1846), durch die Gründung von Korntal (1819) und später Wilhelmsdorf die Auswanderung erweckter Bauern zu verhindern. Auf das Wirken Johann Michael Hahns (1758–1819) und Chr. Gottl. Pregizer (1751–1824) gehen die Hahn'sche Gemeinschaft und die Pregizianer zurück. Ein eigenes Zentrum schuf Joh. Christoph Blumhardt (1805–1880) in Möttlingen und Bad Boll. Im benachbarten Baden wirkte vor allem der ehemalige Priester Aloys Henhöfer (1789–1862). Dieser kam aus der Allgäuer katholischen Erweckungsbewegung um J. M. Sailer, M. Boos, J. Lindl und J. E. Goßner. Letzterer wurde evangelisch und begründete die Goßnersche Mission in Berlin.

Dort hatte bereits 1800 der Herrnhuter Johannes Jänicke (1748–1827) das erste deutsche Missionsseminar eröffnet. Baron v. Kottwitz übte großen Einfluß auf Tholuck, Hengstenberg, Wichern, die Brüder Gerlach, Thadden-Trieglaff u.a. aus. Dadurch ergriff die Erweckungsbewegung pommersche Adlige, die auf ihren Gütern Erweckungsversammlungen abhielten und erweckte Pfarrer anzogen.

Die Erweckung fand in Schlesien unter J. G. Scheibel u.a. eine betont konfessionelle Ausprägung; es kam zur Gründung einer selbständigen »altlutherischen« Kirche. Konfessionell geprägt waren C. Harms (1778–1855) in Kiel, Wilh. Löhe (1818–1872) in Neuendettelsau und Ludwig Harms (1808–1865) in Hermannsburg.

Die Erweckungsbewegung gab der inneren und äußeren Mission entscheidende Impulse und war durch Carl Steinkopf und C. F. Spittler mit der angelsächsischen Erweckungs- und Missionsbewegung verbunden. Sie hat durch ein Netz von Vereinen missionarische, soziale und diakonische Aufgaben wahrgenommen. In Berlin schlug sie unter Hengstenberg (Ev. Kirchenzeitung) und den Gebrüdern Gerlach eine politisch und kirchlich äußerst konservative Richtung ein, die großen Einfluß auf Friedrich Wilhelm IV. ausübte (»Camarilla«). Es fehlte ihr eine überragende theologische Persönlichkeit.

Die Kirche vor der sozialen Frage 19. Jh.

Die soziale Frage ist eingebettet in einen umfassenden Prozeß der gesellschaftlichen Umstrukturierung im Gefolge der Industrialisierung. Waren um 1800 noch ca. 80 % der Bevölkerung Deutschlands in der Landwirtschaft tätig, so sind es 1900 nur noch 35 %. Es setzt eine gewaltige Landflucht von arbeitslosen Landarbeitern und Handwerksgesellen ein. Mit der Entwicklung der Großfabriken kam ein neuer gesellschaftlicher Stand – die Arbeiterklasse – auf. Die Konzentration der Produktionsmittel in den Händen weniger Besitzer verwandelte einen Großteil der Bevölkerung in ein lohnabhängiges Proletariat, dessen soziale Lage außerordentlich bedrückend war: Lange Arbeitszeit bei geringer Entlohnung, ungeregelte Verhältnisse bei Krankheit oder Unfall, unzureichende Wohnbedingungen in Mietskasernen, Änderung der Familienrolle, Trennung von Wohn- und Arbeitswelt und der allgemeine Prozeß der Verstädterung ließen in dem neuen Stand das Bewußtsein aufkommen, rechtlich, politisch und sozial Ausgestoßene der Gesellschaft zu sein. Die allgemeine Krisensituation drängte nach einer Neugestaltung (Revolution).

Die Kirchen waren durch ihre Geschichte ganz an das alte Gesellschaftsgefüge und den Ständestaat gebunden. Die Landesherren waren oberste Bischöfe der Kirchen ihrer Territorien; die Pastoren eng mit den staatstragenden und wirtschaftlich mächtigen Schichten verbunden. Der Ruf nach Revolution richtet sich gegen eine als gottgewollt angesehene Gesellschaftsordnung und war daher Sünde. Die Amtskirche blieb angesichts der sozialen Frage weitgehend stumm bzw. verpflichtete die Arbeiter auf eine vergangene Ordnung oder vertröstete sie auf das Jenseits. Es blieb Sache einzelner Gewissen, diakonische Maßnahmen zu ergreifen. Der Nährboden dieser Diakonie war die Erweckungsbewegung, der organisatorische Ausdruck häufig ein Verein. So begann von der Recke (Düsseltal) eine Arbeit an verwahrlosten Kindern, C. H. Zeller initiierte die süddeutsche Rettungshausbewegung, und Baron von Kottwitz wirkte in Berlin. Der Fabrikant Karl Mez (Freiburg) führte in seinen Betrieben Gewinnbeteiligung, Mitspracherecht und eine Krankenversicherung ein. Theodor Fliedner (Kaiserswerth) wurde zum Erneuerer des Diakonissenamtes. Den Geist der Erweckungsbewegung atmete auch Johann Hinrich Wichern (1808 bis 1881), nach dessen 5/4stündiger Stegreifrede auf dem Wittenberger Kirchentag 1848 der »Centralausschuß für die Innere Mission« gebildet wurde. Wichern gründete in Hamburg das Rauhe Haus mit Agentur (Verlag) und Gehilfeninstitut. Er wurde zum Erneuerer des männlichen Diakonats, blieb jedoch einem konservativen Gesellschaftsbild verhaftet. Das »Bekenntnis des Glaubens durch die Tat der rettenden Liebe« hatte keine sozialpolitischen Folgen im Sinne einer Änderung des sozialen Gefüges. Er hatte deshalb auch kein Verständnis für Victor Aimé Huber (1810–1869), der die traditionell-karitative Arbeit durch eine aktive Sozialpolitik ablösen wollte. Über Huber hinaus ging Rudolf Todt (1839–1887), der das sozialistische Schrifttum eingehend studiert hatte. 1877 gründete er mit anderen den Zentralverein für Sozialreform, der die Kirche zum Eintreten für die Forderungen des 4. Standes bewegen sollte. Sein Ziel war die Gründung einer christlich-sozialen Partei. Er blieb ein Außenseiter.

Ab 1872 baute Friedrich von Bodelschwingh Bethel auf.

Mitbegründer des Zentralvereins war der Berliner Hofprediger (seit 1874) Adolf Stoecker (1835–1909), der 1878 die »Christlich-soziale Arbeiterpartei« gründete (»Eiskellerversammlung«). Er kämpfte gegen die atheistische Sozialdemokratie und gegen den Liberalismus von Wirtschaft und Presse, den er von Juden beherrscht sah (daher häßlicher Antisemitismus) und für eine konservative Sozialreform auf der Grundlage

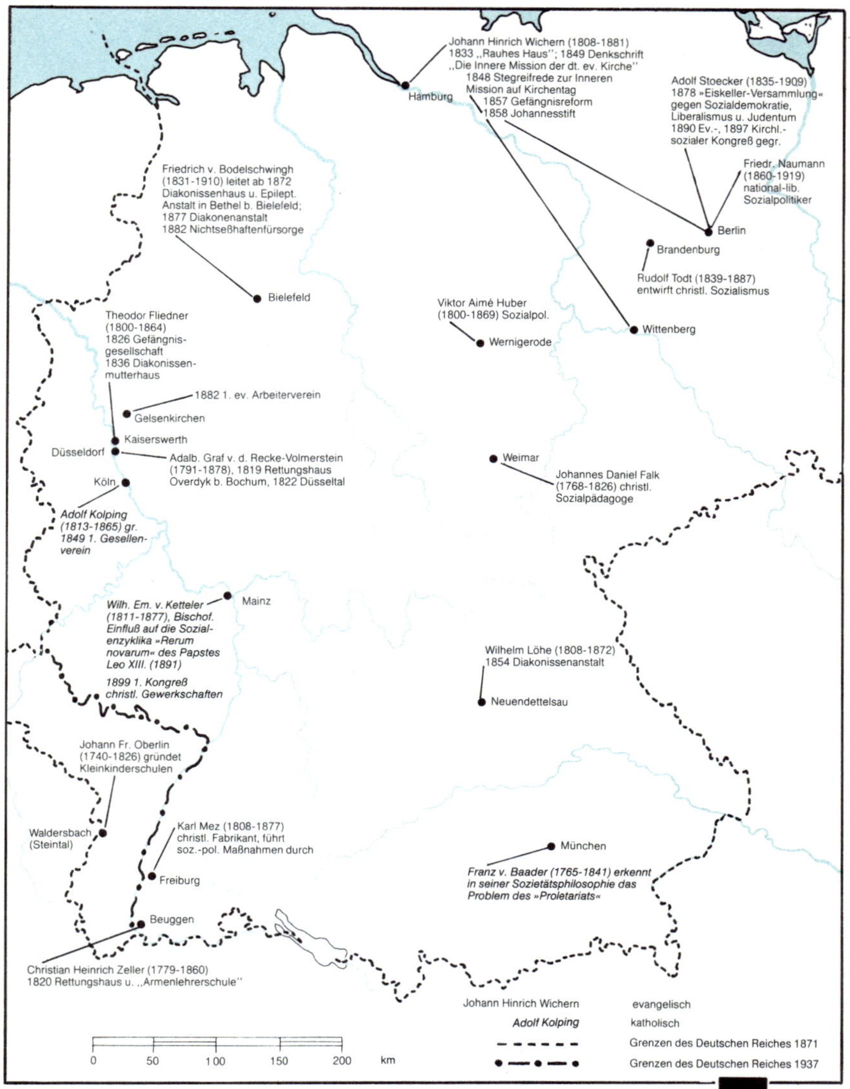

126

von Christentum und Vaterlandsliebe. Den Entfremdungsprozeß des Proletariats von Staat und Kirche wollte er zugunsten eines christlichen Staates (Thron und Altar) aufhalten.

1890 kam es zur Gründung des Evangelisch-Sozialen Kongresses. Dessen auf hohem Niveau stehende Tagungen zeigten einen immer größer werdenden Riß zwischen dem bürgerlichen Stoecker und dem Kreis um Friedrich Naumann (1860–1919), der radikal proletarisch dachte. Naumann wandte sich jedoch ab 1895/96 von christlich-sozialen Gedanken ab und setzte sich für einen bürgerlich-nationalen Liberalismus protestantischer Färbung ein.

Auf verschiedene Weise versuchten ab 1882 die ev. Arbeitervereine die Fragen der Zeit aufzugreifen. Keinem Versuch war durchschlagender Erfolg beschieden. Die Arbeiterschaft insgesamt wanderte aus der Kirche aus.

In der kath. Kirche hat zuerst Franz von Baader (1765–1841) das soziale Problem des »Proletairs« als Rechtsproblem gesehen. Um die Jahrhundertmitte kam es zur Gründung von Arbeiter- und Gesellenvereinen (vor allem Adolf Kolping 1813–1865). Wilhelm Emanuel von Ketteler (1811–1877) unterbreitete als Bischof von Mainz (ab 1850) und Zentrumsabgeordneter (ab 1871) praktische Vorschläge zur Lösung der Arbeiterfrage. Die katholisch-sozialen Bestrebungen wurden 1890 im Katholischen Volksverein zusammengefaßt. Franz Hitze (1851–1921) war treibende Kraft der Arbeitervereine. Ende des 19. Jh.s wurden christliche Gewerkschaften und ein Dachverband gegründet (Generalsekretär Adam Stegerwald 1874–1945). Leo XIII. erließ 1891 die Sozialenzyklika *Rerum novarum,* die auf der Basis bleibender Ungleichheit Arbeiter und Besitzende zu gegenseitiger Pflichterfüllung aufrief. Die Enzyklika kam jedoch viel zu spät, als daß sie entscheidende Veränderungen hätte bewirken können.

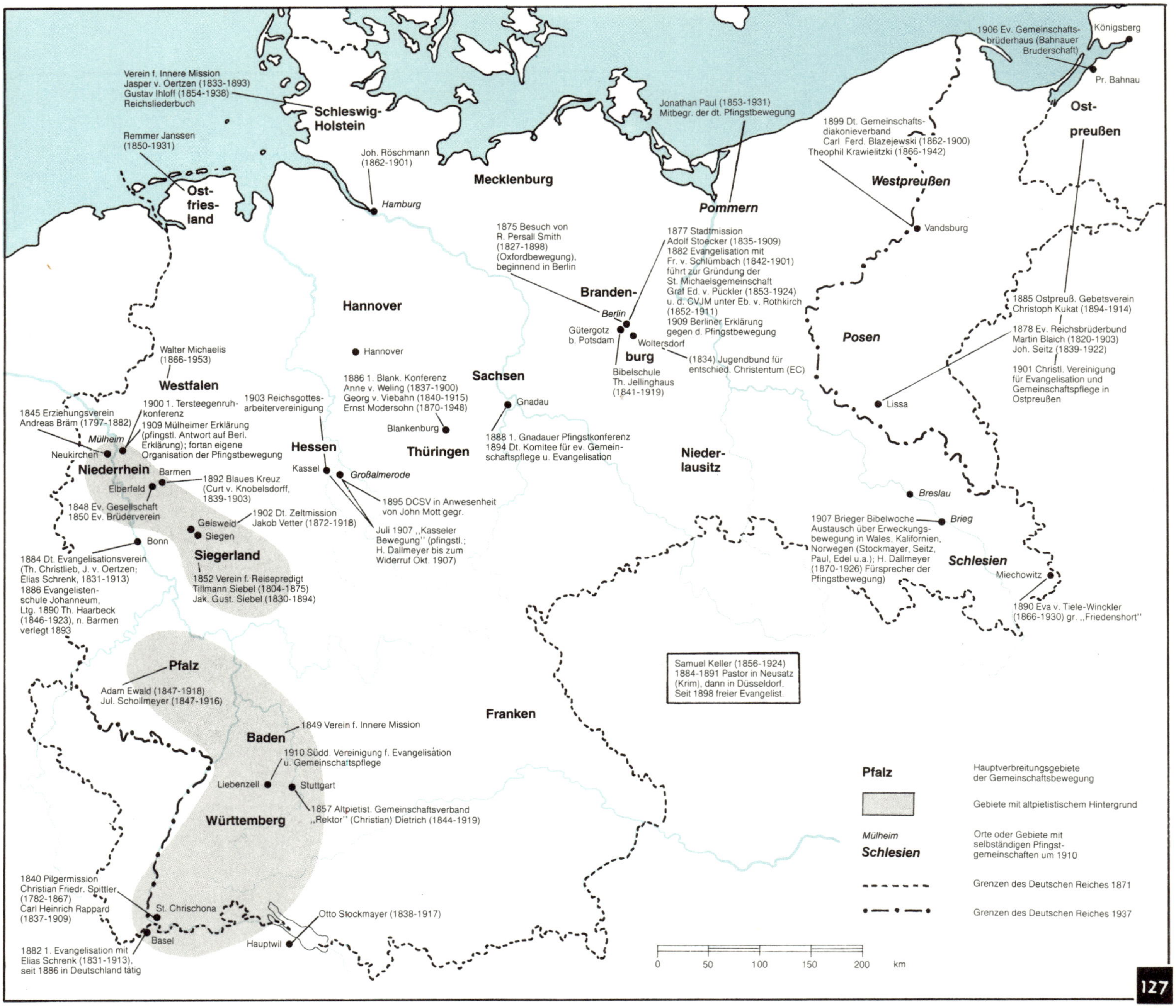

127

Evangelische Allianz und Freikirchen 19. Jh.

Die Evangelische Allianz wurde 1846 in London von Gliedern verschiedener Denominationen als ein Bruderbund (nicht Kirchenbund) gegründet. Grundlage bildete eine aus 9 Thesen bestehende Glaubensbasis. Aus Deutschland hatten u.a. teilgenommen Chr. Gottl. Barth (Calwer Verlagsverein), Professor Tholuck (Halle), Pastor Friedr. Wilh. Krummacher (Elberfeld) und der Baptist Oncken, doch kam es erst 1851 auf Anregung des Baptisten Lehmann zu vorsichtigen Versuchen, einen norddeutschen Zweig der Allianz in Berlin zu gründen. Die Allianz nahm Aufschwung, als 1857 die internationale Allianz-Konferenz in Berlin unter der Schirmherrschaft des preußischen Königs tagte. 1858/59 bildeten sich Zweige der Allianz im Rheinland und in Württemberg, 1880 wurde unter Vorsitz von Th. Christlieb (Bonn) das Westdeutsche Komitee ins Leben gerufen, 1898 entstand ein süddeutscher und ein norddeutscher Zweig, und die erste Allgemeine deutsche Allianzkonferenz fand in Essen statt.

1831 begann Christoph Gottlob Müller (1785–1858) eine Arbeit im Sinne des Wesleyanischen Methodismus in Winnenden, doch wurde erst 1872 die Trennung von der Württembergischen Landeskirche vollzogen. Seit 1849 entstand durch Rückwanderer aus Amerika von Bremen (Jacoby) und Sachsen/Thüringen (Gebr. Wunderlich) aus die Bischöfliche Methodistenkirche (1895 Zusammenschluß mit den Wesleyanern). Ebenfalls durch Rückwanderer begann um 1850 die Ev. Gemeinschaft (»Albrechtsleute«) ihre Arbeit (1968 Vereinigung zur Ev.-methodistischen Kirche).

Der Baptismus nahm 1834 in Hamburg mit Joh. Gerh. Oncken (1800–1884) seinen Anfang. In Berlin wirkte Gottfr. Wilh. Lehmann (1799–1882). (1941 schlossen sich die Baptisten mit einem Teil der Brüderbewegung zum Bund Evangelisch-Freikirchlicher Gemeinden zusammen.) Die Freien ev. Gemeinden wurden 1854 in Barmen von Herm. Heinr. Grafe (1818–1869) begründet.

Über eine auf die Reformation zurückgehende Tradition verfügen die Mennoniten.

Kleinere Freikirchen sind die Heilsarmee, die Quäker und die Christliche Versammlung; die Pfingstbewegung kennt mehrere Gruppen, von denen der »Christliche Gemeinschaftsverband Mülheim/Ruhr« die größte ist. Konfessionelle Gesichtspunkte waren bei der Entstehung der Altlutheraner und der Altreformierten maßgebend.

Von Anfang an waren Vertreter der Freikirchen in der Allianz beteiligt. Dies rief vielfach Skepsis gegenüber der Allianz hervor, weil die Freikirchen von massiver sozialer Ächtung nicht verschont blieben. In Berlin sprach die Allianz-Versammlung die mangelnde Religionsfreiheit an, weil sich die baptistischen und methodistischen Gemeinden schikanösen Behandlungen seitens des Staats, oft auf Veranlassung der Kirchen hin, ausgesetzt sahen. Selbst Gemeinschaftsleute verachteten sie wegen Proselytismus, obgleich ihre Vertreter darauf Wert legten, die Mitglieder durch evangelistische Arbeit aus der Masse der Entkirchlichten zu gewinnen. Sie galten als kirchenfeindlich, weil sie ihre Mitglieder zur Separation von den Landeskirchen aufforderten. Zudem waren sie mit dem Makel des »Angelsächsischen«, d.h. des »undeutschen Wesens« behaftet.

Die Gemeinschaftsbewegung in Deutschland 19. Jh.

Die Wurzeln der Gemeinschaftsbewegung sind der ältere Pietismus, die Erweckungsbewegung und die angelsächsische Evangelisations- und Heiligungsbewegung (Finney, Moody, R. P. Smith). Im Westen Deutschlands wirkte ab 1848 die Ev. Gesellschaft für Deutschland (Elberfeld) und ab 1852 der Verein für Reisepredigt im Siegerland. In Württemberg war Rektor Dietrich (1844–1919) als Leiter des Altpietistischen Gemeinschaftsverbandes ein Wegbereiter. Im Osten entstand neben dem Ev. Reichsbrüderbund (1878) der Gemeinschaftsdiakonieverband (1899). In Thüringen wurde Blankenburg mit seinen Konferenzen ab 1886 ein Zentrum. Aus der von Stoecker vermittelten Evangelisation des Deutschamerikaners v. Schlümbach (1842–1901) entstanden in Berlin der erste deutsche CVJM und die St. Michaelsgemeinschaft.

Die Evangelisation wurde als besondere Aufgabe der Kirche erkannt. Der Professor für praktische Theologie in Bonn, Th. Christlieb (1833–1889) und J. v. Oertzen (1833–1893) gründeten 1884 den Deutschen Evangelisationsverein, der 1886 die Evangelistenschule Johanneum eröffnete. Der erste Evangelist in Deutschland war ab 1886 Elias Schrenk (1831–1913). Auch Stadt- und Zeltmission (J. Vetter) sind eng mit der Gemeinschaftsbewegung verbunden.

Diakonissenhäuser und Predigerschulen (z.B. St. Chrischona), aber auch neue Formen der Jugendarbeit wie der Christliche Verein Junger Männer (CVJM), der Jugendbund für Entschiedenes Christentum (EC), die Schüler-Bibelkränzchen (BK) und die Deutsche Christliche Studentenvereinigung (DCSV) gingen ebenso aus der Arbeit der Gemeinschaftsbewegung hervor wie christliche Berufsorganisationen (z.B. christliche Kaufleute, Techniker, Postbeamte, Eisenbahner, Bäker, ev. Lehrerbünde usw.).

Organisatorische Ausprägung erhielt die Bewegung 1888 durch eine in der Kolonie der Brüdergemeine Gnadau bei Magdeburg abgehaltene Pfingstkonferenz. Aus dieser Konferenz entwickelte sich der »Deutsche Verband für evangelische Gemeinschaftspflege und Evangelisation« (1897; kurz: Gnadauer Verband). Trotz Bindung an die Landeskirchen führte man eigene Veranstaltungen zur Pflege der Gemeinschaft, der Erbauung, der Bibelbetrachtung, des Gebets und der Gebetsgemeinschaft, des Zeugnisses und der Evangelisation durch. Bekehrung und Wiedergeburt und ein Leben der Heiligung als Folge der persönlichen Heilserfahrung standen im Mittelpunkt. Eine Aktivierung der Laien bis zum »Dienst der Wortverkündigung« geschah im Sinne der Reichsgottesarbeit. Durch die Bildung eigener Gemeinschaften war das Verhältnis zu den Landeskirchen nicht immer spannungsfrei. Man wandte sich gegen ein sprödes Amtskirchentum und gegen die liberale Theologie und den Kulturprotestantismus. Christlieb brachte das Verhältnis zu den Kirchen auf die Formel: »Wir stehen in der Kirche, arbeiten wenn möglich mit der Kirche, stehen aber nicht unter der Kirche.«

Die Pfingstbewegung wurde zu einer schweren Krise für die Gemeinschaftsbewegung. Nach einer Zeit des Zögerns wurde 1909 in der »Berliner Erklärung« eine radikale Trennung von Jonathan Paul und seinem Kreis vollzogen. Eine zweite Krise entstand durch die Einflußnahme der Deutschen Christen. Doch konnte der langjährige (1906–1911 und 1919–1953) Vorsitzende Walter Michaelis (1866–1953) den Vorstand im Dezember 1933 zu einer Stellungnahme gegen die Irrlehre der D.C. bewegen.

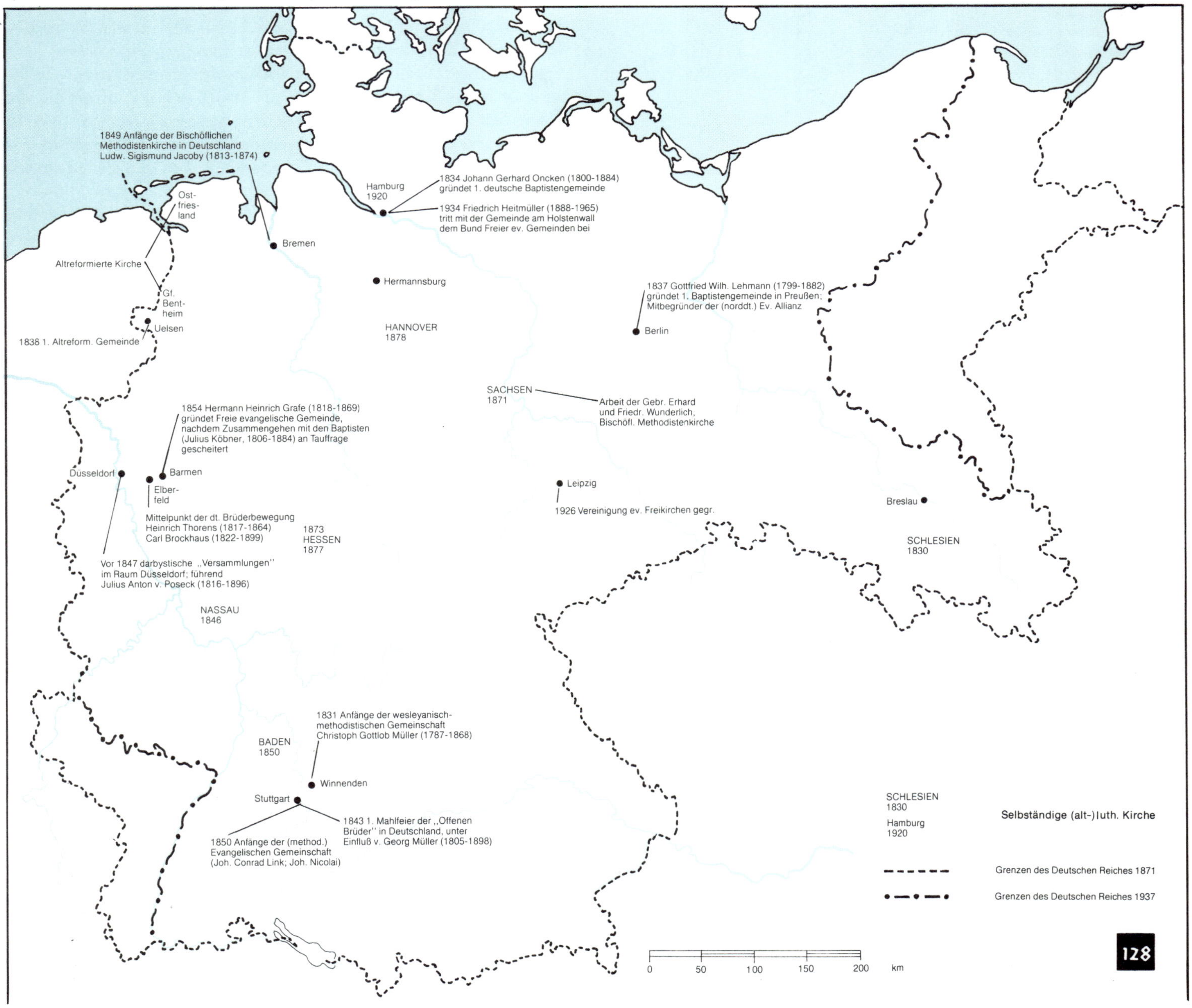

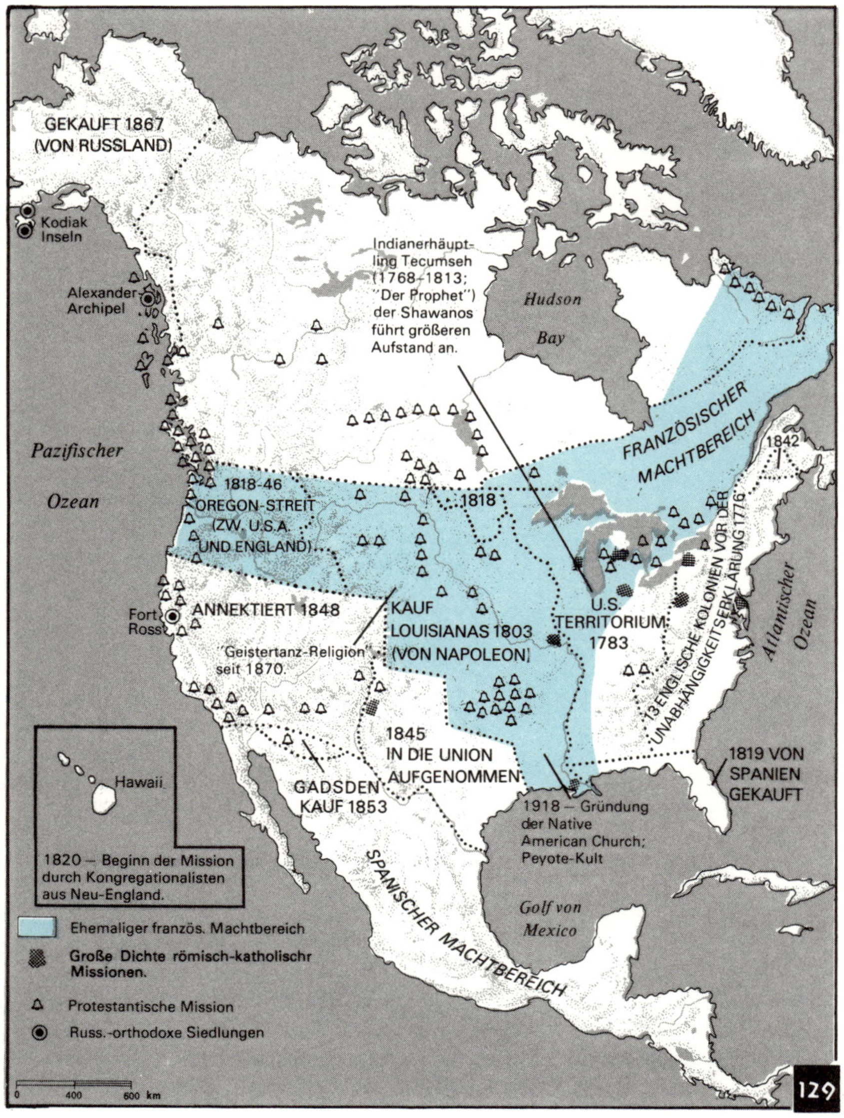

Amerikanische Expansion und Religion 19. Jh.

In den englischen Kolonien (1607–1776) beherrschten lange etablierte Kirchen des europäischen Typs die Szene. Während der Großen Erweckung (1734ff.) und der zweiten Großen Erweckung (1798–1810) entzogen sich aber fast einhundert Gemeinden der staatlichen Kontrolle und wurden schließlich baptistisch.

In den südlichen Kolonien genoß die Kirche von England besondere Privilegien. In Südkarolina war selbst die politische Regierung nach »Parochien« organisiert. In den mittleren Kolonien war das Bild verworren. Die Kirche von England war am wichtigsten und genoß die meisten Privilegien für die längste Zeit. Auf der anderen Seite gewann in Pennsylvanien zu Lebzeiten William Penns die freiwillige Religionsausübung die Oberhand.

Nur Rhode Island gewährte von Anfang an Religionsfreiheit; es war von Roger Williams gegründet worden, der selbst vor der Intoleranz hatte fliehen müssen. In den anderen Kolonien Neu-Englands wurden Quäker und Baptisten als Abweichler zivilrechtlich bestraft. Der Durchbruch zu einem neuen Stil der Religion begann in Virginia mit der Annahme der Great Bill of Religious Freedom (1784–1786). Dieses Modell der Trennung fand seine Fortsetzung im ersten Zusatz zur amerikanischen Verfassung (1789–1791).

Während des 19. Jahrhunderts drängten jene Kirchen in den Vordergrund, die am besten ausgerüstet waren, der Grenzverschiebung nach Westen zu folgen und schlichte Siedler anzusprechen. Erweckungsversammlungen, die »neue Methoden« der Verkündigung anwandten, waren das Hauptmittel, die Menschen für die »Freiwilligkeitsgemeinden« zu gewinnen. Eine Reihe von Missionsgesellschaften entstanden, unter anderem das American Board of Commissioners for Foreign Missions (gegr. 1810). Francis Asbury (1745–1816), Barton W. Stone (1772–1844), Alexander Campbell (1788–1866) und Charles G. Finney (1792–1875) waren führende Persönlichkeiten der Erweckung; Campbell und Finney leisteten größere Beiträge durch die Gründung und Leitung christlicher Colleges. Die Methodisten, Baptisten und Jünger Christi erwiesen sich als die Denominationen, die die größte Zahl von Anhängern gewinnen konnten. Im Todesjahr John Wesleys (1791) gab es 43 265 Methodisten in Amerika; um 1900 war die Zahl auf über 5 1/2 Millionen gestiegen. 1800 zählten die Baptisten weniger als 160 000; 1900 gab es mehr als 4 1/2 Millionen.

Für die nordamerikanischen Indianer war die Geschichte ostwärts, nicht westwärts gerichtet. In dem Aufstand Tecumsehs in Ohio oder in der Verbreitung der Geist-Tanz-Religion in den großen Ebenen oder im Wachstum der Native American Church of North America (»Peyote Cult«) haben die Indianer von Zeit zu Zeit eine religiöse Ideologie gefunden, die ihren Widerstand gegen den Vormarsch der weißen Zivilisation nach Westen stärkte und die Hoffnung auf eine Rückkehr zu Freiheit und Würde ihrer Väter erweckte. Aber im allgemeinen ist ihre Geschichte von Desintegration und Verzweiflung gekennzeichnet.

Im Gegensatz dazu wurde unter den schwarzen Amerikanern eine Institution – die Schwarze Kirche – ein erfolgreiches Zentrum für das Überleben und für die Identität. Seit der Emanzipation (1863, 1865) ist die schwarze Religion eine viel treibendere Kraft unter der farbigen Minderheit gewesen, als das Christentum in Leben und Gedankenwelt der Weißen.

Durch den Kauf von Alaska (1867) kamen die Vereinigten Staaten zu einer Reihe russisch-orthodoxer Kirchen. Die größten Erwerbungen während des Jahrhunderts der Expansion waren spanisch und römisch-katholisch. 1803 wurde Louisiana gekauft, und 1848 gab Mexiko seine Ansprüche auf Texas, Neu-Mexiko und Kalifornien auf. Dort gab es wichtige spanische Siedlungen; entlang des Rio-Grande-Flusses sind die Kreise in Texas bis zum heutigen Tage über 90 % römisch-katholisch. In ihrem Selbstbewußtsein waren die Vereinigten Staaten im 19. Jh. jedoch protestantisch.

Our Country (1885) von Josiah Strong drückt das Vertrauen in den menschlichen Fortschritt durch die Weltmission Amerikas aus – eine kennzeichnende Verbindung. Die angelsächsische Rasse, der Protestantismus und die republikanischen Institutionen sollten von Amerika über die ganze Welt getragen werden. Strong war führend engagiert in der Heimatmission, der Evangelischen Allianz und im Bundesrat der Kirchen.

Auf den Philippinen brachte die nationale Bewegung die dreihundertjährige Vorherrschaft des römischen Katholizismus zu einem Ende. Wegen der engen Verbindungen zwischen der kirchlichen Hierarchie und den spanischen imperialen Interessen löste sich eine Iglesia Filipina Independiente (»Aglipayan Church«) (1890–1902), mit eigener Hierarchie, Priestertum und eigenen Schulen. Sie ist heute dort die zweitgrößte christliche Körperschaft.

Mit der amerikanischen Besatzung begann eine Fülle protestantischer Missionen die Arbeit – Bibelgesellschaften, Presbyterianer, Methodisten, Jünger, Episkopalisten, Kongregationalisten usw. Eine Anzahl guter Colleges und Universitäten sind entstanden, ebenso Seminare und Verlage. Die Unabhängigkeit wurde nach dem Zweiten Weltkrieg erlangt.

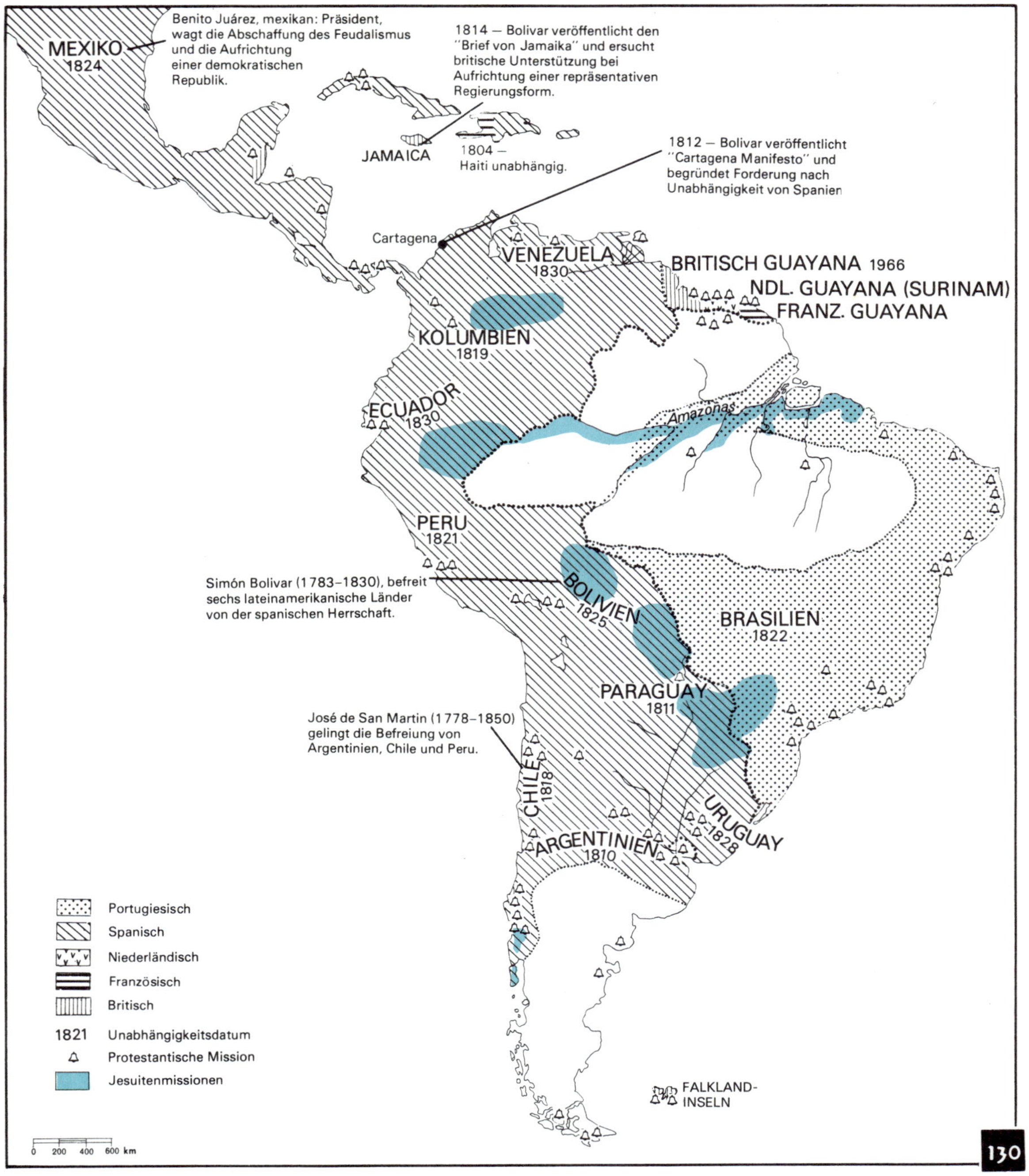

130

Lateinamerika: von der Kolonialzeit zur Unabhängigkeit 19. Jh.

Spanisch- und Portugiesisch-Amerika wurden ein ganzes Jh. vor den englischen Kolonien besiedelt. Trotzdem erwachte ein Nationalbewußtsein viel später, zum guten Teil deshalb, weil die Rolle der Kirche in diesen Gebieten durchgehend reaktionär war. Zum anderen war in Lateinamerika die Indianerbevölkerung viel größer, so daß vermehrte Anstrengungen erforderlich waren, um eine Europäisierung und Modernisierung zu erreichen. Die Tatsache war wohl am wichtigsten, daß von Anfang an die Wirtschaft auf dem Plantagensystem mit Sklaven und Leibeigenen als Grundlage aufgebaut war und eine Mittelschicht sich erst sehr spät entwickelte.

Während des 19. Jh.s befreiten sich die meisten lateinamerikanischen Staaten von kolonialer Bevormundung, aber nicht von dem Plantagensystem und dem Fluch des Militarismus. Ob in Lateinamerika, den Südstaaten vor dem Bürgerkrieg oder Preußen, kennzeichnend für eine Plantagenwirtschaft ist die Vorherrschaft eines romantischen Militarismus unter jüngeren Söhnen und solchen, die zu Herrschern erzogen wurden, die aber selbst nicht über Landbesitz als Grundlage verfügen.

Was die römisch-katholische Kirche anbelangt, gab es verschiedene Praktiken: In Paraguay machte sich der Diktator zum Haupt der Kirche (1816); in Bolivien wurden öffentliche Gottesdienste außer den römisch-katholischen erst 1908 zugelassen; in Ecuador wurde die außergewöhnliche Vollmacht der Kirche (Konkordat von 1862) später von einer liberalen Regierung abgebaut (Verfassung von 1906); Kolumbien war Jahrzehnte durch den Konflikt zwischen klerikalen Konservativen und weltlich gesonnenen Liberalen zerrissen und litt unter dem Verlust Panamas (1903); in Brasilien wurde eine Bundesrepublik errichtet und Staat und Kirche getrennt (1891).

Nach dem Verlust von Texas und anderen Gebieten an die USA (1836–1848) wurden Staat und Kirche in der Republik Mexiko unter Benito Juárez (1806–1872) getrennt, die kirchlichen Ländereien säkularisiert und die Orden unterdrückt.

Der Afo-a-Kom, heilige Figur des Kom-Stammes.

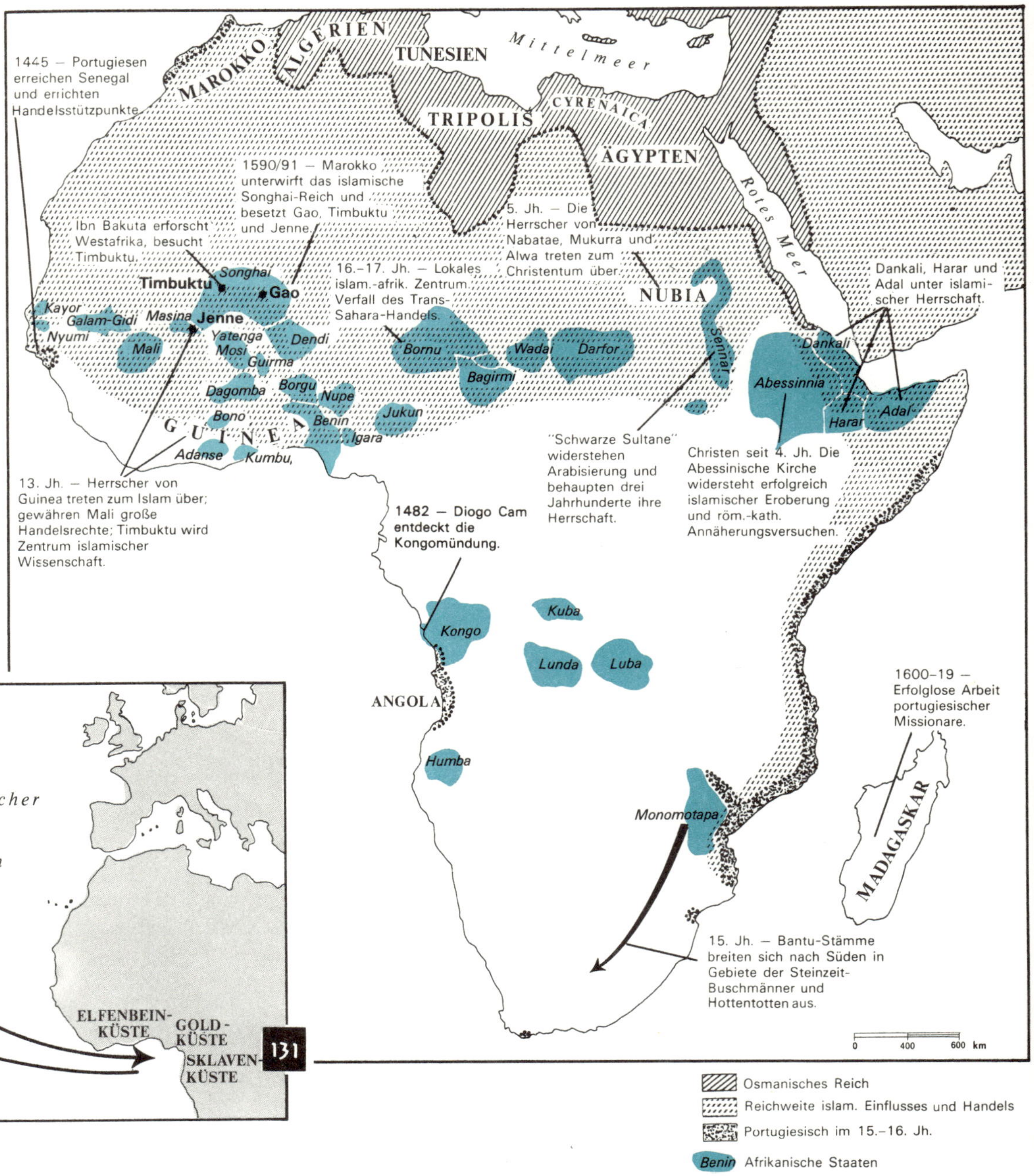

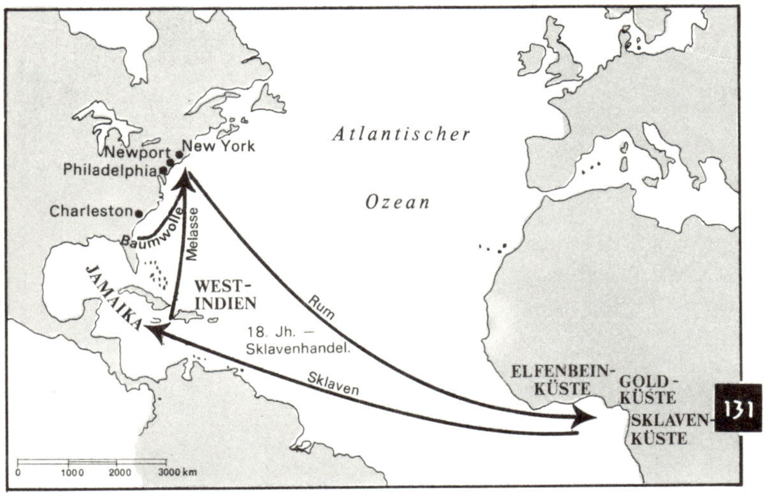

Afrika vor dem europäischen Kolonialismus 16. Jh.

Von wenigen Ausnahmen abgesehen, schnitt die Ausbreitung des Islams den afrikanischen Kontinent bis zu den großen portugiesischen und spanischen Entdeckungsreisen von jeglicher Berührung mit dem Christentum ab.

Der Islam verbreitete sich unter den Stämmen südlich der Sahara durch Kaufleute und Sklavenhändler. Schwarze Sklaven waren für die Wirtschaft der Alten Welt wichtig gewesen, und sie waren in allen Teilen des muslimischen Reiches bekannt. Als Kastraten hatten sie eine bestimmte Funktion in den Harems; in wenigen Fällen erreichten sie eine höhere Stellung in der Regierung. Als die europäischen Mächte ihre koloniale Expansion begannen, fanden sie den Sklavenhandel als wohlorganisiertes arabisches Monopol vor.

Bevor es zur Berührung mit Europa kam, gab es wenige eingeborene Königreiche von beträchtlicher Größe; in wenigen Fällen kann man noch bauliche Reste, wie z.B. die großen Steinruinen von Zimbabwe (Rhodesien), erforschen, doch gibt es keine schriftlichen Quellen. Im 13. Jh. baute ein zum Islam übergetretener Eingeborener ein großes Reich (Soso und Mandingo) an der Biegung des Niger auf; zu Beginn des folgenden Jh.s wurde das Songhai-Reich unterworfen, und Timbuktu wurde das Zentrum einer fortgeschrittenen Kultur. Zu dieser Zeit betrieben christliche und jüdische Händler intensiv Handel mit Gebieten südlich der Sahara, hauptsächlich mit Gold und Elfenbein. Über einen Landweg von der Küste erreichten 1487 die Portugiesen Timbuktu.

Der große arabische Reisende Ibn Batuta hatte Timbuktu auf einer Route besucht, die ihn 1349 durch Tuareggebiet und durch die Sahara führte. Er berichtete von ausgedehntem Handel in Nord-Süd-Richtung entlang der Ostküste von Ägypten aus und durch die Sahara von Marokko aus.

1402 erreichte eine äthiopische Gesandtschaft Venedig. 1441–1442 nahmen äthiopische Gesandte am Konzil von Florenz teil. Andere Gesandtschaften von dort erreichten Lissabon 1452 und Rom 1481. Obwohl sie ihren unmittelbaren Zweck, eine Allianz gegen die muslimischen Mächte in Kairo und Bagdad ins Leben zu rufen, nicht erreichten, weckten ihre Besuche im Westen das Interesse am schwarzen Kontinent.

Das Christentum war mit einem ausgedehnten Netz monastischer Gemeinschaften von sehr frühen Zeiten an in Äthiopien vertreten. Zuvor war der jüdische Einfluß groß gewesen. Mitte des 13. Jh.s begann eine blühende christliche Arbeit unter einem fähigen Patriarchen (»Abuna«). Seine Nachfolger wurden zu Ratgebern der Krone ernannt. Einige Päpste schickten Abgesandte, um die koptische Kirche Äthiopiens in die Gemeinschaft mit Rom zu führen; doch sie scheiterten alle. Eine zu diesem Zweck im späten 13. Jh. gesandte Gruppe von Missionaren der Dominikaner wurde niedergemetzelt.

Binnenwanderungen in Südafrika 19. Jh.

Afrika wurde im 19. Jh. für umfangreiche europäische Siedlungen erschlossen, aber schon viel früher hatte sich ein beträchtlicher Handel entwickelt.

1517 konzessionierte Karl V. den afrikanischen Sklavenhandel. Timbuktu wurde 1591 von Marokko aus von einem Heer mit Feuerwaffen erobert. 1626 wurden die ersten französischen Siedlungen auf Madagaskar errichtet, und 1686 annektierte Ludwig XIV. das Territorium. 1652 wurde Kapstadt von den Holländern gegründet. Durch den Vertrag von Assiento (1713) erhielten die Briten das Recht, Sklaven nach Spanisch-Amerika zu importieren und begannen einen lukrativen Handel. 1787 erwarben die Briten Sierra Leone und gebrauchten es, um befreite Sklaven wieder anzusiedeln. 1833 wurde der Sklavenhandel im gesamten britischen Reich unterdrückt. 1865 wurde die Sklaverei in den Vereinigten Staaten verboten.

Das christliche Missionsinteresse wurde durch Berichte der Expeditionen des schottischen Christen David Livingstone (1813–1871) geweckt. Livingstone und sein Freund Robert Moffat (1795–1883) verbrachten zuerst einige Jahre als Missionare der Londoner Missionsgesellschaft im Betchuanaland. Darauf zog Livingstone auf seinen Forschungsreisen durch Afrika; seine Berichte gingen an die Königliche Geographische Gesellschaft und wurden in allgemeinverständlichen Büchern und Artikeln verbreitet. Er wurde in der Westminster Abbey beigesetzt.

Holländer und Hugenotten waren die ersten Siedler am Kap. Nach dem Fall Napoleons übernahm Britannien die Herrschaft, und viele Missionsgesellschaften begannen zu arbeiten. Das frühere holländische System wurde durch englische administrative und rechtliche Institutionen ersetzt.

1833 wurde die Sklaverei am Kap verboten, und etwa 35000 Sklaven wurden freigesetzt. Die holländischen Bauern (Buren), die mit der Abschaffung der Sklaverei und der freundlichen Politik der Engländer gegenüber den Eingeborenen unzufrieden waren, begannen den großen Treck nach Transvaal, Zululand und Natal (1835–1837). Wenige Jahrzehnte zuvor hatte eine Reihe von blutigen Stammeskriegen eine Massenwanderung von Bantus in die gleiche Gegend ausgelöst. 1842 brach ein Krieg zwischen Buren und Briten aus, und Natal kam unter britische Herrschaft; viele Burenfamilien zogen über den Vaal. 1852 wurde die Unabhängigkeit Transvaals anerkannt. Im nächsten Jahr erhielt die Kapkolonie eine republikanische Verfassung, wobei das Wahlrecht Schwarzen wie Weißen zugestanden wurde, die über Landbesitz verfügten. Im folgenden Jahr wurde der Oranje-Freistaat (Buren) gegründet und 1860 eine enge Zusammenarbeit mit der Südafrikanischen Republik (Transvaal) vereinbart.

1856 verhungerten zwei Drittel der Kaffern nach einem langen Krieg mit weißen Siedlern. Zehn Jahre später wurden die Basutos vom Oranje-Freistaat besiegt und gezwungen, große Landstriche für weiße Siedlungen abzutreten; die Briten intervenierten und gaben das Land an den Stamm zurück. Nach einem zweiten Kaffernkrieg 1877–78 erweiterten die Briten ihre Herrschaft bis in das Pondogebiet und annektierten in Verletzung früherer Verträge die Südafrikanische Republik. Nach dem Zulukrieg erhoben sich die Buren gegen die Briten, deren milde Politik ihrer Meinung nach die Eingeborenen zu Aufständen ermunterte (1880–1881) und sicherten sich wieder die Unabhängigkeit für Transvaal. Nach einer Reihe von Kriegen mit den Stämmen und erfolglosen Versuchen, friedlich eine Union herbeizuführen, entschlossen sich die Briten zum Krieg. Der Burenkrieg (1899–1902), in dessen Verlauf die Briten schließlich 300000 Mann entsenden mußten, um mit 60000 Buren fertig zu werden und 120000 Frauen und Kinder der Buren in Konzentrationslagern gefangenzuhalten (wo 20000 an Krankheit und Hunger starben), wurde von vielen christlichen Gruppen in England bekämpft. Er verwandelte den natürlichen Nationalismus der Buren in eine harte, totalitäre Ideologie (einschließlich des Rassismus) und Organisation.

1867 wurden im Oranje-River Diamanten entdeckt, und 1886 wurden große Goldvorkommen in Witwatersrand ausfindig gemacht. Die Schlüsselfigur bei der Ausbeutung dieser Quellen war der Imperialist Cecil Rhodes (1853–1902). Er konnte einen großen Anteil des Goldbergbaus aufkaufen (Consolidated Goldfields) und errang auf dem Diamantenmarkt nahezu das Monopol (De Beers Corporation). Für seine British South Africa Company erhielt er fast unbegrenzte Macht nördlich von Transvaal und westlich von Mozambique. 1892 wurde eine Eisenbahnlinie vom Kap nach Johannesburg eröffnet; 1897 wurde sie bis nach Bulawayo, Süd-Rhodesien gebaut. Rhodes beabsichtigte, sie über den ganzen Kontinent bis nach Kairo (in Britisch-Ägypten) weiterzuführen. Der Burenkrieg kam dazwischen.

In Vorschattung zukünftiger Auseinandersetzungen wurde die Gesetzgebung Transvaals gegen Asiaten durch passiven Widerstand bekämpft (1907). Gandhi (1869–1948) war der Anführer und er kehrte nach Indien zurück, als Jan Christian Smuts (1870–1950) gelobte, daß die Gesetze in gerechter Weise angewandt werden würden.

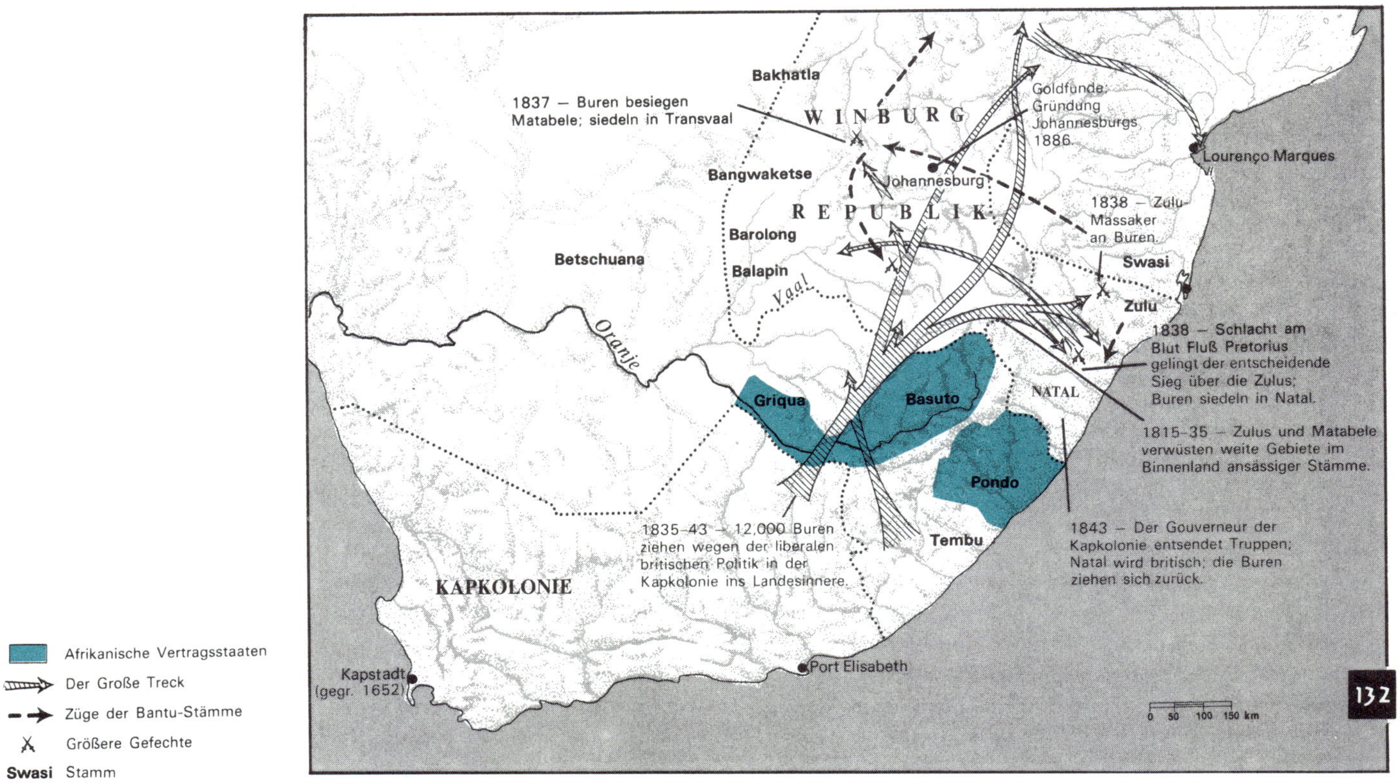
1837 – Buren besiegen Matabele; siedeln in Transvaal
Bakhatla
WINBURG
Goldfunde: Gründung Johannesburgs 1886
Lourenço Marques
Bangwaketse
Johannesburg
REPUBLIK
1838 – Zulu-Massaker an Buren
Barolong
Betschuana
Balapin
Swasi
Vaal
Zulu
Oranje
1838 – Schlacht am Blut Fluß Pretorius gelingt der entscheidende Sieg über die Zulus; Buren siedeln in Natal.
Griqua
Basuto
NATAL
1815–35 – Zulus und Matabele verwüsten weite Gebiete im Binnenland ansässiger Stämme.
Pondo
1835–43 – 12.000 Buren ziehen wegen der liberalen britischen Politik in der Kapkolonie ins Landesinnere.
Tembu
1843 – Der Gouverneur der Kapkolonie entsendet Truppen; Natal wird britisch; die Buren ziehen sich zurück.
KAPKOLONIE
Kapstadt (gegr. 1652)
Port Elisabeth
132
0 50 100 150 km
Afrikanische Vertragsstaaten
Der Große Treck
Züge der Bantu-Stämme
Größere Gefechte
Swasi Stamm

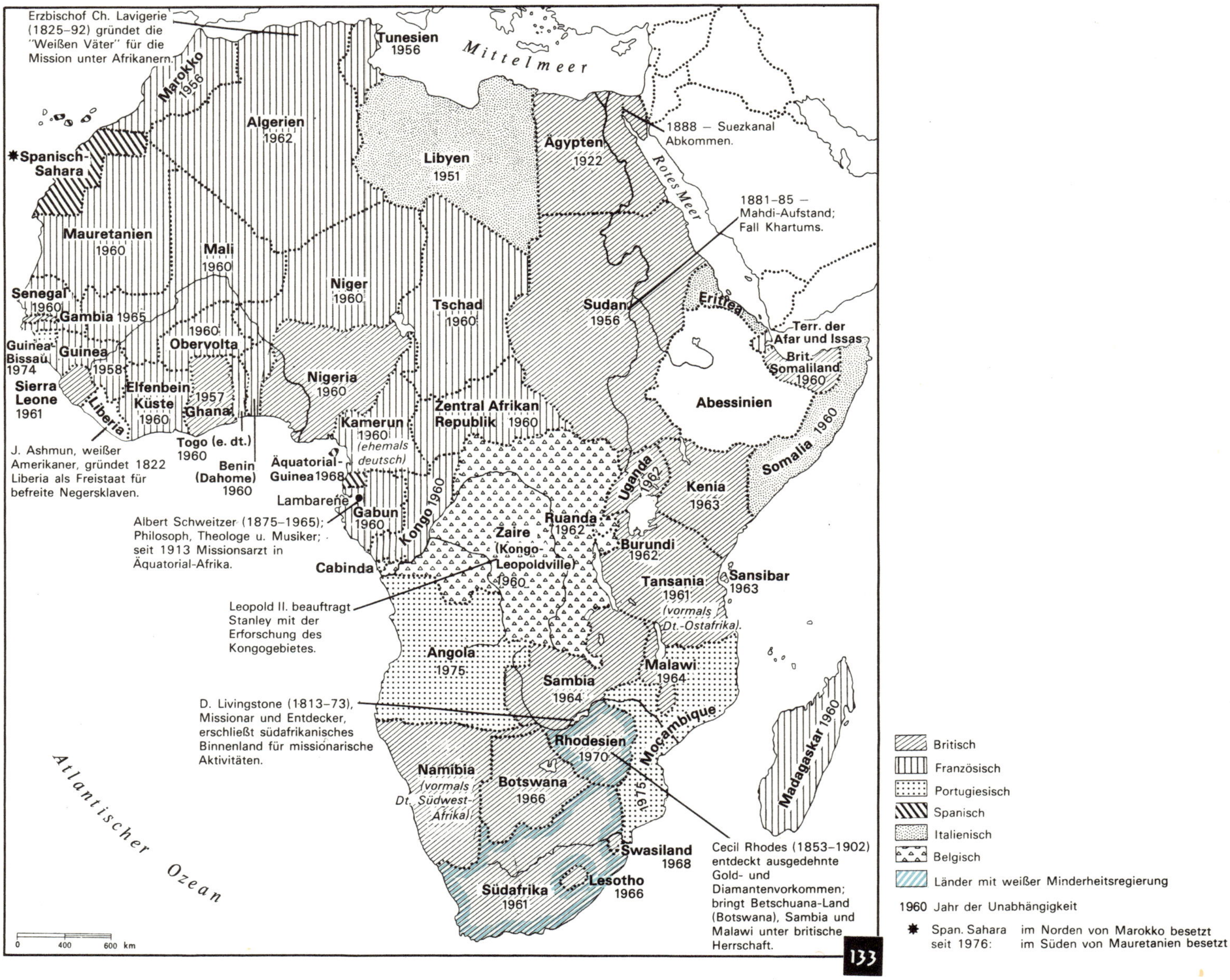

Afrika unter kolonialer Herrschaft

Der europäische Sturm auf Afrika fand während der Jahrzehnte zwischen dem Wiener Kongreß und dem Ersten Weltkrieg seinen Abschluß. 1914 waren die einzigen unabhängigen afrikanischen Länder Liberia, das 1823 für die Neuansiedlung befreiter amerikanischer Sklaven gegründet wurde, und Äthiopien, das alte christliche Königreich an der Ostküste. Die Verbindung von finanziellen und missionarischen Interessen brachte viele Kolonisierungsprojekte hervor.

1883 besetzten die Briten Ägypten; 1906 wurde die Halbinsel Sinai den Türken genommen und Ägypten zugeschlagen. 1914 wurde Ägypten britisches Protektorat. Eine gemeinsame anglo-ägyptische Herrschaft über den Sudan war bereits 1899 errichtet worden. 1830 begannen die Franzosen, Algerien zu erobern; 1881 wurde Tunesien französisches Protektorat; 1904 beherrschten die Franzosen Marokko. Die Italiener vollendeten die Unterwerfung von Tripolis (Libyen) im Jahre 1913.

Im Süden waren die eingeborenen Häuptlinge ebenfalls nicht in der Lage, ihre Länder gegen die überlegenen Feuerwaffen der europäischen Truppen zu verteidigen. Erobert wurden u.a.: Goldküste (Britannien 1850), Senegal (Frankreich 1890), Togo (Deutschland 1884), Kamerun (Deutschland 1884), Dahome (Frankreich 1890), Nigeria (Britannien 1899), Französisch-West-Afrika wurde 1904 errichtet. 1885 übernahm Königin Leopold II. von Belgien Zentralkongo als persönlichen Besitz; er organisierte die Ausbeutung der großen Kupfervorhaben in Katanga so erbarmungslos, daß ein internationaler Skandal ausbrach. Nach dieser Periode der Zwangsarbeit und hoher Verluste unter der Bevölkerung übernahm der belgische Staat das Gebiet (1908), und die Verhältnisse besserten sich; ein offizielles Programm der »Christianisierung« wurde unternommen.

Südwest-Afrika wurde zwischen den Deutschen und Portugiesen (Angola) 1886 geteilt. In Ostafrika beherrschte Deutschland ebenfalls ein größeres Gebiet. Die Briten errichteten ein Protektorat in Sansibar und die Franzosen in Madagaskar. Nyasaland wurde eine britische Kolonie. Nach einer Reihe von Konflikten zwischen Muslims, Protestanten und römischen Katholiken in Uganda wurde ein britisches Protektorat 1894 errichtet, und es begann ein unsicherer Friede. In den meisten dieser Gebiete gab es wiederholt erfolglose Aufstände der Stämme. Die deutschen Kolonien fielen im Ersten Weltkrieg an die Alliierten.

Missionsarbeit begleitete den Kolonialismus. Die Church Missionary Society unterhielt eine beachtliche Arbeit in Britisch-West-Afrika. Die Basler Mission (Schweizer und Deutsche) war aktiv. 1878 wurde den weißen Vätern die Missionsarbeit in Afrika vom Papst übertragen. Das Christentum verbreitete sich schnell in Uganda, im Kongo, in Nigeria und unter den Eingeborenen in Südafrika. Es war viel erfolgreicher unter den Anhängern des Animismus als unter solchen Stämmen, wo der Islam bereits eine Anhängerschaft gewonnen hatte.

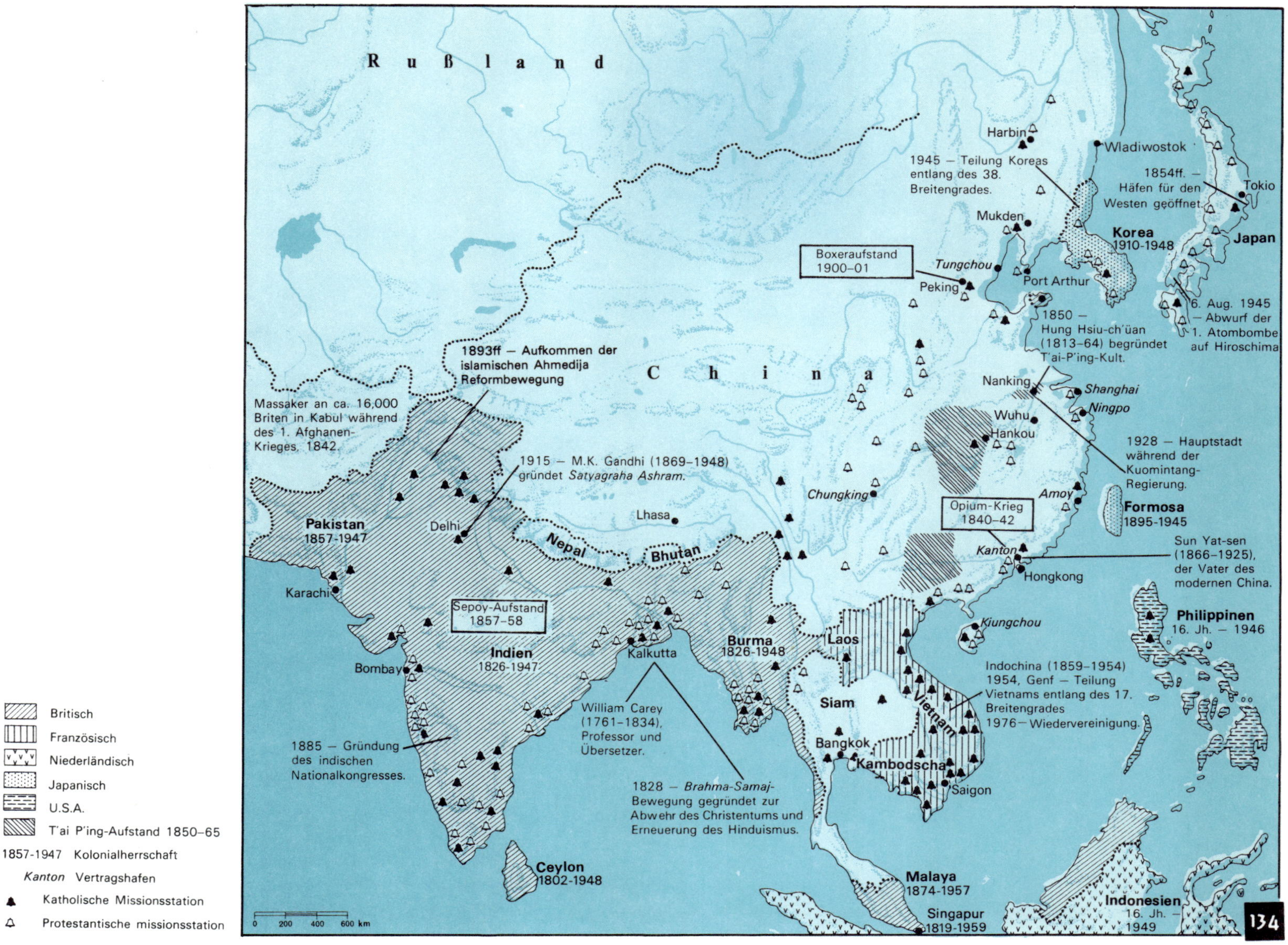

Kolonialbesitzungen in Asien 19.–20. Jh.

China und Japan widersetzten sich europäischer Eroberung, allerdings wurden China bestimmte Abkommen aufgezwungen. Japan, das 1857 für den Westen geöffnet wurde, stieg selbst schnell zu einer Kolonialmacht auf. Siam hielt eine gewisse Unabhängigkeit aufrecht, weil man französische, britische und amerikanische Handelsinteressen gegeneinander ausspielte.

Persien wurde abwechselnd von Rußland oder England beherrscht, ebenso Afghanistan, wo England die Oberhand behielt (Vertrag 1907). Die Briten errichteten ihre Herrschaft über die vielen Fürstenstaaten und Königreiche des indischen Subkontinents; 1877 wurde Königin Viktoria zur Kaiserin von Indien ausgerufen. 1886 wurde der indische Nationalkongreß gebildet; er wurde Mittelpunkt der nationalen Bewegung und erreichte schließlich unter M. K. Gandhi (1869–1948) seine Ziele. Ausgedehnte christliche Missionsarbeit führte zur Gründung von Colleges und Universitäten. Nach einigen Kriegen erlangten die Briten die Herrschaft über Burma (1885). Römisch-katholische Missionsinteressen spielten eine große Rolle bei der Errichtung eines französischen Protektorats über Indochina. Britannien übernahm die Malaysische Halbinsel, die zuvor ein Jh. von den Holländern beherrscht worden war. Die Holländer und die Briten teilten sich Indonesien.

Während es noch ein Verbot christlicher Literatur und Mission in China gab, kam Robert Morrison (1782–1834) in Kanton an. Er übersetzte die Bibel und gab das erste chinesisch-englische Wörterbuch heraus. Nach den Opiumkriegen wurden von den Briten und Franzosen Handelsverträge ausgehandelt, die auch Duldung des Christentums garantierten. Die Tai-Ping-Rebellion von 1851–1864 vereinte politische und religiöse Motive mit Feindschaft gegen Ausländer, und der Boxeraufstand 1900–1901 war ein weiterer verzweifelter Versuch, die von den europäischen Nationen erzwungenen Zugeständnisse und Machtbefugnisse rückgängig zu machen. Obwohl die Missionsarbeit aus Europa und Amerika erhebliche Beiträge zur Verbesserung der Erziehung, der medizinischen Versorgung und auf anderen Gebieten leistete, blieben die patriotischen Bewegungen in ihrer Tendenz gegen das Christentum, gegen die Manschusprache und gegen Ausländer gerichtet.

Auch in Korea kamen Missionare ins Land, bevor das Missionsverbot aufgehoben war, und zwischen 1865–1870 wurden eine Reihe von ihnen getötet. Nach jahrelangem Tauziehen zwischen Rußland und Japan wurde das Land von Japan annektiert (1910). Einheimische Christen waren dann Hauptanführer im Kampf um die Unabhängigkeit.

Japan erlangte nach 1857 schnell Anschluß an die Moderne. Die feudalen politischen Strukturen wurden abgebaut: allgemeine Erziehung wurde 1871 eingeführt, die auf allgemeiner Wehrpflicht beruhende Armee 1872 modernisiert, und eine aus zwei Kammern bestehende nationale Legislative 1889 eingeführt. Die Expansion nach Korea, China und schließlich in die Mongolei folgte. Ein ziemlich vitales Geflecht buddhistischer und shintoistischer Gruppen und Untergruppen beherrschte das religiöse Leben, doch machte das Christentum stetige Fortschritte.

Unter den großen Missionaren waren William Carey (1761–1834), ein sprachlich hochbegabter Autodidakt und Übersetzer (Burma und Indien), und J. Hudson Taylor (1832–1905), der die interdenominationelle China-Inland-Mission 1865 gründete. Die CIM war nicht nur die größte Mission in China: sie diente auch in ganz Afrika und Asien als Modell einer unabhängigen Missionsarbeit.

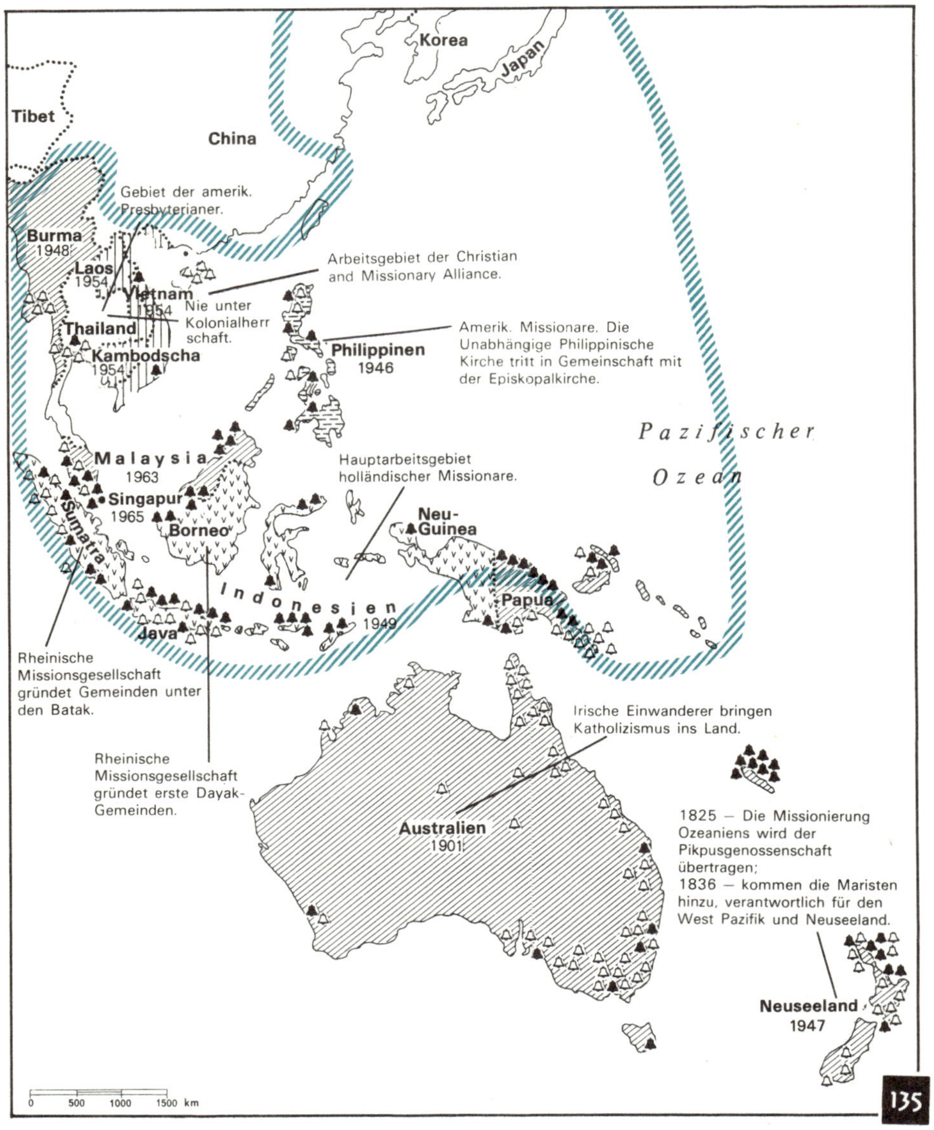

Korea
Japan
Tibet
China
Gebiet der amerik. Presbyterianer.
Burma 1948
Laos 1954
Vietnam 1954
Nie unter Kolonialherrschaft.
Thailand
Kambodscha 1954
Arbeitsgebiet der Christian and Missionary Alliance.
Amerik. Missionare. Die Unabhängige Philippinische Kirche tritt in Gemeinschaft mit der Episkopalkirche.
Philippinen 1946
Pazifischer Ozean
Malaysia 1963
Singapur 1965
Borneo
Sumatra
Hauptarbeitsgebiet holländischer Missionare.
Neu-Guinea
Papua
Indonesien 1949
Java
Rheinische Missionsgesellschaft gründet Gemeinden unter den Batak.
Rheinische Missionsgesellschaft gründet erste Dayak-Gemeinden.
Irische Einwanderer bringen Katholizismus ins Land.
Australien 1901
1825 – Die Missionierung Ozeaniens wird der Pikpusgenossenschaft übertragen;
1836 – kommen die Maristen hinzu, verantwortlich für den West Pazifik und Neuseeland.
Neuseeland 1947
0 500 1000 1500 km
135
Britisch
Französisch
U.S.A.
Niederländisch
Weitestes Vordringen Japans im Zweiten Weltkrieg
1954 Unabhängigkeitsjahr
Katholische Missionsstation
Protestantische Missionsstation

Angkor Wat

Kolonisierung im Südpazifik

Die Auswirkung der modernen Zivilisation auf die Völker der Südpazifischen Inseln war verheerend, in einigen Gebieten sogar völkermordend. In Hawaii blieben von der ursprünglichen Bevölkerung von 800000 nur noch ca. 12000 Nachfahren übrig. In Tahiti wurde die Bevölkerung durch von Weißen übertragene Krankheiten dezimiert. Von den Schiffen aus erschossen Matrosen die Eingeborenen aus Spaß. Im Zweiten Weltkrieg gerieten die Völker zahlreicher Inseln zwischen die Fronten. Noch immer regnet radioaktiver Niederschlag von französischen Atombombentests auf die Inseln. Von dem farbenfrohen irdischen Paradies, das von Robert Louis Stevenson und Gauguin verewigt wurde, blieb außer der fantastischen Szenerie wenig übrig.

Australien ist gänzlich europäisiert. Durch restriktive Gesetze hat man eine Besiedelung aus dem übervölkerten Asien verhindert. Australien wurde zuerst als englische Strafkolonie besiedelt. Gefängnispfarrer und Missionare folgten den Gefangenen und ihren Wächtern. Erst in der Moderne sind einige der Eingeborenen, die von Anfang an vereinzelt und zerstreut lebten, zu öffentlichem Ansehen aufgestiegen.

In Neuseeland war die eingeborene Bevölkerung sozial und wirtschaftlich weiter fortgeschritten als die Ureinwohner Australiens. Heute genießen die Maoris gleiche Rechte mit den Weißen in einem Wohlfahrtsstaat.

Die Missionsarbeit auf anderen Inseln folgte gewöhnlich der kolonialen Verwaltung. Die ersten Missionen in Polynesien wurden von der Londoner Missionsgesellschaft errichtet; diese wurde 1795 von Mitgliedern der Freikirchen und der Evangelikalen der Kirche von England gegründet. Als die Franzosen dieses Gebiet übernahmen, übertrug die LMS ihre Arbeit der Pariser Evangelischen Missionsgesellschaft. Zu dieser Zeit begann auch eine römisch-katholische Arbeit in Tahiti.

Eine methodistische Arbeit begann 1835 auf den Fidschi-Inseln. 1879 wurden Arbeiter aus Indien geholt, deren Nachkommen noch heute die Mehrheit der Bevölkerung darstellen und von denen viele dem Hinduismus anhängen.

Der Zweite Weltkrieg überschwemmte die Insel mit Gewalt. Die Japaner besetzten die Philippinen und die kleineren Inseln im Süden. Einige der schwersten Kämpfe des Krieges wurden im Gebiet der Marschall- und Marquesa-Inseln ausgetragen.

Trotz der negativen Aspekte der Moderne auf ihr Leben, nahmen die Eingeborenen schnell das Christentum an und beteiligten sich an seiner Ausbreitung. Das Christentum wurde von eingeborenen Protestanten aus Tahiti nach Paumotu gebracht, knapp zwanzig Jahre nachdem die Missionare auf der größeren Insel angekommen waren. Die Christianisierung Samoas wurde 1830 von eingeborenen Methodisten aus Tonga begonnen. Den Zugang zu Rotuma, den Fidschi-Inseln, den Neuen Hebriden und den Loyalty-Inseln eröffneten zuerst eingeborene Christen.

"Gin Lane" Hogarth

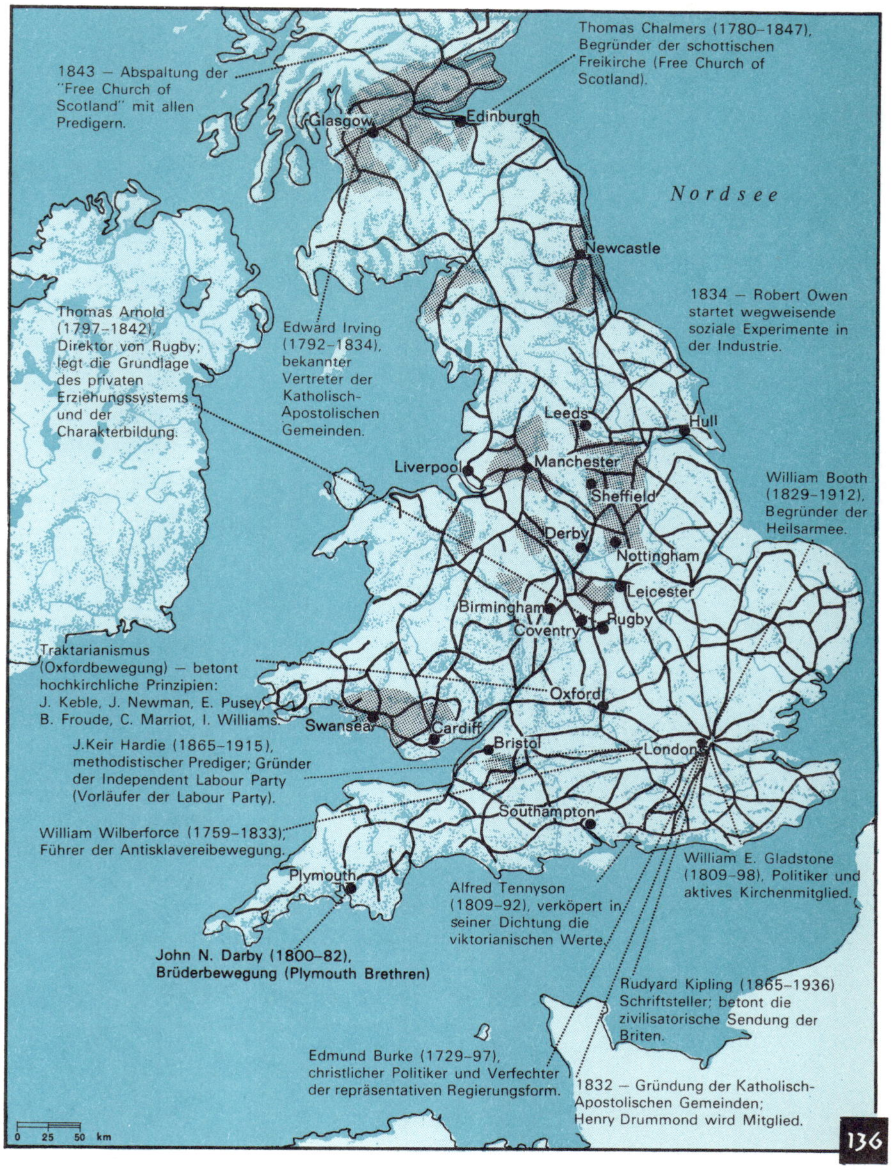
Thomas Chalmers (1780–1847), Begründer der schottischen Freikirche (Free Church of Scotland).
1843 – Abspaltung der "Free Church of Scotland" mit allen Predigern.
Glasgow
Edinburgh
Nordsee
Newcastle
1834 – Robert Owen startet wegweisende soziale Experimente in der Industrie.
Thomas Arnold (1797–1842), Direktor von Rugby; legt die Grundlage des privaten Erziehungssystems und der Charakterbildung.
Edward Irving (1792–1834), bekannter Vertreter der Katholisch-Apostolischen Gemeinden.
Leeds
Hull
Liverpool
Manchester
Sheffield
William Booth (1829–1912), Begründer der Heilsarmee.
Derby
Nottingham
Leicester
Birmingham
Coventry
Rugby
Traktarianismus (Oxfordbewegung) – betont hochkirchliche Prinzipien: J. Keble, J. Newman, E. Pusey, B. Froude, C. Marriot, I. Williams.
Oxford
Swansea
Cardiff
Bristol
London
J.Keir Hardie (1865–1915), methodistischer Prediger; Gründer der Independent Labour Party (Vorläufer der Labour Party).
Southampton
William Wilberforce (1759–1833), Führer der Antisklavereibewegung.
William E. Gladstone (1809–98), Politiker und aktives Kirchenmitglied.
Plymouth
Alfred Tennyson (1809–92), verköpert in seiner Dichtung die viktorianischen Werte.
John N. Darby (1800–82), Brüderbewegung (Plymouth Brethren)
Rudyard Kipling (1865–1936) Schriftsteller; betont die zivilisatorische Sendung der Briten.
Edmund Burke (1729–97), christlicher Politiker und Verfechter der repräsentativen Regierungsform.
1832 – Gründung der Katholisch-Apostolischen Gemeinden; Henry Drummond wird Mitglied.
0 25 50 km
136

Kohlevorkommen

Eisenbahnnetz bis 1870

Die Weltmacht England 19. Jh.

Obwohl englische Staatsmänner die Auswüchse der Französischen Revolution kritisierten und das Volk entscheidend an der Niederlage des Napoleonischen Despotismus beteiligt war, war die Bindung Britanniens an Freiheit und Selbstverwaltung nie ernsthaft gefährdet. Auf dem Kontinent brach die Heilige Allianz mit ihrer reaktionären Politik zusammen, weil Britannien nicht kooperierte.

Das Parlament hatte sich oft aufgrund von Korruption im Unterhaus und durch Blockierung einer Sozialgesetzgebung im Oberhaus gegen das öffentliche Interesse gestellt. Im großen Reformgesetz (1832) wurden die »pocket boroughs« (wo der Patronatsherr den Abgeordneten bestimmte) und die »rotten boroughs« (wo die wenigen Wähler eines ländlichen Gebietes bestochen wurden) drastisch vermindert. Das Oberhaus konnte eine der Gesamtheit dienliche Gesetzgebung nicht mehr permanent unterbinden. Die Mittelschicht aus Handel und Industrie kam so zur Macht, aber die Mehrheit der Bevölkerung blieb bis zum zweiten Reformgesetz (1867), dem Wahlgesetz (1884) und dem Neuverteilungsgesetz (1885) ohne Wahlrecht.

Die gesellschaftsverändernde Kraft des Jh.s war die schnelle Ausdehnung der Industrie, durch Rohstoffe aus den Kolonien angeheizt, und die damit einhergehende Ausdehnung der Großstädte. Politische Freiheit und Sozialgesetzgebung folgten der Bevölkerungsveränderung langsam nach. Die erste Phase der Gewerkschaftsbewegung war unergiebig, weil die Bewegung für Tarifverhandlungen stark von den utopischen sozialistischen Ideen Robert Owens (1783–1833) beeinflußt war und so von ihren eigentlichen Zielen abgelenkt wurde. Nach 1845 wurde die Bewegung auf pragmatischere Ziele hin reformiert. Bei der Steigerung ihres Einflusses spielten örtliche Prediger der Methodisten und anderer Freikirchen eine Hauptrolle. Der Begründer der Labour Party, J. Keir Hardie (1856–1915), war ein Prediger.

In der zweiten Hälfte des 19. Jh.s verabschiedeten sowohl die Liberalen wie die Tories – William E. Gladstone (1809–1898) und Benjamin Disraeli (1804–1881) waren die bekanntesten Parteivorsitzenden – eine Sozialgesetzgebung, die der arbeitenden Bevölkerung wesentliche Vorteile brachte. Die Geschäftsunfähigkeit der Juden wurde beseitigt (1858). Die letzten religiösen Tests zur Erlangung eines Universitätsgrades wurden 1871 aufgehoben.

Monarchin in dieser Periode der inneren Veränderungen und der kolonialen Expansion war Viktoria (Königin 1837–1901); während ihrer Herrschaft stieg die Bevölkerungszahl des Vereinigten Königreichs auf mehr als das Doppelte, und dies trotz umfangreicher Auswanderungsströme der Iren, Schotten und Waliser.

Die Kirchen in Britannien nahmen regen Anteil am Wachstum der christlichen Mission wie an Bewegungen für eine Sozialreform zu Hause. Es war eine Zeit bemerkenswerter Wirksamkeit christlicher Erneuerungsbewegungen, von den Traktarianern um John Henry Newman (1801–1890) bis zur Brüderbewegung (John Nelson Darby 1800–1882) und der Heilsarmee (gegründet 1865 von William Booth 1829–1912).

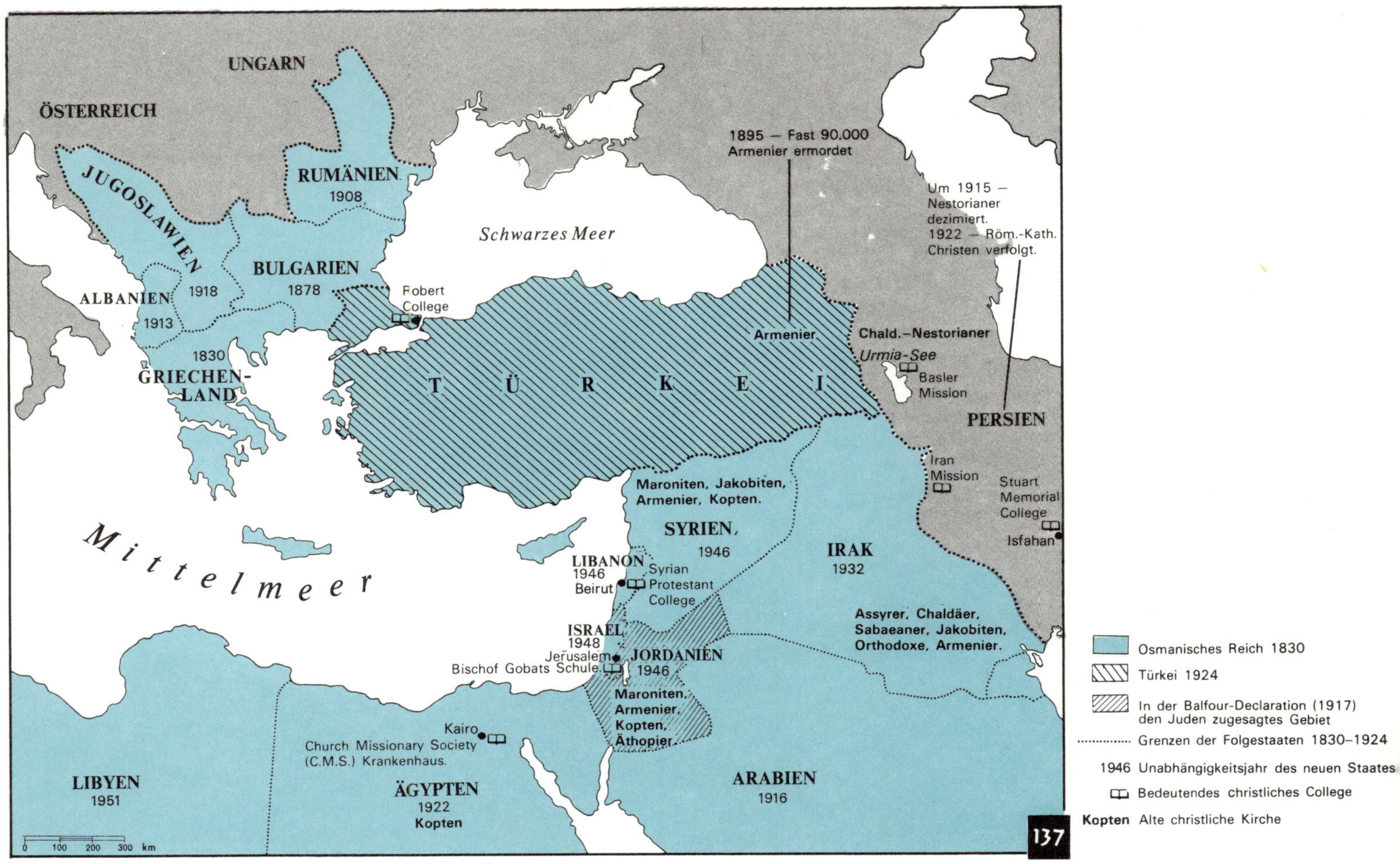

Das Heilige Muslimische Reich (1918 aufgelöst)

Das 19. Jh. brachte die schleichende Auflösung des »Heiligen Muslimischen Reiches«. Die Separatistenbewegung in Ägypten unter Mohammed Ali (1832ff.) und die nationalen Bewegungen auf dem Balkan (die mit Griechenland 1830 begannen) überzeugten die europäischen Mächte allmählich, daß das osmanische Reich unfähig war, sich zu halten. 1853 brach ein europäischer Krieg aus, wobei Frankreich, England und Österreich zugunsten der Pforte gegen die russischen Übergriffe einschritten. Die russische Orthodoxie, die die byzantinische Tradition aufgenommen hatte, sah in dieser Aktion der westlichen Mächte einen erbärmlichen Verrat am Christentum. In diesem Krieg leistete Florence Nightingale (1820–1910) einen großen Beitrag zur Verbesserung und zum Ansehen der Krankenpflege.

Der Status der »heiligen Orte« diente oft als Vorwand für ausländische Intervention. Im Frieden von Paris (1856) wurde die türkische Regierung gezwungen, weitgehende Garantien für Eigentum und Rechte christlicher Minderheiten abzugeben. 1876 führte jedoch die Vorlage einer neuen, liberalen Verfassung, die die Rechte von Minderheiten mit ausgedehnten Bestimmungen über Grundrechte und einer parlamentarischen Regierung verband, zum Umsturz des Reformers Midhat Pasha (1822–1884). Wiederholte Aufstände christlicher Völker (z.B. Kreta 1866–1868, 1878, 1889, 1896–1897; Armenien 1890–1897, 1909, 1914) erhielten kaum Unterstützung von den »christlichen« Mächten, die jedoch viele Menschenleben opferten und viel Geld investierten, um osmanische Gebiete wie Ägypten, Tunesien, Algerien und Marokko zu übernehmen und sich so wirtschaftliche Vorteile zu sichern (z.B. Bau und Eröffnung – 1869 – des Suez-Kanals).

Seit Beginn des Jh.s scheiterten Versuche einer Verwaltungsreform des Reiches zwecks Vorbereitung zum Widerstand gegen imperiale Absichten der europäischen Mächte an den reaktionären Selbstinteressen der religiösen Führer und an der eigennützigen und korrupten Kontrolle der Armee durch die Janitscharen. 1826 gelang es Mahmud II. (Herrscher 1808–1839), einen Keil zwischen die beiden Gruppen zu treiben und die religiösen Führer dafür zu gewinnen, der Liquidierung der Janitscharen zuzustimmen. Als die Jung-Türken-Bewegung unter den Verbannten in Europa anhob (1896ff.), war sie national, liberal und antiklerikal. 1913, kurz nach der Ausrufung der Unabhängigkeit Albaniens, inszenierten die Jung-Türken einen erfolgreichen Staatsstreich, aber der Ausbruch des Ersten Weltkrieges verzögerte die Durchführung innerer Reformen.

Das Osmanische Reich wurde 1820ff. der christlichen Missionsarbeit geöffnet. Im Libanon, wo die maronitische und griechisch-orthodoxe Kirche schon lange bestanden, führte die Arbeit der Kongregationalisten und der Presbyterianer unter anderem zur Gründung des syrisch-protestantischen Colleges, der späteren American University. In Ägypten, wo die alte koptische Kirche überlebt hatte, hielten die Missionare trotz einiger Märtyrer durch und gründeten schließlich Colleges. Die wichtigste Errungenschaft in dem Gebiet, das 1923 die türkische Republik wurde, war die Gründung des Robert College (1860).

Am Anfang verstand sich die Republik als liberaler und säkularer Staat. 1928 hörten die verfassungsmäßigen Privilegien des Islams als einer Staatsreligion auf. In jüngster Zeit jedoch hat eine reaktionäre Verbindung von Berufsoffizieren und muslimischen religiösen Führern die republikanische Entwicklung so gut wie beendet, was auch zu Verfolgungen der kleinen griechisch-orthodoxen Minderheit führte.

Die Baha'i-Bewegung

Unter den Schiiten in Persien entstand eine der bemerkenswertesten der universalen Religionen: Baha'i.

Die Bewegung begann mit dem Bab (= »Pforte«, Mirza Ali Mohammed aus Schiraz 1821–1850). Er wurde wegen seiner liberalen Ansichten in Tabriz hingerichtet. Wegen unbarmherziger Verfolgung flohen viele seiner Anhänger ins Osmanische Reich. Der zweite Anführer war Baha' U'llah (- »Glanz Gottes«, Mirza Husain Ali, 1817–1892), der der eigentliche Begründer des Baha'ismus ist. Er war vierzig Jahre lang ein Verbannter und Gefangener und starb in einem türkischen Gefängnis in Akko. Sein Schrein ist der heiligste Ort für seine Anhänger. Der dritte Anführer war Abdulbaha (= »das Beispiel«, gestorben 1921), dem Shogi Effendi (= »der Wächter«, gestorben 1957) folgte.

Baha'i weiß sich der Einheit Gottes und dem Einssein der Menschheit verpflichtet (rassisch, national, sozial) und beansprucht, die Offenbarung der Fülle der Wahrheit zu sein, die das Beste der vor ihr bestehenden neun lebenden Religionen in sich vereint. In der Nähe des Schreins am Abhang des Berges Karmel stehen Gebäude für einen universalen Gerichtshof und für andere Aktivitäten einer Bewegung, der es vor allem um Aussöhnung und Frieden geht.

Es gibt heute 61 000 Zentren in 136 Ländern und 192 Territorien.

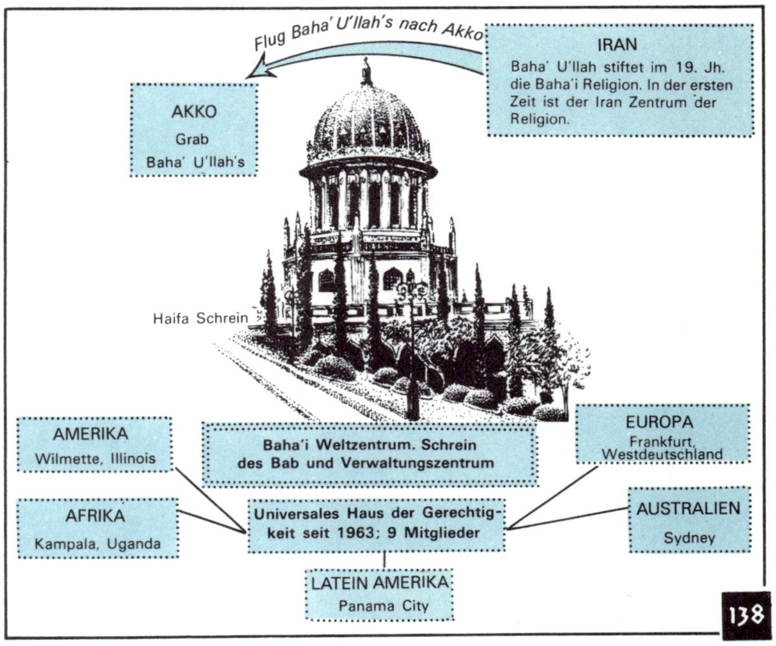

Flug Baha' U'llah's nach Akko
IRAN
Baha' U'llah stiftet im 19. Jh. die Baha'i Religion. In der ersten Zeit ist der Iran Zentrum der Religion.
AKKO
Grab
Baha' U'llah's
Haifa Schrein
AMERIKA
Wilmette, Illinois
Baha'i Weltzentrum. Schrein des Bab und Verwaltungszentrum
EUROPA
Frankfurt, Westdeutschland
AFRIKA
Kampala, Uganda
Universales Haus der Gerechtigkeit seit 1963; 9 Mitglieder
AUSTRALIEN
Sydney
LATEIN AMERIKA
Panama City

138

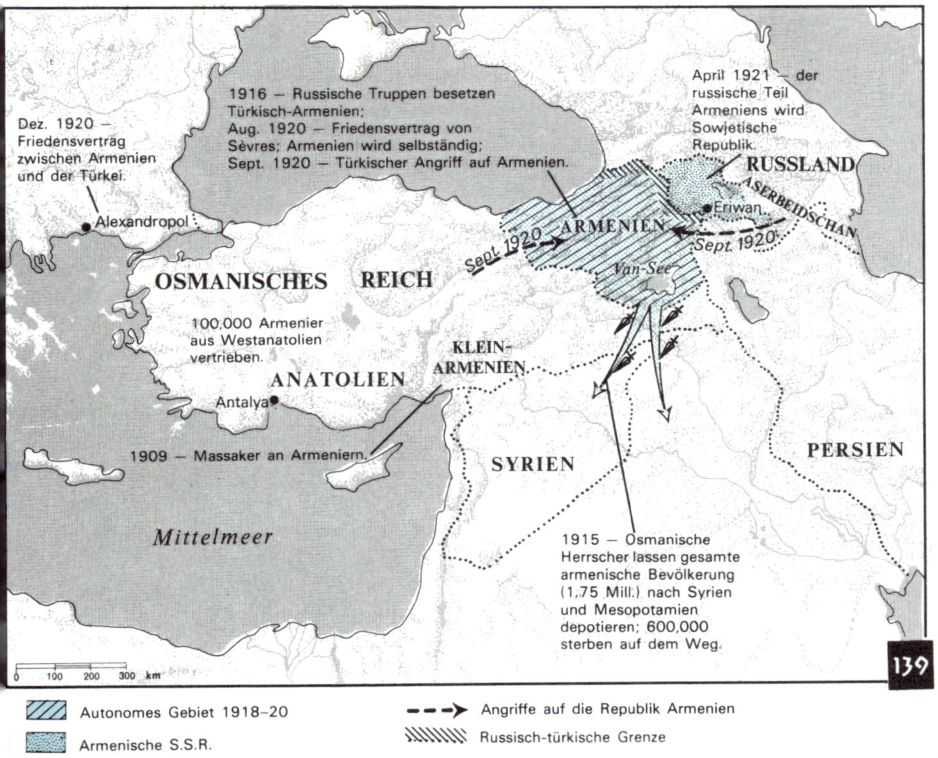

1916 – Russische Truppen besetzen Türkisch-Armenien;
Aug. 1920 – Friedensvertrag von Sèvres; Armenien wird selbständig;
Sept. 1920 – Türkischer Angriff auf Armenien.
Dez. 1920 – Friedensvertrag zwischen Armenien und der Türkei.
April 1921 – der russische Teil Armeniens wird Sowjetische Republik.
RUSSLAND
ASERBEIDSCHAN
Eriwan
Alexandropol
ARMENIEN
Sept. 1920
Sept. 1920
Van-See
OSMANISCHES REICH
100.000 Armenier aus Westanatolien vertrieben.
KLEIN-ARMENIEN
ANATOLIEN
Antalya
1909 – Massaker an Armeniern.
SYRIEN
PERSIEN
Mittelmeer
1915 – Osmanische Herrscher lassen gesamte armenische Bevölkerung (1,75 Mill.) nach Syrien und Mesopotamien depotieren; 600.000 sterben auf dem Weg.
0 100 200 300 km
Autonomes Gebiet 1918–20
Armenische S.S.R.
Angriffe auf die Republik Armenien
Russisch-türkische Grenze

139

Armenien war die erste Nation, die das Christentum annahm. Gregor "der Erleuchter" gab der Armenisch-Orthodoxen Kirche Gestalt und Lehrgrundlage.

Armenien

Während des Todeskampfes des »Heiligen Muslimischen Reiches« kam es erstmals im 20. Jh. zu versuchtem Völkermord, dem großen Massaker unter den Christen Armeniens. Wie so oft spielten auch hier religiöser Fanatismus und die Politik der Ablenkung von den eigentlichen Problemen Hand in Hand.

Armenien war die erste Nation, die sich dem Christentum zugewandt hatte. Nach der muslimischen Eroberung war ihnen einstweilige Toleranz gewährt worden, obgleich der Islam beanspruchte, sowohl an die Stelle des Judentums wie des Christentums getreten zu sein, und von beiden das Absterben erwartete.

Im späten 19. Jh. nahm die armenische Minorität die verbreiteten nationalen und liberalen politischen Ideen auf und versuchte zu erreichen, daß die »christlichen« Nationen ihretwegen einschritten. Weder der Friede von Paris (1856) noch der Vertrag von Berlin (1878) gaben ausreichende Garantien. Es kam zu einer Reihe Massaker: 1894 um Sassun herum, 1895 in ganz Anatolien, 1896–1897 das schlimmste, bei dem Zehntausende abgeschlachtet wurden. 1909 wurden die Massaker in Adana und anderswo fortgeführt und 1914–1915 ca. 750 000 getötet und fast eine Million ins Exil vertrieben – die meisten nach Amerika und Australien.

III.

Das Zeitalter persönlicher Entscheidung

Nach der Aufklärung wurde es üblich, daß um soziale Belange bemühte Autoren das Geheimnisvolle und das Wunderbare vermieden und Hypothesen aufstellten, die das menschliche Verhalten vernünftig erklärten. Analogien zu den »Gravitationsgesetzen«, den »Gesetzen der Sternbewegungen« und den »Gesetzen der Herkunft der Menschen« beherrschten die Schriften über menschliche Belange und schließlich auch das Studium der Religion. Der Mensch wurde sich bewußt, daß er »modern« war, und das hieß Verwerfung des Aberglaubens zugunsten der Erziehung, der Wunder zugunsten vernünftiger Erklärung, der sozialen Unbeweglichkeit zugunsten des Fortschritts. An die Stelle übernatürlicher Eingriffe traten die Gesetze menschlichen Verhaltens, an die Stelle einzigartiger Ereignisse trat ein allgemeines Muster menschlichen Verhaltens: das Universum dehnte sich aus, der Mensch wurde klein.

Unter denen, die Gesetze menschlichen Verhaltens erläuterten, waren Adam Smith, *The Wealth of Nations* (1776), T. R. Malthus, The Essay on Population (1798), David Ricardo, *On the Principles of Political Economy and Taxation* (1817), August Comte (1798–1857), *Systém de Politique Positive* (1851–1854) und John Stuart Mill, *Principles of Political Economy* (1848). Von der Wahrnehmung der »Gesetze« menschlichen Verhaltens zur sozialen Planung ist es nur ein Schritt. Obwohl wichtige Beiträge zur systematischen Interpretation menschlichen Verhaltens nach 1848 datieren – besonders Georges Sorel, *Réflexions sur la Violence* (1908), V. Pareto, *Treatise of General Sociology* (1916) sowie die Begründung der akademischen Disziplin Sozialpsychologie durch Kurt Lewin –, geschah das entscheidende Ereignis in diesem Jahr: die Herausgabe des *Kommunistischen Manifests* von Karl Marx und Friedrich Engels, das den Beginn des »wissenschaftlichen Sozialismus« markiert.

Es ist ironisch und tragisch zugleich, daß die Ausarbeitung von Theorien, wonach das menschliche Verhalten eisernen Gesetzmäßigkeiten unterliegt, zur gleichen Zeit einsetzte, in der bislang stumme Gruppen der Menschheit endlich mehr Freiheit und Entscheidungsvollmacht errangen. Während auf einer Ebene – man denke an den Imperialismus, die Einführung der allgemeinen Wehrpflicht oder die Fließbandproduktion – die Freiheit beschnitten wurde und eine Entmenschlichung einsetzte, wurde auf einer anderen Ebene die Würde und Integrität des Menschen wie nie zuvor anerkannt.

Die radikalen Puritaner und Pietisten, vor allem Quäker und Herrnhuter, haben das Verdienst, die Menschenwürde jedes einzelnen zum ersten Mal zu einem Hauptanliegen des Christentums gemacht zu haben – ganz gleich ob Hottentotte, Eskimo, Afrikaner oder europäischer Bauer. Vor ihrer Zeit fanden selbst wohlmeinende Christen die Sklaverei nicht weiter schlimm, und sehr wenige stellten staatlichen Druck zur Erreichung religiöser Konformität in Frage. Während also die wirtschaftlichen Verhältnisse die Freiheit und Wahlmöglichkeiten immer mehr einschränkten und die Wirtschaftstheoretiker sich in irgendein System des Determinismus flüchteten, rückte im Christentum das Bewußtsein der Wichtigkeit freier Wahl und persönlicher Entscheidung in den Vordergrund.

Fast während seiner ganzen Geschichte breitete sich das Christentum durch politische und militärische Eroberungen, durch die Verbindung mit mächtigen wirtschaftlichen und kulturellen Kräften aus. Christianisierung bedeutete zumeist Massenbekehrung eines Volkes innerhalb von zwei oder drei Generationen, wobei die Herrscher den Anfang machten. Unter den radikalen Reformatoren verlagerte sich jedoch die Betonung auf die Überzeugung und Entscheidung des einzelnen. Jeder soll sich, sobald er im Alter persönlicher Verantwortungsfähigkeit ist (d.h. nach der Pubertät), selbst entscheiden, an welche höchste Instanz er sich binden will, und zu dieser Entscheidung dann auch verantwortungsbewußt stehen.

Die moderne Mission hat sich großenteils auf dem Grundsatz der Freiwilligkeit entwickelt. Der Wettstreit um Geist und Seele des einfachen Volkes hat das alte Muster völkischer Religionen gebrochen und auch das Wesen der Politik verändert. Selbst Diktatoren müssen heute behaupten, die Unterstützung des Volkes zu haben, ganz gleich ob sie sie tatsächlich genießen oder nicht.

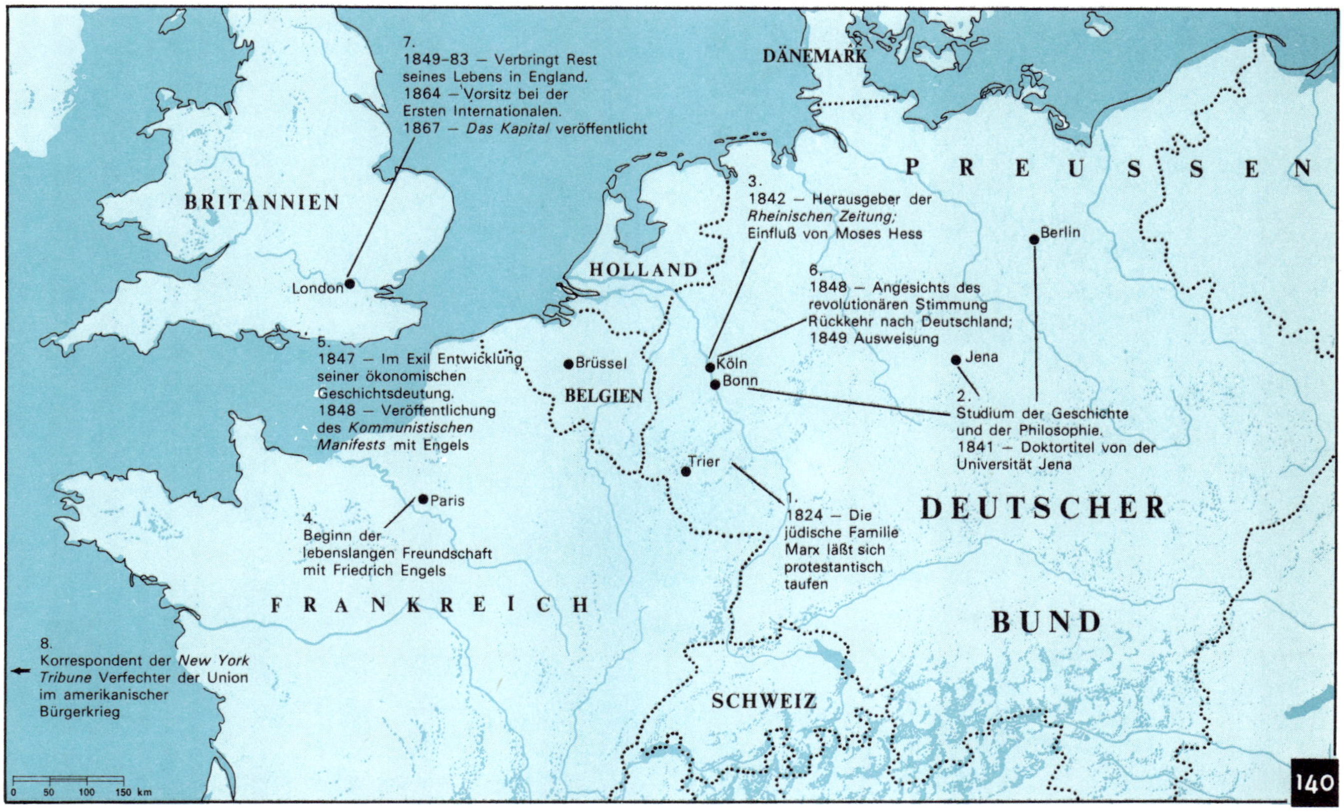
7.
1849–83 – Verbringt Rest seines Lebens in England.
1864 – Vorsitz bei der Ersten Internationalen.
1867 – *Das Kapital* veröffentlicht
DÄNEMARK
PREUSSEN
BRITANNIEN
3.
1842 – Herausgeber der *Rheinischen Zeitung;* Einfluß von Moses Hess
Berlin
HOLLAND
London
6.
1848 – Angesichts des revolutionären Stimmung Rückkehr nach Deutschland; 1849 Ausweisung
5.
1847 – Im Exil Entwicklung seiner ökonomischen Geschichtsdeutung.
1848 – Veröffentlichung des *Kommunistischen Manifests* mit Engels
Brüssel
BELGIEN
Köln
Bonn
Jena
2.
Studium der Geschichte und der Philosophie.
1841 – Doktortitel von der Universität Jena
Trier
Paris
4.
Beginn der lebenslangen Freundschaft mit Friedrich Engels
1.
1824 – Die jüdische Familie Marx läßt sich protestantisch taufen
DEUTSCHER
BUND
FRANKREICH
8.
Korrespondent der *New York Tribune* Verfechter der Union im amerikanischer Bürgerkrieg
SCHWEIZ
0 50 100 150 km
140

Karl Marx
1818–1883

Auf der politischen Tradition der Französischen Revolution und der philosophischen Tradition des deutschen Idealismus aufbauend, entwickelte Karl Marx die einflußreichste nach-christliche Weltanschauung.

Marx, dessen Vater ein preußischer Beamter war, der vom Judentum zum Protestantismus übertrat, wurde ein erklärter Gegner aller Religionen und jeglicher religiösen Interpretation von Ereignissen. Sein Freund und Anhänger war Friedrich Engels (1820–1895), dessen Eltern gut situierte Gönner Krummachers, Jung-Stillings und anderer Führer der Erweckungsbewegung waren.

Marx verwarf das Vorgehen früherer Sozialisten, besonders derer, die freiwillige Gemeinschaften als »Modelle« sozialen Fortschritts gegründet hatten. Er nannte sie »Utopisten« und entwarf selbst eine Interpretation der politischen Macht als Ausdruck wirtschaftlicher Wirklichkeit. Er verwarf auch die Annahme des philosophischen Idealismus, daß Wahrheiten die Geschichte tragen und daß Veränderungen durch das Lehren neuer Wertsysteme bewirkt werden. Er behauptete, daß Werte und Gedankensysteme durch den Konflikt zwischen den Klassen hervorgebracht werden, der dem geschichtlichen Prozeß zugrundeliegt.

Karl Marx, Begründer des "wissenschaftlichen Sozialismus".

Kommunistisches Land 1979
Land mit starker kommunistischer Partei
Sowjetische Einflußsphäre nach dem deutsch-sowjetischen Pakt von 1939
Grenze nach dem Vertrag von Brest-Litowsk 1918
Heutige Grenze

Die europäische Welt des Marxismus

Der Marxismus bietet zugleich eine Theorie und Praxis. Das *Kommunistische Manifest* wurde von Marx und Engels 1848 veröffentlicht, in einem Jahr der Revolutionen in ganz Europa. Die wichtigsten »Dogmen« wurden in *Das Kapital* (1867–1894) eingehend dargelegt, aber der Stil der Marxschen Politik läßt sich am besten in Schriften erkennen, die auf konkrete Entscheidungen abzielen – wie die *Heilige Familie* (eine Widerlegung des philosophischen Idealismus), *Anti-Dühring* und *Die Kritik des Gothaer Programms* (Verwerfung des sozialistischen Revisionismus).

Man hat den Marxismus ein »hochentwickeltes Mißverständnis der Französischen Revolution« genannt. Für Marx war das erste Jahr der Französischen Republik (1792) das erste Jahr der modernen Epoche – der Periode, in der das Proletariat die Macht von der Bourgeoisie an sich reißen und worauf dann die klassenlose Gesellschaft folgen würde. Die Pariser Kommune war das Modell revolutionärer Aktion, denn hier trug bei der Französischen Revolution und den Aufständen von 1830, 1848 und 1871 das städtische Proletariat die Fackel des menschlichen Fortschritts. Doch der Marxismus erwies sich nicht etwa in entwickelten Industriegesellschaften als der nächste und unvermeidbare Schritt, sondern er setzte sich zunächst in einer Ausnahmesituation, in Rußland, durch. Hier ging eine Gesellschaft praktisch unmittelbar vom Feudalismus zum Bolschewismus über – nur sechs Monate einer bourgeoisen (d.h. liberal-demokratischen) Regierung lagen dazwischen (März bis Oktober 1917).

Die treibende Kraft der marxistischen Revolution in Rußland, die sich nach dem Sturz der Romanow-Dynastie und dem Fall der gemäßigten Regierung Alexander Kerenskis (Menschewiki) entwickelte, war N. Lenin (Pseudonym für Wladimir Iljich Uljanow, 1870–1924). Er trieb die marxistische Theorie weiter, besonders dadurch, daß er sie auf die Machtübernahme und -ausübung anwandte. Lenin entwickelte die Theorie der Rolle eines geübten revolutionären Kaders – »Berufsrevolutionäre« – im Kampf um die Macht: ohne solche Vorkämpfer kann der revolutionäre Moment ungenutzt verstreichen.

Die bolschewistischen Revolutionäre konnten Kapital schlagen aus dem politischen Bankrott eines Regimes, das zuviel Zeit mit theoretischen Debatten verbrachte, und so die Macht ergreifen (November 1917). Vor allem aber kanalisierten die Sowjets in der Armee und auf dem Lande geschickt die Enttäuschung der Soldaten und Bauern über die Fortführung des Krieges. Rußland zog sich aus dem Krieg zurück. Finnland und die baltischen Staaten erklärten ihre Unabhängigkeit.

Nach dem Zusammenbruch der Front gegen das kaiserliche Deutschland wurde der Friede von Brest-Litowsk geschlossen (3. März 1918). Obwohl man in diesem Abkommen viel verlor, erreichte die neue russische Regierung wenige Jahre später in Abkommen mit der revolutionären Regierung der Türkei einzigartige Gewinne. Die revolutionäre russische Regierung stieß die alliierten Regierungen dadurch vor den Kopf, daß sie die Geheimverträge veröffentlichte, durch die England, Frankreich und Italien sich politische und wirtschaftliche Vorteile durch den Krieg verschaffen wollten.

In den 20er Jahren, als Sowjet-Rußland von den westlichen Ländern isoliert war, knüpfte das besiegte Deutschland vorteilhafte militärische und wirtschaftliche Beziehungen mit Rußland an. Im Austausch gegen industrielle Güter wurden deutsche Streitkräfte in Rußland ausgerüstet und ausgebildet; Rußland war kein Signatarstaat des Versailler Abkommens.

Nachfolger Lenins wurde 1924 Josef Stalin (1879–1953), der zwei Jahre später einen internen Kampf gegen Leo Trotzki (Bronstein 1879–1940) gewann. Die russisch-orthodoxe Kirche, die gegen die Revolution gewesen war und sich während des Bürgerkrieges mit konterrevolutionären Kräften verbündet hatte, wurde harten repressiven

Lenin, Führer der Russischen Revolution (1917)

Manifest

der

Kommunistischen Partei.

Veröffentlicht im Februar 1848.

Proletarier aller Länder vereinigt euch.

London.

Gedruckt in der Office der „Bildungs-Gesellschaft für Arbeiter"

von J. E. Burghard.

46, Liverpool Street, Bishopsgate.

Titelseite der ersten Auflage des Kommunistischen Manifestes

Maßnahmen unterworfen. Die Regierung verstaatlichte alles Eigentum der Kirche. Etwa 40 Bischöfe und 1000 Priester kamen im Bürgerkrieg um. Die öffentlichen Aktivitäten der Kirche (Literatur, soziale Einrichtungen, Erziehung usw.) wurden erheblich beschnitten. Viele der fähigsten Theologen (z.B. Nicholas Berdjajew, 1874–1948; Georg Florowsky, geb. 1893) gingen ins Exil.

Als Adolf Hitler 1933 in Deutschland an die Macht kam, erlitt der Marxismus eine ideologische Wunde. Einerseits bewunderte Stalin Hitler und genoß dessen Attacken auf die degenerierten bourgeoisen Regierungen des Westens. Anderseits erklärte das orthodoxe marxistische Dogma, der Nazismus sei ein letztes Aufbäumen bürgerlicher Vorurteile und des kapitalistischen Existenzkampfes, und er werde von selbst in sich zusammenbrechen. Auf dieser ideologischen Grundlage wurde den deutschen Kommunisten bedeutet, mit ihrem Widerstand zurückzuhalten, und Hitler errang und befestigte seine Macht.

Am 23. August 1939 wurde der Pakt zwischen Stalin und Hitler unterzeichnet. Einige Tage später wurde Polen überfallen und geteilt. Nachdem Hitler die Niederlande, Belgien und fast ganz Frankreich überrannt hatte, fiel er im Juni 1941 in Rußland ein. Rußland verbündete sich mit den westlichen Alliierten, und es kam zur totalen Niederlage des Dritten Reichs. 1945 trafen sich Delegierte aus fünfzig Nationen in San Francisco, um die Vereinten Nationen zu gründen. Rußland erweiterte seine Hegemonie auf Osteuropa, das Baltikum und bis ins Mittelmeergebiet.

1949 besiegte Mao Tse-tung (1893–1976) Chiang Kai-shek, und damit tauchte eine neue Kraft im marxistischen Lager auf. Chiang Kaishek floh mit einigen seiner Truppen nach Taiwan, und die Volksrepublik China wurde in Peking ausgerufen (1. Oktober 1949). Lin Piao – der Haupttheoretiker des Maoistischen Marxismus – begann ein neues Modell revolutionärer Aktion. Anstelle des Stadtproletariats (Pariser Kommune) ist die Landbevölkerung Träger der Geschichte. Lin Piao entwickelte die Theorie der Landrevolution gegen die Weltmetropole. Asien, Lateinamerika, die »Arabische Nation« und Afrika (»die Dritte Welt«) wurden so zu Trägern einer Weltrevolution, die gegen die »Weltstadt« (einer Achse von Moskau bis Washington) gerichtet ist. Per Definition gehört Israel (gegründet 1948) zu den kolonialistischen und imperialistischen Mächten. Per Definition wurden jetzt die Ziele der marxistischen Revolution gegen das nach-revolutionäre Rußland gerichtet.

Lenin
(1870–1924) Begründer des Bolschewisums und treibende Kraft der Russischen Revolution
Stalin
(1879–1953) Sowjetisches Staatsoberhaupt und Anführer der kommunistischen Welt.
Trotzki
(1879–1940) Organisiert die Rote Armee.

Das faschistische Reich 1922–1945

Der erste Versuch einer faschistischen Regierung wurde durch Benito Mussolini (1883–1945) in Italien gestartet. Mussolini, ein ehemaliger Sozialist, kam im Oktober 1922 zur Macht, nachdem er gekonnt mit öffentlichen Gewaltakten und mit verbaler Hingabe an »Gesetz und Ordnung« jongliert hatte. Als Giacomo Matteotti – Autor eines Buches über die Faschisten – von diesen ermordet wurde (10. Juni 1924), war Mussolinis Herrschaft so gefestigt, daß er die Freilassung der Verbrecher erreichen konnte. Seine Macht wurde im Februar 1929 durch die mit dem Papst abgeschlossenen Lateranverträge weiter gestärkt. Darin wurde die Vatikanstadt geschaffen und das Verhältnis zwischen dem italienischen Staat und dem Papst geregelt, nachdem seit 1871 ein vertragsloser Zustand geherrscht hatte. 1935 fiel Mussolini in Äthiopien ein, und in Rom läuteten alle Kirchenglocken. Die römisch-katholische Kirche sah die Gelegenheit gekommen, endlich unter viel Druck die Kopten unter ihre Kontrolle zu bringen.

Im spanischen Bürgerkrieg (1936–1939) unterhielt Mussolini 75 000 »Freiwillige« auf seiten der Rebellen. Ende 1938 schloß er einen Militärpakt mit dem Dritten Reich und begann, die italienischen Juden zu verfolgen.

Mussolinis politische Theorie war stark von Georges Sorels (1847–1922) *Réflexions sur la Violence* beeinflußt, der marxistisches Gedankengut mit einer Neigung zu Gewaltakten gegen den Staat (Syndikalismus) verband. Nach der Machtergreifung zeigte Mussolinis Stil der Außenpolitik den gleichen Hang zu einer »Politik der Tat«. Er wurde am Ende der Beteiligung Italiens am Zweiten Weltkrieg von Partisanen erschossen (28. April 1945), und seine Leiche mit der seiner Mätresse der öffentlichen Schande preisgegeben.

Mit Hilfe von Verbündeten in der Kurie war es Mussolini möglich, die demokratische Opposition gegen seine Diktatur niederzuschmettern. Graf Carlo Sforza, ein liberaler römischer Katholik, wurde aus der Politik gedrängt, und die von Don Luigi Sturzo geführte katholische Bewegung geopfert (1926), um das Wohlwollen des Diktators zu erhalten.

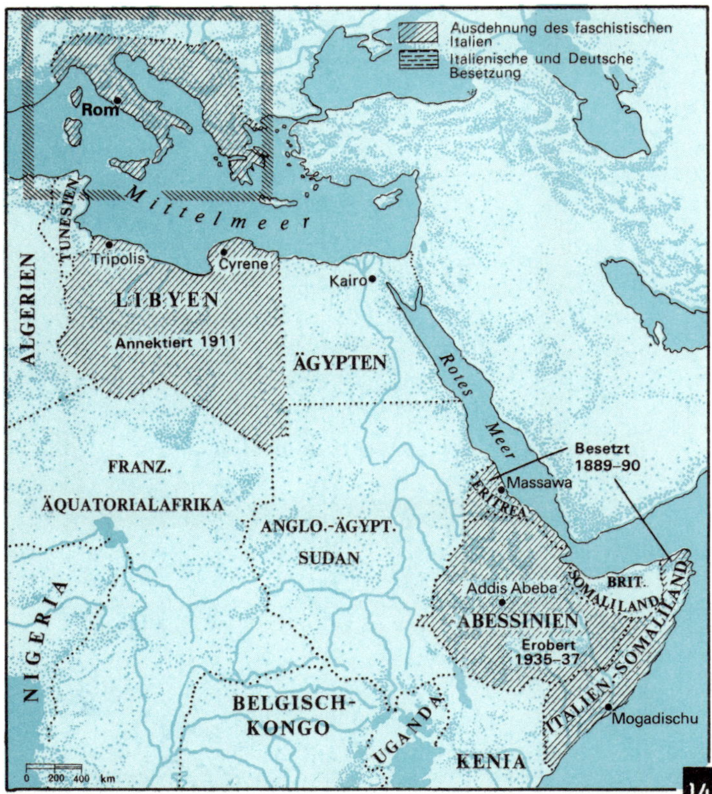

Ausdehnung des faschistischen Italien
Italienische und Deutsche Besetzung
Rom
Mittelmeer
TUNESIEN
ALGERIEN
Tripolis
Cyrene
LIBYEN
Annektiert 1911
Kairo
ÄGYPTEN
Rotes Meer
Besetzt 1889–90
Massawa
ERITREA
FRANZ. ÄQUATORIALAFRIKA
ANGLO.-ÄGYPT. SUDAN
BRIT. SOMALILAND
Addis Abeba
ABESSINIEN
Erobert 1935–37
ITALIEN.-SOMALILAND
Mogadischu
NIGERIA
BELGISCH-KONGO
UGANDA
KENIA
0 200 400 km

142

1939 – Bündnispakt zwischen Deutschland und Italien.
1938 – Zerschlagung der Tschechoslowakei; Sept. 1938 – Münchener Abkommen.
SCHWEIZ
DEUTSCHLAND
RUMÄNIEN
Mailand
28. April 1945 – Mussolini auf der Flucht in die Schweiz von Partisanen erschossen.
Belgrad
JUGOSLAWIEN
1929 – Lateranverträge führen zur Aussöhnung von Vatikan und Quirinal; Der Papst erhält die volle Souveränität (Citta del Vaticano); das röm.-kath. Bekenntnis wird Staatsreligion.
1941–45 – Besetzt durch deutsche, italienische, ungarische und bulgarische Truppen.
ITALIEN
BULGARIEN
KORSIKA
1942–43 von Italien besetzt.
Rom
1939–44 – Von Italien besetzt.
Tirana
25. Juli 1943 – Verhaftung Mussolinis. Nachfolger Badoglio. Befreiung Mussolinis durch Skorzeny und Bildung einer Gegenregierung in Norditalien.
Neapel
ALBANIEN
SARDINIEN
1941–43 – Besetzt von Italien und Deutschland.
1922 – Faschistischer "Marsch auf Rom"; Mussolini bildet Kabinett; Faschisten übernehmen Kontrolle des Staates.
GRIECHENLAND
Athen
SIZILIEN
0 50 100 150 km

Mussolini in charakteristischer Pose

* 10. Juni 1924 – Ermordung des sozialist. Abgeordneten Matteotti
* 3. Jan. 1925 – Unterstützt von König Viktor Emanuel III. erhält Mussolini diktatorische Vollmacht
* 6. Nov. 1926 – Alle Opposition ausgeschaltet
* 1938 – Radikale Gesetze gegen Juden

"Tal der Gefallenen", spanisches Nationaldenkmal

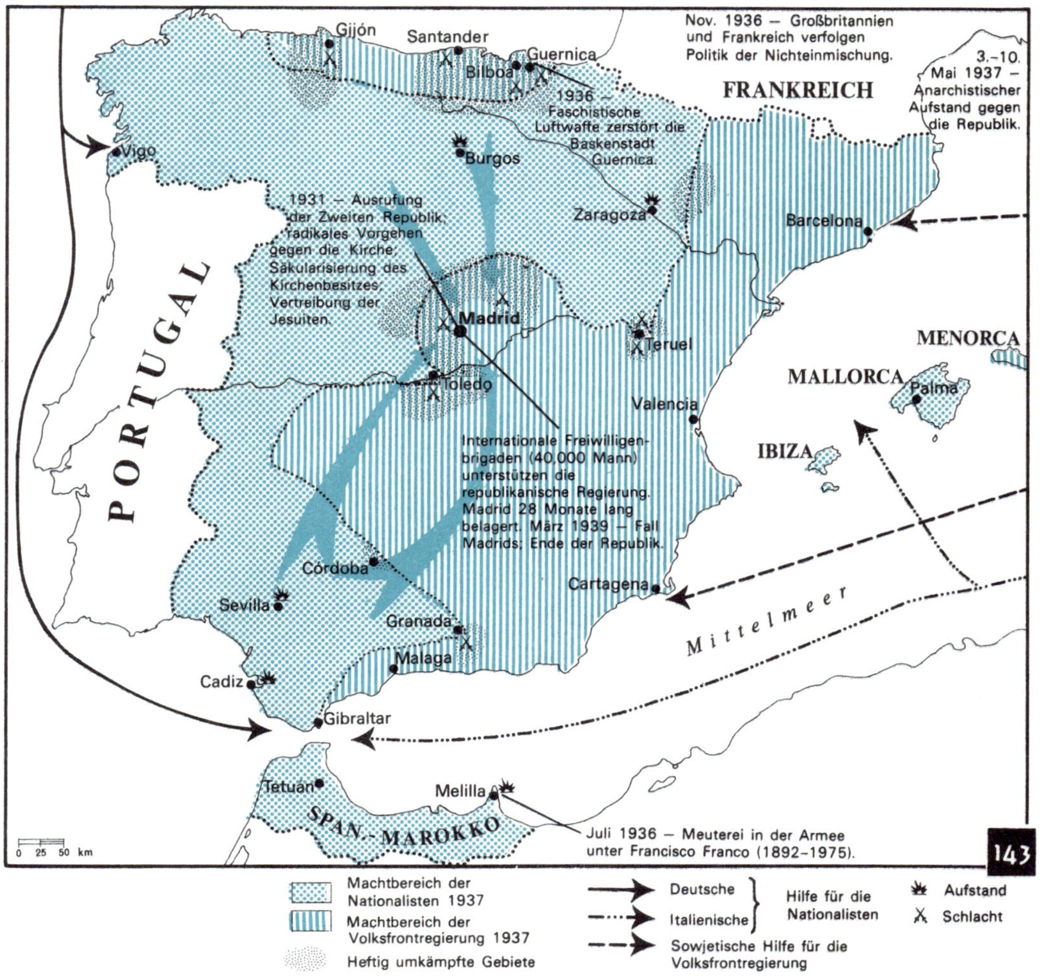

Gijón
Santander
Guernica
Bilbao
Nov. 1936 – Großbritannien und Frankreich verfolgen Politik der Nichteinmischung.
3.–10. Mai 1937 – Anarchistischer Aufstand gegen die Republik.
FRANKREICH
1936 Faschistische Luftwaffe zerstört die Baskenstadt Guernica.
Vigo
Burgos
1931 – Ausrufung der Zweiten Republik; radikales Vorgehen gegen die Kirche; Säkularisierung des Kirchenbesitzes; Vertreibung der Jesuiten.
Zaragoza
Barcelona
PORTUGAL
Madrid
Teruel
MENORCA
MALLORCA
Palma
Toledo
Valencia
IBIZA
Internationale Freiwilligenbrigaden (40.000 Mann) unterstützen die republikanische Regierung. Madrid 28 Monate lang belagert. März 1939 – Fall Madrids; Ende der Republik.
Córdoba
Cartagena
Sevilla
Granada
Mittelmeer
Malaga
Cadiz
Gibraltar
Tetuan
Melilla
SPAN.-MAROKKO
Juli 1936 – Meuterei in der Armee unter Francisco Franco (1892–1975).
0 25 50 km
143
Machtbereich der Nationalisten 1937
Machtbereich der Volksfrontregierung 1937
Heftig umkämpfte Gebiete
Deutsche
Italienische
Hilfe für die Nationalisten
Sowjetische Hilfe für die Volksfrontregierung
Aufstand
Schlacht

Der spanische Bürgerkrieg 1936–1939

Der spanische Bürgerkrieg war das erste große Ereignis, das die Kirchenmänner in Europa und Amerika über Jahrzehnte in zwei verschiedene politische Lager teilte. Obwohl Spanien die unmittelbaren Auswirkungen des Ersten Weltkrieges erspart blieben, konnte es sich dem Wind der politischen Ideologien und der Revolution nicht entziehen. Es gab starke separatistische Bewegungen (besonders unter den Basken und den Kataloniern) und blutige Zusammenstöße. Von 1923–1930 regierte Primo de Rivera als Diktator, der das Parlament aufhob, die Presse streng zensierte, die Gerichte behinderte und durch Kriegsrecht regierte. Führende Gebildete wie Miguel de Unamuno (1864–1936) und Blasco Ibáñez (1867–1928) wurden ins Exil getrieben.

Nach einem überwältigenden Wahlsieg der republikanischen Kräfte wurde 1931 Alfonso XIII. abgesetzt und der königliche Besitz eingezogen. Die Regierung unterdrückte erfolgreich eine Militärrevolte der Rechten (Sevilla) und eine Rebellion der Anarchisten und Syndikalisten auf der Linken (Barcelona) sowie eine Unabhängigkeitsbewegung in Katalonien. Nachdem Maßnahmen ergriffen waren, um die großen Ländereien der Kirche zu enteignen und eine säkulare Regierung auf der Grundlage der Trennung von Staat und Kirche zu bilden, erhoben sich mehrere Generale in Spanisch-Marokko, um in der Heimat einzumarschieren und die Republik zu stürzen. Der größte Teil der Armee und der Luftwaffe gingen zusammen mit einer großen Zahl islamischer Söldner zu den Rebellen über. Sie hatten den Segen der römisch-katholischen Prälate; nur unter den Basken standen die Kirchenmänner treu zur Republik. Begünstigt wurde Francos Invasion Spaniens durch eine Politik der »Nichteinmischung« seitens Frankreichs und Britanniens. Die Republik konnte sich nur auf unausgebildete und schlecht bewaffnete Zivilisten stützen, obwohl schließlich einige Tausend Freiwillige aus Amerika, England, Frankreich und anderen Ländern kamen, um in den internationalen Brigaden für die Republik zu kämpfen.

Am Ende hatte Mussolini ca. 75 000 Mann im Felde, Hitler ca. 10 000 Panzer- und Luftwaffenspezialisten, und Stalin hatte einige hundert Agenten und Kommandeure geschickt – und wenig Material –, um den Versuch der Kommunisten zu unterstützen, die Republik zu erobern und zu beherrschen. Die größte Schwierigkeit, der sich eine Reihe von Ministerpräsidenten gegenübersahen, waren die Flügelkämpfe der Anarchisten, Syndikalisten, Sozialisten und Kommunisten – mit ihren verschiedenen Splittergruppen. Die Parteien der Mitte waren nicht in der Lage, sie zusammenzuhalten. Immer wieder kam es zu Revolten und zum Entzug der Unterstützung, und politische Morde waren in den Parteien und in der Volksmiliz an der Tagesordnung. In diesem Sinne war der Spanische Bürgerkrieg ein Versuchsballon für die ideologischen Konfrontationen des Zweiten Weltkriegs. Eine der schicksalhaftesten und langlebigsten »Folgerungen« – eine falsche, die von beträchtlichen Teilen der kirchlichen Hierarchie, der Unternehmer und der herrschenden Klassen im gesamten Westen gezogen wurde – war die Ansicht, daß der Faschismus die einzige Antwort auf den Kommunismus sei.

Francos Truppen marschierten ständig vorwärts; ihre Siege wurden durch terroristische Taktiken der Luftwaffe vorbereitet – unsterblich gemacht durch Picassos Gemälde von Guernica. Im März 1938 fiel Madrid; 750 000 Menschen waren umgekommen (ca. 30 000 durch Mord oder Exekution während der Flügelkämpfe); Franco begann sofort, Hunderte von republikanischen Politikern, die überlebt hatten, hinzurichten oder gefangenzusetzen. England und Frankreich erkannten Francos faschistische Regierung am 27. Februar 1938 an, die Vereinigten Staaten am 1. April.

Entgegen den Erwartungen seiner Verbündeten hielt Franco Spanien aus der direkten Beteiligung am Zweiten Weltkrieg heraus, obwohl Tausende von Freiwilligen für die Nazis in Rußland kämpften. Spanien diente Tausenden von Juden und anderen möglichen Opfern des Nazismus als Fluchtweg. Nach dem Krieg diente Spanien als Zufluchtsort für Nazis und Sprungbrett für Kriegsverbrecher auf dem Weg nach Lateinamerika.

*1932 – J. Hossenfelder gründet "Deutsche Christen"
*1933 – Deutsche Glaubensbewegung (J.W. Hauer)
*1933 – Bildung des Pfarrernotbundes (M. Niemöller)
*1933 – Reichsbischof Ludwig Müller
*1933 – Eingliederung der evangelischen Jugend in die Hitlerjugend
*1935 – Errichtung des Reichskirchenministeriums unter Kerrl
FINNLAND
NORWEGEN
SCHWEDEN (Neutral)
Leningrad
Deutsche Umklammerung gebrochen Jan. 1944; Beginn des deutschen Rückzuges
Deutscher Vormarsch gestoppt Juni 1942–Feb. 1943.
Moskau
Dez. 1941
Endgültiger Zusammenbruch des Dritten Reiches – 8. Mai 1945
DÄNEMARK
IRLAND (Neutral)
GROSSBRITANNIEN
RUSSLAND
Berlin-Dahlem
Stalingrad
HOLLAND
Bad Oeynhausen
Barmen
1934 – "Theol. Erklärung" (Karl Barth)
A. Einstein, jüdischer Naturwissenschaftler, bittet um Asyl in U.S.A. – 1939.
BELGIEN
Frankfurt
1933 – Paul Tillich, prot. Theologe, geht nach U.S.A.
Augsburg
Invasion der westl. Alliierten in Nordfrankreich 6. Juni 1944.
FRANKREICH
SLOWAKEI
UNGARN
RUMÄNIEN
SCHWEIZ (Neutral)
VICHY-FRANKREICH (Deutsche Besetzung 1942)
JUGOSLAWIEN
Schwarzes Meer
BULGARIEN
ITALIEN
ALBANIEN
GRIECHENLAND
PORTUGAL (Neutral)
SPANIEN (Neutral)
TÜRKEI (Neutral)
SP. MAROKKO
MAROKKO (Fr. Prot.)
ALGERIEN (Fr. Prot.)
Mittelmeer
Alliierter Sieg Oktober-November 1942.
El Alamein
Kairo
LIBYEN
ÄGYPTEN
0 100 200 300 km
144
Größte Ausdehnung der Achsenmächte Nov. 1942
Unter Nazi-Besetzung oder Kontrolle
Zusammenarbeit mit den Achsenmächten
Vichy-Frankreich
Italien und annektierte Gebiete
Barmen Synoden der "Bekennenden Kirche"

Das Nazireich (ca. 1942)

Adolf Hitler (1889–1945) zog beim Putsch in München (8.–9. November 1923) erstmals die öffentliche Aufmerksamkeit auf sich, als sich seine kleine nationalsozialistische Partei mit radikalen Kräften der Rechten unter Führung des Generals Erich Ludendorff verband. Zu fünf Jahren Haft verurteilt, büßte er weniger als ein Jahr ab und schrieb mit Hilfe seines Sekretärs Rudolf Hess »Mein Kampf«. Dieses Buch wurde zur Bibel der Bewegung; es war eine geschickte Kombination eines populären Ideologieverschnitts (einschließlich eines leidenschaftlichen Antisemitismus') mit einem starren politischen Programm und autobiographischen Reflexionen, die von einem messianischen Sendungsbewußtsein durchdrungen waren.

Das deutsche Volk, das ziemlich spät zu einer Nation zusammengewachsen war, benötigte dringend eine Wiederherstellung seiner Ehre. Man litt unter der (falschen) im Versailler Vertrag erhobenen Anklage, daß allein Deutschland am Ersten Weltkrieg die Schuld trüge. Die Weimarer Republik krankte daran, daß sie von Männern gegründet worden war, die einen Vertrag mit der »Kriegsschuld«-Klausel unterzeichnet hatten. Viele Traditionalisten in Militär und Kirche erkannten nie die Rechtmäßigkeit der Republik an und blieben Monarchisten.

Die Weimarer Republik, die von Anfang an unter geringem Selbstbewußtsein litt, wurde von wirtschaftlichen Belastungen und inneren politischen Gegensätzen erdrückt. Die Alliierten verlangten 132 000 000 000 Goldmark als Reparation, und französische und belgische Truppen besetzten das Ruhrgebiet, als Deutschland den Zahlungen nicht nachkam. Eine Rheinland-Republik wurde im Oktober 1923 in Aachen ausgerufen, aber sie überstand nur wenige Monate. Ein kommunistischer Aufstand in Sachsen und eine monarchistische Verschwörung in Bayern waren ebenfalls erfolglos. Die wilde Inflation von 1924 wirkte sich für den »kleinen Mann« katastrophal aus. Der Dawesplan (1924), begleitet von einer erheblichen amerikanischen Finanzspritze, führte zu einer Stabilisierung der neuen Wirtschaft. Der Youngplan (1929) hätte wohl die deutsche wirtschaftliche Krise dauerhaft behoben, wenn nicht im Oktober des gleichen Jahres die Weltwirtschaftskrise eingesetzt hätte.

Seit der Französischen Revolution verstand die deutsche religiöse und intellektuelle Führungsschicht »Demokratie« im französisch-parlamentarischen Sinn. Die mechanischen Verfahren, die eine wahre Gemeinschaft und Übereinstimmung zu leugnen schienen, waren ihnen verdächtig. Sie erkannten nicht, daß sich die englischen und amerikanischen Versuche der Selbstverwaltung um eine andere Achse drehten als der französische. Der Drang, eine Gemeinschaft mit einer einheitlichen Zielvorstellung zu erreichen, ließ deshalb alle – auch zweifelhafte – Mittel recht erscheinen und führte zu einer scharfen Polarisierung zwischen ideologischen Blöcken der Rechten und Linken. Als Hitler an die Macht kam (30. Januar 1933; Ermächtigungsgesetz 23. März), geschah es nach den Regeln des parlamentarischen Spiels, aber ein wirklicher nationaler Konsens war danach unmöglich.

Hitler gab vor, nach einer politischen und wirtschaftlichen Krisenzeit »Recht und Ordnung« wiederherzustellen, und er fand bei den konservativen Teilen der Bevölkerung Anklang, weil er den Nationalsozialismus als »Bollwerk gegen den atheistischen Bolschewismus« darstellte. Sein wichtigster Coup, den er mit dem päpstlichen Nuntius Pacelli (Pius XII.) ausführte, war das Konkordat vom 10. Juli 1933: damit bekam er einen Anstrich der Achtbarkeit, der jahrelanges Rowdytum vergessen ließ.

Hitler verkündete, sein wichtigster Beitrag für die Deutschen würde in der Schaffung einer wahren Volksgemeinschaft bestehen, und er zeigte sofort, daß das Ethos der Straßenkämpfe und Morde, das seinen Aufstieg begleitet hatte, auch seine Handlungen als Diktator bestimmen sollte. Die Kommunisten (nach dem Reichstagsbrand vom 27. Februar verboten), die Sozialdemokraten (die gegen das Ermächtigungsgesetz gestimmt hatten), die Gewerkschaften und schließlich alle unabhängigen politischen und sozialen Einrichtungen wurden angegriffen und aufgelöst. Selbst eine Abweichlergruppe unter seinen eigenen Gefolgsleuten, eine Gruppe, die sozialistischer und revolutionärer war, als es seine industriellen Geldgeber tolerieren konnten, wurde in der »Nacht der langen Messer« (30. Juni 1934) umgebracht.

Die gleiche »Politik der Tat« wurde in internationalen Angelegenheiten verfolgt. Deutschland, das mit russischer Hilfe schon in der Weimarer Zeit heimlich wieder aufgerüstet hatte, trat im Oktober 1933 aus dem Völkerbund aus. Das Rheinland wurde besetzt, ohne daß es zu einem wirksamen Protest gekommen wäre, Bündnisse mit Italien und Japan wurden geschlossen und Österreich wurde annektiert (12./13. März 1938). Chamberlain, Daladier und Bonnet (später ein Anführer der faschistischen OAS-Verschwörung gegen de Gaulle) lieferten die Tschechoslowakei der Amputation aus. Das Münchener Abkommen (29. September 1938) war der Gipfel westlicher Beschwichtigungspolitik. Was von der Tschechoslowakei übriggeblieben war und ohnehin in der Slowakei von faschistischen Kräften unter Führung Monsignore Tisos unterwandert war, wurde im März 1939 von deutschen Truppen besetzt. Dieses Ereignis war ein Meilenstein, denn es zeigte, daß Hitler an imperialer Ausweitung interessiert war – und nicht bloß an der Bildung eines Groß-Deutschland auf rassischer Basis. Im August 1939, nach Abschluß eines Paktes zwischen Stalin und Hitler, wurde Polen angegriffen und geteilt. England und Frankreich erklärten den Krieg gegen Deutschland.

Artikel 24 des Parteiprogrammes verführte viele, die nur an »Religion« und »Spiritualität« interessiert waren:

> »Wir fordern die Freiheit aller religiösen Bekenntnisse im Staat, soweit sie nicht dessen Bestand gefährden oder gegen das Sittlichkeits- und Moralgefühl der germanischen Rasse verstoßen. Die Partei als solche vertritt den Standpunkt eines positiven Christentums, ohne sich konfessionell an ein bestimmtes Bekenntnis zu binden.« (Artikel 24)

Die Verneinung jedweder Bindung an historische oder konkrete religiöse Traditionen oder Strukturen ermöglichte es der Naziregierung, die Verteidigung der »Religion« vorzutäuschen, während sie in Wirklichkeit jede Person oder Gruppe in den Kirchen angriff, die sich der Nazi-Ideologie oder -Praxis widersetzte. Der Hauptkampf zur Aufrechterhaltung der Integrität der protestantischen Kirchen wurde von der Bekennenden Kirche (Barmer Erklärung vom Mai 1934) und den zusammenarbeitenden »intakten« Kirchen von Hannover, Württemberg und Bayern getragen. Die führenden Kollaborateure waren in der Bewegung der Deutschen Christen organisiert. Am Ende des Zweiten Weltkrieges wurde das Stuttgarter Schuldbekenntnis (Oktober 1945) von führenden Protestanten herausgegeben, und es wurde die Grundlage für eine schnelle Aussöhnung mit den Schwesterkirchen in anderen Ländern.

Die römisch-katholische Kirche wurde etwas ernüchtert, nachdem die Naziregierung die Bedingungen des Konkordats nicht einhielt. In der Enzyklika *Mit brennender Sorge* hinterfragte Pius XI. viele Ideen und Handlungen der Nazis (21. März 1937).

In beiden Konfessionen gab es Tausende von Märtyrern, wenngleich die getauften Millionen abfielen und die meisten Kirchenbeamten mit den Nazis kollaborierten. Klaus von Stauffenberg, der an der Spitze des Attentatversuchs auf Hitler am 20. Juli 1944 stand, war ein römischer Katholik; Dietrich Bonhoeffer war ein führender protestantischer Theologe, der am 9. April 1945 als Märtyrer starb und dessen Schriften nach dem Krieg großen Einfluß erlangten.

Heute zugängliche Dokumente machen klar, daß Hitler die Ausschaltung der Kirche plante, sobald der Krieg vorüber war. Der Kampf gegen die Juden jedoch begann früh und wurde unerbittlich durchgeführt. Der Antisemitismus war ein zentraler Teil der Ideologie und der Praxis Hitlers. Nur eine Woche nach Hitlers Machtübernahme wurden bereits Juden verfolgt. Bestimmte Berufe und das Beamtentum war für Juden unzugänglich. Die Nürnberger Gesetze (15. September 1935) beraubten die Juden (alle Personen mit mindestens einem jüdischen Großelternteil) aller bürgerlichen Rechte. Im November 1938 wurden jüdische Geschäfte und Synagogen von einem gut organisierten Mob geplündert und niedergebrannt. 1941 begann man, die europäischen Juden in die Vernichtungslager zusammenzutreiben, dies geschah bis zum Ende des Krieges selbst auf Kosten der militärischen Schlagkraft. Rudolf Hoess' Feststellung ist typisch: »Auf Befehle, die ich im Mai 1941 von Himmler erhielt, sorgte ich zwischen Juni/Juli 1941 und Ende 1943, als ich Kommandant in Auschwitz war, für die Vergasung von zwei Millionen Menschen.«

Als Gerhard Riegner vom Büro des Jüdischen Weltkongresses in Genf Berichte von dem, was vorging, in die USA schickte (8. August 1942), versuchten führende Juden wie Stephen S. Wise (1874–1949) Rettungsaktionen zu starten. Sein Hilferuf wurde von einigen Kirchenleuten in Schlüsselstellungen als »jüdische Propaganda« abgetan, und die Kirchen als ganze taten nichts. Das US-Außenministerium, wie das britische Außenministerium stark vom Antisemitismus angesteckt, lehnte es ab, der Rettung der Juden Priorität einzuräumen.

Die Vernichtung des europäischen Judentums war der einzig bleibende Sieg, den Hitler erfocht; und er tat es mit aktiver Unterstützung oder schweigender Zustimmung der Christenheit.

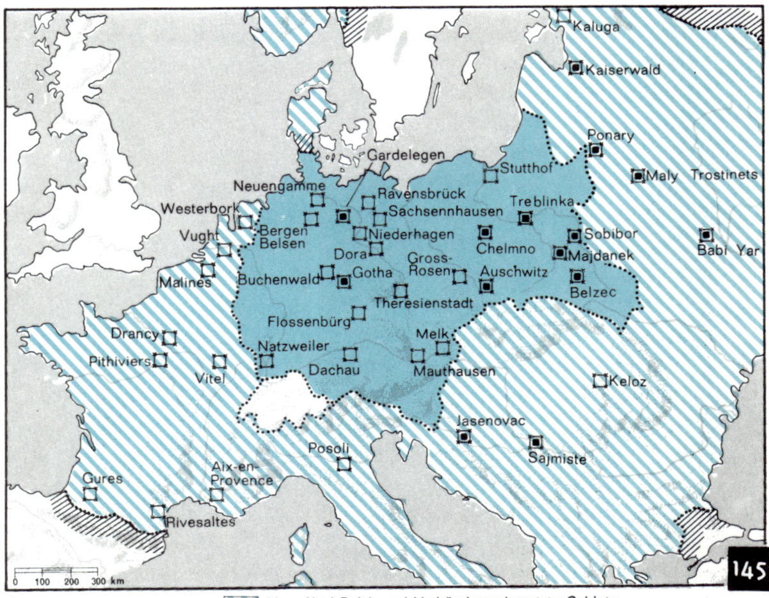

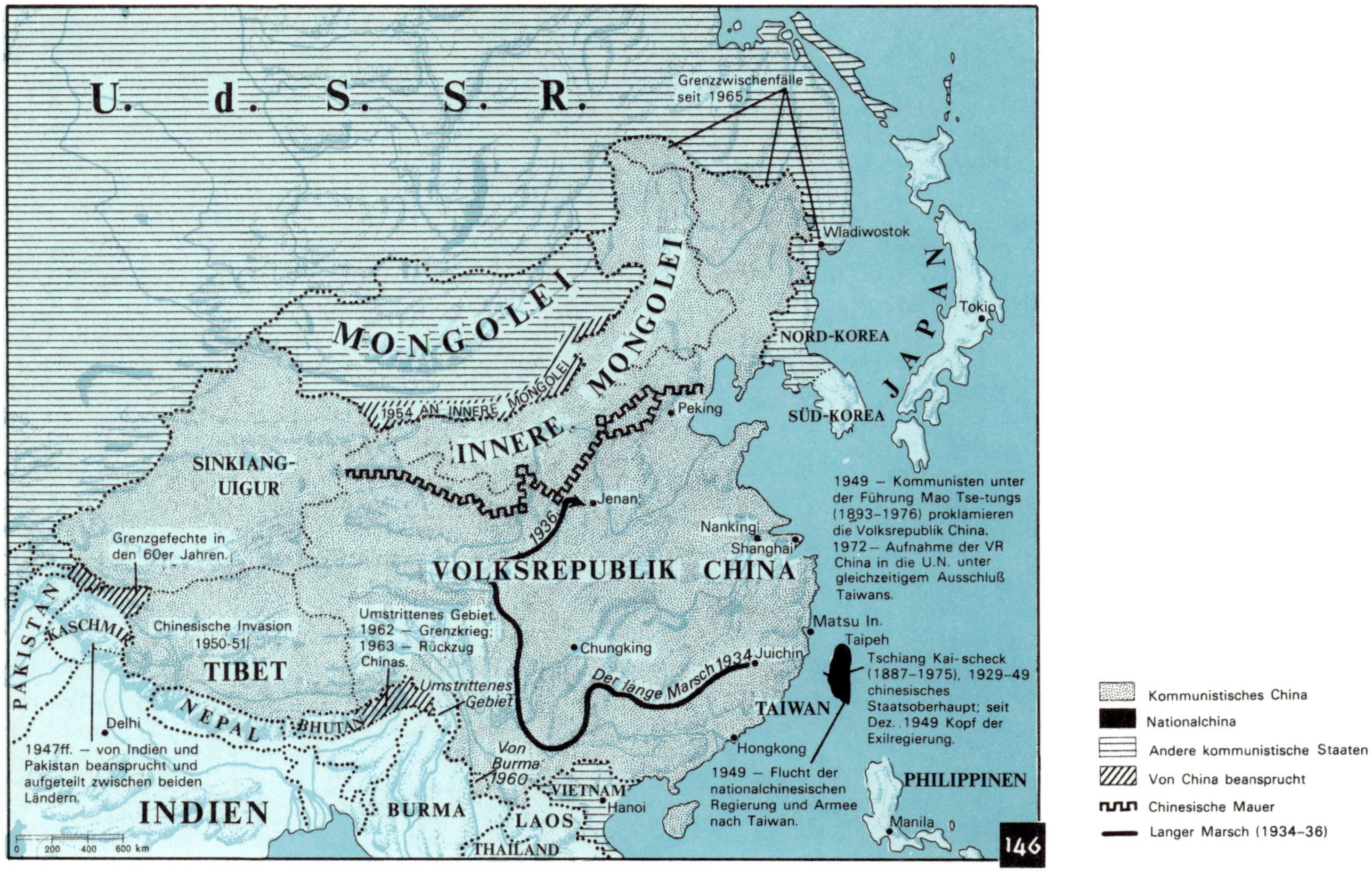
U. d. S. S. R.
Grenzzwischenfälle seit 1965
Wladiwostok
MONGOLEI
INNERE MONGOLEI
1954 AN INNERE MONGOLEI
NORD-KOREA
SÜD-KOREA
JAPAN
Tokio
Peking
SINKIANG-UIGUR
Jenan
1936
Nanking
Shanghai
1949 – Kommunisten unter der Führung Mao Tse-tungs (1893–1976) proklamieren die Volksrepublik China. 1972 – Aufnahme der VR China in die U.N. unter gleichzeitigem Ausschluß Taiwans.
Grenzgefechte in den 60er Jahren.
VOLKSREPUBLIK CHINA
PAKISTAN
KASCHMIR
Chinesische Invasion 1950-51
Umstrittenes Gebiet. 1962 – Grenzkrieg; 1963 – Rückzug Chinas.
Matsu In.
Taipeh
Chungking
Juichin
Der lange Marsch 1934
Tschiang Kai-scheck (1887–1975), 1929–49 chinesisches Staatsoberhaupt; seit Dez. 1949 Kopf der Exilregierung.
TIBET
Umstrittenes Gebiet
NEPAL
BHUTAN
Delhi
TAIWAN
1947ff. – von Indien und Pakistan beansprucht und aufgeteilt zwischen beiden Ländern.
Von Burma 1960
Hongkong
1949 – Flucht der nationalchinesischen Regierung und Armee nach Taiwan.
VIETNAM
Hanoi
PHILIPPINEN
INDIEN
BURMA
LAOS
Manila
THAILAND
0 200 400 600 km
146
Kommunistisches China
Nationalchina
Andere kommunistische Staaten
Von China beansprucht
Chinesische Mauer
Langer Marsch (1934–36)

Die beiden China

Sun Yat-sen (1866–1925) wurde nach dem Sturz der Manchu-Dynastie zum Präsidenten Chinas gewählt (30. Dezember 1911). China nahm am Ersten Weltkrieg auf seiten der Alliierten teil, lehnte es aber – wie die USA – ab, den Versailler Vertrag zu unterzeichnen. Während der 1920er Jahre wurde das Land geteilt und von regionalen Kriegsherren geplündert. 1927 errichteten die Konservativen der Kuomintang-Partei eine Nationalregierung in Nanking unter Chiang Kai-shek (1887–1975). Chiang heiratete im selben Jahr Sung Meiling, eine Schwester der Witwe Sun Yat-sens, eine hübsche und intelligente Frau, die am Wellesley-College studiert hatte und aktive Methodistin war. Mit der Unterstützung der Familie Chiang verbreitete sich das Christentum rasch in der ganzen Republik.

Zwischen 1927 und 1934 wurden unter Führung Mao Tse-tungs (1893–1976) eine Anzahl landwirtschaftlicher Kommunen nach russischem Vorbild unter den Bauern von Kiangsi und Fukien errichtet. Von den Truppen Chiangs vertrieben, begaben sie sich auf den »Langen Marsch« (1934–1936) nach Nord-Shensi.

Die Japaner fielen im September 1931 in die Mandschurei ein und setzten eine Marionettenregierung unter dem Mandschu-Prätendenten Henry Pu-Yi ein, der 1912 abgedankt hatte. Sie landeten auch in Shanghai und erkämpften sich eine Enklave. 1937 brachten die Nationalisten und Kommunisten ein Bündnis zustande, um gegen die Japaner vorzugehen, gegen die sich Resolutionen des Völkerbundes als völlig unwirksam erwiesen. Nanking wurde erobert und Greueltaten ausgeliefert; die Japaner errichteten eine Marionettenrepublik. Amoy, Kaifeng, Kanton, Hankow und andere Küstenstädte fielen. Chiang verlegte seine Regierung westwärts, und mit Nachschub der USA über die »Burmastraße« hielt er den Widerstand gegen die Japaner bis zum Ende des Zweiten Weltkriegs aufrecht. Er wurde als Partner von Churchill und Roosevelt anerkannt (Kairo Deklaration, 1. Dezember 1944), und China nahm am Aufbau der Vereinten Nationen teil.

Als sich die Japaner aus Nordchina zurückzogen, marschierten Mao und kommunistische Truppen ein. Bürgerkrieg folgte, und einer Schiedskommission aus den USA gelang keine Schlichtung. Die Kuomintang wollte Kommunisten nicht wieder zulassen, und die Kommunisten sahen jetzt die Gelegenheit, in ganz China die Macht zu erringen. Die regierende Nationalpartei verlor durch innere Korruption, Inflation, Schiebereien und Unterlassung längst überfälliger Reformen ihre Glaubwürdigkeit. Anfang 1949 zogen sich Chiang und die verbliebenen Truppen nach Formosa (Taiwan) zurück, und die Volksrepublik China wurde ausgerufen (1. Oktober 1949). Lange Jahre verhinderten die USA mit Hinweis darauf, daß die Regierung Chiangs die legitime Regierung ganz Chinas sei, den Beitritt »Rot-Chinas« zur UNO, aber 1971 stimmten sie zu, daß Peking die Nationalchinesen ersetzen sollte. 1972 besuchte der amerikanische Präsident China und traf mit Mao und Chou En-lai zusammen.

Von 1949 bis 1965 betrug die amerikanische Hilfe für Taiwan 3 Milliarden Dollar. Die Tätigkeit missionarischer Organisationen wurde stark ausgedehnt nach der Verlegung der Nationalregierung, und eine Anzahl christlicher Schulen und medizinischer Einrichtungen wurden errichtet.

Die Lage des Christentums in China ist ebenso stark umstritten wie das Maß des Erfolgs der »Kulturrevolution« Maos 1966–67. Es ist klar, daß der Konflikt zwischen Rußland und China, der 1969 fast zu einem Krieg führte, tiefe ideologische Wurzeln hat. Doch die Auswirkungen dieses Konfliktes – auch auf die Zukunft des Christentums – läßt sich gar nicht abschätzen.

Kriege gegen Israel:
1948 — Überfall der Arab. Liga
1956 — Suezkanal-Krieg
1967 — Sechs-Tage-Krieg
1973 — Jom-Kippur-Krieg

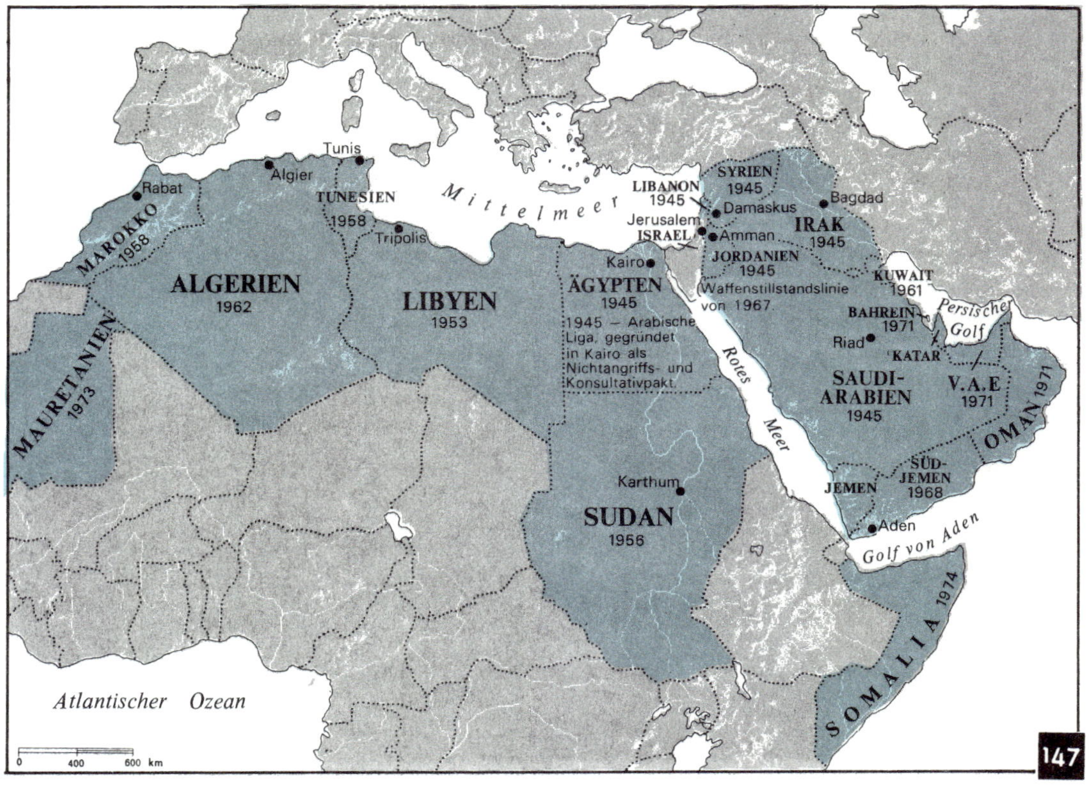

Die Arabische Liga (1945ff.)

147

Mitglieder der Arabischen Liga
1953 Beitrittsjahr

Die Arabische Liga wurde am 17. März 1945 in Kairo gegründet. Sie förderte einen romantischen arabischen Nationalismus und organisierte diplomatische, wirtschaftliche und militärische Aktionen zur Zerstörung Israels. Nur ein kleiner Teil der in der Liga zusammengeschlossenen Völker sind arabischer Herkunft. Die Mitgliedsstaaten sind ohne Ausnahme neue, im 20. Jh. aus den Trümmern des alten Osmanischen Reiches oder früherer europäischer Kolonien gebildete Länder. In den Ländern der Liga ist der Islam die etablierte Religion, in einigen sogar die einzig zugelassene. Die meisten werden diktatorisch regiert – entweder von Feudalherren alten Stils oder Militärcliquen im Stil des 20. Jh.s.

Die Verhandlungen des ägyptischen Staatspräsidenten Sadat mit Israels Ministerpräsidenten Begin stürzte die Arabische Liga in eine tiefe Krise, deren Folgen noch nicht abzusehen sind.

Die beiden Irland

Der normannischen Eroberung Englands (1066) folgte ein Jh. später die normannische Eroberung Irlands (1171). Seit dieser Zeit bis 1949, als im Süden aus dem ehemaligen Irish Free State die Republik Eire gegründet wurde, gehörte ganz Irland zur britischen Krone.

Die englische Herrschaft war in Wales und Schottland nicht unangefochten. In Irland war sie zudem noch aus religiösen Gründen unpopulär, da Irland römisch-katholisch blieb, als die drei anderen Gebiete protestantisch wurden. Unter Jakob I. (König 1603–1625) begannen schottische Presbyterianer mit ausgedehnten Siedlungen in den nördlichen Grafschaften. Als die Iren im Aufstand den Stuart-Prätendenten unterstützten, befehligte Oliver Cromwell persönlich die Einnahme von Drogheda und Wexford (Februar 1649). Die Garnisonen wurden niedergemetzelt, und der Konflikt erhielt neue Schärfe. 1689 folgte wiederum zur Unterstützung eines Stuart-Prätendenten ein Aufstand, doch wurden die Iren im Kampf (Battle of the Boyne 1. Juli 1690) besiegt.

Der Drang nach Unabhängigkeit, der nie ausstarb, blühte mit dem Aufstieg des Nationalismus und der literarischen Renaissance neu; letztere ist mit dem Namen W. B. Yeats, J. M. Synge und James Joyce verbunden. Seit die Republik Eire unabhängig ist, konzentriert sich gegenwärtig der Konflikt in Nordirland.

148

Staatsreligionen

Das 20. Jh. hat einen Aufstand der alten Götter erlebt, die man einst mit dem Sieg des Christentums für erledigt hielt. Mit der Ausbreitung des Christentums und der Errichtung der Strukturen und des Stils einer einheitlichen Christenheit wurden viele alte Götter begraben, andere wurden »getauft« und dem christlichen Pantheon der Heiligen eingegliedert. Nur Moloch wurde nie beerdigt: Unter Führung von Kriegsherren und Generalen haben die »christlichen« Nationen in jener Generation neu ihre Jugend geopfert. Der Erste Weltkrieg, der das unter dem frommen Slogan der Heiligen Allianz begonnene Jh. zu einem Ende brachte, zerstörte weitgehend die Glaubwürdigkeit der Christenheit: viele hervorragende Führer Asiens verloren für immer das Interesse an christlicher Kultur und dem Christentum. Im Zweiten Weltkrieg tauchten *divus Augustus* und Thor und eine Menge kleinerer Geister aus dem Abgrund auf – und dies im Herzen der Christenheit.

Während des Krieges versuchte man, sie mit christlicher Kosmetik zu übermalen. Hitler erklärte sein russisches Abenteuer zum Kreuzzug, um das »christliche Abendland« gegen den »atheistischen Bolschewismus« zu verteidigen, und selbst in Belgien, Spanien und Italien meldeten sich daraufhin Freiwillige. Stalin fand es hilfreich, die alten Schlagworte vom »heiligen Rußland« wieder aufleben zu lassen, ließ St. Wladimir exhumieren und schloß einen Übergangsfrieden mit der orthodoxen Kirche.

Im intakteren Bereich der Christenheit schenkte man dem Anspruch der Regierungen, die wahre Religion zu verteidigen, mehr Glauben. In einer seiner großen Reden vor dem Unterhaus rief Winston Churchill (1871–1947) zur »Verteidigung der christlichen Zivilisation« gegen den Nazismus auf, und der bekannte Theologe John Baillie (1886–1960) schrieb ein Büchlein zur Verteidigung dieses Konzepts *(What is Christian Civilization?)*. Franklin D. Roosevelt (1882–1945) und Charles de Gaulle (1890–1970) gebrauchten eine ähnliche Sprache. Pius XII. (Papst 1939–1958) ließ sich zeitweise von dem Anspruch Hitlers blenden, das Christentum gegen den Marxismus zu verteidigen; sein Nachfolger Johannes XXIII. (Papst 1958–1963) hingegen ebnete den Weg für einen römisch-katholischen Dialog mit Marxisten und Atheisten.

Die meisten Kirchen unterstützten im Zweiten Weltkrieg ihre nationalen Regierungen. Aber es gab einen auffälligen Unterschied zum Ersten Weltkrieg. Im Ersten Weltkrieg identifizierten die Kirchen einfach die nationale Sache mit der des Christentums. Als der Kaiser Deutschland 1914 in einen Zweifrontenkampf führte, rief er, der zugleich *summus episcopus* der preußischen Landeskirche war, die Söhne und Töchter der Reformation auf, gegen die »unreformierten« Katholiken Frankreichs und die »schismatischen« Orthodoxen Rußlands zu kämpfen. Seine Soldaten trugen auf den Koppeln das alte Kreuzfahrerschlagwort »Gott mit uns«. Amerikanische Pfarrer präsentierten das Gewehr und identifizierten den Kreuzzug, »die Welt für die Demokratie sicher zu machen«, mit den Ansprüchen der Hochreligion. Im Zweiten Weltkrieg lehnten es selbst die deutschen Kirchen ab, zur Feier militärischer Siege die Glocken zu läuten. In Großbritannien wie in Amerika unterstützten die Kirchen die Kriegsanstrengungen mit gutem Gewissen, waren aber sehr darauf bedacht, zwischen unmittelbaren politischen Aufgaben und letzten christlichen Pflichten zu unterscheiden. Dies lag zu einem guten Teil daran, daß man sich stärker dessen bewußt geworden war: Die Gemeinschaft der Christen ist international und übersteigt den Herrschaftsbereich und das Programm jeder nationalen Regierung. Dazu hatte der Vorbereitungsausschuß für den Weltrat der Kirchen viel beigetragen, ebenso die »Friedenszielgruppe« *(Peace Aims Group)* in Britannien und der »Ausschuß für die Grundlagen eines gerechten und dauerhaften Friedens« in Amerika.

Eine ähnliche Prüfung der Fähigkeit der Hochreligion, zwischen nationalen und christlichen Zielen zu unterscheiden, stellt die Behandlung der Wehrdienstverweigerer dar. Hier war man in England und Amerika zur Zeit des Zweiten Weltkrieges viel weiter fortgeschritten als in den meisten anderen Ländern, vor allem wegen der hoch angesehenen historischen Friedenskirchen (Quäker, Mennoniten, Brüder). Als die Nazis den pazifistischen »Bruderhof« aus Sannertz/Rhön vertrieben (1936), fanden die Mitglieder in England Zuflucht. Sowohl in England als auch in Amerika waren rechtliche Möglichkeiten gegeben für einen Ersatzdienst derer, die aus Gewissensgründen den Dienst mit der Waffe ablehnten. Seit dem Zweiten Weltkrieg sind Frankreich und die Bundesrepublik Deutschland – aber keines der kommunistischen Länder! – dem Beispiel jener Regierungen gefolgt, die den Nachteil eines nicht abgeleisteten Militärdienstes für geringer erachten, als den Nachteil der Unterdrückung eines lebendigen Gewissens.

Das »Recht zur Freiheit der Wahrheitssuche und der Meinungsäußerung und Meinungsverbreitung« (Enzyklika *Pacem in Terris* von Papst Johannes XXIII., 10. April 1963) wurde unter Schwierigkeiten in den Vereinigten Staaten erkämpft, wo Staatskirchen von 1607 bis 1833 blühten. Der große Durchbruch gelang in Virginia, als nach langen Debatten (1784–86) das »Große Gesetz der Religionsfreiheit« verkündet wurde. Einige Jahre später wurde der Erste Zusatz zur Bundesverfassung (1789–1791) angenommen:

> »Der Kongreß darf kein Gesetz erlassen hinsichtlich der Errichtung einer Religion oder des Verbots der freien Religionsausübung; oder der Beschränkung der Rede- oder Pressefreiheit; oder hinsichtlich des Rechts auf friedliche Versammlung des Volkes, oder hinsichtlich des Gesuchs an die Regierung, eine Beschwerde zu erheben.«

Die Verfassungsexperten betrachten den Katalog der Grundrechte (Bill of Rights) als Eckstein der Verfassung; den ersten Zusatz als das Herz-

149

stück des Katalogs; und von allen Bürgerrechten die Religionsfreiheit als grundlegend. Die Unantastbarkeit der Religionsfreiheit ist der wichtigste und einzigartige Beitrag Amerikas zur Theorie und Praxis der Regierungsform bis zum heutigen Tag.

Zum Schutz der Religionsfreiheit gehören zwei gleichgewichtige Bestimmungen: Die Regierung darf keine ihr genehme Religionsgemeinschaft unterstützen; und die Regierung darf keine ihr unangenehme Religionsgemeinschaft unterdrücken. Die erste dieser Bestimmungen unterscheidet religiöse »Toleranz« von »Freiheit«, ein viel zu wenig beachteter Unterschied. Gewiß, in Ländern mit traditionellen etablierten Kirchen, die in der Achtung menschlicher Freiheit weit fortgeschritten sind, können religiöse Minderheiten ungehindert und unbeeinträchtigt lehren und tätig sein. Die Niederlande, die Bundesrepublik Deutschland, die skandinavischen Länder, die Schweiz und Großbritannien sind Beispiele von Staaten, wo Staatskirchen und Regierungen gelernt haben, daß die Unterdrückung von Religionsgemeinschaften unrecht und zwecklos ist (hier herrscht also religiöse *Toleranz*). Für Religions*freiheit* muß jedoch der positive Grundsatz der freiwilligen Unterstützung durch die Mitglieder der Gemeinschaft hinzukommen, denn das Grundrecht ist dem Bürger vorbehalten und nicht eine Konzession der Regierung.

Beim Aufstand der alten Götter im 20. Jh. wurde weder Toleranz noch Freiheit respektiert. Wie in allen primitiven Gesellschaften war es die Aufgabe der Religion (bzw. Ideologie), als Kitt einen Stamm bzw. eine Nation zusammenzuhalten. Unter den »nach-christlichen« Ideologien und Systemen des 20. Jh.s zerbröckelte die Freiheit. Der Nazismus und Marxismus sind besonders eindrückliche Beispiele; aber es gibt noch andere. Befürworter beider Systeme haben die gleichen Mittel zur Kontrolle angewandt, die man von den Zwangsreligionen kennt: abweichende Minderheiten werden verfolgt, und Anhänger des offiziellen Kults werden im Beruf, in öffentlichen Ämtern und im Bildungswesen bevorzugt. Eine offizielle Liturgie wird bei öffentlichen Anlässen benutzt, und ein Kultus mit Ehrenhallen, Helden, Symbolen und Erkennungszeichen ausgearbeitet. Theologisch werden ein Menschenbild, eine Geschichtsschau (einschließlich der Periodisierung) und ein Lebensstil weitergegeben, die grundsätzlich von dem jüdischen und christlichen Verständnis verschieden sind.

Die Achtung der Person und ihrer Integrität entwickelte sich in der Christenheit spät, und in vielen Gebieten der Erde ist sie noch gar nicht sichtbar geworden. Im Islam ist sie bis zu einem gewissen Grad nur in der Türkei und im Iran (vor Khomeini) anerkannt, nicht jedoch in den Ländern, die am stärksten den älteren islamischen Traditionen verhaftet sind. In den von nach-christlichen Ideologien beherrschten Ländern – ob faschistisch oder kommunistisch – wird zwar zumeist behauptet –, man beachte die grundlegenden Menschenrechte, doch die Wirklichkeit sieht anders aus.

Seit dem Zweiten Weltkrieg hat die ökumenische Bewegung zwei wichtige Studien zur Religionsfreiheit von M. Searle Bates (1945) und A. Carrillo de Albornoz (1957) herausgebracht.

Die wachsende Verständigungsbereitschaft des römischen Katholizismus, wie sie durch die Deklaration über Religionsfreiheit beim Zweiten Vatikanischen Konzil signalisiert wird, ist zu einem wichtigen Teil der Arbeit des amerikanischen Jesuiten John Courtney Murray (1904–1967) zu verdanken.

B. Religiöse Strömungen in Amerika

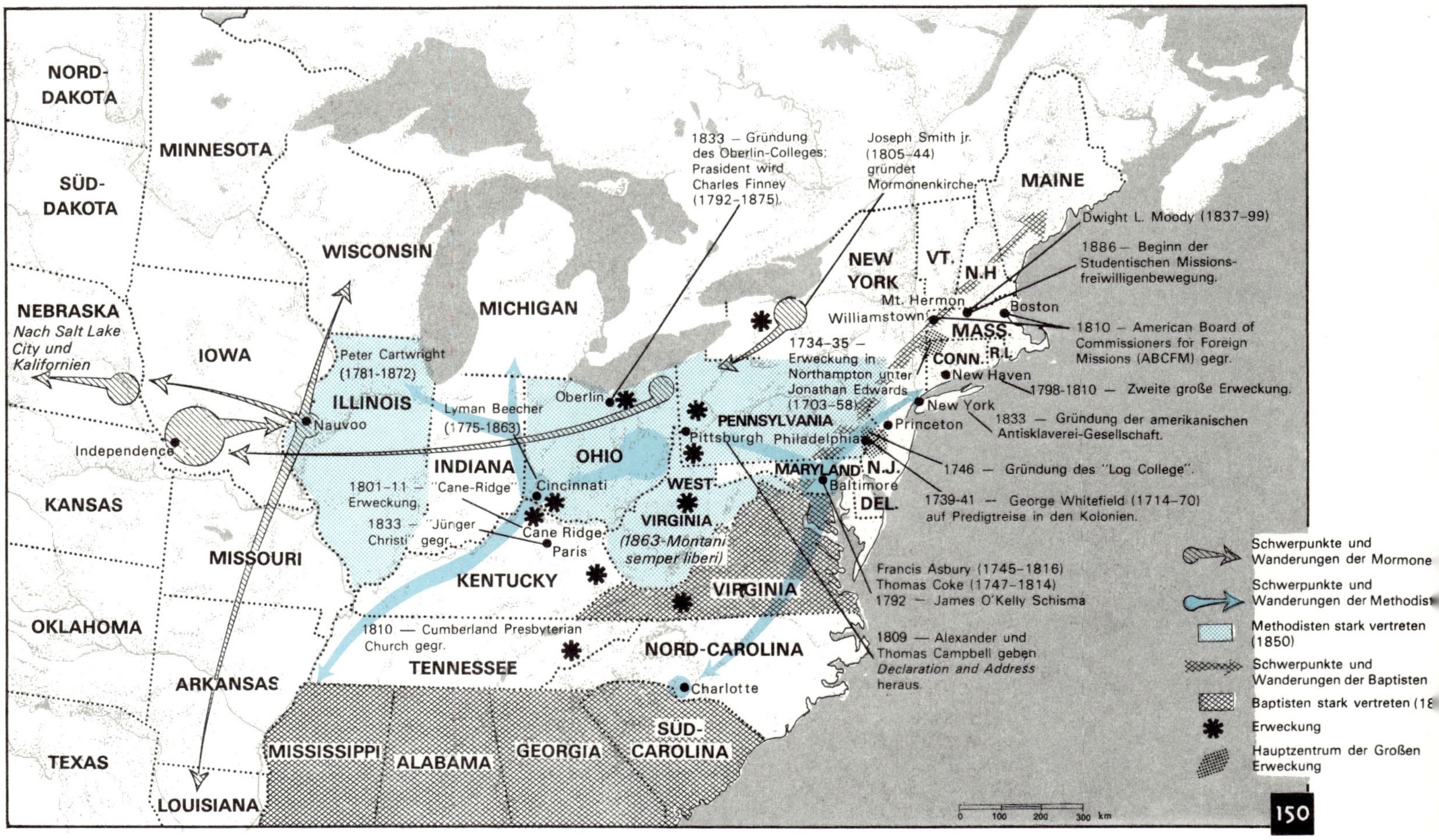

150

Erweckungen in Amerika

Als die amerikanische Republik entstand, hatten die meisten Kolonien lange Erfahrungen mit etablierten Kirchen und standen im Begriff, zum Prinzip der Freiwilligkeitskirchen überzugehen. Am längsten hielten New Hampshire (1817), Connecticut (1819) und Massachusetts (1934) am Alten fest.

Der Grundsatz der Freiwilligkeit wurde im Gefolge der Großen Erweckung (Frelinghuysen, J. Edwards) in den 1730er Jahren eingeführt. Die Überzeugung wuchs langsam, daß religiöses Bekenntnis sich am echtesten in freiwilliger Teilnahme und Unterstützung ausdrückt und nicht in nomineller Zugehörigkeit durch Zahlung von Kirchensteuern.

Die »Stehende Ordnung« *(Standing Order)* in Neu-England wurde 1805 und 1819 erschüttert, und ehemalige Verteidiger eines Staatskirchentums (das damals schon keine Verfolgungen mehr unternahm) stellten sich mit einigem Zögern auf Trennung vom Staat und freiwillige Mitgliedschaft um. Das Ereignis 1805 war die Ernennung des liberalen Theologen Hollis Ware zum Professor für NT an der Harvard-Universität, woraufhin die orthodoxen Kirchenmänner das Andover-Seminar gründeten. Das Ereignis 1819 war der Dedham-Fall, der die Aufsicht über das Kircheneigentum der politischen, und nicht der kirchlichen Gemeinde übertrug. Außer zweien gingen alle Gemeinden im Umkreis von zwanzig Meilen um Boston zu den Unitariern über. Die Orthodoxen waren gezwungen, Gelder aufzutreiben, um neue Kirchen zu bauen und neue Programme zu entwickeln. Die veränderte Haltung Lyman Beechers (1775–1863), einst Verteidiger des Staatskirchentums, ist typisch:

»Die Unitarier werden den Sieg davontragen, wenn wir ohne Erweckungen bleiben, aber sie werden vor dem Atem Seines Mundes und der Klarheit Seines Kommens vergehen, wenn Erweckungen die Oberhand gewinnen.«

Die Zweite Große Erweckung im Connecticut-Tal (1798–1810) und in den Bergen von Kentucky (»Cane Ridge Revival« 1801–1811) brachte viele Missionsgesellschaften und neue Denominationen hervor.

Erweckungen waren in den alten dreizehn Staaten unbedingt nötig: Nach dem Abbau der Staatskirchen fiel die Kirchenmitgliedschaft auf etwa 5 bis 7 % der Bevölkerung, und erst 1926 waren wieder über die Hälfte der Bevölkerung Kirchenglieder. Ohne Erweckungen wäre das Freiwilligkeitsprinzip gescheitert.

Wie von selbst entwickelten sich Erweckungen im Westen, wo es nie Staatskirchen gegeben hatte und wo sich örtliche Gemeinden nur da bilden konnten, wo genügend Leute auf den direkten Ruf antworteten. Die Lagerversammlungen *(camp meetings)*, die nach der Ernte Hunderte, manchmal Tausende von verstreut wohnenden Familien zusammenführten, hatten auch wichtige kulturelle und politische Funktionen.

Der Meister der »neuen Methode«, der diesen Weg systematisierte, war Charles G. Finney (1792–1875), ein machtvoller Prediger und schöpferischer (wenn auch unorthodoxer) Theologe. Unter seiner Führung wurden Impulse zu religiöser Erweckung und zur Beendigung der Sklaverei zusammengebracht. Von 1851 bis 1866 war er Präsident des Oberlin Colleges, des ersten Colleges, das Frauen und Schwarze gleichberechtigt mit weißen Männern zuließ. Er machte dieses College zum lebendigen Zentrum einer perfektionistischen Theologie und wirkungsvoller Maßnahmen gegen die Sklaverei.

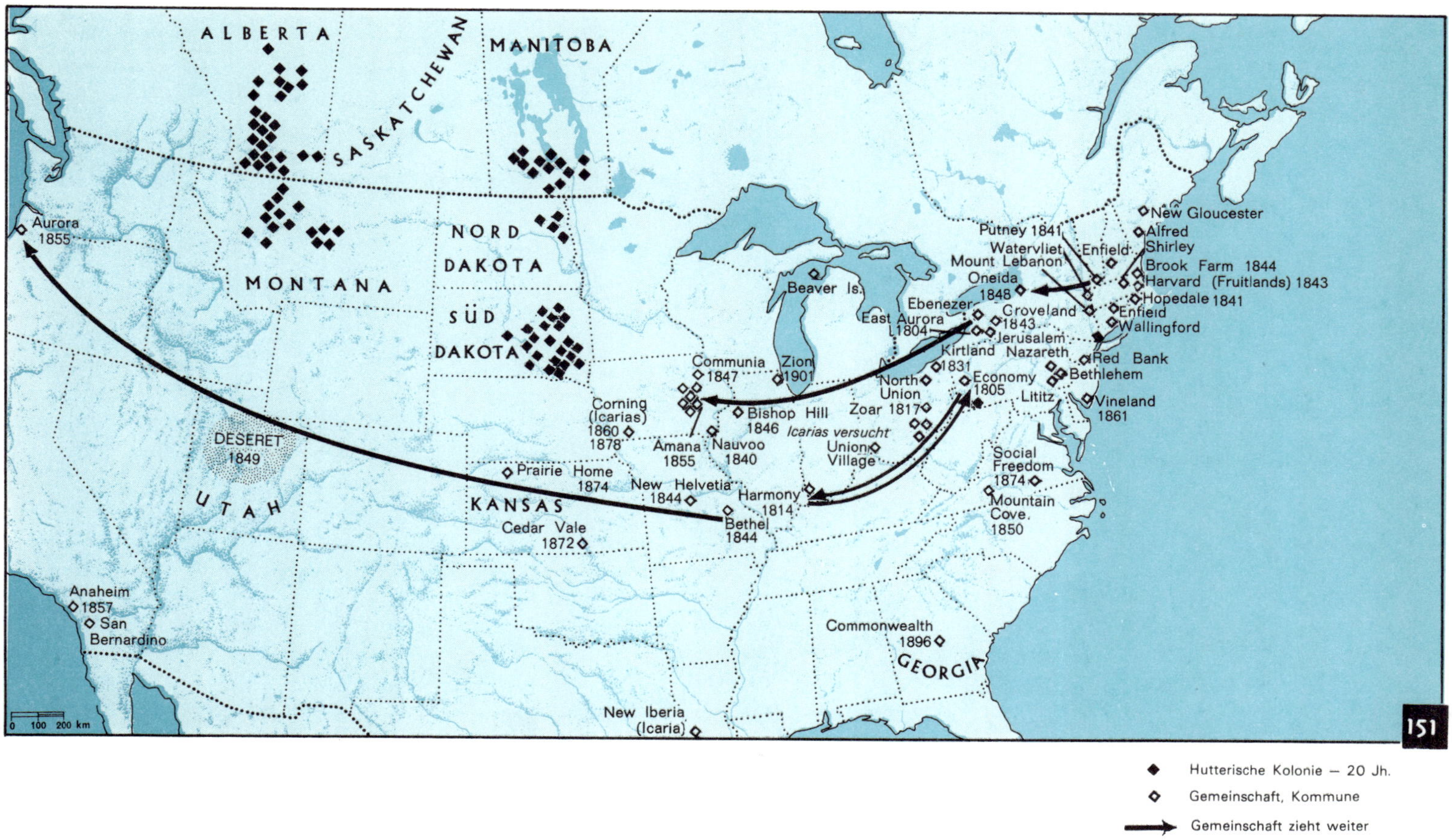

Amerikanische religiöse Gemeinschaften und Kommunen 19. Jh.

Ein Mythos, der heute eifrig von Propagandisten gepflegt wird, besagt, der amerikanische Westen sei von robusten Individualisten besiedelt worden. Ganz das Gegenteil ist richtig: Mit Ausnahme einiger Bergbewohner reiste man in organisierten Trecks und gründete Gemeinschaften mit gegenseitiger Hilfe. Die »Individualisten« kamen erst, nachdem die Schulen gegründet waren, das Land vermessen und verteilt war und die ersten Anfänge einer Regierung begonnen hatten. Das soziale Klima des 19. Jh.s war geprägt von einer verwirrenden Fülle freiwilliger Vereinigungen und Zweckgemeinschaften. Als die alte Ordnung Neu-Englands aufgebrochen war, zogen nicht selten ganze Dörfer mit ihren Predigern in den Westen und verpflanzten die puritanischen Sitten und den Lebensstil bis an die Westküste.

Wichtiger noch waren die vielen religiösen Gemeinschaften und Kommunen, die überall als versuchte Modelle der »guten Gesellschaft« gegründet wurden. Die Hauptwurzeln solcher Gemeinschaftssiedlungen in Amerika waren Puritanismus, Pietismus und utopischer Sozialismus; später wurden die Hutterer wichtig.

Typische puritanische Kommunitäten waren Brook Farm und Oneida. Brook Farm (1841–1847) ging aus den religiösen Diskussionen des Hedge Club in Cambridge, Massachusetts hervor. Zu den bedeutendsten Anhängern gehörten Nathaniel Hawthorne (1804–1864), Bronson Alcott und Isaac Hecker (1819–1888). Alcotts Tochter, Louisa May, schrieb berühmte Kindergeschichten. Oneida, von dem kongregationalistischen Pfarrer John Humphrey Noyes (1811–1886) gegründet, war zuerst sehr erfolgreich. Die Kolonie stellte Stahlfallen her, die beim blühenden Biberfang gebraucht wurden. Wegen Eheexperimenten und wissenschaftlicher Geburtenkontrolle wurde Oneida von presbyterianischen und methodistischen Predigern angegriffen und durch Gesetz aufgehoben. Die Shaker, deren 19 Siedlungen sich über mehrere Generationen erfolgreich als zölibatäre Kommunen hielten, gingen ebenso aus der Kultur Neu-Englands hervor wie die Mormonen, die erfolgreichste religiöse Gemeinschaft aus Neu-England.

Die Erweckung gab wichtige Anstöße zum Leben in Kommunen. Viele Erweckungsprediger rüttelten ihre Hörer zu Hingabe an ein neues Leben auf, sagten aber nicht, wie dieses neue Leben aussehen sollte. Oneida, die Shaker, die Mormonen – und eine Reihe neuer Denominationen wie die Siebten-Tags-Adventisten und die Kirche Gottes (Anderson), deren erste Siedlung nach dem Vorbild der Kirche in Jerusalem (Apg 4,32) christlichen Kommunismus praktizierte –, sie alle ernteten, was die Erweckung gesät hatte.

Ephrata (Pennsylvanien), von dem deutschen Siebten-Tags-Baptisten Johann Conrad Beissel (1691–1768) gegründet, war eine Zeitlang das kulturelle Zentrum der Deutschen in Pennsylvanien. Auch Graf Nikolaus Ludwig von Zinzendorf (1700–1760) errichtete pietistische Kolonien in Pennsylvanien nach dem Muster der Muttergemeinschaft in Herrnhut. Die Anhänger George Rapps (1757–1847) errichteten höchst erfolgreiche Kommunen in Economy (Pennsylvanien) und Harmony (Indiana).

Utopische sozialistische Kolonien waren zahlreich und von kurzer Dauer. Ein Förderer war Charles Fournier (1772–1837), ein Franzose, der die Unterstützung von so angesehenen Amerikanern wie Horace Greeley (Präsidentschaftskandidat 1872), Arthur Brisbane (berühmter New Yorker Verleger), William Ellery Channing (Führer der Unitarier) erlangte. Ein anderer war Etienne Cabet (1788–1856), dessen Siedlung »Icarias« das »Wahre Christentum« erweisen sollte. Diese Kommunen spalteten sich leicht und verschwanden früh.

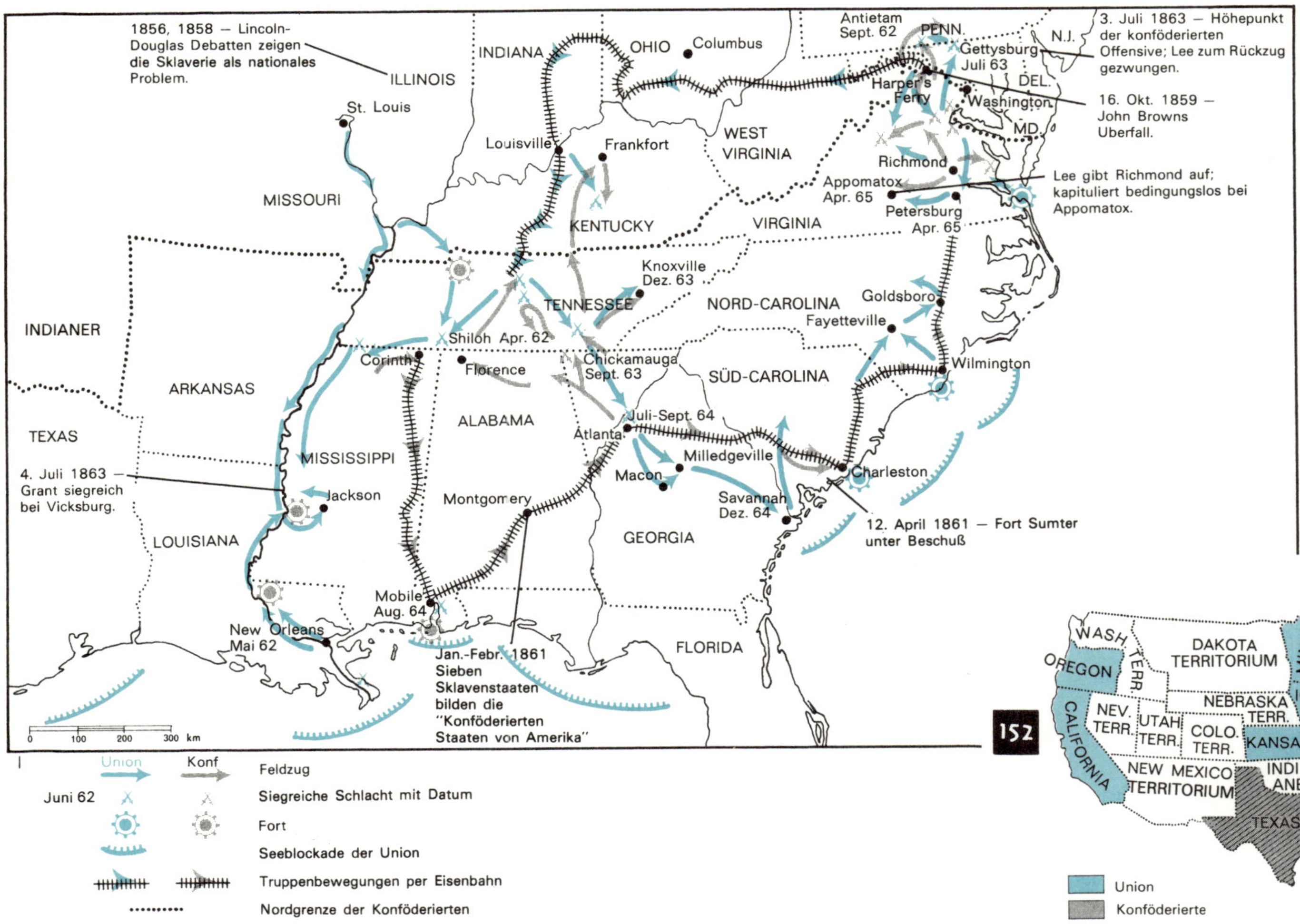

6. März 1857 – Oberster Bundesrichter Roger B. Taney begründet das Dred Scott Urteil.

4. März 1861 – A. Lincoln vereidi

1862 – Union siegreich. Präside Lincoln verkündet die Proklamati zur Befreiung aller Sklaven.

19. Nov. 1863 – Lincolns Ansprache in Gettysburg.

4. März 1865 – Lincolns zweite Amtsantrittsrede.

15. April 1865 – Lincoln ermord 13ter Zusatz zur Verfassung ratifiziert.

152

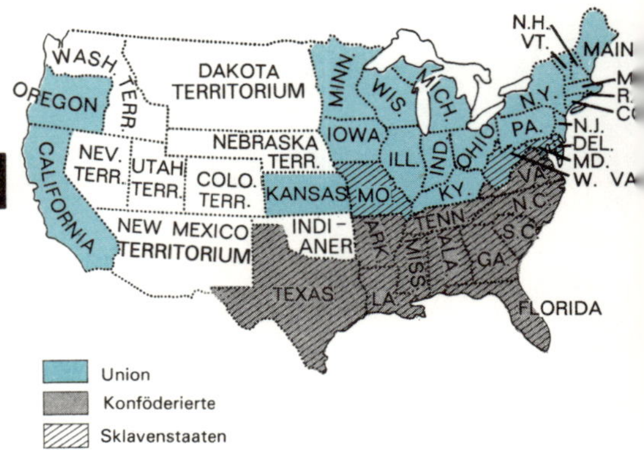

Der amerikanische Bürgerkrieg (1861–1865)

Die Gründe für den Krieg zwischen den Nord- und Südstaaten waren sehr vielschichtig.

Politisch ging es um die Frage, ob die Vereinigten Staaten eine »vom Volk der Vereinigten Staaten« (wie die Verfassung sagt) errichtete Union war, oder eine Konföderation souveräner Staaten. Seit dem Krieg ist der Prozeß der Zentralisierung schnell vorangeschritten, was für die Religion und andere Gebiete des nationalen Lebens Folgen gehabt hat.

Wirtschaftlich war es ein Kampf zwischen einer Wirtschaft unabhängiger Farmer und Händler und einem System, das auf Sklaverei aufgebaut war.

Was den religiösen Faktor anbelangt, so war die Verbindung von Erweckung und Abolitionismus (Sklavenbefreiung) die wichtigste Kraft. Die erste Schrift gegen die Sklaverei in Amerika (1688) war von Pastorius verfaßt und kursierte unter den Mennoniten und Quäkern in Philadelphia. Durch die Arbeit Finneys und anderer Erweckungsprediger, die gegen die Sklaverei waren, erreichte die Bewegung zur Sklavenbefreiung schnell immer mehr öffentliche Zustimmung.

Die amerikanische Kolonisierungsgesellschaft wurde 1817 gegründet, um die allmähliche Emanzipation und die Ansiedlung befreiter Sklaven in Afrika zu erwirken. Als Folge wurde Liberia gegründet. Die Erfindung der Baumwollentkernmaschine machte die Sklaverei wieder gewinnbringend, und erst die Unterdrückung des Sklavenhandels durch die britische Marine (1833ff.) beendete den »Dreiecks-Sklavenhandel«. In den Staaten des Südens, wo der Boden durch Tabakanpflanzung ruiniert war, wurde das »Züchten« von Sklaven für die südwestlichen Baumwollstaaten eine Haupteinnahmequelle. Harriet Beecher Stowes Roman *Onkel Toms Hütte* (1852) zeigt den Geist der moralischen Entrüstung, der die Christen im Norden beseelte. 1833 wurde die amerikanische Anti-Sklaverei-Gesellschaft gegründet: die Lösung einer Kolonisierung in Afrika wurde aufgegeben. 1837 wurde Elijah P. Lovejoy in Alton, Illinois, ermordet, als er seine abolitionistische Druckerpresse verteidigte. Friedliche Lösungen wurden unwahrscheinlich.

Methodisten, Baptisten und Presbyterianer spalteten sich über der Sklavenfrage vor Ausbruch des Krieges. Der westliche Teil Virginias – Erweckungsgebiet – spaltete sich ab und gründete einen neuen, freien Staat (1863) mit dem stolzen Motto *Montani Semper Liberi!*

Nach der Wahl Abraham Lincolns (1860) und der Abtrennung des Südens dienten die meisten führenden Berufsoffiziere den Südstaaten, aus denen sie auch stammten. Die Konföderation erzielte die frühen Siege, aber 1863 hatte Lincoln einen General gefunden, der die bessere Ausrüstung und das zahlenmäßige Übergewicht der Union gegen das überlegene Berufskönnen Robert E. Lees (1807–1870) und seiner Helfer ausspielen konnte. Der amerikanische Bürgerkrieg war der erste moderne Krieg – mit Maschinengewehren, Unterseebooten, Artillerie, gepanzerten Schiffen und offenen Angriffen auf Zivilbevölkerung und zivile Ziele. Die bitteren Gefühle, die er hinterließ, waren über ein Jh. spürbar.

Während des Krieges wurde die Emanzipationsproklamation herausgegeben (1. Januar 1863). Nach Kriegsende wurden Verfassungszusätze angenommen, um die Rechte der neuen schwarzen Bürger zu sichern. 1876 jedoch erkaufte sich die Republikanische Partei den Präsidentschaftswahlsieg von Hayes über Tilden dadurch, daß man den weißen Organisationen freie Hand ließ, die weiße Vorherrschaft im Süden wiederaufzurichten. Und 1883 erklärte der Oberste Gerichtshof Gesetze zum Schutz der Bürgerrechte Farbiger für verfassungswidrig – eine Entscheidung, die zu Unrecht und Gewalt geradezu ermutigte. Erst durch die präsidiale Anordnung 8802 (1941), die Rassendiskriminierung in der Rüstungsindustrie untersagte, und durch die Entscheidung des Obersten Gerichtshofes vom 5. Mai 1954, die eine Diskriminierung in den Schulen verbot, begannen die schwarzen Bürger ihre Grundrechte wiederzuerlangen.

Aktivitäten des Freedmans-Büro

* Hilft Negerflüchtlingen bei der Heimkehr
* Errichtet Erziehungssystem
* Setzt sich für gerechte Entlohnung ein
* Versucht Land für Neger zu erwerben

Ehemalige Konföderierte

1870 Schwarzes College (gegr. vor 1900)

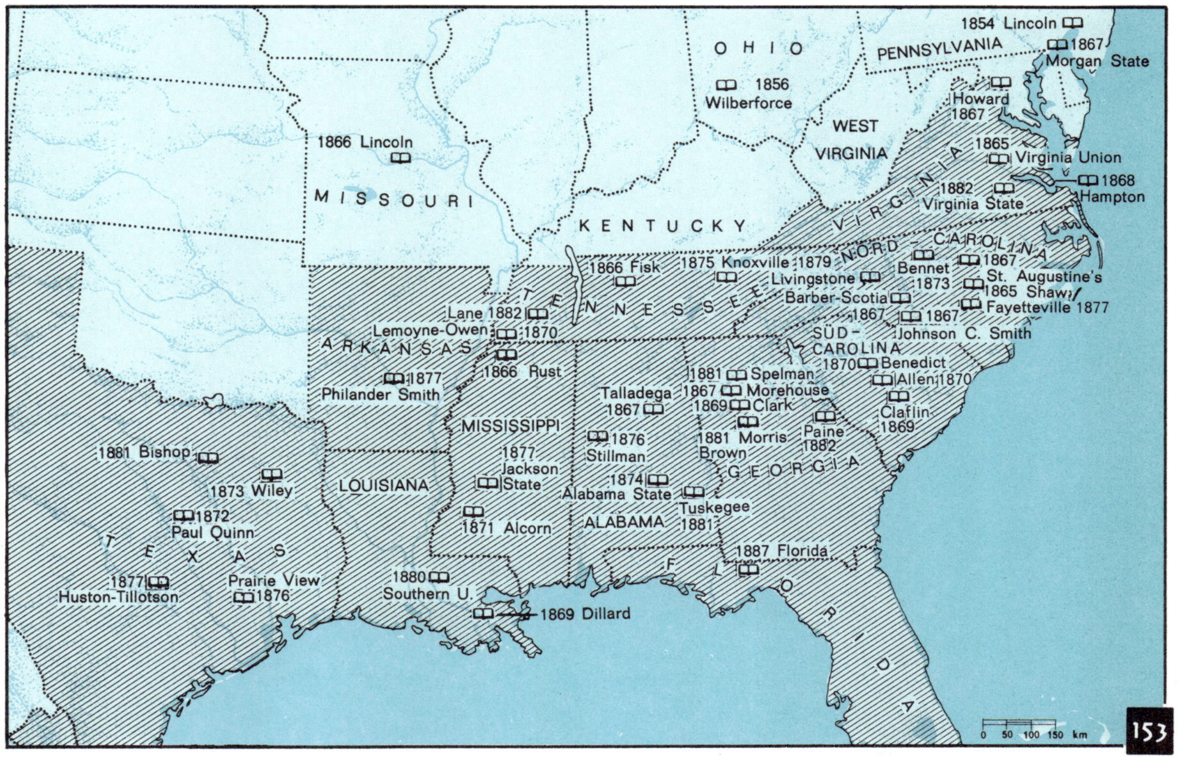

Die höhere Bildung der Farbigen nach dem Bürgerkrieg

Nach einundsiebzig urkundlich belegten Jahren war das Jahr 1952 das erste, das verging, ohne daß es einen oder mehrere Lynchmorde gab. Gleichwohl war damit das Blutvergießen noch nicht beendet. 1963 wurde Medgar Evers von hinten von einem identifizierten (aber nicht bestraften) Mörder niedergeschossen; Evers hatte die National Association for the Advancement of Colored People (NAACP) in Jackson, Mississippi, organisiert. Im September des gleichen Jahres wurden vier kleine Mädchen, die in Birmingham, Alabama, die Sonntagsschule besuchten, ermordet. 1964 wurden drei Studenten (Michael Schwerner, Andrew Goodman, James Chaney), die schwarze Wähler registrierten, in Mississippi gefoltert und getötet. Ihre identifizierten Mörder wurden nicht wegen Mordes bestraft.

Daß die schwarzen Bürger so gewaltlos geblieben sind, wie sie in über einem Jh. der verfassungswidrigen Leugnung ihrer Rechte und des illegalen, meist unbestraft bleibenden weißen Terrorismus waren, ist zum großen Teil der Qualität der farbigen Führer zuzuschreiben. Obgleich viele Prediger und Führer der schwarzen Gemeinschaft Autodidakten waren, haben schwarze Kirchen und schwarze Colleges einen gewichtigen Beitrag zum Überleben Amerikas geleistet.

Vor dem Bürgerkrieg gab es einige Tausend befreiter Sklaven im Norden. Frederick Douglas (1817–1895), abolitionistischer Redner und Führer der jungen Republikanischen Partei, den Lincoln »den verdienstvollsten Mann des 19. Jh.s« nannte, war einer davon. Einige wenige Colleges – besonders Oberlin (gegr. 1833) und Berea (gegr. 1859) – ließen von Anfang an schwarze Studenten zu. 1854 wurde das erste schwarze College – Ashmun Institute, jetzt Lincoln University – in Oxford, Pennsylvanien, gegründet. Wilberforce University, wo der erste Schwarze das Amt des Präsidenten übernahm (Daniel A. Payne, 1811–1893, ein Bischof der AME Church) wurde 1856 in Ohio gegründet. Nach der Emanzipation stellte sich jedoch das Problem ein, den Massen Farbiger eine Schulbildung zu ermöglichen. Die Gesamtbevölkerung der Vereinigten Staaten 1860 betrug 31,5 Millionen. Die befreiten Sklaven zählten wenigstens 3,5 Millionen, hauptsächlich im Süden.

Das »Freedmen's Bureau« wurde errichtet, um bei Ansiedlung und Erziehung behilflich zu sein. Das Büro verteilte ca. 15 Millionen Dollar, bevor es geschlossen wurde. Verantwortlich war General O. O. Howard, einer von Lincolns Generalen, die sich der Erziehung befreiter Sklaven widmeten. Howard University trägt seinen Namen. Ein anderer General war Samuel Chapman Armstrong, Sproß einer berühmten Missionarsfamilie in Hawaii, der erste Präsident des Hampton Institute (gegr. 1868). Die Kongregationalisten waren besonders aktiv in der Gründung schwarzer Colleges, und sie gewannen auch einige Hundert Frauen aus Neu-England, die in den neuen Schulen für schwarze Kinder unterrichteten.

Der Farbige mit dem größten Einfluß auf mehr als eine Generation war Booker T. Washington (1856–1915), der 1881 das Tuskegee Institute eröffnete. Er war überzeugt, daß die schwarzen Bürger sich ihren Platz in der Gesellschaft dadurch erstreiten könnten, daß sie Facharbeiter und hart arbeitende Bürger würden. In seinem Institut entwickelte George Washington Carver (ca. 1864–1943), einer der bedeutendsten Chemiker Amerikas, eine Fülle neuer landwirtschaftlicher Produkte. Washingtons Rede auf der Ausstellung in Atlanta 1895 gewann die Zustimmung der weißen Führung.

Der Bruch mit der Politik der kleinen Schritte, wie Washington sie verfolgt hatte, geschah durch W. E. B. DuBois (1868–1963), einem in Harvard ausgebildeten Professor der Atlanta University. 1905 organisierte er die militante »Niagara-Bewegung«, und 1908 trennte er sich von Washington wegen dessen Unterstützung der Republikanischen Partei. 1910 half er mit, die NAAPC zu gründen und wurde das erste farbige Mitglied des Vorstands.

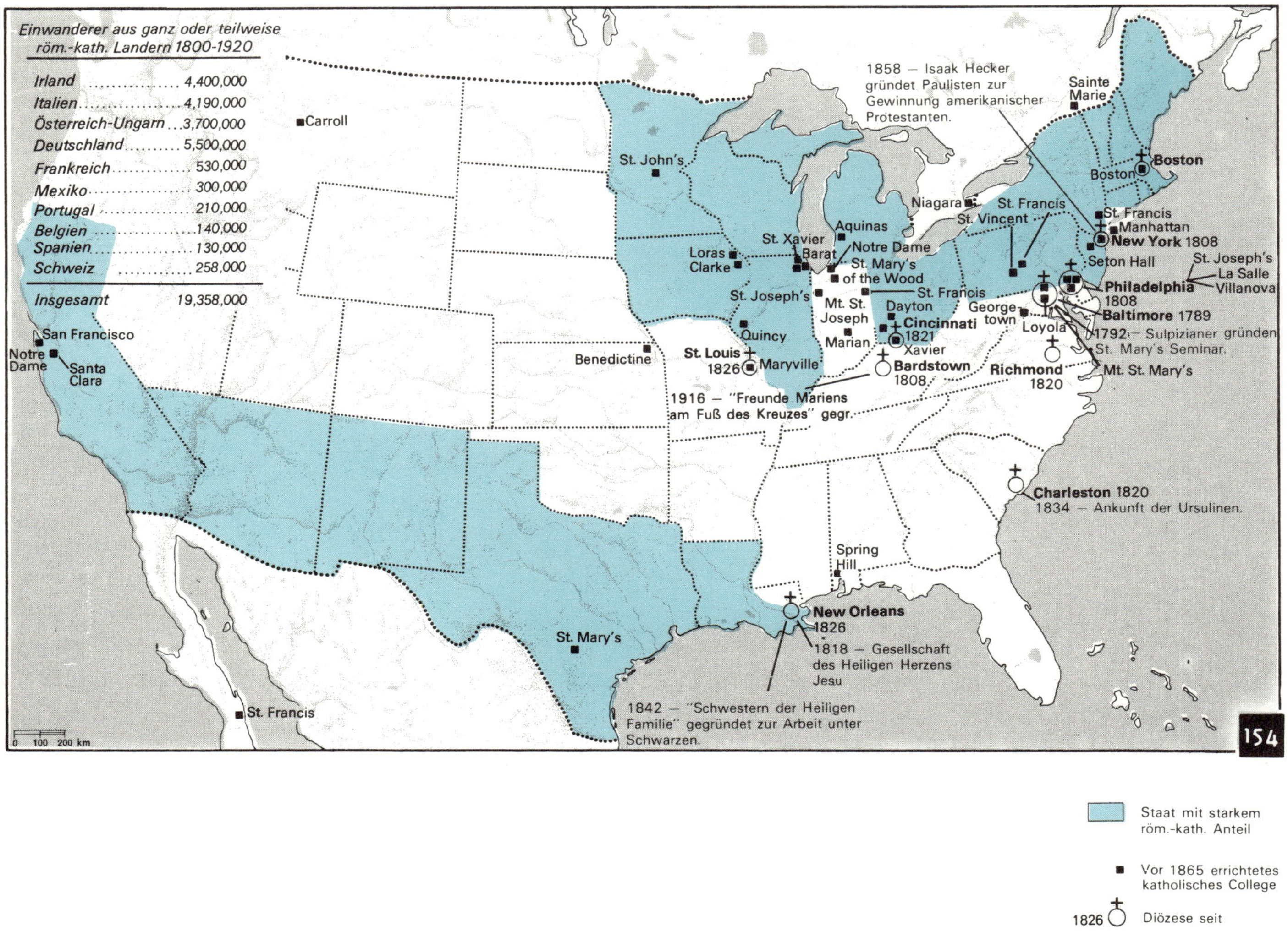

Das Wachstum des römischen Katholizismus in den USA

Nach der Volkszählung 1970 hat die römisch-katholische Kirche in den Vereinigten Staaten über 48 Millionen Mitglieder – viermal soviel wie die größte protestantische Kirche. Hier zeigt sich jedoch sofort die Doppeldeutigkeit religiöser Statistik, denn die Katholiken zählen alle (als Säuglinge) Getauften, während die größte protestantische Kirche – die Southern Baptist Convention – nur (freiwillige) erwachsene Mitglieder bei ihrer Zählung berücksichtigt. Gleichwohl liegt eine erstaunliche Entwicklung vor, wenn man sich vergegenwärtigt, daß bei einer Bevölkerung von ca. 3,6 Millionen zur Zeit der amerikanischen Revolution ca. 20000 römische Katholiken waren.

Die römischen Katholiken waren gefürchtet und in den meisten der englischen Kolonien entrechtet, und das Quebec-Gesetz (1774) – das die Besteuerung zur Unterhaltung des römischen Katholizismus in dieser Provinz guthieß – war eines der Hauptursachen für die Verstimmung gegen England. Die Puritaner erinnerten sich immer noch an Foxes *Buch der Märtyrer;* sie erzählten die Geschichten der Märtyrer unter der »blutigen Maria«, und wie der Herr sein Volk durch die Vernichtung der spanischen Armada errettet hatte. Sie erinnerten sich, wie London nach der Restauration in der Großen Pest und im Großen Feuer von 1666 vom göttlichen Gericht heimgesucht worden war.

Die erste große Einwanderung römischer Katholiken kam nach der irischen Hungersnot von 1847, bei der in Irland 1 1/2 Millionen Menschen verhungerten. In der Hierarchie lösten die Iren bald die Franzosen ab, die seit den frühen Jahren des französischen Reiches in Nordamerika die meisten wichtigen Ämter innehatten.

Die zweite große Einwanderung kam aus Deutschland, als unter den deutschen Staaten Preußen zur ersten Macht aufstieg. Der Kulturkampf Bismarcks nach der Unfehlbarkeitserklärung des Papstes verstärkte die Anziehungskraft Amerikas auf die römischen Katholiken Bayerns und des Rheinlands. Während sich die Iren in den östlichen Städten niederließen, zogen die Deutschen in den Mittleren Westen.

1920 gab es 3,3 Millionen Amerikaner italienischer Herkunft und ca. 3 Millionen Polen. 1970 waren ca. 9 Millionen Amerikaner spanischer Abkunft, einige die Nachkommen früher Siedler im Südwesten und Kalifornien, die meisten jedoch Einwanderer aus Mexiko.

Die Führung in Rom war während des 19. Jh.s durchweg reaktionär und verdammte alle Aspekte der Freiheit und Selbstverwaltung (einschließlich des »Amerikanismus«). Dank der Führung fähiger Männer konnte die katholische Kirche in Amerika jedoch überleben und sogar den Haß gegen alles Ausländische, der so herausragende Sprecher wie Lyman Beecher und Samuel F. B. Morse (Erfinder des Telegraphen) hatte, überwinden. John Hughes (1797–1864) von New York, John England (1786–1842) von Charleston und Kardinal James Gibbons (1834–1921) führten ihre Herde durch mancherlei Gefahren und erreichten von Rom das Recht, daß Katholiken in den Gewerkschaften und anderen amerikanischen Institutionen mitarbeiten durften.

Eine der bemerkenswertesten Leistungen des amerikanischen Katholizismus – einzigartig in Amerika – war der Aufbau eines umfassenden Schulwesens – Grundschule, höhere Schule und Universität.

Nach dem Zweiten Vatikanum (1962–1965) trat der römische Katholizismus in ein neues Verhältnis zu seinen Schwesterkirchen in Amerika.

Nationalrat der Kirchen Christi (gegründet 1950)

Zwischenkirchliche Kooperation begann früh in Amerika. Prediger der verschiedenen Denominationen arbeiteten oft bei Erweckungsversammlungen zusammen. Die Evangelische Allianz (gegr. 1846) hatte eine starke Anhängerschaft, und der große Kirchenmann und Gelehrte Philip Schaff (1819–1893) war die treibende Kraft der amerikanischen Sektion.

Von Anfang an hat der Ökumenismus in Amerika Evangelisation, Mission und soziales Anliegen zusammengebracht. Horace Bushnell (1802–1876; *Christian Nurture*), Washington Gladden (1836–1918; *Social Salvation*) und Walter Rauschenbusch (1861–1918; *Christianity and the Social Crisis*) legten die theologische Grundlage. Man sollte auch Josiah Strong (1847–1916) nicht vergessen, der den Bestseller *Our Country* schrieb und dessen Mitarbeit in der Evangelischen Allianz ihren Höhepunkt beim Weltparlament der Religionen (Chicago 1893) erreichte.

Im Ersten Weltkrieg folgten die Kirchen einem christlichen Präsidenten (Woodrow Wilson) und unterstützten den Krieg in Europa mit gutem Gewissen. Wilson sagte (am Karfreitag 1917), daß Amerika »als ein unparteiischer Vorkämpfer des Rechts« in den Krieg eintrete, und der Bundesrat der Kirchen rief die Kirchen auf, ihren Teil zu tun, um »den Krieg der Gerechtigkeit« zu gewinnen.

Die Krise des liberalen Protestantismus kam mit dem Aufstieg Hitlers. Eine Reihe Schlüsselpersonen waren nach dem Ersten Weltkrieg schockiert über das sinnlose Morden, enttäuscht über das Versagen Amerikas, den Weg internationaler Kooperation verantwortlich zu Ende zu gehen, niedergeschlagen durch die offenbare Art, wie die Friedensverträge von »Machtpolitik« diktiert wurden und nicht von den einstigen hehren Zielen. Einer von ihnen war Harry Emerson Fosdick (1878–1969), der ein leidenschaftlicher Pazifist wurde. Ein populäres Magazin veröffentlichte in den späten 1930er Jahren Bilder und Kurzbiographien der zehn am meisten beachteten Prediger Amerikas: neun der zehn waren Pazifisten. Der Versöhnungsbund, eine von Friedrich Siegmund-Schultze (1885–1969) und Henry Hodgkin (1877–1933) 1914 gegründete pazifistische Organisation, war sehr stark in den Kirchen.

Die lauteste einzelne Stimme, die diesen Trend in Frage stellte und die Kirchen auf die Verbrechen des Nazismus und die gefährliche Lage des europäischen Judentums hinwies, war Reinhold Niebuhr (1892–1971). Er gründete 1930 die Gemeinschaft Sozialistischer Christen, die ein einflußreicher Mittelpunkt neo-orthodoxer theologischer Besinnung, radikaler Politik und Opposition gegen faschistischen und kommunistischen Totalitarismus wurde. Während seiner Jahre am Union Theological Seminary, wo sich ihm später der deutsche Flüchtling und Theologe Paul Tillich (1886–1965) anschloß, wurde diese Institution zur in der Welt angesehensten amerikanischen theologischen Hochschule.

Amerikanisches Christentum außerhalb der ökumenischen Sphäre

Kirchliches Wachstum scheint heute von der Laieninitiative abzuhängen, und Laieninitiative scheint in den Kirchen am stärksten zu sein, die keine starke Hierarchie kennen. Das Wachstum ist mit einem starken Gefühl der Gruppenidentität verbunden. Solche Kirchen, die nach ihrem Selbstverständnis gegen den Strom schwimmen, erscheinen am lebendigsten und sind für neue Mitglieder am attraktivsten.

Eine der am schnellsten wachsenden Kirchen ist die Lutherische Kirche der Missouri Synode, die in den letzten 15 Jahren fast 600000 neue Mitglieder aufnahm. Seit 1940 weist sie eine Steigerung von 120 % auf, während die liberaleren lutherischen Kirchen weniger als 60 % Zuwachs verzeichnen. Der führende Kopf bei Schaffung der Synode (gegr. 1847) war Carl F. W. Walther (1811–1887). Unter seiner Führung entstand ein ausgedehntes System kirchlicher Privatschulen. Verantwortung und Initiative der Mitglieder der Ortsgemeinden wird betont.

Die größte protestantische Kirche in Amerika ist die Southern Baptist Convention. Die Vereinigung wurde 1845 während des Konflikts zwischen Nord und Süd, der dem Bürgerkrieg (1861–1865) voranging, gegründet. Die Baptisten rangierten 1860 noch hinter den Methodisten. Damals war jeder fünfte Protestant in Amerika Methodist. Aber während der zweiten Hälfte des 19. Jh.s und im 20. Jh. wuchsen die Southern Baptists schneller und zählen heute über 11 Millionen Mitglieder. In den letzten 15 Jahren hat sich die Zahl ihrer Missionare mehr als verdoppelt, während die Methodisten (deren Nord- und Südteile sich 1939 wieder vereinigten) hier stark abgefallen sind. Die Southern Baptists unterhalten das größte Seminar (Southwestern Baptist Theological Seminary in Fort Worth, Texas) und zählen den prominentesten Prediger zu den ihren: Billy Graham (geb. 1918).

Lutherische Kirche, Missouri Synode

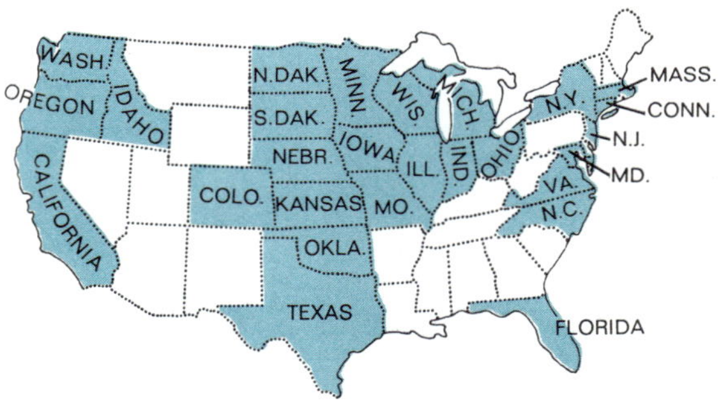

Staat in dem Missouri-Synode stark vertreten

155

Bund der Südlichen Baptisten

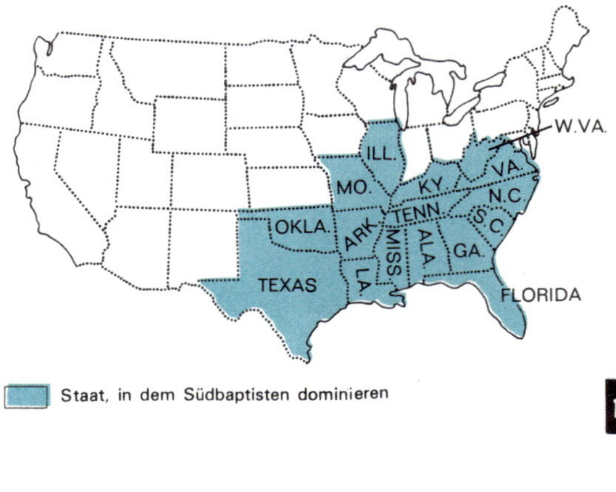

Staat, in dem Südbaptisten dominieren

156

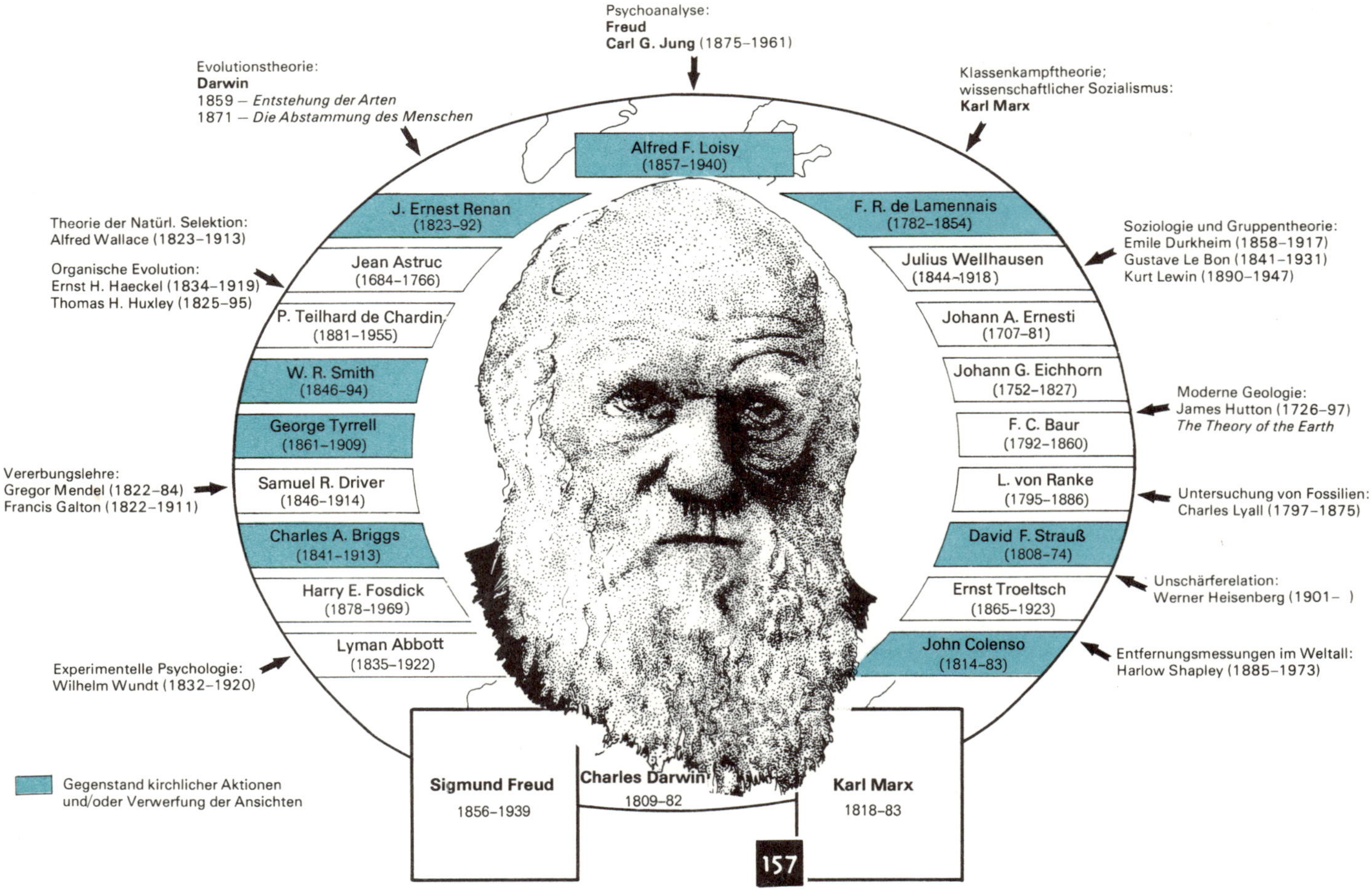

157

Wissenschaftliche Methode und Religion in den USA

Der Einfluß Charles Darwins (1809–1882) geht weit über die biologischen Wissenschaften hinaus. In *Die Entstehung der Arten* (1859) und *Die Abstammung des Menschen* (1871) stellte er die Hypothese auf, daß eine natürliche Auslese die Höherentwicklung der Lebensformen steuert und daß der Stärkste überlebt. Die zweite These wurde zur Grundlage mehrerer Schulen der Politikwissenschaft und Sozialphilosophie, einschließlich der Laissez-faire-Wirtschaft und des Nationalsozialismus. Die erste These ersetzte die Anschauung vom Menschen als gefallenem Engel durch die Anschauung vom Menschen als aufgestiegenem Tier. Am wichtigsten war die Einführung einer Entwicklungstheorie, die durch Analogie das Verständnis sozialer Institutionen und selbst die Theologie tief beeinflußte.

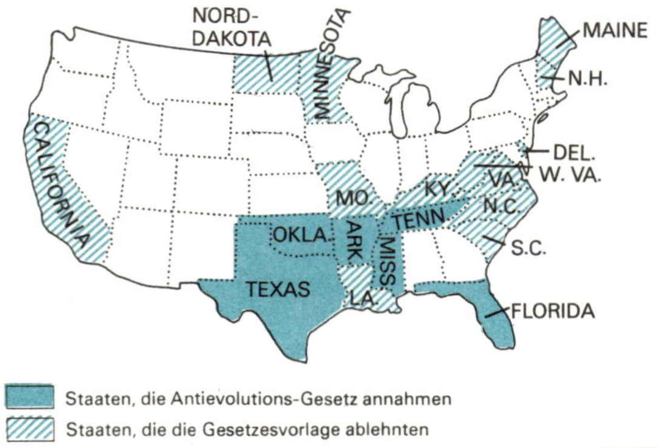

158

Die Entwicklungstheorie führte sowohl zu Versuchen, den ursprünglichen Zustand zu erforschen, als auch zu dem Bemühen, das Wachsen komplexer Systeme zu beschreiben. Ein anschauliches Beispiel war Ernst Renans Buch *La Vie de Jésus* (1863), das alle natürlichen und geheimnisvollen Elemente, mit denen die Frömmigkeit angeblich Jesus umgeben hatte, über Bord warf. George Tyrrell (1861–1909) beschrieb das Christentum als eine Entwicklungsstufe auf dem Weg zu einer letzten universalen Religion.

Angewandt auf das Studium der Bibel und der christlichen Dogmen relativierte die Entwicklungstheorie die Zuverlässigkeit der herrschenden Tradition und führte zu einem Ausleseprozeß auf der Grundlage der Frage, welche Bücher und Lehren größere Aufmerksamkeit verdienen und welche beiseite gelegt werden können.

In den Vereinigten Staaten gewann der Sozial-Darwinismus in den oberen gesellschaftlichen und wirtschaftlichen Schichten weite Zustimmung. Die Philosophie des »Überlebens des Tüchtigen« (Survival of the fittest) veränderte die ältere puritanische Tradition der gegenseitigen Hilfestellung und der Haushalterschaft im Gemeinwohl.

Lyman Abbot, Washington Gladden und Harry Emerson Fosdick versuchten, die Evolutionstheorie mit der Botschaft des Christentums als einer Hochreligion in Zusammenhang zu bringen. Aber besonders unter denen, die sich den »Fundamentalien« (1910) verpflichtet wußten, wurde die Evolution als Herausforderung der geoffenbarten Wahrheit über Ursprung und Zweck des Menschen angesehen. In Dayton, Tennessee, wurde ein Lehrer für schuldig befunden, das Anti-Evolutionsgesetz dieses Staates übertreten zu haben. Das Verfahren (*Scopes Trial*, 1925) erregte solche Aufmerksamkeit, daß die Fundamentalisten eine Schlacht gewannen, aber den Krieg verloren.

Die Verlegenheit der Kirchen entsprang ebensosehr dem Mißbrauch staatlicher Macht zur Geltendmachung religiöser Lehren wie der falschen Bestimmung des Konflikts zwischen »Wissenschaft« und »Religion«.

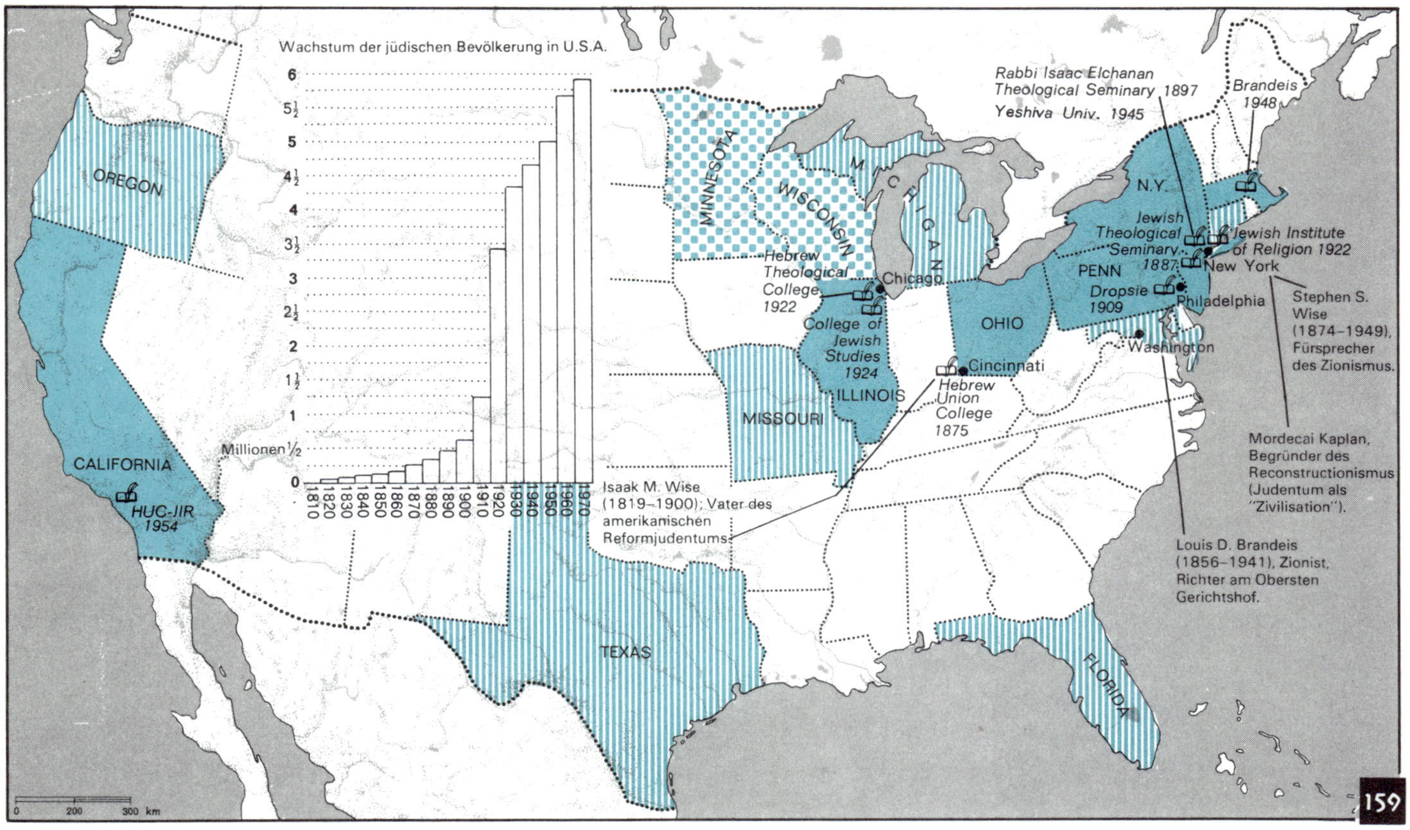

Staat mit mehr als 100.000 Juden
Staat mit 50.000 bis 100.000 Juden
Staat mit 15.000 bis 50.000 Juden
Jüdische Hochschule

Größere jüdische Gemeinschaften in den USA

Die ersten Juden, die die Kolonien erreichten, waren *Sephardim*, Opfer des letzten Kreuzzuges Ferdinands und Isabellas auf der gesamten Iberischen Halbinsel und der portugiesischen Rückeroberung von Recife, Brasilien, von den Holländern (1654). Eine Generation später gründeten sie die Gemeinde Shearith Israel in New York. Zur Zeit der amerikanischen Revolution gab es kaum mehr als 2000 Juden bei einer Bevölkerung von 3,6 Millionen in den Kolonien.

Die erste wichtige Einwanderungswelle folgte der Revolution von 1848, besonders nach der Anwendung scharfer antisemitischer Gesetze im römisch-katholischen Bayern. Als ashkenasische Juden der deutschen Gebiete hatten sie Lehrer, die unter dem Einfluß der Aufklärung und der Universitäten standen. Ihr Denken und ihre Praxis waren auf Assimilation ausgerichtet. Schellings Freund Moses Mendelssohn (1729–1786), der an einem rationalen und ethischen Judaismus festhielt, aber soziales Ansehen in Berlin erreichte, verkörperte eine Möglichkeit. Schleiermachers Freund David Mendel (Johann August Wilhelm Neander, 1789–1850), Konvertit und Kirchenhistoriker, repräsentierte eine zweite Möglichkeit.

In Amerika wandte sich das Reformjudentum in der Liturgie der englischen Sprache zu und nahm in der Pittsburgh-Plattform (1885) eine Glaubenserklärung an, die das Irrationale und Wunderbare, sowie überholte Aspekte des Mosaischen Gesetzes und selbst die Rückkehr nach Palästina verwarf. Der Anführer des Amerikanisierungsprozesses, Isaac Mayer Wise (1819–1900), trug zur Gründung der Union der Amerikanischen Hebräischen Gemeinden (1873) und des Hebrew Union College (1875) bei.

Als Reaktion auf die Schnelligkeit, mit der die Reformjuden Marksteine des historischen Glaubens und der Praxis aufgaben, trat das konservative Judentum auf. Das Jüdische Theologische Seminar in New York (gegründet 1887) wurde das Zentrum der Bewegung, und unter Führung von Solomon Schechter (Präsident von 1902–1915) erreichte die Institution eine Bedeutung, die sie nie wieder verlor.

Der Strom der Juden aus Osteuropa, der ca. 1870 einsetzte, brachte eine Tendenz gegen die Assimilation und bot eine Grundlage für das konservative Judentum. Die religiösen Anführer dieser Immigranten kamen nicht von den Universitäten: sie hatten die Schulen der jüdischen Gettos durchlaufen, in denen die mündliche Tradition und das Studium der Heiligen Schriften blühten. Mit den Flüchtlingen von zaristischen Pogromen und anderen Formen der Verfolgung und Unterdrückung in Rußland, Polen und den Baltischen Staaten, waren zwei Drittel des amerikanischen Judentums konservativ. Die Yeshiva-Universität in New York (gegründet 1886) ist jetzt die Hauptbildungsinstitution der Orthodoxen.

Hitlers Angriff auf das europäische Judentum brachte das amerikanische Judentum näher zusammen. Die Unterstützung Israels hat ein erneuertes Identitätsbewußtsein geschaffen, und auch das Reformjudentum hat die zionistische Position eingenommen. In dieser Veränderung war Stephen S. Wise (1874–1949) eine treibende Kraft.

Die Touro Synagoge in Newport (Rhode Island), die älteste Synagoge Amerikas

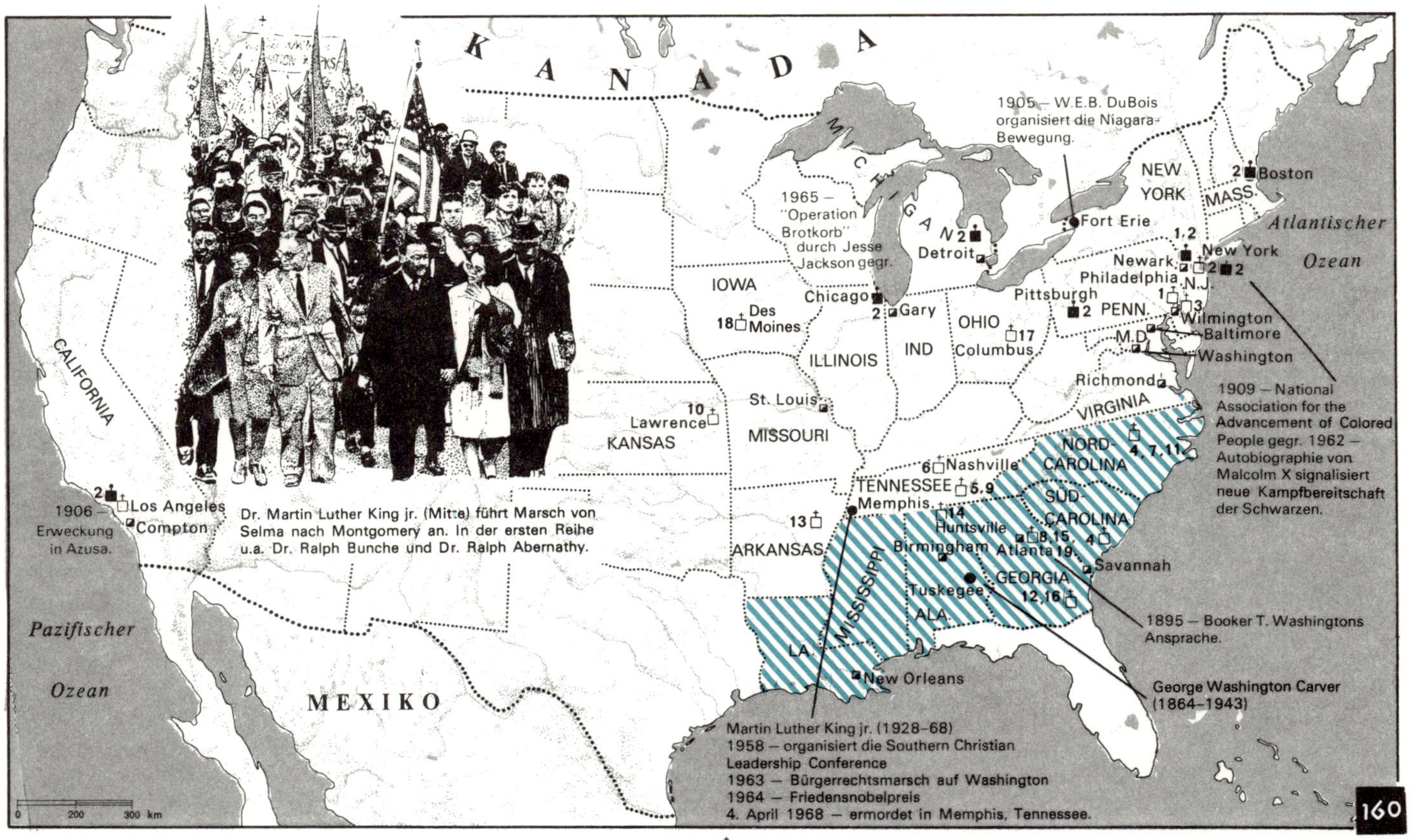

Dr. Martin Luther King jr. (Mitte) führt Marsch von Selma nach Montgomery an. In der ersten Reihe u.a. Dr. Ralph Bunche und Dr. Ralph Abernathy.

Kirche
Tempel des schwarzen Islam
Städte mit mehr als 40% Schwarzen
Staaten mit mehr als 25% schwarzer Bevölkerung

Kirche		
1	1787 —	African Methodist Episkopal Church
2	1796 —	African Methodist Episkopal Zion Church
3	1805 —	Union American Methodist Episkopal Church
4	1866 —	African Union Meth. Protestant Church
5	1869 —	Colored Cumberland Presb. Church
6	1870 —	Colored Methodist Episkopal Church
7	1886 —	United Holy Church
8	1895 —	National Baptist Convention, Inc.
9	1896 —	Church of Christ (Holiness)
10	1896 —	Church of God and Saints of Christ
11	1901 —	United Free Will Baptist Church
12	1902 —	Triumph the Church and Kingdom of God in Christ
13	1905 —	Free Christian Zion Church of Christ
14	1907 —	National Primitive Baptist Convention
15	1915 —	National Baptist Convention
16	1916 —	Apostolic Overcoming Church of God
17	1919 —	Apostolic Faith, Inc.
18	1932 —	Christ Church Union
19	1961 —	Progressive National Baptist Convention
Tempel		
1	1931 —	Moorish Science Temple
2	1931 —	Black Muslim Temple

Schwarze Religion in Amerika

Es ist ein verbreiteter Irrtum, zu meinen, die schwarzen Kirchen seien einfach die Gegenstücke der weißen Denominationen. Sie entstanden als Reaktion auf Herabwürdigung, der man in weißen Gemeinden ausgesetzt war, und sie nahmen die Namen ihres konfessionellen Hintergrundes an. So führte Richard Allen (1760–1831) eine Gruppe Farbiger aus einer weißen Gemeinde und gründete 1793 die »Mutter Bethel«-Kirche in Philadelphia. Die African Methodist Episcopal (AME) Kirche hielt 1861 ihre erste Generalkonferenz ab. James Varick (1750–1827) gründete 1821 die African Methodist Episcopal Zion (AME Zion) Kirche in New York. Schwarze Christen (prozentual gibt es unter Farbigen ebenso viele Kirchenmitglieder wie unter Weißen) organisierte sich früh zu baptistischen Gemeinden. Die Vereinigungen, denen bis zum Aufkommen der Pfingstbewegung vier von fünf schwarzen Christen angehörten, wurden jedoch erst später organisiert.

Der erste Außenmissionsversuch eines Schwarzen war der von Lott Cary, der 1821 für die Afrikanisch-Baptistische Missionsgesellschaft in Richmond (Virginia) nach Liberia ging.

Die schwarzen Kirchen entwickelten sich aber von den weißen fort; denn nach der Emanzipation gebrauchte die herrschende weiße Gesellschaft Mittel am Rande und jenseits der Legalität, um die befreiten Sklaven wieder in die Knechtschaft zu zwingen. Nur in ihren Kirchen waren die Schwarzen also frei von weißer Bevormundung. Zur gleichen Zeit, als die weißen Kirchen erschlafften, die Funktion christlicher Gegenkulturen aufgaben und den Status religiösen Establishments (gesellschaftlich, wenn auch nicht rechtlich) einnahmen, wurden die schwarzen Gemeinden die Hauptzentren schwarzer Identität und (passiven) Widerstands.

Booker T. Washingtons Politik der kleinen Schritte wurde durch politischen und rechtlichen Kampf ersetzt, der sich in der National Association for the Advancement of Colored People (NAACP) (gegr. 1910), und der National Urban League (gegr. 1911) artikulierte. Politische Initiative auf nationaler Ebene konnte sich auf die ungeheure Kraftreserve der schwarzen Gemeinden stützen, und dies bildete das Reservoir für die Bürgerrechtsbewegung.

1942 gründeten James L. Farmer und George Houser – ein Schwarzer und ein Weißer, beide Söhne methodistischer Prediger und beide führend in der methodistischen Jugendbewegung tätig – den Congress of Racial Equality (CORE). CORE und das Student Nonviolent Coordinating Committee (SNCC) waren anfänglich von der gewaltlosen direkten Aktion, die Gandhi (1869–1948) in Südafrika und Indien gelehrt und praktiziert hatte, beeinflußt. 1957 wurde die Southern Christian Leadership Conference (SCLC) von Martin Luther King jr. (1929–1968) organisiert, einem baptistischen Prediger, der in Amerika der Sprecher der Sehnsüchte schwarzer Bürger und der Hoffnung liberaler weißer Bürger wurde.

King erhielt seine Ausbildung am Morehouse College (einem traditionellen schwarzen College in Georgia) und am Crozer Theological Seminary (liberal baptistisch). Seinen Dr. phil. machte er an der Boston University (liberal methodistisch). 1964 erhielt er den Friedensnobelpreis. Er verlor nie die Fähigkeit, die Sprache der schwarzen Gemeinden zu sprechen, und bei seinen »Freiheitsmärschen« wurde er von Scharen einfacher schwarzer Christen unterstützt. Seine Predigt (»I have a dream«) am Lincoln-Denkmal (28. August 1963) während eines Marsches von mehr als 200000 weißen und schwarzen Amerikanern auf Washington, wird von vielen als der Höhepunkt christlicher Predigt im Amerika des 20. Jh.s angesehen.

* Regionalbüros der "Nationalen Konferenz von Christen und Juden".

Zentrum an einer Universität

Zentren interreligiösen Dialogs

Nach dem Zusammenbruch der kolonialen Staatskirchen hielt sich die allgemeine Auffassung von Amerika als einer protestantischen Nation mehr als ein Jh. Neue Einwanderer, vor allem Katholiken und Juden, hatten in bezug auf Bildungsmöglichkeiten, Arbeitsplätze, Politik und soziale Mobilität große Nachteile. In vielen Staaten erlebten Terrororganisationen wie der Ku-Klux-Klan (1915 neu organisiert, um nicht nur gegen Neger loszuschlagen, sondern auch antikatholische und antisemitische Aktionen durchzuführen) eine neue Blüte. Auf einer etwas gehobeneren Ebene schrieben protestantische Befürworter eines »christlichen Amerika« Pamphlete und predigten gegen den ausländischen Einfluß, der die frühen protestantischen und angelsächsischen Traditionen unterminiere.

1928 erreichten die »nativistischen« Kräfte einen Höhepunkt an Bosheit und politischer Wirksamkeit, als sie Alfred E. Smith besiegen halfen. Smith, der Präsidentschaftskandidat der Demokratischen Partei, war Katholik und trank auch noch Alkohol. Die Prohibition war ein Lieblingskreuzzug der großen protestantischen Kirchen, ja, für viele Methodisten und Baptisten ein Ersatz für das soziale Evangelium, und sie war durch den achtzehnten Zusatz zur Verfassung und den Volstead Act (1919) zum Gesetz erhoben. Wie die Anti-Evolutions-Gesetze, so war auch die Prohibition ein protestantischer Kreuzzug, um bestimmte religiöse Lehren durch Gesetze abzusichern. Beide Maßnahmen waren für Freikirchen unangemessen, und beide trugen dazu bei, den protestantischen Einfluß auf öffentlichen Angelegenheiten zu diskreditieren.

Vor diesem Hintergrund gründete eine Gruppe mutiger Juden, Katholiken und Protestanten die Nationale Konferenz von Christen und Juden (NCCJ), die bis heute die wichtigste Institution interreligiöser Zusammenarbeit in Amerika ist. Das Vorbild der NCCJ hat eine ähnlich organisierte »Erziehung zum Verständnis« in Kanada, England und der Bundesrepublik Deutschland ausgelöst. Über Jahre war der Motor der NCCJ Everett J. Clinchey (geb. 1896). In den ersten Jahren hielt die Bewegung Versammlungen in Tausenden von Schulen und öffentlichen Sälen ab, bei denen ein Priester, ein Pfarrer und ein Rabbiner sprachen und an die Bürger appellierten, Verständnis für andere Traditionen aufzubringen. Der Religiöse Pressedienst begann, Zeitungs- und Zeitschriftenredaktionen täglich mit Nachrichten über Entwicklungen auf dem Gebiet interreligiöser Konflikte oder Zusammenarbeit zu versorgen.

Später entwickelte die NCCJ ein breites Literaturspektrum – von Literatur zur Lehrerfortbildung bis hin zu Schulbüchern für den Unterricht. Im letzten Jahrzehnt haben das Zweite Vatikanum und Probleme der Minoritäten im Vordergrund gestanden. Wissenschaftliche Ausschüsse arbeiten unter Förderung der NCCJ an Themen wie der Pathologie des Antisemitismus, der Geschichte und Bedeutung des Holocaust, der historischen und theologischen Bedeutung eines wiederhergestellten Israel.

Die NCCJ widmete von Anfang an ihre Aufmerksamkeit der interreligiösen Arbeit an den Universitäten. Als die Cornell University das Cornell United Religious Work (CURW) und die University of Iowa einen Fachbereich für Religion errichtete, beides 1923, war dies ein einzigartiges Wagnis! Andere Universitäten folgten, bezeichnenderweise an den großen Staatsuniversitäten des Mittleren Westens, wo der Protestantismus nie ein rechtliches Establishment gewesen war.

1958 wurde eine Vereinigung der Koordinatoren religiöser Angelegenheiten in den Universitäten (ACURA) gebildet, die heute mehr als zweihundert Institutionen repräsentiert.

C. Das große Jahrhundert der christlichen Missionen

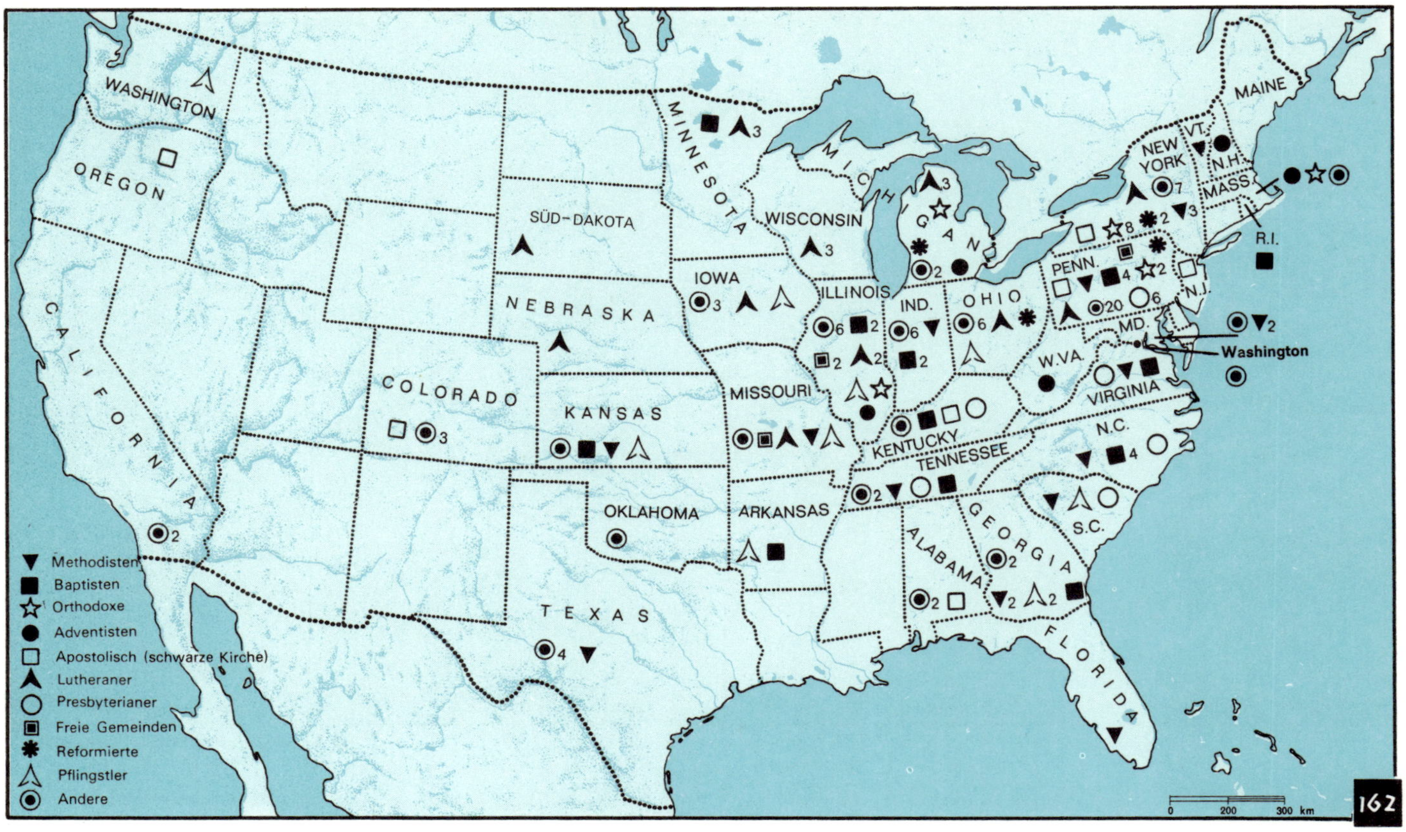

Neue amerikanische Kirchen

Das 19. Jh. war eine Zeit inter-kirchlicher Zusammenarbeit und zugleich eine Zeit vieler Spaltungen und Separationen. Selbst unter friedliebenden Christen wie den Quäkern gab es eine Spaltung (1827–1828) zwischen Anhängern Elias Hicks (1748–1830) und den Orthodoxen. Auch bei den Mennoniten und Brüdern gab es Spaltungen in großer Zahl.

Die Zersplitterung der amerikanischen Denominationen ist also nicht ausschließlich eine Folge der Erweckungen. Gleichwohl brachten diese Erweckungen – ein immer wieder auftauchendes und einzigartig amerikanisches Phänomen über zwei Jh.e – eine ganze Reihe neuer Denominationen hervor. Abspaltungen von den kongregationalistischen Kirchen führten oft zu kommunitären Experimenten.

Der erste größere Bruch im Presbyterianismus geschah während der Großen Erweckung, in der William Tennent (ca. 1673–1746) und seine drei Söhne aktiv waren. 1726 gründete der Vater Tennent ein Seminar, das sog. »Log College«, das sich schließlich zur Princeton University entwickelte, das aber zu jener Zeit denen in der Synode ein Dorn im Auge war, die verlangten, daß die Geistlichkeit an anerkannten Universitäten auszubilden sei. Bei der Spaltung in die »neue Richtung« und »alte Richtung« hatten die Erweckten die Laien hinter sich. Als die Trennung überwunden wurde, wählte das College John Witherspoon (1723–1794) aus Schottland zum Präsidenten. Witherspoon war der einzige Geistliche, der die Unabhängigkeitserklärung unterzeichnet hatte. Nicht alle Kontroversen in den presbyterianischen Kirchen wurden jedoch so schnell beigelegt. Nach der Cane Ridge Erweckung wurde das Cumberland Presbyterium wegen Erweckung und wegen Senkung der Ausbildungsanforderung an Geistliche ausgeschlossen. Erst 1906 erfolgte die Wiedervereinigung.

Ein kritisches Problem unter den Baptisten war neben der Rassenfrage das Problem organisierter Missionsarbeit. Von Anfang an gab es Differenzen zwischen denen, die an einer strengen calvinistischen Lehre der Prädestination festhielten, und denen, die Evangelisation und Mission unterstützten. Widerstand gegen organisierte Mission und andere »unbiblische« Versuche machte sich unter den hyper-calvinistischen Baptisten breit, und um 1820 formierten sich die »Two-Seed-in-the-Spirit Predestinarian Baptists« und 1827 die »Primitive Baptists«. Dreißig Jahre später wurde im Mississippital ein anti-missionarischer baptistischer Bund gegründet.

Unter den Methodisten waren die Hauptprobleme Widerstand gegen die Macht des Bischofs und Kritik an den großen Gemeinden wegen Preisgabe der Normen für ihre Gemeindeglieder. Aus Widerstand gegen bischöfliche Macht trennten sich 1830 die Methodistischen Protestanten von der Bischöflich Methodistischen Kirche. Hauptquelle der Spaltungen im letzten Jh. war das Aufgeben der Normen für Gemeindeglieder. Als Antwort auf diese Verwässerung bildete sich eine Anzahl neuer schlagkräftiger Denominationen, darunter die Kirche des Nazareners (gegr. 1908).

Viele der Pfingstgemeinden, die in den letzten Jahrzehnten ein phänomenales Wachstum zu verzeichnen gehabt haben, betonen stark charakteristisch Wesleysche Lehren wie »christliche Vollkommenheit« und »biblische Heiligung«. Letztlich müssen sich alle Kirchen der zentralen Frage stellen, ob sie sich mehr oder weniger in die Kultur ihrer Umgebung einordnen, oder ob sie eine authentische Gegenkultur bilden.

Der Aufstieg der modernen Missionen

Als Joseph I. Parker sein *Statistical Survey* und sein *Directory of World Missions* für die internationale Missionskonferenz in Madras (1938) vorbereitete, entdeckte er, daß zwei Drittel aller Missionare von den Freikirchen ausgesandt waren. Und die überwältigende Mehrheit der Missionare aus den etablierten Kirchen hatten als Hintergrund entweder den Pietismus deutscher, schweizerischer, holländischer oder skandinavischer Prägung oder den Wesleyanismus (innerhalb oder außerhalb der Kirche von England).

Während des »Großen Jahrhunderts der christlichen Missionen« (Kenneth Scott Latourette) verschob sich die über viele Jahrhunderte gültige Grundlage der christlichen Mission, nämlich die militärische, politische und finanzielle Unterstützung durch christliche Herrscher. Die neue Grundlage bildeten die freiwilligen Gaben von Millionen schlichter Gemeindeglieder und die Bereitschaft Zehntausender, in die Mission zu gehen. Als Gregor der Große Augustin von Canterbury als Missionar nach Kent schickte, oder als Bartholomäus Ziegenbalg (1682–1719) nach Tranquebar ging, da waren diese Ereignisse Akte hoher Diplomatie. Die Geburtsstunde der modernen Mission schlug, als ein einfacher Baptist, der Flickschuster William Carey (1761–1834), den verpflichtenden Ruf des Missionsbefehls (Mk 16,15) verspürte. Er brachte sich selbst Latein, Griechisch, Hebräisch, Holländisch und Französisch bei und ging nach Indien. 30 Jahre unterrichtete er am neuen Fort William College in Kalkutta Bengali, Sanskrit und Marathi und übersetzte die ganze Bibel in Bengali (1809) und Teile in 24 andere Sprachen und Dialekte. Seine Arbeit wurde teilweise von der Baptistischen Missionsgesellschaft unterstützt, die er 1792 gegründet hatte.

In Amerika geht die moderne Mission auf die studentische »Gesellschaft der Brüder« am Williams College und auf die Gründung des American Board of Commissioners for Foreign Mission (1810) zurück.

Die Basis der Mission bildeten während des 19. Jh.s die Kirchen, die das »allgemeine Priestertum« aller Gläubigen betonen.

In einigen Kreisen gab es von Anfang an Widerstand gegen die Mission. Auf der anderen Seite jedoch wurden manche Kirchen gerade um der Mission willen gegründet, z.B. der Schwedische Missionsbund (gegr. 1877) und die Christian and Missionary Alliance (gegr. 1897). A. B. Simpson, der die CMA schuf, gründete auch das erste Bibelinstitut: Nyack Missionary College (gegr. 1882). In den USA und Kanada gibt es inzwischen 248 Bibelinstitute, die hauptsächlich Prediger und Missionare ausbilden.

Im Verlauf der Missionsarbeit wurden die Vorteile einer Zusammenarbeit der Gesellschaften bald klar. Angloamerikanische Missionskonferenzen begannen 1854 und sorgten für die Stoßkraft, die die Konferenz in Edinburgh 1910 ermöglichte. Auf der Londoner Konferenz 1888 kamen Delegierte von 55 Gesellschaften aus England und den Kolonien, 66 Gesellschaften aus Nordamerika und 18 vom europäischen Kontinent. Auf der Konferenz in New York 1900 waren 168 verschiedene Gesellschaften vertreten. 1866 trat die Kontinentale Missionskonferenz in Bremen zusammen. Drei Jahre zuvor waren die Skandinavischen Missionskonferenzen begonnen worden. Die ersten Versammlungen in Skandinavien kamen auf Initiative des europäischen Zweigs der Ev. Allianz zustande (Kopenhagen 1857; Lund 1859; Christiania 1861). Bei der Zusammenarbeit in Skandinavien war ein konvertierter Jude – Christian H. Kalker (1803–1886) – drei Jahrzehnte der führende Kopf.

Unter den neuen Gesellschaften, die die breite und demokratische Basis der Außenmission zeigten und die von den unterschiedlichsten Begabungen Gebrauch machten, war die China-Inland-Mission besonders wichtig. Die CIM war eine »Glaubensmission«, die auf freiwillige Gaben ihrer Förderer angewiesen war. Sie war die größte Einzelmission in China. Gründer war J. Hudson Taylor (1832–1905) im Jahre 1865.

Die Missionsgesellschaften arbeiteten auf breiter Front. Fast alle gründeten Colleges oder andere Bildungseinrichtungen. In einem Jahr waren 1/3 aller im »Who is Who« in China aufgenommenen Personen in protestantischen Schulen erzogen, und 1931 waren 9/10 aller Krankenschwestern in China Christen.

Aus den Vereinigten Staaten kamen im Lauf des 19. Jh.s die meisten protestantischen Missionen und Missionare. Auf katholischer Seite war es Frankreich. Im 19. Jh. wurden in der röm.-kath. Kirche 160 neue Orden gegründet, die meisten für die Außen- und Heimatmission. Einige, wie die Weißen Väter – von Charles Lavigerie (1825–92) 1867 gegründet –, waren für ganze Ausschnitte der Mission verantwortlich.

Das wichtigste Ereignis in Amerika war die Studentenkonferenz 1886 in Northfield, Massachusetts, die die »100 vom Berg Hermon« für das Missionsfeld aussonderte. 1920 waren über 20000 junge Leute unter dem Einfluß der Studentischen Missionsfreiwilligenbewegung (SVM) in die Mission gegangen.

Eine der Hauptveränderungen während des »Großen Jahrhunderts« war die wachsende Beteiligung der Frauen an der Missionsarbeit. Zu Beginn gab es nur wenige Frauen, aber am Ende des Jh.s machten sie über 50% des Personals aus.

Wichtig für die gegenwärtige Begegnung der Hochreligionen ist die Tatsache, daß die christliche Mission ein energisches Echo im Islam, Hinduismus und Buddhismus ausgelöst hat. Schon 1828 wurde die Brahmo Samaj zum Widerstand gegen christliche Missionare und zur Reform des Hinduismus gegründet. Auf dem Weltparlament der Religionen 1893 stellte Swami Vivekenanda (1863–1902) den Hinduismus so vor, daß er Anhänger in Amerika gewann. Die Vedanta-Gesellschaft, die er 1897 begründete, hat in mehreren Großstädten Zentren. 1875 wurde die Ahmadiyya-Bewegung in Lahore gegründet, die die Islam-Mission in Europa und Nordamerika betreibt. Während der 60er Jahre des 20. Jh.s gewann der Zen-Buddhismus besonders unter Studenten eine große Anhängerschaft, und selbst Soka Gakkai soll 60000 Anhänger in den USA haben.

Das »Große Jahrhundert der christlichen Mission« ist für viele in das Zeitalter inter-religiösen Dialogs übergegangen. Dafür ist die Zeitschrift »Journal of Ecumenical Studies« (gegr. 1963) ein wichtiges Werkzeug. Anderseits weisen vor allem die Evangelikalen darauf hin, daß der Dialog allein nicht dem Missionsbefehl Christi gerecht wird.

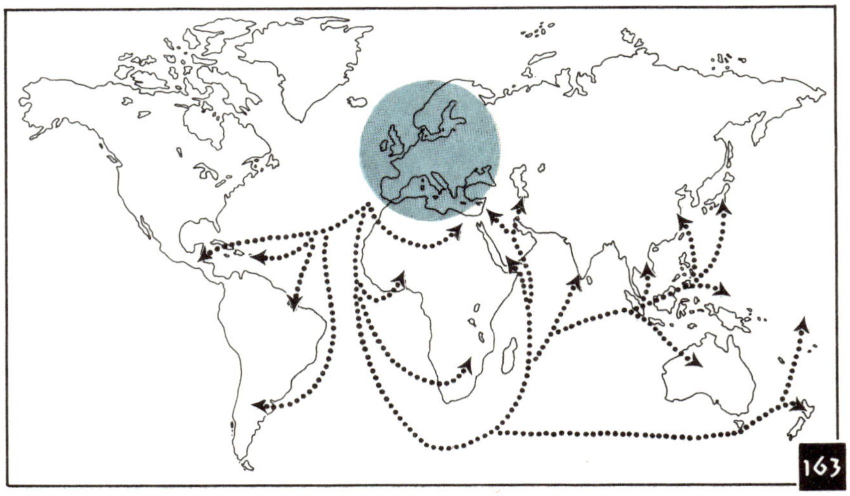

Das Erwachen der Mission in Europa

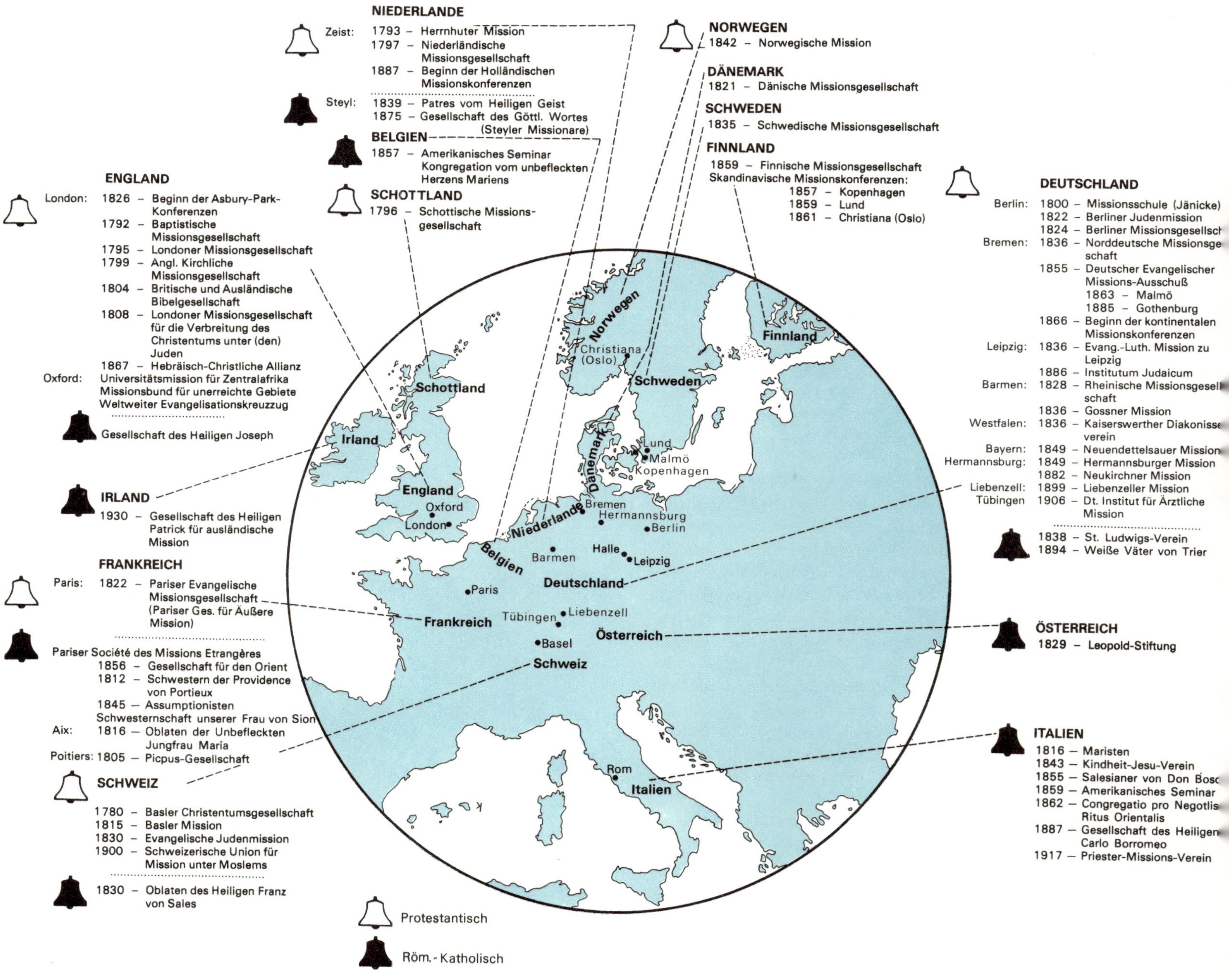

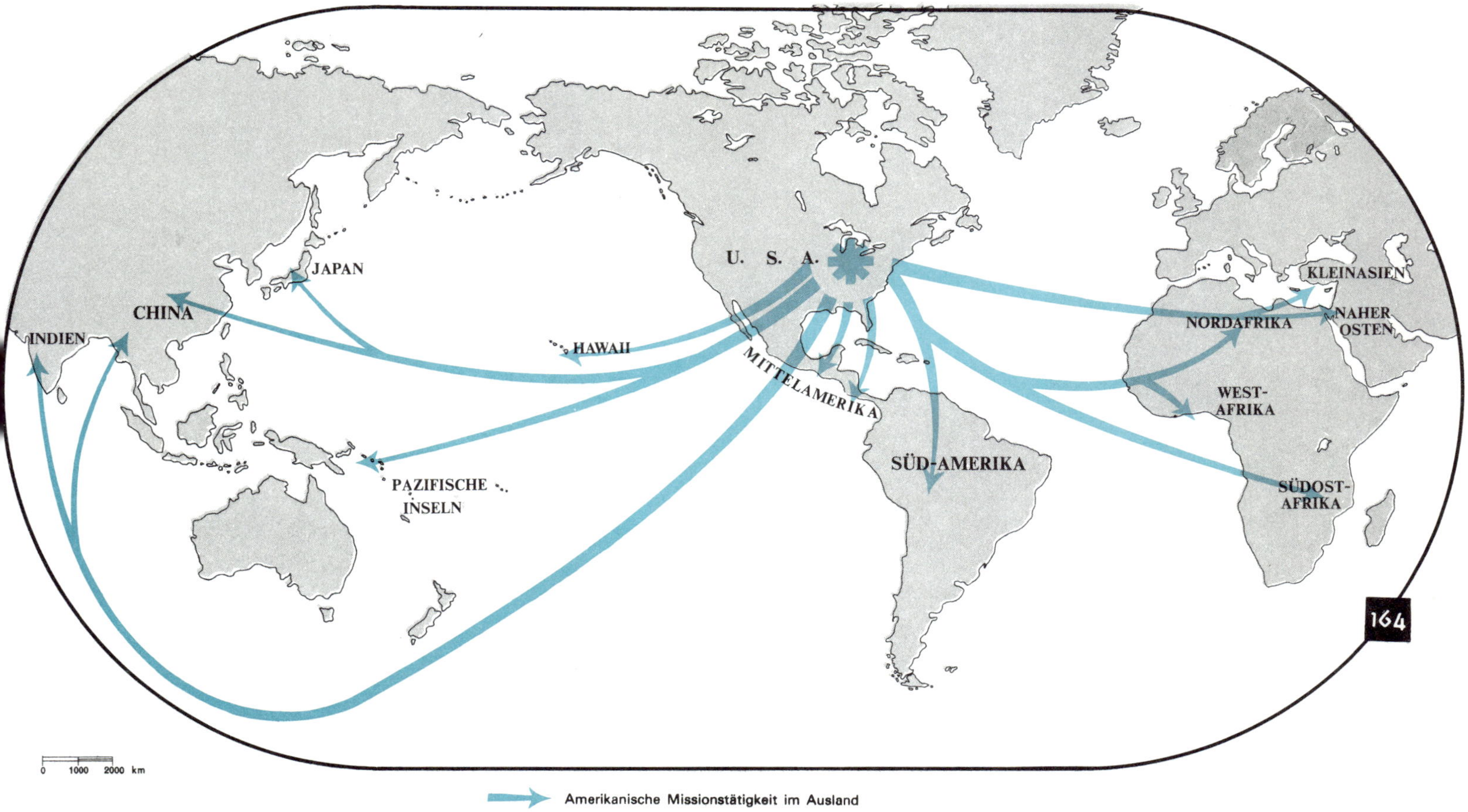

1810 – American Board of Commissioners for Foreign Missions (ABCFM)
1813 – Gründung der Baptist Convention zur Förderung der Außenmission
1816 – Amerikanische Bibelgesellschaft
1817 – American Colonization Society
1817 – Vereinigte Außenmissions-Gesellschaft
1824 – Amerikanische Sonntagsschulunion
1825 – Amerikanische Traktatgesellschaft
1826 – Amerikanische Gesellschaft für Innere Mission
1828 – Amerikanische Friedensgesellschaft
1833 – Amerikanische Antisklaverei-gesellschaft
1836 – Amerikanische Temperenzunion
1873 – Christliche Frauen-Temperenz-Union
1902 – Missionary Education Movement

Die ABC im Mittleren Osten

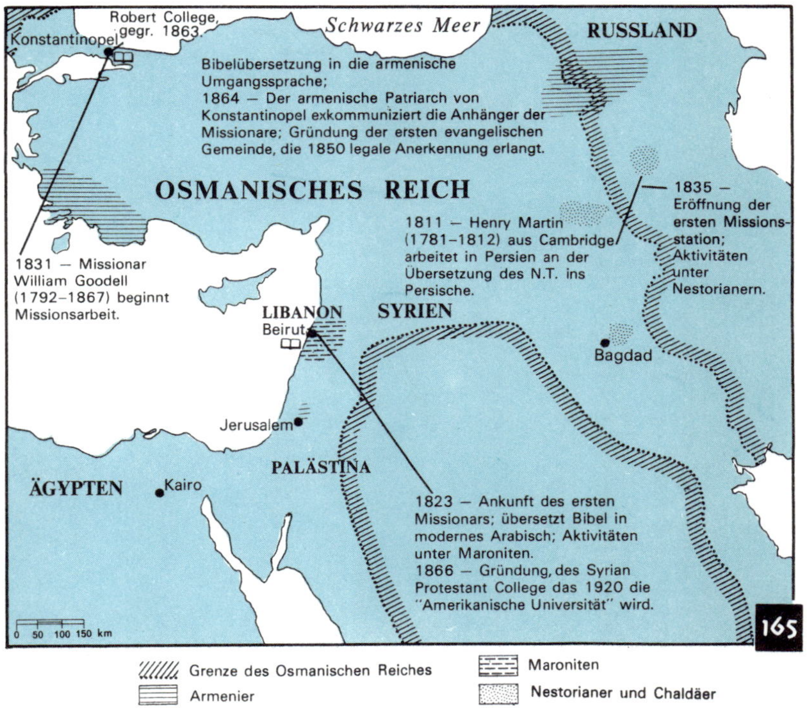

Das Erwachen der Mission in Amerika

Das 19. Jh. war das »Große Jahrhundert der christlichen Mission« (K. S. Latourette 1884–1968). Jetzt wurde das Christentum ein universaler, weltumspannender Glaube.

Die erste amerikanische Missionsgesellschaft war das American Board of Commissioners for Foreign Missions (gegr. 1810). Eine Gruppe Studenten des Williams College entschied sich für die Außenmission (1806). Man organisierte sich zu einer »Gesellschaft der Brüder«. Einige gingen zum Andover-Seminar, wo sie zusätzlich neue Mitglieder gewannen, insbesondere Adoniram Judson (1788–1850). 1810 war ihre Sache soweit gediehen, daß eine Gruppe Prediger in Connecticut und Massachusetts die berühmte – und noch immer arbeitende – »ABC« organisierte.

Der führende Mann dieser Gruppe war Samuel J. Mills (1783–1818), der zu Hause blieb und Unterstützung sammelte, während Judson und Luther Rice nach Indien segelten. Auf ihrer getrennten Seefahrt lasen Judson und Rice ihr NT und wurden von baptistischen Ansichten überzeugt. Ihre ersten Briefe nach Hause riefen unter den kongregationalistischen Gemeinden Bestürzung hervor, führten aber zur Gründung der Baptist General Convention for Foreign Missions (1814). Die ABC bestand jedoch weiter.

Die gleichen Personen, die zu Hause sich aktiv für die Außenmission einsetzten, waren auch in der Heimatmission bedeutsam. Die »Yale Bands« führten die Tradition der »Gesellschaft der Brüder« fort. Sie gingen nach Westen in viele Staaten, nachdem sie Indianersprachen, Landwirtschaft und öffentliches Erziehungswesen und andere Fächer zur Schaffung einer christlichen Zivilisation studiert hatten. In einigen Staaten gründeten sie die ersten Colleges, in anderen bewogen sie die Parlamente, ein öffentliches Schulwesen zu errichten.

Die Kongregationalisten arbeiteten hauptsächlich über die American Missionary Association (gegr. 1846) und halfen, so hervorragende Institutionen wie das Hampton-Institut, die Atlanta-Universität und die Fisk-Universität zu gründen.

166 Moderne Mission in Lateinamerika

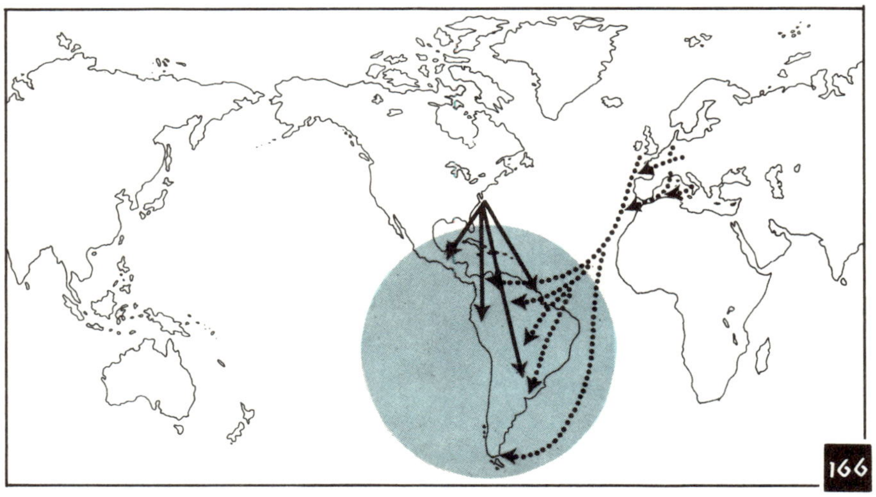

NICARAGUA
1849 – Missionsarbeit der Moravian Church (USA – in Zusammenarbeit mit Herrnhut)

MEXIKO
1865 – Missionsarbeit der American and Foreign Christian Union in Monterey
1872 – Erneuerung der Römisch-Katholischen Missionen durch Josephiten. Missionarskonferenzen für Lateinamerika: Mexiko City, 1888 und 1897
1895 – Priester aus dem Seminar von St. Peter und St. Paul kommen nach Baja Californien
1900 – Jesuiten erneuern Missionsarbeit unter Indianern
1902 – CVJM beginnt Missionsarbeit

KUBA
1837–41 – Aufhebung des Eigentums der religiösen Orden

KOLUMBIEN
1853 – Missionsarbeit eines Vertreters der Amerikanischen und Ausländischen Christl. Union
1856 – Presbyterianische Mission beginnt in Bogota
1902 – Missionsarbeit der Augustiner, Kapuziner und Jesuiten

GUATEMALA
1852 – Päpstliches Konkordat
1882 – Protestantische Missionsarbeit beginnt in der Hauptstadt Guatemala
1891 – Zentralamerikanische Mission nimmt Arbeit auf

PANAMA
1909 – Beginn der freien protestantischen Missionsarbeit

ECUADOR
1860 – Franziskaner nehmen ihre Missionsarbeit wieder auf
1897 – Christian and Missionary Alliance beginnt Arbeit

PERU
1822 – Vertreter der Britischen und Ausländischen Bibelgesellschaft in Peru

BOLIVIEN
1836 – Missionarsgruppe der Franziskaner aus Europa kommt nach Bolivien
1901 – Amerikanische Methodistenmission

PARAGUAY
1870 – Selbstmord des Diktators F.S. Lopez
1903 – Protestantische San Pedro-Mission gegründet zur Arbeit unter den Indiandern des Chaco
1910 – Gesellschaft des Göttlichen Wortes sendet Missionare

CHILE
1836 – Missionarsgruppe der Franziskaner aus Europa
1855 – Erste protestantische Kirche (Valparaiso)

VENEZUELA
1835 – Unabhängigkeit von Neu-Granada vom Papst anerkannt
1887 – Vertreter der Amerikanischen Bibelgesellschaft kommt nach Venezuela
1894 – Anfang der Kapuziner-Missionsarbeit
1897 – Missionar der Nördl. Presbyterianer in Caracas

BRASILIEN
Ausgehendes 19. Jh. – Pallotiner, Gesellschaft des Göttlichen Wortes, italienische Kapuziner, Jesuiten, französische Dominikaner, belgische Benediktiner, Patres vom Heiligen Geist, italienische Salesianer und Franziskaner
1819 – Amerikanische Bibelgesellschaft sendet 500 Bibeln zum Gebrauch an Schulen
1835 – Amerikanische Methodistenmission
1892 – "Hilfe für die Brasilien-Mission" unterstützt Kongregationalisten.

ARGENTINIEN
1836 – Amerikanische Methodistenmissionare in Buenos Aires
1853 – Ankunft von 19 Franziskaner-Missionaren
1858 – Arbeit der Amerikanischen Bibelgesellschaft

PATAGONIEN
Patagonische Missionsgesellschaft gegründet von Alan Francis Gardner (1794–1851)

FALKLAND-INSELN
1869 – Waite H. Stirling (1829–1923) zum Anglikanischen Bischof ernannt

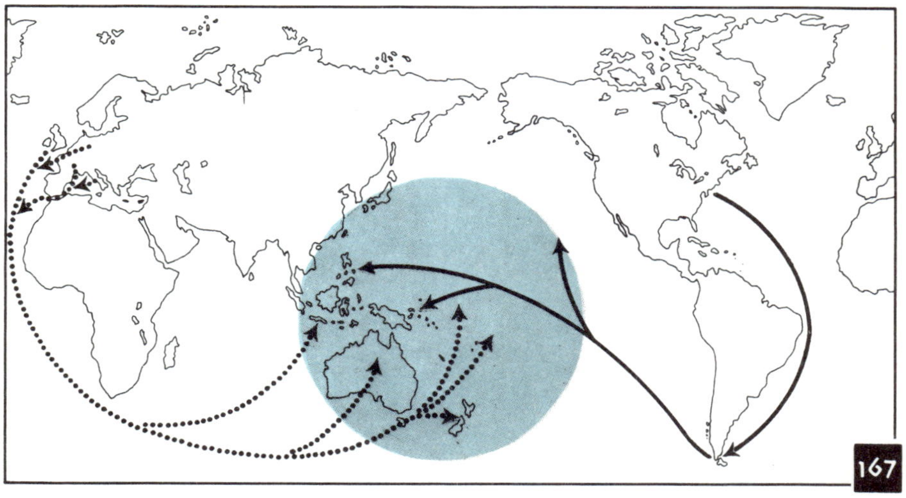

Moderne Mission im südlichen Pazifik

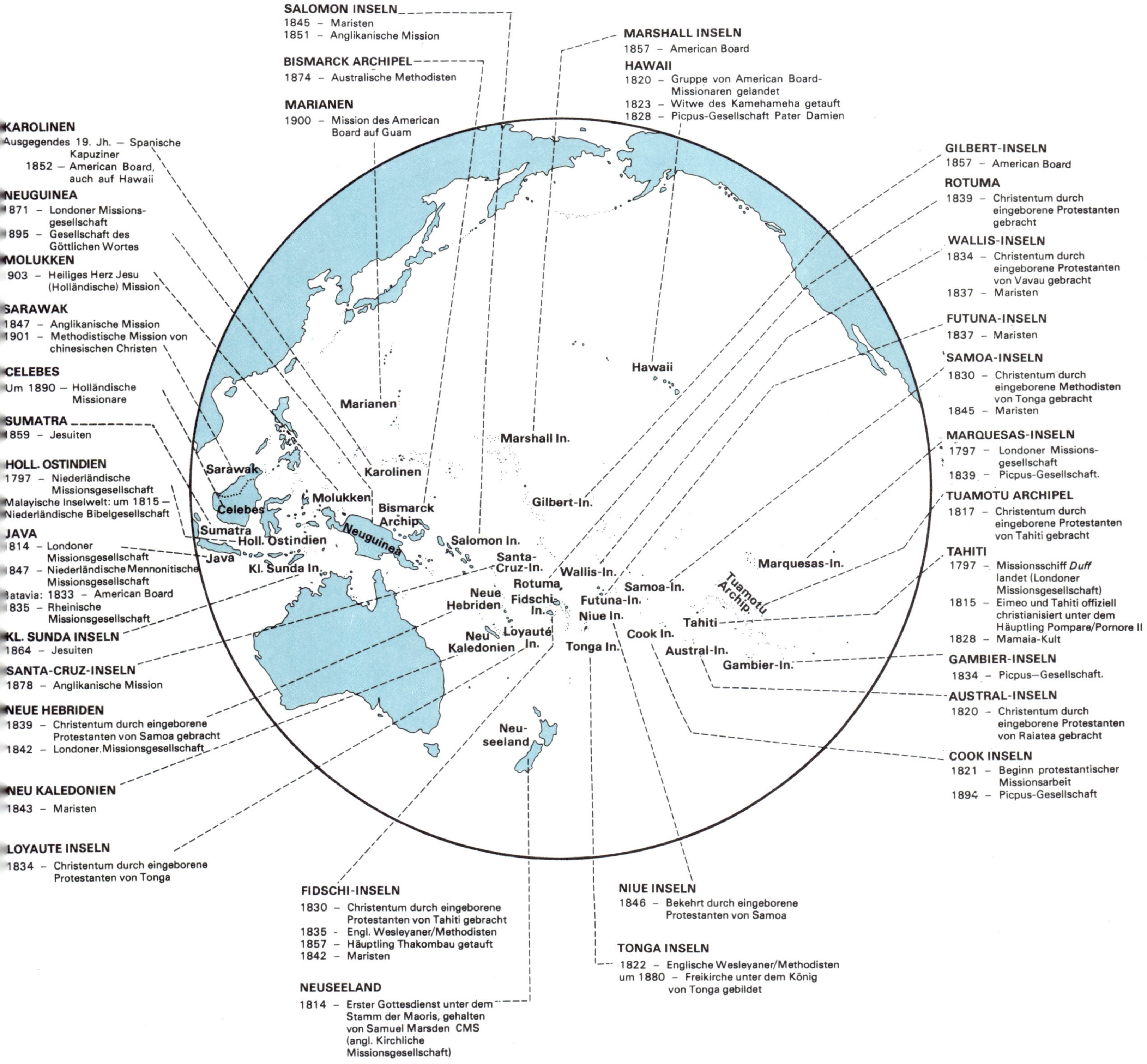

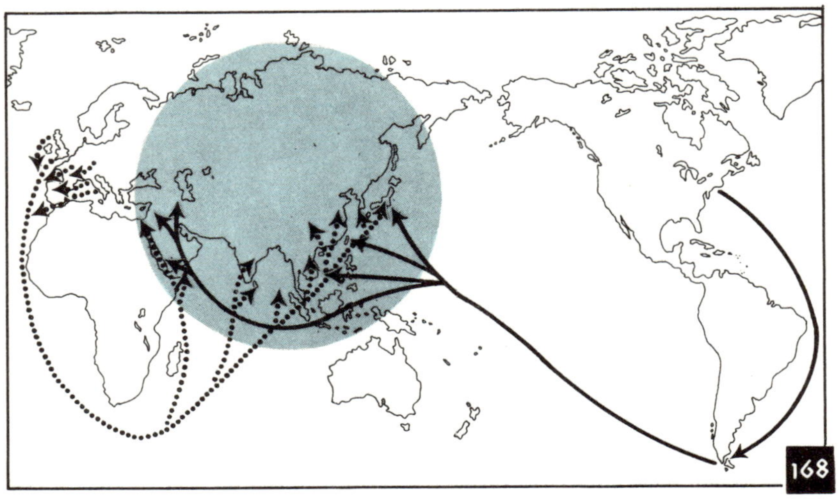

Moderne Mission in Asien

CHINA
1807 – Londoner Missionsgesellschaft
1830 – American Board (ABCFM)
1831 – Lazaristen
1834 – Jesuiten
1857 – T'ai P'ing-Aufstand
1870 – Blutiger Ausbruch des Fremdenhasses in Tientsin
1900 – Boxer-Aufstand; Entschädigung für die USA als Stipendien für chinesische Studenten benützt
Missionarskonferenz für China: Shanghai – 1877; 1890; 1907

IRAN
1833 – Basler Mission
1834 – American Board
um 1840 – Lazaristen

TÜRKEI
1830 – Armenisch Uniarta (mit Rom)
1831 – American Board
1856 – CMS (angl. evangelikale Missionsgesellschaft)

SYRIEN
1780 – Bewegung der Melchitischen Uniarta
1823 – American Board in Beirut
1831 – Jesuiten
1860 – Blutbad unter den Maroniten
1863 – Syrisches Protestantisches Seminar des American Board eingegliedert

PALÄSTINA
1818 – American Board
1820 – Londoner Missionsgesellschaft zur Förderung des Christentums unter den Juden
1840 – Michael Salomo Alexander zum Bischof von Jerusalem ernannt
1846–79 – Samuel Gobat, Bischof von Jerusalem
1847 – Papst Pius IX ernennt einen Patriarch von Jerusalem
1851 – CMS (angl. Kirchliche Missionsgesellschaft)
1878 – Die Weißen Väter

ADEN
1885 – Freikirche von Schottland
1889 – Arabische Mission (Holländisch Reformiert)

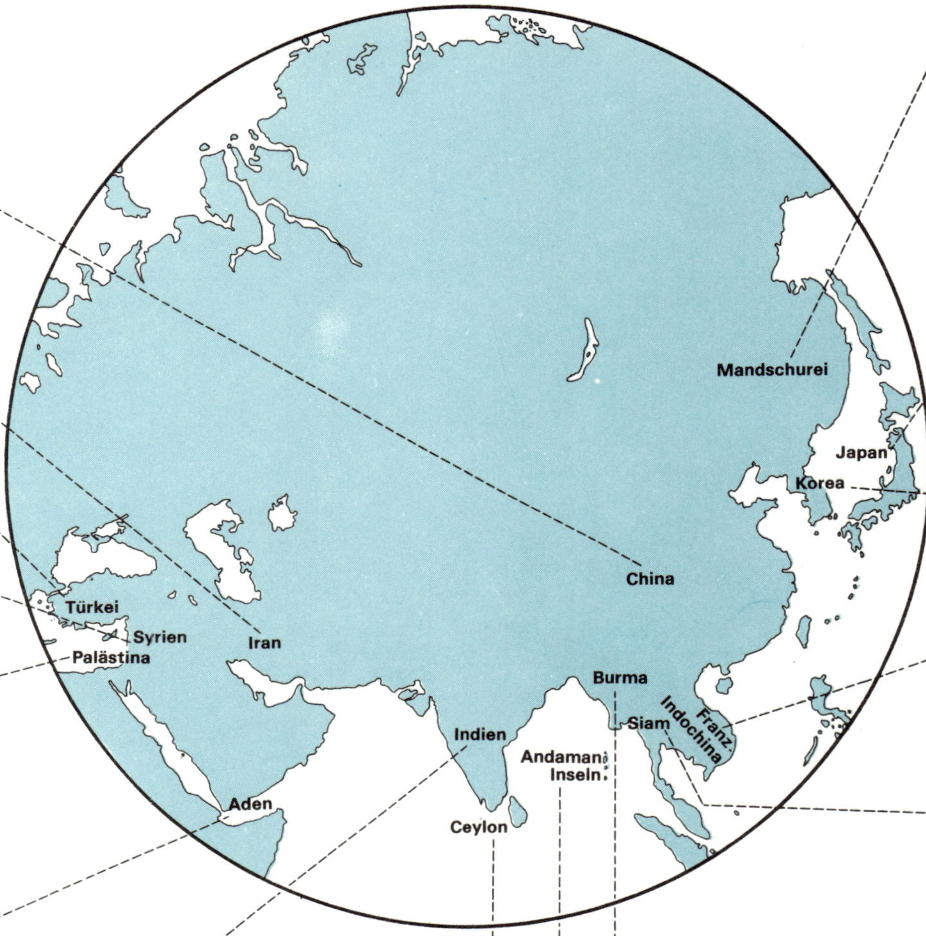

MANDSCHUREI
1875 – Schwestern der Providence von Portieux

JAPAN
1859 – Pariser Ausländische Missionsgesellschaft (Kath.)
1859 – Bischofliche Mission (Am.)
1859 – Amerikanische Presbyterianer
1859 – Mission der Holländisch-Reformierten Kirche (Am.)
Missionarskonferenzen für Japan: Yokohama 1872; Tokio 1878; Osaka 1883; Tokio 1900

KOREA
1865 – Nationale Bibelgesellschaft von Schottland
1909 – Bayerische Benediktiner

FRANZÖSISCH-INDOCHINA
1833 – Erlaß gegen das Christentum
1975 – Schwestern der Providence von Portieux

SIAM
1828 – Niederländische Missionsgesellschaft
1831 – American Board
1840 – Amerikanische Presbyterianer

INDIEN
1787 – Church Missionary Society (angl. evangelikal)
1793 – Ankunft William Careys
1829 – Alexander Duff (1806–78)
1829 – John Wilson (1804–75), von der Schottischen Missionsgesellschaft
1837 – Jesuiten
1845 – Oblaten des Hl. Franz von Sales
Missionarskonferenzen für Nordindien: Kalkutta 1855; Benares 1857 Lahore 1862
Missionarskonferenzen für Südindien: Ootacamund 1858; Bangalore 1879; Madras 1900
Missionarskonferenzen für Gesamtindien: Allahabad 1873; Kalkutta 1882; Bombay 1892; Madras 1902; Kalkutta 1912

BURMA
1813 – Adoniram Judson (1788–1850) (Amerikanische Baptisten)
1842 – Italienische Oblaten der Unbefleckten Jungfrau Maria

ANDAMAN INSELN
1885 – Society for Promoting the Gospel (angl. hochkirchl.)

CEYLON
1804 – Londoner Missionsgesellschaft
1812 – Englische Baptisten
1814 – Englische Wesleyaner
1817 – CMS (angl. evangelikal)
um 1830 – Oratorianer von Goa
1847 – Oblaten der Unbefleckten Jungfrau Maria

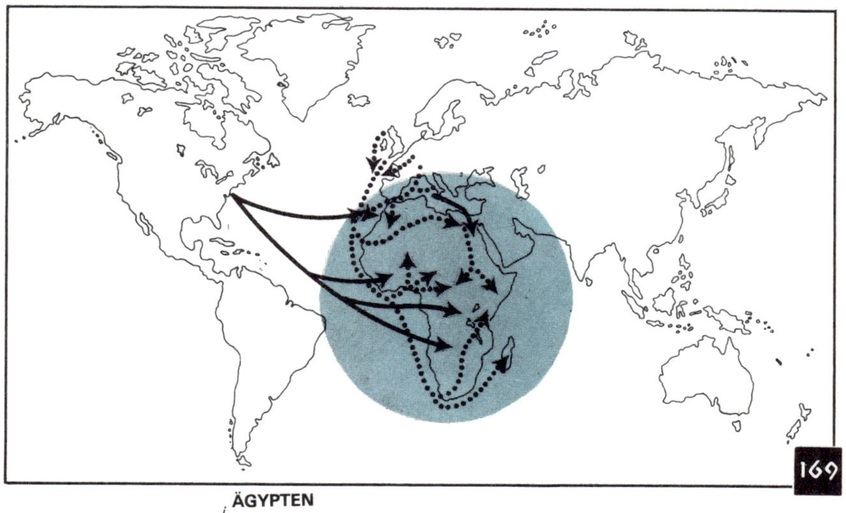

Moderne Misson in Afrika

IGERIA

340 – Vereinigte Presbyterianische Mission von Schottland
342 – Church Missionary Society (Kirchliche Missionsgesellschaft, angl. evangelikal)
342 – Englische Wesleyaner/ Methodisten
350 – Südbaptisten (Amerikanisch)
368 – Gesellschaft für Afrikanische Mission (Römisch-katholisch)

AHOMEY

861 – Gesellschaft für Afrikanische Mission

OGO

347 – Norddeutsche Missionsgesellschaft
360 – Gesellschaft für Afrikanische Mission (Römisch-katholisch)

OLDKÜSTE

752 – Society for Propagating the Gospel (Angl. hochkirchl. Mission)
328 – Basler Mission
334 – Englische Wesleyaner/ Methodisten
379 – Gesellschaft für Afrikanische Mission (Römisch-katholisch)

LFENBEINKÜSTE

395 Gesellschaft für Afrikanische Mission (Römisch-katholisch)

ENEGAL

319 – Schwestern des Heiligen Joseph von Cluny
333 – Patres vom Heiligen Geist
362 – Pariser Evangelische Missionsgesellschaft

AMBIA

321 – Englische Wesleyaner/ Methodisten

RANZÖSISCH GUINEA

355 – Kirchliche Missionsgesellschaft (angl.)
378 – Patres vom Heiligen Geist

ERRA LEONE

306 – Kirchliche Missionsgesellschaft (angl.)
311 – Englische Wesleyaner/ Methodisten
364 – Patres vom Heiligen Geist

BERIEN

321 – Amerikanische Baptistenmission (Lott Carey)
327 – Basler Mission
333 – Bischöfliche Methodistenkirche (Amerikanisch)

RANZÖSISCH ÄQUATORIAL-AFRIKA

342 – American Board
342 – Schwestern von der Unbefleckten Empfängnis aus Castres

RNANDO PO

341 – Englische Baptisten

AMERUN

345 – Englische Baptisten (Alfred Saker, 1814–1880)

IGOLA

373 – Patres vom Heiligen Geist
378 – Englische Baptisten
380 – American Board

DWESTAFRIKA

392 – Den Oblaten der Unbefleckten Jungfrau Maria zugeteilt

TUNESIEN

1843 – Apostolische Vikariat für Tunis Seminar gegründet

ALGERIEN

1838 – Römisch Katholischer Bischof für Algerien ernannt "Die Weißen Väter" gegründet von C. Lavigerie (1825–92). Erzbischof von Algerien

MAROKKO

Spanische Franziskaner
1880er – Nordafrikanische Mission
1908 – Französische Minoriten-Brüder

ÄGYPTEN

1741 – Der Koptische Patriarch von Jerusalem wird Römisch-katholisch
1825 – Missionsarbeit der CMS (angl. Kirchliche Missionsgesellschaft)
1854 – Amerikanische Presbyterianer "Die Amerikanische Mission"

SUDAN

1847 – Römisch-katholische Gruppe beginnt Missionsarbeit
1881–1889 – Aufstand des Mahdi
1885 – Tod des Charles G. Gordon in Chartum
1913 – Vereinigte Sudan-Mission

BRITISCH SOMALILAND

1892 – Kapuziner

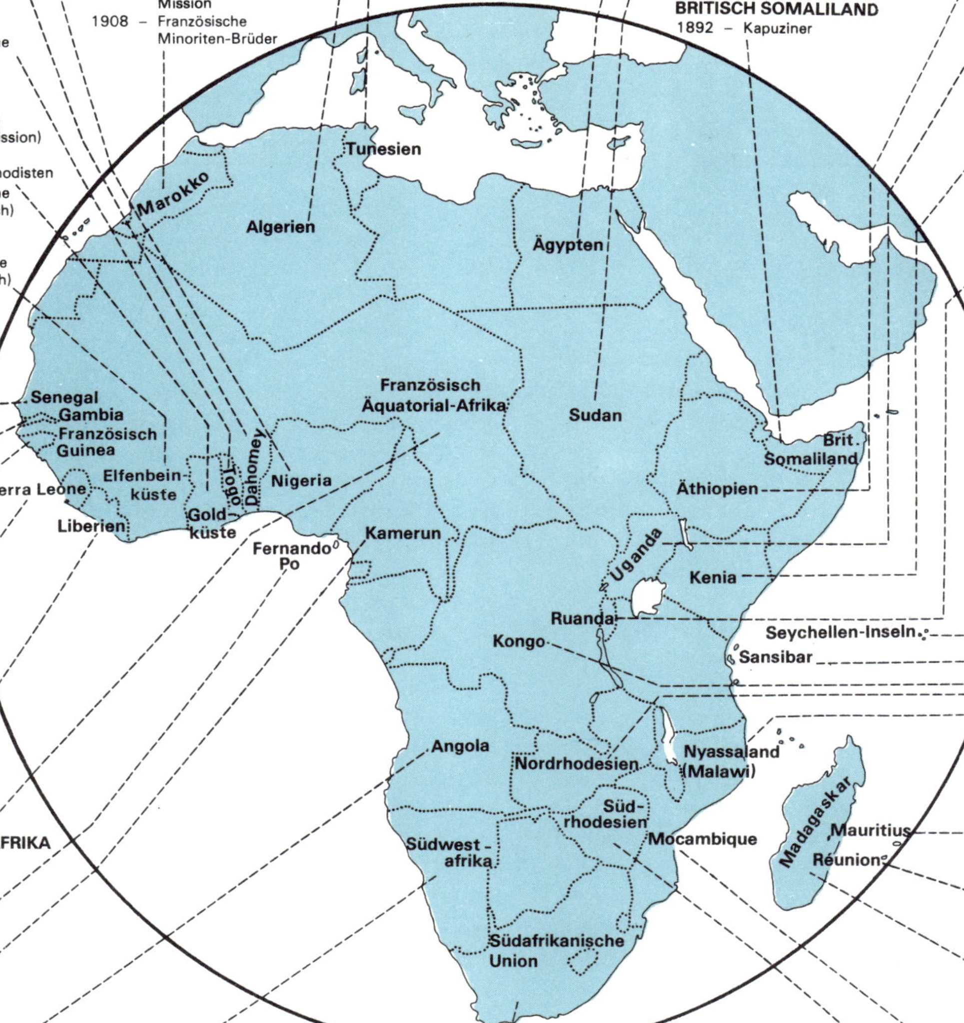

ÄTHIOPIEN

1830 – CMS (angl. Kirchliche Missionsgesellschaft)
1839 – Italienische Lazaristen
1855 – Gruppe der Pilgermission-St. Chrischona

UGANDA

1874 – C.M. Stanley
1877 – CMS (angl. Kirchliche Missionsgesellschaft)
1879 – Die Weißen Väter
1964 – Papst Paul VI kanonisiert die Märtyrer von Uganda

KENIA

1862 – Vereinigte Methodistische Freikirchen
1880er – CMS (angl. Kirchliche Missionsgesellschaft)
1895 – Mill Hill-Väter
1902 – Amerikanische Quäker
1913 – Kikuyu Konferenz

RUANDA

1907 – Bethel Mission
1927 – Ostafrikanische Erweckungsbewegung

SEYCHELLEN-INSELN

1863 – Kapuziner von Savoyen

SANSIBAR

1840er – CMS (angl. Kirchliche Missionsgesellschaft)
1859 – Marienschwestern (Maristinnen)

KONGO

1878 – Patres vom Heiligen Geist
1878 – Englische Baptisten
1878 – Livingstone Inland Mission
1885 – Christian and Missionary Alliance
1888 – Kongregation der Missionare von Scheut (Röm-kath.)

NORDRHODESIEN

1910 – Englische Wesleyaner/Methodisten
1914 – South African General Mission (Evangelische Gemeinschaft für Afrika)

NYASSALAND (MALAWI)

1876 – Universitäts-Mission für Zentralafrika
1876 – Livingstonia-Mission (Kirche von Schottland)
1888 – Holländisch-Reformierte Mission von Südafrika

MAURITIUS

1842 – Patres vom Heiligen Geist
1854 – Anglikanisches Bistum eingerichtet

RÉUNION

1835 – Kongregation vom Heiligen Herzen Mariä

MADAGASKAR

1818 – Londoner Missionsgesellschaft
1836 – Bibel in Malagasy veröffentlicht
1836–61 – Schwere Verfolgung unter Ranovalona I
1868 – Ranovalona II getauft

MOCAMBIQUE

1881 – Jesuiten nehmen die Arbeit erneut auf

SÜDRHODESIEN

1854 – Moffat (Londoner Missionsgesellschaft) unter dem Matabele-Stamm
1879 – Die Weißen Väter am Tanganjika-See

SÜDAFRIKANISCHE UNION

1799 – Londoner Missionsgesellschaft (Robert Moffat; 1795–1883)
1813 – W. Shaw, erster britischer Wesleyanischer Missionar in Kaffraria
1817 – Beginn der Arbeit des Herrnhuter Bischofs H. Peter Halbeck (1784–1840)
1829 – Rheinische Missionsgesellschaft
1834 – Berliner Missionsgesellschaft
1850 – Oblaten wird die Römisch-katholische Arbeit in Natal übertragen
1882 – Marianhill bei Durban (Trappisten)
1886 – Südafrikanische Missiongesellschaft
1916 – Lovedale Schule für Bantus gegr., Rektor: James Stewart (1831–1905)

D. Die ökumenische Bewegung

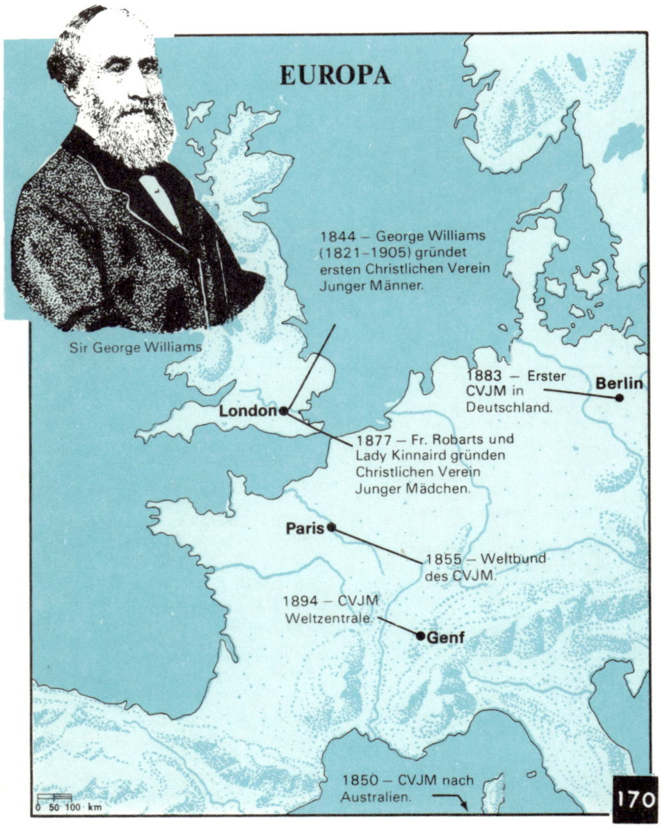
EUROPA
1844 – George Williams (1821–1905) gründet ersten Christlichen Verein Junger Männer.
Sir George Williams
London
1883 – Erster CVJM in Deutschland.
Berlin
1877 – Fr. Robarts und Lady Kinnaird gründen Christlichen Verein Junger Mädchen.
Paris
1855 – Weltbund des CVJM.
1894 – CVJM Weltzentrale.
Genf
1850 – CVJM nach Australien.
0 50 100 km
170

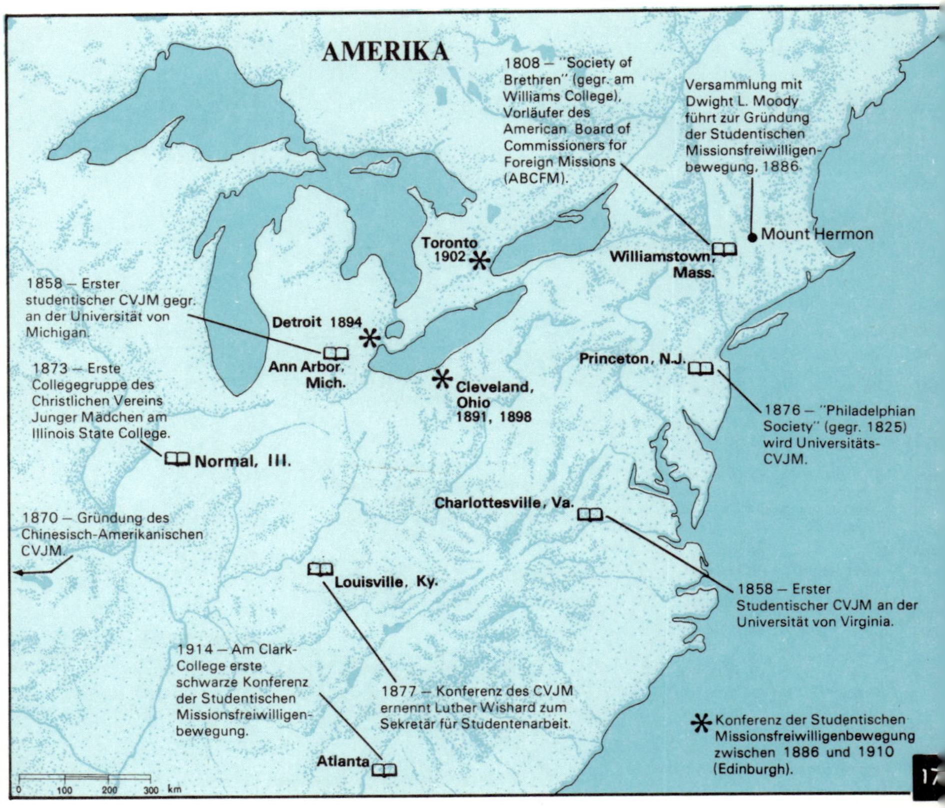
AMERIKA
1808 – "Society of Brethren" (gegr. am Williams College). Vorläufer des American Board of Commissioners for Foreign Missions (ABCFM).
Versammlung mit Dwight L. Moody führt zur Gründung der Studentischen Missionsfreiwilligen-bewegung, 1886.
Mount Hermon
Toronto 1902
Williamstown, Mass.
1858 – Erster studentischer CVJM gegr. an der Universität von Michigan.
Detroit 1894
Ann Arbor, Mich.
1873 – Erste Collegegruppe des Christlichen Vereins Junger Mädchen am Illinois State College.
Cleveland, Ohio 1891, 1898
Princeton, N.J.
1876 – "Philadelphian Society" (gegr. 1825) wird Universitäts-CVJM.
Normal, Ill.
1870 – Gründung des Chinesisch-Amerikanischen CVJM.
Charlottesville, Va.
Louisville, Ky.
1858 – Erster Studentischer CVJM an der Universität von Virginia.
1914 – Am Clark-College erste schwarze Konferenz der Studentischen Missionsfreiwilligen-bewegung.
1877 – Konferenz des CVJM ernennt Luther Wishard zum Sekretär für Studentenarbeit.
Atlanta
Konferenz der Studentischen Missionsfreiwilligenbewegung zwischen 1886 und 1910 (Edinburgh).
0 100 200 300 km

Der christliche Verein junger Menschen (CVJM; englisch: YMCA-YWCA)

Der CVJM wurde 1844 in London von George Williams (1821–1905) gegründet. In zwei Generationen wurde er zu einer weltweiten Laienbewegung, aus der führende Persönlichkeiten der jungen Kirchen Afrikas und Asiens hervorgingen.

Die ersten Studentengruppen des YMCA wurden an der Universität von Michigan und der Universität von Virginia 1858 gegründet. Der erste College-Verein war am Illinois State College (1873). 1877 wurde Luther Wishard (1854–1925) der erste Sekretär der Studentenarbeit des YMCA in den USA.

1866 fand unter Führung von Dwight L. Moody (1837–1890) eine Konferenz in Northfield, Massachusetts, statt, die die Zukunft der Mission und Ökumene tief beeinflußte. Moody war zwanzig Jahre Präsident des YMCA in Chicago gewesen und war der führende (Laien-) Evangelist seiner Tage. Er wurde von einem Mitarbeiter, Ira David Sankey (1840–1908), begleitet, einem Sänger, der Evangeliumslieder in Studentenkreisen und unter den Scharen, die Moodys Missionspredigten in England und Amerika hörten, bekannt machte. Ein anderer Freund und Mitarbeiter Moodys war Henry Drummond (1851–1897), dessen Bücher *Natural Law in the Spiritual World* und *The Ascent of Man* vielen halfen, die scheinbar widerstreitenden Behauptungen des Darwinismus und der Religion zu versöhnen, und dessen Vorlesungen vor Studenten in der ganzen englischsprechenden Welt und in Deutschland enormen Einfluß ausübten. Besonders wichtig war die Northfield-Konferenz von 1886, denn während dieser Tage der Vorlesungen, Diskussionen und Gottesdienste wurde die Freiwilligen-Studentenbewegung gegründet.

Unter den »Hundert vom Berg Hermon«, die sich zur Außenmission verpflichteten, war John R. Mott (1865–1955), ein Laie, der in sechs Jahrzehnten mehr Meilen im Dienste des Christentums zurücklegte als irgendein anderer in der zweitausendjährigen Geschichte des Glaubens. Moodys Einfluß war nicht weniger stark in England, wo er als Nichtakademiker die Bewunderung und Unterstützung von Professoren wie dem angesehenen Alttestamentler George Adam Smith (1856–1942) gewann. 1882 gewann Moody den berühmten Cricketspieler C. T. Studd und einige Freunde (die »Cambridge Seven«) für die Sache Christi. Studd (1862–1931) widmete sein Leben der Mission und diente zuerst in China im Dienste der China-Inland-Mission, dann in Indien und schließlich von 1910 bis zu seinem Tode in Afrika. Er begründete den »Welt-Evangelisations-Kreuzzug«. Sein Bruder (auch einer der »Sieben«) war es, der auf einer Evangelisationsreise durch amerikanische Universitäten John R. Mott zu einer persönlichen Entscheidung veranlaßte.

In der allgemeinen Vorstellung verbindet man mit dem CVJM Begriffe wie »Jugendclub«, »Spiel« und »Sport«. Und er hat tatsächlich seit seinen Anfängen neben der Wichtigkeit geistlichen Lebens auch den Wert seelischer und körperlicher Gesundheit betont. Doch begonnen hat der CVJM als Organisation von Gebets- und Bibelgruppen, und er hat diesen Schwerpunkt immer beibehalten. Außerdem hat der CVJM/YMCA – obwohl Nicht-Christen als Gästen offenstehend – seine Bindung an Jesus Christus als »Gott und Heiland« auf seiner ersten internationalen Versammlung erklärt (Pariser Basis 1855).

Ein wichtiger Arbeitszweig ist die Fortbildung, häufig in Form von Abendkursen für Berufstätige. Eine Reihe Colleges und Universitäten sind aus dieser Arbeit erwachsen (einschließlich der Roosevelt-Universität in Chicago). Die Notdienste des YMCA in den Kriegszeiten haben besondere Programme hervorgebracht und die Arbeit der Militärseelsorger erweitert. Die Arbeit unter Flüchtlingen und Kriegsopfern war in beiden Weltkriegen beträchtlich. Symbolisch ist die Tatsache, daß Henri Dunant (1828–1910), der Begründer des Roten Kreuzes und der bewegende Geist der ersten Genfer Konvention (1864), ein aktiver und freimütig bekennender christlicher Laie des CVJM war.

Das Werk John R. Motts (1865–1955)

Als John R. Mott gebeten wurde, dem Stab des nationalen YMCA zur Arbeit unter den Studenten beizutreten, sagte er unter der Voraussetzung zu, daß er sich nicht im Laufe der Zeit als »Kollektenprediger« betätigen müsse. Im Laufe der sechs Jahrzehnte seiner leitenden Tätigkeit sammelte er mehr als 300 Millionen Dollar für christliche Zwecke. Gegen Ende seines Lebens, als viele der Organisationen, für die er sich mit ganzer Kraft eingesetzt hatte, herangereift waren, bekleidete er repräsentative Posten in einer Anzahl internationaler Organisationen:

Ehrenpräsident des Ökumenischen Rats der Kirchen;
Ehrenpräsident der Welt-Allianz des CVJM;
Ehrenvorsitzender des Internationalen Missionsrates;
Ehrenvorsitzender des Christlichen Studentenweltbundes.

Er war lange Zeit Ratgeber und Hauptmitarbeiter der Studenten-Freiwilligen-Bewegung (1888–1920), bis zur Gründung des Internationalen Missionsrates; um diesen vorzubereiten, half er, mehr als 70 nationale Räte zu organisieren. 1946 erhielt er den Friedensnobelpreis.

Mott, ein Methodist, zeigte die eigenartige Verbindung von Frömmigkeit und Organisationstalent, die europäische Kritiker manchmal als »typisch amerikanisch« ansehen. Er trank keinen Alkohol und rauchte nicht. Als Vorsitzender weigerte er sich einmal, einen Mann als Exekutivsekretär anzustellen, der seine Frau verlassen und eine jüngere geheiratet hatte. Gleichzeitig war er in organisatorischen Fragen sehr hartnäckig, und er brachte die Kraft auf, weite Entfernungen zurückzulegen und Tag und Nacht zu tagen, um Ziele, die er für wichtig erachtete, zu erreichen. Das Wichtigste war ihm, um der Sache Christi willen die christlichen Kräfte zu vereinen, um das Reich Gottes zu bauen.

Nach Gründung des Christlichen Studentenweltbundes in Vadstena (Schweden), wo Mott zum Vorsitzenden des Exekutivkomitees gewählt wurde, trat er seine erste von vielen Weltreisen an.

Nach der Edinburgher Konferenz 1910, wo er Vorsitzender des Fortsetzungsausschusses wurde, reiste er wieder um die Welt. Auf dieser Reise berief er 21 Konferenzen ein, was zur Bildung des Nationalen Christenrats von Indien, des Nationalen Christenrats von China, des Allgemeinen Rats der Christlichen Mission in Korea usw. führte. Andere Weltreisen – z.B. 1925/26, 1928/29 – führten zur Gründung nationaler Missionsräte oder nationaler Christenräte – all dies legte weltweit den Grundstock für die spätere Gründung des Ökumenischen Rats der Kirchen.

Man hat John Mott den größten christlichen Missionar seit Paulus genannt. Er war nicht nur ein begabter Organisator: auf einer seiner Reisen nach Japan bekehrten sich etwa 1500 junge Männer in seinen Versammlungen. Er hatte eine große persönliche Ausstrahlung und übte großen Einfluß auf alle aus, die ihm – wie Visser't Hoofts Mutter einmal bemerkte – in sein ökumenisches »Spinnennetz« gingen.

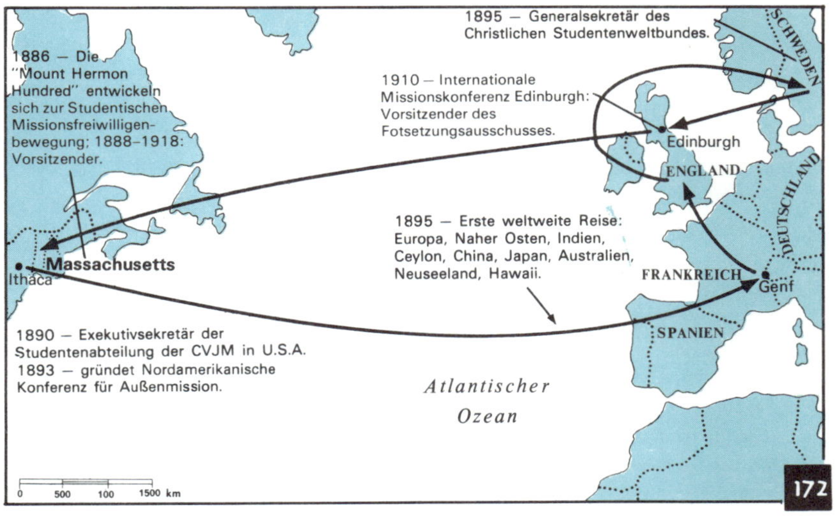

172

John R. Mott

Motts Reisen in Asien

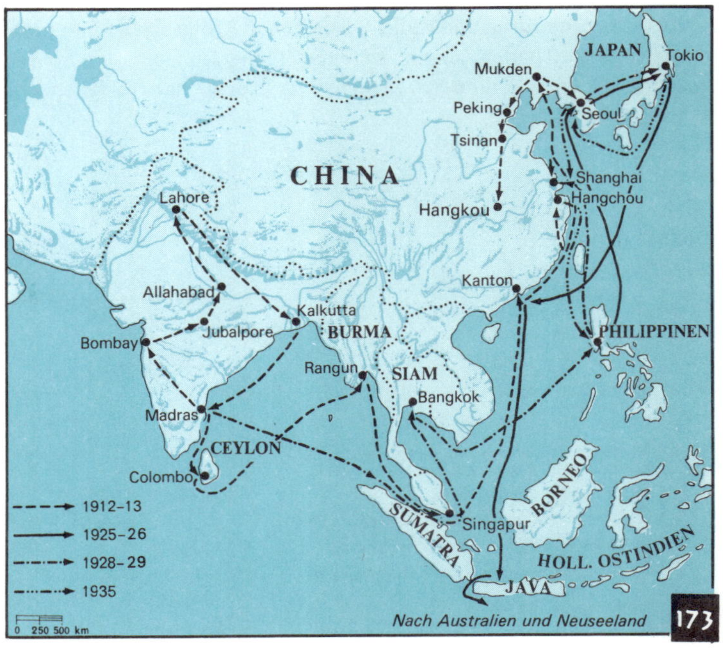

173

Der Christliche Studentenweltbund (gegr. 1895)

Der CSWB wurde 1895 gegründet, und die meisten Männer, die in der Ökumenischen Bewegung eine wichtige Rolle spielten, wurden im CSWB in einer seiner nationalen Organisationen ausgebildet. W. A. Visser't Hooft sagte einmal, daß der CSWB der Ort gewesen sei, wo alle Fragen und Probleme zuerst auftauchten.

Nach dem Ersten Weltkrieg setzte eine Periode theologischer Neubesinnung unter Kirchenmännern in Europa ein, was die Artikel der Zeitschrift *The Student World* und die Theologie- und Bibelstudium-Gruppen der Bewegung früh zeigten. Zu den Schlüsselfiguren dieser Zeit gehörten neben dem Generalsekretär (W. A. Visser't Hooft) Francis Pikkens Miller (Laie der Südlichen Presbyterianer, später Professor und Politiker in Virginia), Hanns Lilje (später führend im Kirchenkampf in der »intakten« Landeskirche Hannover und im Lutherischen Weltbund tätig), Reinhold von Thadden-Trieglaff (später führend in der Bekennenden Kirche tätig und Begründer des Kirchentags), Pierre Maury (später führend in der Reformierten Kirche Frankreichs), Reinhold Niebuhr (Professor am Union Theological Seminary in New York), Suzanne de Dietrich (später stellvertretende Direktorin des Ökumenischen Instituts Château de Bossey) und William Temple (später Erzbischof).

John R. Mott war 1895–1920 Generalsekretär und 1920–1928 Vorsitzender des CSWB. Getreu der Schau eines Weltbundes wurde die Konferenz 1907 in Tokio abgehalten – die erste christliche Weltkonferenz, die je in Fernost stattfand. Unter den herausragenden Männern, die durch den asiatischen Zweig des CSWB in die Ökumenische Bewegung kamen, waren Richter P. Chenchiah aus Indien, C. Y. Chêng (1881–1940) aus China und Daniel T. Niles aus Ceylon.

Sowohl der YMCA als auch der CSWB kümmerte sich um die schlimme Lage der Studenten im Ersten Weltkrieg – sowohl asiatischer Studenten, die in kriegführenden Ländern hängenblieben, als auch Studenten in den Kriegszonen und während der Inflation in Deutschland 1922–23. Ein Nothilfeausschuß wurde 1919 in London ins Leben gerufen, und für einige Jahre nach dem Krieg war das dort zusammenkommende Geld praktisch das einzige, was einige hundert Studenten am Leben erhielt. Aus diesen Erfahrungen erwuchs der Weltstudentendienst (WSSF), der ebenso wichtige Arbeit in den Jahren der Depression, des Zweiten Weltkriegs und der Nachkriegszeit leistete.

Der CSWB gründete sich auf das Bekenntnis zu Christus und betonte stark die Bibel und die Erneuerung christlicher Theologie, doch er hat sich darüber hinaus auf breiter Front menschlicher Belange angenommen: Frieden, rassische Gerechtigkeit, Widerstand gegen koloniale Ausbeutung unterdrückter Völker. Mit seiner Arbeit hat er sich nicht nur Freunde geschaffen; aber er hat einige Generationen von Kirchenmännern mit einer weiten Schau und tiefer christlicher Nächstenliebe hervorgebracht.

W. A. Visser't Hooft

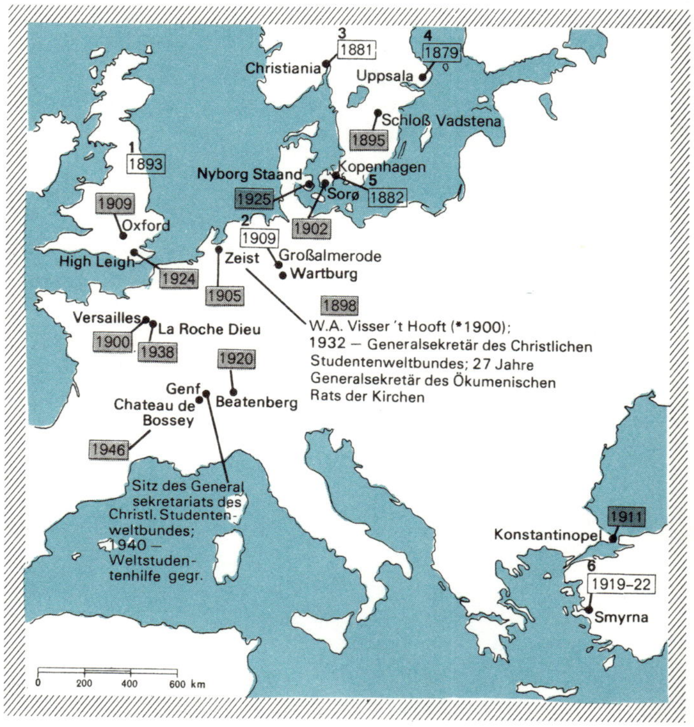

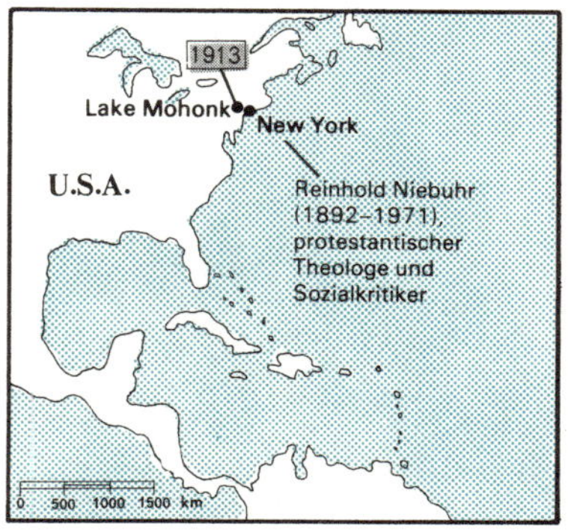

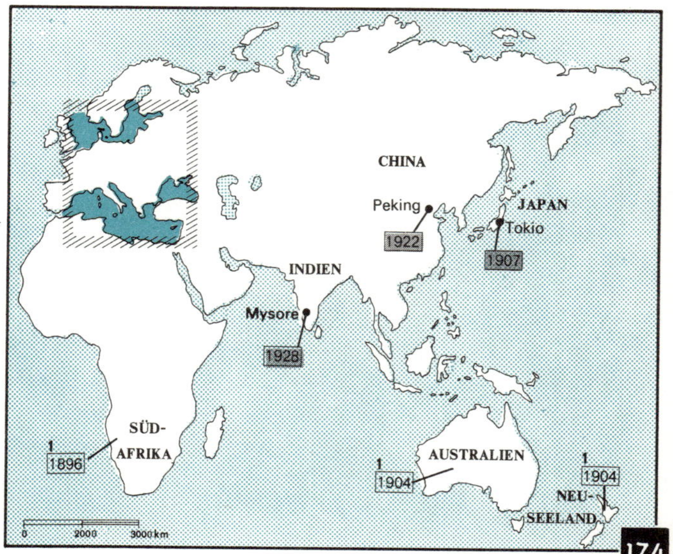

174

- Ökumenische Tagungen des Christlichen Studentenweltbundes vor Gründung des Ö.R.K.
- 1 Christliche Studentenbewegung
- 2 Deutsche Christliche Studentenvereinigung (DCSV)
- 3 Norwegische Studentenmissionsvereiningung
- 4 Schwedische Studentenmissionsvereiningung
- 5 Akademische Missionsunion
- 6 Nahöstliche Christliche Studentenkonferenz

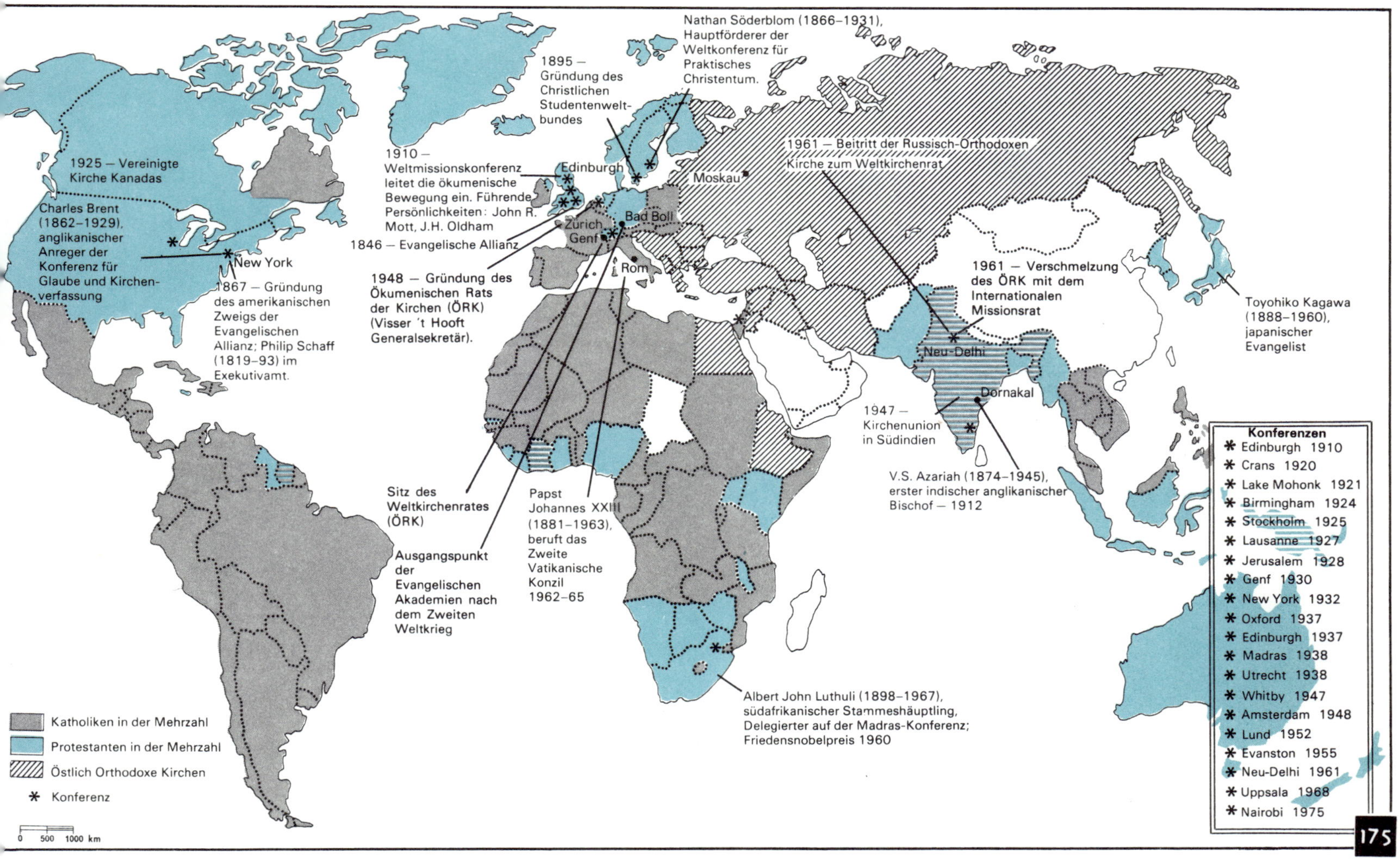
Nathan Söderblom (1866–1931), Hauptförderer der Weltkonferenz für Praktisches Christentum.
1895 – Gründung des Christlichen Studentenweltbundes
1925 – Vereinigte Kirche Kanadas
1910 – Weltmissionskonferenz leitet die ökumenische Bewegung ein. Führende Persönlichkeiten: John R. Mott, J.H. Oldham
Edinburgh
Moskau
1961 – Beitritt der Russisch-Orthodoxen Kirche zum Weltkirchenrat
Charles Brent (1862–1929), anglikanischer Anreger der Konferenz für Glaube und Kirchenverfassung
Zürich
Genf
Bad Boll
1846 – Evangelische Allianz
New York
1867 – Gründung des amerikanischen Zweigs der Evangelischen Allianz; Philip Schaff (1819–93) im Exekutivamt.
Rom
1948 – Gründung des Ökumenischen Rats der Kirchen (ÖRK) (Visser 't Hooft Generalsekretär).
1961 – Verschmelzung des ÖRK mit dem Internationalen Missionsrat
Toyohiko Kagawa (1888–1960), japanischer Evangelist
Neu-Delhi
Dornakal
1947 – Kirchenunion in Südindien
V.S. Azariah (1874–1945), erster indischer anglikanischer Bischof – 1912
Sitz des Weltkirchenrates (ÖRK)
Papst Johannes XXIII (1881–1963), beruft das Zweite Vatikanische Konzil 1962–65
Ausgangspunkt der Evangelischen Akademien nach dem Zweiten Weltkrieg
Albert John Luthuli (1898–1967), südafrikanischer Stammeshäuptling, Delegierter auf der Madras-Konferenz; Friedensnobelpreis 1960
Katholiken in der Mehrzahl
Protestanten in der Mehrzahl
Östlich Orthodoxe Kirchen
* Konferenz
0 500 1000 km
Konferenzen
* Edinburgh 1910
* Crans 1920
* Lake Mohonk 1921
* Birmingham 1924
* Stockholm 1925
* Lausanne 1927
* Jerusalem 1928
* Genf 1930
* New York 1932
* Oxford 1937
* Edinburgh 1937
* Madras 1938
* Utrecht 1938
* Whitby 1947
* Amsterdam 1948
* Lund 1952
* Evanston 1955
* Neu-Delhi 1961
* Uppsala 1968
* Nairobi 1975
175

Ökumene im 19. und 20. Jahrhundert

Die erste große ökumenische Konferenz war die internationale Missionskonferenz in Edinburgh (Schottland) 1910. Den Vorsitz hatten John R. Mott und Joseph H. Oldham (1874–1969). Mott kam aus der Arbeit des CVJM; Oldham war während seines ganzen Lebens ein führender Mann der Außenmission. Unter den christlichen Minderheiten in Asien und Afrika, die wegen der denominationellen Unterschiede der Missionsgesellschaften getrennt waren, sich aber großen ethnischen Blöcken traditioneller Religionen (Hinduismus, Buddhismus, Konfuzianismus, Islam) gegenübersahen, wurde die »Sünde einer geteilten Kirche« zum ersten Mal ein praktisches wie auch ein theologisches Problem.

Der Skandal immer neuer Kriege zwischen »christlichen« Nationen ist auch eine ökumenische Realität gewesen, und so ist die Arbeit am Frieden zur wichtigen Verpflichtung geworden. Der Schwung der Edinburgher Konferenz wurde wegen der Entfremdung der deutschen Mitglieder nur unter Schwierigkeiten wiedergewonnen (1920). Der Vorbereitungsausschuß für den Ökumenischen Rat der Kirchen (1938) hielt jedoch seine internationalen Kontakte auch während des Zweiten Weltkriegs aufrecht und so konnte der Rat schon 1948 gegründet werden.

Nach Edinburgh entwickelten sich drei starke Bewegungen: der Internationale Missionsrat (gegr. 1921); die Bewegung für Glaube und Kirchenverfassung (gegr. 1920 in Genf); und die Bewegung für praktisches Christentum (gegr. 1925 in Stockholm). Alle drei wurden im Ökumenischen Rat der Kirchen vereinigt.

Der Mann, der den Ökumenischen Rat durch viele schwierige Jahre lenkte, war Willem A. Visser't Hooft (geb. 1900), der als Ersatzmann für Mott im Weltbund des CVJM begann, zehn Jahre Exekutivsekretär des Christlichen Studentenweltbundes und von 1938–1968 Exekutivsekretär des Ökumenisches Rats der Kirchen war.

In Edinburgh waren abgesehen von wenigen Delegierten alle weiß und protestantisch. Bei der Vollversammlung Neu-Delhi (1961) traten die östlich-orthodoxen Kirchen Rußlands, Rumäniens, Bulgariens und Polens und zehn unabhängige Kirchen Afrikas dem Rat bei.

Die Teilnahme römischer Katholiken in der Ökumenischen Bewegung entwickelte sich nur stockend, trotz wichtiger inoffizieller Beiträge von Männern wie Jacques Maritain (1882–1973) und Yves Congar, O.P. (geb. 1904). *Mortalium Animos* (6. Januar 1928) verurteilte die ökumenische Bewegung als theologische Indifferenz. Katholiken durften der ersten Vollversammlung (Amsterdam 1948) nicht als Beobachter beiwohnen. Nach dem Amtsantritt Johannes XXIII. (Papst 1958–1963) und der Ernennung Augustin Beas (1881–1968) zum Haupt eines neuen ökumenisches Sekretariats beim Vatikan, wurde die römisch-katholische Teilnahme am Dialog sehr ausgeprägt. Beim Zweiten Vatikanum (1962–1965) wurde den nicht-katholischen Beobachtern volles brüderliches Entgegenkommen gezeigt; römisch-katholische Beobachter hatten Zusammenkünfte des Rates seit Lund (1952) beigewohnt.

1969 besuchte Paul VI. (Papst 1963–1978) den Ökumenischen Rat in Genf und begann seine Grüße unter Bezugnahme auf Mt 16,18 mit den Worten »Mein Name ist Petrus«. Es gibt keine Pläne zum Beitritt der römisch-katholischen Kirche zum Ökumenischen Rat.

Teilnehmer am 2. Vatikanischen Konzil 1962–65

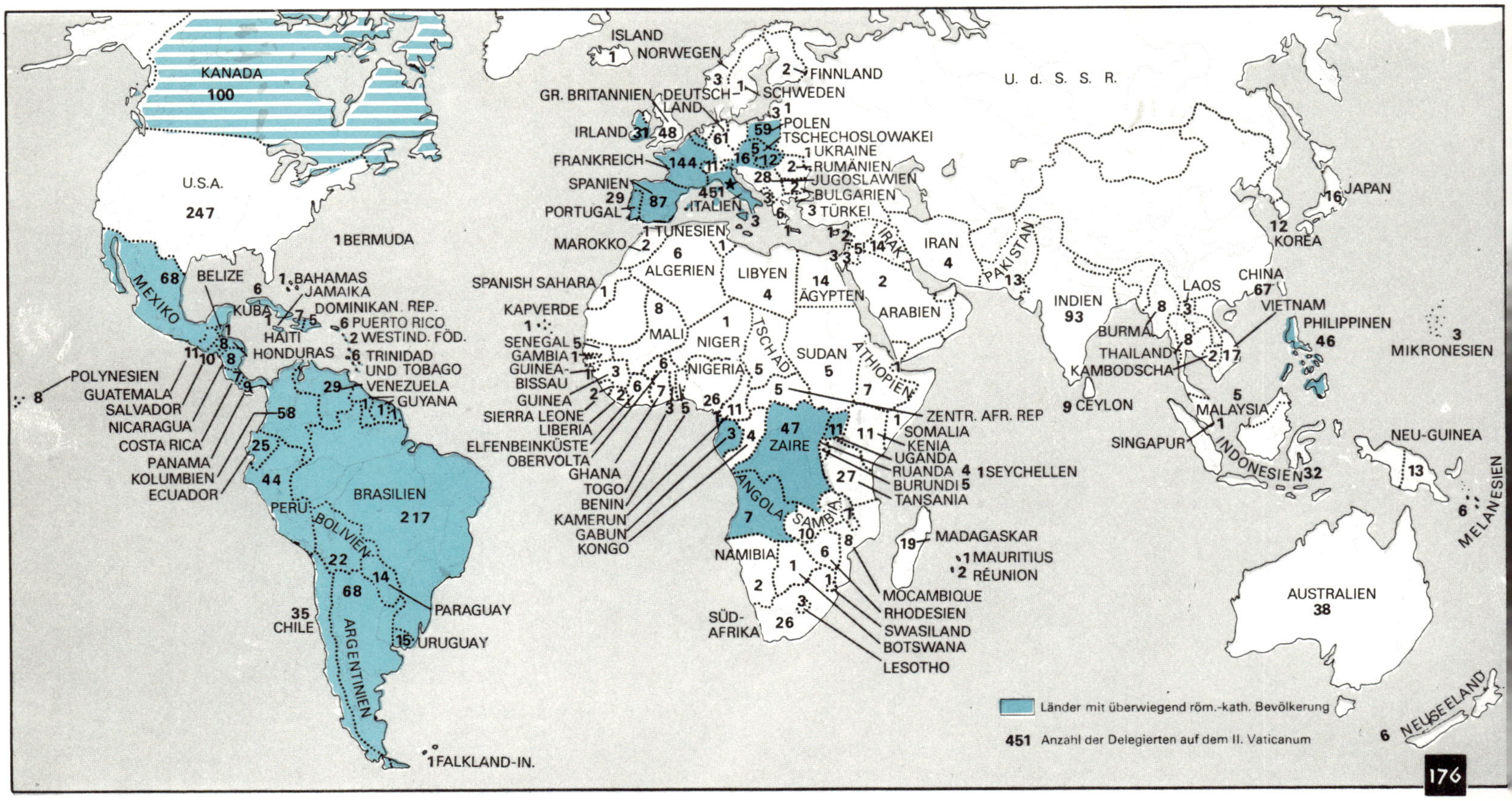

Teilnehmer an der Vollversammlung des Weltrates der Kirchen in Uppsala 1968

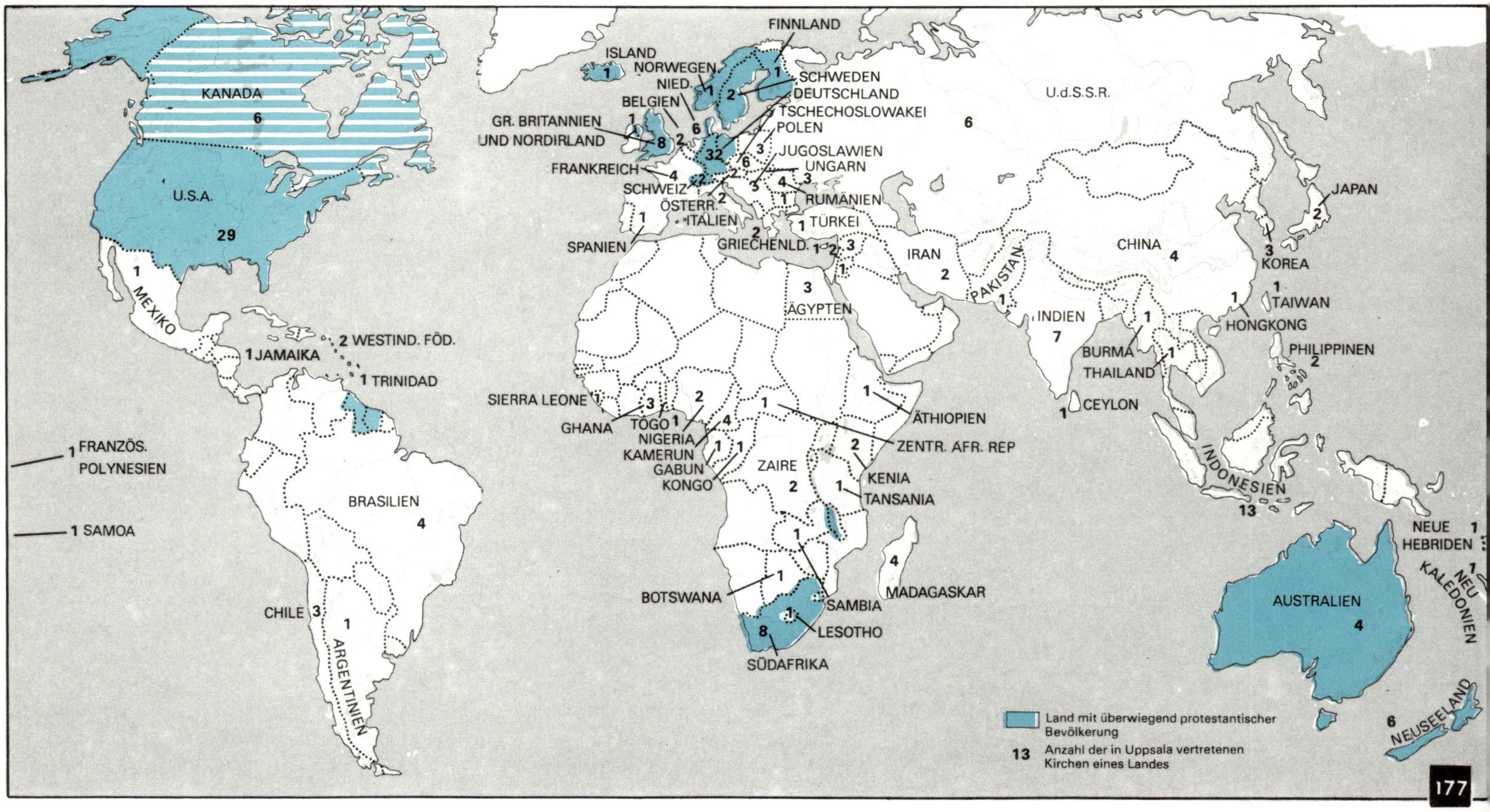

Reinold von Thadden-Trieglaff

Christliche Erneuerung im Nachkriegsdeutschland

Nach Kriegsende waren sich die Männer, die im Widerstand gegen Hitler ausgehalten hatten, bewußt, daß der Schrecken nicht hätte geschehen können ohne den Abfall einer großen Zahl der Getauften von den christlichen Normen. Ein schlecht unterwiesenes Volk, Geistliche und Laien, waren blind den wiederauferstandenen heidnischen Göttern gefolgt.

Es entstanden evangelische Akademien, von der Kirche getragene Zentren für Erwachsenenbildung. Einige der frühen Initiatoren waren Männer, die den Kirchenkampf überlebt hatten. Die erste Akademie wurde im September 1945 in Bad Boll eröffnet. Ihr Leiter und einflußreichster Mann in der Geschichte dieser Bewegung bis heute war Eberhard Müller (geb. 1906). Müller war Studentenpfarrer gewesen und Mittelsmann zwischen dem Bischof der »intakten« Kirche Württembergs, Theophil Wurm (1868–1953) und der Bekennenden Kirche im Norden. (Die »intakten« Kirchen waren die Landeskirchen von Hannover, Württemberg und Bayern, wo die Kirchenämter nicht von Nazis erobert wurden und der Widerstand nicht in außer-legale Umstände abgedrängt wurde.) Nach Gründung weiterer Akademien wurde 1947 eine Konferenz der Leiter institutionalisiert, gebildet, um Konsultationen zu ermöglichen.

Die Akademie will verantwortliches, soziales Handeln auf christlicher Grundlage fördern. Ein Hauptakzent ist der Dialog als Mittel, die autoritäre Struktur des herkömmlichen Entscheidungsprozesses in der Pastorenkirche aufzubrechen und Laien, die Schlüsselrollen in der Gesellschaft haben, zur vollen Teilnahme zu bewegen.

Wichtig für die christliche Erneuerung im Nachkriegsdeutschland ist auch der Kirchentag, eine Laienbewegung. Der Kirchentag wurde 1949 in Hannover von Reinhold von Thadden-Trieglaff (1891–1976) begründet, der vor dem Ersten Weltkrieg führend im Christlichen Studentenweltbund und seit der Barmer Erklärung (Mai 1934) in der Bekennenden Kirche tätig war. Bei Gründung des Kirchentages sprachen unter anderem W. A. Visser't Hooft vom Ökumenischen Rat der Kirchen (konstituiert 1948), Martin Niemöller (geb. 1892) und Gustav Heinemann (1899–1976), ein Mann der Bekennenden Kirche und späterer Bundespräsident der Bundesrepublik Deutschland.

Ein Jahrzehnt fand der Kirchentag jedes Jahr statt; jetzt wechselt er mit dem Katholikentag ab. Im Widerspruch zum Pluralismus des Kirchentages haben der Gemeinschaftsbewegung und der Bekenntnisbewegung »Kein anderes Evangelium« nahestehende Kreise seit 1973 sog. »Gemeindetage unter dem Wort« veranstaltet.

Laieninstitut, Evangelische Akademie

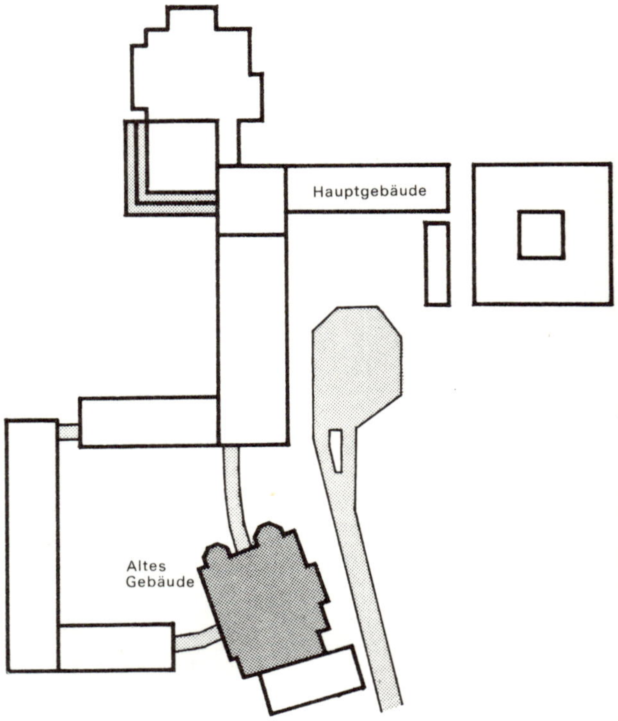

Grundriß der Evangelischen Akademie Bad Ball, Württemberg, Westdeutschland

Christliche Erneuerung in Europa

J. H. Oldham, der mit John R. Mott die Missionskonferenz in Edinburgh 1910 leitete, veröffentlichte die erste wichtige in ökumenischen Kreisen benutzte Studie »Arbeit in der modernen Welt«. Sie kam im Zusammenhang mit der Konferenz in Oxford über Kirche, Nation und Staat 1937 heraus. In dieser Schrift arbeitete er genau das Thema aus, das alle evangelischen Akademien und Laieninstitute noch lange bewegen sollte: die Wichtigkeit, die Arbeit der Laien in der Welt als Ausdruck christlichen Engagements zu artikulieren.

1938 gründete George MacLeod (geb. 1895) die Iona-Kommunität. Iona hat eine Ordnungsstruktur, die den Wiederaufbau des alten Zentrums keltischen Christentums ebenso einschließt, wie das Teilen des Einkommens, die Arbeit unter Industriearbeitern in Glasgow oder die Kirchenreform. MacLeod, ein Pazifist und Mitglied der Labour Party, war später Moderator der Kirche von Schottland. Iona gab Anstöße zu ähnlichen Gründungen, z.B. Kirkridge (gegr. 1947 in Bangor, Pennsylvanien).

1939 gründete Hendrik Kraemer in der Nähe Utrechts »Kerk en Wereld«. Kraemer war bereits ein berühmter Missionar (in Indonesien) und Verfasser der für die Madras-Konferenz geschriebenen Studie »Die christliche Botschaft in einer nichtchristlichen Welt« (1938).

Das älteste Laienzentrum außerhalb Deutschlands ist Sigtuna, nahe Uppsala (Schweden), das von Manfred Björkquist 1917 gegründet wurde. Viele Jahre war der bekannte Dichter und Dramatiker Olov Hartman Direktor dieses Instituts.

Eine europäische Leiterkonferenz der evangelischen Akademien und Laieninstitute wurde anläßlich der Feier des zehnjährigen Bestehens von Bad Boll im Oktober 1955 ins Leben gerufen. Diese jährlich tagende Konferenz sorgt für die Koordinierung der Arbeit, und sie hat erreicht, daß einzelne Zentren sich spezialisierten – auf Fragen der Landwirtschaft, der industriellen Organisationen, neuer Formen der Verkündigung usw. Man hat sich ferner intensiv bemüht, neue Akademieprogramme in Afrika und Asien durch Geld und Personal zu unterstützen.

Seit 1958 haben der Kirchentag und die Akademie von den Diensten Mark Gibbs profitiert, einem anglikanischen Laien und Schriftsteller *(God's Frozen People, God's Lively People)*, dessen Arbeit teilweise von der Audenshaw-Stiftung in England finanziert wird. Gibbs ist Berater für den ökumenischen Teil der Kirchentags- und Akademiearbeit; auf diesen Posten folgte er Franklin H. Littell nach, einem amerikanischen Methodisten, der nach dem Krieg fast ein Jahrzehnt in Europa arbeitete. Littell gründete 1953 die ökumenische Kommission des Kirchentags und war Mitbegründer der europäischen Leiterkonferenz (1955). Der Kirchentag wird jetzt regelmäßig von mehreren hundert Nicht-Deutschen besucht; die kommunistische Regierung der DDR hindert ihre Bürger an der Teilnahme. Die Akademien verzeichnen einen stetigen Strom von Besuchern und Konferenzteilnehmern aus Übersee.

Christliche Erneuerung in den USA

Sowohl der Kirchentag als auch die Akademien in Europa sind im Schatten zweier Weltkriege, zweier totalitärer Systeme, einer kleinen und einer großen Wirtschaftskrise und einer tiefen Krise des christlichen Glaubens entstanden. Die Tragweite des Holocaust für die Christenheit wird nur von wenigen Theologen und Kirchenmännern gesehen, doch die Lehren des Kirchenkampfes (in Norwegen, Dänemark, Frankreich und den Niederlanden ebenso wie im Dritten Reich) sind weithin bekannt und werden besprochen.

Das christliche Leben in Amerika ist noch weithin intakt und war bis vor kurzem moralisch und theologisch eingebettet in die Harmonie der »Werte« des 19. Jh.s, wo politische, gesellschaftliche, kulturelle und religiöse Normen weitgehend deckungsgleich waren. Im Vietnamkrieg verlor Amerika seine Unschuld. Vor allem die Jugend stellte die Harmonie der Werte in Frage.

Trotz der institutionellen Apathie des Protestantismus, die zu erheblichen personellen und finanziellen Streichungen in vielen denominationellen und interdenominationellen Organisationen führte und die den seit Jahren wichtigsten Versuch in Richtung auf eine Kirchenunion (Committee on Church Union/COCU) nach zehnjährigen Verhandlungen praktisch zusammenbrechen ließ, hat das Christentum in Amerika einen Vorteil, der ihm große Möglichkeiten des Experimentierens und der schnellen Veränderung gibt: eine Tradition der Laieninitiative und in den meisten Denominationen Strukturen, die einflußreiche Laienaktionen möglich machen. Es gibt eine Reihe Zentren der Erneuerung, die den Programmen der nationalen Kirchenleitungen um vieles voraus sind und die oft von örtlichen oder regionalen Kirchenleitungen und durch Gaben einzelner unterstützt werden.

Eine der ältesten Erneuerungsbewegungen, die in den 1930er Jahren viele Anhänger hatte, zentriert sich um Gemeinschaftsgruppen oder christliche Zellen. Von 1939–1949 diente dieser Arbeit die Literatur der »Konferenz für zuchtvolles Leben und Dienst«, die sich jährlich traf – in den letzten fünf Jahren in Lane Hall, University of Michigan. Unter den Leitern waren die bekannten Quäker Douglas Steere und Elton Trueblood. Seit 1950 ist die Führung dieser Arbeit an das Yokefellow-Institut am Earlham College und an angeschlossenen Zellen in anderen Staaten übergegangen.

Unter den Laienkonferenzzentren, von denen im letzten Jahrzehnt mehrere Dutzend entstanden, ist das Quäkerzentrum Pendle Hill (Wallingford, Pennsylvanien) eines der ältesten. Die amerikanischen Zentren konzentrieren sich auf Gesprächsmethoden, Gruppentherapie und die Lösung sozialer Probleme von christlicher Basis aus.

Die vielleicht stärkste Laienbruderschaft ist der »Orden«, der die Arbeit des Ökumenischen Instituts in Chicago unterhält und Zweige in den Vereinigten Staaten, Asien und Lateinamerika hat.

Die wirksamsten Massenversammlungen – kleinen Kirchentagen vergleichbar – waren die »Glauben-im-Leben«-Wochen, die unter dem von Loren Halvorsen (Amerikanische Lutherische Kirche) angeführten »Minnesota-Projekt« veranstaltet wurden. Sehr wirksame Wochenprogramme, bei denen alle erreichbaren Medien eingesetzt wurden und bei denen neben vielen protestantischen Denominationen auch Katholiken mitarbeiten, wurden in Brookings, S.D., Fargo/Moorhead, Duluth/Superior und in den Twin Cities abgehalten.

Unter den neuen Formen christlicher Arbeit hat die Herausforderung durch die Großstadt die bemerkenswertesten Entwicklungen hervorgebracht. Die Mehrzahl der Mannschaften, die in den Stadtzentren arbeiten, sind Laien mit Spezialausbildung und junge Geistliche; alle arbeiten zwischenkirchlich. Sorgfältige Studien werden erstellt über städtische Mobilität, das Einströmen der Schwarzen vom Süden, Stadtplanung für Schulen und andere wichtige Leistungen sowie Kirchenplanung (um unnötige Kirchen zu schließen bzw. neue zu bauen).

Ausbildungszentrum für den Dienst in der Großstadt

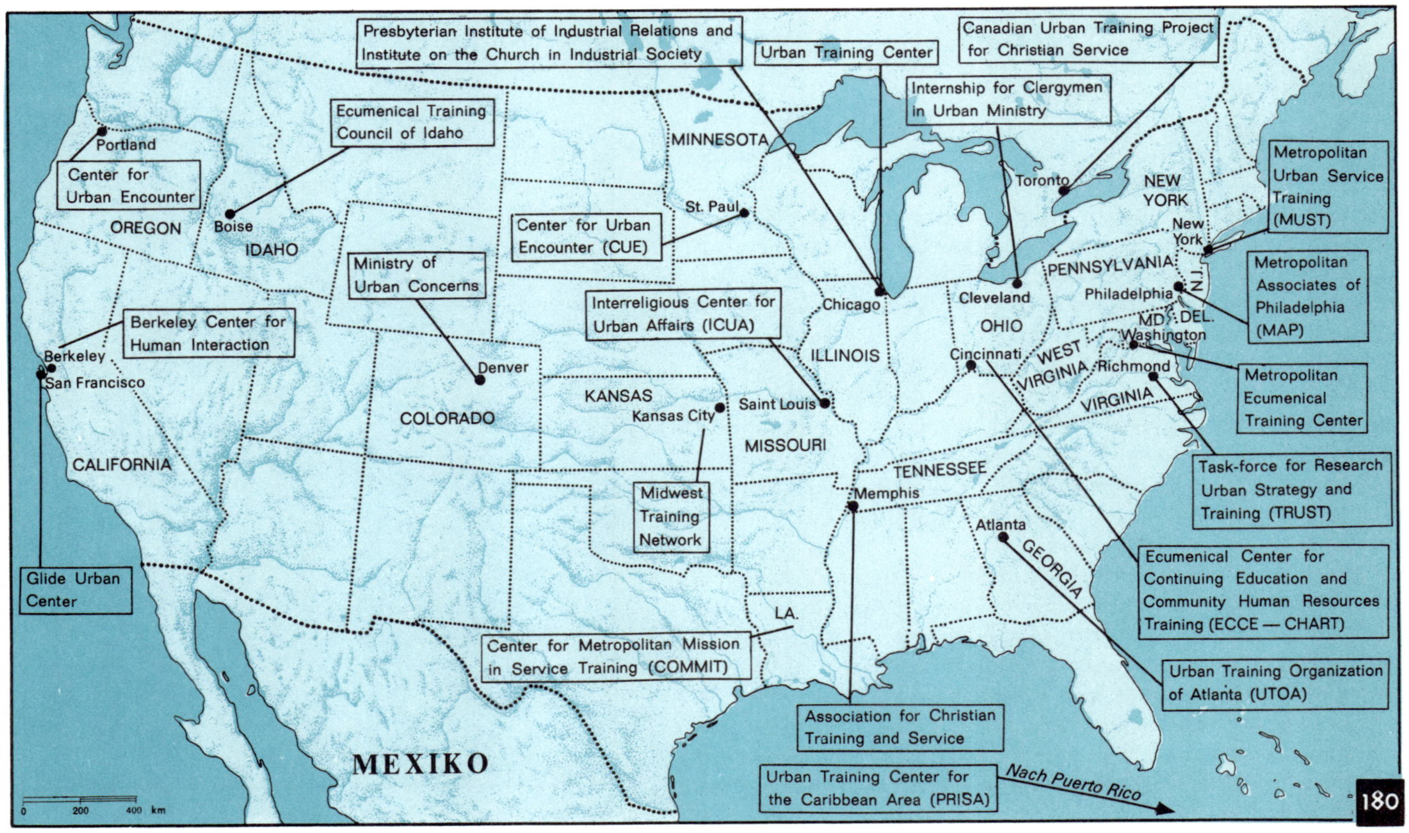

Christliche Erneuerung in Afrika

Afrika ist heute eines der Gebiete großer religiöser Unruhe. Viele der neuen Nationen haben lebendige unabhängige Kirchen und überkonfessionelle Organisationen. 1924 wurde der Protestantische Rat für den Kongo gegründet, 1929 der Christliche Rat der Goldküste, 1943 der Christliche Rat Kenias usw. Einige afrikanische Kirchenmänner spielten in der Ökumenischen Bewegung führende Rollen, so Häuptling Albert John Luthuli (1899–1967), ein christlicher Pazifist, der schwer unter dem Regime Südafrikas litt. Er erhielt 1960 den Friedensnobelpreis.

Unter den seit dem Zweiten Weltkrieg gegründeten überkonfessionellen Organisationen sind einige Akademien zur Weiterbildung von Laien. Sie haben manchmal nur unter Schwierigkeiten überlebt, da sie weißem Rassismus, schwarzem Nationalismus und Angriffen von muslimischen und marxistischen Ideologen widerstehen mußten.

Das Christentum breitete sich in Afrika am schnellsten unter den Völkern aus, deren religiöses Leben sich noch auf der Ebene des Animismus abspielte, und am langsamsten unter (nördlichen) Stämmen, die schon den Islam angenommen hatten. Weil der Islam nur wenig von seinen Anhängern verlangt – jeder, der die rituellen Gebete fünfmal täglich spricht, ist ein Muslim – und grundlegende soziale und wirtschaftliche Sitten wie z.B. die Polygamie nicht in Frage stellt, hat er sich in Afrika weit verbreitet, und dies trotz der Verbindung der Araber mit dem Sklavenhandel.

Das ehemals spanische Westafrika und Mauretanien sind praktisch 100 % muslimisch. In Marokko, Algerien, Tunesien und Libyen hat das Christentum nur bei dem Kabyle-Stamm in Algerien einige Erfolge gehabt. Wenig Fortschritt ist in den stark islamischen Gebieten wie Gambia, Senegal, Guinea, Mali und Niger zu verzeichnen.

Im Süden jedoch macht das Christentum weiterhin erstaunliche Fortschritte – besonders in seiner pfingstlichen Ausprägung und in unabhängigen Bewegungen. In Südafrika und Rhodesien ist die Abkehr von der Aufsicht durch weiße Organisationen besonders ausgeprägt. Die Gesamtmitgliederzahl in unabhängigen afrikanischen Kirchen in Rhodesien beträgt über 500000; in Afrika über 7 Millionen.

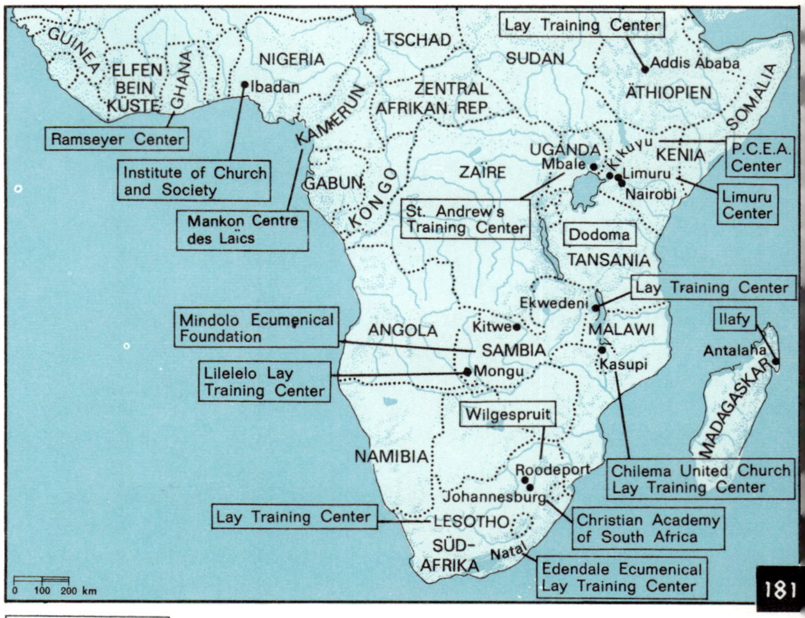

Lay Training Center   Vereinigung christlicher Laienzentren

Christliche Erneuerung in Asien und dem Süd-Pazifik

Die »Vereinigung christlicher Institute für soziale Fragen in Asien« (ACISCA) vereinigt die Akademien dieses Gebiets zu Konsultationen und Zusammenarbeit. Das christliche Institut zum Studium von Religion und Gesellschaft in Bangalore (Indien), geleitet von Rev. M. M. Thomas, ist weltbekannt; andere Zentren arbeiten hervorragend.

Wie überall in der Welt sind Programme und Schwerpunkte sehr unterschiedlich. Das Taipeh Academy House (Taiwan) veranstaltet regelmäßig Konferenzen für Ärzte, Manager und andere Berufsgruppen – zusammen mit einem »Rettungsseil«-Zentrum (Telefonseelsorge, Selbstmordverhütung). Das ökumenische Laienzentrum in Malang (Indonesien) ist auf einen fortlaufenden muslimisch-christlichen Dialog spezialisiert.

Die deutschen evangelischen Akademien haben für die Akademien in Asien und Afrika brüderliche Berater zur Verfügung gestellt; und einige europäische Zentren veranstalten in Zusammenarbeit mit dem Ökumenischen Institut in Bossey Ausbildungskonferenzen für zukünftige Institutsreferenten in verschiedenen Teilen der Welt.

Unter Leitung von Hendrik Kraemer, Suzanne de Diètrich (geb. 1891) und Hans Hermann Walz (geb. 1914) hat das Ökumenische Institut 1952 seine Ausbildungskurse erweitert und hat seitdem seinen Einfluß unter den jungen Kirchen spürbar gesteigert.

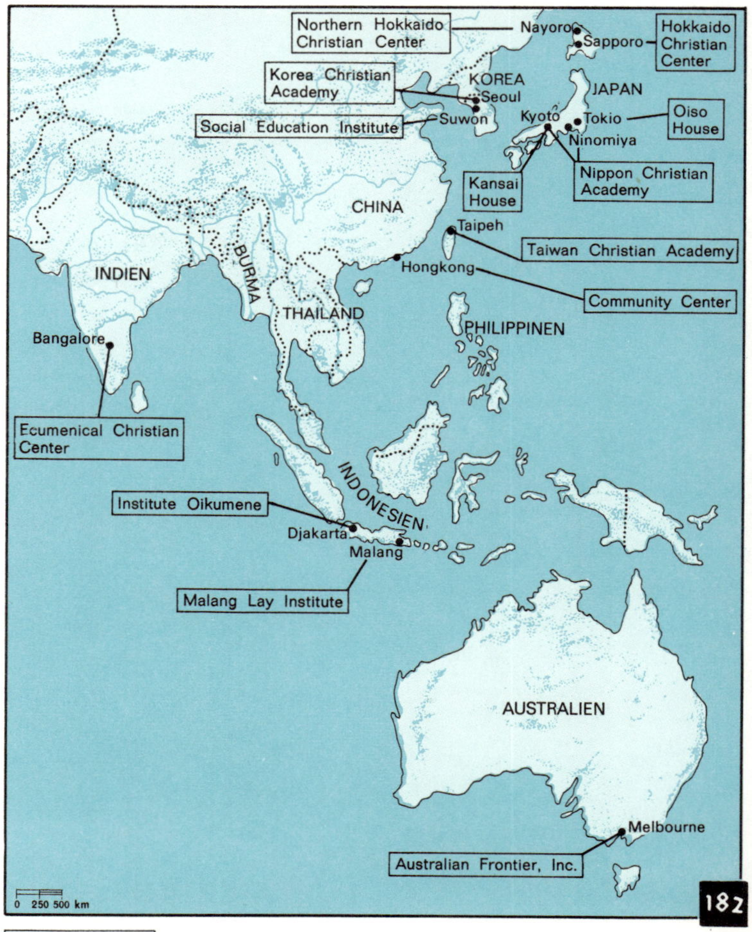

Community Center   Vereinigung der Direktoren christlicher Institute

Hilfswerke der historischen Friedenskirchen

* Brethren Service Commission, Elgin, Ill.
* Mennonite Central Committee, Akron, Penn.
* American Friends Service Committee, Philadelphia, Penn.

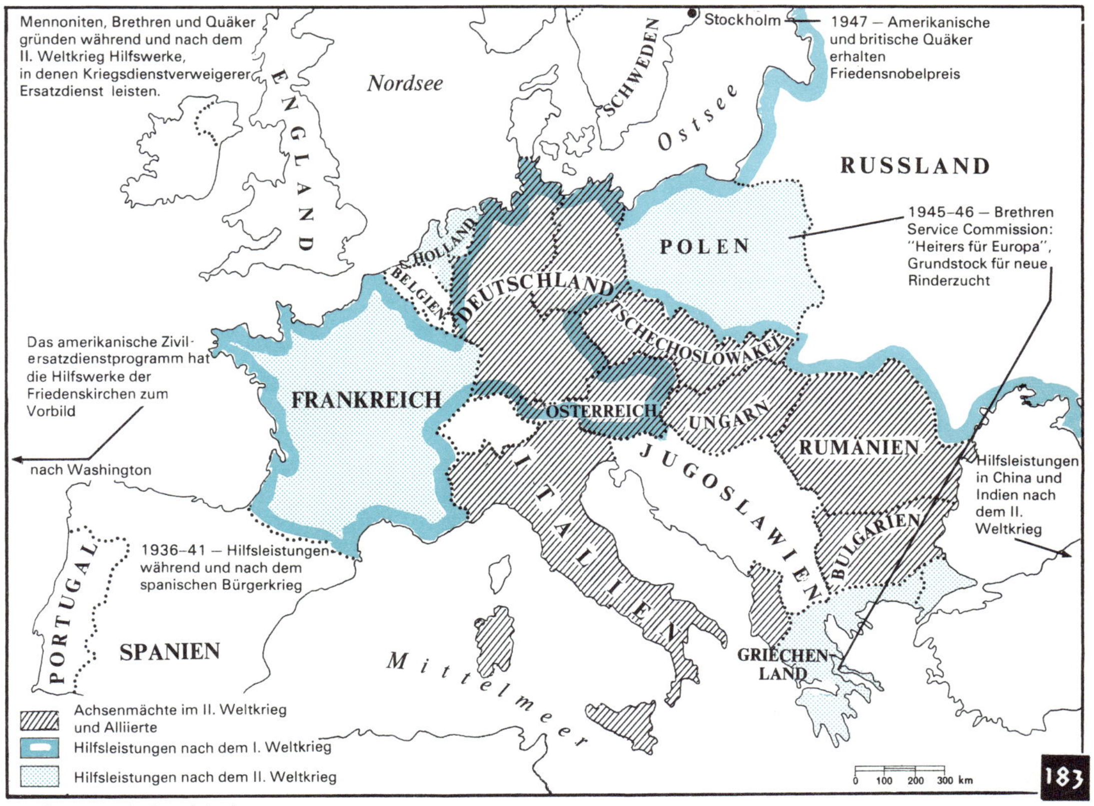

183

Friedenskirchen

Trotz ihrer kleinen Zahl haben die historischen »Friedenskirchen« – Quäker, Mennoniten und Brüder – in Amerika dem Christentum und der Gesellschaft allgemein große Dienste geleistet.

Im kolonialen Amerika spielten die Quäker eine wesentliche Rolle – nicht nur in der berühmten Kolonie für religiöse Flüchtlinge, Pennsylvanien. Zu einer Zeit gab es nicht weniger als fünf koloniale Gouverneure, die Mitglieder der Gesellschaft der Freunde waren. Unter anderem waren die Quäker für ehrliche Behandlung der Indianer bekannt. Der Vertrag von Charter Oak zwischen William Penn (1644–1718) und den Indianern war ein Modell, das leider wenig befolgt wurde. Gemeinsam versuchten Quäker und Kongregationalisten vergeblich, die Cherokees vor Verlust ihrer Heimat in Georgia und den Carolinas zu bewahren (1833ff.); Präsident Grant berief sie, um den Indian Service von skrupellosen Beamten zu säubern, die die Indianer um ihre Zuweisungen betrogen.

Nachdem die quäkerischen Parlamentarier von Pennsylvanien ihre Ämter 1756 niedergelegt hatten, weil sie aus Gewissensgründen nicht für Waffen zu Kriegszwecken gegen die Indianer stimmen konnten (aber auch aus Feingefühl nicht dagegen stimmten), war die Rolle der Freunde im öffentlichen Leben Amerikas mehr exemplarisch und humanitär und weniger politisch. Selbst der quäkerische Präsident Herbert C. Hoover (1874–1964) zog die öffentliche Aufmerksamkeit erstmals auf sich, als er nach dem Ersten Weltkrieg ein Hilfswerk in Osteuropa leitete. Gleichwohl haben die »Freunde« fortwährend politischen Einfluß ausgeübt, besonders in Fragen nach dem Status der Kriegsdienstverweigerer, der parlamentarischen Bewilligung von Geldern für Flüchtlingshilfe, technischer Unterstützung in Übersee usw.

Die ersten Mennoniten kamen 1683 in Pennsylvanien an, die »Dunker« (Brüder) 1719. Gegründet von Alexander Mack (1679–1735), einem radikalen Pietisten in Schwarzenau/Eder, zeigten sie anfänglich wenig Interesse an Wahlen, Ämtern oder anderen weltlichen Geschäften.

In der Moderne haben alle drei Friedenskirchen eine Erneuerung öffentlicher Aktivität zu verzeichnen. Das American Friends Service Committee (AFSC) wurde 1917 organisiert, um für Kriegsdienstverweigerer einen Ersatzdienst zu entwickeln und um Gelder für Hilfswerke zu sammeln. Das Zentralkomitee der Mennoniten wurde 1920 gegründet, die Brethren Service Commission 1940; auch sie trafen Vorkehrungen für Kriegs- und Gewaltgegner und widmeten sich ausgedehnter humanitärer Hilfe in Übersee. 1947 erhielt das AFSC und der britische Friends Service Council den Friedensnobelpreis für ihre unparteilichen Hilfsdienste unter den zivilen Opfern beider Weltkriege und des spanischen Bürgerkriegs.

BRETHREN (Kirche der Brüder)

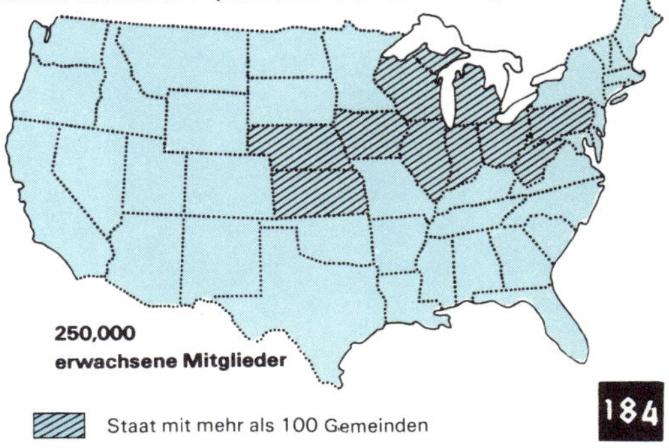

184

MENNONITEN

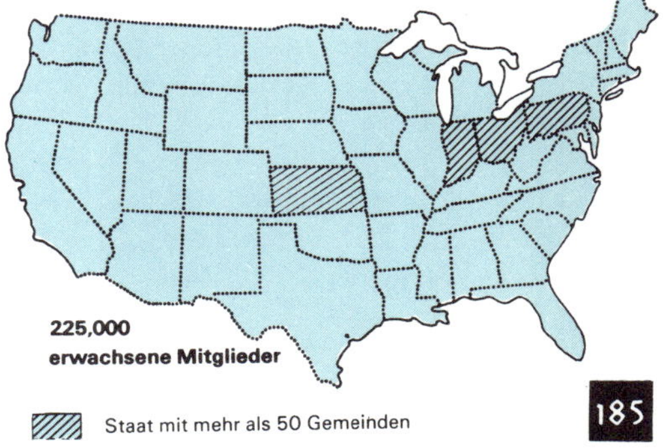

185

QUÄKER

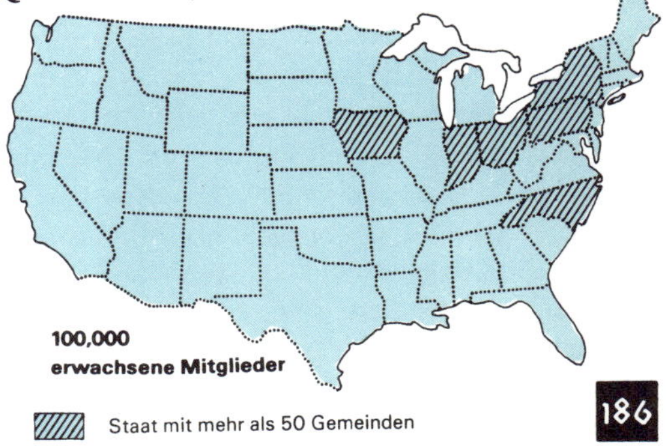

186

E. Neue Perspektiven

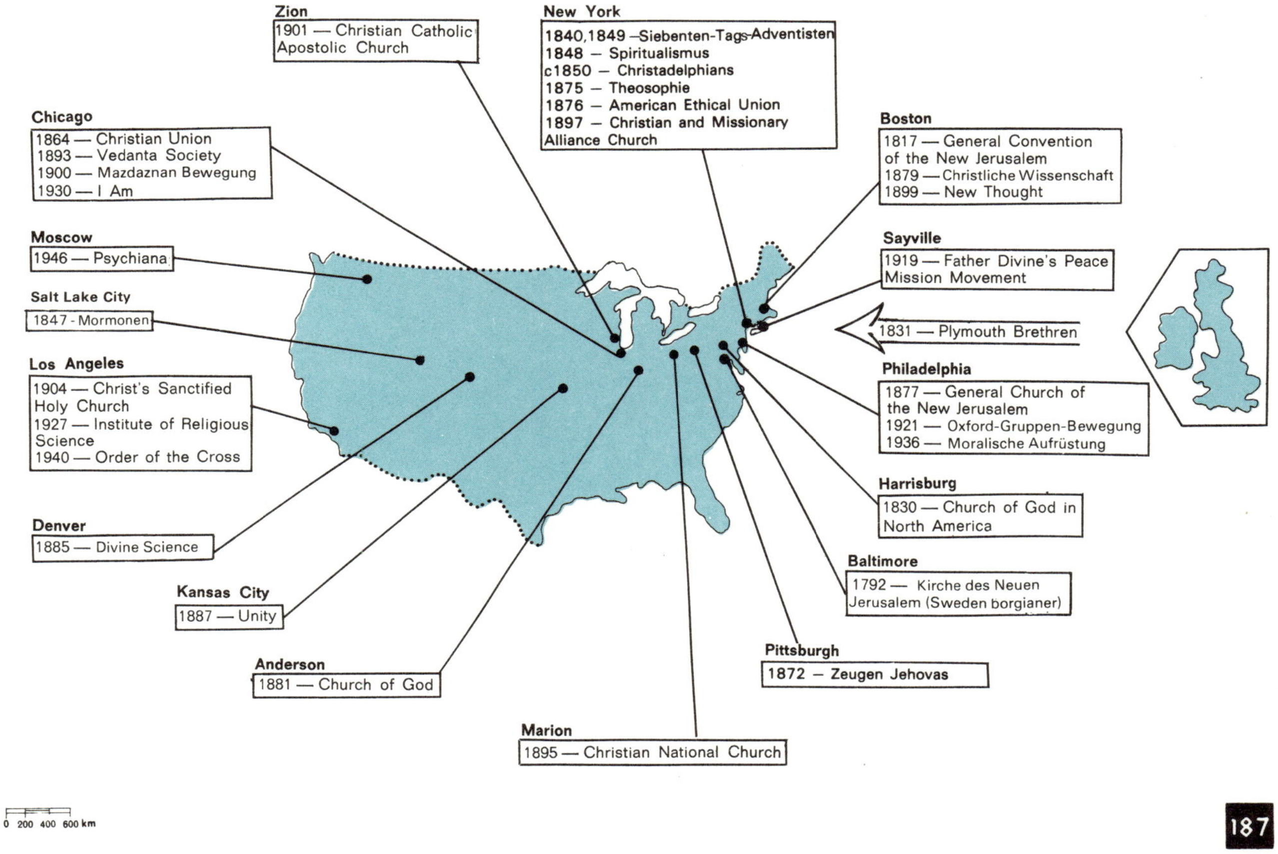

187

Ungewöhnliche religiöse Bewegungen: USA

Die drei am typischsten amerikanischen neuen religiösen Bewegungen waren mehrere Generationen hindurch die Mormonen, die Zeugen Jehovas und die Christliche Wissenschaft.

Der offizielle Name der Mormonen ist »Kirche Jesu Christi der Heiligen der letzten Tage«, eine Bezeichnung für eine große Bewegung, die aus kleinen Anfängen herauswuchs. Sie begann 1847 am Salzsee mit Brigham Joung (1801–1877). Es gibt noch eine Reorganisierte Mormonen-Kirche, die Joseph Smith jr. (1832–1914) mit Zentrum in Independence, Missouri, gründete und in der keine Polygamie praktiziert wurde. Außerdem existieren ein halbes Dutzend Splittergruppen, z.B. der Tempel Lot, gegr. 1844; die Kirche Jesu Christi (Cutleriten), gegr. 1853; die Kirche Jesu Christi (Bickertoniten) gegr. 1862; Das Haus Davids, gegr. 1903. Eine der esoterischsten war die Kirche Jesu Christi (Strangiten), gegr. 1850.

Zwei der wichtigsten Merkmale des größten Zweigs sind gegenseitige Hilfe und Laienmission. Jedes anerkannte Mitglied gibt 10% seines Einkommens an die Kirche, eine Regel, die der Kirche ungeheuren Reichtum brachte – vom Bergbau in Nevada, den Immobilienmaklern und der Luftfahrtindustrie in Kalifornien bis zum Öl in Texas. Nach Erreichen der Volljährigkeit kann jeder junge Mann auf eigene Kosten zwei Jahre Missionsarbeit leisten, eine Ordnung, die das Mormonentum in ganz Europa und im Süd-Pazifik sich ausbreiten ließ. In den letzten 15 Jahren verdoppelten sie ihre Mitgliederzahlen.

Auch die Zeugen Jehovas nennen jedes Mitglied »Prediger« und sind für ihren Predigtdienst, d.h. auch die Verbreitung ihrer Schriften, bekannt. Sie halten sich für die Wiederherstellung des neutestamentlichen Christentums und lehnen alle anderen als »Religionisten« ab. Wegen Ablehnung des Wehrdienstes wurden sie oft verfolgt, besonders auch im Dritten Reich. Begründer war Charles Taze Russell (1852–1916).

Umstritten ist das Verhältnis der Christlichen Wissenschaft zu Phineas P. Quimby (1802–1866) und dem »Neuen Denken«. Mary Baker Eddy (1821–1910), die Gründerin der »Mutter-Kirche« in Boston, war von Quimby geheilt worden und pries lange Zeit sein System. 1875 brachte sie die erste Auflage des Buches »Wissenschaft und Gesundheit« heraus, 1898 das Wochenblatt »Christian Science Sentinel« und 1908 eine der führenden amerikanischen Tageszeitungen, »The Christian Science Monitor«. Obwohl es keine offizielle Statistik gibt, gilt die Christliche Wissenschaft heute als eine der reichsten Kirchen Amerikas. Eine Reihe ausgezeichneter Schulen werden in der Nähe von St. Louis unterhalten; das höchste Niveau erreicht Principia College (gegr. 1910).

Die vielen adventistischen und pfingstlichen Kirchen können als einheimisch-amerikanische Bewegungen angesehen werden. Sicher sind sie Früchte großer Erweckungen. Ihre Grundlagen unterscheiden sich so stark von den europäischen Voraussetzungen des Großteils der amerikanischen Religion, wie dies bei Mormonen, Zeugen Jehovas und der Christlichen Wissenschaft der Fall ist.

Von besonderem Interesse ist das Hervortreten der Black Muslims. Father Divine's Friedensmission (gegr. 1919) blieb wesentlich christlich, und die Mitglieder wurden deshalb davon abgehalten, mit einem reinen Herzen die Weißen zu hassen. Die Black Muslims (gegr. 1931 in Detroit) haben ein Gedanken- und Ordnungssystem, das sich viel eher für einen schwarzen Nationalismus, afro-amerikanische Identität und Haß einer weißen Unterdrückergesellschaft und ihrer Strukturen eignet. Es mag sein, daß sich die Black Muslims als eine der wichtigeren einheimischen amerikanisch-religiösen Bewegungen erweisen.

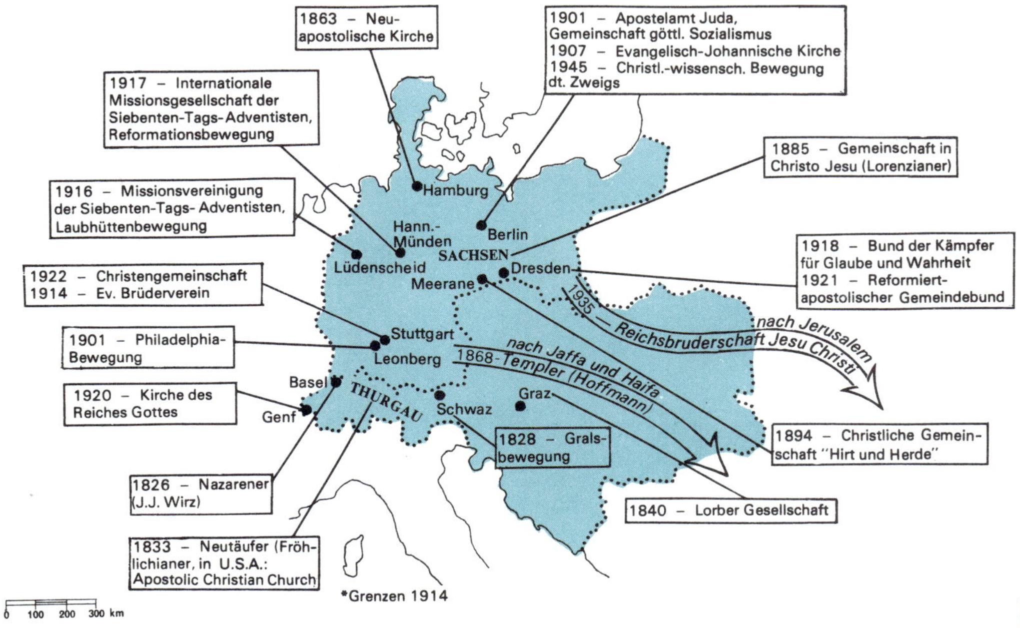

188

Ungewöhnliche religiöse Bewegungen: Deutschland

Viele Jahre war die Sektengeschichte ein Lieblingsfach an deutschen Universitäten. Professoren und Studenten der etablierten Kirchen (römisch-katholisch, lutherisch, reformiert, uniert) waren von dem Wuchern der »Sekten« in der angelsächsischen Welt fasziniert – besonders in Amerika. In Eisenach definierte der deutsche Protestantismus 1855 eine Sekte als eine religiöse Körperschaft, die in den politischen und rechtlichen Abmachungen von Augsburg (1555) oder dem Westfälischen Frieden (1648) nicht eingeschlossen ist; dies bedeutete, daß Baptisten, Methodisten und andere Freikirchen lange Zeit als »Sekten« eingestuft waren.

Inzwischen hat man sich von dieser groben Einteilung gelöst. Die berühmte Typologie von Ernst Troeltsch in seinem Buch *Die Soziallehren der christlichen Kirchen und Gruppen* (1912), mit der Ansicht, daß sowohl der »Kirchen«- als auch der »Sekten«-Typ große Beiträge zur Kirchengeschichte geleistet haben, hat auch in Amerika Anklang gefunden.

Es kann jedoch kein Zweifel sein, daß im gewöhnlichen Sprachgebrauch »Kirche« einen positiven und »Sekte« einen negativen Klang hat. Seltsam ist auch der Sprachgebrauch, der die frühe Kirche als »Sekte« definiert, weil sie illegal war und verfolgt wurde, die Christenheit der konstantinischen Zeit als »Kirche« bezeichnet, weil sie einen legalen Status hatte und Macht besaß, und die einheimischen christlichen Bewegungen in Asien und Afrika »Sekten« nennt, weil sie sich der Herrschaft der Vorstände und Organisationen der weißen Christenheit entzogen. Diese Begriffsverwirrung und Wertung legen es nahe, den Begriff »Sekte« fallen zu lassen und durch neutrale Begriffe wie »ungewöhnliche religiöse Bewegungen« zu ersetzen.

Als die Gelehrten der europäischen Staatskirchen noch davon ausgingen, daß das Wuchern neuer »Sekten« eine eigenartig amerikanische Krankheit darstelle, blühte in Amerika eine starke Bewegung für zwischenkirchliche Zusammenarbeit und Einheit, während in Deutschland eine Anzahl neuer religiöser Bewegungen im Entstehen begriffen war. Einige verliefen im Strom größerer Bewegungen, wie die Apostolisch-christliche Kirche (gegr. 1833) – eine Erneuerungsbewegung unter Schweizer Mennoniten; die Kirche des Reiches Gottes (gegr. 1920) – eine Abspaltung von den Zeugen Jehovas; die freien christlichen Wissenschaftler (gegr. 1945). Andere wurzelten in der Erweckungsbewegung, wie die Lorber-Gesellschaft (gegr. 1840), die Bruderschaft Jesu Christi (gegr. 1885), die Philadelphia-Bewegung (gegr. 1901) und die Evangelische Brüderunion (gegr. 1914).

Eine der einflußreichsten Bewegungen, die heute »Christengemeinschaft« genannt wird, begann unter dem Einfluß Rudolf Steiners (1861–1925). Die Anthroposophie (so der ursprüngliche Name) verband hinduistische und buddhistische Ideen mit christlichem Gedankengut zu einer esoterischen kosmologischen Philosophie. Die Bewegung bildete später Gemeinschaften, die sich von außen betrachtet kaum von christlichen Gemeinden unterscheiden. Der wichtigste allgemeine Beitrag der Bewegung war wohl die Gründung der Waldorf-Schulen, die inzwischen auch außerhalb Deutschlands verbreitet sind.

Religiöse Entwicklungen in Japan

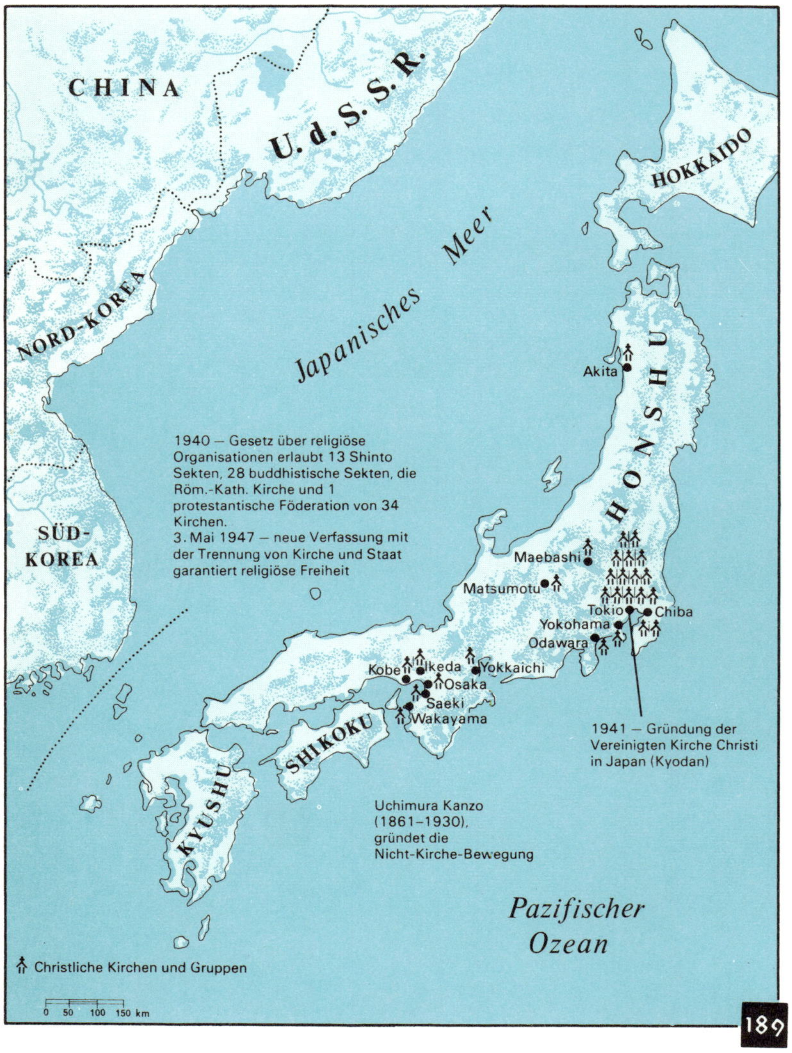

Shinto Zentren

Christliche Kirchen und Gruppen

* * *

Buddhistische Gruppen

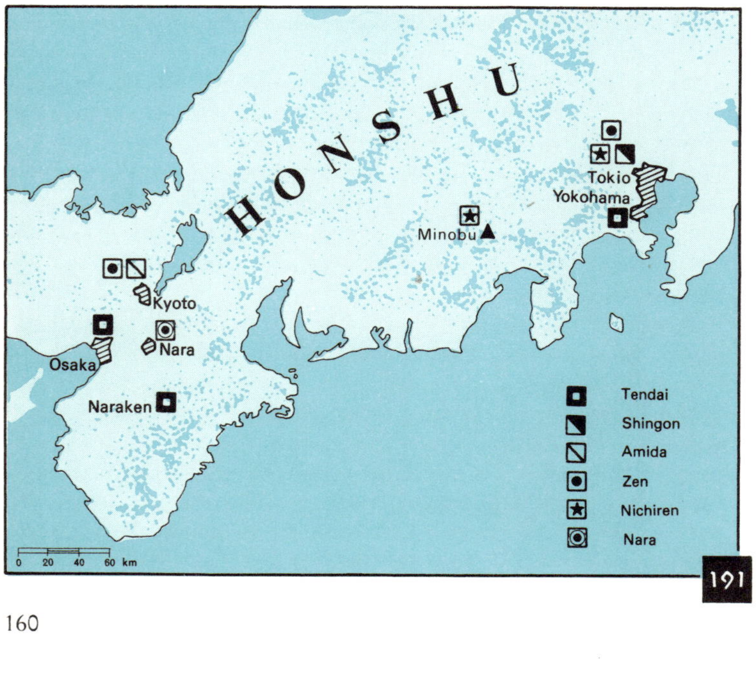

Unabhängige afrikanische christliche Bewegungen

Mit Ausnahme der alten koptischen Kirchen Ägyptens und Äthiopiens kam das Christentum mit den europäischen Kolonisatoren und Missionaren nach Afrika. Mit dem Anstieg des Selbstbewußtseins im späten 19. Jh. hatten verschiedene christianisierte Völker bereits begonnen, sich von dem beherrschenden Einfluß und den Geldern der Missionsorganisationen in Paris, London und New York freizumachen. Während des schnellen Wachstums der Pfingstbewegung in der jüngsten Vergangenheit haben unabhängige christliche Kirchen eine phänomenale Ausbreitung erlebt.

Der Erfolg der Unabhängigen beruht einerseits auf der allgemeinen Suche nach der Stammesidentität, zum anderen dem Bruch mit weißen Missionen und dem Erreichen der ungetauften Massen. In Kenia z.B. wurde die Kirche Christi in Afrika aus ca. 75000 ehemaligen Anglikanern gebildet, und die Legio-Maria-Kirche begann mit ca. 90000 ehemaligen römischen Katholiken. In Ghana sind ca. 200000 Mitglieder unabhängiger Kirchen hauptsächlich ehemalige römische Katholiken. In Südafrika vereint die Bantu-Independente-Kirchenunion (gegr.

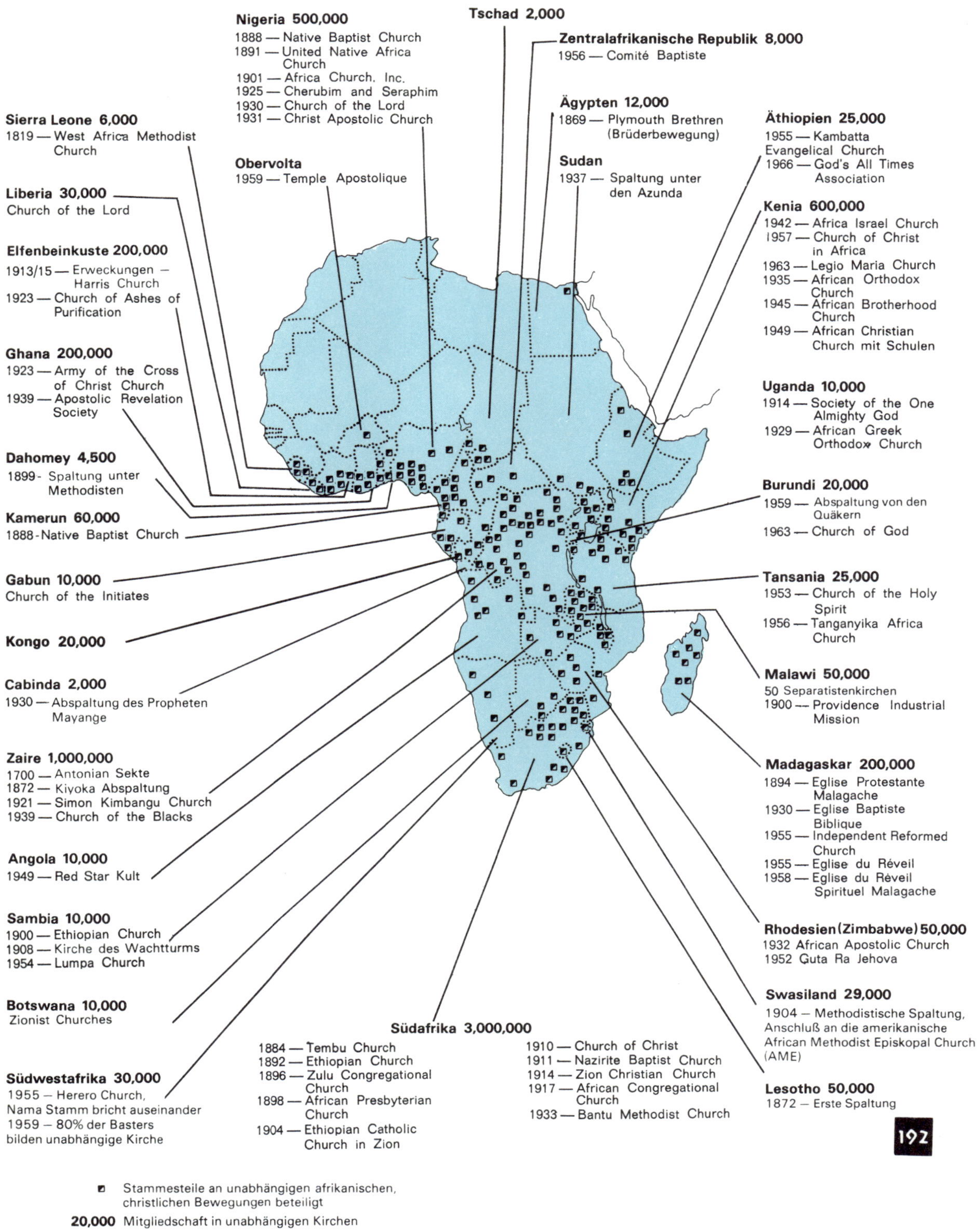

1937) sowohl ehemalige Missionskirchen als auch Bewegungen, die von einheimischen charismatischen Propheten gesammelt wurden.

Viele der einheimischen afrikanischen Kirchen sind ideologisch und liturgisch »zionistisch« und verdanken viel der Missionsarbeit der Anhängerschaft J. Alexander Dowies (1847–1907), des Gründers von Zion (Illinois; 1901). Es läßt sich eine ausgeprägte Identifikation mit dem Volk, den Ereignissen und Gesetzen des Alten Testaments beobachten. Sie nehmen alttestamentliche Namen an und nennen ihre Zentren, die oft gemeinschaftlich und separatistisch sind, »Jerusalem«, »Nazareth«, »Bethel« usw. Jesaja Shembe (1870–1935), ein Zuluprophet, begründete die Nazarethbewegung (1911) und baute ein großes Zentrum auf einem Berg, der »der Berg Moses« genannt wird. Einige unabhängige Kirchen haben die Beziehung mit den Kopten in Äthiopien gepflegt, die über Jahrhunderte die alttestamentlichen Zeremonial- und Speisegesetze weitgehend beachtet, die jüdischen Feste gefeiert und die Beschneidung praktiziert haben.

Die ersten großen einheimischen Evangelisationen wurden 1913–1915 an der Elfenbeinküste von William Wadé Harris durchgeführt, gegen den die Kolonialbehörden repressive Maßnahmen ergriffen. Die Harris-Kirche zählt jetzt über 100000 Mitglieder. Die größte unabhängige Kirche in Afrika mit über 500000 Mitgliedern ist die Kirche Jesu Christi in Kinshasa (Zaire), die 1921 von dem Propheten Simon Kimbangu gegründet wurde. Diese Kirche ist deshalb besonders interessant, weil sie – obwohl betont afrikanisch und unabhängig – jüngst dem Ökumenischen Rat der Kirchen beigetreten ist.

Obwohl es in einigen einheimischen Kirchen Konflikte wegen einheimischer Gebräuche wie der Polygamie gegeben hat, gibt es keinen Hinweis, daß die neuen Kirchen sich stärker der umgebenden Kultur angepaßt hätten als die Kirchen in Europa oder Amerika. Im Gegenteil: sie sind energisch dabei, Gegenkulturen aufzubauen – mit dem Bemühen, Schulen zu gründen, soziale Wohlfahrt und gegenseitige Hilfe zu organisieren und Evangelisation und Mission zu unterstützen.

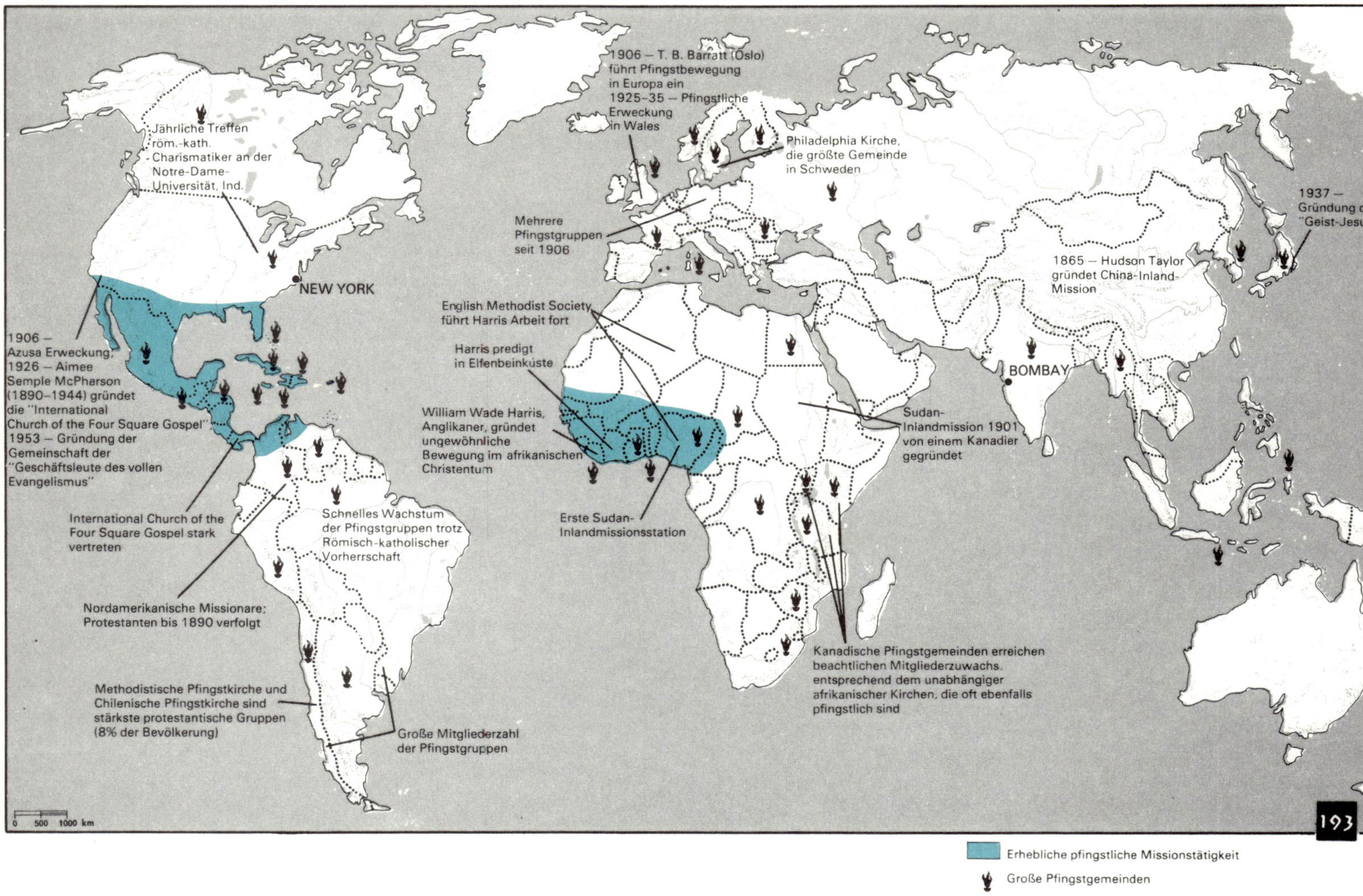

Die »dritte Kraft« in der Mission

Lateinamerika befindet sich seit einigen Jahrzehnten in einem ungeheuren religiösen Aufschwung. Hier wie auch in Afrika wächst das Christentum so erstaunlich schnell, daß einige Wissenschaftler die Voraussage machen, daß zur Jahrhundertwende die Mehrheit der Christen auf diesen beiden Kontinenten wohnt. Nach Ursprung und Form ist dieser Aufbruch pfingstlich. Die Pfingstbewegung hat fest umrissene Grundlehren, ist aber anderseits sehr frei im ekstatischen Ausdruck der Gegenwart des Heiligen Geistes. Sie leitet sich in ihrer modernen Form aus der radikalen Reformation her. Die Pfingstler lehren, daß die große Kirche in Ungnade fiel und kraftlos wurde, als ihre Führer nach weltlichem Ansehen trachteten und ihre Lehrer durch ausgeklügelte philosophische Systeme ihre intellektuellen Fähigkeiten unter Beweis zu stellen suchten. Vor diesem »Fall« war der christlichen Gemeinschaft die Macht des Geistes geschenkt worden – um zu weissagen, in Zungen zu reden, Wunder zu vollführen und zu heilen. Mit der Wiederherstellung des Urchristentums treten auch diese Zeichen und Wunder wieder hervor.

In Brasilien zählen die Assemblies of God jetzt über eine Million Mitglieder. In Chile bilden die Methodistischen Pfingstler über 8 % der Gesamtbevölkerung. In Gebieten wie Zaire (Kongo-Kinshasa), Nigeria, Tansania, Rhodesien und Südafrika hat die »dritte Kraft« den römischen Katholizismus und den herkömmlichen Protestantismus weit überholt, ja die meisten der neuen unabhängigen Kirchen Afrikas tragen den Stempel dieser Art des Christentums.

Die Pfingstbewegung hat auch in Europa und Amerika großen Zuwachs zu verzeichnen. Die größte Gemeinde in Schweden, einem traditionellen Bollwerk des lutherischen Staatskirchentums, ist die pfingstliche Philadelphia-Gemeinde in Stockholm. In den Vereinigten Staaten sind seit der Spätregen-Bewegung in Tennessee (ca. 1886) und der Azusa-Erweckung (1906 in Los Angeles) eine Reihe schnell wachsender Denominationen entstanden. Die »Gemeinschaft christlicher Kaufleute des vollen Evangeliums« (gegr. 1953) hat in den letzten Jahren ihre Mitgliederzahl fast verdreifacht und hat über tausend Gruppen in der ganzen Welt. Ihr morgendliches Fernsehprogramm wird in den USA von 34 Stationen ausgestrahlt. Oral Roberts (geb. 1918), einer der erfolgreichsten charismatischen Führer (Methodist), hat mit Unterstützung »erweckter« Christen in Tulsa, Oklahoma, eine große Universität gebaut.

Der pfingstliche Einfluß ist bis weit in die traditionellen Kirchen – anglikanisch, lutherisch, römisch-katholisch – zu spüren. Etwa 25000 charismatische Katholiken trafen sich 1973 zu einer Konferenz an der Notre-Dame-Universität.

Während also in der ersten Hälfte des 20. Jh.s organisatorische Zusammenarbeit und Wiedervereinigung der Kirchen den weiteren Gang des Christentums zu bestimmen schienen, läßt sich heute kaum noch voraussagen, wie es weitergehen wird.

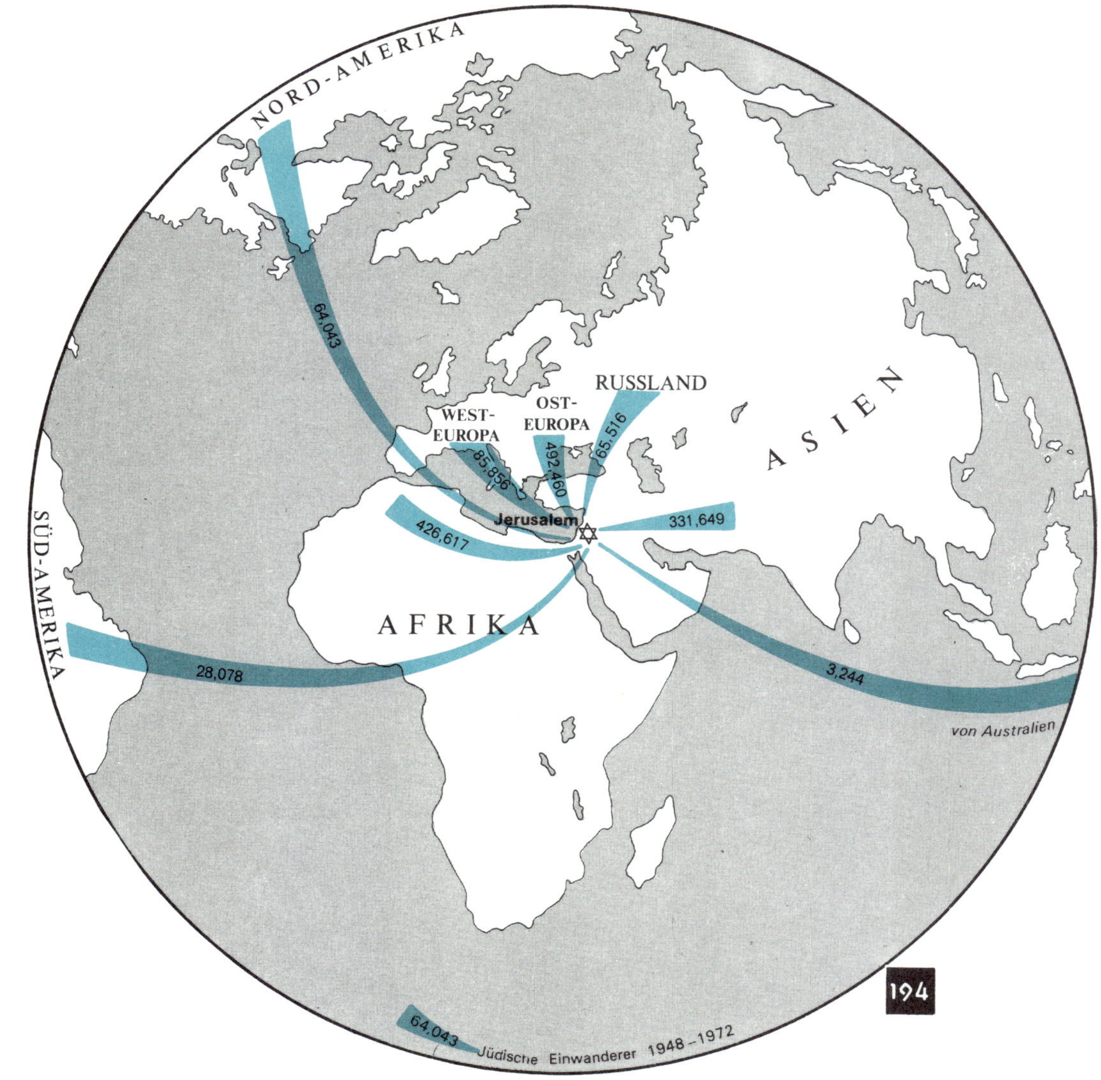

194

Ein wiederhergestelltes Israel

Als die Nachricht aus dem Dritten Reich durchsickerte, was in Auschwitz und anderen Todeslagern geschah, versuchten führende Juden verzweifelt, die Kirchen wachzurütteln. Aber weder vom Papst (Pius XII.), noch von den protestantischen Kirchen gab es ein nennenswertes Echo. Vorschläge, die Bahnlinien nach Auschwitz zu bombardieren, wurden von den verantwortlichen Stellen der Alliierten verworfen. In Frankreich priesen die radikalen Rechten Hitlers Vernichtungsprogramm, und die Kollaborateure der Vichy-Regierung Pétains halfen begeistert, die französischen Juden zusammenzuziehen.

Angesichts der unerbittlichen Folgen des jahrhundertelangen theologischen, kulturellen und politischen Antisemitismus mußten sich selbst die emanzipiertesten Männer des Judentums davon überzeugen, daß Theodor Herzl (1860–1904) recht hatte, daß nur ein nationales Heimatland das Überleben der Juden garantieren könne. Die naheliegende Lösung war es, das von der britischen Regierung im Ersten Weltkrieg vor Auflösung des alten Osmanischen Reiches gemachte Versprechen aufzugreifen und zu verwirklichen. In der Balfour-Deklaration (2. November 1917) war die Zusage gemacht worden: »Die Regierung Seiner Majestät faßt befürwortend die Errichtung einer nationalen Heimat für das jüdische Volk in Palästina ins Auge . . .«

1933 erklärte der Oberrabbiner von Berlin, Leo Baeck, daß die »1000jährige Geschichte des Deutschen Judentums an ihr Ende gekommen ist«. Doch nur relativ wenige deutsche Juden, die ja in den aufgeklärten deutschen Ländern seit Generationen Rang und Stand genossen, zogen rechtzeitig nach Palästina. Mehrere Tausend Überlebende wurden nach dem Krieg durch jüdische Hilfsanstrengungen gerettet. Inzwischen wird die Judenverfolgung in Osteuropa unter kommunistischem Vorzeichen fortgesetzt; in vielen westlichen Ländern herrschen nach wie vor latente Ablehnung oder Indifferenz.

Schon in der Zeit vor dem Ersten Weltkrieg waren laufend Juden aus den europäischen Ländern nach Palästina eingewandert (bis 1919 ca. 70000, von 1919 bis 1948 ca. 500000). 1948 wurde der Staat Israel gegründet. Nach der Gründung des Staates verstärkte sich die Einwanderungsbewegung zunächst (von 1949 bis 1951 knapp 600000 Einwanderer) und stabilisierte sich dann (ca. 40000 jährlich).

In der Geschichte des jüdischen Volkes ist die Rückkehr in ein Heimatland (einschl. des wiedervereinigten Jerusalems seit 1967) ein Ereignis, das als ebenso bedeutungsvoll angesehen werden muß, wie der Exodus aus Ägypten oder die Rückkehr aus dem Exil unter Cyrus.

Die noch unbeantwortete Frage ist, was der Holocaust und die Wiederherstellung Israels im Land seiner Väter für die Christen bedeutet. Das erste Ereignis ist und bleibt eine ernste Anfrage an die Glaubwürdigkeit des Christentums. Die Bedeutung des zweiten Ereignisses muß in der Gemeinde Jesu im Licht der biblischen Verheißungen und der Aussagen des Paulus in Römer 9 bis 11 noch erschlossen werden.

Register

Ziffern in Normaldruck beziehen sich auf die Karten und geben die Kartennummern an; Ziffern in Kursivdruck beziehen sich auf den Kommentar und geben die Seitenzahlen an.

T

U

V

W

XYZ